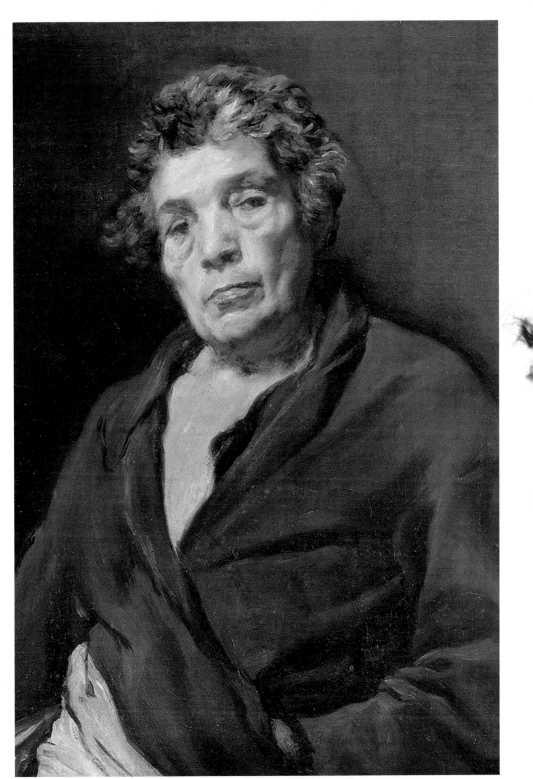

이솝(BC 620?~564?) 고대 그리스 우화작가. 벨라스케스. 1638. 프라도박물관

프리기아의 코티아이움 유적 이솝의 고향, 오늘날 터키 쿠타히야

사모스의 헤라 신전 유적   사모스는 이솝이 살았던 곳이다.

헤로도토스(BC 484?~425?)　그리스 역사가. 루브르박물관 광장 돌을새김
헤로도토스에 따르면 이솝은 BC 6세기 사람으로 사모스에서 이아드몬의 노예였으며, 델포이에서 살해되었다고 한다.

플라톤(BC 427~347)　고대 그리스 철학자. 플라톤은 그의 저서 《파이돈》에서, '소크라테스가 서민의 우화를 이야기하는 이솝을 높이 평가했다'고 했다.

플루타르코스(AD 46~120) 《영웅전》에서 '일곱 현인의 향연' 안에 솔론의 옆자리에 이솝을 앉혔다. 또한 이솝이 BC 6세기 때 리디아왕 크로이소스의 조언자였다고 했다.

이솝 흉상   로마 알비니 컬렉션 소장

▲〈이솝과 사랑에 빠진 로도페〉
바르톨로치가 카우프만의 원작을 본떠서 돈을새김으로 만든 작품

◀〈여우와 함께 있는 이솝〉
적회식 킬릭스(접시). BC 470년 무렵. 바티칸박물관 소장

▲〈이솝을 산 크산
토스〉 이탈리아
페데리코 주카로.
16세기. 대영박물
관 소장
《이솝우화》 '이솝
의 생애'에서 노
예상인에 의해 사
모스섬으로 끌려
온 이솝은 철학자
크산토스에게 팔
렸다.

Esopus

▶《뉘른베르크 연
대기》(1493)에 묘
사된 이솝

Accij zuchi suma cãpanee veronenſis uiri
eruditiſſimi i Aeſopi fabulas iterp̃ratio per
rhytmos i libellũ Zucharinũ iſcriptũ cõtexta
feliciter incipit. Proemio.

EL me conuien veſtir de laltrui fronde
Perche lingegno mio troppo e ligero
Al ſeguir lozme per ſi bon ſentiero.
Cal mio rimar facia perfette ſponde.

《이솝우화집》(1489, 스페인) '이솝의 생애'에 실린 목판화

《이솝우화》 권두 삽화　벤첼 홀라. 17세기

See here a Proverb crost, the shape the soule,
Retaines a Beautisus, and Generous Soule,
While Anthias Priests, accept, his rustick treat,
They grace his vile, deformity, with witt.

2

《이솝우화》(1687) '이솝의 생애'에서 프란시스 발로우가 그린 동판화

〈수탉과 여우〉 밀로 윈터. 1919.

〈토끼와 거북〉 밀로 윈터. 1919.

《이솝우화》 표지(1934)

World Book 55

Aesop
AESOP'S FABLES
이솝우화전집

이솝 지음/고산 엮음

동서문화사

디자인 : 동서랑 미술팀/Illustrations : Gustave Doré

이솝우화전집

차례

이솝우화전집

개미와 매미

노래 부르기를 아주 좋아하는 매미는,
여름 내내 노래만 부르며 지냈다. 그런데,
어느새 계절이 바뀌어 차가운 북풍이 몰아치는 겨울이 다가왔다.
정신을 차리고 보니 그렇게 반짝이던 햇빛도, 꽃도, 나뭇잎도 사라지고,
아무리 찾아봐도 먹을 것이 하나도 없었다.
하도 배가 고파 도저히 견딜 수 없게 된 매미는,
이웃인 개미네 집에 가서 눈물을 글썽이며 말했다.
"개미님, 부탁이 있어서 왔습니다. 부디 저에게 먹을 것을,
다음 여름이 올 때까지 목숨을 부지할 수 있는 음식을,
제발 좀 나눠주십시오.
덕택에 제가 살아남는다면 내년 여름에는,
올해보다 더더욱 열심히 노래를 부르겠습니다."
그러자, 노래 같은 것에는 흥미가 없을 뿐만 아니라
남에게 무엇을 빌려준 적도 없고,
더구나 공짜로 뭔가를 부탁하는 것을 가장 싫어하는 개미는
그 말을 듣자마자 이렇게 말했다.
"그렇게 날씨가 좋았던 지난 여름에,
당신은 도대체 무엇을 하고 있었어요?"
무엇을 하고 있었냐고?
모두에게, 그야말로 이 세상의 모든 것들에게,
노래를 불러주는 일을 자신의 타고난 의무로 생각해온
매미로서는,
여름 내 밤낮 없이
아무튼 목청껏 열심히 노래만 불렀다는 말밖에 할 말이 없었다.
개미는 그런 매미를 바라보며 쏘아붙이듯이 이렇게 대꾸하는 것이었다.
"아, 그래요? 정말 잘 하셨군요.
그럼 이번 겨울에는 춤이나 실컷 추시지 그래요?"

개미와 베짱이 (한국판)

개미가 겨울철에 축축해진 식량을 말리고 있으려니까, 배고픈 베짱이가 찾아와서 뭐든 먹을 것을 좀 청했습니다. 그러자 개미는 베짱이에게 물었습니다.

"여름에 왜 식량을 거둬들이지 않으셨소?"

"시간이 없었다오. 나는 그때 한창 목청이 잘 터져 나올 때라 신나게 노래를 뽑아야 했으니까요."

그러자 개미는 비웃음을 흘리면서 이렇게 대꾸했습니다.

"아, 여름에 피리를 부셨으면 겨울엔 춤을 추시는 게 어울리시겠어!"

까마귀와 여우

까마귀가 치즈를 부리에 물고 나뭇가지 위에 앉아 잠시 쉬고 있으려니,
이내 약삭빠른 여우가 나타나서 늘 하던 대로 이렇게 말했다.
"반가워요! 까마귀 선생, 오랜만이군요.
아무튼, 언제 어디서 뵈어도 변함없이 늠름한 모습이시군요.
언제나 하는 말이지만, 정말이지 늘 흠모하고 있답니다.
게다가 오늘은 유난히 더 반짝이는 그 날개.
오, 아닙니다. 빈말이 아니라니까요. 정말 부러울 뿐입니다.
그런데 까마귀 선생,
듣자하니, 선생의 노랫소리 또한 빼어나게 아름답다고 하더군요.
저는 애석하게도 아직 한 번도 들은 적이 없지만,
소문에 의하면, 선생의 노래는 그 까맣게 반짝이는 아름다운 깃털보다
더하면 더했지 못하지 않다더군요.
정말 그게 사실이라면, 그야말로 선생은
하늘이 두 가지 재주를 내려주신 이 숲의 왕자가 아니겠습니까?"

까마귀는 그 말이 속셈이 있는 사탕발림인 줄 뻔히 알면서도,
그만 좋아서 어쩔 줄 모르네.
'구름장을 탄 김에 여우를 상대로 노래 한 곡조 뽑아 볼까.'
이런 생각이 들자 참을 수가 없어서, 그만 "까악!" 소리를 질렀다.
그 바람에 치즈가 툭 떨어지고 말았다.
냉큼 치즈를 가로챈 여우는 스스로 생각해도
이렇게 수월하게 넘어올 줄은 몰랐던지라,
잠깐의 여운을 즐기는 듯이,
특기인 청산유수 같은 한마디를 남기고 그 자리를 떠났다.
"좀 지혜를 배우시죠, 까마귀 님.
아첨꾼은 사탕발림이 특기랍니다.
그것으로 얻는 것이 있기에,
세상살이를 위해 갈고 닦은 말주변이죠.
세상에 공짜는 없는 법.
그러니 이 치즈도, 그걸
배운 것에 대한 대가라고 생각하면,
그리 비싼 편도 아니지요."

보기 좋게 속아 넘어간 까마귀 양반.
아이고, 부끄럽기도 하고 창피하기도 하여라.

뒤에 남은 건 빼앗겨버린 치즈의 향기뿐.
이제 와서 어찌하랴,
앞으로는 절대로 속지 않으리라고
마음에 굳게 맹세하는 것이었다.

까마귀와 여우(한국판)

까마귀 한 마리가 고깃덩이 하나를 제단에서 훔쳐 물고 도망쳐 와 나뭇가지에 내려앉았습니다. 까마귀를 본 여우는 어떻게 하면 저놈의 고깃덩이를 빼앗아 먹을 수 있을까 생각하다 꾀를 짜냈습니다.

여우는 나무 밑으로 다가가서

"까마귀 님, 당신의 목소리는 정말 천하일품이야. 새들 중에서 당신처럼 목청이 고운 새는 없을 걸!"

그러고는 그 아름다운 목소리를 한 번 더 들려주면 원이 없겠다고 말했습니다.

그러자 어깨가 으쓱해진 까마귀는 "까옥까옥!" 목청을 멋지게 뽑아 보였습니다. 그 바람에 입에 물었던 고깃덩이가 툭 떨어졌습니다.

여우는 냉큼 받아 삼키면서 이렇게 뇌까렸습니다.

"잘 먹겠다, 까마귀야. 너는 생긴 것만 못난 줄 알았더니 속조차도 덜 돼 어리석구나."

아주 커지고 싶었던 개구리 이야기

수개구리 한 마리가, 마침 연못물을 마시러 찾아온 소를 보고 중얼거렸다.
"우와, 되게 크다!"

연못 저편의 소는 소치고는 보통 크기였지만,
멀리서 봐도 몸이 거대하고 묵직하여,
그저 물을 마시고 있을 뿐인데도,
너무나 당당하고 유유하게 주위를 압도하는 것만 같았다.
한편 개구리란 녀석은, 개구리 중에서는 그래도 큰 편이었지만,
개구리가 크다 해봤자, 고작 조금 큰 달걀만하다고나 할까?
그런데 이 개구리 무슨 생각을 했는지,
크게 숨을 들이마시며 서서히 자신의 몸을 부풀리기 시작하네.
아무래도 소처럼 커지려는 속셈이렷다.
어지간히 커지자 주위의 암개구리들에게 소리쳤다.
"어이, 나 좀 봐! 이 정도면 될까? 아니, 아직 멀었나,
아직 저만큼 크지는 않나?"
그 꼴을 힐끗 본 암개구리, "멀었어" 한 마디 하고는 시큰둥.
"그렇다면……."
이번에는 더욱 크게 숨을 들이마신 뒤 소리쳤다.
"그럼, 이 정도면 됐어?"
"아직 멀었어, 똑같아."
그 말을 들은 멍청한 개구리, 더욱더 숨을 들이마시네.
"자! 그럼 이번에는 어때?"
"턱도 없어."

풍선 개구리는 결국,
마침내 터져 버릴 때까지,
계속 배를 부풀렸다.

참고로 말해두자면, 이것은 어디까지나 수개구리가 저 혼자 시작한 일.
소는 우연히 그곳에 나타났을 뿐이고,
암개구리가 수개구리에게,
괜히 쓸데없는 말을 하거나 부추긴 것도 아니다.
뭐 그렇다고, 이 개구리를 바보라고 한다면
이 세상은 어슷비슷한 바보들로 가득.
그리고 내친 김에 한 가지 더, 쓸데없는 일이기는 하지만,
왠지 모르게 들여다보고 싶은 것은, 터지기 전 개구리의 머릿속.
그렇게도 열심히 분발한 것을 보면,
아마도 개구리의 머릿속에서는, 틀림없이 자기가 정말
소보다 더 큰 모습이 되어 있지 않았을까.

두 마리의 노새

노새 두 마리가 저마다 주인과 짐을 싣고, 나란히 길을 가고 있었다.
한 노새는 하인과 귀리자루를 싣고, 또 한 노새는,
돈이 가득 든 돈자루와 주인을 싣고 집을 향해 걷고 있었다.
하염없이 걸어가면서, 돈을 실은 노새는 자신이 자랑스러운 듯
이따금 귀리 자루와 초라한 행색의 하인을 실은 노새를
힐끔힐끔 쳐다보았다.
맡은 역할과 모시는 주인의 차림새 차이에 새삼 뿌듯함을 느끼며,
등줄기를 파고드는 짐의 무게도 그 까짓것하면서
한 걸음 한 걸음 타박타박,

목에 매단 방울소리도 높게 울리며 길을 걸어갔다.

바로 그때 강도가 나타났다.

본디 강도란 것은 말할 것도 없이 돈이 목적인지라,

귀리 쪽에는 눈길도 주지 않고

돈자루를 진 노새에게 일제히 덤벼들었다.

저항하는 주인과 노새를 칼로 찌르고,

잽싸게 돈을 빼앗아 눈 깜짝할 사이에 땅거미져 오는

어둠속으로 사라져버렸다.

치명상을 입은 노새는 너무 아파 신음하면서 중얼거렸다.

"아아, 선택받은 명예로운 일이라 생각하고 열심히 일한 대가가

이것이란 말인가?

귀리를 진 저 친구는 무사히 난을 면했는데,

아아 나는 이렇게 덧없이 목숨을 잃는구나."

이윽고 주위가 잠잠해지자.

난을 피한 하인과 노새가 어떻게 됐나 하고 돌아왔다.

아무래도 주인과 노새는 이미 때가 늦은 듯.

땅거미 속 식어가는 흙 위에 쓰러져,

괴로운 듯 이따금 흐릿한 눈을 깜박이는 노새를 보고,

귀리를 진 노새가 진지하게 말했다.

"친구여! 보리를 나르든 돈을 나르든,

하인을 모시든 주인을 모시든,
크게 다를 것 없는 노새의 신세.
맡은 역할의 무게가,
모시는 주인의 지위와 신분의 차이가,
노새로서 살아가는 데,
무슨 소용이란 말인가.
그런 건 모두 어차피 인간들이나 하는 푸념일 뿐.
자네도 돈 같은 것 나르지 말고, 나처럼 귀리나 짚을 날랐더라면,
그게 아니면, 섣부른 충성심은 부리지 말고
주인도 짐도 얼른 내팽개치고 달아나기라도 했더라면,
구태여 이런 꼴을 당하지 않아도 되었을 것을."

늑대와 개

한 늑대가 어디를 다녀봐도 먹이가 없어서,
하루하루 여위어가다 마침내 뼈와 가죽만 앙상하게 남게 되었다.
오늘도 정처 없이 주린 배를 움켜잡고
어슬렁거리며 이곳저곳을 헤매다가,
살집도 두둑하고 털에도 윤기가 자르르 흐르는 개를 한 마리 만났다.
그 개는 이 일대를 다스리는 영주가 기르는 사냥개였다.
알고 보면 이 사냥개들이 충실하게 주인의 사냥터를 지키고 있기 때문에,
늑대에게는 전혀 먹이가 걸려들지 않았던 것이다.
보아하니, 평소에는 여러 마리가 함께 뛰어다녔는데
오늘은 딱 한 마리인지라,
그동안 쌓이고 쌓인 원한도 있고
무엇보다 지금은 앙상하게 말랐어도 자기는 늑대,
본디 같으면 다짜고짜 달려들어,

조금 큰 상대라도 눈 깜짝할 사이에 숨통을 끊어놓았겠지만,
그날은 배가 너무 고팠던 탓인지
아니면 단순히 마가 끼었다고 해야 할지,
늑대는 상대의 우람한 체격과 자신의 앙상하고 빈약한 팔다리를
힐끗 비교해 본다.
'이래가지고는 한판 붙는 건 어렵겠는 걸.'
자세히 보니, 상대는 영양상태 만점인 데다
팔다리도 굵직하고 몸도 자기보다 조금 큰 것 같았다.
'아무래도 만만치 않아, 까딱했다가는 어쩌면……'
자기도 모르게 그런 생각이 든 순간, 그만 주눅이 들어버렸다.
정신을 차렸을 때는 웬걸,
간사한 목소리로 인사를 하며 어쩐지 저자세로 개에게 다가 가나 했더니,
"느닷없는 질문이지만, 어떻게 하면 너처럼 멋진 털을 가질 수 있니?"
그만 묻고 말았다. 그러자 개가 대답했다.
"네 털이 나만큼 좋지 않은 것은, 네가 그걸 원하지 않아서야."
그리고 이렇게도 말했다.
"이젠 숲에서 살 수 있는 시대가 아니야.
오기를 부리는 것도 적당히 하는 게 어때?
네 꼴을 좀 봐, 너희 늑대들은 모두 여윌 대로 여위어서
겨우 목숨만 부지하고 있지 않니?
내일에 대한 아무 보장도 없이 단 한 점의 고기에 목숨을 걸고,

그나마 그거라도 얻을 수 있으면 다행이지만
그렇지 못하면 앉은 자리에서 그대로 굶어 죽어가는 거지.
이젠 숲에서 살 수 있는 시대는 지났어.
그러니 우리하고 같이 살자, 늑대 군."
어쩐지 친근한 개의 말투에 늑대는 자기도 모르게 끌려 들어갔다.
"어떻게 하면 그렇게 할 수 있는데?"
"그리 어렵지 않아."
"적을 보면 짖고, 거지가 오면 쫓아내고,
집안사람에게는 꼬리를 치며, 특히 주인을 기쁘게 한다.
"뭐, 그런 정도지. 그렇게만 하면 집안사람들이 먹고 남긴 음식은 뭐든지,
새와 양과 소 뼈다귀, 운이 좋으면 고기까지 듬뿍 붙은 것을
매일매일 배불리 먹을 수 있어.
게다가 친절하게 머리까지 쓰다듬어 준다니까."
그 말을 들은 늑대는, 눈앞이 황홀한 장밋빛으로 물들며
자신의 배부르고 행복한 모습이 떠올라,
침과 함께 거의 눈물까지 흘릴 지경이었다.
마냥 솔깃해진 늑대는 당장 개를 따라 갔다.
그때, 앞에서 걸어가는 개의 목둘레에 털이 빠져있는 것이 보였다.
"그게 뭐지?"
"아무것도 아니야."
"멋진 털이 거기만 닳아 있잖아."
"별일 아니라니까."
"하지만 목 근천데?"
"알고 있어."
묘하게 불길한 느낌이 든 늑대는 그래도 끈질기게 자꾸 캐물었다.
"도대체 그건 뭐니?"
"아마 목걸이 자국일 거야."
"목걸이?"
늑대는 얼른 이해가 되지 않아 한 번 더 물었다.
"무엇 때문에 그런 건데?"

"집에 있을 때는 묶여있기 때문이야."
그 말을 들은 늑대는 깜짝 놀랐다.
"뭐라고! 묶여있다니, 그게 무슨 소리야?
어디든 가고 싶은 대로 마음대로 갈 수 없단 말이니?"
"익숙해지면 그렇게 불편하지도 않아."
"목걸이에 묶여 있는 게 아무 일도 아니라고?
넌 좋을지 몰라도 난 절대 사양이야!"
늑대는 이 말을 남기고,
뒤도 돌아보지 않고 한달음에,
숲으로 다시 돌아가고 말았다.

송아지, 새끼염소, 새끼양의 회사

송아지, 새끼염소, 새끼양이 함께 회사를 차렸다.
그때 무슨 이유에선지,
또는 특별한 이유 따윈 없었는지도 모르지만,
어쨌든, 그 일대에서 모든 동물들이 두려워하고 있는 사자를,
함께 끼워주기로 했다.
이리하여 일을 시작하기에 앞서,
다같이 의논하여 규칙을 만들었는데,
그곳에서는 노동도 대가도, 손해도 이익도,
모두 똑같이 나누기로 했다.
자, 이리하여 회사 일이 시작된 어느 날,
새끼염소가 맡고 있던 덫에 먹이가 걸려들었다.
덫에 걸려든 것은 새끼사슴이라,
새끼염소로서는 어떻게 처리해야 할 지 몰랐지만,
그래도 규칙은 규칙이어서,

새끼염소는 서둘러 모두에게 먹잇감이 걸려들었다고 연락했다.
곧 모든 직원들이 모여,
먹이의 몫에 관해 회의를 시작했다.
사자가 말했다.
"먹이를 나눌 권리를 가진 자는 모두 넷. 사이좋게 먹이를 나누자."
그러고는 말하기가 무섭게
눈 깜짝할 사이에 새끼사슴의 몸을 넷으로 가른 사자는,
그중 하나를 집어 들고 말했다.
"우선 이건 누가 봐도 왕인 나의 몫.
이의 없겠지? 어쨌든 나는 사자니까.
됐어, 그럼 이번에는 두 번째 고기.
이것 역시 내가 먹어야 할 것 같군.
왜냐하면 모두 알다시피, 우리 가운데 내가 가장 강하기 때문이지.
그럼 세 번째는?
마땅한 거지만, 이것도 내 몫이야.
이유는 말할 것도 없이, 이 가운데 나만큼 용기 있는 자는 없으니까, 그렇지?
그런데, 마지막으로 남은 이건……."
단숨에 여기까지 말한 사자는, 거기서 잠시 사이를 둔 뒤 이렇게 말했다.
"너희, 만약 여기에 멋대로 손대면,
눈 깜짝할 사이에 갈기갈기 찢어놓고 말 테니까, 그런 줄 알아!"

인간과 동물들

어느 날, 만물의 창조주인 신이 이 세상의 모든 생물에게
모이라는 명령을 내렸다.
"모두 들으라, 내가 너희를 만든 지 벌써 오랜 시간이 흘렀다.
이쯤에서 너희 의견을 듣고자 하니,
만약 내가 만든 것들 가운데 실수가 있다고 생각한다면 얘기해 보아라.
너희의 지금 상태와 모습에,
혹시 불만이 있다면 망설이지 말고 뭐든 말해보아라."
그렇게 말한 신은 맨 먼저 원숭이에게 물었다.
"어떠냐, 너는 다른 동물들에 비해
뭔가 모자란다고 생각하는 점이 있느냐?
아니면 지금 그대로 만족하는 것이냐?"
그러자 원숭이가 말했다.
"그런 건 별로 없습니다. 팔다리가 멀쩡하게 붙어 있고
눈, 코, 귀도 다른 자들과 마찬가지로 제대로 갖추고 있으니까요.
더군다나 저의 생긴 모습에 대해서는 아무 불만이 없습니다."
그리고 덧붙이기를,
"이제라도 고쳐 주실 수 있다는 말씀이라면,
이를테면 저 곰을 한번 봐주십시오.
뭐든 말하라고 하셨으니 감히 말씀드립니다만,
저건 너무한 것 같습니다. 저 얼굴은 마치 그리다 만 그림 같지 않습니까?"
지나치게 노골적인 원숭이의 말에
이게 도대체 무슨 소린가, 모두들 힐끔힐끔 곰을 쳐다보자,
곰은 태연자약하게, 원숭이의 말에는 전혀 아랑곳하지 않는 눈치. 오히려,
자신의 모습을 자랑스럽게 여기며 창조주에게 감사의 마음을 표시한 뒤,
시치미 떼는 표정으로 이렇게 말했다.
"문제는 제가 아니라 바로 코끼리입니다. 정말 보기 민망할 정도예요.
저 몸에 저 꼬리라니!

귀도 너무 크지만, 그보다 저렇게 터무니없이 큰 몸뚱이.
코끼리야말로 정말 어떻게 해야만 합니다."
깜짝 놀라서 모두가 코끼리 쪽을 보았다.
"저는 둘째치고,"
코끼리는 곰과 마찬가지로,
자신에 대해 흔들리지 않는 자신감과 만족을 표시한 뒤 이렇게 말했다.
"고래야말로 너무 큽니다. 정말 우스꽝스럽게 생기지 않았습니까?
누가 뭐래도 고래가 가장 불쌍합니다."
개미는 개미대로 좁쌀만한 이가 불쌍하다 말하고,
낙타는 기린의 긴 목이 자연스럽지 못하다고 혀를 찼다.
신은 모든 생물들이 자신은 젖혀놓고,
저마다 다른 동물의 용모에 흠을 잡으니,
점점 지겨워지기 시작했다.
스스로도 조금은 마음에 찔리는 바가 없지도 않았지만,
동물들은 모두 자기 자신에 대해
무척 만족하고 있는 것 같아서, 뭐 그게 어디냐 생각하고,
저렇게 모두 만족하고 있는데, 이제 와서 새삼스럽게
다시 손질할 필요도 없다 싶어, 모임을 해산시켰다.
이리하여 동물들은 각자 집으로 돌아가고,
신도 그 자리를 떠나려 할 때였다.

“잠깐만 기다려주십시오.”

보니, 인간들만 아직 그 자리에 많이 남아 있었다.

“무슨 일이냐, 뭔가 원하는 것이라도 있느냐?”

신이 묻자 인간들은 서로 얼굴을 마주보며 쭈뼛거리다가,

그중 한 사람이 결심한 듯이 말했다.

“부탁이 있습니다. 제 얼굴을 좀 더 아름답게 만들어주셨으면 합니다.”

그리고 그것을 신호로 모두 한꺼번에 떠들기 시작했다.

“소원입니다. 저는 키를 조금만 더 크게 해주십시오.”

“저는 그렇게 대단한 것은 바라지 않습니다.

그저 코나, 조금이라도 좋으니까 높여주세요”

인간들의 목소리가 점차 높아지더니

그때까지 숲 속에 숨어있던 자들까지 달려와서,

최대한 신에게 가까이 다가가려고, 필사적으로 서로를 밀치기 시작했다.

멀리 있는 자는 멀리 있는 자대로,

자신의 소원을 들어달라고 큰 소리를 질렀다.

이리하여 소동이 점점 커져

도대체 누가 무슨 말을 하고 있는 건지 전혀 들리지 않게 되었다.

“에잇, 조용히 해라!”

신이 마침내 큰 소리로 인간들에게 호통을 치자,

인간들은 거미새끼들처럼 뿔뿔이 흩어져서 숲 속에 숨었다.

어지간히 넌더리가 나버린 신은,

그래도 이 자리에 인간을 부른 것은 다름 아닌 자신이고,

또 그들을 만든 것도 자신인지라,

오늘만큼은 불만을 들어주자, 인간들이 살아가는 데

뭔가 불편한 점이 있다면, 소원을 들어주자 싶어, 마음을 가라앉힌 뒤,

가장 가까이 있는 남자를 불러 물었다.

“너는 어떻게 해주기를 바라느냐?”

그러자 남자가 말했다.

“한 마디로 말해, 멋진 모습으로 만들어주셨으면 합니다.”

신은 입장이 몹시 난처했다.

인간을 창조하면서 신은, 무엇보다 자기 자신을 모델로 삼았기 때문에
거기에 대해 이러니저러니 하는 말은 듣기 거북하기도 했고,
그보다 자신을 본뜬 이상
다른 동물보다 훨씬 공을 들여 만들었다고 자부하고 있었던 것이다.
그래서 신의 눈에는, 인간들은 모두 남자 여자 할 것 없이
스스로 생각해도 잘 만든 것처럼 보였다.
결국 도대체 무엇이 불만인지 신은 전혀 알 수가 없었다.
그래서 신은 물었다.
"그러니까, 코끼리처럼 커지고 싶은 거냐?"
"아닙니다, 당치도 않습니다."
"그럼 개미처럼 작아지고 싶단 말이냐?"
"아닙니다. 무슨 그런 말씀을!"
"그럼 도대체 무엇처럼 되고 싶은 거지?"
"무엇처럼 만들어달라는 게 아니고,
그저 조금만 더 어떻게 고칠 수 없을까 하고……"
그 말을 들은 신은 더욱더 무슨 소린지 알 수가 없었다.
"그러니까, 예를 들면 어떻게 말이냐?"
그러자 한 인간이 다른 인간을 가리키면서 말했다.
"비유를 하자면 제 얼굴은 이 사람에 비하면 훨씬 낫습니다.
하지만 저 사람에 비하면 저는 비참한 마음뿐입니다."
그래서 신이, 얼굴이 낫다고 말한 그 사람에게 물었다.
"너는 어떻게 생각하느냐?"
"하지만 저는 키가 너무 작습니다"
그말을 신호로 인간들은 다시, 한꺼번에 떠들기 시작했다.
"어째서 저만."
"무슨 소리야, 넌 입 다물어!"
"고쳐야 할 사람은 나야."
"어딜, 내가 먼저야."
신은 난처했다.
그도 그럴 것이, 만물을 창조할 때 신은, 장차 태어날 자들이,

모두 똑같은 모습이면 재미가 없을 뿐만 아니라 서로 구별도 못하고,
살아가는 보람이 없을 거라 생각했다. 그래서 남자와 여자
한 사람 한 사람을 종의 테두리 안에서
저마다 미묘하게 차이가 나도록 만물을 창조한 것이었다.
그런데 아무래도, 어디서 어떻게 계산이 잘못되었는지,
인간에 한해 예상이 빗나가고 말았으니…….
"저들은 이해하지 못하고 있다.
모두 다 똑같다는 것이 얼마나 슬픈 일인지……."
불평할 상대도 없는 신은 중얼중얼 혼잣말을 하면서
인간들로부터 등을 돌렸다.

제비와 새들

사물을 제대로 깊이 배우는 데는 여행이 가장 좋은데
그런 여행을 거듭한 덕택에,
세상의 모든 동물에 대해서나, 폭풍이 언제 올지 같은 온갖 일에 대해,
잘 알게 된 제비가 한 마리 있었다.
그 제비의 눈에는, 누구에게 어떤 재앙이 내린다는 것이,
미리 손에 잡힐 듯이 보이는 일이 종종 있었다.
그래서 그 제비는 폭풍이 찾아오기 전에,
아주 작은 징후에서 그 일을 알아차리고
선원들에게 미리 가르쳐주기도 했다.
그 덕분에 난파를 면한 배가 한두 척이 아니었는데,
제비로서는 반드시 배와 선원을 돕고 싶어서 그렇게 한 것이 아니라,
자신의 눈에 보이는 나쁜 사태 쪽으로,
모든 일이 자꾸자꾸 향해 가는 것을 뻔히 알고 있으면서도,
그냥 보고만 있을 수가 없어서였다.

그 제비는 그런 성격이었다.

그런 제비가 어느 날, 작은 새들과 얘기하며 놀고 있을 때,

씨를 뿌리고 있는 농부의 모습이 보였다.

제비가 말했다.

"불길해. 먼 곳으로 날아갈 수 있는 나라면 몰라도……."

저길 봐, 농부가 씨를 뿌리고 있는 것이 보이지?

너희에게 저건 불행의 씨앗이란다.

아! 내 눈에는, 저 농부가 너희의 파멸을 뿌리고 있는 것처럼 보여.

아! 너희를 사로잡는 그물이,

날개가 그에 걸려버린 비참한 모습이, 너희를 태우는 불길이 보여.

그러니까, 늦기 전에 저기 뿌려진 씨앗을 모두 먹어버리렴."

작은 새들은 그런 제비의 말을 아무도 심각하게 받아들이지 않았다.

그중에는 제비를 비웃으며,

재수 없는 소리를 하는 놈이라고 화를 내는 새까지 있었다.

그도 그럴 것이, 농부가 뿌린 씨앗을 힘들게 주워 먹지 않더라도,

먹을 것은 야산에 얼마든지 있었기 때문이다.

이윽고 씨앗이 싹을 틔우고,

그 싹이 자라 주변을 예쁜 초록색으로 가득 물들일 무렵,

제비는 다시 작은 새들에게 말했다.

"지금이야,

싹이 다 자라기 전에 모두 뽑아버리지 않으면, 정말 큰일이 날 거야."

하지만 새들은 하나같이 제비의 말을 귀담아 듣지 않았다.

"먹지도 못하는 것을 뽑으라고?

어째서 모두가 총출동하여 그런 쓸데없는 헛수고를 해야 한단 말이야?"

"저만한 밭에 가득 자라고 있는 풀을 뽑는 것이,

얼마나 힘든 일인지 알고 하는 말이야?"

그중에는 그 성가신 제비를 혼쭐내서

어딘가로 쫓아버리라고 말하는 새까지 있었다.

그러는 사이에 시간은 흘러, 밭의 보리이삭이 가지가 휘도록 맺힌 무렵,

새들은 제비에게 말했다.

"저기 좀 봐, 네 말을 듣지 않길 잘했지."

"그때 싹을 뽑았더라면, 이렇게 들판 가득한 맛있는 먹이를
두 눈 번히 뜨고 잃어버릴 뻔했잖아."

그 말을 듣고 제비는 더욱 걱정이 되어, 나오는 건 한숨뿐.

'어째서 그들은 모르는 것일까?

머지않아 농부들이 곳곳에 그물을 치는 모습이 내게는 뻔히 보이는데.

새들의 운명도, 날개가 그물에 걸려 울며 소리치는 새들의 모습도.'

그렇게 생각하자,

제비는 무시당할 것을 알면서도 말하지 않고는 배길 수가 없었다.

"난 이제 이곳을 떠나 날아가지만, 마지막으로 꼭 하고 싶은 말이 있어.

제발 부탁이니까 믿어줘.

절대로 경솔하게 보리 근처를 날아다니지 마.

더구나 보리를 먹으려는 생각은 아예 그만둬.

눈에 보이지 않는 그물이 너희를 기다리고 있을 테니까.

너희에게 절대로 해가 되는 말은 아니니까,

가능하면 야산에서 조용히 지내고 있어야 해."

새들로서는, 그것 역시 성가신 제비가 늘 하던 헛소리.

하물며 저렇게 맛있어 보이는 보리이삭을 눈앞에 두고,

어떻게 그런 말에 귀를 기울일 수 있을까?

그렇기는커녕, 드디어 먹을 때가 다가온 것을 보고,

모두 입을 맞춰 큰 소리로 파티에 앞서 노래를 불렀다.

그리고 노래가 끝나는 것을 신호로,

일제히 환호성을 지르며 밭으로 내려앉았다.

이리하여 작은 새들은 제비가 말한 대로,

농부가 쳐놓은 그물에 차례차례 걸리고 말았다.

하는 수 없이 다시 남쪽을 향해 날아오른 제비는,

높은 하늘 위에서 한마디 중얼거리지 않을 수 없었다.

"이미 그렇게 되고 만 뒤에는 때가 늦는데……."

서울쥐와 시골쥐

서울쥐가 시골쥐의 집에 놀러갔을 때,
다음에는 자기가 평소에 어떤 식사를 하고 있는지,
꼭 보여주고 싶다며 시골쥐를 초대했다.
그리하여 시골쥐가 서울쥐의 집에 가보니,
테이블에는 한 번도 본 적이 없는 호화로운 식탁보가 깔려 있고,
식기고 뭐고, 모두 그야말로 호사스러운 것들뿐이었다.
세상에 이렇게 사는 수도 있는가 하고,
시골쥐가 거의 넋을 잃을 지경이 된 바로 그때,
아무래도 사람의 기척이 나는 것 같았다.
그러자 서울쥐는 갑자기 얼굴색이 변하여,
쏜살같이 벽에 난 쥐구멍으로 달아나 필사적으로 숨는 것이었다.
무슨 영문인지 알지도 못한 채,
시골쥐도 그 뒤를 따랐다. 이윽고 소리가 사라졌을 때,
서울쥐가 시치미 떼는 얼굴로 시골쥐에게 말했다.
"자, 만찬을 계속하자."
시골쥐는 어이가 없었다.
"농담하지 마."

"이젠 됐어. 식사라는 건 천천히 즐기면서 먹어야하는 법,
주변에 그렇게 신경을 써야 하는데 만찬은 무슨 만찬?
목구멍에 넘어가지도 않는데 뭐가 식사야!"

늑대와 새끼양

세상에는 강자의 의견만이 통한다,
또는 이기는 것이야말로 정의라고 흔히들 말한다.
확실히 그렇다.
어느 날 새끼양이 목이 말라서 물가로 갔다.
그러자 그곳에 늑대가 나타났다.
게다가 더욱 운이 없게도 그 늑대는 이제 막 일어난 터라
배가 몹시 고파 잔뜩 사나워져 있었다.
물론 늑대는 그곳에 물을 마시러 왔지만,
새끼양을 보더니 당장 시비를 걸기 시작했다.
"어이, 거기 있는 새끼양, 어째서 내 물을 흐려 놓는 거야?
해서 되는 일이 있고 안 되는 일이 있을 텐데.
세상의 모든 일에는,
나름대로 매너라는 것이 있지.
내가 잠시 거기에 대해 가르쳐줄 테니까, 이리 좀 와봐."
새끼양은 자기가 도대체 무슨 잘못을 했는지,
아무래도 알 수 없었지만,
그래도 사뭇 공손한 모습으로, 얌전하게 늑대 앞으로 나아가 말했다.
"죄송합니다, 제가 뭔가 잘못을 하기라도 했나요, 늑대 님?"
그러자 늑대는 갑자기 화난 목소리로 말했다.
"내 물을 흐려놓았잖아?"
"아니에요, 그래서 그런 일이 없도록

저는 가장 아래쪽에서 물을 마시고 있었는데요."
새끼양이 죽을힘을 다하여 그렇게 말하자,
늑대는 그 말은 들은 척도 하지 않고 이렇게 말했다.
"너는 언제나 그런 말만 하는구나,
지난 여름에도 내 험담을 마구 하고 다녔지?"
"죄송해요. 그때 저는 아직 태어나지도 않았는데요."
"뭐라고! 그럼, 네 형이렷다."
"저는 형이 없습니다."
"시끄러! 어쨌든 너희 중 누군가야. 나를 우습게 본 것은!
이놈도 저놈도 모두 나를 바보 취급하고 말이야,
너도 속으로는 나를 바보라고 생각하고 있지?"
늑대의 험악한 서슬에 겁을 먹은 새끼양이
아무 말도 하지 않고 가만히 있으니,
늑대는 다그치듯이 말하는 것이었다.
"어떠냐, 내 말이 맞지?
정말 괘씸한 놈이군. 뭐, 이 자리에 없는 네 형제는 하는 수 없고,
현장에서 나쁜 짓을 한 놈을 보고도 못 본 척한다면
좋은 본보기가 될 수 없지.
나쁜 짓을 하면 거기에 대한 벌을 받는 것이 이 세상의 이치이니,
잘 기억해 두어라!"

그렇게 말하자마자 늑대는 새끼양에게 달려들었다.

이리하여 새끼양은 변명을 하지도, 이치와 인정에 호소하지도,
도움을 요청하지도, 달아나지도, 아무것도 하지 못한 채
늑대에게 잡아먹히고 말았다. 그래서 세상에는 강자의 의견만이 통한다,
또는 이기는 것이야말로 정의라고 흔히들 말한다. 확실히 그렇다.
어차피 그런 세상이라면,
새끼양이 늑대에게 일일이 공손하게 대답할 필요 역시,
처음부터 아예 없는 것이다.

거울 속 자신의 모습

자신을 맹목적으로 사랑하고 우쭐해하는 데 있어서는,
누구도 따라가지 못할 왕자가 있었다. 그는 이렇게 생각하고 있었다.
자기는 누구보다 아름다우며, 하는 일은 언제나 옳다.
나쁜 일은 모두 남의 탓이고, 자기를 나쁘게 말하는 사람이 있다면,
그것은 음모이거나, 아니면 질투에서 오는 악의 탓이다.
하지만 그 왕자는 객관적으로 보는 한,
머리도 생김새도 잘 봐줘야 그저 그런 정도였다.
그런데 자만심이 도가 지나친 데다,
주위에서 떠받드는 어리석은 신하들 때문에 병이 점점 깊어져 갔다.
그런 왕자에게 어느 날, 이웃나라에서 친선의 표시로,
값비싼 거울을 보내왔다.
잘 갈고 닦은 유리로 만든 그 거울은, 구리나 철과는 달리,
모든 것이 실물과 똑같이 선명하게 비쳤다.
그런데 왕자는, 그 거울을 보자마자 불쾌한 목소리로 말했다.
"이런 엉터리 거울은 처음이군. 얼굴이 일그러져 보이지 않느냐?
더 좋은 거울은 없느냐고 물어보아라."

얼마 뒤 이웃나라에서, 왕자에게 다시 더욱 잘 닦인 거울을 보내왔다.
왕자는 그것을 들여다보자마자 화가 치밀었다.
"전의 것과 마찬가지가 아니냐? 나를 바보로 여기는 거로군!"
그러고는 거울을 가지고 온 이웃나라의 사자를
갑자기 칼로 베어버리고 말았다. 그것을 본 운명의 여신은 생각했다.
'아무래도 이대로 가다가는 전쟁이 벌어져서, 내 평판까지 나빠지겠군.'
여신은 왕자가 깨닫게 하기 위해, 그 새로운 제조법에 의한 거울을
얼마든지 많이 만들어 누구나 싼 값에 가질 수 있도록,
역사의 바늘을 조금 앞당겨 놓았다.
그러자 새 거울은, 당장 온 나라에 퍼져나갔다.
이리하여 왕자는, 거울에 비치는 자신의 모습을 보지 않고는
하루도 넘길 수 없게 되고 말았다.
방안은 물론이고, 복도에도 시녀들의 손 안에도,
가는 곳마다 거울이 있어서,
결코 미남이라고는 할 수 없는 왕자의 얼굴을 똑똑하고,
정확하게 비쳐주는 것이었다.
게다가 거울은 다른 물건을 비쳐보는 한,
그 모습을 참으로 정확하게 비쳐주고 있는 것 같았다.
이윽고 왕자도 거울 속의 그 얼굴이,
자신의 있는 그대로의 모습이라는 걸 인정할 수밖에 없었다.

거기에 이르렀을 때, 이 자기애가 강한 왕자는,
과연 어떤 행동을 했을까? 놀랍게도 왕자는,
자신의 모습을 보지 않아도 되는 깊은 산속으로 달아나,
혼자 숨어서 사는 길을 선택했다.
그런 왕자가 어느 날, 아름다운 풀꽃이 피어 있는 깊은 숲 속을,
꿈결처럼 걷고 있으니, 맑은 샘물이 나왔다.
메마른 목을 축이려고,
얼굴을 샘에 가까이 가져간 그때, 그가 거기서 본 것은,
달아남으로써 애써 잊으려 했던,
거울 속 자신의 모습이었다.

아홉 개의 머리를 가진 용

터키 대왕의 사자가 독일 황제를 찾아갔을 때의 이야기.
그때 독일 황제는 독일을 막 통일한 뒤여서
그 힘과 세력이 그야말로 절정에 있었던 터라,
나야말로 세계의 패자라고 생각하고 있었다.
지난날 맹렬하게 싸웠던 제후들도 지금은 계절의 인사와 함께,
황제에게 바치는 공물을 잊는 법이 없었다.
나라는 평화롭고 백성은 황제에게 감사하고 있었고,
성 위에서 바라보는 전망은 아름답기 그지없었다. 이제 와서 생각하면,
제후들을 차례차례 쓰러뜨리며 승승장구를 거듭했던
그 혹독한 고난의 시절조차 그립게 느껴졌다.
그리고 오늘도, 온갖 사치를 다해 지은 궁전에,
독일 각지에서 제후의 사자들이 끊임없이 밀려들고 있었다.
온 세계에서 진귀한 물건들을 가지고 상인들도 찾아왔다.

터키 대왕의 사자가 찾아온 것은 바로 그러한 때였다.

터키라고 하면,

서쪽에서 동쪽에 걸쳐 광대한 영토를 가진 동방의 패자여서,

그런 터키를 화나게 했다가는 어떤 나라도

온전치 못하다는 한결 같은 평판이었다.

그런 터키 대왕의 사자가 멀리서 찾아온 것은, 도대체 무엇 때문일까?

우리 독일제국의 명성이 거기까지 떨치고 있다는 얘긴가? 그게 아니면······.

황제는 고개를 쳐드는 자존심과 함께 한 가닥 불안을 느끼면서,

사자가 기다리고 있는 알현실로 갔다.

방에 들어가 보니, 대왕의 사자는 즐거운 표정으로 앉아 있었다.

체격이 작고, 무기도 지니지 않았으며,

자세히 보니 입고 있는 옷도 그리 호화로운 것이 아닌지라,

용건이 뭐냐고 거만하게 물었다. 사자는 참으로 정중한 말씨로,

새로운 나라의 황제에게 인사를 드리러 왔다고 했다.

완전히 우쭐해진 황제가 말했다.

"터키라는 나라도 상당히 큰 나라인 것 같더구만.

틀림없이 호걸의 수도 많을 텐데."

대왕의 사자는 웃으면서 대답했다.

"아닙니다. 그렇지도 않습니다."

기분이 더욱 좋아진 황제는 의기양양하게 말했다.

"우리 독일에서는 모두 24명의 제후들이,

저마다 10명의 호걸들을 거느리며,

각자의 영지를 다스리고 있다네."

그 말을 받아 측근이 목소리를 높여 말을 이었다.

"그 24명의 제후 위에 서서,

그들을 모름지기 통치하고 계신 분이 여기 계신 황제폐하이시오."

"게다가, 폐하를 따르는 24명의 제후들의 칼솜씨는,

그들을 섬기는 10명의 호걸들을 합친 것 만한데,

그 호걸들은 저마다

타국 군대의 1개 사단을 혼자 힘으로 물리칠 수 있을 만큼 강하지요."

그 말을 들은 대왕의 사자는,
웃는 표정을 조금도 흐트리지 않고 말했다고 한다.
"옛날에 저는 숲 속에서 아홉 개의 머리를 가진,
참으로 무서운 용을 만난 적이 있습니다.
그 용이 엄니를 드러내며 다가왔을 때 저는,
여기서 내 목숨도 끝났구나 하고 체념했습니다.
저는 잠깐 정신을 잃었다가 다시 눈을 떴습니다.
그런데 어찌된 일인지 용은,
조금 전과 다름없이 아홉 개의 머리가 모두
커다란 입을 벌린 채로 있는 게 아니겠습니까.
저를 삼키려던 모습 그대로,
왠지 괴로운 듯 숨이 끊어질 것처럼 허덕이면서 말이지요.
자세히 살펴보니,
용은 아홉 개의 머리를 저마다 다른 나무 사이에서 내밀고,
서로 저를 집어삼키려다가 목이 나무에 뒤엉켜서,
앞으로도 뒤로도 나아가지 못하고 있는 것이었습니다.
한 머리가 무시무시한 힘을 짜내어 앞으로 나아가려 하면,
다른 머리의 목이 졸리고,
혼자만 나무에 얽힌 목을 어떻게든 빼내어 뒤로 물러가려 하면,
앞으로 나가려는 다른 머리가 그것을 방해하는 형상이니,

아홉 개의 머리가 제각각 엄청난 힘을 짜내어 몸부림치면 칠수록,
사태는 더욱 나빠져서,
급기야는 화가 난 아홉 개의 머리가 서로 다른 머리를 위협하며,
물고 뜯는 지경에 이르렀지요.
그 광경을 보자,
한번 나갔던 혼이 다시 돌아오고 공포심도 완전히 사라져서,
저는 서로 물고 뜯는 머리가 아홉 개 달린 용을 돌아보지도 않고,
유유히 숲에서 나갔습니다.
아무리 그렇지만,
아홉 개의 머리를 가진 용도 그 모습이 비할 데 없이 무서운데,
만약 머리가 24개나 되는 용이 있다면, 그 무서움은 어느 정도일까요?
황제폐하, 이 독일의 숲에 설마 그런 괴물이 살고 있는 건 아니겠지요?"
그렇게 말한 사자는,
왔을 때와 마찬가지로 참으로 정중하게 웃는 얼굴로 작별인사를 한 뒤,
어딘지 모르게 올 때보다,
더욱 상쾌한 표정으로 왔던 길을 천천히 돌아갔다.

도둑과 당나귀

두 도둑이 훔친 당나귀 때문에 서로 싸우게 되었네.
당나귀가 과연 누구의 것인가 하는 것으로 도둑끼리 싸운 것이니,
살아 있는 당나귀를 둘로 가를 수도 없고,
서로 양보하지 않고 네가 옳네 내가 옳네, 박치기 주먹다짐이 난무하네.
엎치락뒤치락, 얼굴을 붉게 물들이며 싸우는 사이,
매어두었던 훔친 당나귀를, 감쪽같이 훔친 또 한 사람,
싸우는 두 사람을 그 자리에 두고, 몰래 약삭빠르게 숲으로 사라졌네.
그렇다면 여러분, 이 이야기에서,

도대체 누가 가장 큰 손해를 봤을까요?

애쓴 보람도 없는 헛수고, 거기에 혹까지 붙인,

두 도둑이 역시 어이없는 꼴을 당했다고 해야 할까.

어쩌면 나머지 한 도둑이 가장 득을 봤나 했더니,

전리품을 빼앗긴 두 도둑의 원한을 사,

쫓고 쫓기다 잡혀서, 뭇매 정도면 오히려 감지덕지,

목숨을 빼앗기는 것도 당연한지라.

그렇게 되면, 단 하나뿐인 귀한 목숨을 당나귀와 바꾸게 되니.

그러나, 훔친 당나귀가 사라지든 말든, 그것을 두고 피를 흘리든 말든,

필경에는 자업자득이라.

스스로 시작한 인도에 어긋난 직업, 그게 바로 불한당이요,

그게 바로 율법이라는 것이지. 그렇게 되면, 가여운 것은 당나귀인가?

팔리고, 도둑맞고, 원망 받고, 당나귀가 설 곳은 어디란 말인가?

그렇지만, 혹도 붙이지 않고 목숨도 잃지 않고,

주인이 누가 되든 여물 정도야 주겠지.

하지만 그건 역시, 당나귀이니 할 수 있는 소리. 그것이 한 나라라면,

둘이든 셋이든 얼마든지 갈라질 수 있는 일이라.

어쩌면 멸망할 수도 있을 터.

이것 참 여러분! 이에 대한 대답을, 이 책을 다 읽을 때까지

아무쪼록 생각해보시기 바랍니다.

세 시인

옛날 옛날 아주 옛날, 작지만 풍요롭기로 소문난 나라가 있었다.
어느 날 온 나라 안에 잔치가 열렸다.
잔치는 머지않아 아버지인 국왕을 대신하여
왕위를 이어받게 되는 왕자가 주최한 것이었다.
왕자는, 어릴 때부터 지혜롭기로 소문난 데다, 특히 정치에도 뛰어났던지,
이 나라가 최근에 어느새 풍요로워진 것은,
왕자로서는 드물게 상인도 울고 갈 정도의 상술을 가진,
이 왕자의 능력에 힘입은 바가 크다는 평판이 항간에 자자했다.
확실히 왕자는 온후한 것이 유일한 장점인 국왕과는 달리
무척이나 활동적이었다.
자신이 직접 선두에 서서, 이웃나라들과의 무역을 추진했을 뿐만 아니라,
아득한 저편, 아직 그 존재조차 모르는 나라에까지 가서
독자적인 무역루트를 개발한 것도 왕자였다.
그래서 이제 이 나라는 무역의 큰 거점이 되어,
온 세계에서 모든 상품들이 일단 왕자의 나라에 모여들면,
나라의 이름이 적힌 상표를 붙인 뒤, 다시 이웃나라들에 팔려나갔다.
그래서 왕자의 나라에는 생활에 필요한 모든 것이 갖춰져 있었고,
또 그 이상의 것들이 넘치고 있었다.
보리와 고기, 과일 같은 것도 먼 나라의 상품을 판 돈으로,
이웃나라에서 얼마든지 싼 값에 손에 넣을 수 있었다.
나라는 풍요로워, 이제 밭을 가는 사람은 아무도 없고
모든 백성들이 어떤 식으로든 장사에 관여하고 있었다.
나라는 풍요로워, 이제 양을 키우는 사람도 아무도 없고,
모든 백성들이 먼 나라의 산해진미를 즐기고 있었다.
나라는 더욱 풍요로워져, 모인 상품들을 보관하고 장식하기 위한
큰 건물들이 쉴 새 없이 들어섰다.
왕자는 옛날의 성만으로는 좁아진 도시를

더욱 크고 여유롭게 만들기 위해, 도시와 성 바깥쪽을 에워싸게 했다.
이젠 사용하지 않게 된 밭을 이용하여,
그것들을 완전히 포위하는 형태로, 크고 견고한 성벽을 건설한 뒤,
그 내부를 도시로 조성했다.
왕자의 설명에 의하면, 이것은 도시를 크고 풍요롭게 하는 동시에,
만일의 경우에,
외적의 공격으로부터 백성과 나라를 보호하기 위한 것이었는데,
그 대공사의 대부분은,
실제로는 이웃나라에서 고용된 사람들의 손에 의해 이룩되었다.
나라는 더욱 풍요로워져,
이제 자신의 손으로 직접 무언가를 만드는 사람은 아무도 없었고,
백성의 대부분은,
모든 것은 어디선가 저절로 찾아오는 것이라고 생각하고 있었다.
바로 그러한 때, 왕자가 왕위를 계승하기에 앞서
백성들을 궁전에 초대한 것이다. 왕자의 설명에 의하면,
자신이 왕이 되어 새로운 전진을 시작하기 전에,
모든 백성들과 의견을 나누고 싶다는 것이었다.
그 자리에는 세 시인이 초대되었다. 한 사람은 나라를 대표하는 시인이자,
왕자의 대변자라고도 할 수 있는 대시인.
또 한 사람은 백성을 대변하는 시인으로 일컬어지며,
최근에 부쩍 인기가 높아진 민중시인. 그리고 마지막 한 사람은,
왕자가 어렸을 때, 왕자에게 글을 가르치고, 야산에서 왕자와 함께 놀며
바람과 새와 꽃과 사람, 또는 머나먼 별을 노래하는 것을 가르쳤던
음유시인이었다.
백성들이 한 자리에 모인 큰 홀에서,
먼저 왕자가, 자신이 국왕이 되면 시행할 수많은 정책에 대해 얘기한 뒤,
대시인이, 왕자가 지금까지 이미 이룩한 업적을 찬양하는 동시에,
이 나라가 장차 어떻게 발전해 갈지
절묘한 언어로 화려하게 그려 보여 큰 박수를 받았다.
거기에 비해 민중시인은,

대시인의 미사여구 뒤에 숨겨진 몇 가지 모순을 지적하고,
왕자의 정책에 대해 얼마쯤 직언을 드리는 동시에,
백성의 불만을 그들이 느끼고 있는 이상으로 절절하게 대변하여,
역시 모두의 박수를 받았다. 백성들은 모두,
물 흐르는 듯한 이야기 속에서
위대한 역사를 느끼게 하는 뛰어난 대시인의 언어와,
대시인 같은 유려한 맛은 없지만
기관총처럼 난사하여 듣는 이로 하여금 숨을 죽이게 만드는 언어 속에서
백성의 불안과 불만과 욕구를 훌륭하게 승화시켜 보이는 민중시인,
그리고 그 두 시인과 그들의 시를 듣는 백성들을 향해
진지한 눈길을 보내는 왕자를 보며,
이 지혜로운 왕을 모신 풍요롭고 꿈 많은 민주적인 나라에
태어난 행복을 다시금 음미하는 것이었다.
이제, 세 번째로 음유시인이 축사를 할 차례가 되었다.
왕자의 측근인 잔치 진행자의 계획에 따르면,
여기서 음유시인이 어린 시절 왕자의 사랑스러운 언동을
아름답고 온화하게 시로 노래함으로써,
일단 잔치는 깊고 조용한 분위기를 연출한 뒤,
다시 위대한 감동의 피날레로 이어질 예정이었다.
그런데 음유시인은 무대 위에 오르자, 라이벌인 두 시인은 물론이고,
고관들과 회장에 넘치는 수많은 관중도 전혀 존재하지 않는 것처럼,
왕자 옆으로 다가갔다.
시인은 똑바로 왕자의 눈을 응시하며,
옛날에 어린 왕자에게 한 것처럼,
마치 난로 옆에서, 또는 시냇가에서 왕자 한 사람만을 상대로 얘기하듯이,
조용조용히 얘기하기 시작했다.
"왕자님, 어린 시절의 이야기를 계속할까요?
사람에게 집이 있듯이, 사랑에도 집이 있습니다.
새에게 둥지가 있듯이, 꿈에도 둥지가 있습니다.
하지만 사람이 마음에 들지 않는 집에는 살지 않듯이,

사랑 역시 스스로 집을 선택합니다.
제비 둥지에서는 제비 새끼가 부화하듯이,
자라는 둥지에 따라 부화하는 꿈도 역시 다릅니다.
물고기가 하늘에서 살 수 없듯이, 새는 물에서 살 수 없습니다.
봄에 백합이 피듯이, 가을에는 나뭇잎이 떨어집니다.
새가 아름답게 노래하듯이, 두더지는 말없이 얘기합니다.
목수가 돌을 쌓듯이, 농부는 씨앗을 뿌립니다.
꽃에 생명이 있듯이, 돌에도 꿈이 있습니다.
돌에 슬픔이 있듯이, 나무에도 분노가 있습니다.
나비가 사흘 만에 죽듯이, 나무에도 죽는 날이 옵니다.
아, 왕자님이여, 제 눈에는,
사랑하는 도시가 무너지는 광경이 보입니다……."
음유시인이 이렇게 왕자를 상대로 얘기하는 동안,
회장 안은 점점 술렁이기 시작했다.
국가의 중대한 행사를 망치게 된 진행자가,
신속하게 특수호위병에게 명령을 내리는 동시에,
민중시인은 왕자 한 사람만을 상대로 얘기하는 음유시인을 비난했고,
대시인은 음유시인을 무시하고 연설을 시작했다.
술렁임이 더욱 커져서, 성난 목소리가 오가기 시작했을 때,
가까스로 도착한 특수호위병이 음유시인을 구속하여,

그를 성 밖으로 쫓아내자,
간신히 소동이 가라앉은 궁전에서는, 대시인이 다시,
화려한 말로 마지막 축사를 시작하고 있었다.

불행한 남자와 저승사자

매일매일, 자신의 불행을 한탄만 하고 있는 남자가 있었다.
그 남자는 입만 열면 말하는 것이었다.
"아, 저승사자여, 어째서 빨리 나에게 오지 않는 거냐?
내가 이렇게 애타게 기다리고 있는데.
어서 빨리 네가 와서,
나의 불행한 인생을 끝내준다면 얼마나 기쁠까!"
그런데 저승사자는, 이 남자가 자기를 애타게 불러대는 목소리를,
듣지 못한 것은 아니었지만,
자기를, 그때뿐인 감정에서가 아니라,
일시적인 감정이 식어도 여전히 좋아해주는 인간이,
그리 많지 않다는 것을 잘 알고 있었기 때문에,
한동안은 상대도 하지 않고 있었다.
그런데 보아하니 남자는 아무래도 진심으로,
자신을 애타게 기다리고 있는 것 같았다. 그 증거로,
남자는 누구를 만나든, 그 자가 친구이든 누구이든,
"이런 인생에는 이제 정말 지쳤소,
남은 소원은 오직 한 가지, 저승사자가 와서,
내 인생의 막을 한시 바삐 내려주는 것이라오."
이렇게 입버릇처럼 기회만 있으면 늘어놓는 것이었다.
그리하여 저승사자도, 결국,
저토록 가련한 남자의 소원을, 가능한 한 빨리,

들어주지 않으면 너무 가엾다고 생각하기 시작했다.
그래서 저승사자는, 어느 날 남자가 평소보다 더 큰 목소리로,
"저승사자여, 도대체 어디에 있는 것이냐?" 소리친 날 아침에,
서둘러 채비를 하여, 남자의 집을 찾아가서,
오랫동안 저승사자의 방문을 기다렸던 남자의 집 문을 두드렸다.
그렇게도 자신이 오기를 고대했던 남자가,
자기를 얼마나 기쁘게 맞이해줄까 하고,
저승사자가 격에 맞지 않게 설레는 마음으로 문을 열자,
이게 웬일인가, 남자는, 저승사자의 모습을 보자마자 비명을 지르며,
두려움에 몸을 떨다가, 급기야는 소리를 질렀다.
"썩 꺼져, 이 저승사자 같으니! 이곳은 아직 네가 올 데가 아니야!"
어이가 없어진 저승사자는 뼈아프게 느끼는 것이었다.
이래서 인간은 믿을 수가 없는 거라고.

나무꾼과 저승사자

저승사자에 얽힌 또 하나의 이야기.

어떤 곳에 한 가난한 나무꾼이 있었다.
매일매일 숲에 가서, 나무를 베어 장작을 만들고,
그것을 산처럼 등에 지고 집에 돌아와,
단을 지어서 시장에 내다 파는 것이 그의 생업이었다.
일은 고되고, 수입은 적고,
간신히 식구들 입에 풀칠하는 것이 고작이었지만,
그래도, 그렇게 매일 열심히 일하기만 하면,
어떻게든 연명할 수는 있었다.
하지만, 일이 너무 힘들어 잠시 몸을 쉬기라도 하면,
그것은 당장 살림에 나타났다.
그런 나무꾼이 어느 날 숲에서,
여느 때와 다름없이 나뭇짐을 지고, 한 걸음 또 한 걸음,
집을 향해 무거운 다리를 옮기면서,
문득, 자신의 인생을 돌아보며 생각했다.
'아, 참으로 끔찍한 인생이다.
별다른 낙도 없이 이렇게 매일 장작을 지고,
이렇게 매일 등골이 빠지는 무게를 견디며,
이렇게 하루하루 늙어가는구나.
아, 이제부터 추운 겨울이 닥쳐올 텐데,
앞으로 언제까지 이렇게 살아야 한단 말인가……'

그런 생각을 하는 사이에 갑자기 허무감이 밀려들자,
그것이 말이 되어 입 밖으로 새나오고 말았다.
"저승사자여, 오라, 정말 네가 어딘가에 있다면.
와서 나를 편히 쉬게 해다오, 이 고통에서 해방시켜다오!"
그러자, 저승사자가 당장 나타나,
나무꾼의 소원대로 그의 목숨을 빼앗은 뒤, 말없이 사라졌다.
목숨을 잃는 그 순간, 나무꾼의 뇌리를,
일을 마치고 집에 돌아갔을 때 난로의 따뜻한 불기운과,
언 몸을 녹여주는 뜨거운 스프 향기가 스치고 지나갔지만,
그것도 참으로 한순간의 일이었다.

중년남자와 두 아내후보

어떤 곳에 혼자 사는 중년남자가 있었다.
아직은 젊다고 생각하는 사이에,
어느새 늙어가는 것이 눈에 띄게 된 그 남자는,
이제 때가 된 것 같으니 결혼이나 해볼까 하고 생각했다.
원래 인기가 없는 편도 아니었던 데다,
착실하게 저축해온 덕택에 재산도 제법 이루었기 때문에,
남자가 그런 눈치를 보이자, 마음이 솔깃하여 접근해 오는 여자가 많았다.
그래서 남자는 더욱더 느긋한 마음으로,
요리조리 고르면서 우아한 독신생활을 보냈다.
그러저러 하는 사이에, 남자는 어느새 두 여자를,
아내후보로서 집안에 출입시키고 가까이 교제하며,
때로는 집안일을 시키기도 했다.
두 여자 가운데 한 사람은 아직 젊디젊고,
또 한 사람은 한창 때가 지났는데,

둘 다 정식으로 아내 자리를 차지하려고,
서로를 의식하면서 경쟁적으로 남자를 섬겼다.
어느 날, 남자가 평소처럼 두 여자를 거느리고 있으니,
누가 먼저랄 것도 없이 두 여자는,
흰머리가 섞인 남자의 머리를 손질하기 시작했다.
그런데, 두 사람 다 자기와 어울리도록,
젊은 쪽은 남자가 젊어 보이게 흰머리를,
또 한 쪽은 검은 머리를,
무아지경이 되어 서로 경쟁하듯이 부지런히 뽑았다.
그리하여 정신을 차렸을 때는, 남자의 머리에는,
한 오라기의 머리카락도 남아있지 않았다.
남자는 속으로 망연자실했지만,
역시 나이는 헛먹은 게 아니라서, 분노를 얼굴에 드러내지 않고,
끝까지 감정을 억제하며 두 사람에게 말했다.
고마우신 여성분들, 덕택에 잘 알게 되었소.
여자란 남자를 자신에게 편리하도록,
멋대로 만들어버린다는 것을.
이것이 머리카락이니 망정이지,
멋도 모르고 누군가를 아내로 맞이했다면,
머지않아 난 알몸뚱이가 될 뻔했구려.

이리하여 두 여자는 쫓겨나고,
저택에는 한 대머리 남자만 남게 되었다.

늑대와 학

어느 날 망나니 늑대가 무슨 바람이 불었는지, 학부인을 식사에 초대했다.
학부인이 늘 친절을 베풀어준 데 대해
조금이나마 보답하고 싶다는 것이었다.
평소에 욕심 많고 버릇없는 늑대로서는 무척 갸륵한 일이다 싶어,
별로 기대하지는 않았지만,
어쨌든 늑대가 어떤 것을 내놓을지 궁금하여,
학부인은 서둘러 늑대의 집으로 갔다.
차린 것은 없지만, 하는 늑대의 말 그대로
음식은 단 한 가지밖에 없었는데,
부엌에서 뭔지 몰라도 맛있는 스프 냄새가 솔솔.
망나니 늑대치고는 제법이라고 속으로 잔뜩 기대를 하며,
테이블에 앉아 목을 길게 빼고 기다리고 있던 학부인.
"자, 오래 기다리셨습니다."
마침내 식탁에 오른 스프를 보고 놀란 학부인.
늑대가 가지고 온 것은, 납작한 접시 표면이 살짝 덮일 정도의 스프.
늑대는 날름날름 접시를 핥을 수 있으니 상관없지만, 가련한 것은 학부인.
아무리 먹으려 해도, 길고 뾰족한 부리로 콕콕 접시를 찍기만 할 뿐.
"아니, 입맛에 맞지 않습니까? 괜찮으시다면 한 접시 더 드세요."
망나니 늑대는 이렇게 말하면서,
자기는 몇 번씩 접시에 덜어 맛있다는 듯이 늘름늘름 핥는다.
결국 먹지는 못하고 냄새만 맡은 학부인.
얼마 지나, 이번에는 학부인이 망나니 늑대를 식사에 초대했다.

별 것 아니지만 지난번 초대에 대한 보답이라 하니,
조심성이 많아 거절할 줄 알았던 늑대,
웬 걸, 떡하니 찾아와서 한 술 더 떠,
성의가 고마워서 사양하지 않기로 했다는 말까지 했다던가.
그리하여 늑대는, 자리에 앉아 기다리는 동안,
학부인이 도대체 무엇을 만들고 있는지 궁금해져서,
살짝 부엌을 들여다보니,
놀랍게도 늑대가 무척이나 좋아하는 고기스튜가 아닌가!
친절한 학부인, 먹음직스러운 그 고기를,
먹기 좋게 잘게 잘라 끓이고 있네.
자기도 모르게 얼굴에 웃음이 번져서 자리에 돌아온 늑대,
이제나저제나 군침을 삼키며 기다리고 있으니,
드디어 들리는 학부인의 목소리.
"오래 기다리셨죠?"
하지만 학부인이 가져온 스튜를 보고 놀라는 늑대.
학처럼 목이 가느다란 긴 항아리에 담아왔네.
입은 들어가지 않고 혀도 닿지 않고,
자 많이 드세요, 상냥한 학부인의 목소리에,
늑대의 군침은 눈물로 변하고 말았대나 어쨌대나.

아이와 선생님

어느 날 한 아이가 강가에서 놀다가,
발을 헛디뎌 강물에 빠졌다.
물의 양이 많고 흐름도 제법 빨랐기 때문에,
그대로 물살에 휩쓸려 떠내려가나 했더니,
신의 가호인지 부처님의 자비인지, 다행히도 아이는,
운 좋게 기슭에서 뻗어 나온 버들가지를 붙잡았다.
필사적으로 가지에 매달린 아이는 큰 소리로 도와달라고 외쳤다.
"아무도 없어요? 살려주세요!"
그때 마침 그곳을 지나가던 학교 선생님,
목소리를 듣고 아이를 발견하여, 무척이나 심각한 얼굴을 하기에,
어서 도와주려나 했더니,
가지에 매달려 있는 팔에 서서히 힘이 빠져가는 아이에게,
유유히 설교를 하기 시작했다.
"요 장난꾸러기 녀석 같으니! 그만하면 너도 넌더리가 났을 게다.
이젠 좀 깨달았겠지, 못된 장난의 대가를."
이젠 도와주겠지 했더니,
이번에는 주위를 한 바퀴 둘러보며,
마치 그 자리에 아이의 부모라도 있는 것처럼,
의기양양한 얼굴로 훈계를 늘어놓기 시작했다.
"부모인 자, 아이한테서 결코 눈을 떼서는 안 되거늘.
그것이 아이를 둔 부모된 자의 의무이거늘."
그 정도 했으니 선생님, 드디어 도와주려나보다 했지만,
얼굴이 새파랗게 질린 아이를 두고,
하늘을 우러러 뭔가 일장연설.
"못된 장난꾸러기의 자업자득이기는 하지만,
그래도 존엄한 생명은 생명. 살아야 회개도 할 수 있지.
박애란 널리 사랑하는 마음이요,

교육자란 가르치고 키우는 자라.
나의 헌신은 그것을 위해 이득과 보답을 기대하지 않고,
이 한 몸 바쳐서 끝까지 봉사하는 것!"
거기까지 말하고서야 간신히,
가까스로 아이에게 손을 내밀었다.
하지만 그때는 이미 신의 가호인지 부처님의 자비인지,
다행히도 그 아이는 이러구러 혼자 힘으로 궁지에서 빠져나와,
물가에서 마신 물을 필사적으로 토해내고 있었다.

닭과 진주

어느 날, 한 닭이
먹을 것을 찾아 땅바닥을 샅샅이 뒤지다가,
우연히 진주를 발견했다. 그리고 생각했다.
'뭐야, 옥수수인가 했더니.'

어느 날, 한 개가 숲에서
주인이 쏜 사냥감을 찾다가,
우연히 사금이 든 자루를 발견했다. 그리고 생각했다.
'뭐야, 겨우 찾았나 했더니.'

어느 날, 무식한 남자가
헛간을 청소하다가,
손으로 쓴 무척 귀중한 책을 발견했다.
'뭐야 헌책이잖아, 난로 불쏘시개로 안성맞춤이군.'
그러고는 학자에게 물어보지도 않고 불태워버렸다.

말벌과 꿀벌

어느 때, 한 개의 벌집을 둘러싸고 분쟁이 일어났다.
사람 눈에 잘 띄지 않는 외딴 곳에,
꿀이 많이 저장되어 있는 듯한 벌집이 있었는데,

지나가다가 그것을 본 말벌이,

느닷없이 그걸 자기가 지은 집이라고 우기기 시작했다.

그때, 그 집을 지은 당사자인 꿀벌은

꽃을 찾아 먼 곳까지 나갔다가,

한참 뒤 돌아와 보고 깜짝 놀랐다.

어느새 말벌이 벌집 위에,

제집인 양 떡하니 앉아 있었던 것이다.

당연히 꿀벌이,

"이곳은 내 집이니 비켜주시오."

그러자 말벌은,

무슨 소리요, 꿀벌 씨 이곳은 내 집이오."

아무리 얘기해도 결론이 나지 않는 데다,

말벌은 몸집도 크고 힘도 세어보여서,

난처해진 꿀벌은, 하는 수 없이 소송을 걸기로 했다.

꿀벌로서는 그것이 자기 집인 것은 명명백백한 일이었고,

물론 그것은 말벌도 알고있을 터이지만

그럼에도 눌러앉아 있는 이상,

꿀벌로서는 흑백을 가리려면 다른 방법이 없었던 것이다.

너무나 터무니없는 억지소리라고 생각하면서,

또, 남의 눈에 띄지 않게 하려고

외딴 곳에 집을 지은 것이 실수였다고도 생각하면서,

꿀벌은 재판소에 호소했다.

같은 벌끼리의 송사여서, 재판은 장수말벌이 맡게 되었다.

문제는, 재판이, 어떤 재판이나 다 그렇겠지만,

어디까지나 증거에 의해 결정된다는 데 있었다.

운 나쁘게도, 벌집이 외딴 곳에 숨어 있었기 때문에,

그 집을 실제로 꿀벌이 부지런히 짓고 있는 현장을

목격한 자가 아무도 없었다.

물론, 말벌이 짓고 있는 것을 본 자도 없었지만,

꿀벌에게도 증인이 없는 이상,

공정하게 재판하는 한, 어느 쪽의 것이라고 말하기 어렵다고,
장수말벌 재판관이 말했다.
그래서 증인을 찾는 데 며칠이 소비되었고, 그동안 재판은 휴정되었다.
꿀벌은 동족들을 총동원하여 필사적으로 증인을 찾았고, 그 결과,
집 근처 나무에 사는 올빼미가 증언대에 서주기로 약속했다.
졸리는 눈으로 올빼미가 말했다.
"분명히 그 집이 있는 곳에서,
매일 붕붕 하는 꿀벌의 날갯짓 소리가 들렸습니다."
그래서 이제야 됐다 싶었더니, 말벌이 시치미 떼는 얼굴로 말했다.
"내 날갯짓 소리도 이렇게 붕붕 하지 않습니까?"
결국 올빼미의 증언은 무효가 되었다.
이리하여 다시 새로운 증인을 찾기 위해 며칠이 지났고,
그동안 재판은 휴정되었다.
꿀벌의 동족은 더욱 총력을 기울여 필사적으로 새로운 증인을 찾았지만,
좀처럼 좋은 수가 없었다.
이를 보다 못해, 벌집 밑에 사는 말주변이 없는 개미가,
도움이 될지는 모르겠지만, 하고 증인으로 나서주었다.
"그 집은 분명히 하늘을 나는 생물이 지었습니다. 그리고,
어쨌든 높아서 잘 보이지는 않았지만,
그 생물은 검은 색이고 배에 줄무늬가 있었습니다."
물론, 유감이지만 개미의 증언은

이 재판에 아무런 도움도 되지 않았다.
그러저러 하는 사이에 자꾸자꾸 날은 지나갔다.
애써 저장한 꿀도 누구의 것인지 결정되지 않은, 채 집 안에서,
아무 쓸모도 없이 신선함을 잃어가고 있었다.
그때 꿀벌의 동족 하나가 중얼거렸다.
"이런 말도 안 되는 일에 시간을 낭비할 바에는,
차라리 다 같이 새로 집을 짓는 게 낫겠다."
그 순간, 꿀벌의 머리에 결정적인 해결책이 떠올랐다.
"맞아! 그렇게 간단한 것을!
믿을 수 없는 남의 말에 의지하니까 안 되었던 거야.
제손으로 저것과 똑같이 만드는 기술을 가진 자가 저 집의 주인이야."
그리고, 그 말이 땅에 떨어지기도 전에
꿀벌들은 힘을 합쳐서 부지런히 집을 다시 짓기 시작했다.
눈 깜짝할 사이에 문제의 집과 똑같은 집이 나타나자,
말벌은 꽁지가 빠지게 달아나고 말았다.

떡갈나무와 갈대

하루는 커다란 떡갈나무가 물가에 자라고 있는 갈대에게 말했다.
"갈대 군, 너나 나나, 자연이 만들어낸 건 다를 바 없지만,
그리고 보면 자연은 상당히 불공평하다고 생각한 적이 없니?
예를 들면, 내 가지에 내려앉아 날개를 쉬고 있는 수많은 새들 중,
한 마리라도 너에게 내려앉았다가는 큰일이지.
난 조그만 새 몇 마리쯤 앉더라도 아무렇지도 않지만,
너는 단 한 마리도 그 무게를 견디지 못하고,
거의 쓰러질 지경이 되지 않니.
산들바람이 불어도 비가 와도,

그때마다 너는 고개를 축 늘어뜨리고 언제나 휘청대지.
그에 비해 나는, 항상 하늘을 향해 고개를 높이 꼿꼿하게 쳐들고,
비바람 따위에는 꿈쩍도 하지 않아.
산들바람도 너에게는 폭풍이지만,
나에게는 폭풍조차 마치 산들바람 같아.
만약 네가 그런 외딴 곳에 살지 않고, 내 옆에 살았더라면,
내가 잎이 무성한 이 커다란 가지로, 비바람을 막아줄 수 있었을 텐데.
그런데 너희는 어찌된 까닭인지,
나라면 도저히 살고 싶은 마음이 들지 않는 축축한 물가에서,
비바람을 그대로 맞으며 살도록 만들어진 것 같구나.
아무리 생각해도 나는,
자연이 불쌍한 너희에게 심술을 부리고 있다는 생각밖에 들지 않아……."
"떡갈나무 군,
나를 걱정해주는 건 고맙지만, 안됐다고 생각해주는 것도 좋지만,
나는 자네가 생각하고 있는 것만큼 약하지 않아.
나에게 물가는
햇빛이 쨍쨍 내리쬐는 메마르고 딱딱한 땅보다 훨씬 상쾌하고,
비바람도 그리 무섭지 않아.
그러니까 조금도 자연이 불공평하다고 생각하지도 않아.
그렇기는커녕, 내 쪽에서 보면,

너야말로 어쩐지 무척 힘들어 보여.
바람이 불어오면, 우리는 그저,
다같이 어깨를 비비며 휘어질 뿐이지만,
너는 언제나 안간힘을 쓰며 똑바로 서있으니,
그러자면 등이 얼마나 아플까 하는 생각밖에 들지 않아.”
그런 얘기를 하는 사이에, 수평선 저편에서,
태풍이 무시무시한 기세로 불어 닥쳤다.
그야말로 수백 년에 한 번 있을까 말까한,
떡갈나무가 지금까지 한 번도 경험한 적이 없는 무서운 태풍이었다.
태풍이 지나간 뒤,
수백 년 동안 홀로 그 자리에서,
세상을 줄곧 지켜보았던 떡갈나무는,
대지에 뻗어 내린 뿌리를
하늘을 향해 쳐들고 쓰러져 있었다.

쥐들의 회의

오랫동안 부잣집 지붕 밑에서 살고 있는 쥐들이 있었다.
마침 그 지방이 무척 풍요로운 고장인 데다, 그 집 주인이,
자잘한 일에는 그리 신경을 쓰지 않는,
또 그럴 필요가 없을 만큼 부유한 사람이었기 때문에,
그 집의 쥐들은 대대로 굶주리는 일 없이,
통통하게 살이 쪄서, 생기는 대로 자손을 늘여가고 있었다.
그런데, 그런 쥐들의 천국에 어느 날 갑자기 무서운 재난이 닥쳤다.
집주인이 고양이를 키우기 시작한 것이다. 그것이 단순한 변덕인지,
아니면 그 지방을 덮친 가뭄 때문에 집주인도 곡물 창고에 관심이 가서,
마침내 쥐에 의한 피해를 눈치 챈 건지, 아니면 그런 것과는 상관없이,

우연히 아는 사람한테서 고양이를 얻어온 것뿐인지, 어쨌든 이유가 뭐든,
오랫동안 아무 일 없이 영위되었던 쥐들의 천국에,
고양이가 찾아온 것이다. 게다가 더 나쁜 것은,
그 고양이는 쥐를 잡는 데 천재적인,
즉 쥐에게는 그야말로 저승사자라고 할 수 있는 고양이였던 것이다.
지금까지 태평하게 살아온 쥐들은, 어제는 3마리 오늘은 5마리,
날이 갈수록 고양이의 먹이가 되어 그 수가 하루하루 줄어갔다.
쥐들은 회의를 열기로 했다. 의제는 말할 것도 없이,
이 집에 살게 된 이래 처음으로 맞닥뜨린 존망이 걸린 위기를,
어떻게 벗어날 것인가 하는 것이었다.
하기는, 그 집의 쥐들이 회의를 여는 것은, 이번이 처음이 아니었다.
그도 그럴 것이, 그 집의 쥐들은
오랫동안 먹을 것을 스스로 찾는 수고를 하지 않고도 배불리 먹으며,
유유하게 나날을 보내고 있었기 때문에,
말하자면 지루함을 잊기 위해 매일처럼 회의를 열어,
아무것도 아닌 일로 이러쿵저러쿵 떠들고 있었던 것이다.
그래서 그날의 의제는,
평소의 잡담과는 다른 다같이 진지하게 의논할 가치가 있는,
거의 처음 있는 의제다운 의제였다.
그리하여 쥐들은 전에 없이 진지한 표정으로,
저택 지붕 밑에 있는 회의장에 모두가 모였다.
그런데 막상 회의가 열리자,
어느덧 그들은 여느 때와 같이 늘 하던 대로 재잘재잘,
또는 입에 게거품을 물며 장황하게,
독도 약도 되지 않는 연설을 시작하는 것이었다. 그것을 의장이 제지하자,
이번에는, 가끔 뼈있는 의견을 말하는 것으로 인정받고 있는
똑똑한 쥐가 발언했다.
"여러분, 지금이 그런 헛소리를 하고 있을 땐가요?
문제는 우리의 생사와 미래에 대한 긴급한 과제입니다.
고양이는 무엇인가, 쥐는 무엇인가,

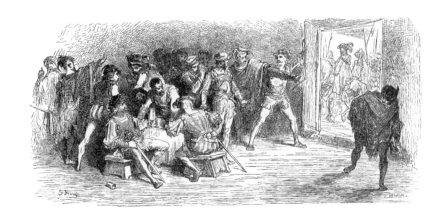

주인의 의도는 어떤 것인가 하는 것보다도, 지금은 우선 이번 사태를
어떻게 타개할 것인지 구체적으로 결정해야 하지 않겠습니까?"
역시 저 쥐는 하는 말이 우리하고는 달라, 하는 듯이
모두가 조용해진 것을 보고, 똑똑한 쥐가 말을 이었다.
"거기에 대해 저한테 좋은 생각이 없는 것은 아닙니다.
문제를 정리해서 생각해 보건대,
그 고양이를 우리가 실력으로 몰아낼 수 없는 이상,
요컨대 그 고양이에게 붙잡히지 않도록 하면 되는 겁니다.
그렇게 되면 얘기는 간단하지요. 여기 방울이 하나 있습니다.
방울은 흔들면 소리가 나지요. 이 방울 소리가 들리면,
우리는 고양이의 손길이 미치지 않는 쥐구멍으로 달아나면 되는 겁니다.
자, 여러분, 내 생각이 어떻습니까?"
똑똑한 쥐가 말을 마치자,
회의장에 우레 같은 박수가 일어났다.
"맞아, 그렇게 하면 되겠네."
"뭐야, 그렇게 간단한 것을!" 하는 소리와,
안도의 웃음소리가 회의장을 가득 채우고,
똑똑한 쥐도 만면에 웃음을 띠면서,
속으로 이제 다음 의장 자리는 따논당상이야
하고 생각하고 있던 바로 그때,

구석에서 웅크리고 앉아 있던 어린 쥐가,
어머니를 바라보면서 기쁜 표정으로 말했다.
"훌륭하세요, 저 아저씨. 고양이 목에 방울을 걸다니.
난 무서워서 도저히 할 수 없는 걸요.
잡아먹히면 어떡하려고."
그 순간 회의장은 물을 끼얹은 것처럼 조용해졌다.
……그래, 도대체 누가 고양이 목에 방울을 건단 말인가…….
생각만으로는, 말만으로는,
회의에서 결정하는 것만으로는, 아무 소용이 없다는,
이 세상의 당연한 이치가,
그제서야 회의장의 쥐들 눈에도 보이기 시작했다.

늑대와 여우의 분쟁

어느 날 늑대가 귀한 물건을 도둑맞았다고 순경에게 신고했다.
"아무래도 이웃집 여우가 수상합니다.
저는 놈의 옆집에 살고 있기 때문에 잘 알고 있는데,
그놈은 지금까지 나쁜 짓을 많이 해왔어요. 놈이 범인이 틀림없습니다.
순경 나리, 놈을 붙잡아서 혼을 내주세요."
순경으로서는,
지금까지 온갖 나쁜 짓을 저질러온 늑대가,
아닌 밤중에 홍두깨로 도대체 무슨 소리를?
어쩌면 이것도 새로운 수법이 아닌가 하고 생각했지만,
그래도 신고는 신고인지라,
또, 여우가 수상하다고 늑대가 지명하여 말하므로, 하는 수 없이,
우선 참고인으로서 여우를 조사하러 갔다.
그러자 여우는 뾰족한 입을 더욱 뾰족하게 내밀고,

순경에게 불평을 쏟아내기 시작했다.

"어째서 제가 범인이라는 건가요?

저 악당이 하는 말을 곧이곧대로 믿는단 말입니까?

지금까지 이 마을에서, 저놈에게 물건을 도둑맞고도 참고 있는 주민이

도대체 몇인 줄이나 아십니까?

거의 모두예요! 저도 지금까지 억울한 일을 얼마나 당해왔는지 몰라요.

그런데도 순경 나리

늑대 놈의 말을 믿고 선량한 저를 의심하시다니…….

아! 해도 해도 너무하시는군요.

그리고 순경 나리, 중요한 사실이 또 한 가지 있습니다.

범인을 알 수 없어서 조사가 필요한 거라면, 그건 어쩔 수 없는 일이지요.

물론 저도 사정을 이해합니다.

악당을 붙잡는 것은 경찰의 의무니 협조할 수도 있습니다.

하지만 말입니다, 순경 나리,

그렇다면 왜 저만 의심하는 겁니까? 왜 저만이냐고요.

이건 분명하게 말해 차별입니다.

증거도 없이 범인 취급을 했으니까요. 이 저만을.

어디까지나 공평하고 공명하게 시민을 보호해야 할 경관이…….''

이렇게 말이 청산유수인 여우 앞에서,

순경은 쩔쩔 매며 어찌된 일인지 듣기는커녕

여우에게 거꾸로 고발을 당할 판이었다.

그러자 그때까지 잠자코 있던 늑대가 끼어들었다.

"말 한번 잘한다. 여전히 입은 살아있구나. 정말 그런 식으로,

네가 훔쳤다는 사실을 은폐할 생각이냐?

아, 이 놈의 사기에 걸려

도대체 얼마나 많은 선량한 시민이 눈물을 흘렸는지 아십니까?

속아 넘어가면 안 됩니다. 순경 나리. 저는 당신 편이에요.

나쁜 놈을 붙잡는 것이 순경의 의무. 남의 물건을 훔치는 건 나쁜 놈.

그러니까 순경 나리, 나쁜 여우를 얼른 체포하세요."

늑대가 그렇게 말하며 재촉한다고 해서,

시키는 대로 여우를 체포할 수도 없고,

일단 얘기를 들어보려 하면 여우가 이 소동이니.

그렇다고 이제 와서 늑대에게

"늑대 씨, 정말 물건을 잃어버린 게 사실인가요?"

이렇게는 도저히 물을 수가 없고,

'아! 이렇게 될 줄 알았으면, 처음부터 늑대가 하는 말 따위,

일일이 상대하지 않으면 좋았을 것을.'

사태가 여기까지 와버린 이상 버스 떠난 뒤 손 흔드는 격이라.

어지간히 난처해진 사람 좋은 순경,

하늘을 우러러 한숨만 폭폭 쉬다가 문득 생각했다.

"그래, 이 일은 판사님한테 맡기는 게 좋겠어.

도저히 내가 감당할 수 있는 상대가 아니야."

그렇게 생각한 순간 마음이 편해진 순경은,

두 사람을 재판소에 데리고 갔다.

여러분도 알다시피 재판소란,

늑대와 여우같은 악당에게도 그 문은 열려있다.

이리하여 늑대와 여우의 싸움은 장소를 바꿔,

이번에는 원숭이 판사 앞에서 한판 벌이게 되었다.

워낙 장소가 장소인지라 조금은 얌전해질까 했더니,

쌓이고 쌓인 악연 때문인지,

아니면 뭔가 꿍꿍이속이라도 있는 건지,

둘 다 평소 악당의 태도 그대로, 한 치도 양보하지 않는 대결.

뻔뻔스럽게 남의 물건을 가로채온 늑대가,

도둑맞았다, 도둑맞았다고 소란을 피우고,

평소에 아무렇지도 않게 남을 속여온 여우가, 함정이니 뭐니 하면서,

멍청한 표정의 원숭이 판사 따위는 아랑곳도 하지 않고 떠들어댔다.

게다가 과연 나쁜 짓에 있어서는 당할 자가 없는 두 사람,

상대의 흠집 들추기는 누워서 식은 죽 먹기.

이렇게 말하면 저렇게 얘기하고,

저렇게 얘기하면 이렇게 말하며 서로 한 치의 양보도 없이 언쟁을 벌이네.

그때 네가 이런 나쁜 짓을 한 일은 내가 다 알고 있다,
무슨 소리, 그렇게까지 무도한 짓을 할 수 있는 건 너밖에 없다고,
서로 그 세계를 속속들이 알고 있는 자가 아니면 알 수 없는,
온갖 치부를 다 드러낸 진흙탕 싸움.
끝없이 오가는 공방전 끝에
말없이 얘기를 듣고만 있던 원숭이 판사가 둘에게 말했다.
"잘 알았네, 늑대 군. 자네들의 주장을 자세히 들으니,
자네는 지금까지 꽤 남의 물건을 훔친 것 같은데,
이번에 도둑맞았다고 자네가 주장하는 물건에 관해,
그 물건이 정말 자네의 것이라는 증거를 대보게.
그리고 여우 군. 자네도 거짓말을 하고 있는 게 아니라면,
정말 거짓말이 아니라는 증거를 제시하게.
아울러서 그것을 확인하기 위해,
또 앞으로 두 사람 사이에 이런 분쟁이 일어나지 않도록,
나와 순경과 도시에 사는 모두가 증인이 될 것이니,
이제부터 다같이 자네들의 집에 가서,
자네들의 집에 있는 모든 것들을 하나하나,
그것들이 정말 자네들의 물건인지 아닌지,
많은 사람들의 얘기를 들으면서 확인해야겠네.
조금 시간이 걸리는 일이기는 하지만,

시민인 자네들을 위해서라면 하는 수 없는 일이지.
일단 한번 그렇게 해두면,
무엇이 늘었고 무엇이 줄었는지만 봐도
훔치고 도둑맞은 것이 무엇인지 쉽게 알 수 있을 테니까.
자네들도 앞으로
쓸데없는 싸움을 하지 않아도 되는 건 물론이고,
무슨 일이 일어나도, 그때마다 도시의 모든 동물로부터,
도둑이니 사기꾼이니 하는 오명을 쓰지 않고,
떳떳하게 자신의 결백을 증명할 수 있을 테니까."
이렇게 원숭이 판사가 말을 마친 것은,
늑대와 여우가 어느 틈엔가,
말없이 자취를 감추고 난 뒤였습니다.

소와 개구리

어느 날, 개구리들이 많이 사는 늪 근처의 들판에서
수소 두 마리가 서로 뿔을 맞대고,
한 마리의 암소를 사이에 두고 싸우고 있었다.
그것을 본 여윈 개구리 한 마리가,
사뭇 괴로운 듯이 크고 깊은 한숨을 내쉬었다.
친구가 물었다.
"이봐, 갑자기 왜 그러는 거야?"
"갑자기고 뭐고, 저게 안보여?"
"저게 뭐, 그냥 소싸움이잖아?"
여윈 개구리는 더욱 더 크게 한숨을 쉬며 말했다.
"아아, 한 마리의 암소를 사이에 두고 두 마리의 소가 사생결단.
어느 쪽이 이기고 어느 쪽이 지든,

내 알 바 아니지만, 생각 좀 해봐,
저 거구로 치고받는 싸움이,
우리가 사는 이 늪지에까지 미쳐봐,
저렇게 멀지 않으냐고 생각할지도 모르지만,
소로 봐서는 여기나 저기나 한곳이지.
다섯 걸음만 움직이면 저 커다란 발이 당장 우리 머리 위에 떨어질 걸.
도대체 우리 가운데 몇 마리가 밟히고 차여서 목숨을 잃을지.
게다가 저렇게 싸우다가 한 마리가 쓰러지기라도 해봐.
우리 개구리들은,
눈 깜짝할 사이에 쑥대밭이 되고 말 테니까……
저대로 가다가는, 곧 저 뿔이 큰 쪽이 이길 거야.
어느 쪽이 그녀를 차지하든 말든, 우리 알 바 아니지만,
문제는 그녀를 빼앗긴 쪽이 그 뒤에 어떻게 될까 하는 거지.
얌전하게 얼른 사라져주면 좋지만, 세상은 그리 호락호락하지가 않아.
울분을 풀 길이 없어 여기서 아마 한바탕 난리를 피울 걸.
사랑에 패한 사나운 소가,
바위에 머리를 박든 나무에 머리를 박든, 우리 알 바 아니지만,
만에 하나라도 늪의 갈대밭에 쓰러지기라도 하면, 모든 게 끝장.
어차피 저놈들은 꿈에도 모를 거야.
몸이 큰 자가 조금이라도 자포자기하면
그 그늘에서 수천의 작은 생명들이,

아무런 잘못도 없이 날아온 불똥에 맞아죽는다는 것을.”
그 소리를 들은 개구리들이 모두 새파랗게 질려서 떨고 있으니,
여윈 개구리가 계속 말을 이었다.
“그것도 모르고 소는 무슨 소! 아니, 그걸 모르기 때문에 소인가…….
어쨌든 봐, 이제 싸움이 거의 끝나가고 있어.
서투른 해설도 적당히 끝내지 않으면 목숨을 잃기 십상.
애써 계획을 세워도, 그것을 토대로 움직이지 않으면 헛수고.
자 모두, 이쯤에서 자리를 옮겨 깊은 늪으로 들어가는 게 어때?”
이리하여 개구리들은, 아직도 서로 피를 흘리고 있는 소를 뒤로 하고
개골개골 물을 건너갔습니다.

박쥐와 족제비

어느 날 박쥐 한 마리가, 실수로 족제비 소굴에 날아들었다.
오랜만에 느긋하게 쉬고 있는데, 갑자기 침입자가 뛰어들자,
쥐가 들어온 거라고 오인해버린 족제비네 안주인,
어이없다는 표정으로 이렇게 말했다.
“아니, 이런! 누군가 했더니 쥐가 아니냐?
고 녀석, 잘도 요런 간 큰 짓을 하다니.”
족제비로 봐서는, 이따금 먹이가 궁할 때 잡아서 요기를 하던 쥐가,
스스로 천적인 족제비 소굴에 뛰어든 셈이니 놀랄 수밖에.
“내가 누군지 알고 찾아온 거렷다. 성의를 봐서라도 고맙게 먹어주마.”
그러면서, 당장 잡아먹으려 하니, 이를 어째! 박쥐가 놀라서 소리쳤다.
“잠깐만요, 족제비 님, 저는 쥐가 아니에요, 박쥐예요.”
“응? 고것 참 이상한 이름의 쥐도 다 있구나.
상관없지 뭐, 그럼 어디 맛 좀 볼까?”
이 말을 듣고 필사적이 된 박쥐. 날개를 크게 펼치고 이렇게 말했다.

"그게 아니고요, 족제비 님. 이 날개를 좀 보세요,
쥐에게 날개가 있는 것 보셨습니까?"
그 말에 자세히 들여다보니, 확실히 쥐와는 약간 다른 꺼림칙한 모습이라.
어쩐지 식욕까지 싹 가셔버린 족제비네 안주인,
당장 꺼지라고 소굴에서 박쥐를 쫓아냈다.
그런데 한참 뒤에 이 박쥐가,
무슨 마음에서인지 족제비 소굴로 다시 날아들었다.
"웬 놈이냐!"
이번에는 족제비네 주인이 소리치자,
박쥐는 반사적으로 날개를 있는 대로 다 펼치고 이렇게 말했다.
"이걸 좀 보세요, 저에게는 날개가 있습니다."
그것을 보고 놀란 족제비네 주인.
어쨌든 새라 하면 족제비의 천적. 지금까지 얼마나 많은 동족이,
독수리와 매의 먹이가 되어왔던가.
그 밉살스러운 새가 침입해 왔으니 놀랄 수밖에.
물론 한순간 간이 콩알 만해졌지만, 그래도 역시,
산전수전 다 겪은 족제비네 주인인지라, 순간적으로 상대가,
새 치고는 연약한 놈이라는 걸 알아챘다.
그래서 오랜 원한을 여기서 한꺼번에 풀자 하고,
"이 새놈아! 각오하라!" 크게 소리치며 달려들었다.

예상이 빗나간 박쥐는 깜짝 놀랐지만,
아무래도 족제비가 새에게,
적지 않은 원한을 품고 있다는 것을 잽싸게 눈치 채고,
날개를 접은 뒤 이렇게 말했다.
"잠깐만요, 족제비 님. 전 새가 아니에요. 보세요, 이 날개를,
새라는 증거인 깃털이 하나도 없잖아요?"
그것을 본 족제비네 주인, "뭐야, 쥐잖아."
하고는 박쥐를 널름 잡아먹고 말았다.

화살 맞은 새

한 마리의 새가 화살에 맞아 공중에서 떨어졌다.
얄궂게도 새 가슴을 푹 찔러 치명상을 입힌 것은,
화살촉에 살깃을 단 한 개의 화살.
물론, 새가 무슨 짓을 한 것은 아니다.
활과 화살을 만든 것은 사람. 그리고 똑바로 날리기 위해,
하늘을 나는 새의 깃털을 화살촉에 단 것도 사람.

물론 새를 노린 것도, 활을 쏜 것도 사람.

그리고 지금, 동족의 깃털이 달린 화살에,

목숨을 잃어가고 있는 것은, 한 마리의 새.

고통스러운, 새의 비통한 소리가 공기를 가른다.

흘러내린 피가 대지에 스며든다.

한 마리의 새가 한 개의 뜻하지 않은 화살에 맞아 목숨을 잃는다.

이렇게 될 줄이야, 꿈에도 생각지 못했는데…….

활을 똑바로 날게 하는 것은, 화살촉에 단 살깃의 역할.

그러니까 어느 날, 다른 화살이 정해진 목표대로,

똑바로 다른 생명을 향해 나는 것 역시…….

암캐와 집

머지않아 출산을 앞둔 들개 한 마리가,

생판 모르는 암캐의 집에 가서, 아주 잠시만,

우선 새끼를 낳을 때까지 만이라도,

어떻게 댁의 집을 빌려줄 수 없겠느냐고 사정했다.

부탁받은 쪽은 입장이 난처했지만, 상대의 커다란 배를 보자,

같은 암캐로서 딱 잘라 거절하는 것도 마음이 편치 않아,

결국 집을 빌려주기로 했다.

그리고 얼마 뒤에 새끼가 태어나자,

이제 집을 돌려달라고 말하러 가니,

들개는 세 마리의 새끼를 보호하려고, 잠시만 더,

하다못해 이 아이들의 다리에 힘이 붙을 때까지 만이라도 하며 사정한다.

그래서 하는 수 없이, 다시 몇 주일 동안 노숙을 하며 비바람을 견디다,

이 정도면 충분하겠지 하고 집으로 돌아가보니,

새끼는 이제 상당히 자라 있었는데,

이번에는 그 새끼들이 나란히 엄니를 드러내며 위협하듯이 말했다.
"빼앗을 수 있으면 어디 빼앗아보시지."

독수리와 풍뎅이

독수리가 토끼를 노리고 하늘에서 내리꽂듯 날아 내려온다.
기색을 눈치 챈 토끼가, 쏜살같이 토끼굴을 향해 달아난다.
여기까지는 혹독하기는 하지만 자연의 법칙으로,
흔히 볼 수 있는 생존경쟁의 한 장면이다.
그런데 무슨 생각을 한 건지 이 토끼,
아니면 달아나는 건 도저히 불가능하다고 포기한 건지,
자신의 소굴 바로 앞에서, 풍뎅이의 집으로 뛰어들었다.
뛰어들어 봤자 풍뎅이의 집이니,
겨우 토끼 콧등이나 가릴 만큼 작은 구멍.
풍뎅이가 놀라서 밖으로 나와 보니,
평소에, 자기 집으로 운반하기에 딱 좋은 동그란 똥을 배설해주고 있어서,
늘 고맙게 생각하고 있던 이웃집 토끼가,

얼굴을 땅에 박고 온몸을 떨면서, 살려달라고 애원하고 있는 게 아닌가?
그때 날개소리도 사납게 독수리가 날아 내려와,
무시무시한 발톱으로 토끼를 콱 움켜잡았다.
바로 그때 풍뎅이가 끼어들었다.
풍뎅이는 몸집은 정말 작지만 똥을 부지런히 모아 둥글게 뭉쳐서,
그것을 굴려 집으로 운반한 뒤, 다시 흙으로 되돌리는 곤충으로,
이집트 지방에서는 신의 사자로까지 일컬어지며 귀한 대접을 받고 있다.
게다가 자세히 보면,
그 반짝이는 날개가 제법 볼만한지라,
아무튼 자존심이 높은 점에 있어서는 누구 못지않은 곤충이었다.
그 풍뎅이가, 사뭇 의연한 태도로 독수리에게 말했다.
"새의 여왕이신 독수리여,
곤충족의 왕자인 내가 하는 말에 잠시 귀를 기울여 주지 않겠소?
보아하니, 당신의 발톱 밑에서 목숨을 구걸하고 있는 것은,
나의 좋은 이웃인 토끼 공.
물론, 이런 일이 나와 인연이 없는 곳에서 일어났다면,
아무리 좋은 이웃이라 해도, 죽고 사는 것은 이 세상의 인과라,
설령 슬픔에 가슴이 미어지는 일이 있다 해도,
말없이 그 전말을 지켜볼 것이오만,
그러나 독수리여, 이곳은 바로 내 집 문 앞.

게다가 토끼 공이, 다른 누구도 아닌 바로 이 나를,
의지하고 뛰어든 피난이라.
물론, 독수리 폐하에게는 모처럼 잡은 사냥감이니,
여기서 놓치면 아깝겠지만,
독수리 폐하로 치면 기껏해야 토끼 한 마리쯤,
마음만 먹으면 당장 내일이라도 다시 잡을 수 있을 것이오.
얻는 것도 인연이면 잃는 것도 인연, 또 기이하게도,
새의 여왕과 곤충의 왕자가 만난 것도 뭔가의 인연인가 하니,
그런 연유로, 지금은 일단 내 얼굴을 보아,
토끼 공이 내 집에 뛰어든 시점에서,
오후의 여흥은 그만 끝내시고, 웃는 얼굴로 놓아주시는 것이 어떻겠소?"
제법 당당한 풍뎅이의 연설이었으나,
그 연설이 채 끝나기도 전에,
독수리의 강력한 일격이 풍뎅이를 덮쳤다.
웬걸, 독수리가 풍뎅이의 말 따위에는 전혀 귀를 기울이지 않고,
그 존재조차 무시하는 듯이 철썩 하고,
커다란 날개로 풍뎅이의 머리를 일격했으니 견딜 장사가 어디 있으랴?
풍뎅이가 떼굴떼굴 땅바닥을 몇 번 굴러,
발랑 뒤집어진 상태로 필사적으로 허우적거리고 있을 때,
독수리는 얼른 토끼를 죽인 뒤,
아무 일도 없었던 것처럼 자기 둥지로 가져가고 말았다.
허나 여기서 주저앉아버리는 건, 풍뎅이의 자존심이 허락하지 않으니.
풍뎅이는 굴욕을 씹으며 일어나,
지구의 파수꾼 특유의 참을성으로 고통을 참으며,
한 발 한 발 천천히 대지를 밟은 뒤,
잠시 한숨 돌리고 나서 날개를 펼쳐 독수리의 둥지를 향해 날아올랐다.
독수리의 둥지는 커다란 나무 위에 있었지만,
풍뎅이가 날아오르지 못할 높이도 아니고,
둥지 안에는, 목표로 하는 독수리의 알이 있었다.
풍뎅이는 독수리가 집에 없는 것을 확인한 뒤, 천천히 알에 다가갔다.

"가련한 토끼 공의 원수, 내가 받은 굴욕의 대가."
풍뎅이는 알을 뒷발로 떼굴떼굴 굴려,
하나하나 나무 위에서 땅으로 떨어뜨렸다.
잠시 뒤 둥지로 돌아온 독수리는,
소중한 알이 모조리 깨져있는 것을 보고, 슬픔에 잠기고 말았다.
자식을 생각하는 부모의 마음은 누구에게나 마찬가지라,
독수리의 비통한 절규가, 반년 동안이나 숲 속에 메아리쳤다고 한다.
그로부터 반년이 흘러 다시 산란의 계절이 돌아왔을 때,
독수리는 두 번 다시 비극이 일어나지 않도록,
이번에는 높디높은 바위산 꼭대기에 둥지를 지어 알을 낳았다.
풍뎅이는 독수리가 둥지에 알을 낳은 것을 알자, 당장 그 둥지를 향해,
자신의 날개로 오를 수 있는 높이까지는 하늘을 날고,
그 다음부터는 여섯 개의 다리로 바위산을 기어올라, 마침내,
"가련한 토끼 공의 원수, 내가 받은 굴욕의 대가."
이렇게 말하면서, 이번에도 알을 골짜기에 떨어뜨렸다.
어떤 부모라도 자식을 잃는 것은 미래를 잃는 것과 마찬가지.
독수리의 비통한 절규가 반년 동안이나 천지를 뒤흔들었다고 한다.
다시 그로부터 반년 뒤에 또 산란의 계절이 돌아왔을 때,
독수리는 마지막 수단으로,
자신의 수호신인 제우스에게 도움을 청하여,
그 옷 속에 알을 맡아달라고 부탁했다.
겨우겨우 얘기가 잘 되어,
제우스가 맡은 알을 품에 안고 하늘로 오르려고 한 순간,
세 번째로 풍뎅이가 나타나서,
이번에는 놀랍게도, 제우스의 아름다운 옷에 실례를 하고 말았다.
놀란 제우스가 황급하게 오물을 털어내는 바람에,
그만 독수리의 알을 땅에 떨어뜨려 깨고 말았다.
그 모습을 본 독수리는 슬픔보다 먼저 화가 났다.
"도대체 무엇을 위한 수호신이란 말인가,
인간의 어린아이도 하지 않을 부주의하기 짝이 없는 실수를 하다니.

과연 신의 행위라 할 수 있는가?
그 정도의 신이라면, 이제 다시는 꼴도 보기 싫다."
과연 그 말을 듣고 보니,
만능의 신으로 통해왔던 제우스로서도 입장이 난처해지지 않을 수 없어서,
"이런 신을 지금까지 떠받들어온 자신이 저주스럽다."
이렇게까지 말하는 독수리를 그저 바라보기만 하다가,
독수리와 풍뎅이의,
이 진흙탕 싸움의 조정역을 자신이 책임지고 떠맡기로 했다.
이리하여 조정이 시작되었건만,
이 조정은 생각했던 것보다 난항이었다. 그도 그럴 것이,
"확실히 그의 얘기를 무시하고 날개로 때린 것은 나빴다"고,
먼저 독수리가 잘못을 인정한 데 비해,
"사라진 생명과 상처받은 자존심은 두 번 다시 되돌릴 수 없다"며
풍뎅이는 한 발짝도 양보하지 않았던 것이다.
그렇게 되자 독수리도,
"그렇다면 내가 잃은 알은 어떻게 되는 거냐"며 흥분했고,
풍뎅이는 오로지, 조그마한 곤충이라고는 생각할 수 없을 만큼 침착하게,
"그것이 바로 인과라는 것이다" 하며 쌀쌀맞기 그지없다.
둘 다 끝까지 화해할 낌새가 보이지 않자,
결국 제우스는, 독수리가 알을 낳는 시기를
풍뎅이가 겨울잠을 자는 겨울로 바꿈으로써,
간신히 조정역으로서의 체면을 유지했다고 한다.

사자와 파리매

사자가 파리매에게 말했다.
"저리 꺼져, 이 버러지야, 하찮은 쓰레기 같은 것이, 썩 꺼져버려!"

파리매라 하면,

물론 쓰레기 더미도 뒤지고, 다른 동물의 피도 빨아먹으며,

새삼 들출 것도 없지만, 자신이 몸집이 작을 뿐만 아니라,

그 생김새도 결코 내세울 게 없다는 것쯤은 익히 알고 있는 터라,

어지간해서는 일일이 화를 내지 않지만, 그래도 이때의,

사자의 말뽄새는, 누가 뭐라 해도 도저히 삭여들을 수가 없었다.

그래서 파리매는 대담하게도,

지금까지 사자가 누구한테서도 결코 들은 적이 없는 강한 어조로,

이렇게 쏘아붙였다.

"이봐, 사자! 백수의 왕인지 뭔지는 모르겠지만,

기껏해야 숲 속의 알랑거리는 작은 동물들이

그런 식으로 불러준다고 우쭐해서,

사자라고 하면 누구나 무서워서 벌벌 기는 줄 아는 모양이지?

그래서 이 내가 무서워서 떨 줄 알았나?

미안하지만, 원래부터 작은 이 심장은 상대가 누구든,

더 이상 오그라들 것도 없단 말이지."

말하기가 무섭게 파리매는

갑자기 날개소리를 높이 울려 동료들을 불렀고,

사자의 몸이 시커멓게 덮여 보이지도 않을 정도의 대군을 이루어,

일제히 사자를 공격했으니, 거기에 견딜 장사가 어디 있으랴?

눈도 입도, 코도 귀도, 손도 발도, 목도 꼬리도 할 것 없이,

사자의 온몸을 파리매와 그 동료들이 사정없이 찔러댔다.

사자의 몸은 당장 여기저기 파리매에게 찔려 부어올랐고,

그 부어오른 피부를 겨냥하여, 파리매떼가 다시 끈질기게 공격을 계속했다.

이렇게 되자 사자가 자랑하는 엄니도, 갈기도,

아무 소용이 없었다.

너무 가렵고 아파서, 사자는 미친 듯이

자신의 날카로운 발톱으로, 자기 몸을 마구 긁어댔다.

이윽고 배가 터지고 목이 찢어지고, 사지가 새빨갛게 물들었지만,

그래도 그치지 않는 파리매의 공격에, 드디어 사자는,

체력이라는 체력은 모두 자신의 몸을 할퀴는 데 다 써버리고,
피라는 피는 모두 대지에 흘려버리고,
온몸이 상처투성이인 처참한 몰골이 되어 숨이 끊어지고 말았다.
그런데 이렇게, 어쩌면 이렇게까지 하고 생각될 정도로,
철저하게 사자를 해치우고,
마지막으로 다시 한번 날개소리를 높이 울려,
동료와 함께 개가를 올린 파리매는,
그 뒤 어떻게 되었을까?
실은 그 파리매는,
자신을 위해 달려와 준 동료에게 감사의 말을 하고 헤어진 뒤,
혼자 승리에 취하여 집으로 돌아가다가,
아뿔싸! 마침 그곳에 있던 거미집에 걸리고 말았다.
동료들을 다시 부르는 날개소리를 낼 방법도 없이,
이번에는 파리매가 거기서 덧없이 한 목숨을 마감한 것이었다.

두 마리의 당나귀와 한 남자

한 남자가 두 마리의 당나귀에 짐을 싣고 길을 가고 있었다.

물론 길을 나선 것은 당나귀의 주인인 상인의 사정이었고,
당나귀는 남자가 먼 도시에 가서 팔려고 하는 물건을 운반하기 위해,
끌려가는 데 지나지 않았지만, 사정과 입장이 어떠하든,
그렇게 일단 길을 나선 이상,
남자와 두 당나귀는 말하자면 길동무, 셋은 운명을 함께 하는 사이로서,
서로 앞서거니 뒤서거니 하면서 어쨌든 목적지를 향해 가고 있었다.
그런데, 두 당나귀가 짐을 운반하는 모습은,
옆에서 보기에는 얼핏 너무 불공평하게 보였다.
왜냐하면, 한 마리는 가벼운 햇솜이 든 커다란 자루를,
또 한 마리는 소금이 든 작은 자루를 지고 있었고,
게다가 남자는 걷다가 다리가 아프면,
커다란 솜 자루 위에 앉아, 일렁일렁 몸을 흔들면서,
마치 임금님이라도 된 듯한 모습으로 길을 갔기 때문에,
두 당나귀에 대한 남자의 처사는 무척 불합리해 보였던 것이다.
그래서 사람에 따라서는, 자기도 모르게 동정까지 하는 지경이었다.
"가엾게도, 어리석은 주인을 만나서……."
그런데 그런 일행의 여행길을,
어느 날 그리 크지 않은 한 줄기의 강물이 가로막았다.
강에 걸쳐놓은 다리가 무너져 있었던 것이다.
평소 같으면 건너는 데 아무런 문제도 없는 강이었지만,
나그네에게 있어서 다리가 있고 없고는 하늘과 땅 차이.
아마 큰 비가 내린 뒤여서인지, 물도 많이 불어있고 물살도 세었다.
그렇다 해도, 그 강을 건너지 않으면 여행을 할 수 없으니,
바로 인생과 같은 이치라.
그래서 남자는 소금을 실은 당나귀를 먼저 가게하고,
자신은 늘 그랬듯이, 다른 당나귀를 타고 뒤따라갔다.
그런 곳에서 떠내려가고 싶지 않은 건 사람이나 당나귀이나 매한가지,
소금을 실은 당나귀는 조심스럽게 얕은 곳을 골라 나아갔지만,
그렇지 않아도 무거운 소금을 실은 터라,
발걸음이 불안정한 물살 속을 걷기란 여간 힘든 일이 아니어서,

결국 발을 헛디뎌 넘어져서 깊은 물 속에 빠지고 말았다.
그런데 전화위복이란 바로 이를 두고 하는 말.
온몸이 물에 잠긴 덕택에 등에 진 소금이 녹아내려서,
몸이 가벼워진 당나귀는,
금세 물살을 벗어나 발걸음도 가볍게,
힘 들이지 않고 건너편에 당도할 수 있었다.
그것을 본 또 한 마리의 당나귀, 요런 묘한 수가 있었구나 하고,
똑같이 넘어져봤으니 이를 어째!
등의 짐이 물을 먹어 마치 커다란 바위를 진 것과 같았으니,
헤엄치는 것은 물론이고 서있기조차 힘들어,
가엾게도 그대로 물에 빠져 죽고 말았다.
한편 남자는, 당나귀와 상품을 잃긴 했지만,
그래도 가까스로 인생까지 잃지는 않아도 되었다.

사자와 생쥐

어쩐지 무척 기분이 좋은 어느 날 오후,
전에 없이 느긋하게 쉬고 있는 사자 앞에,

더구나 그 코앞에, 한 마리의 새끼쥐가 나타났다.
물론 새끼쥐는 뭔가 사정이 있어서 일부러 그런 것이 아니라,
우연히 사자가 누워있는 그 발밑에 쥐구멍이 있었기 때문인데,
그렇다 해도, 그 행동거지는 너무나도 무모해 보였다.
도대체 누가,
백수의 제왕 사자의 코앞에 자기 몸을 보란 듯이 드러낼 것인가?
그런 데다 그 새끼쥐, 얼른 쥐구멍 속에 숨어버렸으면 좋았을 것을,
인생경험이 적어선지 머리가 이상해졌는지,
아니면 원래 게으른 성격인지는 모르지만,
한참 동안 사자 발밑을 그저 쪼르르 쪼르르 돌아다니기만 할 뿐.
눈앞에 먹이가 나타나면, 그게 무엇이든 무조건 죽이는 것이 사자의 성질.
상대가 크든 작든 상관없이 전력을 다하는 것이 사자다운 증거.
그렇다고 물론 새끼쥐가,
먹이라 부를만한 것은 절대로 아니었지만,
그래도 뭐든지 죽이고 보는 것이,
바로 동물의 제왕인 자의,
고고한 권력을 유지하기 위한 일종의 분별이라 할 것이다.
그런데 어찌된 일인지 그 사자,
앞발을 아주 살짝만 움직여 툭하고 건드리면 끝날 것을,
여느 때 같으면, 생각하기도 전에 그렇게 했을 것을,

그 날은 왠지 눈앞을 왔다 갔다 하는 새끼쥐를,
멍하니 바라보며 저렇게 작은 생물도 다 있구나,
문득 생각하기도 하면서,
왠지 모르게 못 본 척하고 마는 것이었다. 그리하여,
새끼쥐는 사자의 발밑을 빠져나가,
다시 구멍 속으로 무사히 돌아갔는데,
그것이 얼마나 기적 같은 일인지는,
쥐구멍 속에서 애를 태우다가 이미 포기하고 있던 어미 쥐한테서,
누누이 듣고서야 비로소 알았다.
그런데 사자가 새끼쥐를 살려준 것은,
어디까지나 사자의 명예를 위해 말하지만,
이를테면 언젠가 자신이 곤경에 처했을 때,
어쩌면 쥐가 자신을 구해주는 일이
만에 하나라도 있을지 모른다고 하는,
치사한 보답을 기대해서가 결코 아니었다.
내일을 위해 오늘 누군가를 살려주는,
그런 비열한 예견을 사자가 할 리 없다.
그렇다면, 왜……?

비둘기와 개미

비슷한 얘기 또 한 가지.
이번에는 생물 중에서도 쥐보다 더 작은 개미와,
사자에 비하면 더 온화한 삶을 살고 있는 비둘기에 대한 이야기이다.
어느 날, 비둘기가 웅덩이에서 마른 목을 축이고 있으니,
물에서 개미 한 마리가 허우적대고 있었다.
아무래도 웅덩이 위로 뻗어 있는 나뭇잎으로 기어오르다가,

바람이 불어와서,

그만 발이 미끄러지는 바람에, 웅덩이에 떨어져버린 것 같았다.

강과 호수를 늘 보아온 비둘기의 눈에는,

그저 웅덩이로밖에 보이지 않지만,

헤엄도 칠 줄 모르는 조그마한 개미에게는 강이나 바다와 마찬가지라.

아무리 발버둥쳐도, 앞으로도 뒤로도 도무지 나아가지 않고,

팔다리는 지칠 대로 지쳐버려, 점점 움직이지 않게 되었다.

그런 개미의 모습이, 맛있는 듯이 목을 울리며 꼴깍꼴깍

물을 마시고 있던 비둘기의 눈에 들어왔다.

이런 물에 빠지다니, 비둘기는 이상하게 생각했지만,

아무리 봐도 개미는 곧 익사할 것 같았다.

그래서 비둘기는 눈앞에 보이는 나뭇잎을 한 장 부리로 뜯어서,

가만히 개미 옆의 물 위에 띄워주었다.

하늘의 도움이란 바로 이런 걸 두고 하는 말,

말할 것도 없이 개미는 필사적으로 나뭇잎에 매달렸다.

아무리 나뭇잎 한 장이라 해도, 개미에게는 커다란 배나 마찬가지.

불어온 바람이, 나뭇잎과 개미를 이번에는 웅덩이 가장자리로 보냈고,

결국 개미는, 절체절명의 위기에서 벗어나 겨우 목숨을 구했다.

그런 개미의 젖은 몸이 거의 말라갈 무렵,

한 사냥꾼이 나타나 나무 우듬지에 앉아있는 비둘기를 발견했다.

비둘기는 물을 마셔 목을 축인 뒤,

이제부터 어디로 갈까 하고 잠시 쉬면서,

멍하니 넋을 놓고 있었는데,

그 비둘기를 이번에는 사냥꾼이 노리고 있었다.

사냥꾼이 조심스럽게 총을 들어,

조준을 하기 위해, 다리를 가만히 뒤로 빼고,

막 방아쇠를 당기려는 순간,

사냥꾼의 발을 조금 전의 개미가 따끔 하고 물었다.

놀란 사냥꾼은 반사적으로 발을 들었고,

그 소리에 위험을 감지한 비둘기는 날아올랐고,

그리하여 비둘기 역시 겨우 목숨을 구한 것이었다.
그런데 이 이야기, 사냥꾼이 나타나 비둘기를 겨냥했을 때,
그걸 본 개미가 이때다 하고 은혜를 갚았던 것일까?
아니면, 우연히 사냥꾼의 발이,
가까스로 목숨을 건져 한숨 돌리고 있던 개미에 닿았기 때문에,
개미가 반사적으로 그 발을 물었던 것일까?
어쨌든 인과는 돌고 도는 법.
이 세상은 모두 서로 돕고 사는 거라네.

우물에 빠진 점성술사

점성술사가 어느 날 우물에 빠졌다. 그것을 보고 사람들이 말했다.
"말도 안돼. 자기 발밑조차 보지 못하는 자가,
어떻게 별에 새겨진 운명을 읽는단 말이야?"
참으로 옳은 말이다.
단순명쾌, 나름대로 하나의 격언이라고도 할 수 있는 의견이다.
하지만 문제는, 그렇다면 사람들은,
왜 그렇게도 깊이 점성술에 빠지는가 하는 것이다.

어째서 모든 사람이,

운명과 미래가 적혀 있다고 하는 종류의 책을 즐겨 읽는가 말이다.

그러니까, 우물에 빠진 점성술사는 바보로 취급하지만,

점성술 자체는 믿고 있다는 얘긴가?

모든 운명, 또는 미래와 모든 진리가

어딘가에 적혀 있다고 생각하고 싶어서일까?

또는, 그런 운명과 진리를 해독하는 사람이,

어딘가에 있을 거라고 생각하고 있는 것일까?

하기는 그런 느낌이 들지 않는 것도 아니다.

요컨대, 우물에 빠지기 전까지는 점성술사를 믿는다는 얘기다.

우물에 빠진 점성술사는 그 순간부터 해고다.

그리고 새로운 점성술사가 나타난다.

그러나 생각해 보라. 운명이든 진리든,

가령 천지창조에서 지구파멸까지의 모든 시나리오를 신이 구상했다 치고,

신은 왜 그것을,

별이든 어디든, 구태여 기록해 두어야만 했을까?

그렇게 하지 않으면 잊어버리기 때문인가? 그것이 신?

아니면 그렇게 하여 기록한 것을

인간이 과연 찾아낼 수 있을지 어떨지 보면서 즐기고 있다는 말인가?

그런 보물찾기를 신이 인간하고? 또 설사 그런 인간이 나타난다고 해도,

도대체 누가 그 진위를 확인할 수 있단 말인가?

나아가 백번 양보해서,

누군가가 운명과 섭리가 적힌 무언가를 발견했다 치고,

그것이 도대체 무슨 소용이 있을까?

지금 눈앞에서 내 가슴을 두근거리게 하는 그녀가,

보름 뒤에는 다른 사람하고 결혼한다고 하면, 또는,

기막힌 발견이라고 뛸 듯이 기뻐한 진리가,

2년 뒤에는 뒤집혀버린다는 사실을 알게 된다 하면?

이렇게 말하면 반드시,

뭐 그렇게까지 심각하게 생각할 필요는 없지 않느냐,

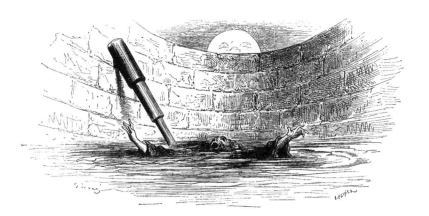

점이란 게 맞을 수도 안 맞을 수도 있지 뭐, 중요한 건 기분이지,
그러고 보면, 그런 것이 인간의 낭만이 아니겠느냐고
제법 아는 듯이 말하는 사람이 있다.
당연하다. 그러니까 하는 말이다.
그렇다면 그것대로, 그 부분을 확실하게 해주기 바란다고.
맞으면 우연이고 맞지 않으면 당연한 일.
미래를 점치는 것은 단순히 나의 취미이고 유희라고 말이다.
또는 그것이 직업이라면 못 맞춘 경우에는 복채를 돌려달라고.
만약 그것을 어디까지나 낭만이라고 한다면,
괜히 위기감을 부채질하지 말고,
한껏 멋진 꿈을 꾸게 해주기 바란다.
마음껏 아름답게 눈물 흘리게 해주기 바란다.
이렇게 말하면, 어딘가에 반드시,
아니야, 그건 그런 게 아니라, 점이라는 것은,
사람들이 오만해지지 않게 하기 위한
일종의 교훈이라고 말하는 자들이 있다.
그렇다면 그것대로 더욱 확실하게 해야 한다. 그저 애매하게,
모처럼 좋은 마음으로 살고 있는 자의 기분을
꺾거나 찬물을 끼얹을 게 아니라,
이렇게 하면 좋지만 저렇게 하면 안 된다는 것을,
확고하게 땅에 뿌리박고,

자연과 사람과 사회의 섭리와 역사, 거기에 우연과 관계라는
불확정 요소를 가미한 뒤에,
알고 있는 것과 모르는 것의 경계를 확실하게 해주기 바라는 것이다.
내가 왜 이렇게 흥분해서,
점성술사와 그것을 성립시키는 자들을 비난하는가 하면,
사람의 불안한 심리를 이용하여 활개 치는 자들이,
또는 사람의 행복에 쓸데없는 균열을 가하는 자들이,
이 세상에 넘치고 있기 때문이며,
그것들이 당사자의 진정한 불안과 불행, 희망과는 아무 관계가 없는,
안전지대에 몸을 두고 성립되고 있기 때문이며,
그럼에도 그런 망언이,
여전히 통용되는 어리석은 현실이 있기 때문이다.
그건 물론 점성술뿐만이 아니다.
신문과 텔레비전, 잡지, 책, 그리고 학자와 정치가, 관료까지,
모든 것이 점성술과 비슷한 것으로 가득 차있고,
선정적이고 무책임한 방언들로 넘치고 있다.
요컨대, 여기서 내가 말하고 싶은 것은,
적어도 현자의 말과 어리석은 자의 헛소리를,
같이 취급하지 말자는 얘기다.
현자와 점성술사를, 현자와 사기꾼을 혼동하는,
이 책에 등장하는 동물들조차 웃을,
그런 어리석은 짓만큼은 정말이지 그만둬줬으면 좋겠다는 얘기다.

토끼와 개구리

토끼가 집안에서, 늘 그러는 것처럼 생각에 잠겨 있었다.
물론 좁은 토끼굴 안에서는,

기껏해야 생각에 잠기는 정도밖에 할 수 없지만,
겁쟁이 토끼인지라,
생각에 잠긴다 해도, 즐거운 일은 하나도 떠오르지 않고,
머릿속을 스치는 것이라 해야, 그저 어둡고 우울한 생각,
생각하면 할수록 기분은 침울해질 뿐.
그렇지만 바로 그 점이 토끼가 토끼인 까닭.
몇 번인가 즐거운 일을 떠올리고, 그 뒤를 계속해서 생각하려고 해봤지만,
조그마한 소리에도 심장이 덜컥 내려앉고 마는 슬픈 기질 때문에,
결국 생각하는 것이라 해야,
아직 아무 일도 없지만 곧 자신에게 일어날지도 모르는 불행한 일들.
거기까지 가면 이제 나쁜 망상에는 한이 없고,
혼자 굴속에서 아무것도 하지 않았으면서도 몸은 지칠 대로 지쳐,
끝내 도달하는 곳은, 그런 기질로 태어난 자신의 불행,
힘도, 날개도, 엄니도 없이,
그저 겁에 질려 살 뿐인 동물로 태어난 자신의 불운을 한탄할 뿐이네.
차라리 모든 것을 잊고 푹 잠이나 자버리고 싶지만,
그것조차, 모든 소리가 들리는 긴 귀 때문에 방해를 받아,
빨간 눈이 더욱 더 새빨개질 뿐.
더욱 곤란한 것은, 토끼는 쓸데없이 머리가 좋아서,
그런 자신의 상태가 무의미하다는 것을 모르지 않다는 사실이다.
그것 때문에 더더욱 자기혐오에 빠져,
어두운 토끼굴 속 토끼의 고뇌와 번민은 끝이 없다.
그런데, 문득 정신이 들고 보니 배가 몹시 고프다.
아무리 토끼라 해도 먹지 않으면 살 수 없는 이치.
차라리 죽어버리자고,
몇 번이나 생각하는 토끼지만,
오늘은 우선 뭔가 먹어둬야지 하고,
토끼는 소굴에서 나와 부드러운 풀이 자라고 있는,
근처 연못으로 갔다. 폴짝폴짝 뛰어서,
여느 때처럼 토끼가 연못에 다가가자,

물가에 있던 개구리들이 일제히 연못으로 뛰어든다.
그것은 토끼가 연못에 올 때마다,
되풀이되는 광경이었지만,
왠지 그날은 그 정경이, 새빨간 토끼의 눈에
묘하게도 신선하게 비쳤다. 혹시……?
내가 늑대를 무서워하듯이, 들고양이를 무서워하듯이……?
혹시 개구리도 내가 무서운 건가……?
아무래도 그런 게 틀림없어. 그렇다면,
어쩌면 개구리가 보기에 나는 왕자, 틀림없이 그런 게 맞아.
하고 생각한 순간, 토끼는 마음이 이상하게 활짝 개면서,
뭔가 용기 같은 것까지 끓어올라,
깡충깡충 뛰어서 소굴로 돌아갔다.

수탉과 여우

어느 날 오후, 여우를 발견한 수탉이,
급한 대로 옆에 나무 위로 몸을 피했다.

얼마 있으려니 아니나 다를까, 여우가 다가와서 이렇게 말했다.

"수탉 군, 수탉 군, 그런 곳에서 한가하게 자고 있을 때가 아니야.
내가 굉장히 멋진 뉴스를 가지고 왔거든.
잘 들어, 수탉 군, 난 말이야,
이제부터 절대로 살생을 하지 않기로 마음에 맹세했어.
정말 좋은 뉴스 아냐? 난 생각했어.
같은 동물끼리 상처를 주거나, 서로 죽고 죽여도 되는 걸까 하고.
이 근처에 사는 동물들이 서로 그런 짓을 해서,
도대체 무슨 이득이 있을까 하고.
그렇지 않니? 우린 모두 친구잖아.
너도 나도, 여우도 두더지도,
모두 모두 단 한번 뿐인 삶을 사는 친구사이.
그러니까 이제 우리 서로 싸우는 건 그만 두자.
아, 물론 알고 있어, 문제의 대부분은 나에게 있다는 것을.
그런 말은 이제 그만해. 개과천선했으니까.
지금까지 왜 그렇게 나쁜 짓만 하고 살았을까 하고,
정말, 지난 며칠 동안 불현듯 고개를 쳐든 양심이 아파서,
한숨도 자지 못했을 정도야.
고민하고 또 고민하고, 생각하고 또 생각하여 결국 도달한 결론이,
다같이 사이좋게 살자는 것이었어.
그러니까 오늘부터 너와 나는 형제나 다름없어.
자, 그런 곳에 있지 말고 좀 내려와 봐.
둘이서 이 경사스러운 오후를 축하하자.
나의 이 결심을 얘기할 상대는 너밖에 없다고 생각했어.
너와 내가 손에 손을 잡고 모든 과거를 강물에 흘려보내고,
서로 얼싸안고 맹세하는 이 순간부터 숲에도 영원한 평화가 찾아올 거야.
자, 어서 내려와 봐.
이 소식을 다른 모든 동물들에게도 빨리 알려주자."

여우가 그렇게 말하자 수탉이 대답했다.

"잘 생각했어. 정말 잘 생각했어, 여우 군.

오늘부터 숲에서 싸움이 사라지겠군.
난 너무 기뻐서 절로 눈물이 나려고 해.
하지만, 이 기념할 만한 역사적인 순간을,
너와 나 단둘이서만 축하하는 건, 너무 아까운 일이지.
아! 마침 너의 오랜 천적인,
앞으로 형제가 되어야 할 사냥개가 저기 오고 있네.
그를 이 자리에 불러서 함께 축하하자.
어이, 사냥개 군!"
수탉이 사냥개를 불렀을 때,
여우는 벌써 줄행랑을 치고 없었다.

독수리를 흉내 내려 한 까마귀

큰 독수리가 새끼양 한 마리를 낚아채 하늘 높이 날아오른 뒤,
홀연히 사라지는 것을 본 까마귀가,
자기도 똑같이 해봐야겠다는 생각이 들었다.

큰 독수리가 낚아챈 것은 새끼양,

게다가 통째 한 마리이니,

아무리 새끼양이라 해도 얼마나 먹을 만할 것인가?

하물며 새끼양고기라 하면,

인간들조차 특별한 때에나 먹을 수 있을 정도로 귀한 음식.

까마귀는 그때까지 단 한번,

그것도 겨우 한 조각밖에 새끼양고기를 먹은 적이 없었는데,

그때의 기억을 더듬으니,

그 맛이 지금도 입안에서 되살아나는 것이었다.

하지만 그토록 맛있는 것을 그 뒤 한 번도 맛본 적이 없다.

게다가 곰곰이 생각해보니,

그때 먹은 그 고기는 근처 마을에서 무슨 축제가 있었을 때,

어쩌다가 아이가 먹다버린 뼈에 붙어 있던 고기가 아니었던가?

하지만 얼마나 맛있었던지!

그런 새끼양의 신선한 고기를, 우와! 통째로 한 마리라니!

이리하여 큰 독수리가 새끼양을 채가는 광경을 목격한 까마귀는

머리가 그만 새끼양고기의 맛으로 완전히 가득 차서,

새끼양이 자기보다 훨씬 큰 것도, 그것을 움켜잡을 수 있는 갈고리발톱,

아니 무엇보다, 큰 독수리처럼 그것을 붙잡고 하늘을 날 수 있는

튼튼한 날개가 자기에게는 없다는 것도,

말하자면, 제대로 된 판단력이,

그 작은 머릿속에서 모두 새나가고 말았던 것이다.

그러나 이 까마귀는 그것을 깨닫지 못하고,

오로지 자기가 큰 독수리처럼 낚아챈 새끼양을,

혼자 배불리 먹는 장면만 머릿속에 그리며,

더 이상 참을 수가 없어서 양떼 속으로 날아갔다.

더욱이 날아가는 도중에 이 까마귀의 머릿속을,

더욱 말도 안 되는 생각이 스치고 지나갔으니,

'기왕이면, 더 크고 먹음직스러운 양을 고르자.'

거참, 생각이라는 것은 한번 궤도를 벗어나면,

아마 한없이 크게, 머리보다 몸보다,
더 크게 부풀어버리는 모양이다.
물론 까마귀라 해도, 평소에는 그런 생각을 하지 않지만,
아무래도, 큰 독수리가 새끼양을 낚아채 하늘 높이 날아가는,
모습을 실제로 보고만 것이 불행이었던 것 같다.
게다가 어설프게 새끼양의 맛을 알고 있었던 것도……
이리하여 까마귀는 큰 독수리처럼 양떼를 향해 날아가,
큰 독수리처럼, 새끼양의, 아니 큰 양의 옆구리를,
콱 깨문 것까지는 생각했던 대로 되었지만,
길고 꼬불꼬불한 양털에 당장 발이 엉키고 말아,
양이 놀라서 양떼 속을 이리저리 날뛰는 동안,
딱하게도 만신창이가 되어 죽고 말았다.

공작의 하소연

어느 날 공작 한 마리가
창조주인 주피터의 아내 유노에게 항의하고 있었다.

"제 말씀 좀 들어보세요, 여신 님,
분명히 말씀드리지만, 저는 아무 이유 없이 화를 내는 게 아닙니다.
이유도 없이 항의할 정도로,
저는 어리석지도, 무모하지도, 또 분수를 모르지도 않습니다.
먼저 그 점에 대해 양해를 구하고 감히 말씀드리지만, 여신 님,
도대체 이런 처사가 어디 있습니까? 제가 뭘 잘못했다는 건지요?
아니면 별 생각 없이 그렇게 하신 거라면, 그건 정말 너무하십니다.
도저히 신께서 하시는 처사라고는 생각할 수 없군요.
도대체 무슨 일이냐고요?
물론 저의 이 목소리 말입니다. 이 끔찍한 목소리 때문에,
저는 모두에게 완전히 따돌림 당하고 있습니다.
거기에 비해 저 휘파람새는,
크게 펼쳐지는 날개도 없고, 또 색깔도 그렇게 우중충한데도…….
아, 전 정말 너무 억울합니다.
봄이 되면 그 예쁜 목소리로 노래를 부르는데,
예, 아무리 저라도 목소리가 좋고 나쁜 것은 구별할 줄 압니다.
분명히 그건 좋은 목소리지요.
콧소리까지 섞어가며 휘파람새 녀석, 여봐란듯이 노래를 불러대니,
덕택에 모두들 봄의 가수라느니 뭐라느니 하면서 애지중지하니…….
아, 도대체 이런 불공평한 처사가 어디 있습니까?
말이 나왔으니 말입니다만, 여신 님, 백조도 그래요.
그렇게 새하얀 날개를 받은 데다,
그 날개로 아득히 먼 곳까지 날아갈 수 있잖아요?
북국이든 남국이든, 해마다 긴 여행을 할 수 있어요.
거기에 비하면 저는……."
이리하여 공작의 항의는, 끝도 없이 언제까지나 언제까지나 계속되었다.

여자가 된 고양이

어떤 곳에 고양이를 좋아하는 남자가 있었다.
아무리 좋아한다 하지만 이 남자의 경우에는 그 정도가 지나쳤다.
보통 사람 같으면, 세상 물정도 대충 알고,
이제 가정을 가질 만한 나이가 되었는데도,
이 남자는 사람이나 세상에 전혀 흥미가 없었다.
그래도 시간만 나면 연애소설이니 뭐니 하는 것에 푹 빠지는 것을 보면,
전혀 흥미가 없는 것도 아닌 듯,
귀찮은 건지 소심한 건지 이상이 너무 높은 건지,
아니면 뭔가 달리 이유가 있는 건지는 모르지만,
어쨌든, 실제로 거리에 나가
남자들끼리 잡담을 나누고 짓궂은 장난을 하거나,
하물며 적령기의 아가씨에게 말을 거는 일은 한 번도 해본 적이 없었다.
도무지 집밖으로 나가려 하지 않았으니,
그런 일은 하고 싶다고 생각한다 해서 되는 일이 아니다.
부모가 남겨준 재산이 조금 있는 것을 믿고,
집에서 거의 한 발짝도 나가지 않으며,
하는 일이라고 해야 어찌된 셈인지,
책을 읽고 식사를 하는 것 말고는, 오로지 암고양이를 애지중지하는 것뿐.
더 정확하게 말하면, 책을 읽을 때나 식사를 할 때나,
침대에서 일어날 때도, 옆에 반드시 고양이가 있었다.
하기는 맹목적으로 좋아한다는 표현이 있지만,
이 남자처럼 무언가를 무조건적으로 좋아하는 사람은,
온 세상에 눈 씻고 찾아봐도 없을 것이다.
그 증거로, 이 남자, 병이 깊어져서 그런지,
그 고양이가 자신의 아내라면 얼마나 좋을까 하고 상상하기 시작했다.
급기야 생각하는 것만으로는 만족하지 못하고,
무엇보다 아는 것이 많았던 이 남자는,

수상한 책 중에서도 가장 수상한 책들을 섭렵한 끝에,
마침내 동물을 인간으로 변신시키는 마법을 찾아낼 수 있었다.
무엇을 어떻게 한 건지는 물론 우리가 알 바 아니지만,
어쨌든 이 남자는 사흘 밤낮으로 공을 들인 주술 끝에,
드디어 고양이를 진짜 여자로,
게다가 비할 데 없는 미인으로 변신시키고 말았다.
아무래도 그 고양이는
고양이 중에서는 절세 미묘(美猫)였던 게 틀림없었던 모양이다.
남자의 눈앞에 나타난 것은,
고금의 명화에 등장하는 모든 미녀들의 아름다움을 모두 합친 듯한,
청초하고 요염하며, 지적이고 야성적이기도 한,
한 마디로 형용할 수 없는 미녀.
남자는 당장 기쁨의 도가니. 그런 걸 보면,
역시 고양이보다는 사람이 더 좋았던 셈인가?
어쨌든 남자는 누구에게도 알리지 않고 즉시 둘이서만 식을 올린 뒤,
여자와 함께 집을 꾸미고,
이제 아름다운 사람의 얼굴과 몸을 얻은 신부를,
물론 고양이었을 때보다 더 사랑해주었다.
고양이도, 아니 여자도, 거기에 충분히 보답했다. 뭐 그렇지만 생각해보면,
설령 예전에 고양이였든 아니었든 잘해주면 나름대로 보답하는 것이,
아마도 생명 있는 자의 성질.
그렇지 않아도 즐기며 노는 데는 천재적인 고양이이고 보니,
두 사람은 그야말로 밤낮 없이 한시도 떨어지지 않고,
서로 사랑하고 사랑 받으며, 더할 수 없이 신비로운 나날을 보냈다.
그런데 그로부터 얼마 지난 어느 날,
두 사람이 여느 때처럼 침대 위에서,
감미로운 시간을 보내고 있는데,
갑자기 침대 밑에서 바스락거리는 작은 소리가 나더니,
쥐가 한 마리 쪼르르 달려 나왔다. 바로 그때,
놀랍게도 사랑하는 신부가 벌떡 침대에서 일어나,

깜짝 놀라는 남편이고 뭐고 전혀 눈에 들어오지 않는 듯이,
날카롭게 쥐를 노려보더니,
다음 순간 눈에 보이지도 않게 재빨리 쥐에게 달려들었다.
그 날쌘 동작이란!
하기는 생각해보면, 원래 고양이였으니까 그것도 당연지사.
그렇지만, 인간이 되어버린 몸으로는,
아마도 사정이 달랐던 건지,
신부의 손은 간발의 차이로 쥐를 놓쳤고,
이때를 놓칠 새라 쥐는 걸음아 날 살려라 하고 집밖으로 달아났다.
물론 쥐를 따라 신부도 집에서 뛰쳐나갔고,
그것을 끝으로, 옛날에 고양이였던 여자는,
두 번 다시 남자 곁으로 돌아오지 않았다.

사자와 사냥을 한 당나귀

어느 날, 백수의 제왕 사자, 그중에서도 우두머리가,
직접 진두지휘를 하여 대규모 사냥을 하게 되었다.

마침 이 사자가 이 일대의 우두머리에 오른 지 꼭 1년이 되어,
이쯤에서 왕으로서의 위엄과 기량을 과시하기 위해,
취임 1주년 잔치를 대대적으로 열어,
숲 속의 동물들에게 진수성찬을 베풀어야겠다고 생각한 것이다.
물론 그러려면 평소의 몇 십 배 먹이가 필요하다.
그리고 그걸 위해서는 평소의 몇 십 배 규모의 사냥을 열어,
특별히 좋은 먹잇감을 사냥해야 했다.
이리저리 궁리한 끝에,
사자는 몸집이 커서 먹을 것이 많고, 과시하기에도 좋고,
또 항상 무리를 지어 살고 있는 큰사슴 떼를 일망타진하기로 했다.
그래서 사자일족만으로는 손이 모자라
그 밖의 다른 동물들을 모이게 한 것이다.
자기도 모르는 사이에 잔치의 메뉴가 되어버린 큰사슴도 큰일이지만,
모인 동물들도 스스로 마음이 내켜서 참가한 것은 물론 아니었다.
무엇보다 상대는 사자였으니.
그런데, 그렇게 동원된 동물들 가운데 당나귀도 한 마리 들어 있었다.
당나귀는 느닷없이,
사자가 신호가 있을 때까지 어디 수풀 속에 숨어 있으라고 하자,
특별히 자기만 지명되었기 때문에
불안한 가운데에도 왠지 묘하게 자랑스러워,
자신이 도대체 어떤 역할을 하게 될지 궁금해 하면서,
수풀 속에서 꼼짝 않고 대장의 신호를 기다리고 있었다.
드디어 사냥이 시작되었다.
먼저 사자가 소리를 내지르자,
그것을 신호로 큰사슴 떼를 에워싼 동물들이,
사자가 지시한 대로 일제히 포위망을 좁혀 갔다.
위험을 감지한 큰사슴들은,
달아날 곳을 찾아서
동물들의 모습이 보이지 않는 쪽으로 달리기 시작했다.
달리면서도 큰사슴은,

아무래도 평소와는 기색이 다르다는 걸 느끼기 시작했다.
왜냐하면, 큰사슴은 다리가 빠른 데다,
큰사슴을 공격하여 쓰러뜨릴 수 있는 짐승이 흔치 않아서,
보통 때 같으면,
아주 조금만 달아나도 위험을 벗어날 수 있었고,
그렇지 않더라도, 조금 떨어진 곳에서 뒤돌아보고,
커다란 뿔을 과시하며 위협하기만 하면,
대부분은 거기서 포기하고 돌아가 버리는데,
이때만큼은 예상이 빗나갔다.
어디로 달아나도 반드시 동물들의 모습이 나타났고,
또 돌아보고 아무리 노려보아도 포기하는 눈치가 없을 뿐만 아니라,
조금씩 조금씩 자신들과의 거리를 좁혀왔다.
이대로 가다가는 모두들 위험하다고 생각한 큰사슴의 우두머리는,
그들이 가장 위험한 상황에 빠졌을 때 늘 하는 것처럼,
사슴들을 절벽으로 피신시키기로 했다.
절벽은 숲을 벗어난 곳에 있었는데,
그 깎아지른 낭떠러지를 무사히 내려갈 수 있는 건 사슴족 말고는 없었다.
이리하여 큰사슴들은, 모두 한 덩어리가 되어,
무사히 절벽까지 달아날 수 있기를 기도하면서,
뒤에 쫓아오는 짐승들을 간신히 떼어놓고,
숲에서 절벽으로 이어지는 외길에 이르렀다.

그러나, 그런 큰사슴들의 행동도,
사자는 이미 계산에 넣고 있었던 모양이다.
왜냐하면 당나귀가 숨어 있으라는 명령을 받은 장소가 바로,
그 절벽으로 이어지는 외길 옆이었기 때문이다.
당나귀가 사자한테서 받은 명령은 단 한 가지,
신호가 있으면 수풀 속에 숨은 채,
무조건 있는 대로 고함을 지르라는 것이었지만,
당나귀는 그게 도대체 무엇을 위한 것인지 도무지 알 수가 없었다.
이제나저제나 기다리고 있는데,
이상한 땅울림이 시작되더니 점점 가까이 다가왔다.
본디부터 겁이 많은 당나귀는, 정말이지 살아있는 심정이 아니었다.
공포 때문에 정신까지 이상해질 지경이 된 바로 그때,
신호가 왔다.
신호가 오든 안 오든, 어차피 소리를 지르지 않고는 배길 수도 없었지만,
그렇다 해도, 안 그래도 목소리가 큰 당나귀가,
젖 먹던 힘을 다해 목소리를 짜내어 절규했으니,
그 소리의 주인공이 당나귀인 줄 모르는 동물들에게는,
세상에 그렇게 불길하고 무서운 소리가 없었다.
너무나 겁을 먹은 큰사슴들은, 우두머리가 말리는 것도 듣지 않고,
왔던 길로 돌아가다가 모두 전멸하고 말았다.
예상했던 전과에 사자들은 개가를 올렸고,
늑대와 여우도 사냥의 성과야 어쨌든,
무엇보다 같은 육식동물로서
내일 열릴 잔치의 호화로운 식탁을 생각하며 군침을 흘렸다.
그리고 당나귀란 녀석은,
사자 우두머리한테서 청찬의 말 한 마디쯤 들을 줄 알았더니,
"응? 아직도 거기 있었느냐? 아무튼 목청 한번 멍청하도록 크구나.
멍청이와 가위는 고작 이런 데나 써먹는 법이지.
아무튼 내일은 사슴 고기나 실컷 먹으려무나."
돌아가는 길에, 별로 고맙지도 않은 이 한 마디를 던졌을 뿐이었다.

방앗간 주인과 나귀

옛날 어느 마을에 방앗간 주인과 그 아들이 있었다.
방앗간 주인은 이미 늙었고,
아들은 아직 젊었지만 그렇다고 새파란 애송이라 할 정도는 아니었다.
이 두 사람이 나귀와 밀가루를 팔기 위해,
장이 서는 먼 곳까지 가게 되었다.
보통 때 같으면, 아마 나귀에 밀가루가 든 자루를 싣고,
그것을 둘이서 교대로 끌고 가련만,
이 두 사람, 시장에 도착할 때까지 나귀가 지쳐버리면
비싼 값에 팔 수 없다고 생각한 건지,
자루는 저마다 등에 지고, 나귀의 다리를 밧줄로 묶은 다음
작대기에 꿰어 둘이서 어깨에 메고 길을 갔다.
나귀를 지치지 않게 하겠다는 마음이기는 하지만,
산 채 거꾸로 매달린 나귀는 오히려 더 할 짓이 아니다.
힝힝 우는 소리를 내는 것이 여간 괴롭지 않은 모양.
그래도 두 사람은 그대로 길을 가는데,
이윽고 맞은편에서 걸어오던 나그네가 그 광경을 보고 말했다.
"세상에 저런 바보들이 어디 있나? 흔히 바보를 두고 나귀라고 하는데,
저들은 나귀보다 더한 진짜 바보군."
그 말을 들은 두 사람, 과연 이 방법은 틀렸다고 생각했는지,
이번에는 밀가루 자루를 아버지가 지고,
아들은 나귀를 타고 시장을 향했다.
그들로서는 이런 식으로 번갈아 나귀를 타고 길을 갈 생각이었지만,
얼마 뒤 맞은편에서 걸어오던 여자가
스쳐지나가면서 이렇게 말하는 것이었다.
"저런 불효막심한 아들이 있나! 늙은 아비에게 짐을 지우고,
저는 나귀를 타고 편하게 가고 있으니."
그 말을 듣고 당황한 두 사람,

이번에는 반대로 짐은 아들이 지고, 아버지는 나귀를 타고 길을 갔다.
그러자 그 모습을 보고, 길 가에서 들일을 하고 있던 한 농부가
어처구니 없어하는 표정으로 말했다.
"참 보기 민망하구먼, 아무리 부모라도
저렇게까지 거들먹거릴 것까진 없을 텐데. 난 저렇게 늙고 싶지 않아."
그 말을 들은 두 사람,
이번에는 나귀에 아무것도 싣지 않은 채 걷게 하고,
두 사람이 저마다 짐을 지고 나귀 뒤를 따르며 길을 재촉했다.
어쨌든 나귀도 밀가루 자루도 소중한 것이다.
그런데 이렇게 한참을 가니, 이번에는 어린아이들이,
"저것 좀 보세요, 어머니,
나귀 주인 뒤를 인간 하인 둘이 짐을 지고 따라가고 있어요."
그 말을 들은 두 사람, 에잇 모르겠다 하고는,
나귀에 아버지와 아들이 짐을 지고 걸터앉았다.
이리하여 한참 길을 가니, 사람들이 말했다.
"나귀가 나귀를 두 마리나 태우고 가는군."
그런 말을 듣지 않더라도,
보아하니 나귀는 지칠 대로 지쳐 거친 숨을 헐떡거리고 있었다.
그래서 두 사람은 생각했다.
나귀를 죽게 만들어 버린다면 도대체 무엇을 위한 여행인가?

그리고 잘 생각해보니, 나귀가 없으면 이 긴 여행길을,
둘이서 짐을 지고 걸어간다는 건 도저히 불가능한 일.
나귀도 짐도 시장까지 무사히 운반하고 싶으면,
나귀에 짐을 싣고
자신들이 그것을 끌고 걸어가자, 그게 좋겠다,
이렇게 결정했다. 길 가는 사람들은 그래도
이러쿵저러쿵 하면서 여전히 시끄러웠지만,
이제부터는 절대로, 누가 뭐라 하든 이대로 가리라 생각하고,
눈길도 주지 않고 걸어갔다.
그리고 결과적으로는 이것이 가장 좋았던 것이다.

목동이 된 늑대

어느 날 늑대가, 아무래도 요즈음 노력에 비해 결실이 적어지자,
온갖 꾀를 내기 시작했다.
"뭔가 좀더 좋은 방법이 있을 텐데."
고작 토끼나 너구리 한 마리가 걸려드는, 그런 시시한 사냥이 아니라,
뭔가 좀더 화끈하게, 먹잇감 중에서도 가장 맛있는 양고기를,
그것도 한꺼번에 듬뿍 손에 넣을 수 있는 방법이 없을까 하고 생각했다.
물론 늑대로서는 그게 더 좋은 건 말할 것도 없는 일.
하지만, 만약 그런 일을 간단하게 할 수 있을 것 같으면,
애초에 아무런 고생할 일이 없을 것이다.
그것은 물론 늑대도 알고 있었다.
그래서 늑대는 생각했다. 필사적으로 생각했다.
뭐니 뭐니 해도 가장 맛있는 양고기를 한꺼번에 듬뿍 손에 넣어야 한다.
그렇게 생각하고 또 생각한 끝에, 마침내 늑대는 굉장한 묘안이 떠올랐다.
그것은 바로 양치기로 변장하여,

양떼를 통째로 빼앗아버리는 것이었다.

그 생각이 왜 굉장한가 하면,

힘들이지 않고 일망타진한다는 생각도 그렇지만,

늑대가 양치기로, 즉 늑대가 그의 최대의 적이며,

그 얼굴을 보기만 해도 분노와 공포로 몸이 떨리는,

그런 저주스러운 양치기로 가장하겠다는, 바로 그 점이었다.

이런 발상의 전환은,

내가 아니면 도저히 생각해내지 못할 거라고 생각하며,

늑대는 마음을 굳게 먹고 세심한 주의를 기울여,

일생일대의 연극에 착수했다.

그런데 생각까지는 몰라도,

그것을 완벽하게 실행한다는 건 보통 일이 아니다.

먼저 키가 문제인데, 시험 삼아 뒷다리로 서본 늑대는,

양치기와 거의 키가 비슷하다는 것을 알고,

이 문제는 어떻게든 해결할 수 있겠다고 생각했다.

그러나 진짜 문제는 늑대의 온몸을 덮고 있는 털인데,

이것을 가리지 않으면 애기가 안 된다.

여러 가지로 생각한 끝에, 언젠가 양치기가 무두질한 가죽으로 만든,

옷자락이 긴 코트 같은 것을 입고 있는 걸 본 기억을 떠올리고,

됐어, 그것으로 하자고 생각했다.

다음에 문제가 되는 것은, 말할 것도 없이 얼굴이다.

인간과 늑대는 무엇보다 얼굴 생김새가 전혀 다르다.

하지만 인간에게는 모자라고 하는 편리한 물건이 있어서,

그것을 큰 걸로 쓰면,

늑대든 인간이든 거의 얼굴이 가려져버리므로 딱 안성맞춤이었다.

게다가 양치기는, 거의 언제나 그 모자라는 것을 쓰고 있었다.

여러모로 시험해본 결과,

챙이 큰 모자를 쓰고 고개를 살짝 숙이기만 하면,

그럭저럭 얼굴이 거의 보이지 않는다는 것도 알았다.

늑대는 그래도 미심쩍어서, 꽃을 엮어 모자를 장식하기로 했다.

인간과 양뿐만 아니라, 일반적으로 동물이라는 것은,
뭔가 한 가지에 시선을 빼앗기면,
그 밖의 다른 것에는 소홀히 하게 되기 때문이다.
늑대는 자신의 꾀에 스스로 반쯤 도취되어서,
내친 김에 양치기가 짚고 다니는 지팡이 끝에도 같은 장식을 하기로 했다.
이것으로 더욱 더 상대의 주의를 분산시킬 수 있을 것이다.
게다가 지팡이는 늑대에게 꼭 필요한 것이어서,
그게 없으면, 늑대가 두 다리로 먼 길을 걷는 것은 거의 불가능하다.
이렇게 하여 하나하나 문제를 해결해 가니,
늑대는 모든 것이 자신의 계획을 도와주고 있는 것만 같았다.
언제가 잠을 자고 있는 어린 양치기를 공격하여,
죽인 뒤 먹어치운 적이 있는데,
그때 양치기가 가지고 있던 양치기 도구를
버리지 않고 간직하고 있었던 것도 도움이 되었다.
신을 신으면 발이 가려지고, 소매를 내리면 손도 가려진다.
모든 것이 생각한 대로 척척 진행되어가자,
알고 보면 인간이라는 건,
결국 몸에 두르고 있는 것으로 인해 인간으로 보이는, 그런 동물이라고,
쓸데없는 생각까지 하는 여유도 생겼다.
이리하여 늑대는, 한 곳 나무랄 데 없는 차림을 하고,
양들이 풀을 뜯고 있는 목장으로 갔다.
가던 길에 근처 밭에서 농부가 들일을 하고 있었는데,
긴장한 데다 두발로 걷는 것이 아무래도 서툴러 다리가 엉켰지만,
모자 밑으로 살짝 엿보니,
아무래도 자신이 늑대인 줄은 전혀 눈치 채지 못하는 기색이었다.
이것으로 완전히 자신감이 생긴 늑대는,
드디어 양들이 떼지어있는 풀밭에 들어갔다.
시간은 마침, 미리 조사한 대로 양치기가 점심을 먹을 무렵.
통통하게 살이 오른 먹음직스러운 양을 보고,
자기도 모르게 당장 덤벼들고 싶은 것을 필사적으로 참으며,

조심하고 또 조심하면서, 조금씩 조금씩,
양떼에 다가간 늑대.
그러다가 양치기로 변장한 늑대를 본 새끼양이,
반갑다는 듯이 가까이 다가오는 것을 봤을 때는,
이래가지고는 안 되겠다고, 더욱 마음을 굳게 먹었다.
다시 이번에는, 본 대로 흉내 내어 지팡이를 사용하여,
양을 유인하기 시작했는데, 놀랍게도 양들은 얌전하게,
지시한 대로 다같이 걷기 시작하는 것이 아닌가?
스스로도 마치 여우에 홀린 것 같은 기분이었지만,
그래도 늑대는 점점 진짜 양치기가 된 듯,
골짜기의 막다른 곳으로 양떼를 몰고 갔다.
그런데, 이제 왼쪽으로 돌기만 하면 골짜기가 나오는,
바로 그 갈림길에서 양들은 제멋대로 오른쪽으로 돌기 시작했다.
여기서 놓쳐버리면 지금까지의 수고는 모두 물거품,
당황한 늑대가, 양치기가 그럴 때 하는 것처럼,
크게 소리쳐 양을 불렀으나, 아뿔싸!
그 목소리는 바로 늑대가 크게 짖는 소리였던 것이다.

왕을 원한 개구리

어느 날 개구리들이 개굴개굴 와글와글 의논한 결과,
도대체 어떻게 해서 그렇게 된 건지 확실하지는 않지만,
아무리 봐도 세상에는 임금님이니 뭐니 하는 것이 있는 듯하다,
우리에게도 절대적인 힘을 가지고 우리를 통솔하는
그 임금님이라는 것이 필요한 것 같다,
이렇게 얘기가 되어, 모두 하늘을 향해 목소리를 모아,
하나님에게 임금님을 부탁했다.
하나님은 물론 그런 일에 일일이 관여할 시간이 없었기 때문에,
처음에는 그 소리를 무시했는데,
임금님을 원하는 개구리의 합창은 도무지 끝날 기색이 보이지 않았다.
마침내 하나님도 지쳐서, 그토록 임금님을 원한다면 이게 어떠냐는 듯이,
커다란 통나무를, 하늘에서 개구리들이 사는 늪을 겨냥하여 떨어뜨렸다.
그렇다고 그것으로 개구리들을
깔려죽게 하려는 악의가 있어서 그런 것은 아니었다.
하도 시끄러워서 이제 그만 좀 하라는 기분이 얼마쯤 없었던 건 아니지만,
그래도 하나님에게 특별히 나쁜 뜻이 없었다는 증거로,
통나무는 한 마리의 개구리도 다치게 하지 않고,
물가에 모여 있는 개구리들한테서 조금 떨어진 늪 한복판에 떨어졌다.
이리하여 개구리들의 소원이 이루어졌는데,
하나님이 내려주신 이 통나무 임금님은,
뜻밖에도 제법 명군이었다.
물론 평범한 통나무였으니 특별히 무슨 일을 한 건 아니지만,
이 엄청나게 큰 통나무가 늪 한복판에 있다는 것만으로도,
늪이 전보다 훨씬 평화로워진 것이다.
다시 말해, 개구리들이 이 하늘에서 내려온 임금님의,
그 당당한 체구에 압도된 탓에,
전 같으면 툭하면 서로 싸우며,

입에 거품을 물고 서로 비난한 끝에,
결국 모두가 함께 뒤엉켜 큰 싸움이 벌어지는 사태가,
매일처럼 되풀이되었는데,
이 통나무 임금님이 하늘에서 내려온 뒤부터,
임금님의 위엄에 모두가 압도되었다고 할까,
개구리들이 서로 얘기하는 목소리는,
전에 비해 상당히 작고 낮아졌으며,
평소 같으면 큰 소리를 지르며 내친 김에 발길질도 한 번 할 장면에서도,
왠지 임금님의 존재가 신경이 쓰여 서로 위축되고 마는 것이었다.
싸움도 요컨대 힘이 남아돌아야 하는 것인데,
늪 한복판에 임금님이 떡하니 버티고 있음으로써,
그 힘이 어쩐지 약해져버리는 것이었다.
어쨌든, 그리하여 개구리들의 늪 공화국에,
참으로 기적적인 정적과 평온이 찾아온 것인데,
그것이 이 임금님 덕분인 것은 분명했다.
그러나 그 평온도 그리 오래 가지는 않았다.
생각해보니, 이 세상에 임금님이라고 불리는 자가
도대체 얼마나 있는지는 모르지만,
온건함에 있어서는
이 통나무 임금님을 능가할 이는 아마 없을 것 같았다.
그런데, 그 보기 드문 온건함이 오히려 탈이라고 해야 할까,
개구리들은 그러는 사이,
약간 도를 지나치거나, 예전과 같이 행동해도,
심지어는 제멋대로 날뛰어도,
이 임금님은 결코 제재를 가하지 않을 뿐만 아니라,
화도 내지 않는다는 것을 알고 말았다.
그렇게 되어버린 이상,
하늘에서 내려왔든 땅에서 솟았든 통나무는 통나무.
아니, 그냥 통나무가 아니라 잠시나마 임금님이었기 때문에,
이 통나무는 그냥 통나무보다 가혹한 대우를 받게 되고 말았다.

위에 올라타고 노래를 부르거나 다이빙대가 되기도 하는 건
그래도 나은 편으로, 이유도 없이 발로 차보거나,
급기야 나란히 서서 오줌을 갈기는 새끼개구리들까지 나타나게 되었으니.
조금 전까지만 해도,
모두 임금님이 왔다고 그렇게 기뻐했음에도 불구하고,
또 그 위엄에 벌벌 떨었음에도 불구하고, 어미들도 새끼들에게,
"저길 봐, 저분이 우리의 임금님이시란다, 함부로 행동해선 안 돼."
이렇게 주의를 주었음에도 불구하고…….
하나님께 기도한 끝에 얻은 임금님의 권위가,
이렇게도 허무하게 늪으로 가라앉아버렸을 때,
개구리들은 과연 어떻게 했을까?
전과 다름없이, 개굴개굴 와글와글 떠든 끝에,
어이없게도 또, 우리에게는 새로운 임금님이 필요하다고,
하나님을 향해 요구하는 대합창을 시작한 것이다.
움직이지 않는 임금님은 필요없다.
강하지 않으면 임금님이 아니다. 무섭지 않으면 임금님이 아니다.
이리하여 하늘에서 다시 새롭게 그들의 왕이 내려왔는데,
놀랍게도 그것은 커다란 학.
학왕은 내려오자마자 다짜고짜 개구리들을
공포의 도가니로 몰아넣고 말았다.

여우와 염소

어느 황무지의 외길을 여우와 염소가 나란히 걷고 있었다.
평화로운 오후에, 서로 한가로이 얘기를 주고받으면서 길을 가는 것을 보면,
기이한 짝이기는 하지만,
서로 마음을 터놓고 도우면서 길을 가는 동행으로 생각해도,
크게 틀린 건 아닐 것 같았다.
왜냐하면 여우는 몰라도,
적어도 염소 쪽은 정말 그렇게 생각하고 있었으니까…….
하지만 생각하면 할수록 기묘한 짝인 건 틀림없었다.
첫째로, 여우는 육식, 염소는 초식,
그것 자체부터가 이미 기묘했지만, 그것 말고도 또 있었다.
여우는 아직 풋내기라 해도 좋을 정도로 어린 데 비해,
염소는 수염도 나고 뿔도 나름대로 어엿하여,
나이에 걸맞게 관록 있는 신사처럼 보였다.
눈길도, 여우는 아직 완전히 닳아빠지지는 않았지만 그래도 여우는 여우,
어린 티가 가시지 않은 얼굴에도
이따금 사뭇 교활한 표정이 보이는 데 비해,
염소는, 좋게 말하면 유연하다고 할까,
보기에 따라서는 아무 생각이 없는 것처럼 보이기도 했다.
그러나 좀더 생각해 보면, 절묘한 짝이라고 할 수 없는 것도 아니었다.
왜냐하면 만약 늑대와 염소였다면 길을 얼마 못가,
염소는 잡아먹혔을 것이다.
만약 여우와 토끼였다면, 역시 토끼가 언젠가는 잡아먹혔으리라.
결국, 여우가 염소보다 어리고,
또 무슨 일이 있을 경우 염소에겐 싸울 수 있는 뿔이 있었던 것이다.
이런저런 안도감이, 또는 더 깊이 추측해 보건데,
육식동물을 친구로 둔다는 것에 대해,
염소가 기묘한 자기만족을 품고 있었고,

그것이 이 기묘한 동행을 성립시키고 있었던 것은 아니었을까?

어쩌면, 단순히 그 점만이,

요컨대 두 동물의 유대의 실체였던 것은 아니었을까?

그리고, 그것을 증명하는 사건이 곧 일어났다.

그것은 염소가 한 이 말을 계기로 시작되었다.

"여우군, 목마르지 않나?"

"나도 그래요, 염소 씨. 마침 저기 우물이 있네요."

기다렸다는 듯이 여우가 대답하여,

함께 우물까지 가보니, 우물은 둘이 함께 안에 들어갈 만한 크기였지만,

우물물이 거의 말라서, 바닥에 아주 조금밖에 남아 있지 않았다.

그 물을 마시려면, 아무래도 우물 바닥으로 내려가야만 했다.

보아하니 우물은, 뛰어내릴 수 없는 깊이는 아니었지만,

문제는 거기서 어떻게 해서 다시 밖으로 나오는가 하는 것이었다.

염소는 도저히 무리라 생각하고, 여우한테 포기하자고 말했지만,

염소보다 체구가 작은 여우는 태연한 얼굴로 말했다.

"염소씨, 걱정 마세요. 나에게 좋은 생각이 있어요.

나에게 맡겨 주면 어떻게 해 볼테니, 걱정 마세요."

염소는 그런 여우의 말을 듣고, 그게 어떤 생각인지는 전혀 모르면서도,

감탄한 듯이 여우에게 말했다.

"여우 군, 나의 이 수염에 맹세해서 말하는데,

아무래도 자네와 여행 하기를 잘한 것 같아.

자네는 정말 영리해. 이번에도,

어김없이 좋은 생각을 해냈잖아? 역시 자네야.

내가 친구로 생각한 보람이 있어."

여우는 그 말은 들은 척도 하지 않고,

"자, 어서 우물 바닥으로 뛰어내려요."

하고 염소를 재촉했고,

염소는 그런 여우가 시키는 대로 뛰어내렸다.

그러자 여우도 우물 안으로 뛰어내려,

둘이서 나란히 실컷 물을 마신 뒤, 여우가 말했다.

"자, 이번에는 우물에서 나갈 차례예요.
염소 씨, 그렇게 멍하니 있지 말고 뒷발로 서서,
우물 벽에 앞발을 붙인 뒤, 그 뿔을 힘껏,
우물 밖으로 내미세요.
내가 먼저 그 뿔을 타고 밖으로 나가서,
염소 씨를 끌어올려 줄 테니까요."
염소가 그대로 하자,
여우는 냉큼 밖으로 나가더니, 염소를 두고 뒤도 돌아보지 않고 가버렸다.

독수리와 멧돼지와 고양이

어떤 곳에 커다란 떡갈나무가 한 그루 있었다.
이 떡갈나무에는 독수리와 멧돼지와 어미고양이가,
떡갈나무 줄기에 생긴 구멍을 이용하여 집을 짓고,
각자 갓 태어난 새끼들을 키우며 살고 있었다.
어미독수리는 나무 우듬지 쪽에,
멧돼지는 나무 밑동에, 그리고 고양이는 그 중간에.

떡갈나무가 거대한 데다,

각자 생활 스타일이 완전히 달랐기 때문에,

그녀들이 평화롭게 새끼를 키우는 데는,

아무런 불편도 없었다.

어미독수리는 나무 밑동에는 관심이 없었고,

멧돼지 역시, 무성한 나뭇잎 위의,

독수리 둥지의 존재에 대해서는 거의 알지도 못했다.

그런데 고양이는, 나무에 오를 때는 멧돼지를 발견했고,

자신의 집까지 올라가서 우연히 하늘을 올려보다가,

이따금 독수리를 보기도 했다.

그렇다고, 그것 때문에 고양이의 생활이 불편해진 건 아니었지만,

어느 날 이 어미고양이는,

높은 나무꼭대기에 있는 독수리의 둥지를 찾아가서 이렇게 말했다.

"독수리 씨, 잠시 드릴 말씀이 있어서 왔습니다."

어미 독수리는 생각지도 않은 방문객에 잠시 어리둥절했지만,

독수리는 하늘의 여왕,

날카로운 눈길로 침착하게 어미고양이를 응시하면서,

조금이라도 고양이가 수상한 행동을 할라치면,

당장 숨통을 끊어놓을 거라는 기백을 넌지시 풍기며,

도대체 무슨 일이냐고 물었다.

그러자 고양이는 얌전한 표정으로 물었다.

"실은 좀 걱정스러운 일이 있습니다. 당신과 나는 함께 어린 자식이 있는 몸.

어미된 자로서 자식이 내 몸보다 더 소중한 것은 누구나 마찬가지겠죠.

그래서 드리는 말씀인데요,

독수리님은 이 나무 밑에 암멧돼지가 살고 있는 것을 알고 계십니까?"

"그러고 보니 근처에서 몇 번 본 적이 있군."

고양이는 눈썹을 찡그리며 다시 말했다.

"그런 한가로운 말씀을 하고 있을 때가 아닙니다. 아시겠어요, 독수리님?

저 멧돼지는 자기 새끼만 귀한 나머지,

지금 말도 안 되는 일을 꾸미고 있어요.

거짓말이라고 생각하신다면 한번 보세요.
저기 멧돼지가 열심히 땅 밑으로 굴을 파고 있는 것이 보이죠?
지난번에 멧돼지가 누군가에게 얘기하는 것을 얼핏 들은 적이 있는데,
아무래도 저 멧돼지는 이 나무를 쓰러뜨리려 하고 있는 것 같습니다.
나무 위에 사는 우리가 방해가 되어서요. 그래서 우리가 나간 틈을 노려,
그 사이에 나무를 쓰러뜨리고,
우리의 새끼들을 보금자리와 함께 일망타진할 생각인 겁니다.
그렇게 하면, 자기는 어차피 나무 그루터기 근처에 집을 짓는 거니까
아무 상관없을 것이고,
난리가 진정된 뒤에, 미리 피신시켜 둔 자기 새끼를 데리고 와서,
약삭빠르게 혼자 이곳을 차지하려는 속셈인 겁니다.
지금 그 굴이 이미 상당히 진척되어, 나무가 언제 어느 때 쓰러져도
이상할 것 없는 상태여서, 기회만 보고 있는 것 같습니다.
아무쪼록 서로 조심해야 합니다. 섣불리 밖에 나갔다가는 위험하니까요."
이 말에는 어미독수리도 놀라지 않을 수 없었다.
멧돼지가 설마 그런 흉계를 꾸미고 있을 줄이야!
"알려줘서 고맙소, 고양이 씨."
말하기가 무섭게 어미독수리는 둥지로 돌아가,
새끼들을 품에 꼭 안고,
무슨 일이 있으면 즉시 새끼들을 데리고 날 수 있도록,

모두가 불가능하다면 두 마리라도, 아니, 단 한 마리라도 구해야 한다며,
필사적으로 대비하고 있었다.
독수리의 집에서 나온 고양이는, 그 길로 나무에서 내려가,
새끼들에게 먹일 지렁이와 부드러운 풀뿌리를 찾아,
여기저기 부지런히 땅을 파고 있는 멧돼지에게 가서 이렇게 말했다.
"멧돼지 님, 무척 바쁘신 것 같지만, 이 사실만은 무슨 일이 있어도,
꼭 알려드려야 한다고 생각해서, 이렇게 감히 방해를 하게 되었습니다.
실은, 이 나무 위에 사는 저 거만한 어미독수리 말입니다. 간단하게 말해,
어떤 소식통을 통해 들은 바에 의하면,
그 독수리가 요즘 숲에 먹잇감이 줄어들었기 때문에,
가까운 곳에서 먹이를 얻기 위해,
세상에! 이 나무에 사는 우리 새끼들을,
자기 새끼들의 먹잇감으로 가로채려고, 노리고 있다 합니다.
특히 멧돼지 씨의 새끼는 통통하게 살이 쪄서 틀림없이 맛있을 거라는,
말까지 했다는군요.
정말이지, 같은 어미로서 상종 못할 비열한 자 아닙니까?
멧돼지님을 노리고 있다면
틀림없이 저한테까지 손길을 뻗어올 게 뻔합니다.
저는 너무 걱정이 되어서 잠을 이룰 수가 없어요.
하지만 제가 귀띔했다는 말은 절대로 하시면 안 됩니다.
이 얘기가 독수리의 귀에 들어가면,
멧돼지님은 괜찮겠지만, 저의 아기들뿐만 아니라,
힘없는 제 목숨 따위는 몇 개가 있어도 모자랄 거예요. 아, 무서워라.
아, 참! 이러고 있을 게 아니라 어서 집에 돌아가야지.
만약 우리 아이들에게 무슨 일이 생긴다면,
전 도저히 살아갈 수 없을 거예요."
그 말을 들은 멧돼지도 깜짝 놀라며,
허둥지둥 나무 밑동에 만든 굴에 들어가서,
통통하게 살찐 새끼들을 안고,
이제 다시는 집을 비우지 않겠다고 굳게 결심했다.

이리 하여 독수리와 멧돼지는 오로지 새끼를
지키려는 일념으로 집안에 틀어박혔다.
그렇게 며칠이 지났다. 그동안 어린 새끼들이 배가 고파서 울어댔지만,
두 어미는 밖에 한 발짝도 나가지 않겠다고 굳게 마음먹고,
집안에서 새끼들만 지키고 있었다.
그동안 떡갈나무는, 바람에 살짝 흔들리기는 했지만 쓰러지지는 않았고,
밖에 나가지도 않은 어미독수리가,
멧돼지 새끼를 빼앗으려 하는 일도 물론 없었다.
이리하여 다시 며칠이 흘렀다.
새끼들은 이제 힘이 없어 우는 소리조차 약해졌다.
오로지 이를 악물며 참아온 어미들이,
축 늘어져 있는 새끼들을 보고 정신이 들어,
이렇게 지키기만 해서는
굶어 죽고 만다는 아주 당연한 사실을 깨달았을 때는,
그녀들 자신이 집에서 기어나갈 힘조차 이미 남아있지 않았다.

술고래와 그의 아내

어떤 마을에, 도저히 못 말리는 술고래가 있었다.
그럭저럭 일은 하는데,
그렇게 번 돈을 눈 깜짝할 사이에 마셔버리는 것이다.
아내가 아무리 말려도, 돈만 있으면 술을 사서, 한번 마셨다 하면,
술병의 마지막 한 방울까지 있는 대로 다 마셔버렸다.
그것도 술맛을 제대로 음미하면서 마시는 것이 아니라,
무턱대고 벌컥벌컥, 그야말로 퍼붓듯이 마시기 때문에,
마시기 시작하면 얼마 안 지나서 금세 술이 올라, 걷는 것은 물론이고,
말도 제대로 못하게 되어도 마시고 또 마시다, 급기야 정신을 잃고,

바닥이든 어디든 그대로 쓰러져 자버리는 것이었다.

그래도 아침이 되어 아내가 두들겨 깨우면,

어떻게든 눈을 뜨고 빗자루에 쓸리듯이 집을 나갔고,

일이 끝나면 술을 사서,

이러니저러니 횡설수설하면서 다시 취해 곯아떨어지는 것이었다.

그런 일을 매일 같이 되풀이하니, 몸인들 물론 성할 리가 없다.

남자는 점점 여위어가고, 안색도 마치 죽은 사람처럼 창백해졌지만,

당사자는 술 마시다 죽은 놈은 못 봤다느니 하면서,

생활태도를 전혀 바꾸려 하지 않았고,

그런 식으로 가정과 자신의 몸을 소홀히 하는 것에 대해,

아무런 반성도 하지 않는 것 같았다.

그런데, 아내는 그런 술고래에게는 아까우리만치 착한 여자로,

남편이 돈을 술 마시는 데 다 쏟아 붓고,

취해서 행패를 부리거나 이웃에 피해를 주는 등,

누가 봐도 글자 그대로 형편없는 남편임에도 불구하고,

또 그런 나날이 벌써 몇 년이나 계속되고 있음에도 불구하고,

'그래도 언젠가는 이 사람도 정신을 차리겠지.

다시 일어서서 착실한 사람이 되어줄 거야,

나의 이 고생을 이해해줄 날이 틀림없이 올 거야.

그러니까 그날까지 참고 견뎌야 해.

게다가 지금 내가 이 사람을 버린다면,

이 사람은 하루도 살아갈 수 없어.

이 세상에 이 사람의 편이 되어줄 사람은 나밖에 없어.'

뭐, 이런 생각을 하면서,

오늘도 변변치 못한 남편을 돌보느라 여념이 없었다.

그런데 그렇게 사는 동안, 남편의 몸 상태가 갈수록 이상해졌다.

눈은 흐릿해지고, 손은 떨리고, 온몸에 둔한 통증까지 호소하게 되었다.

그렇게 되자, 본인조차 아직 죽고 싶지 않아 하고,

좀처럼 하지 않는 약한 소리까지 하기에 이르렀다.

사태가 여기에 이르자, 그 착하기만 한 아내도,

이대로 가다가는 남편을 잡겠다,

남편이 만약 죽기라도 한다면,

지금까지 해온 모든 고생이 물거품이 되고 말겠다 싶어,

어떻게든 이번 기회에 술을 끊게 할 방법이 없을까 궁리한 끝에,

남편을 상대로 일생일대의 연극을 하기로 결심했다.

이리하여 모든 준비가 다 끝난 어느 날,

아내는 일을 쉬고 누워 있던 남편이, 몸이 나른하다느니 어떠니 하면서도,

저녁이 되어 여느 때처럼 술을 마시기 시작하자,

취하기를 기다렸다가 드디어 계획을 실행에 옮겼다.

먼저 아내는, 정신을 잃은 남편을 끌고 지하 창고에 옮긴 뒤,

전부터 준비해 두었던 숯으로 벽을 새까맣게 칠하여,

그렇지 않아도 어두운 지하실을 불길할 정도로 어둡게 만들었다.

그리고 남편을 눕힌 침대 저쪽에 촛불을 켜고,

자신의 모습이 일렁일렁 비치도록 한 뒤,

아내는 미리 준비해둔 옷을 몸에 걸치고,

얼굴에는 그럴 듯한 화장을 하여, 놀랍게도,

자신이 저승사자로 보이도록 변장했다.

깊은 어둠 속에서 쓰윽 일어선 그녀의 모습은,

정말 불길한 저승사자와 흡사하여,

그 앞에서는 누구라도 벌벌 떨지 않을 수 없을 것 같았다.

이제는 남편이 일어나기만 하면 되었다.

잠에서 깨어난 남편이, 꿈인지 생시인지 모르는 가운데,

죽음의 공포에 사로잡혀,

잠에서 깨어난 남편이, "아아! 무서운 꿈을 꾸었어.

그런 무서운 건 두 번 다시 보고 싶지 않아!" 하며,

그 순간부터 술을 끊게 한다는 것이, 바로 아내의 계산이었다.

그렇게 모든 준비가 빈틈없이 갖춰지자, 드디어 아내는 남편을 깨웠다.

그러자 공포의 비명을 지를 줄 알았던 남편은,

눈을 뜨자마자, "아, 목말라" 하고 중얼거렸다.

생각지도 못한 반응에 당황한 아내가, 자기도 모르게 물을 가지고 오자,

그것을 단숨에 들이켠 뒤, 그제야 비로소 저승사자를 보더니,
거나하게 술이 오른 얼굴로, 목소리를 낮춰 말하는 것이었다.
"미안하지만 저승사자님. 기왕 심부름하신 김에,
한 잔 더, 이번에는 술로 갖다 주시면 안될깝쇼?"

통풍과 거미

이번에는 하나님이 사람과 소와 벌레와 꽃과,
그 밖의 모든 것을 창조했을 때의 이야기다.
참으로 많은 것을 만든 하나님은,
사람과 소처럼 비교적 눈에 띄는 생물을 만든 뒤,
그렇게 뭔가를 새롭게 만들어낸다는 일이 자못 재미있었던지,
큰 것과 작은 것, 빨리 달리는 것과 느린 것 등,
정말 다양한 것을 계속 만들어내었는데,
생각이 난 것은 거의 다 만든 뒤에도,
또 만들 것이 없을까 하고 생각하다가,
비교적 눈에 잘 띄지 않는 것과, 얼핏 하찮아 보이는 것, 심지어는,

어째서 이런 것까지 할 정도로,

생명 있는 모든 것으로부터 소외당하는 것까지 만들기 시작했다.

그런 식으로 하나님은,

어느 날 통풍과 거미를 만든 뒤 여느 때와 다름없이 이렇게 생각했다.

"그런데 이것들을 어디서 살게 하지?"

통풍은 우선 사람을 괴롭히는 것으로 만들었기 때문에,

사람 가까이가 좋고,

거미는 벌레들을 괴롭히는 것이므로 벌레가 많은 곳이 좋다.

거기까지는 일단 생각했지만,

더 이상은 아무리 해도 생각이 정리되지 않았다.

사람을 괴롭힌다 하지만, 도대체 어떤 사람을 괴롭혀야 할까?

벌레는 벌레대로, 자신도 기억 못할 만큼

너무 많이 만들어버렸기 때문에,

어떤 벌레를 괴롭힐까 하고 생각하기 시작하자,

이것 역시 생각이 정리되지 않았다.

어쩐지 점점 귀찮아진 하나님은,

갑자기 그것보다 더 좋은 다른 생각이 떠올랐다.

다음의 창조물을 빨리 만들고 싶어진 하나님은,

이런 골치 아픈 것은 얼른 치워버리자 싶어서,

인간을, 좋은 저택과 오두막집에 사는 사람으로 나누고,

어느 쪽에 살 것인지 통풍이 선택하게 하기로 했다.

그리고 내친 김에 거미는, 통풍이 선택하지 않은 쪽에,

적당히 살게 하기로 했다.

그러나 선택하라는 말을 들은 쪽으로서는,

이제 막 태어났을 뿐인데 그런 말을 들었으니,

도대체 어떻게 해야 좋을지 알 수가 없었다.

그렇지만, 이제부터 자신이 살 곳을 결정하는 것이므로,

아무렇게나 정할 수도 없었다.

그래서 통풍이, 하나님이 말한 두 종류의 인간의 집,

커다란 저택과 오두막집을 들여다보니,

저택 쪽에는 사람이 많이 왔다 갔다 하고 있어,

통풍이 붙어살만한 상대가 넉넉해 보였지만,

자세히 보니, 몹시 바빠 보이는 저택 안에서,

단 한 사람, 몸을 거의 움직이지 않는 뚱뚱한 사람이 있는데,

그 사람 옆에서, 틈만 나면 그를 상대하고 있는 사람이 있었다.

통풍이, 저건 어떤 사람입니까 하고 하나님께 묻자,

뚱뚱한 쪽은 그 저택의 주인이고,

그 옆에 있는 사람은 의사라는 것이었다.

그 의사라는 건 뭘 하는 사람인데요? 하고 통풍이 꼬치꼬치 캐묻자,

이게 무슨 소리!

병을 쫓아내는 것을 직업으로 하는 사람이라고 하지 않는가?

그래서 이번에는 오두막집을 들여다보니,

거기에는 몸이 바싹 마른, 역병이 무척 좋아하는 사람이 있는데,

외풍이 들어오는 집 안에서 손발이 얼어 있었다.

그것을 본 통풍은 하나님에게 단호하게 말했다.

"저는 오두막집에서 살겠습니다."

그 말을 들은 거미는,

속으로 자기도 모르게 옳거니! 하고 기뻐하지 않을 수 없었다.

"그런 밤바람이 불어 들어오는 오두막집에서는

거미줄을 치는 것도 보통 일이 아닐 거야.

통풍이란 놈이 오두막집을 골라준 덕택에,

난 저택에서 커다란 거미줄을 마음대로 칠 수 있게 되었어."

이리하여 통풍과 거미는 각각 자신이 선택한 집으로 들어갔다.

그런데 먼저 거미 쪽에서 불평이 나왔다.

저택에는 맛있는 음식이 많이 있어서,

그것을 노리고 온 파리도 곳곳에서 눈에 들어왔기 때문에,

거미는 저택에 도착하자마자,

두근거리는 가슴으로 커다란 거미줄을 마음껏 치고,

먹이가 걸려들기를 기다렸지만, 웬걸, 한 마리도 걸려들지 않는 동안,

한 여자가 빗자루를 들고 나타나더니, 애써 지은 회심작이라 할만한 집을,

눈 깜짝할 사이에 빗자루로 쓸어버리고 말았다.
거미는 놀라서 달아났지만,
하마터면 이제 방금 얻은 목숨을 잃어버릴 뻔한 것이다.
'아, 무서운 세상이야.'
거미는 다시 정신을 차리고, 이번에는 그리 눈에 띄지 않는 곳에,
그것도 상당히 조심스럽게 집을 지었는데,
이튿날 아침, 어제의 그 여자가 또 빗자루를 들고 오더니,
잽싸게 거미줄을 치워버리는 것이었다.
그렇다면 하고, 이번에는 거의 눈에 띄지 않는 곳에 작게 집을 지었지만,
아무리 기다려도 중요한 벌레가 한 마리도 걸려들지 않았다.
배를 주린 거미가, 이런 집에는 더 이상 살 수 없다고 탄식하고 있을 때,
통풍이 하나님에게 하소연을 늘어놓았다.
"제발 부탁입니다. 다시 한번 기회를 주십시오.
저런 오두막집을 고른 제가 바보였습니다. 저 오두막에 있는 남자는,
금방이라도 병으로 쓰러질 것처럼 보였지만,
이자가 보기보다는 훨씬 강하지 뭡니까?
아침 일찍 일하러 나가서 부지런히 몸을 움직이고,
밤이 되면 일찍 잠자리에 드니, 정말이지 달라붙을 새가 있어야지요.
일단 그 근육투성이의 발에 붙어보기는 했지만,
어찌나 움직이고 돌아다니는지,
저는 눈이 핑핑 돌아서 떨어지고 말았습니다.

하나님, 당신은 저를 만드셨으니까 잘 아시겠지만,

일어나거나 걷는 것도 겨우 하고,

잘해 봐야 누운 채 지내야 하는 것이 통풍에 걸린 사람의 인생입니다.

그런 곳에서 저는 도저히 살아갈 수가 없습니다.

저택으로 바꿔 주십시오."

이리하여 통풍은 저택으로 옮겨가고,

대신 거미가 오두막집에 살게 되었다.

그 이사는 결과적으로 잘된 것 같았다.

왜냐하면 그날 이후,

하나님에게 통풍이 호소하러 오는 일이 없었기 때문이다.

이사를 할 때, 통풍이 마지막까지 걱정했던 의사의 존재도,

실제로는 그렇게 방해가 될 정도의 것은 아니었던 모양이다.

늑대와 황새

누구나 알고 있듯이,

늑대는 먹는 것에 대한 욕심이 매우 강하다.

때로는 그것 때문에 목숨까지 잃을 정도로,

먹는 것에 비루하고, 게다가 도무지 만족이라는 것을 모른다.

그런 늑대가 어느 날 잔치에 초대받았다.

구태여 늑대를 초대하는 쪽도 초대하는 쪽이지만,

만약 부르지 않았다가는 늑대의 비위를 건드려,

나중에 무슨 보복을 당할지 모른다고,

뿐만 아니라, 갑자기 잔치자리에 쳐들어오거나 하면 큰일이라고,

생각한 건지도 모른다.

어쨌든, 그리하여 초대받은 늑대는,

누구보다 많이 먹으려고, 누구보다 일찍 와서,

누구보다 늦게까지 걸신들린 것처럼 정신없이 먹어댔다.

그리고 그쯤에서 물러났으면 좋았을 것을, 마지막 남은 생선가시까지,

이것도 내 차지라며 삼킨 것이 화근,

커다란 가시가 목에 걸려 괴로워 숨도 못 쉴 지경이 되고 말았다.

너무 아파서 몸부림을 치면 칠수록 날카로운 가시가 목을 깊숙이 파고들고,

그렇다고 가만히 있어도 물론 해결될 리가 없다.

그러는 사이에도 가시는 자꾸자꾸 몸 안으로 들어가는 것 같아,

아! 이대로 가시가 심장을 찔러 죽으면 어쩌나 하고,

늑대는 어울리지도 않게 겁이 나서,

그저 우ー우ー 소리내며 신음만 하고 있었다.

물론 잔치에 참석했던 자들은

모두 늑대의 그런 곤경을 보고도 못 본척했다.

평소부터 늑대에게 좋지 않은 감정을 가지고 있던 터라,

속으로 흥, 꼴좋다! 하는 듯이,

아무도 도와주려 하지 않을 뿐만 아니라,

괴로워하는 늑대를 내버려둔 채 집으로 돌아가고 말았다.

이리하여 가련한 늑대가

탐욕 때문에 이대로 덧없이 목숨을 잃는가 하는데,

아까부터 그 모습을 지켜보고 있던 황새 부인이 다가와서 말했다.

"아니, 늑대 씨, 생선가시가 목에 걸렸나보군요,

괜찮으시다면 제가 빼드릴까요?"
괜찮고 뭐고, 지옥에서 부처님을 만난들 이보다 더 반가울까,
얼른 가시를 빼 달라는 듯이,
아픔과 기쁨으로 눈물까지 글썽거리던 늑대는,
자기도 모르게 두 손 모아 황새에게 절을 했다.
황새 부인은 늑대를 땅에 눕히고,
그 긴 부리를 커다랗게 벌린 늑대의 입안에 넣고,
간단하게 가시를 꺼내주었다.
그래서 한 목숨 건진 늑대는,
감사의 눈물을 흘리며 평소의 악행을 뉘우치려나 했더니,
웬걸, 늑대는 목구멍만 넘어가면 뜨거움도 잊는다는 속담대로,
은혜는 씻은 듯이 싹 잊어버리고,
"늑대의 입안에 머리를 넣고도 무사했던 건 아주머니뿐일 거유."
큰 소리를 치고는 인사도 하지 않고 가버렸다.

사자를 이긴 사람

어떤 마을에서 인간들이 잔치를 열고 있었다.
그건 아마, 마을 축제를 핑계 삼아,
마을의 시조로 일컬어지는 명사와 그 가족을 찬양하며,
그들의 위엄을 새로이 내세우려는 것인 듯했다.
거기에는 먼 곳에서도 유명한 손님들이 와있었고,
그런 주빈들의 인사말이 끝도 없이 이어지는 무대 뒤에는,
그날을 위해 유명한 화가에게 부탁하여 그린,
커다란 그림이 장식되어 있었다.
그림에는 위대한 명사의 조상의 모습이 그려져 있었는데,
한 남자가 용감하게 맨손으로,

사자를 때려눕히고 있는 내용의 그림이었다.

그림은 참으로 훌륭하게 그려져 있어서, 지금 바로 눈앞에서,

백수의 제왕과 실제로 결투를 하고 있는 것 같은,

박력으로 넘치고 있었다. 더구나 싸우는 조상의 얼굴은,

명사의 얼굴과 비슷하게 그려져 있었기 때문에,

사람들의 눈에는 마을의 시조와 명사의 이미지가 겹쳐보였다.

그런데 실은, 그런 마을 사람의 모습을

멀리서 흥미롭게 바라보고 있던 한 마리의 사자가 있었다.

마을 언저리 숲에 살고 있던 그 사자는,

평소에는 좀처럼 마을에 내려오는 일이 없었지만,

그날은 사람들이 하도 시끄러워 숲에서 나와 봤더니,

마을사람들이 잔치를 열고 있는 것이었다.

물론, 사람들은 툭하면 모여서 소란을 피우기 때문에,

사자는 그 일 자체는 별로 이상하게 여기지 않았지만,

사자의 관심을 끄는 것은,

모여 있는 사람들의 뒤에 있는 사자에 대한 것이었다.

그것은 멀리서 봐도 크고 훌륭한 사자로,

어떻게 이런 곳에 동료가 있는 것일까,

하고 이상하게 생각했지만,

그보다 더 이상한 것은, 사자가 인간에게 지고 있는,

믿기 어려운 그 모습이었다.
상대인 인간은, 분명히 인간 치고는 그런대로 강해 보였지만,
아무리 그렇다 해도
백수의 제왕 사자가 고작 인간 하나에게 왜 지고 있는 것일까?
아니, 그보다 그 사자와 인간은
어째서 아까부터 전혀 움직이지 않고 있는 것일까?
그렇게 생각한 사자는 자세한 것을 확인하려고 거기에 가까이 다가갔다.
일단 사정을 들은 뒤, 여차하면 내가 대신 상대해주리라는 생각도 있었다.
그런데 가까이 가보니, 그곳에 있는 것은 인간도 사자도 아닌,
살짝 만져도 찢어지고 마는 그냥 얇은 천조각이었던 것이다.
맥이 풀린 사자는, "이런 것을 도대체 뭐에 쓰려는 것일까?
아무래도 인간은 도무지 알 수가 없는 동물이라니까."
생각하면서 다시 숲으로 돌아갔다.
한편 마을사람들은, 눈앞에 사자가 나타난 순간,
거미새끼를 풀어놓은 듯이 앞 다투어 달아났는데,
그중에서도 명사라는 사람이 누구보다 먼저 자취를 감췄대나 어쨌대나.

여우와 포도

배고픈 여우 한 마리가 길을 가고 있었다.
실은 그 여우는, 수많은 여우족 중에서,
나름대로 이름 있는 혈통의 여우였지만,
그건 그거고, 벌써 며칠이나 아무것도 먹지 못했기 때문에,
늘 자랑하던 털도 광택이 완전히 사라지고,
기회만 있으면 과시해왔던 풍성한 꼬리도,
배에 전혀 힘이 들어가지 않으니,
그만 아래로 축 늘어져서, 문득 보면 어느새,

빗자루처럼 질질 땅을 쓸고 있는,
참으로 한심한 꼬락서니였다.
그렇게 배가 고프면, 얼른 먹잇감을 사냥하든지,
그렇지 않으면, 차라리 땅에 떨어져 있는,
뭐든 입에 넣을 수 있는 것을 찾든지 하면 될 것을,
그런 건 생각조차 나지 않는 건지,
이 여우,
벌레와 나무 열매 따위에는 눈길도 주지 않는다.
메뚜기 한 마리라도 얼마쯤 요깃거리는 될 것이련만,
그게 아니면 밤과 산딸기 같은 것도 그런대로 먹을 만하련만,
아무래도 이 여우는,
땅에 떨어져 있는 것은 먹는 거라고 생각하지 않는 눈치.
다람쥐에게는 밤이 주식이요,
두더지에게는 삽주가 맛있는 먹을거리가 되는,
숲의 당연한 현실을 모르는 건지,
아니면, 배가 너무 고파서 눈까지 멀어 아무것도 보이지 않는 건지,
어쨌든, 밤이 떨어져 있어도, 메뚜기가 눈앞에서 뛰어다녀도,
까마귀가 실수로 하늘에서 먹을 것을 떨어뜨려도,
전혀 집어 먹을 생각을 하지 않는다.
어쩌면, 좋은 혈통이 오히려 화가 되어,

그런 것을 먹은 적이 한 번도 없었기 때문인지도 모른다.

그렇다면, 야성이니 본능이라고 하는 것을,

먼 옛날에 어딘가에 버리고 와버린 이상한 여우일지도 모른다.

그런 여우가 도대체 어떻게 하다가 굶주리게 된 건지는 알 수 없지만,

아무튼 여우는, 이유와 사정이야 어쨌든, 죽을 만큼 주린 배를 안고,

숲 속을 힘없이 헤매고 있을 뿐이었다.

그런 여우가,

아, 이젠 정말 죽는구나 하고 생각했는지 어쩐지는 알 수 없지만,

문득 하늘을 올려다보았을 때,

가지가 늘어질 정도로 맺혀 있는 포도가 눈에 들어왔다.

포도는 무척 맛있어 보이는 데다,

먼 옛날 맛있는 꿩을 먹은 뒤에, 어머니가,

"맛있는 것을 먹은 뒤에는 과일이 몸에 좋단다."

하며 주신 포도의 달콤함이 기억 속에서 되살아나,

여우는 자기도 모르게 손을 뻗었지만, 현실 속의 포도는,

어떤 집 높다란 벽 위의 높은 테라스 위에 있어서,

여우가 손을 뻗어도 뒷다리를 들어도, 도저히 닿지 않는 높이에 있었다.

덩굴을 타고 기어오르면 오르지 못할 높이도 아니었지만,

그렇다 해도 테라스까지는 거리가 멀어,

만에 하나 떨어지기라도 하면 부상을 당할지도 몰랐고,

무엇보다 여우는 원숭이가 아닌지라,

이리하여 여우는 반쯤 포기하면서,

그저 멍하니 포도가 달려 있는 모습을 바라보고만 있는데, 그때,

위를 올려다본 여우의 눈에 산새의 모습이 비쳤다.

산새는 바람 속에 나타나, 포도나무에 사뿐 내려앉더니,

맛있는 듯이 포도를 따서, 쪼로롱 하고 한번 노래했다.

여우는 왠지 모르게 산새가 자기를 보며 노래한 것처럼 생각되었다.

포도의 작은 가지가 바람에 흔들리고,

산새는 다시 쪼로롱 하고 노래한 뒤 바람 속으로 사라졌다. 그때,

여우의 머리 위에서 어머니의 목소리가 들려왔다.

"포도는 잘 익은 것이 아니면 배탈이 난단다."
"그래, 저 포도 내가 먹기에는 아직 덜 익었어."
그리고 여우는 그대로 그 자리를 떠났다.
어디로?
그런 것은 여우 자신도 알 수 없었다.

백조와 거위

한 커다란 저택에서 백조와 거위를 키우고 있었다.
백조는 저택의 주인이 감상하기 위해,
그리고 거위는 저택의 주인이 먹기 위해.
그러고 보면, 같은 새이면서도 백조와 거위는,
상당히 다른 처지였던 셈이지만,
이 저택에서는 아주 오래 전부터,
저택 주인의 할아버지의 할아버지 대부터,
백조는 아름다움을 감상하기 위해,
거위는 맛있게 먹기 위해 키우고 있었기 때문에,
아무도 그것을 이상하게 생각하지 않았다.
그리고 당사자인 백조와 거위도,
서로가 처한 처지를 당연한 것으로 생각하고 있었다.
백조와 거위는 같은 저택의 같은 연못가에서 태어나,
같이 연못가에서 뛰놀며 자랐고, 중요한 손님이 왔을 때는
거위는 요리되고,
백조는 연못에서 우아하게 헤엄치며, 손님의 눈을 즐겁게 해주었다.
이 저택에서는, 오래 전부터 그렇게 해왔던 것이다.
그래서 백조도 거위도 그 일에 특별히 의문을 품는 일이 없었다.
뿐만 아니라, 그들은 각자 자신의 입장에 대해

일종의 자긍심마저 가지고 있었다.
왜냐하면, 그들은 태어날 때부터,
"이렇게 아름다운 백조는 처음 봅니다." 라거나,
"거위를 참 잘 키우셨군요."
사람들의 이런 말들을 줄곧 들으며 자랐기 때문에,
모르는 사이에 서로의 역할을,
당연한 것으로 인식하게 되었고,
그래서 백조도 거위도,
이 저택에서 사육되는 것을,
무척 명예로운 일로 생각하고 있었다.
그런데 어느 날, 그런 백조와 거위가,
여느 때처럼 나란히 연못 위를 헤엄치고 있으니,
오랜만에 손님이 온 건지,
요리사가 연못으로 찾아왔다.
평소 같으면, 거위가 끌려가고,
백조가 가서 잘하라는 듯이 배웅할 터인데,
그때는 아무래도 새로 온 요리사여서 그런지,
백조를 거위로 착각하고,
저택 안으로 데리고 갔다.
백조는 한 순간 당황했지만,
평소에 끌려간 거위가,

저택 안에서 도대체 어떤 중요한 역할을 하는 것일까,
저택 안은 어떻게 생겼을까 하고, 뭔가 따돌림을 당하는 것 같은,
서운한 기분을 맛보고 있었기 때문에,
백조는 처음으로 저택 안에 들어가는 것에 살짝 기대감마저 느꼈다.
그런데 요리사는, 백조의 상상과는 반대로,
저택 안을 천천히 안내하기는커녕,
곧장 백조를 저택 구석의 요리실로 데리고 가더니,
느닷없이 식칼을 꺼내들고,
어이쿠! 백조의 목을 따려는 것이 아닌가!
그제야 비로소 백조는 지금까지 저택 안에 끌려갔던 거위에게,
도대체 무슨 일이 있었는지,
어째서 그 길로 한 마리도 돌아오지 않았는지 이해했지만,
때는 이미 늦어서, 그것을 본 요리장이,
"바보 같은 놈! 그건 백조잖아, 주인님이 아시면 넌 모가지야."
소리쳤을 때는 식칼은 이미 내려쳐진 뒤였다.

늑대와 양

천년, 아니 더 오랜 세월에 걸쳐 전개되어 왔던 늑대와 양의
비참한 살육의 역사에 마침내 종지부가 찍혔다.
전쟁을 끝내기 위해 평화협정을 맺은 것이다.
생각하면, 참으로 길고 고통스러운 역사였다.
늑대의 날카로운 이빨에 걸려들어 목숨을 잃고,
먹이가 되어 사라져간 양의 수는 헤아릴 수가 없다.
한편, 양이 늑대를 습격하는 일은 물론 아직 한 번도 없었지만,
양들이 인간의 보호를 받게 된 뒤부터는,
늑대들은 또 그 양치기들에 의해 목숨을 잃으며,

때로는 그들의 모피가 되어버리는
위험과 공포 속에서, 양과 싸워야 했던 것이다.
아득히 먼 옛날, 양이 아직 인간의 가축이 되기 전에는,
서로의 관계가 사실 이렇게까지 살벌한 것은 아니었다.
그 무렵 늑대가 양을 습격하는 것은 마찬가지였지만, 그 무렵,
늑대가 생활을 위해 습격한 상대는
꼭 양뿐만 아니라 여러 가지가 얼마든지 있었고, 또,
양들이 똘똘 뭉쳐서,
어린 새끼들이 무리에서 떨어지지 않도록 주의를 주면,
늑대에게 습격을 받더라도,
기껏해야 한두 마리가 희생될 뿐이었고, 때로는,
물러날 때를 놓친 게으른 늑대를
양들이 에워싸고 밟아 죽이는 일까지 있었다.
그런데 인간들이 양은 물론 소도 말도 할 것 없이 모두,
자기들의 영지에 잡아넣어버린 이래,
그리고 그들을 보호한다는 명분으로,
숲을 침략하여 동물들을 차례차례 죽이고 말았기 때문에,
이제 인간에게 저항하면서 옛날 생활을 고수하는 것은,
마침내 늑대만 남게 된 것이다.
게다가 늑대에게 가장 괴로운 것은,
인간이 늑대새끼를 유인하여 옆에 두고 키우면서,
끈기 있게 길을 들여 마침내 개라고 하는,
늑대와 비슷한 것 같으면서도 다른 것을 만들어내어,
인간을 위해 일하게 만든 일이었다.
그것은 정말 인간이니까 할 수 있는 일이었지만,
그렇게 가축이 되어 버린 개를,
늑대들은 도저히 용서할 수가 없었다.
하지만, 양과 소가 인간들에게 에워싸이고,
개가 그것을 보호하게 된 지,
이미 오랜 세월이 흘러 있었다.

그리고 숲에는 이제 먹잇감도 완전히 줄어들어,
늑대들은 양과 그것을 보호하는 개들과의 전투에,
온 힘을 다해야 하는 궁지에 몰려 있었다.
그래서 평화교섭은, 실은, 이런 현실을 타개하기 위해,
늑대들이 들고 나온 마지막 도박이기도 했다.
늑대들이 짜내고 짜낸 평화조건은 다음과 같았다.
첫째로, 이 협정의 체결 이후, 늑대는 일체 양들을 습격하지 않는다.
그 대신, 개들도 역시 늑대들과 일체 전투를 하지 않기로 한다.
두 번째로, 그것을 위한 보증으로서,
양은 자신들의 새끼를 볼모로 늑대에게 맡긴다.
물론 늑대도 자신들의 새끼를 양들에게 볼모로 맡긴다.
늑대들이 제안해온 이 평화안은 양들에게도 바람직한 내용이었다.
물론 볼모를 빼앗기는 것은 슬프지만,
그 점에 있어서는 늑대도 같은 조건이었고,
그것에 의해 평화가 약속되기만 한다면,
그것이 가져다줄 나날의 평화를 생각한다면,
그건 오히려 양들에게 더 유리한 거래로까지 생각되었다.
그리고 생각해 보면, 태어나는 새끼의 수는 양이 더 많았고,
또 이쪽의 마지막 카드인 개라는 강력한 아군에 대해,
협정에서는 무엇 하나 정해져 있지 않았던 것이다.

즉, 양을 보호하는 개들이 있어,

안전이 보장되는 한,

상황은 지금보다 좋아졌으면 좋아졌지 나빠질 것이 없다고,

양들은 생각한 것이다.

이리하여 늑대와 양 사이에,

서로의 역사가 시작된 이래 처음으로 평화협정이 맺어졌다.

서명과 함께, 현재와 미래를 향한 평화의 증거인 볼모가 교환되었다.

그리고 평화가 찾아왔다.

약속한 대로 늑대들이 숲에서 나오는 일이 없어지자,

양들은 모두 전에 없이 깊고 편안한 잠을 잤고,

밤을 새며 불침번을 설 필요가 없어진 개들 역시 편안한 밤을 만끽했다.

이리하여 평온하게 1년이 흘렀다.

그동안 늑대들은 때가 무르익기만을 기다리고 있었다.

그럼, 숲 깊숙이 자취를 감춘 늑대들은,

협정을 맺은 뒤 어떻게 지내고 있었을까?

양도 습격하지 않고, 먹잇감도 적어진 숲 속에서,

도대체 무엇을 먹고 살고 있었을까?

물론 이것은 어디까지나 나중에 밝혀진 사실이지만, 실은,

늑대들은, 볼모로 잡은 새끼양들을 잘 키워서 통통하게 살찌운 다음,

적당한 때를 보아 한 마리씩 잡아먹고 있었던 것이다.

이것은 반드시 협정 위반은 아니었다. 협정에는 단 한 마디도,

볼모를 먹어서는 안 된다는 규정이 없었고,

설사 규정이 있다 하더라도, 늑대들은 같은 짓을 했을 것이다.

그렇지 않으면 굶어죽을 판이기 때문이다.

늑대는 양이나 개와 달리,

인간한테서 먹이를 얻어먹고 있지 않았던 것이다.

물론 늑대들은 그 사실이 탄로 나지 않도록 세심한 주의를 기울였다.

깊은 숲에서 한 발짝도 나가지 않았던 것도 바로 그것 때문이었고,

더더욱 늑대들에게는

그 사실을 계속 숨길 필요가 있었다.

무슨 일이 있어도 열두 번째 보름달이 뜰 때까지는…….
그리고 마침내 늑대들이 기다리고 기다리던 밤이 찾아왔다.
볼모로 잡혀 얌전하게 지내고 있던 늑대 새끼들이 엄니를 드러낸 것이다.
1년 전에는 그저 어린 강아지 같았던 늑대 새끼들은,
개와 함께 먹이를 충분히 먹고 자라,
이제 어엿하고 늠름한 늑대로 성장해있었다.
그리고 그들은 야생의 전사로서,
부모한테서 누누이 주입받았던 임무를 한시도 잊은 적이 없었다.
열두 번째 보름달이 뜬 밤에,
먼저 잠든 개들의 숨통을 끊어놓은 다음, 양을 습격하여,
그것을 선물로 들고 그리운 숲으로 다시 돌아간다는 임무를…….

늙은 사자

숲 속에 한 마리의 늙은 사자가 누워 있었다.
옛날에는 백수의 제왕으로서, 모든 동물을 압도하는 그 힘으로,
숲 속의 모든 동물들을 두려움에 떨게 하고, 복종시키며,
그들의 생사까지 뜻대로 해온 사자가,
커다란 나무 밑에서, 축 늘어져 그저 누워만 있었다.
사자도 세월을 거스르지는 못하고,
요즈음 눈에 띄게 쇠약하여 사냥은커녕,
제대로 걸을 수도 없는 지경이 된 것이다.
물론 노화에 의한 쇠약과 함께,
사자의 지난날 권위는 이미 땅에 떨어진 지 오래지만
그래도 아직 손발을 그럭저럭 움직일 수 있는 동안은,
늙고 힘이 없어도 사자는 사자,
숲의 동물들도 감히 정면으로 맞서서,

사자에게 반항하는 짓은 하지 않았다.

그런데 사자가 이렇게 누워만 있으니,

아무래도 몸을 움직이는 것도 마음대로 되지 않는다는 것이,

모든 동물의 눈에도 분명해지자, 처음에는 멀리서,

그리고 점점 조심스럽게 가까이 다가와서,

사자를 무시하는 동물들이 나타나기 시작했다.

먼저 발이 빠른 말이 말을 걸었다.

"왜 그러세요, 사자 님, 몸에 기운이 없으신가 봐요?"

사자가 힐끗 말을 쳐다보자,

그 순간 말은 반사적으로 뛰어올라 뒤로 물러섰지만,

사자는 소리를 내는 것도 힘든 듯이,

그저 멍하니 말을 쳐다보며 움직이지 않았다.

말은 다시 다가가서,

조심스럽게 앞발굽으로 사자 뒷다리 근처의 땅을 두드려보았지만,

그래도 사자는 전혀 움직일 기색을 보이지 않았다.

완전히 간이 커진 말은 언감생심, 사자 눈앞에서

사자를 깔보는 듯이 히힝 하고 한번 소리를 지른 뒤,

뒤돌아보면서 뒷발로 모래를 사자에게 끼얹고 달아났다.

이 숲 속에서,

그때까지 도대체 누가 사자의 얼굴에 모래를 뿌릴 수 있었단 말인가.

하지만 사자는 그런 꼴을 당하고도 여전히,
간신히 머리를 쳐든 자세 그대로 움직이지 않고,
어딘가 먼 곳을 응시하는 듯한 그 눈을 두세 번 깜박거렸을 뿐이었다.
말이 사자를 무시하고 그 얼굴에 모래까지 뿌렸다는 소문은
당장 숲으로 퍼져나가,
지금까지 사자의 이름을 듣기만 해도 벌벌 떨었던 동물들이 모여들어,
그동안 쌓이고 쌓인 울분을 한꺼번에 풀려는 듯이,
번갈아가며 사자에게 몹쓸 짓을 하기 시작했다.
그중에서도 지금까지 사자 앞에서만은
도저히 머리를 들지 못했던 늑대는 마침내 사자 꼬리를 물기까지 했다.
그리고 마지막으로 소가 그 뿔로 한번 받으려 했을 때는,
사자는 눈을 감고 머리를 쳐든 자세 그대로 이미 숨겨 있었다.

제비와 휘파람새

제비와 휘파람새가 옛날,
자매로 태어난 인간이었던 사실을 아십니까?
옛날 옛날 아주 옛날, 인간과 신들이,
아직 같은 세상에서 살고 있었던 무렵,
어떤 곳에, 무척 노래를 잘 부르는 동생과 이야기를 잘하는 언니가 있었다.
두 자매는, 인간들에게도 신들에게도,
똑같이 사랑을 받으며, 언제나 둘이 함께,
어떤 때는 사람이 사는 곳에 가서 노래 부르고 이야기를 들려주고,
또 어떤 때는 신들에게 가서,
노래 부르고 이야기를 했다.
동생이 부르는 노래는 때로는 즐겁게 때로는 슬프게,
언니가 들려주는 이야기 역시,

때로는 애절하게 때로는 재미있게 듣는 이의 마음을 울렸다.
그러던 어느 날 두 자매가 여느 때처럼,
"노래를 불러 다오, 이야기를 해다오." 하며 시키는 대로,
신들 앞에서 노래하고 이야기하고 있으니,
인간들이 찾아와서 말했다.
"이젠 우리한테도 좀 와주시오."
그래서 자매가, 노래 한 곡과 이야기를 한 가지 더한 뒤에
인간들에게 가려고 하자, 신들이 불만스러운 듯 말했다.
"어째서 좀 더 우리와 함께 있어주지 않는 것이냐?"
"저쪽에서 우리를 기다리고 있는 사람들이 있으니까요"
언니가 대답하자,
"우리도 오랜만에 이렇게 모여서 즐겁게 시간을 보내고 있는 것 아니냐?"
신들은 한결같이 입을 맞춰 이렇게 말하는 것이었다.
자매는 하는 수 없이 그곳에서 노래와 이야기를 계속했다.
그러는 사이 인간들이
한 사람 또 한 사람 모여들어 신들보다 더 많아지자,
모두 신을 무시하고,
자매를 억지로 자기들이 있는 곳으로 데려가려고 했다.
물론 신들은 몹시 화가 나서,
많은 인원수를 믿고 신에게 반항하다니 이게 무슨 짓이냐,

그런 짓을 하면 어떻게 되는지 알면서 하는 짓이렷다! 하며,
빛의 신은 번개를, 물의 신은 홍수를,
바람의 신은 태풍을, 땅의 신은 지진을 부르기 위해,
주먹을 불끈 쥐고 높이 치켜든 바로 그때,
자매가 비명 같은 목소리로 소리쳤다.
"그만두세요. 저희 때문에 싸우는 건, 제발 그만두세요."
그렇게 말하기가 무섭게 언니는 스스로,
수많은 풍요로운 이야기를 낳았던 혀를 자르고,
그래도 뭔가를 전하고 싶어서 제비로 모습을 바꿨다. 그리고 동생은,
아무데도 가지 않기 위해 다리를 자르고,
그래도 노래만은 계속 부르기 위해,
휘파람새로 모습을 바꿨다.
이리하여 지금도 휘파람새는 산과 들의 경계에서 노래를 부르고,
제비는 서로 다른 두 세계를 목숨을 걸고 오가는 새가 되었다 한다.

물에 빠진 여자

한 여자가 강물에 빠져 죽었다.
건져낸 시체 옆에서,
여자의 남편으로 보이는 남자가 울고 있었다.
강 근처에는 작은 마을이 있었고,
그들도 그 마을의 주민인 듯했지만,
상세한 것은 물론 모른다.
다만, 마을 쪽에서 걸어온 한 농부가,
남자에게 살짝 고개를 숙여 보인 뒤,
지나간 것을 보면,
역시 남자는 마을 주민일 것이다.

또, 이 사건은 특별히 수상한 범죄와,
관련이 있는 것도 아닌 것 같았다.
어쩌면 남자의 아내인 여자가 개인적인 어떤 사정으로,
강물에 몸을 던진 것일까?
남들이 이러쿵저러쿵 말할 수 있는 일도 아니요,
또, 이 일로 남에게 피해가 미치는,
그런 입장에 남자가 처해 있는 것도 아닐 것이다.
마을사람들이 찾아오지도 않고, 겁을 먹고 피하는 것도 아니며,
이런 일만 없으면 그저 한가로운 시골의 부드러운 봄볕 속에서,
한 남자가 물에 빠져 죽은 여자 옆에 서있었다.
물론 나는 우연히 그곳을 지나갔을 뿐이고,
남자도 여자도 아무도 모른다. 아무도 모르지만,
이렇게 살아있는 한 남자가,
죽은 여자 옆에서 울고 있는 것을 보니 역시 마음이 아프다.
두 사람이 얼마나 많은 시간을 함께 보냈는지는 모르지만,
살아남은 남자가 이제부터 얼마나 많은 시간을
살아갈 것인지는 모르지만,
어쨌든, 이 얼마나 불합리한 일인가?
물은 아무 일도 없었던 것처럼 두 사람 옆을 흐르지만,
두 사람이 함께 걸을 수 있는 시간은 이제 이곳에는 없다.

사람은 누구나 한번은 죽지만, 사람은 누구나 그렇게 결국 헤어지지만.
그렇다고 해서, 시간이 누구에게나 똑같이 흘러가는 것은 아니다.
각자의 인생과 아무 상관없이 흘러가는 것은 아니다.
무수한 인생 속에 무수한 시간이 흐른다. 무수한 시간 속에,
무수한 만남이 있고 이별이 있다. 그리고 그것은 모두 단 하나의 사건.
어쨌든 이 얼마나 불합리한 일인가?
두 사람이 함께 걸을 수 있는 시간은 이제 이곳에는 없다.
두 사람이 다시 한번 만날 수 있는 기회도 역시.

헛간의 족제비

어느 날, 겨울 동안 먹을 것이 없어서,
앙상하게 마른 한 마리의 족제비 소녀가
농부의 헛간 바닥에서 작고 둥근 구멍을 발견하고,
안으로 기어들어갔다.
헛간에는 보리와 콩과 감자는 말할 것도 없고,
비계로 만든 베이컨과 말린 고기까지 저장되어 있었다.
눈 속에서 파낸 단 한 개의 나무 열매조차,
보물처럼 생각했던, 굶주림과 추위의 지난날에 비하면,
우연히 발견한 이 헛간은 천국과도 같았다.
우선은 닥치는 대로 먹고 먹고 또 먹어,
족제비의 몸에서 굶주린 티가 가까스로 가시자,
이번에는 자고 먹고, 먹고 자는 천하태평한 생활,
급기야 지루함을 달래기 위해 좀더 재미있는 일이 없을까 하고,
헛간을 구석구석 샅샅이 뒤지고 다니는 지경.
그러자, 헛간에서 오랫동안 살고 있던 쥐들도,
그저 어이가 없을 뿐.

물론 자기들도 농부가 흘린 국물을 얻어먹고 사는 처지지만,
모든 일에는 그래도 경우라는 것이 있다. 분수에 맞게,
나름대로 너무 눈에 드러나게 많이 먹지 않으려고
조심하고 있던 쥐들로서는,
정말이지 한번 주의를 줘야겠다고도 생각했지만,
아무리 그래도 상대는 족제비라, 섣불리 주의를 준 날에는,
거꾸로 무슨 꼴을 당하게 될지 몰랐다.
게다가 남에게 훈계할 수 있는 입장도 아니다 싶어,
쥐들도 이 침입자에 대해서는 일단 내버려두기로 했다.
그러던 어느 날 아침 족제비가 졸면서,
꿈과 현실 사이를 왔다 갔다 하고 있는데 갑자기 쾅 하는 소리가 났다.
농부가 들어온 것이다.
놀란 족제비는 벌떡 일어나,
잠에 취한 눈으로 전에 자신이 들어왔던 구멍을 찾았지만,
추운 바깥에 나가는 것을 완전히 잊고 그저 먹기만 하고 있었기 때문에,
좀처럼 구멍을 찾을 수가 없었다.
그러는 동안에도 사람은 자꾸자꾸 다가오는 기색,
더욱 당황한 족제비가 옆에 있던 쥐에게 말했다.
"내가 어디로 들어왔는지 얼른 가르쳐줘."
"저기, 저 구멍으로 들어왔잖아요."

쥐는 눈앞의 작은 구멍을 가리켰다.
터무니없이 작다고 생각은 했지만,
그래도 어떻게 되겠지 하며 족제비는 머리를 밀어 넣었다.
그러고는 그대로 앞으로도 뒤로도 꼼짝하지 못하게 되었다.
물론 몸이 살이 쪘기 때문인 것을, 족제비는 분한 듯 소리쳤다.
"나를 속였어, 요 쥐새끼들!"
"그게 아니라 당신이 살이 찐 거죠."
쥐가 차갑게 말하자, 이번에는
"인간은 정말 교활한 함정을 생각해내는 비열한 생물이야."
이렇게 원망하는 말을 했다고 한다.

고양이와 쥐

어느 세계에나 머리가 좋다는 말을 듣는 자가 있다.
또, 모두한테서 바보로 불리는 자도 있다.
머리는 좋지만 사람이 나쁘다거나,
얼핏 머리가 좋아 보이지만, 사실은 그렇지도 않다거나,
어리석게 보였던 사람이 뜻밖에도 지혜롭다거나,
지금까지는 모두가 지혜로운 사람으로 알고 있었는데,
우연한 일로 정체가 탄로 나서, 그때부터는,
아무한테도 얼굴을 들지 못하게 되었다거나,
아무튼 사람들은 툭하면,
어느 쪽이 지혜롭고 어느 쪽이 바보인지 비교하고 싶어 한다.
물론 바보보다는 지혜로운 쪽이 나은 것이
당연한 일이니, 그렇게 비교한다는 것은,
결국은 서로 어느 쪽이 더 지혜로운지를,
겨루는 것이 된다.

그래서 문제는, 지혜롭다, 머리가 좋다고 하는 것은,
도대체 어떤 것인가 하는 데 있는데…….
한 농가에 한 마리의 고양이가 있었다. 이 고양이는,
타고난 민첩함과 아울러,
머리의 회전도 주인의 말을 빌리면 천하일품이라.
쥐만 봤다하면 달려들어 끝까지 쥐를 잡는 것을
더할 수 없는 삶의 보람으로 여기고 있는 것 같았다.
도대체 왜 그런지는 모른다. 고양이이니까 당연하다는 의견도 있지만,
같은 집고양이라도 전혀 쥐를 잡지 않는 고양이도 있으니,
반드시 그런 것만도 아닌 것 같다.
주인에게 칭찬받는 것이 좋아서라는 사람도 있지만,
과연 고양이라는 동물이
주인에게 어디까지 충실할 수 있는가 하는 것을 생각하면,
아무래도 그런 이유는 아닌 것 같다. 어쨌든 이 집의 헛간에서,
이 고양이에게 희생된 쥐의 수를 헤아리자면 한도 끝도 없다.
더구나 이 고양이는,
그냥 쥐를 쫓아다니며 잡는 것만으로는 성에 차지 않았는지,
매번 쥐를 잡는 방법을 바꿔가며, 아무래도 그것을 즐기고 있는 것 같았다.
물론, 쥐로서는 견딜 재간이 없는 노릇이다.
그리하여 이 집의 쥐들은,
점점 조심하게 되어, 여간해서는 섣불리 모습을 드러내지 않게 되었다.

그런데 그렇다고 물러날 고양이가 아니다. 무엇보다,
어려우면 어려울수록 더욱 전의에 불타는 성격인 이 고양이는, 다음에는,
고양이의 짓으로는 도저히 생각할 수 없는,
참으로 교묘한 술책을 쓰기에 이르렀다.
하루는 쥐들이 무슨 소리가 나는 것을 듣고, 보이지 않는 데 숨어 있다가,
한참 뒤에 정찰을 맡은 한 마리가 조심조심 헛간을 살펴보니,
그 얄미운 고양이가
발이 묶인 채 천장에 거꾸로 매달려 있는 것이 아닌가?
처음에는 어찌된 일인지 전혀 짐작이 가지 않아,
이것도 함정이 틀림없다고 조심했지만,
아무리 시간이 흘러도 고양이는 여전히 거꾸로 매달려 있었다.
고양이는 이따금 괴로운 듯이 몸을 뒤틀었지만,
움직이면 움직일수록 더 괴로운 듯,
한참 지나자 아무래도 지쳐서 축 늘어진 모습으로,
원망스러운 듯이 이쪽을 망연하게 쳐다보는 것이었다.
아무리 보아도,
그 상태에서 벗어나려 해도 벗어나지 못하고 있는 것 같았다.
그러는 동안 경계심이 조금씩 풀린 쥐들은,
거꾸로 매달린 고양이를 멀리서 지켜보면서,
여기저기 모여 그 해석을 둘러싸고 토론을 벌이기 시작했다.
어떤 쥐는 저건 역시 함정이라 말하고,
또 어떤 쥐는 저런 자학적인 함정이 어디 있느냐고 하며,
쥐들은 이도 저도 아닌 말로 떠들기 시작하더니,
이윽고 어떤 모습으로 있든,
무서운 고양이가 실제로 그곳에 있다는 사실보다,
수수께끼 풀이 쪽에 모두 정신이 팔리기 시작했다.
그래도 고양이는 함부로 웃음을 터뜨리거나 하지 않고,
그저 발을 빙빙 감은 끈을,
꼭 쥐고 스스로 매달려 있을 뿐이었다. 그러니까 끈을 쥔 손의 힘만 풀면,
금방 끈이 풀려버린다는 속셈이었던 것이다.

물론 거꾸로 매달리는 것도 결코 쉬운 일은 아니었지만,
그런 건, 자신이 머릿속에 그리고 있는 마지막 장면,
다시 말해, 어리석은 쥐들이 떼를 지어 자신을 올려다볼 때,
입만 벌리고 그 위에 떨어지면 된다는,
그 결정적인 순간을 떠올리면 아무것도 아니었다.
그리고 현실은 바로 고양이가 상상한 대로 진행되었다.
수수께끼 풀이에 몰입한 쥐들은,
점점 경계심을 풀고,
결국 고양이 바로 밑에까지 가서 위를 올려다보는 쥐도 있었다.
그래도 아무 일도 일어나지 않는 것을 알자,
다음에는 모든 쥐가 고양이 밑에 모여 수수께끼 풀이에 더욱 몰입했다.
쥐들에게 가장 큰 수수께끼는,
고양이가 왜 저런 상태에 빠졌는가 하는 것이었지만, 그리고 그 일에 대해,
한 가닥 불안을 느끼는 쥐가 없는 것도 아니었지만, 한 쥐가,
"이건 틀림없이 저 고양이가 뭔가 못된 짓을 했기 때문에,
주인이 벌을 주고 있는 걸 거야."
하고 말한 것을 계기로 "맞아, 맞아.", "그게 틀림없어." 하며,
완전히 방심한 쥐들은 모두 고양이 밑에 모여,
일제히 고양이를 무시하며 욕하기 시작했다.
그리하여 고양이의 분노와 고통이 극에 달한 순간,
고양이는 쥐떼 위로 떨어져 내렸다.
이 재난으로 목숨을 잃은 쥐의 수는 35마리에 달했다고 한다.
헛간 사상 가장 큰 피해였다.
이것으로 만족하여, 고양이가 쥐를 습격하는 것을 그만두었느냐고?
어림도 없는 말씀.
그 뒤에도 온갖 수단을 다한 고양이의 음모는 끝이 없었다.
사실 지금 이 순간에도 고양이는,
밀가루 부대 안에 몸을 숨기고 쥐가 오기를 기다리고 있다.
밀가루 속에 온몸을 숨긴다는 건 결코 쉬운 일이 아니지만,
천재 고양이에게 불가능이란 없다.

숨을 쉬면 가루 때문에 숨이 막히고, 눈을 뜨면 물론 아프다.
하지만 그는 참을 줄도 알았다.
앞으로 이 고양이와 쥐가 어떻게 될지는,
무엇보다 이제부터 앞일이므로 아무도 알 수 없다.
생각할 수 있는 거라고 해야, 늘 그렇듯이 고양이의 꾀가 이길까 또는,
지혜로운 쥐가 나타나서,
멋지게 고양이의 음모를 밝혀 그 노력을 허사로 만들 것인가,
그것도 아니면, 공교롭게도 주인이 헛간에 나타나서,
소중한 밀가루를 더럽힌 고양이에게 그대로 뭇매를 가할 것인가,
어쨌건 여기서 이제부터 앞으로 일어날 일에 대해서는 아무도 알 수 없다.

사랑에 빠진 사자

옛날 옛날, 동물들이,
아직 인간과 같은 세계에 살고 있었던 시절의 일.
아름답고 멋진 갈기를 가진,
한 마리의 사자가, 사람인 한 처녀를 사랑했다.
물론 그 무렵에도, 사람은 사람끼리, 사슴은 사슴끼리,
그리고 사자는 사자끼리, 같은 종족에서,
배우자를 찾는 것이 당연한 일이었지만,
어찌된 일인지 이 사자,
혼기가 찬 암사자는 거들떠보지도 않고,
한 가문 좋은 집안의 딸을 사랑하게 되고 말았다.
가문이라는 점에 있어서 말한다면, 이 사자도,
사자 일족 중에서는 손꼽히는 명가의 후손으로,
결코 꿀릴 게 없을 뿐만 아니라,
가계와 가문과 격식이라는 점에서도,

오히려 이 일대에서는 좀처럼 찾아볼 수 없는,
서로 잘 어울리는 좋은 인연이라고 하지 못할 것도 없었다.
다만, 아무리 그렇다 해도 사자가 인간에게 프러포즈한다는 것은,
지금까지 한 번도 전례가 없는 일이었다.
하지만 생각해보면 세상에는 이상한 일들이 얼마든지 있다.
종종 돈도 없고 추하게 생긴 남자가
눈이 번쩍 뜨이는 미인과 결혼하기도 하는 세상이니,
아름다운 사자가 아름다운 처녀에게 청혼했다 한들,
무에 이상할 것이 있으랴?
실제로 이렇게 사자가 처녀를 진심으로 좋아하게 되어버린 이상,
누가 비난할 수 있을까?
사랑은 어디까지나 사랑이다. 요컨대 당사자끼리의 문제라는 얘기다.
상대가 사자든 무엇이든,
본인이 좋다고 한다면, 과연 누가 거기에 참견할 수 있으랴.
그리고 문제의 처녀로 말하자면,
이 역시 이상한 일이 아닐 수 없지만, 그리 싫지만은 않은 눈치였다.
왜? 하고 물어도 대답할 말은 없다.
주변에 마음에 꼭 드는 젊은이가 없었거나,
사자치고는 뛰어나게 잘 생기고 늠름한 모습이,
사람인 젊은 처녀의 눈에도 역시 매력적으로 비쳤던 것인지…….
어쨌든 한 사자가 처녀를 사랑하여, 마침내 약혼을 하기에 이르렀다.

물론 못마땅해 한 사람은 처녀의 아버지.

금지옥엽으로 키운 딸을 아내로 달라고 청혼한 자가,

하필이면 사자이니!

게다가 딸도 완전히 마음을 빼앗겨 결혼식을 준비하기 시작하는 형편.

그렇지 않아도, 딸을 시집보내는 아버지의 심정은

결코 기쁘기만 하지는 않은 법이거늘,

사랑하는 딸이 사자에게 시집을 가겠다는 것이다.

아, 이렇게 될 줄 알았으면,

차라리 이웃 도시 상인의 아들이

은근히 청혼해 왔을 때 거절하지 말 걸.

아니, 그보다 딸이 철들기 전에 일찌감치 혼처를 정해 놓을 걸.

딸을 너무 사랑한 나머지 너무 오냐오냐 키운 것이 화근이었다.

성주의 아들이 딸에게 반했다는 소문을

정말로 믿고 기다리고만 있었던 것이 잘못이었다.

어디 한번 아버지의 권위를 내세워, 이 결혼을 끝까지 고집하겠다면

부모 자식간의 인연을 끊겠다고 강한 태도로 나가볼까?

아니야, 말리면 말릴수록 더욱 타오르는 것이 사랑이니,

우리의 사랑은 종족을 초월할 만큼 강한 것이라고,

엉뚱하게 영웅심이라도 불러일으키게 되면 오히려 역효과.

아니 그보다도, 그것 때문에 딸이 집을 뛰쳐나가거나,

세상을 비관하기라도 하면, 안 하니만 못하다.

아아, 이제 다 돌이킬 수 없는 일이라며, 아버지의 푸념은 끝이 없었다.

그 사이, 결혼 날짜니 뭐니 결정하기 위해

사자가 자주 집을 찾아오게 되자,

궁지에 몰린 아버지의 머리에,

드디어 음모라고 할 만한 묘안이 한 가지 떠올랐다.

어느 날, 사자가 와도 쳐다보지도 않던 아버지가 사자에게 말했다.

"내 딸아이에 대한 자네의 애정이 참으로 진심이라는 것은 잘 알았네.

이제 나는 더 이상 아무 말도 하지 않겠어.

다만 한 가지 걱정이 있네.

그건 자네 발톱에 대한 건데, 그 날카로운 발톱으로,
자네가 아무리 부드럽게 어루만진다 해도,
연약한 처녀의 부드러운 살결은 금세 상처투성이가 되어 버릴 거야."
그래서 사자는 사랑하는 사람을 위해 발톱을 잘랐다.
그러자 아버지가 다시 말했다.
"실은 한 가지 더 걱정스러운 일이 있는데,
자네의 그 엄니 말일세. 그 날카로운 엄니로는,
자네가 아무리 부드럽게 키스한다 해도 상처를 입지 않을 수 없으니,
어찌 그 사랑에 응할 수가 있겠나?"
그리하여 사자는 사랑하는 여자와 사랑을 나누기 위해 엄니마저 뽑았다.
그러자 아버지는,
"자네가 얼마나 강한지 확인해 봐야겠어." 하며,
집에서 키우고 있던 개들에게 사자를 공격하게 했다.
발톱과 엄니를 잃은 사자는 전혀 손도 쓰지 못한 채,
겨우 목숨만 건져 갈기를 헝클어뜨린 채 숲으로 달아났고,
그 모습을 본 처녀는 이렇게 말했다.
"사자가 저렇게 약한 줄은 몰랐어요."

양치기와 바다

어느 바닷가 마을에 한 양치기가 있었다.
생활은 결코 여유롭지 않았지만, 그래도,
그가 키우는 양떼는, 그 자신의 것이며,
작지만, 집과 밭도 있었기 때문에,
먹고 사는 데는 별 어려움이 없었다.
아침이 되면, 양떼를 몰고 집을 나가,
양들과 함께 멀리 바다가 내려다보이는 높은 언덕의,

부드러운 풀이 자라는 장소에서 하루를 보내고,
해가 바다 너머로 떨어질 무렵이면 집에 돌아갔다.
그것이 그의 생활이었다.
계절이 돌아오면 양털을 깎아 시장에 내다 팔면,
얼마쯤 돈을 손에 쥘 수도 있었다.
그의 부모가, 그리고 조부모가 그렇게 해온 것처럼,
그 역시 어릴 때부터 자기도 모르는 사이에 배운 것을,
오늘도 당연한 듯이 되풀이하고 있었다.
그에게 있어서는 그것이 산다는 것이었다.
그런데 어느 날, 양치기가 여느 때처럼 바다가 내려다보이는 언덕에서,
양떼를 풀어놓고, 홀로 바위 위에 앉아 바다를 바라보고 있을 때였다.
남자는 문득 생각했다. '저 바다 저편에는…… 내가 모르는 세계가 있다.'
구름 사이로 쏟아지는 햇빛에,
멀리 펼쳐진 푸른 바다가 더욱 아름답게 빛나는 것 같았다.
'도시의 시장에서 본,
그 보물 같은 상품들은 모두 저 바다 저편에서 오는 거겠지.'
빛나는 바다 위에서,
배 한 척이 똑바로 수평선을 향해 나아가고 있는 것이 보였다.
그런지 며칠 지나지 않아, 남자는 모든 재산을 정리했다.
대대로 살아왔던 집과 밭과 양떼를 시장에 가서 돈으로 바꾼 것이다.
길고 부드러운 털을 가진 양과,
그것을 키우는 그의 땅은 생각보다 비싸게 팔렸다.
손에 든 돈은 묵직한 것이,
남자에게는 풍요로운 미래를 약속하는 것처럼 생각되었다.
남자는 그 돈을 가지고 바다를 건너가,
모르는 나라의 모르는 사람한테서 진기한 물건들을 사들였다.
남자가 사 모은 물건들은 결코 적은 양이 아니어서,
그것을 고향의 시장에서 팔면,
많은 이문을 남기고 팔 수 있을 것이었다.
그것이 그가 마음속에 그리던 꿈이었다.

그런데 그런 그의 꿈을 실은 배는 고향 항구를 눈앞에 두고 난파했다.
그것이 남자의 꿈의 종착역이었던 것이다.
남자는 바닷가로 떠밀려와 목숨만은 건졌지만,
과연 그건 행운이었을까, 불행이었을까?
한 순간에 모든 것을 잃은 남자는,
한동안 신과 자신의 인생을 원망했지만, 그래도,
그날그날을 연명하기 위해,
아는 사람의 권유로 그래도 배운 도둑질이라고 양치기 일을,
원래 하던 장소에서 다시 시작하게 되었다.
땅도 양도 이미 그의 것은 아니었지만,
고용된 양치기로 살아갈 수는 있었다.
양치기가 유일하게 허리를 쉴 수 있는 언덕의 바위에서는,
날씨가 맑은 날이면 아름답게 빛나는 바다가 보였다.

파리와 개미

어느 화창하게 갠 날 오후,
무슨 바람이 불었는지, 서로 지나가다가,

파리와 개미가 길에서 만나 수다를 떨고 있었다.

파리가 말했다.

"개미님, 당신은 신을 믿으시나요?"

도대체 무슨 말인가 하고 개미가 경계하면서,

"그런 당신은 어떠신데요?" 가볍게 되묻자,

기다렸다는 듯이 파리가 대답했다.

"난 아무래도 믿을 수 없는 것 같아요.

하나님은 모든 생물을 평등하게 만들었다고 하잖아요?

그렇다면 하나님 같은 건 없는 거예요.

생물에는 태어날 때부터 차별이라는 것이 있는 걸요.

보세요, 예를 들면 나하고 당신.

뭐, 나와 당신을 비교해서 말하는 건 좀 가혹한 일인지도 모르지만,

하나의 예일 뿐이니 이해해줘요.

조금 전에 말한 불평등 말이에요,

보세요, 나에게는 이렇게 날개가 있는데 당신한테는 없어요.

나는 어디든지 날아갈 수 있지만,

당신은, 미안하지만, 땅 위를 기어 다니다가 돌아가는 곳은 땅속.

그것도, 땀을 뻘뻘 흘리며 힘들게 직접 판 깜깜한 구멍 속.

뭐, 그건 그렇다 쳐요, 스스로 좋아서 하는 거니까.

하지만 문제는 뭐니 뭐니 해도 먹을 것 아니겠어요?

나로 말할 것 같으면,

여기저기를 날면서 맛있는 것이 보이면

언제든지 내려앉아 가장 맛있는 부분을 곧바로 먹을 수 있잖아요?

그런데 당신은 아침부터 밤까지 다리에 쥐가 나도록 돌아다니면서

가까스로 찾은 빵 부스러기 한 조각을,

무슨 업보에선지 그것을 끌고,

처음 왔던 그 먼 길을 돌아가야 하다니!

아, 가엾은 개미님. 전요, 뭐, 이렇게 말하면 좀 미안하지만,

빵 부스러기 같은 건 쳐다보지도 않아요.

여기저기서 맛있는 것만 골라

조금씩 맛보고 다니기만 해도 배가 꽉 차는 걸요.
안된 일이지만 역시 차별은 있는 거라고 생각해요."
파리가 거기까지 단숨에 말한 뒤,
잠시 숨을 돌리는 사이에 개미가 말했다.
"어머, 당신이 그렇게 우아하신 줄은 몰랐군요.
내가 보기에는, 당신은 언제나 쫓겨 다니기만 하던데.
소한테서도, 사람이 사는 집에서도, 내가 지금까지 본 것은,
언제 어디서나 달아나고 있는 모습뿐.
가엾게도 사랑을 받는다는 것이 어떤 건지 모르시는군요.
뭐 쓸데없는 참견인지 몰라도, 한 가지 더 가엾은 건,
당신은 겨울이 오면 틀림없이 추워서 꽁꽁 얼어 죽고 말 걸요?
난 그런 때,
따뜻한 땅속에서 얼지도 굶주리지도 않고 겨울을 보낸답니다.
뭐 이것도 운명이라고 해야 하나?
만약 그렇다면, 운명이란 정말 가혹한 것 아니에요?"
파리와 개미가, 그 뒤 어떤 말을 주고받았는지는 아무도 모른다.

소시민과 영주

어느 도시의 교외에 작은 채소밭을 가지고 있는 남자가 있었다.
남자는 도시의 관청에서 일하고 있었으므로,
그 도시에서는 나름대로 지위와 인망도 있고,
오랫동안 아무 탈 없이 근무해왔기 때문에,
한 시민으로서는 웬만한 저축도 가지고 있었다.
그런 남자가, 어느 날 문득
여생을 더욱 풍요롭게 보내야겠다는 생각에 이리저리 궁리한 끝에,
큰 맘 먹고 산 것이 바로 그 채소밭이었다.

남자는 매주 주말만 되면 자신의 채소밭에 다니며,

자신의 집에서 먹을 이런 저런 채소는 물론이고,

도시의 시장에서는 흔히 볼 수 없는,

제법 귀한 채소까지 골고루 심었다.

뿐만 아니라, 남자는 꽃도 심었다.

먹을 것만 키우는 것은 너무 멋이 없고 삭막하다고 생각했던 것이다.

그리하여 그곳에 심은 꽃들은,

튤립과 장미 같은, 정말 꽃이라는 느낌이 드는 화려한 꽃이 아니라,

황매화, 제비꽃 같은 수수한 느낌의 꽃이 많았다.

그래서 남자는 요즘,

열 일 제쳐놓고 주말마다 채소밭에 가는 것이 무엇보다 큰 낙이었다.

관청에서 일하는 틈틈이 동료들과 잡담할 때도,

또 일을 마치고 돌아가는 길에 시내에서 한잔할 때도,

남자는 자신도 모르게,

좀 과장해서 말하면 그의 지상낙원이라고 할 수 있는

채소밭에 대한 애기만 하게 되는 것이었다.

하지만 그런 그의 채소밭에도 골칫거리가 전혀 없는 것은 아니었다.

사실은 요즘 산토끼가 나타나,

주말에만 밭을 찾는 남자보다 더욱 부지런히 채소밭에 찾아가,

글쎄, 남자가 그토록 애지중지하는 채소를

야금야금 먹어치우고 있었던 것이다.

도대체 그런 말도 안 되는 일이 일어나도 된단 말인가?

무엇보다 소중한 그의 채소밭에서 말이다!

산토끼는 물론, 그런 남자의 마음은 아랑곳도 하지 않고,

생각지도 않게 발견한 보물창고가 그저 고마울 뿐이었다.

배가 고프면 남자의 채소밭에 가서 어제는 당근, 오늘은 양상추,

온 가족이 총출동하여,

들판에서는 도통 얻어먹을 수가 없는 부드럽고 맛있는 채소를,

마음껏 먹고 돌아갔다.

이대로 가다가는, 애써 마련한 소중한 채소밭을 모두 망쳐버릴 것 같았다.

무슨 조치를 취해야겠다고 생각한 남자는,
무슨 생각을 한 건지 갑자기 직장 윗사람에게 부탁하여,
도시 영주와 만날 약속을 얻어내는 데 성공했다.
남자가 생각하기에,
자신의 영지를 가지고 있는 인물쯤 되면, 게다가 영주라면,
지주가 아니면 알 수 없는 모든 고민을 해결하는 방법도,
역시 잘 알고 있을 것 같았던 것이다.
게다가, 이 일을 기회로 영주와 얼굴을 익혀두고 싶다는 꿍꿍이속도,
마음 한구석에 얼마쯤은 자리잡고 있었다.
물론 중요한 것은 자신의 채소밭을 토끼로부터 보호하는 것이다.
그로서는,
이를 위해 자신이 할 수 있는 최선의 선택으로서,
영주에게 청원할 것을 결심한 것이었다.
게다가 소문에 의하면, 영주는 의외로 대범한 인물이어서,
바로 얼마 전에도,
도시의 한 시민이 개인적인 일로 영주에게 도움을 청했을 때,
흔쾌히 들어주었다고 한다.
거기에 비하면 이번 문제는,
무엇보다 소중한 그의 채소밭에 대한 문제가 아닌가?
그렇게 생각하고, 남자가 윗사람에게 부탁하여

영주에게 청을 넣어봤더니,
영주는 남자가 맥이 탁 풀릴 정도로 쉽게, 곧 만나주겠다고 했다.
만나서 사정을 애기한 순간,
"안심하게, 토끼퇴치에 있어서는
아마 나보다 더 잘 하는 사람은 없을 걸세. 나에게 맡겨."
"자네가 다음에 그 밭에 가는 건 언젠가?"
"이번 일요일입니다."
그러자 영주는 무척 기쁜 표정으로 말했다.
"다음에 자네가 그곳에 갈 때쯤이면,
토끼는 한 마리도 남아 있지 않을 걸세."
애기가 너무 잘 풀려서, 남자는 조금 불안한 생각이 들었으나,
그래도 역시 지주의 심정은 지주밖에 알 수 없다,
영주도 틀림없이 내가 채소밭을 얼마나 소중히 하고 있는지,
그 심정을 금방 이해해준 거라 생각했다.
남자는 뛸 듯이 기뻐하면서 영주의 집을 나와,
그대로 단골 술집에 가서 동료들에게 당장 그 애기를 하며 자랑했다.
무엇보다 영주가,
마치 친한 친구를 대하듯이 자신의 부탁을 들어주었으니…….
그런데 영주 쪽으로 애기를 돌려보면,
남자가 돌아간 뒤 영주는 측근에게 사뭇 즐거운 듯이 이렇게 말했다.
"어이, 들었지? 토끼가 제법 많은 모양이야.
자, 오랜만에 사냥이다. 당장 준비를 시작하게."
이리하여 영주는 수많은 가신들과 함께 말을 타고,
사냥개까지 데리고 남자의 밭으로 갔다.
물론, 이 사냥은 영주의 기대를 저버렸다.
그토록 애지중지 하던 남자의 밭은, 수많은 발길들에 짓밟혀,
채소와 꽃은 물론, 힘겹게 뿌리내리기 시작한 나무와 잔디까지,
모든 것이 송두리째 못쓰게 되고 말았다.

당나귀와 강아지

어느 저택에 팔려간 당나귀가, 어느 날,
주인과 즐거운 듯이 놀고 있는 강아지를 보며 생각했다.
'어째서 저 강아지는 이제 갓 태어났을 뿐인데도,
저렇게도, 모든 사람한테서 사랑을 받는 것일까?
거기에 비해 나는,
벌써 몇 년이나 이 집에 있는데, 단 한 번도,
저런 식으로 귀여움을 받은 적이 없어.
왜 그런 걸까? 게다가 저 강아지는,
아무리 봐도 전혀 일을 하고 있는 것 같지도 않은데.
거기에 비해 나는 매일같이,
장작을 나르고, 짐차를 끌고, 사람을 태워주면서,
저 사람들을 그토록 도와주고 있잖아.
왜 그런 걸까?'
당나귀는 멍하니,
즐거워 보이는 주인들과 강아지의 모습을 바라보고 있다가,
문득 자신이 하는 행동과 강아지가 하는 행동에,
커다란 차이가 있다는 것을 깨달았다.
보아하니 강아지는, 주인이 다가와서 얼굴을 가까이 대면
반갑다는 듯이 날름날름 그 얼굴을 핥고,
가족 중 누군가가 이름을 부르면
정말 기쁜 듯이 달려가서 뛰어오르며 소리를 지른다.
머리를 쓰다듬어 주면 꼬리가 춤을 추고,
자기를 쳐다보면 똑같이 마주 보며 고개를 갸우뚱하거나,
간절하게 무언가를 원하는 것처럼
앞발을 쳐들고 주인의 손을 잡아당기려 하는 것이다.
'아하, 그렇구나.'
생각해 보니, 자기는 지금까지 한 번도 그렇게 한 적이 없었다.

저렇게 하면 자기도 틀림없이 귀여움을 받을 수 있을 것 같았다.
그렇게 생각한 당나귀는 잠시 뒤 주인이 당나귀에게 다가오자,
조금 전에 본 강아지가 한 짓을 하나하나 떠올리면서,
가능한 한 강아지와 똑같이 흉내 내려 했다.
주인이 옆에 오는 것보다 먼저 힝 하고 울며 달려가더니, 뒷다리로 서서,
뒷다리로 서서 그대로 커다란 앞다리를 버둥거리며
주인에게 달려들어 주인의 얼굴을 날름 핥았다.
깜짝 놀란 주인은, 물론 귀여워해주기는커녕 큰 소리로 하인을 불러,
버릇을 영 잘못 가르치지 않았느냐고 호통을 쳤다.
그 바람에 가엾은 당나귀는,
엉뚱하게 당한 하인의 분노가 잔뜩 담긴 사랑의 매를 실컷 맞고 말았다.
그런데 여기서 여러분도 한번 생각해보기 바란다.
왜 이렇게 되고 말았는지…….
물론, 생각하지 않아도 상관없지만,
나는 이리저리 생각하다가,
으잉?! 하고 생각되는 일이나, 아니?! 하고 놀라게 되는 사실을,
개와 사자와 당나귀와 토끼의 이미지와 함께 놀면서,
찾아내는 것이 즐겁다.
모처럼의 기회이니 여러분도 요리조리 생각을 굴려보기 바란다.
그때의 광경과 등장하는 배우들의 표정을
이렇게도 저렇게도 떠올려보는 것도 즐겁고,
물론 당나귀가 실컷 매만 맞게 된 이유를
다양하게 생각해보는 것도 재미있을 것이다.
당나귀와 강아지는 서로 모습부터가 다르다는 것을
당나귀가 몰랐기 때문이라거나,
그렇다면 당나귀가 너무 불쌍하지 않느냐,
또는 진심으로 기쁘다는 것과 기쁜 듯이 보인다는 것은
전혀 다른 거라거나…….
그리고 또 한 가지, 이것과는 관계가 없지만,
예를 들어, 요 앞의 소시민과 영주의 이야기에서,

남자가 어째서 그런 지경을 당하고 말았는지에 대해서도,
내친 김에, 한번 생각해보기 바란다.
어디선가 비슷한 경우가, 이를테면 당신 주위나
당신이 사는 도시와 나라에서 일어나고 있지 않은지,
그런 때, 당신 같으면 어떻게 했을지.
아니면, 옛날과 지금은 다르다느니……
당신 안에 있는 당나귀. 영주 안에 있는 당신. 또는,
당신 안에 있는 당신과 당신, 등에 대해서도…….

쥐와 족제비의 전쟁

쥐의 적이라 하면 으레 고양이만 알고 있다.
하지만 실제로는 쥐에게는 그 밖에도 적들이 많이 있다.
이를테면 올빼미. 이 올빼미는 쥐들이 밤에,
슬슬 먹이를 찾으러 갈까 하고 쥐구멍에서 나와,
주위를 둘러보는 바로 그 순간 달려드는 통에
여간 골치 아픈 게 아니다.
무엇보다, 고픈 배를 채우지도 못하고,
저 세상으로 가야 하다니…….
인간도 물론 쥐에게는 맞서야 할 적 가운데 하나이지만,
쥐들이 생활의 대부분을
인간들이 헛간에 저장한 곡물에 의지하고 있다는 것을 생각하면,
그들이 쥐를 적시하는 것도 무리가 아니고,
인간들이 지진이나 태풍을 당하듯이,
쥐들에게 인간이라는 존재는,
살아가기 위한 시련의 하나로 생각하지 못할 것도 없었다.
그렇게 생각하면, 고양이도 어디까지나 인간에게 사육되는 가련한 신세.

그들은 먹을 것을 인간들한테서 보장받고 있는 것이므로,
그들이 쥐를 쫓아다니는 것은
인간들에 대한 그들 나름의 염치의 표현일지도 모른다.
그러고 보면, 쥐가 종족을 통틀어 증오해야할 적은 역시 올빼미인가?
하지만 이것도 생각해보면, 올빼미의 먹잇감이 되고 싶지 않으면,
함부로 쥐구멍에서 쪼르르 나와
별 볼일도 없이 밤중에 헤매고 다니지 않으면 될 것을.
이것도 뭐, 교육적인 관점에서 멀리 보면 종족이 살아남을 수 있게
각자가 자립적이고 분별심 있는 쥐로
성장하기 위한 시련이라고도 할 수 있으리라.
이렇게 생각할 때,
뭐니 뭐니 해도, 단순한 적일 수밖에 없는 것이 바로 족제비였다.
하여튼 족제비는 그 날씬한 몸을 이용하여
쥐들을 길모퉁이에서 기다리거나,
걸핏하면 쥐구멍 속까지 그들을 추격하여
나이도 차지 않은 어린 쥐까지 몰살을 시키곤 했다.
이것을 적이라 부르지 않고,
도대체 누구를 적이라 부를 수 있겠느냐고 쥐들은 생각했다.
이 재앙의 근원을 잘라내지 않고는,
쥐족(族)의 미래에 덮인 검은 구름은 영영 걷히지 않을 것이다.
이리하여 얘기는 자꾸자꾸 고조되어,
족제비족에 대해 전쟁을 선포해야 한다는 얘기까지 나왔다.
쥐족 중에는
도저히 이길 수 없으니 전쟁은 피해야 한다는 자도 있었지만,
토론이 어느 한계를 넘어서 과열되어버리면
냉정함을 잃는 건 어디나 마찬가지다.
"그럼 무기력하게, 일족이 죽어가는 것을 이대로 기다리자는 거야?"
너무도 흥분하여 영웅심리에 사로잡혀버린 자들의 의견이
이윽고 주류를 차지하자,
쥐의 역사상, 모년 모월 모일, 결국 모마을 모처의 쥐족들이

족제비족에 기습을 감행하기에 이르렀다.

놀란 것은 우연히 길을 가던 족제비.

족제비가 볼 때는, 단순한 비상식량일 뿐인 쥐가,

무엇에 홀렸는지, 갑자기 찍찍 소리를 지르면서

모두 한 덩어리가 되어 우르르 몰려온 것이다.

물론 한두 마리쯤이야 아무것도 아니다.

스스로 불속에 뛰어드는 하루살이처럼 죽음을 자초하는 거지만,

많은 쥐들이 한꺼번에, 그것도 평소에는 달아나기만 하던 쥐가

갑자기 습격해온 것이니, 차원이 다르다.

한 마리를 물어죽이고, 다음 쥐를 발톱으로 짓밟는 사이에

뒤로 다가온 쥐가 꼬리와 뒷다리를 물고,

나중에는 몸 위로 기어 올라와 머리를 물기까지 하니, 이런 노릇이!

목숨을 버리기로 각오한 쥐들의 무서운 기세에

족제비는 더 이상 견디지 못하고 가까스로 달아났다.

자, 뛸 듯이 기뻐하는 쥐들.

무엇보다 얄미운 족제비를 철저하게 응징한 것이다.

첫 싸움에서 거둔 승리에 우쭐해진 쥐군(軍)은

드디어 종족 총동원 태세로 전쟁에 임하게 되었다.

첫 족제비 급습작전에서

용감하게 족제비와 맞서 싸우다 목숨을 잃은 용사 튜란!

그 이름은, 이제 쥐군의 용기와 헌신과 단결의 상징이 되어,

당장 군기에 그의 모습을 그린 자수가 놓이게 되었다.

이리하여 쥐들은,

남녀노소를 불문하고, 종족이 모두 전사가 되어 싸움에 온 힘을 기울인다.

그러나 흉포한 족제비에게 대항하기에 쥐는 너무나 연약했다.

그래서 작전회의를 연 쥐들은,

싸움에는 무엇보다 무기와 몸을 보호할 갑옷, 투구가 필요하다 하여

그것들을 당장 인간들의 집에서 실례하기로 했다.

어떤 쥐는 돌격병이 되기 위해 등에 포크를 지고

또 어떤 쥐는 투구 대신 컵을 머리에 쓰고,

이렇게 급히 조달한 무기로 무장한 쥐군이

마침내 전군을 일으켜 족제비족에게 총공격을 가했다.

그리고 장렬하게 전멸했다……

소문에 의하면, 거추장스러운 무기를 버리고 달아난 몇 마리만이,

간신히 살아남아서 어디론가 가버렸다고 하는데,

그것도 확실하지는 않다고 한다.

원숭이와 돌고래

옛날부터 돌고래는 인간의 친구였다.

아니 그보다는, 어찌된 셈인지 돌고래는,

인간이라는 생물에게 흥미를 느끼고 있는 듯 했다.

기회만 있으면 곧 어디선지 모르게 나타나서,

뭔가 호의를 표시하는 것이었다.

이 사실은, 바다의 사정에 밝은 그리스인도 잘 알고 있어서,

만약 돌고래가 없으면,

에게 해에 빠져죽는 사람의 수는 훨씬 늘어날 것이라고,

선원들이 자주 말했다고 한다.

왜냐하면, 배가 난파했을 때는,
돌고래가 반드시 나타나서, 물에 빠진 사람을 등에 태워,
해안까지 데려다 주기 때문이다.
물론 돌고래는 꼭 보답을 바라고 그러는 것이 아니라,
사람을 구해주는 행위 자체를 즐기고 있는 것처럼 보인다.
어쩌면 단순히,
해안에 도착하여 목숨을 건진 사람들이 기뻐하는 모습을,
보는 것을 좋아하는 건지도 모른다.
어째서 그런지는 모르지만,
어쩌면 바다의 주민인 돌고래에게는,
인간이 육지에 살고 있다는 사실 자체가 흥미로워서,
물에 빠진 인간을 살려주어,
인간한테서 육지에 대한 여러 가지 얘기를 듣고 싶은 건지도 모른다.
실제로 선원들 사이에서는,
돌고래는 사람이 하는 이야기를 듣는 것을 좋아해서
돌고래의 도움을 받은 경우에는
해안에 도착할 때까지
자신이 태어나고 자란 마을의 모습과
그곳에서 벌어지는 축제에 대한 얘기를
가능한 한 친절하게 얘기해 주는 것을,
살려준 데 대한 보답으로 여기고 있는 듯했다.
그런 그리스 시대의 어느 날, 아테네 부근에서 배 한 척이 난파했다.
타고 있던 사람은 그리 많지 않았지만, 모두가 바다에 떨어져서,
각자 부서진 뱃조각을 간신히 붙들고 바다 위를 떠다니고 있으니,
아니나 다를까 돌고래가 나타나서
주위를 한 바퀴 빙 돌고 난 뒤,
어느새 체력이 다한 사람부터 차례로
자신의 등에 태워 부지런히 해안으로 옮기기 시작했다.
한 사람, 또 한 사람, 돌고래는 사람들을 해안으로 옮겨주고,
사람은 돌고래에게 자신이 살아 온 이야기를 들려주었다.

그런데, 그런 조난자 중에 원숭이도 한 마리 있었다.
그리스 선원들은,
긴 항해의 위안거리 삼아 원숭이를 배에 태우는 습관이 있었던 것이다.
그리하여 이때도,
원숭이가 인간들과 섞여서 나뭇조각에 의지하여 바다 위에 떠있는데,
이미 반 정도의 인간을 구한 돌고래가
이번에는 그 원숭이를 구해주러 왔다.
돌고래는 언제나 인간에게 하듯이 원숭이를 등에 태우더니 물었다.
"너는 어디서 태어났니?"
"순수한 아테네 토박이야."
"그래?"
돌고래는 흥미로운 듯이 되묻더니 부러워하는 한숨을 내쉬었다.
"틀림없이 큰 도시겠구나? 그런데 거기서 무슨 일을 하니?"
"아무것도 하지 않아도 돼, 나는."
"도대체 어떤 신분이기에?"
원숭이는 신이 나서 큰소리를 쳤다.
"말하자면 상류계급이라고 할 수 있지.
그래서 높으신 양반들은 다 알고 있단다.
혹시 아테네에 올 일이 있으면 나를 찾아오면 돼.
힘닿는 대로 도와줄 테니까. 물론 식사도 온갖 산해진미를 대접하고,
임금님도 소개해 줄 거고,

원한다면 아테네뿐만 아니라 다른 도시의 귀족들도 소개할게.
내 소개만 있으면, 여행을 할 때 어느 도시에서나 귀빈 대우야."
돌고래는 무척 감탄한 듯이 듣고 있다가 여행 얘기가 나오자,
안 그래도 아름답게 빛나는 눈을 더욱 반짝이면서 물었다.
"예를 들어 어떤 도시의 어떤 분한테?"
실은 원숭이는, 아테네 이외의 도시 이름은 물론이고
하물며 아테네 귀족에 대해서는 아무것도 몰랐지만,
어차피 돌고래도 모를 거라 생각하고 그런 말은 입 밖에도 내지 않았다.
그래서 조금 전 배가 침몰하기 직전에
선원들이 입에 침을 튀기며 얘기하고 있던 말이 떠올라,
"글쎄, 예를 들자면, 오케아노스의 타라사 여왕이나……."
이렇게 말하자 돌고래는 깜짝 놀라는 눈치였다.
그도 그럴 것이, 오케아노스는 바다 속 용궁에 사는 용왕의 이름이었고,
타라사 여왕 역시, 용궁의 미녀였기 때문이다.
당장 돌고래의 몸에서 핏기가 가셨다.
'그런 분의 친구를 무엄하게 등에 태웠으니, 참으로 경솔한 짓을 했구나.
도저히 나 같은 것이 나설 자리가 아니야.
무엇보다 이분은 육지와 바다를 가볍게 여행하는 분이시다.
아무래도 인간과는 좀 다르다고 생각했지만, 역시…….
다행히 마음씨 좋은 분이기에 망정이지, 위험한 짓을 했어.
이런 주제넘은 짓을 한 것이 알려지면, 도대체 무슨 꼴을 당할지.'
이리하여 돌고래는 얼른,
원숭이를 그가 원래 있던 바다에 도로 데려다놓고,
다른 사람을 구하러 가버리고 말았다.

사람과 우상

어떤 사람이, 지금까지 열렬하게 숭배하며,
의지해 왔던, 수호신의 우상을 파괴해 버렸다.
직접적인 원인이 무엇인지는 확실하지 않다.
오랫동안 소중히 모셔온 우상을,
즉 자신의 신을, 파괴하기에 이른 걸 보면,
상당히 중대한 일이 있었던 건 틀림없다.
그것이 슬픔인지 분노인지,
아니면 실망인지, 본인이 아무 말도 하지 않으니,
진실은 아무도 알 수 없다.
다만, 사람이 그런 행위를 하는 이유는,
알고 보면 그리 많이 있는 건 아니다.
남녀관계에서의 좌절. 일과 직업상의 갈등.
부모형제와 친척의 생사, 또는 그 재산 문제.
천재지변이나 사고 같은 모든 재난과 사정. 그리고,
친구가 배반했다거나 속였다고 하는 신의에 대한 문제.
아니면 그저 우연히 떨어졌을 뿐이거나,
또 아주 드물게, 특별한 이유도 없이
자기도 모르게 그렇게 하고 싶어서 그러는 수도 있는데,
이 남자의 경우, 우상을 몽둥이로 때려 부쉈다고 하니
아마 그런 일은 아닌 것 같다.
다만 어느 쪽이든, 이미 말한 것처럼
사람이 좌절하고 분노하고 절망하는 이유는,
얼핏 무수하게 많을 것처럼 보이지만, 크게 보면,
모두 어디에나 있을 수 있고 누구한테나 일어날 수 있는 일일 뿐,
사람은 누구나 죽기 마련이고
손해 보는 일이 있으면 득을 보는 일도 있다.
사랑의 번민도 마찬가지. 완전히 혹해버린 사랑에 무슨 묘미가 있으랴?

천재지변이라면 더더욱,

언제까지나 코 빠뜨리고 있어봤자 아무 소용없다. 그렇다면,

어째서 사람은, 분노하고 탄식하다가 끝내 세상을 비관하게 되는 것일까?

그것은 아무래도, 왠지 모르게 자신만이 고통을 당하고 있다는 생각이

들기 때문인 것 같다. 그렇게 생각하고 싶어서 그런 건지,

아니면 그렇게 생각하는 순간만큼은

비극의 주인공이 될 수 있기 때문인지는 모르겠지만,

어쨌든 사람은 대충, 기쁨만큼의 슬픔을,

희망만큼의 절망을 하루하루 맛보며 살아가고 있다.

그래서 가능하면 그 무게가,

즐거운 쪽으로 기울어지도록, 우상 같은 것을 숭배하는 것이리라.

이 남자의 예에서도 알 수 있듯이,

그렇게 했다고 해서 반드시 원하는 대로 되는 것은 아닌 모양이다.

그런데, 그렇게 우상을 부숴버린 이 남자, 그 뒤로 어떻게 됐을까?

놀라지 마시라!

부서진 우상의 몸 안에서 금화은화가 동화와 함께 쏟아져 나온 것이다.

물론 남자는 미친 듯이 기뻐했다.

그러고 보니 오랜 세월 동안, 이 사람은 좋은 일이 있을 때마다,

감사, 감사를 중얼거리면서 우상의 입에 동전을 던져 넣었던 것이다.

그렇다면, 남자에게 그 동전의 수만큼 좋은 일이 있었다는 얘기가 된다.

게다가 생각지도 않게 나온 금화은화를 하나하나 헤아리다보니,
그만 자기도 모르게 입이 귀에 걸리고 말 정도의 양.
그리하여 이 남자, 도대체 분노의 이유가 본디 뭐였는지는 모르지만,
들은 얘기에 의하면,
부서진 우상 대신, 거기서 나온 돈의 일부를 헐어서,
전보다 훨씬 더 큰 우상을 새로 만들어 모셔놓고,
거기에 매일 절을 하고 있다는 것이다.
그 모습을 실제로 본 사람의 얘기로는, 이번 우상의 얼굴은,
전의 것에 비해 훨씬 무서운 표정이라고 한다.
남자의 말을 들어보면
전의 우상은 약간 부드러운 얼굴을 하고 있었기 때문에,
아무래도 부정을 물리치는 데 효과가 적었다고 하는,
자기 나름의 확고한 이유에 의한 것인 듯하다.

까마귀와 공작

숲 속을 걸어가다가, 우연히,
공작이 한 마리 죽어 있는 것을 발견한 까마귀가,
죽은 공작의 날개를 몽땅 뽑아서 자신의 몸을 장식했다.
물론 그것이 공작의 날개를 단 까마귀라는 것은,
누구의 눈에도 훤히 다 보였지만,
오로지 그 까마귀만 자신이 공작이 된 것으로 생각했다.
그래서 공작의 무리에 끼어들기 위해,
그 모습으로 공작이 있는 곳으로 날아간 까마귀는,
당연히 공작들에게 뭇매만 맞았다.
또 어느 때, 다른 까마귀가 숲 속을 거닐다가,
우연히 공작의 날개를 하나 주웠다.

참 예쁘다고 생각한 까마귀는, 그것을 머리에 꽂고,
친구들이 있는 곳으로 향했는데,
도중에 공작의 날개는 바람에 날려가 버리고 말았다.
팔랑팔랑 떨어지는 공작의 날개를 보며,
까마귀는 다시 한번 참 예쁘다고 생각한 뒤,
그대로 날아가 버렸다.
또 우연히 다른 곳에서
똑같이 공작의 날개를 머리에 장식한 까마귀가 있었는데,
그는 날개를 잃어버리지 않고, 친구들이 있는 곳까지 갈 수 있었다.
그날 오후 내내, 모두한테 둘러싸여 칭찬을 들었지만,
그러는 사이 저녁이 되어,
다같이 먹이를 찾으러 갈 때 그것을 어딘가에 두고 잊어버리고 말았다.
또 어느 때, 다른 까마귀가 다른 숲 속에서,
공작의 날개가 떨어져 있는 것을 발견했다.
그 까마귀는 그저,
"아, 공작의 날개구나. 공작도 무척 난처하겠어,
이런 날개를 달고 있으면 금방 눈에 띄고 말 테니까." 하고,
눈에 잘 드러나지 않는 자신의 까만 날개와 비교하면서
왠지 모르게 마음이 놓였다.
또 다른 어느 때, 다른 숲 속의 다른 까마귀는,

땅에 여러 개 떨어져 있는 공작의 날개를 보자
무슨 까닭에선지 그것을 주워모아,
옆에 있는 높은 나무 밑에 구멍을 파고 묻었다.
어째서 그렇게 했는지, 실은 그 까마귀 자신도 잘 몰랐지만,
왠지 그때는 무의식중에 그렇게 하고 말았던 것이다.
그리고 또 다른 곳에서, 다른 까마귀가……,
그런데 여러분, 까마귀와 공작의 날개의 만남은 이렇게 다양한데,
만약 당신이 까마귀라면
길가에 떨어져 있는 공작의 날개를 보았을 때
어떤 까마귀가 될 거라고 생각하십니까?

개구리와 쥐

강가에서 쥐 한 마리가 하릴없이,
강물이 흘러가는 것을 바라보고 있었다.
바로 그때, 개구리 한 마리도 하릴없이,
물속에서 하늘을 올려다보며 구름이 흘러가는 것을 보고 있었다.
뭐, 거기까지는 무척이나 한가로운 오후였다.
그런데, 하늘을 쳐다보고 있던 개구리의 동그란 눈에,
통통하게 살이 오른 쥐 한 마리가 들어왔다.
강가에 멍하니 앉아 있는 쥐의 모습은,
쥐치고는 너무나도 게을러보였다.
개구리는 속으로 생각했다. 감히,
개구리 주제에 그 쥐를 먹어주겠다고.
그렇게 생각한 순간부터, 개구리의 눈에는,
자신에 비해 훨씬 몸이 큰 쥐가,
통통하게 살이 올라 맛있어 보이는 살코기로밖에 보이지 않았다.

문제는 그것을 어떻게 물속으로 유인할 것인가 하는 것이었다.

개구리의 머리는 벌써 풀가동하기 시작하고 있었다.

누가 뭐라 해도 쥐는 육지 생물.

무슨 수를 써서 일단 물속으로 끌어들이기만 하면,

나머지는 떼놓은 당상이다.

발을 잡아당겨 물속에 빠뜨려버리면, 놈이 익사하는 건

넉넉잡아 5분이면 충분.

그 뒤에는 모두를 불러 잔치를 여는 거다.

나의 용감한 무용담은 자자손손 전설로 전해질 것이 틀림없다…….

한편 당사자인 쥐는,

물속에서 개구리 한 마리가 그런 생각을 하고 있는 줄은 꿈에도 모르고,

여전히 꼼짝 않고 물이 흐르는 모습을 바라보고 있었다.

평소에 늘 분주하게 돌아다니기만 했기 때문에,

어쩌다가 문득 찾아온 고요함과, 그 속에 잠겨 있는 자신의 모습에,

쥐는 반쯤 황홀경에 빠진 듯 흐르는 물을 바라보고 있는데,

그런 쥐의 눈에, 갑자기 이쪽으로 다가오는

통통하게 살이 오른 개구리의 모습이 비쳤다.

참으로 먹음직스러운 개구리였다.

쥐의 마음속에 떠오른 것은 무엇보다 먼저 그 생각이었다.

'저렇게 살이 찐 걸 보면, 틀림없이 기름기가 잔뜩 올라

무척 맛있을 텐데. 하지만 놈이 물속에 있으니…….'

쥐의 머리는 벌써,

조금 전의 그 한가로운 시간은 어디론가 사라져버리고,

도대체 무슨 수로 저 진미를 손에 넣을까 하는,

그 문제를 두고 무섭게 돌아가기 시작했다.

이리하여 개구리와 쥐는, 서로 완전히 다른 입장에서,

하지만 서로 상대를 잡아먹겠다는 점에서는 완전히 같은 목적을 가지고,

필사적으로 작전을 세웠고, 욕심의 일념이 이루는 현상이라고 해야 할까,

얄궂게도 서로가 같은 방법을 동시에 생각해낸 것이다.

즉, 서로 꿍꿍이속은 다르지만, 개구리는 쥐를 물속으로 유인하고,

쥐는 개구리를 물에서 끌어내려 한다는 점에서는,
둘의 과제는 같은 역학 안에 있었고,
그 역학을 한 마디로 표현하면,
물가를 경계로 서로 줄다리기를 하는 것과 같다.
물론, 먹을 욕심만 가득한 둘의 머릿속에는
이러한 상황이 그려질 리 없었다.
개구리는 큰 잔치를 벌여 멋진 연설을 해야겠다는 생각으로,
쥐는 기억해낸 진미의 맛으로, 머리는 가득.
서로 상대를 자신의 영역으로 끌어들인 뒤의 일만 생각하고 있었다.
그러는 사이에 둘의 거리는 금세 서로 코앞까지 줄어들게 되어, 먼저,
헤엄쳐서 다가온 개구리가 도화선에 불을 당겼다.
"여긴 어쩐 일이세요, 쥐님? 오늘 날씨 참 좋죠?"
거기에 응하여 쥐도 말했다.
"아니, 누구신가 했더니, 개구리 씨군, 야아, 정말 날씨 한번 좋습니다."
"전부터 느끼고 있었지만, 쥐님은 그런 털옷을 입고 덥지 않으신지?
게다가 이렇게 좋은 날씨에,
햇빛을 바로 받으면 뜨거워서 못 견딜 것 같은데.
한번 물속에 들와보시지 그래요? 정말 시원하답니다.
겸사겸사 저의 가족도 한번 만나보시고."
"개구리 씨, 개구리 씨는 그렇게 간단하게 말하지만,
난 댁처럼 헤엄칠 수가 없어요."
'어이쿠, 속셈이 탄로났나보다.'
개구리는 물속에서 식은땀이 한 방울 흘렀지만,
겉으로 전혀 내색하지 않고 능청스런 얼굴로 이렇게 말했다.
"걱정하실 것 없어요, 쥐님.
당신이 빠지지 않도록, 다 알아서 해줄 테니까요.
보세요, 이 갈댓잎으로 내 발과 당신의 발을 묶어서,
가라앉을 것 같으면 내가 끌어올리면 되지 않겠어요?"
'옳거니! 완전히 내가 생각한 대로 돼가는군.'
쥐는 진땀을 한 방울 흘렸지만,

그런 건 전혀 내색하지 않고, 땀을 닦으면서 이렇게 말했다.
"야아, 정말 덥군요.
어디 정 그렇다면, 물속이 어떤지 한번 맛이나 볼까?"
머릿속에서 굴러가고 있던 생각 때문인지,
그만 자기도 모르게 맛본다는 말을 하고 만 쥐는,
그 순간 가슴이 뜨끔했다.
개구리는 개구리대로 속셈을 들킨 것 같아 잠시 가슴이 철렁했지만,
그래도 둘 다 시치미를 떼며 서로를 쳐다보고 웃은 뒤,
서둘러 옆에 있는 갈댓잎을 하나 꺾어 서로의 발을 묶었다.
다 묶었다 싶은 순간, 개구리는 쥐를 물속으로 끌어내리기 위해,
쥐는 개구리를 육지로 끌어올리기 위해
있는 힘껏 서로를 잡아당기기 시작했다.
일이 여기에 이르러서야 비로소,
서로 똑같은 속셈을 가지고 있었다는 걸 알았지만,
이렇게 되어버린 이상, 무조건 이기고 보는 수밖에 없다.
둘 다 혼신의 힘을 다하여, 필사적으로 서로를 끌어당겼다.
형세는 구태여 비교하자면 쥐가 얼핏 유리해 보였지만,
쥐가 개구리를 육지 쪽으로 낑낑대며 끌어당겨
가까스로 육지로 끌어올렸다고 생각하면,
다음에는 개구리가 온 힘을 다해

눈 깜작할 새 몸을 날려 물속으로 뛰어들었다.
그때마다 쥐는 하마터면 위험에 빠질 뻔하는,
그야말로 일진일퇴의 공방을 끝도 없이 되풀이했다.
그리고 실은,
세상에서 가장 기묘한 이 싸움을 높은 데서 구경하고 있는 자가 있었다.
한 마리의 솔개였다.
솔개는 한가로운 오후의 하늘을 한 바퀴 빙 돌며 커다랗게 원을 그린 뒤,
곧장 내리꽂을 듯 빠르게 내려와,
갈대로 서로 발이 묶인 개구리와 쥐를 한꺼번에 물고,
하늘 높이 올라가버렸다.

동물들의 공물

어느 날, 백수의 제왕 사자가 낮잠을 자고 일어난 뒤,
불현듯 누구에게랄 것도 없이 혼잣말을 중얼거렸다.
아, 귀찮아,
이런 더위에 매일 먹잇감을 사냥하러 뛰어다녀야 하다니…….
어떤 동물이든 이 몸이 한번 마음만 먹으면,
잡지 못한 적이 지금까지 한 번도 없는데,
어째서 놈들은,
내가 눈독을 들이고 있다는 걸 뻔히 알면서도
필사적으로 달아나려고 하는 것일까?
어차피 잡힐 바에는 처음부터 얌전하게 나오면 서로가 좋을 것을.
그보다 차라리 동물들끼리 잘 의논해서,
매일 한 마리씩 번갈아가며 내 먹잇감이 되어,
스스로 이 집 앞까지 와주면 좀 좋아?
그렇게 하면 이 몸도 수고를 덜 수 있고,

놈들도 언제 어느 때 걸려들지 몰라,

마음을 졸이며 사는 생활에서 벗어날 수 있을 텐데…….

나무그늘에서 이리 뒹굴 저리 뒹굴 하면서,

사자가 투덜투덜 말한 이 잠꼬대 같은 혼잣말은,

보통은, 더운 여름날 오후의 아지랑이처럼 그대로 사라지고 말 것이었다.

그런데 이 사자의 불행한 헛소리는,

아뿔싸! 마침 가까운 곳에 와있던 남풍의 귀에 들어가 버리고 말았다.

남풍은 평소와 다름없이 거의 아무 생각도 하지 않고

귀에 들어온 것을 다시 각색하여,

그 근방은 물론, 아득히 먼 곳에 사는 동물들이 있는 곳까지 불어가서

그 귓전에 대고 속삭였다.

"이 세상의 왕이 모든 생물들에게 공물을 바치라고 말씀하셨어."

그 말을 들은 동물들은, 모두 처음에는 잘못 들었나 하고 의심했지만,

확인해 본 결과,

원숭이도 낙타도 말도 모두 한결같이,

어디선지 모르게 그런 말을 들었다는 것이었다.

"그렇다면 그건, 하늘의 목소리가 아닐까?"

그리고 그게 사실이라면, 어떻게 해서든지 그 말에 따르는 수밖에 없는데,

하지만 이 세상의 왕이 원하는 공물이란 도대체 어떤 것일까?

그것은 모든 동물들이,

각자 하나씩 공물을 바치라는 뜻일까, 아니면,

모두가 힘을 합쳐서 뭔가를 하라는 것일까?

아니, 그보다 이 세상의 왕은 도대체 어디에 살고 있는 누구일까?

공물을 모으는 것은 좋지만, 그것을 어디로 가지고 가면 좋을 것인가?

어쨌든, 이 일은 동물들이 저마다 혼자서 해결할 수 있는 문제가 아니었다.

그리하여 동물들은 회의를 열어 앞으로 어떻게 하면 좋을지 의논했다.

원숭이가 의장을 맡았다.

여러 모로 지혜를 발휘할 수 있는 인간이 맡았어야 했지만,

인간들은 인간들대로 저희끼리,

이미 하나님이니 뭐니 하는 것에 공물을 바치고 있기 때문에,

동물들은 우선 인간과 비슷하게 생긴 데다 말을 잘하는 원숭이를,
의장으로 뽑아 회의를 시작하기로 한 것이다.
의제는 두 가지인데, 하나는 이 세상의 왕은 누구인가?
또 하나는 무엇을 공물로 바칠 것인가 하는 것으로,
소문의 진원지가 어디인지에 대해서는, 특별히 의논하지 않았다.
그리고, 이 세상의 왕이 누구인가 하는 것에 대해서도
비교적 간단하게 얘기가 끝났다.
동물들의 왕이라 하면, 사실 여러 가지 다른 의견도 있지만,
공식적으로는 일단 사자로 인정되고 있었고,
게다가 유일하게 사자만 그 자리에 참석하지 않았기 때문에,
하늘의 목소리도 역시 사자를
이 세상의 왕으로 인정하고 있는 거라는 데 의견이 모아진 것이다.
다음에, 무엇을 공물로 바칠 것인지에 대해서는
의견이 크게 둘로 갈라졌다.
하나는, 개와 말 같은 인간과 가까이 지내고 있는 동물의 의견으로,
인간들이 신을 섬기는 것을 보면, 아무래도 무슨 일이 있을 때마다,
하나님의 대리인 같은 인간에게 돈을 바치고 있는데,
여러 가지 기도를 하거나 꽃을 장식하기도 하지만, 자세히 보면 분명히,
돈이 공물의 역할을 하고 있는 듯하다는 것이 그들의 의견이었다.
여기에 대해서는 다른 동물들도 별다른 이의가 없었지만,
문제는, 과연 얼마나 되는 돈을 어떻게 모으냐는 것이었다.
돈이라는 것을 만들어 본 적도 사용해 본 적도 없는 동물들로서는
도무지 짐작조차 할 수 없는 일이었다.
그래서 동물들의 의견은 저절로, 또 하나의 생각으로 기울었다.
인간들이 자신들이 좋아하는 돈을
대리인인 인간에게 주고 있는 것을 보면,
자신들도 자신들이 좋아하는 풀과 고기와 과일을, 특히,
세상의 왕인 사자가 좋아하는 고기를
공물로 바쳐야 한다는 것이다.
하지만 여기에도 한 가지 커다란 문제가 있었다.

누가 그 고기가 될 것인가 하는 것이었다.

누군가가 대표로 산 제물이 된다는 것도 불공평하고, 그렇다고,

모두가 자신의 살점을 조금씩 잘라서 바칠 수도 없는 노릇이었다.

한번 시험 삼아 풀을 모아 바쳐보는 방법도 있겠지만,

가만히 있느니만 못할 것이 뻔했다.

마침내 하는 수 없이 모두 제비를 뽑아 걸리는 자부터 차례로,

사자 앞에 산 제물로 나서는 수밖에 없지 않겠느냐는 의견이 나왔다.

사자가 낮잠 끝에 한 잠꼬대 같은 소리는

엉뚱하게도 실현될 것 같은 기색이 짙어졌지만,

거기서 예상되는 현실은

생각해 보면 누구에게나 너무 혹독하고 고통스러운 것이었다.

어제는 누구, 오늘은 누구, 산 제물이 되는 동물을 매일같이 전송하면서,

내일은 누구, 그 다음은 누구,

이렇게 모두가 오로지 그날이 오는 것을 두려워하며 살아야 하는 것이다.

이리하여 비참하고 암담한 분위기가 고조되었을 때,

한 사슴이 마음을 정하고 말했다.

"다같이 사자에게 갑시다.

그렇지 않아도,

어차피 우리는 매일 잡혀 먹힐지도 모른다는 공포 속에서 사는 몸이오.

사자에게 모두 가서,

누구를 산 제물로 할지를 차라리 사자에게 선택하게 하면 어떻겠소?

그래서 내가 선택된다 하더라도,

모두를 위해서라면 난 그것으로 만족할 것이오."

결국 사슴의 이 의연함이 모두의 마음을 움직여,

동물들은 다함께 사자에게 가게 되었다.

모든 동물들이 당당하게 고개를 쳐들고,

마음을 합하여 발맞춰 걸어가는 모습은,

운명을 각오한 자만이 가지는 위엄으로 가득 차서,

어딘지 모르게 장엄한 아름다움마저 감돌고 있었다.

그 모습을 보고 놀란 것은 물론 사자.

먼 곳에서 동물들이 한 덩어리를 이루어 자기를 향해 오는 것을 보고,
자신이 평소 횡포를 부린 대가가 돌아온 것이라고 생각한 사자는,
동물들의 무리가 집 앞까지 오기 전에,
얼른 꼬리를 내리고 달아나버리고 말았다.
그리하여 원숭이가 머리를 짜내 생각하고, 양이 낭독할 예정이었던,
"자, 저희를 원하시는 대로 마음껏 먹어주십시오." 하는,
이 세상의 왕에게 보내는 비장하고도 짤막한 친서는
결국 읽지도 않고 끝나버렸다.

사슴과 말

옛날 옛날 아주 먼 옛날, 말과 사슴은 서로 친구사이였다.
그렇다고 특별히 가까이 지낸 것은 아니지만,
사슴은 숲에서, 말은 들판에서,
가장 빨리 달리는 동물로 인정받고 있었고,
왠지 모르게 그 사실이
서로를 더욱 친근하게 해주었던 것이다.
실제로는, 말과 사슴은 사는 장소가 다르기 때문에,

들판과 숲의 경계 근처에서 이따금 얼굴이 마주치면,
서로 인사나 나누는 정도의 사이였다.
그러던 어느 날, 그렇게 인사를 나누다가,
무슨 바람이 불었는지, 어느 쪽이 먼저랄 것도 없이,
서로의 집에 놀러오라고 말하게 되었다.
그래서 먼저 말이 숲에 사는 사슴을 방문하기로 했다.
어느 가을날 오후, 초원에는 기분 좋은 바람이 불고 있었다.
숲에 들어서기 전에, 말은 문득 마음이 망설여지는 것을 느꼈다.
그리고 막상 숲으로 들어갔을 때,
말은 역시 오지말 걸 그랬다고 생각했다.
그곳은 들판과는 너무나도 다른 세계였다.
처음에는 그 정도까지는 아니었지만,
숲 속으로 들어갈수록
수많은 나무들의 겹겹으로 덮인 나뭇잎에 하늘이 가려져,
들판에서는, 그렇게도 당연하게 하늘에 있던 태양이
이곳에서는 전혀 보이지 않는 것이었다.
이따금 나뭇가지 사이로 햇살이 어두컴컴한 숲을 가르듯이 비쳐들었지만,
그 빛은 말이 들판에서 자주 쳐다보았던 빛과는 전혀 다른 빛이었다.
불안한 가운데 말은, 이런 곳에 사는 사슴이 불현듯 두려워졌다.
그렇다고 말에게 사슴을 두려워해야 할 이유가 있었던 것은 아니지만,
들판에서는 분명히 사슴보다 빠르다고 생각했던 자신감도,
그래서 막연하게 품고 있던 우월감도,
이곳에서는 아무 소용 없는 것이 분명했다.
그보다도, 사슴의 지혜와 날렵함이야말로,
정말 이 깊은 숲에 어울리는 능력이란 생각이 들었다.
물론 그렇다고 해서,
들판에서의 말의 속도가 조금이라도 줄어든 건 아니지만,
그렇게 생각한 순간부터,
말의 마음속 어딘가에 인간들이 말하는 '질투'가 싹튼 것이다.
말이 그것을 뚜렷하게 자각하고 있었던 건 아니지만,

다만, 자신의 마음 속 어딘가에 어렴풋이 그림자가 비쳐든 것은,
아마 사슴 때문일 거라고 짐작은 할 수 있었다.
그렇지 않다면,
그 뒤 말이 사슴에게 한 의미 없는 행위의 이유를 설명할 수가 없다.
들판을 빨리 달린다는 것보다 더욱 가치 있는 일이,
분명히 존재하는 세계가 있다는 것을,
말은 그때 처음으로 깨달았던 것이다. 어쨌든,
이리하여 말이 안개가 밀려오기 시작한 어두컴컴한 숲에서,
반쯤 어쩔 줄 몰라 하며 우뚝 서있을 때,
저편에서 누군가가 조용히, 그리고 천천히 다가왔다.
그것은 말을 맞이하러 나온 사슴의 모습이었지만,
겁을 먹은 말의 눈에는 마치 마물처럼 비쳤다.
그리고, 안개 속에서 사슴의 멋진 뿔이
차차 윤곽을 드러내기 시작했을 때,
말은 안도보다 먼저 일종의 외경심을,
정체를 알 수 없는 거룩함 같은 것을 느꼈다.
곧 사슴이 말에게 말을 걸자, 말도 거기에 대답한 뒤,
둘은 나란히 숲을 걸어갔다.
사슴의 집에서 식사를 함께 하며,
여느 때처럼 별 의미 없는 얘기를 주고받은 뒤 헤어졌는데,

그렇게 들판으로 돌아간 말의 마음속에는 어느새,
단단한 응어리 같은 것이,
인간들이 말하는 '악의' 같은 것이 싹트고 있었다.
말은 그것을 분명하게 느끼고 있었던 건 아니지만,
들판을 달려도 전처럼 상쾌하게 바람을 가를 수 없다는 것과,
숲에서 자신이 사슴에게 느꼈던 한 순간의 외경심과,
결코 무관하지 않다는 건 알고 있었다. 그렇지 않다면,
그 뒤, 말이 자기도 모르게 취한
아무리 생각해도 이해할 수 없는 행동의 이유가 설명되지 않는다.
어처구니없게도 말은, 그로부터 얼마 뒤 인간과 손을 잡은 것이다.
어느 날 말이 들판을 한바탕 달린 뒤,
여느 때처럼 나무그늘에서 쉬고 있으니,
인간들이 찾아와서 말했다.
"숲에서 사슴사냥을 하려고 하는데, 우릴 도와주지 않겠나?"
"너희한테는 빨리 달릴 수 있는 다리가 있고,
우리에게는 너희를 배불리 먹일 수 있는 여물이 있어.
사슴은 숲 속에서는 상당히 재빠르지만,
우리의 작전과 너의 다리가 있으면 이길 수 있을 거야."
마가 낀다는 건 아마 이런 걸 두고 하는 말이리라.
이 말을 들은 말은 어리석게도 그 유혹에 넘어가고 말았다.
사슴과의 그 일이 없었어도 말이 그렇게 했을지는,
지금으로서는 알 수 없다.
어쨌든, 이리하여 말은 배불리 먹게 해준다는 조건으로,
인간이 자신의 등에 타는 것을 허락하여,
앞날을 그들의 손에 맡기고 함께 숲에 들어가 사슴을 추격했다.
사슴은 쫓기면서 "왜?" 하는 듯한,
곤경 속에서도 깊은 슬픔을 띤 가엾은 표정으로 말을 쳐다보았지만,
말이 그것을 알았는지 어땠는지는 알 수 없다.
사람이 휘두르는 채찍의 고통과 고삐를 잡은 손의 조급한 재촉에,
과연 그걸 눈치 챌 여유가 있었을지는 의심스럽다.

다만, 이리하여 말이라는 동물의
상상 이상의 편리함에 맛을 들인 인간은,
결국 사냥이 끝난 뒤에도 말을 놓아주려 하지 않았다.
말이 매일 부족함 없이 여물을 마음껏 먹을 수 있었던 건 분명하지만,
인간들이 지은 마구간에 갇혀,
인간들이 어떤 목적이 있어 필요할 때만 밖을 달릴 수 있었다.

옛날 옛날 아주 먼 옛날, 말과 사슴은 서로 친구사이였다.

여우와 조상

어느 도시에서 한 남자가 생애를 마치고 무덤 속에 들어갔다.
그 무덤은 남자가 생전에 만들어 두었던 것으로,
자신의 모습을 본뜬 훌륭한 조각상이 장식되어 있었다.
그 남자는 실은 자수성가하여 큰 재산을 이룬 부자였는데,
그의 말로는, 자기 조상은 아무개라고 하는 고귀한 가문으로,
만약 전해지는 얘기가 틀림없다면, 아득한 옛날
먼 수도에서 수많은 부하를 거느리고 이곳에 와,
새로운 도시를 건설했다고 한다.
어쨌든, 생전에 도시의 실력자였던 그는,
자신의 위업을 사후에도 자랑하고 싶었던 듯,
재력의 힘을 빌려 다른 것보다 월등하게 훌륭한 무덤을 만들고,
거기에 무슨 무슨 가문의 몇 대째 아무개가 몇 년에 운운하면서,
그의 내력과 업적까지 새겨 넣었다.
무덤을 장식하는 그 조각상이라는 것은,
생전에 남자를 알고 있던 사람은
도저히 같은 인물로 생각할 수 없을 정도로 위풍당당한 것이었다.

그리하여 남자는 죽어서 무덤을 남겼고, 그 뒤에도,
그보다 더 훌륭한 무덤은 나타나지 않은 채 세월은 흘렀다.
이윽고 생전의 그를 아는 사람도 다 세상을 떠난 어느 날 오후,
어린 여자아이가 부모의 손을 잡고 그 무덤 앞을 지나갔다.
갑자기 눈앞에 나타난 돌로 만든 커다란 남자의 얼굴을 보고,
깜짝 놀란 여자아이가 부모에게 물었다.
"저 커다란 돌로 만든, 다리가 없는 아저씨는 누구예요?"
아이의 부모는 둘 다 그 무덤의 주인공이 누구인지 전혀 몰랐지만,
조각상이 무엇인지 모르는 어린 딸의 순진한 말투가 무척이나 귀여워서,
아버지는 다정하게 미소 지으며 무덤에 다가가,
거기에 새겨진 글을 읽고 딸에게 말했다.
"옛날 옛날, 먼 곳에서 이곳에 찾아와 도시를 세운 굉장히 훌륭한 분이래."
그 말을 들은 어머니도 상냥한 목소리로 딸에게 말했다.
"그럼, 우리 예쁜 꽃이라도 바치자꾸나."
잠시 뒤 저녁때가 되자, 이번에는 숲의 여우 모자가 무덤 앞을 지나갔다.
새끼여우도 갑자기 눈앞에 나타난 사람을 보고 놀라서,
걱정스러운 듯이 엄마여우에게 말했다.
"어머니, 우리, 달아나지 않아도 돼요? 커다란 사람이 있어요."
"괜찮아. 저건 이미 죽은 사람이니까."
그 말을 들은 새끼여우는 이번에는 기쁜 듯이 눈빛을 반짝이며 말했다.

"그럼 우리, 저 머리를 먹어버려요.
저렇게 큰 머리니까 속에 든 것도 틀림없이 많을 거예요.
전 음식 중에서 뇌가 가장 맛있던데."
말하기가 바쁘게 새끼여우는 조각상으로 뛰어갔다.
하지만 조각상의 뒤쪽을 보자마자, 실망한 목소리로 엄마여우에게 말했다.
"틀렸어요, 어머니, 이 사람은 뇌가 텅 비었어요.
누군가가 먼저 먹어치웠나 봐요."

아기염소의 지혜

어떤 곳에, 엄마염소가 혼자 아기염소를 키우고 있었다.
아기염소는 아직 어려서,
매일 젖을 먹으며 조금씩 커가고 있었다.
아기염소에게 맛있는 젖을 많이 먹이기 위해서는,
엄마염소도 부드럽고 맛있는 풀을 먹어야 했다.
그래서 엄마염소는 매일 아기염소에게 젖을 배불리 먹인 다음,
자신이 풀을 먹기 위해
잠시 동안 아기염소를 집에 혼자 두고 밖으로 나가야 했다.
엄마염소는 그 일이 무엇보다 걱정이었다. 왜냐하면,
집 근처에 있는 숲에 늑대가 살고 있어서,
때때로 이쪽에도 나타나는 일이 있기 때문이었다.
그래서 엄마염소는 어느 날 한 가지 묘안을 떠올리고,
그것을 아기염소에게 단단히 일렀다.
"엄마가 집에 없는 동안 누가 문을 두드려도,
절대로 열어주면 안 된다, 알겠니? 그런 일이 있으면 반드시 큰 소리로,
'암호를 대라!' 이렇게 말하는 거야. 그래서,
'늑대 같은 건 죽어버려라. 어미도 새끼도 모두 죽어버려라.' 대답하면,

틀림없는 엄마니까, 그때 문을 열어주면 되는 거야. 알았지?"

그래도 걱정이 된 엄마염소는,

연습을 하기 위해 밖으로 나가서 문을 두드렸다.

그러자 안에서 "암호를 대라!" 커다랗게 말하는 귀여운 목소리가

분명하게 들려왔다.

약속한 대로 엄마염소가

"늑대 같은 건 죽어버려라. 어미도 새끼도 모두 죽어버려라." 말하자,

아기염소가 그 말을 끝까지 듣고서야 문을 열어주는 것을 보고,

엄마염소는 안심하고 밖으로 나갔다.

매일 집을 비울 때마다 걱정이 태산이었던 엄마는,

이제 안심이라고 생각했다. 무엇보다,

암호를 알고 있는 것은 자신들뿐이고,

설령 암호를 안다 하더라도, 또 아무리 늑대라 해도,

자기 입으로 자기들을 욕하는 말을,

하물며 어미와 자식을 저주하는 말을,

입밖에 내지는 못할 거라고 생각한 것이다.

스스로도 묘안이라고 생각하면서,

엄마염소는 안심하고 들판으로 나갔다.

그런데 얄궂게도,

처음부터 이들을 숨어서 엿보고 있던 자가 있었다.

하필이면 우연히 그곳을 지나가던 늑대였으니!
염소 모자가 주고받는 말을 커다란 귀로 들었을 뿐만 아니라,
그 날카로운 눈으로, 문 안에 통통하게 살이 오른,
먹음직스러운 아기염소가 있는 것을 본 늑대는,
엄마염소의 모습이 보이지 않게 되자, 군침을 흘리면서 문을 두드렸다.
그러자 아나나 다를까 너무나도 맛있을 것 같은 목소리가 들려왔다.
"암호를 대라!"
늑대는 옳다구나 하고
자기도 모르게 입이 히죽 벌어지는 걸 안간힘을 다해 참으면서,
엄마염소의 목소리를 흉내 내어, 사뭇 증오에 찬 목소리로 말했다.
"늑대 같은 건 죽어버려라. 어미도 새끼도 모두 죽어버려라."
그 말을 들은 아기염소는 무심코 약속한 대로 문을 열려고 하다가,
어쩐지 뭔가 느낌이 이상해 머뭇거렸다.
엄마의 그 다정한 목소리와는 어딘가 달라 막연하게 생각하면서,
열려던 자물쇠를 다시 한번 단단히 잠그고,
불안해하며 작은 목소리로 말했다.
"엄마라면 문틈으로 손을 보여주세요.
하얗고 부드러운 손을 보여주세요……."
그 말을 들은 늑대는,
"이크, 안 되겠군. 저렇게 조심스러운 데야 도저히 속일 방법이 없어."
아무리 어린 새끼라해도 만만하게 봐서는 안 되겠다고 중얼거리며
숲으로 돌아갔다.

늑대와 모자

어떤 곳에 속없는 늑대가 한 마리 있었다.
이 늑대는 어쩐 일인지, 깊은 숲 속이 아니라,

인가에서 그리 멀리 떨어지지 않은, 숲 들머리에 살면서,
이따금 인가에까지 내려와서는,
마을사람들이 키우고 있는 닭과 새끼돼지를 훔쳐가는 것이었다.
그래서 마을사람들에게, 이 늑대는,
소중한 재산을 망치는 용서할 수 없는 도둑이었고,
언젠가 꼭 잡아야 하는 존재였다.
그런데 늑대는,
물론 좋아해주는 것까지는 바라지 않았지만,
자신을 그렇게 미워하고 있을 줄은 꿈에도 모르고 있었다.
하기는, 그렇게 생각하는 것도 당연한 일일 것이다.
마을 사람들이 밭을 갈고, 닭과 돼지를 키우는 것이 일인 것처럼,
늑대에게는 그런 동물을 잡아먹는 것이 일이었고,
그저 본능이 시키는 대로 눈앞의 닭과 새끼돼지를 먹는 것은
오히려 당연한 일이었기 때문에,
마을사람들이 자기를 미워할 거라고는
한 번도 생각한 적이 없었던 것이다.
물론, 늑대의 모습을 발견한 마을 사람들이
가끔 큰 소리를 지르며 돌을 던지는 일은 있었지만,
그건 뭔가 다른 이유가 있을 거라고 생각했다.
이를테면 인간에게는 자기처럼 멋진 꼬리가 없어서
그것을 질투하고 있는 건지도 모른다,

또는 특별한 이유도 없이
어린 아이들이 툭하면 서로 돌을 던지며 싸우는 것처럼,
뭔가 늑대로서는 잘 알 수 없는,
인간만이 가지는 생각 때문일 거라고,
겨우 그런 식으로 생각하고 있었다.
그런 어느 날, 늑대가 여느 때처럼 닭을 잡아 숲으로 돌아가려는데,
안채 쪽에서 으앙 으앙 하고 커다랗게 아이 우는 소리가 들렸다.
인간의 아이가 우는 목소리는
언제 들어도 정말 끔찍하다고 생각하고 있는데,
이번에는 어머니의 목소리가 들렸다.
"그렇게 자꾸 울면 차라리 늑대에게 줘버릴 거야."
'에이, 저 소리는 너무 들어 질리는군.'
늑대는 그렇게 생각하며 그날은 그냥 숲으로 돌아갔다.
그리고 며칠 뒤,
이번에는 뜰 앞에서 으앙 으앙 하며 우는 아이의 목소리가 들렸다.
그래서 늑대는, 어머니 앞으로 나아가 찔끔 눈짓을 한번 한 뒤,
그대로 아이를 채가지고 가려 했다.
놀란 어머니가 우는 아이보다 더 큰 목소리로 도와달라고 소리치며,
집안으로 달려 들어갔다.
도대체 뭐가 어떻게 돌아가는 건지 모르는 늑대가,
그저 어리둥절해하고 있으니, 소리를 들은 남자들이 우르르 나타났다.
"뭐 하러 이곳까지 나타난 거야, 이 늑대야! 뻔뻔스러운 놈 같으니."
"다음에 울면 늑대에게 줘버리겠다고 하기에……."
이렇게 설명하려는데
인간들은 끝까지 듣지도 않고 늑대를 마구 때려 죽이고 말았다.

늙은 아버지와 아들들

늙어서 자신의 죽음을 예감한 아버지가,
세 아들을 병상으로 불러 말했다.
"아들들아, 이 애비의 수명도 이제 얼마 남지 않은 것 같구나.
이렇게 쇠약하여, 마음대로 일어나지도 못하고,
죽음을 기다리고만 있는 내가, 애비로서,
너희에게 해줄 수 있는 건 이제 아무 것도 없다만,
마지막으로 한 가지, 무슨 일이 있어도,
너희에게 말해두고 싶은 것이 있다."
그렇게 말한 늙은 아버지는 아들들에게 명하여,
화살 몇 개와 끈 하나를 가지고 오게 하더니,
침대 위에서 말없이 그 화살들을 끈으로 묶은 뒤,
아들들에게 말했다.
"너희가 이 화살을 꺾어 보아라."
도대체 왜 그러시나 하고 생각하면서도,
아들들은 번갈아가며 화살다발을 꺾으려 했으나,
화살다발은 아무리 힘을 써도 꿈쩍도 하지 않았다.
"도저히 안돼요, 아버지.
이렇게 단단히 묶여 있으면 사람의 힘으로는 어림도 없습니다."
아들들이, 늙은 아버지가 하시는 말씀이라
일단 한 사람씩 시험한 뒤에 그렇게 말하자,
늙은 아버지는 그것을 받아들여, 이번에는 끈을 풀고
앙상한 손으로 화살을 하나씩 뚝, 뚝 꺾으면서 세 아들들에게 말했다.
"자, 보았느냐, 이렇게 다 죽어가는 노인의 손으로도
하나도 남김없이 다 부러지지 않았느냐?"
늙은 아버지는 그렇게 말하더니,
다시 침대 위에 누워 그대로 저세상 사람이 되었다.
남은 것은 세 아들과, 그들이 그럭저럭 살아갈 수 있는 재산.

아들들은 그것이나마 다행으로 여기며,
아버지가 죽기 전에 말씀하신 것은, 요컨대,
세 사람이 흩어지지 말고 힘을 합쳐서 살아가라는 뜻이라고 이해하고,
그때부터 무슨 일이든 셋이서 의논하고, 의견을 모아 함께 대처했다.
양털 거래를 둘러싼 상인들의 상술 때문에
마을이 두 패로 갈라져서 싸웠던 해에도,
기근으로 모든 사람이 참고 넘겨야 했던 겨울에도,
이웃집 주인이 어떻게든 그들의 땅을 손에 넣으려고
형제 사이를 갈라놓으려 했을 때도,
그들은 언제나 셋이서 힘을 합쳐 대처했다. 그리하여,
곧 그들의 재산은 점차 불어나서,
가축의 수도 늘어나고 밭도 전보다 훨씬 넓어졌다.
그런데, 거기까지가 운이었는지,
문제는 결국 그렇게 형제들이 풍족해진 뒤부터였다.
이윽고 장가를 든 장남은,
무슨 일만 있으면 가장은 자기라는 식으로 행세하기 시작했다.
차남에게도 애인이 생겨,
그녀와 결혼할 때는 토지를 분할하여 독립하고 싶다는 말을 꺼냈다.
그리고 막내아들은 결혼에는 별로 관심이 없었고,
땅을 조금 팔아서 그것을 밑천으로 장사를 하고 싶어 했다.

즉, 밖에서의 시련에 대해서는 그토록 일치단결했던 형제가,
그렇게 하여 지키고 쌓아올린 부로 인해, 마침내 흩어지기 시작한 것이다.
형제들은 그래도 결코 서로 반목하고 있었던 것은 아니지만,
세 사람이 힘을 합치지 않으면 살아갈 수 없었던 때는 몰라도,
이제 가산을 나눠도,
각자 어떻게든 살아갈 수 있을 만큼 재산이 늘어난 지금은,
그렇게 해서는 안 될 이유가 어디 있으며, 내내 이대로,
살아가지 않으면 안 될 이유가 어디 있느냐고 생각하기 시작했다.
그것은 세 형제에게는 너무나 당연한 의문이었다.
그래서 형제는 일단 재산을 나눠보기로 했다.
그래서 만약 잘 되지 않는다면,
다시 힘을 합치면 되지 않겠는가? 이리하여,
세 형제는 재산을 나누고, 각각 독립하여 살게 되었다.
그렇게 몇 년이 흘렀다.
장남에게는 아이가 생기고, 차남에게는 다른 여자가 생겼다.
그리고 막내는 계획한 대로 시장에서 장사를 시작했고,
당연히, 형제들이 가진 토지의 3분의 1은
그로 인해 이미 남의 손에 넘어갔다.
물론, 그렇게 해서 세 사람이 각자 잘해나갈 수도 있었으리라.
그러나, 이 형제의 경우는 그렇지 못했다.
아이가 생기고, 이런저런 일로 돈 쓸 일이 많아진 장남은, 차남에게,
어차피 저자거리에서 여자 꽁무니나 쫓아다니며 밭을 놀릴 바에는
나에게 넘기라고 말했고,
차남은 차남대로, 1년 전에 동생이 장사를 크게 하고 싶다 하여
빌려준 돈의 변제를 재촉했으며,
막내는 막내대로 손해를 본 몫을 배로 만회하기 위해
장남에게 도움을 청했지만,
그것을 거절당하자 하는 수 없이 고리대금업자에게 돈을 빌렸다.
이미 뭔가 잘못되어 가고 있었다. 그것은 이제 누구의 눈에도 분명했지만,
도대체 무엇이 어디서 잘못되었는지, 형제는 알 수가 없었다. 어쩌면,

그런 것에 대해 다함께 의논하며 의견을 모을 수 있는 지혜가
더 이상 없었던 건지도 모른다.

다시 말해 화살은 끈이 없으면 묶을 수 없는데, 그 끈에 해당하는 것을,
형제는 어느새 잃어버리고 있었던 것이다.

또는 이렇게도 말할 수 있으리라.

화살은, 가령 다발을 이루었을 때 하나하나의 화살이
제각각 화살로서 가지고 있었던 힘이 없으면,
어떤 강한 힘도 낳을 수 없는데, 이 형제의 경우에는,
각각의 화살 자체가 이미 화살이라고 할 수 없을 정도로
약해져 있었다고…….

어째서 그렇게 되었는지 형제들은 알 수 없었지만,
굳이 말하자면, 그들은 자신들의 운이 나빴기 때문이라고 생각했다.

물론 그럴 수도 있을 것이다.

그들처럼 똑같이 했는데 모두 다 잘 되는 경우도, 어쩌면 있을지 모른다.

또, 가끔 형제는, 하다못해 아버지가 조금만 더 재산을 남겨주었더라면
하고 생각할 때도 있었다.

하지만, 그것도 이제 와서는 그저 푸념에 지나지 않는다.

그런데……. 그때 늙은 아버지는 아들들에게,
도대체 왜 그런 말을 남기고 싶어 했던 것일까?

온 재산을 잃은 수전노

어느 곳에, 정확하게 어디라고는 할 수 없지만 한 수전노가 있었다.

그를 두고 왜 수전노라고 부르는지는,
그의 생활을 들여다보면 누구나 금방 알 수 있다.

이 남자는 참으로 열심히 일했지만,
그렇게 번 돈을 일체 쓰려고 하지 않았기 때문이다.

물론 전혀 사용하지 않는다 해도, 먹을 것도 사지 않고
입을 옷도 사지 않는다면 도저히 살아갈 수 없기 때문에,
엄밀하게 말하면 전혀라고는 할 수 없지만
아무튼 그가 돈을 쓰는 모습은 아무도 본 적이 없었다.
물론 술집 같은 곳과는 인연이 한참 멀었고
고기와 과일을 사갔다는 소문도 들은 사람이 없다.
입고 있는 것은 언제나 똑같은 옷이고
신발도 주워온 헌신을 덕지덕지 몇 번이고 기운 것인데,
그걸 가지고도 몇 년이나 버티고 있다. 그러니, 책이나 꽃을 산다는 것은,
그야말로 천지가 거꾸로 된다 해도 그에 경우에는 있을 수 없는 일이었다.
물론 아내와 자식, 하다못해 애인 같은 것도 당연히 없었다.
하기는, 외지에서 온 사람이 보면
불쌍한 거지로밖에 보이지 않는 남자에게
도대체 누가 가까이 다가가겠는가?
그렇다고 그가 가난한가 하면, 아무래도 그건 아닌 것 같았다.
같다고 한 것은
실제로 그가 큰 돈을 가지고 있는 것을 본 사람이 없기 때문이며,
마음만 먹으면 쓸 수 있는 돈을, 그가 정말 가지고 있는지 어떤지는
아무도 몰랐다.
다만, 그가 정말 열심히 일하기 때문에
그에게 품삯을 지불하는 사람이 많았고, 오늘도 어제도 그저께도,
그는 하루하루 버는 품삯을 받아갔기 때문에,
또, 그것을 거의 사용하지 않는 생활을
벌써 수십 년이나 계속하고 있었기 때문에,
생각해보면, 그가 큰 돈을 모아두었다 해도 이상할 것이 없다.
아니 오히려 그게 당연하지만, 다만 정말 가지고 있다는 것은,
이를테면 그가 사람들에게 그 돈을 보여주며 자랑하는 것을
본 사람이 아무도 없으므로 알 수 없는 일이었다.
어쨌든 그는 누더기를 걸치고, 제대로 먹지도 않고,
그저 일만 할뿐이었다.

그렇다면 흡사 디오게네스 같은 사람이 아닌가,
하고 생각하는 사람도 있을지 모르지만,
검소한 생활을 즐기고, 집도 가지지 않고 술통 속에서 살았던
그리스의 철학자 디오게네스가,
이 남자와 결정적으로 다른 것은,
거지나 다름없는 생활을 하는 디오게네스가,
그의 지혜를 알아보고 왕궁의 교사가 되어주지 않겠느냐는 부탁을 받고,
여기서 이렇게 자유롭게 몽상하고 있는 편이 훨씬 낫다며 거절한 점으로,
이 남자에게 만약 그런 제의가 들어온다면
그는 무엇보다 먼저 보수부터 흥정할 것이다.
그리고 말이 나온 김에 그와 디오게네스의 차이를 한 가지 더 든다면,
철학자인 디오게네스는 몽상과 사색을 좋아했지만,
이 남자는 그런 것은 시간낭비라고, 진심으로 생각하고 있었다는 점이다.
그렇다면 그는 도대체 무엇을 위해 살고 있는 것일까?
또 그렇게 번 돈을 어떻게 하려는 생각일까?
무엇 때문에 살고 있는 건지는 몰라도,
사실은 이 남자, 번 돈을 고스란히 모아두고 있었다.
그는 매일 일을 끝내고 집에 돌아오면 번 돈을 마루 밑에 숨겼다.
화요일이 지나고 수요일이 지나 점점 돈이 불어날수록 불안해져서,
금요일이나 토요일쯤 되면 이미 안절부절 못하게 되어,
일요일 아침 일찍 모은 돈을 가지고 몰래 집을 빠져나가,
인가에서 멀리 떨어진 깊은 산 속에 파둔 구멍에 돈을 숨기는 것이었다.
구멍 속에는 그가 오랫동안 모은 돈이 들어 있었고,
그는 그것을 보면서 만족을 느끼며, 새로 모은 돈을 보태고는,
다시 구멍에 돌 뚜껑을 얹은 뒤, 집에 돌아가는 것이었다.
그것이 그가 사는 보람이었다. 다시 말해,
그렇게 오로지 돈을 모으고 또 모으는 것이,
그에게는 살아가는 일이었다.
왜냐고 물은들 무슨 소용 있으랴. 그것은 그의 몸에 완전히 배어버린
하나의 습관이었다……

그러던 어느 날, 그가 여느 때처럼 일요일에,
같은 장소에서 돌 뚜껑을 열자,
이게 웬 일인가! 목숨보다 소중한 돈이 씻은 듯이
사라져버린 것이었다…….
생각해보라,
수십 년 동안 남자의 삶의 증거였던 것이 사라지고 말았으니!
남자는 울었다.
당연한 일이다. 우는 것 말고 도대체 무엇을 할 수 있을까?
하지만 운다 한들 무슨 소용인가?
그래도, 남자는 그 자리에 무너지듯 주저앉아,
큰 소리로 계속 울었다. 그것 말고 그가 무엇을 할 수 있을까?
남자의 울음소리는 멀리멀리 메아리쳐서
멀리멀리 숲 사이로 사라져 갔지만,
그래도 남자는 우는 걸 멈추지 않았다. 이윽고 해가 질 때쯤,
한 나그네가, 남자의 지친 울음소리를 듣고 그에게 다가왔다.
도대체 무슨 일이냐고 물어도,
남자는 횡성수설 도저히 알아들을 수 없는 말만 했지만,
그래도 그럭저럭 남자의 말을 이리저리 이어 붙여서
사정을 이해한 나그네는, 위로할 요량으로 남자에게 이렇게 말했다.
"안됐구려, 그렇게 애써서 모은 돈인데.
그 돈으로 대체 무엇을 할 생각이었소?"

"무엇을 하려고 돈을 모은 게 아니라오."
"그래요? 그럼 그 돈을 자식이나 누군가에게 물려줄 생각으로
모으고 있었군요?"
"무슨 소릴 하는 거요? 그런 일을 위해 피땀 흘려 일하지는 않소.
아예 가족 같은 건 있지도 않고."
"그럼 이따금 모은 돈 가운데 얼마쯤 꺼내
맛있는 것을 사먹거나 따뜻한 외투를 사는 것이,
당신의 즐거움이었겠군요? 그것이 마음의 지주였겠군요?"
갈수록 남자의 말을 이해할 수 없게 된 나그네가
캐묻듯이 그렇게 물었지만,
남자는 써버릴 것 같았으면 처음부터 모으지도 않았을 거라고
알 수 없는 말만 하는 것이었다.
어이가 없어서, 드디어 인내심이 한계에 다다른 나그네가
여전히 망연자실한 상태에 있는 남자를 향해 말했다.
"열심히 일해서 모든 돈을 도둑맞은 건 충격이겠지만, 댁의 경우,
어차피 사용할 생각도 없었으니까 생각해보면 없는 것과 마찬가지.
이제 그만 기운을 차리고, 이제부터는 다른 장소에 구멍을 파서,
앞으로 그곳에 돈을 모으도록 하면 될 것 아니오?
그리고 도둑맞은 구멍은 그 돌로 원래대로 뚜껑을 덮고,
모은 돈이 아직도 그대로 들어 있다고 생각하면 되겠구먼."
물론, 그런 위로의 말도 남자의 귀에 들어간 눈치가 없어서,
나그네는, 이 남자는 결국 무엇을 얻으려 했던 것일까?
이 남자가 잃어버린 것은 무엇일까?
어쨌든 가엾은 사람임은 틀림없다고 생각하면서,
다시 한번 남자의 모습을 기억에 담아 넣은 뒤, 불현듯,
"지혜도 마음도, 목숨도 사랑도 쓰지 않으면 없는 것과 마찬가지,
설사 있다 한들, 계속 쓰지 않으면 사라져버리는 것을."
이렇게 중얼거리면서 그 자리를 떠났다.
멀리서 아련하게 불빛이 하나 둘 켜지기 시작했다.

외양간으로 달아난 사슴

어느 날, 사냥꾼에게 쫓긴 사슴 한 마리가,
어지간히 다급했던지, 숲 근처에 있는 목장 외양간 안으로 뛰어들었다.
다 같이 느긋하게 여물을 먹고 있던 소들은,
난데없이 길고 커다란 뿔이 달린 사슴이 들어와서
숨겨달라고 하자 깜짝 놀랐다.
소들이 보기에, 사슴이라는 동물은 민첩할 뿐만 아니라,
굉장히 멋진 뿔을 가지고 있었고,
게다가 인간의 신세도 지지 않고 숲에서 살고 있었기 때문에,
소들은, 왠지 모르게 마음속으로, 사슴을 한 수 높게 인정하고 있었는데,
그 사슴이 새파래진 얼굴로 쫓겨 와서
제발 숨겨달라고 사정하니 놀라지 않을 수가 있나!
소들의 입장에서는,
사슴의 부탁을 꼭 들어주어야 할 의무가 있는 건 아니었지만,
그렇다고, 이미 외양간 안에 들어와버린 사슴의 부탁을 거절하는 것도
점잖지 못한 일이다.
더구나, 외양간이라는 것은 원래 사람이 소를 키우기 위해 만든 것이지,
소들이 자신들을 위해 스스로 지은 거처가 아니다. 그리하여,
사슴이 굳이 이곳에 숨고 싶다면 말리지 않기로 했다.
다시 말해, 소들이 사슴을 걱정해서 적극적으로 숨겨준 것이 아니라,
말하자면, 그냥 어쩌다보니 별 생각 없이 그렇게 되어버린 것이었다.
하기는, 소가 인간에게 사육 당하게 된 게 벌써 오랜 옛일이라,
그동안 소들은 생각한다는 것을 거의 잊어버려서,
웬만한 일은, 막연히 아무래도 상관없는 일로 생각하고 마는 것이었다.
그게 아니면, 왜 사슴을 숨겨주었겠는가 말이다.
외양간에는, 매일 아침저녁으로 사람이 찾아와서
여물을 주거나 마른 짚을 갈아주고,
때로는 소의 몸을 씻고 솔로 문질러주기도 한다.

사슴이 찾아왔을 때 아무리 외양간에 소밖에 없었다고 해도,
그런 외양간 어디에 사슴이 숨을 만한 장소가 있을까?
그런 사실을 사슴이 몰랐던 건 무리가 아니었다.
사슴은 사람에게 사육당한 경험이 없었고,
목장에서 낮 동안 한가로이 풀을 뜯던 소가
잠을 자기 위해 돌아가는 장소까지,
모두 인간들의 손에 맡겨져 있다는 것을 알 리가 없기 때문이다.
그렇다고, 소들에게 특별히 악의가 있었던 것도 아니다.
소들은 다만 사슴이 사정하니까 숨겨주었을 뿐이며,
그렇게 하면 곧 사람들이 사슴을 발견할 거라는 것까지는,
생각이 미치지 않았을 뿐이다. 또는,
그런 걸 물론 알고는 있었지만, 사슴에게 말해주는 것을,
깜박 잊어버린 건지도 모른다.
어쨌든, 이리하여 사슴은 외양간에 숨었고
소들은 아무 일도 없었던 것처럼,
하던 대로 여물을 우물우물 새김질하고 있었다.
사슴은 막상 외양간에 숨고 보니,
몸을 가릴 짚이 얼마든지 있는 데다, 눈에 띄기 쉬운 뿔도,
커다란 소 뒤에 숨으면,
그럭저럭 밖에서 보이지 않을 것 같았다.
스스로 생각해도 좋은 은신처를 발견했다고,
사슴은 안도하는 동시에,
소들에게 감사하면서 잠시 몸을 쉬었다.
그러는 사이 저녁이 되자,
여느 때와 다름없이 목동들이,
물통에 물을 넣어주기 위해 외양간에 찾아왔다.
그리고 말할 것도 없이 사슴을 발견했다.
목동들은 그리 힘들이지 않고 사슴을 붙잡았다.
사냥할 때 좀처럼 잡기 힘든 사슴은,
사냥감으로서는 최고급이었고,

먹어도 맛있고, 팔아도 값비싼 동물이었는데,
그런 사슴이 저절로 굴러들어왔으니 목동들도 놀랐다.
사슴은 '운이 나빴구나!' 생각했다.
이리하여 사슴은 붙잡히고,
소들은 어제와 다름없이 잠을 잤다.

꾀 많은 종달새

옛날부터 종달새는 꾀가 많았다.
해마다 봄이 되면 종달새는 사랑을 나누었고,
농부들이 겨울에 밭에 뿌려둔 보리가 싹을 틔워,
그 싹이 자라서 어린잎이 밭의 흙을 덮을 무렵에 둥지를 짓고,
자란 보릿잎이 주위를 초록색 물결로 덮어,
둥지를 완전히 가려줄 무렵에 알을 깠다.
새끼들은 높이 자란 보리에 가려서 쑥쑥 자랐고,
농부들이 보리를 벨 무렵에는,

완전히 어른이 되어서,
자유롭게 하늘을 날아다녔다.
그렇게 종달새는 새끼를 키웠고,
어미가 한 것처럼, 어른으로 자란 새끼들도
봄이 되면 사랑을 나누고,
초록색 물결의 보호 속에서 새끼를 키우는 것이었다.
그런 종달새들 중에,
무척 꾀 많은 종달새가 한 마리 있었다.
꾀 많은 종달새도, 처음에는 다른 종달새 어미들과 마찬가지로,
어린 보리싹이 밭의 흙을 덮을 무렵에 둥지를 짓고
보리를 벨 때까지 새끼를 키웠다.
그런데, 그렇게 두 번쯤 새끼를 키운 뒤, 종달새는 문득,
이런 생각이 들기 시작했다. 자기도 다른 종달새들도
해마다 보리싹이 조금 자라,
어린잎이 밭의 흙을 완전히 덮을 무렵에 둥지를 짓는데, 어쩌면,
그 둥지를 짓는 시기를 조금 더 늦추어도 되지 않을까?
그도 그럴 것이, 어린잎이 아직 덜 자라
둥지를 완전히 숨길 수 없는 시기에 둥지를 짓는 것은,
위험부담이 너무 컸기 때문이다.
실제로, 보리가 얼마나 자랐는지 보러 온 농부에게 발각되어,
둥지를 발로 차버리는 바람에

다시 둥지를 지어야 했던 종달새도 있었다.

하지만 생각해 보니, 그녀는 그 뒤 둥지를 다시 지어

다른 종달새보다 늦게 새끼를 길렀지만,

그래도 새끼는 완전히 자라서 무사히 둥지를 떠났다. 그래서,

둥지를 짓고 알을 낳는 시기를 조금 더 늦추어도 좋지 않을까,

아니 오히려 그 편이 더 낫지 않을까?

하고 생각한 것이다. 게다가, 그렇게 하면,

사랑의 계절을 좀더 오래 즐길 수도 있다.

이리하여 꾀 많은 종달새는

이듬해 봄이 왔을 때는, 전보다 조금 늦게 둥지를 지어,

그만큼 전보다 늦게 알을 낳고, 늦게 부화시켜서 새끼를 키웠다.

그리하여, 문제의 수확철이 다가왔다.

그 무렵 다른 종달새 새끼들은 이미 다 자라서 하늘을 날고 있었지만,

꾀 많은 종달새의 새끼들은 아직 날지 못하고 있었다.

꾀 많은 종달새는 모든 계산이 끝났다고 생각하고 있었다. 문제는,

농부들이 언제 수확을 하느냐였다.

그것만 알면 그 전에 다같이 숲으로 이사를 가면 된다.

이리하여 꾀 많은 종달새는 주의를 기울여

밭을 둘러보는 농부들의 대화를 놓치지 않도록 노력했고,

드디어 내일이면 수확이라고 농부들이 얘기했던, 그 다음 날 아침 일찍,

이제 곧 날 수 있을 정도로 자란 새끼들을 데리고 숲으로 피신했다.

결과는 썩 괜찮았다. 아니, 대성공이었다.

새끼들은 무사히 자란 것은 물론,

성장의 마지막 단계에서, 보리밭이 무엇이며

농부가 그곳에서 무엇을 하는지,

몸으로 배웠고, 가지가 무성한 숲 속에서 나는 훈련을 했기 때문에,

모두 몸이 튼튼하고, 또 훌륭하게 날 수 있는 종달새로 자랐기 때문이다.

요령을 터득한 꾀 많은 종달새는

그 이듬해에도 같은 방법으로 새끼를 키웠고,

새끼들도 마찬가지로 훌륭하게 자랐다.

그러나, 비참한 일이 일어난 것은 그 다음해였다.
꾀 많은 종달새가 새끼를 훌륭하게 키워낸 것을 안 다른 종달새들도,
꾀 많은 종달새의 흉내를 내기 시작한 것이다.
그리하여 어떤 종달새는 다행히 성공했지만,
어떤 종달새는 농부의 말을 듣는 것을 잊는 바람에 새끼를 잃었고,
또 어떤 종달새는,
너무 늦게 새끼를 키우는 바람에, 피난한 숲에서 새끼를 잃었다.
더욱 비참한 것은, 꾀 많은 종달새의 손자들이었다.
그렇게 태어나고 자란 그들은
그 방법이 특별한 방법이라는 걸 몰랐기 때문에,
대부분 방심하여 주의를 게을리 하거나,
막상 수확철이 되자 어떻게 행동하면 좋을지 몰라 우왕좌왕하다가,
가엾게도, 애써 키운 새끼들을 다 잃어버리고 만 것이다.

나무꾼과 헤르메스

한 착실한 나무꾼이 생업의 도구인 도끼를 잃어버렸다.
그런데 언제 어디서 어떻게 잃어버렸는지 알 수가 없었다.
나무꾼은 그날도 여느 때처럼 숲에 가서,
여느 때처럼 나무를 베고,
여느 때처럼 점심을 먹은 뒤,
이번에는 어디서 나무를 벨까 하고 이리저리 살펴보다가,
여느 때처럼, 그럼 또 시작해볼까 하고,
도끼를 찾은 순간, 중요한 도끼가 사라지고 없었다.
나무를 벨 장소를 물색할 때 잃어버린 건지도 모른다 싶어,
걸어 다녔던 장소를 찾아봤지만, 소중한 도끼는 보이지 않았다.
도끼는 나오지 않았다. 그 도끼는,

그와 마찬가지로 나무꾼이었던 아버지한테서 물려받은 것으로,
다시 한번, 주위를 이 잡듯이 뒤져도,
무게도 크기도 딱 알맞고, 오랫동안 사용해온 자루는 손에 익숙했으며,
게다가 날은 또 얼마나 잘 드는지 몰랐다.
일을 마치고 집에 돌아오면, 나무꾼은 매일 도끼를 깨끗이 씻고,
내일을 위해 날을 새로 갈아 기름칠을 하고,
천에 싸놓은 뒤에야 잠자리에 들었다.
그것이 나무꾼의 일과였다.
나무꾼이 도끼를 소중히 하는 것은 당연한 일이지만,
이 나무꾼은 그 이상으로 도끼를 소중히 아끼고 있었다.
그것이 아버지의 유품이기 때문이기도 했지만,
그 도끼가 지금은 좀처럼 구하기 힘든 아주 단단한 강철로 만든 것이어서,
나무를 벨 때 손에 전해지는 느낌이 무엇보다 좋았기 때문이다.
한번 휘두르면 도끼는 정확하게 나무를 찍었고,
또 한번 휘두르면 그 커다란 나무가 신음소리를 내며,
이내 생각한 방향으로 쓰러지는데, 그때의 그 통쾌한 느낌은,
나무꾼이 아니면 맛볼 수 없을 거라고 그는 생각했다.
그건 바로 그 도끼 덕분이었다.
그런 도끼를 잃은 것이다. 도끼는 이미 나무꾼의 일부였다.
땅거미가 지기 시작했지만 벌써 몇 번이나 찾아본 장소를,
나무꾼은 다시 한번 찾아다녔다.

어두컴컴한 숲 속에서 도끼를 찾아 헤매는 나무꾼의 눈에서,
어느새 눈물이 흐르기 시작했다.
도끼를 잃어버린 것이,
이렇게도 슬프고 괴로운 일일 줄은 나무꾼은 미처 몰랐다.
분명히 소중한 도끼였고
도끼가 없으면 일을 할 수 없는 것도 당연한 이치지만,
그래도 도끼를 잃어버린 것이
이렇게도 슬프고 괴로울 줄, 잃기 전에는 몰랐다.
이렇게 나무꾼이, 거의 해가 저문 숲 속을 울면서 헤매고 다니는 모습이,
우연히 그곳을 지나가던 헤르메스의 눈에 띄었다.
헤르메스라 하면, 부와 재능과 갖가지 기능을 관장하는 신으로,
나무꾼이라는 직업도 헤르메스가 맡고 있는 분야였다.
신은 원칙적으로 공공연히 사람에게 말을 걸어서는 안 되지만,
다 큰 어른이 어둠 속에서 울고 있는 모습을 본 헤르메스는,
자기도 모르게 왜 그러느냐고 물었다.
듣자하니 남자는 나무꾼인데,
나무꾼에게 없어서는 안 되는 도끼를 잃어버렸다는 것이다.
그만 말을 걸어버린 책임도 있고, 그게 아니라도,
나무꾼은 원래 헤르메스가 좋든 싫든 돌봐주어야 할 직업이었기 때문에,
헤르메스는 이 남자를 웬만하면 도와주고 싶었다.
웬만하면 이라고 한 것은 다시 말해, 만약,
숲이나 나무의 존엄을 무시하는 엉터리 나무꾼이거나,
마음이 곧지 않다거나
나아가서는 헤르메스의 자존심에 상처를 주는 못된 나무꾼이면,
그냥 두지 않겠다는 기분이 어딘가에 있었다는 뜻이다.
그래서 헤르메스는 부와 기능을 관장하는 신으로서의 위엄을 갖추고
나무꾼에게 순금으로 만든 도끼를 보여주며 물었다.
"네가 잃어버린 도끼가 이것이냐?"
그러자 나무꾼은 금도끼의 날을 손으로 만져보더니 말했다.
"이렇게 약한 도끼가 아닙니다."

헤르메스는 다시 은도끼를 보여주었다.
"네가 잃어버린 도끼가 그럼 이 도끼냐?"
"이런 것으로는 나무를 벨 수가 없습니다."
나무꾼은 화를 냈다.
그래서 헤르메스는 나무꾼이 잃어버린 강철도끼를 보여주었다.
"그럼 이것이 네 도끼인 모양이로구나."
그러자 나무꾼은 기쁨의 눈물을 흘리며,
"예, 맞습니다. 바로 이 도끼입니다."
하고는 마치 자식을 품에 안 듯이 도끼를 안고,
상대가 누구인지 묻지도 않은 채
감사의 말도 하는 둥 마는 둥 서둘러 집으로 돌아갔다.
헤르메스는 그런 나무꾼의 뒷모습을 미소로 배웅했고,
손에 든 금도끼 은도끼는 바람 속에 사라졌다.

쇠항아리와 질항아리

어느 날, 쇠항아리가 질항아리에게 물었다.
"얘, 우리 여행을 떠나보지 않을래?"
쇠항아리가 어째서 갑자기 그런 말을,
꺼냈는지는 모른다.
게다가 여행에 나서면서, 하필이면 왜,
질항아리에게 같이 가자고 했는지도 모른다.
분명히 둘은 같은 모양을 하고 있었고,
마찬가지로, 뭔가를 넣어두는 물건이기는 했지만,
그렇다고 해도, 애초에 질항아리는 물을 담기 위해,
쇠항아리는 뜬숯을 담아두기 위해,
이 집에 온 것이었다.

그런데, 질항아리도 쇠항아리도, 어느새,

그 역할을 하지 않게 되어, 안에 아무것도 담기지 않은 채,

헛간에서 이리저리 뒹굴며 나날을 보내고 있었다.

쇠항아리가 질항아리에게 말을 건 것은,

그런 어느 날 오후였다.

어쩌면 쇠항아리는 아무것도 하지 않고 있는 것이 싫증난 건지도 모른다.

그리고 질항아리가, 쇠항아리가 꾀는 대로 함께 여행에 나선 것도,

이대로 사용되는 일 없이

내내 헛간에 있어 봤자 별 볼일 없다는 기분이,

마음 한구석에 있었던 건지도 모른다.

그렇다 하더라도,

원래 한 자리에 가만히 있도록 만들어진 질항아리로서는,

여행이라는 것을 도대체 어떻게 하는 건지 알 수가 없었다.

그래서 질항아리가 쇠항아리에게 물었다.

"도대체 어떻게 움직여서 여행을 하지?"

"굴러가면 돼, 우리의 둥근 몸을 잘 이용하는 거야."

질항아리도 과연 좋은 생각이다 싶어서,

두 항아리는 함께 몇 번을 굴러 헛간에서 밖으로 나갔다.

다행히 헛간 앞은 완만한 언덕으로 되어 있어서,

힘들이지 않고 떼굴떼굴 굴러서 내려갔다.

"여행이란 정말 멋진 것 같아!" 하고 좋아할 사이도 없이,

언덕이 갑자기 가팔라졌다.
쇠항아리가 자꾸자꾸 빨라지는 속도를 재미있어하며
꺅꺅! 괴성을 지르면서 달려가는 것을 본 질항아리는,
"앗, 큰일 났다!" 하고 퍼뜩 생각했지만,
이미 때는 늦어서, 그렇게 생각했을 때는,
질항아리의 연약한 몸이 언덕 중간쯤 있는 돌에 부딪쳐서
산산조각이 나버린 뒤였다.
한편 쇠항아리는 무시무시한 속도로 언덕을 내려가더니,
속도를 조절하지 못하고 길을 벗어나, 강물에 빠지고 말았다.
이리하여, 두 항아리의 여행은 정말 눈 깜짝할 사이에 끝나고 말았다.
만약, 당신 집의 항아리가 여행을 하고 싶다고 말한다면,
당신은 항아리에게 뭐라고 충고하시겠습니까?

토끼와 귀

어느 날, 백수의 제왕인 사자가,
사냥을 하다가 부상을 당했다.
강한 상대를 만나서 그런 것이 아니었다.
무엇보다 상대가 그 연약한 영양이었으니,
아마 어지간히 방심했던가, 아니면,
한눈을 팔다가 그만 아차 하는 순간에,
사자의 공격에 정신을 잃고 쓰러진 영양의 뿔 위에,
스스로 뛰어든 것이 틀림없으렷다.
하지만, 이유와 사정이야 어쨌든,
사자가 영양을 잡으려다가,
배를 다친 것은 분명한 사실이었다.
그래서 사자는, 그의 왕국 안에 있는,

모든 동물을 모아놓고 이렇게 말했다.
"잘 들어라, 너희 중에 뿔이 있는 것은 모두,
지금 당장 이곳을 떠나라,
소든 사슴이든 염소든 영양이든,
어쨌든 길든 짧든, 굵든 가늘든, 뿔을 가진 것들은 모두,
한시 빨리, 내 눈에 보이지 않는 곳으로 얼른 꺼져버려.
만약 오늘의 해가 저물고 내일의 해가 뜬 뒤에도, 내 눈에,
뿔이 있는 것의 모습이 보일 때는, 당장 잡아먹을 테니까 그런 줄 알아!"
사자가 도대체 어쩌려고 그런 말을 하는 건지 알 수가 없었다.
소와 영양 같은 뿔이 있는 동물은, 모두 사자에게 최고의 먹이여서,
초원에서 뿔이 있는 동물이 사라져버리면
사냥할 상대가 없어 곤란해지는 것은 자기 자신이었다.
어쩌면, 생각보다 부상이 심해서 분별심이 없어진 건지도 모른다. 또는,
뿔이 있는 동물로서, 사자가 평소에 어쩌면 자기보다 강할지도 모른다고,
속으로 은근히 두려워하고 있던 코뿔소를,
이번 일을 핑계로 내쫓아버리려는 것일 수도 있다.
아니면 이유 같은 건 전혀 없이,
그저 변덕이 나서 그렇게 말해본 것일 뿐인지도 모른다.
아무튼 사자뿐만 아니라 왕이라는 것은
대개가 제멋대로인 데다 변덕스러우니까.

그렇지만 명령은 명령.

저녁 해가 질 무렵에는 초원에서 뿔이 있는 동물은 다 사라지고 없었다.

그런 가운데, 토끼 한 마리가 귀를 축 늘어뜨린 채,

왠지 집 주위를 안절부절 못하며 서성거리고 있었다.

본디 침착하지 못한 동물이지만, 아무리 그래도,

그날 토끼의 거동은 예사롭지 않아서,

이웃에 사는 귀뚜라미가 보다 못해 이렇게 물었다.

"토끼님, 토끼님, 왜 그러세요? 안 그래도 빨간 눈이 배나 더 빨개요."

그러자 토끼는 저녁 해가 길게 떨어뜨리고 있는 자신의 그림자를

바라보면서 이렇게 말하는 것이었다.

"이걸 좀 봐, 내 모습을, 귀뚜라미야! 사자가 나를 뿔이 있는 동물인 줄
착각하면 어떡하지?"

여우와 꼬리

어느 날, 꾀 많은 여우가 덫에 걸렸다.

그 여우는 여우들 중에서도,

특별히 꾀가 많아서 다들 높이 인정하고 있었다.

그도 그럴 것이 꾀 많은 여우는 지금까지,

인간이 쳐 놓은 덫이라는 덫은 모조리 알아냈으며,

인간들이 키우고 있는 닭과 토끼를,

항상 감쪽같이 가로채어 돌아왔기 때문이다.

그런데 이번만큼은 그렇게 되지 않았다.

아마 지금까지 번번이 성공했기 때문에,

마음속 어딘가에서 방심하고 있었던 것이리라.

가엾게도 꾀 많은 여우는 꼬리가 덫에 걸려,

꼼짝달싹 못하게 되고 말았다.

보통 여우라면 이것으로 모든 것이 끝장,
그대로 인간들에게 잡혀버릴 판이지만,
역시 꾀 많은 여우, 놀랍게도, 대담하게도,
자기 꼬리를 스스로 물어뜯어서 덫에서 벗어났다.
이리하여 꾀 많은 여우는
절체절명의 위기에서 벗어나 친구들에게 돌아갔다.
어렵게 돌아온 꾀 많은 여우를 모두 반갑게 맞아줄 줄 알았건만,
누구를 만나도,
그리고 아무리 꼬리를 물어뜯어 위기에서 벗어난 일을 얘기해도,
"잘 됐네." 할 뿐, 모두 어딘가 왠지 모르게 서먹서먹하다.
추호의 망설임도 없이 그토록 자랑하던 꼬리를 물어서 떼어버린
그 용감함을, 칭찬해 주는 것까지는 바라지도 않았지만,
아무리 그렇다 해도, 꾀 많은 여우의 꾀 덕을 보려고,
지금까지 무슨 일만 있으면 아첨을 하며 다가오던 친구들까지,
어딘지 서먹서먹한 태도로 자신을 피하는 듯하다.
그렇게 생각하며 주의 깊게 관찰하니,
그들의 경멸하는 듯한 눈길은 아무래도,
잃어버린 자신의 꼬리 쪽을 향하고 있는 것 같다.
스스로, 이번 일을 겪고 전보다 더 영리하고,
더 생각이 깊어졌다고 생각했는데,

그들에게는 당연하게 달려 있는 꼬리가 없다는 것이,
영리함보다 용기보다 더 중요한 일인 것 같다.
결국, 지금까지의 그들의 자신에 대한 존경심과 친밀감은,
고작 꼬리를 잃어버렸다는 것만으로
사라져버리는 정도에 지나지 않았던 것이다.
그런 우정이라면, 그런 친구라면 차라리 없는 게 낫다!
그렇게 생각했을 때, 꾀 많은 여우의 마음속에
신비롭고 선명한 어떤 결정체 같은 것이 태어났다.
그것은 때때로 마음속에서,
잃어버린 황금색 꼬리보다 더욱 강하고 아름다운 빛을 발했다.
그리하여 꾀 많은 여우는 꼬리를 잃어버린 뒤,
전보다 더욱 영리해져 있었다.

노파와 두 직녀

어떤 곳에 한 욕심 많은 노파가 있었다.
노파의 집에는 두 명의 솜씨 좋은 직녀가 있어서,
아침부터 밤까지 쉬지 않고 베를 짜고 있었다.
두 직녀가 짜는 직물은, 그 훌륭한 무늬도 그렇고,
매끄러운 질감도 그렇고,
세상에 비할 데 없이 아름다웠기 때문에,
도시의 시장에 가지고 가면 살 사람이 얼마든지 있었다.
아무리 베를 많이 짜도 금방 팔리기 때문에,
욕심 많은 노파는 두 직녀를 갈수록 더 혹사시켜,
그녀들은 아침부터 밤까지 쉬지 않고,
베틀을 돌려야 했다.
이 두 직녀가 도대체 언제부터 노파의 집에서

노예처럼 혹사당하고 있는 건지,
또 도대체 어떤 사정으로 그렇게 된 건지는 아무도 모른다.
다만, 두 직녀는 철들 무렵부터 이미,
노파의 집에서 매일 베틀을 돌리고 있었다.
이 노파는 옛날부터
자기 집에서 짠 직물을 팔아서 생계를 유지하고 있었다.
소문에 의하면
젊었을 때는 노파 자신도 훌륭한 직물을 짜는 직녀였다고 하니,
아마 고아였던 두 직녀를 노파가 데리고 와
자신의 생활 수단으로서, 혹독하게 베 짜는 법을 가르친 것이리라.
어쨌든 두 직녀는,
한창 뛰고 놀아야 할 어린아이 때도, 사랑을 꿈꾸는 처녀 시절에도,
보통 처녀들이 신부수업에 몰두할 나이에도,
하루도 쉬지 않고 베틀을 돌리느라,
바깥세상에 대해서는 아무 것도 몰랐다.
겉으로는 완전히 어른이 된 지금도,
하루 종일 베틀을 돌리는 생활을 계속하며,
좀 쉬고 싶다, 잠을 좀 더 잤으면 좋겠다고 느끼는 일은 있어도,
세상에는 자기들과는 다르게 사는 사람도 있다는 것은 전혀 몰랐다.
다시 말해 두 직녀는, 세상이라는 것을 몰랐기 때문에,
또 그것을 알 기회도 방법도,
그리고 아침부터 밤까지 베틀을 돌리는 데 지쳐서
그 밖의 것에 상상력을 펼칠 여유도 없었기 때문에,
매일 둘이서 노파의 험담이나 불평을 하기는 해도,
둘이서 집을 나가 바깥세상에서 살아야겠다는 생각까지는 하지 않았다.
만약 그렇게만 한다면, 두 사람은 용모도 보통사람보다 뛰어나고,
누구보다도 솜씨 있게 베를 짤 줄 알기 때문에,
얼마든지 잘 살 수 있었지만,
무엇보다 그런 일이 가능하다는 것조차 모르고 있으니 하는 수 없는 일.
슬프게도 두 직녀가 기껏 생각한 것이래야,

매일 새벽이 오는 동시에 아침을 고하며 우는 닭을,
저 닭만 없으면 잠을 더 잘 수 있을 거라고 죽여버리는 게 고작이었다.
그리고 그 결과는, 욕심 많은 노파가 그때부터는,
새벽이 오는 것보다 더 일찍 두 직녀를 두들겨 깨워, 일을 시킨 것이었다.

사티로스와 사람

옛날 옛날, 신들과 사람과 나무와 벌레와 꽃과,
온갖 요정들이 같은 세상에서 살고 있던 무렵의 이야기.
사람은 그 뒤 어찌된 일인지,
신과 요정들과는 다른 차원의 세상에서 살기 시작하였다.
그에 따라 산과 숲과 초원에 사는 생물들을,
어느 사이엔가 자신들과 구별하기 위해 짐승이라 부르고,
또 그중에서도 더 이상하게 생긴 짐승을,
괴수라고 부르며 기피하게 되었다. 하지만 그 당시에는,
사람이 아직 그 정도로까지 오만하지도 둔감하지도 고독하지도 않아서,
이따금 신들과 나무들에게 핀잔을 듣거나,
요정들에게 놀림을 받으면서도,

나름대로 모든 것과 서로 타협하며 살아가고 있었다.

이것은 그런 시대의 사람에 얽힌 이야기이다.

어느 황폐한 산 속에, 사티로스라고 하는,

상반신은 사람의 모습을 하고,

하반신은 염소의 모습을 한 생물이 살고 있었다.

사티로스들은 모두

산 속의 비교적 경사가 급한 비탈에 살고 있었는데, 그것은,

염소의 발굽을 가진 두 개의 다리가

넓은 초원을 달릴 만큼 빠르지는 않은 대신,

바위산의 급한 비탈을 오르내리기에는 최적이었고,

사람의 팔을 가진 상반신도

그런 장소에서 무언가에 매달려 몸을 지탱하거나,

바위 뒤에서 자라는, 맛있는 열매가 맺힌

작은 가지를 잡아당기는 데 무척 편리했기 때문이다.

더욱이 사티로스의 하반신은 긴 털로 덮여 있어서,

밤이 되면 바닥에서 냉기가 올라오는 바위산에서 살기에도

안성맞춤이었다.

즉, 사티로스들은

자신들의 신체조건에 맞는 장소에서 살고 있었던 셈이다.

그런 어느 겨울 저녁, 바위산이 점점 어둠에 싸여갈 무렵,

사티로스 가족은 동굴 안에서

여느 때처럼 즐겁고 단란한 한때를 보내고 있었다.

동굴 안은 따뜻했고, 배불리 먹은 아이들의 눈동자는

달콤한 졸음 속에서 꾸벅꾸벅, 꿈나라를 헤매기 시작했다. 바로 그때,

아버지 사티로스는,

동굴 밖에서 뭔가 귀에 익숙지 않은 소리가 나는 것 같았다.

밖에 나가보니, 그곳에는 그때까지 소문으로는 듣고 있었지만,

실제로는 한 번도 본 적이 없는 사람이 한 명,

밤의 추위 속에서 몸을 떨며 신음하고 있었다.

가엾게 생각한 아버지 사티로스는,

사람을 동굴 안으로 데리고 가서 몸을 녹이게 해줘야겠다고 생각했다.
생판 모르는 사람을 집안에 들이는 것이라
얼마쯤 불안한 마음도 있었지만,
그렇다고 눈앞에서 추위에 떨고 있는 사람을
그대로 못 본 척하는 것도 너무 몰인정한 것 같았다.
뭐 이런 것도, 언젠가 아이들이 마음이 큰 사티로스로 자라는 데,
좋은 경험이 될지도 모른다 생각하고,
아버지 사티로스는 사람을 집안에 불러들였다.
그러니 놀란 것은 아이들, 거의 잠이 들려 하다가,
한 번도 본 적이 없는 이상하게 생긴 생물이 들어왔으니,
언제 그랬냐는 듯이 일어나 떠들기 시작했다.
"아저씨 발에는 왜 발굽이 없어요?"
"어째서 몸에 털이 나지 않았어요?"
어린 사티로스들은 어머니 사티로스가 아무리 주의를 주어도,
신기해서 사람의 주위를 빙글빙글 돌며 난리다.
그러는 사이, 처음에는 기운 없이 축 늘어져 말조차 하지 못하던 사람도,
점점 기운을 되찾은 건지 주위를 둘러보는 여유도 생겼다.
"아, 덕택에 살았습니다."
그러더니 등을 구부리고 두 손을 모아, 그 손에 입김을 불기 시작했다.
"무엇을 하고 있는 겁니까?"

아버지 사티로스가 이상한 듯이 물었다.

"손발이 꽁꽁 얼어서, 우선 손부터 녹이고 있는 겁니다."

'사람의 손발은 맨살이 다 드러나 있으니 어는 것도 당연해.'

정말 가엾은 생물이라고 생각한 아버지 사티로스는

자기도 모르게 눈물이 핑 돌았다.

하지만 아무리 그래도 얼어버린 손발을

입김을 불어서 녹이는 것은 처음 보는 광경이었다.

'손이 녹는다고 하니 사람의 입김이라는 것은,

어쩌면 불처럼 뜨거운 건지도 모른다.'

아이들에게도 조심하라 일러야겠다고 생각한 아버지 사티로스는,

가까스로 얼굴빛이 돌아온 사람에게

어째서 이런 곳까지 왔느냐고 물어보았다.

그러자 사람은, 자신이 살기에 좋은 장소를 찾아서

여행을 다니고 있다고 한다.

'아, 가엾게도, 이 사람은 뭔가 사정이 있어서 고향에서 쫓겨난 거로군.'

아버지 사티로스는 깊이 동정하며,

자기도 모르게 다시 눈물이 쏟아질 것 같았다.

"무척 힘드셨겠군요."

"아닙니다, 별로. 그냥 새로운 곳에서 살아보고 싶어졌을 뿐입니다."

"당신을 사랑해주는 사람이 없었어요? 사이가 좋은 친구도 없었나요?"

"있었지요, 아버지와 어머니는 무척 다정했고, 친구도 있었지만, 하지만."

"그렇게 좋은 사람들이 주위에 있는데 왜? 혼자서는 외롭지 않습니까?"

그러자 사람은 갑자기 눈에 눈물을 글썽이더니,

"물론 외롭지요, 하지만 어째서 이해해주지 않는 건가요?" 하며 울었다.

어안이 벙벙해진 아버지 사티로스가 어쩔 줄 몰라 하고 있는데,

때마침 어머니 사티로스가 뜨거운 수프를 내왔다.

'배가 부르고 몸이 녹으면 마음도 평화로워지는 것은 누구나 마찬가지,

아무리 이상한 말을 하는 사람이라도, 추운 밤의 뜨거운 수프는

기쁜 마음으로 순순히 먹어주겠지.'

그렇게 생각하며, 사티로스 가족이 사람의 모습을 줄곧 지켜보고 있으니,

사람은 그 수프에, 갑자기 후우후우 하고 또 입김을 불기 시작했다.
아까 사람이 입김으로 손을 녹이는 것을 보았던 아버지 사티로스가
걱정이 되는 듯이,
"수프가 식었습니까?" 묻자 사람은,
"천만에요, 너무 뜨거워서 식히고 있는 겁니다" 하고 말하는 게 아닌가?
여기에는 아버지 사티로스도 깜짝 놀랄 수밖에 없었다.
아니, 아까 손발을 녹였던 그 입김으로 이번에는 수프를 식힌다는 것이다.
아버지 사티로스는, 똑같은 입김으로 녹이기도 하고 식히기도 하는
이 사람이라는 생물이 점점 불길하게 여겨지기 시작했다.
'그러고 보니 아까의 얘기도 이상해.
일부러 아무런 불만도 없는 고향을 버리고 여행에 나서고,
사랑하는 사람들과 같이 사는 데
만족을 느끼지 못하고 다른 곳을 찾는다는,
아무래도 이해가 가지 않는 말뿐이었어.
깊이 생각하지도 않고 아이의 교육을 위해서라며,
이런 정체를 알 수 없는 생물을 집안에 들이고 말았군.
말도 안 되는 실수를 했어.
이대로 집에 머물게 했다가는, 무슨 일이 일어날지 알 수 없어.
위험하다 위험해. 이렇게 되면, 한시 빨리
이 집에서 나가게 해야 하는데…….'
문득 보니 어머니 사티로스의 표정도 너무나 불안한 기색.
아이들은 여전히 신기해하며 사람의 주위를 뛰어다니고 있지만,
이미 일이 벌어지고 난 뒤에는 너무 늦다고 생각한 아버지 사티로스는
불현듯 결심하고 일어서더니,
무슨 일인가 하고 의아해 하는 사람을 쫓아내듯이 집밖으로 내보냈다.
그리하여, 사티로스는 사람을
아무리 생각해도 이해할 수 없는 생물이라고 생각하게 되었고,
별안간 추운 밤하늘 아래 쫓겨난 사람 역시, 사티로스를,
변덕스럽고 종잡을 수 없는 성격의 짐승이라고 생각하게 된 것이다.

말과 늑대

무슨 일이든 계산하기를 좋아하는 늑대가 있었다.
늑대라는 것은, 물론 여우도 그렇지만,
대체적으로 요리조리 계산하는 것을 무척 좋아한다.
배가 고프면, 이것저것 생각할 것 없이,
가까운 곳에 있는 어린 양이나 새끼염소를,
냉큼 잡아먹으면 될 것을,
그들을 습격하려면, 미리 계획을 세우고,
때로는 배가 고픈 것을 참으면서까지,
이것도 안 되고, 저것도 곤란해, 아니,
차라리 이렇게 하는 게 더 스릴이 있을 거라는 둥,
아무튼 잔머리를 굴리는 버릇이 있다.
그 부분은 어쩌면,
인간과 좀 닮은 데가 있는 건지도 모른다.
요컨대 다른 동물들에 비해,
그만큼 머리가 잘 돌아간다는 얘기도 될 수 있지만,
그것이 과연 좋은 일인지 어떤지는 알 수 없다.
어쨌든, 그렇게 계산을 좋아하는 늑대 중에서도,
특별히 계산을 아주 좋아하는 늑대가 있었다.
그 늑대가 하루는, 느닷없이 말을 잡아먹어야겠다는 망상에 사로잡혔다.
물론 말은 늑대보다 몸이 훨씬 크고, 다리도 빠르다.
늑대들 가운데
말을 이긴 자가 있다는 얘기도 아직 한 번도 들은 적이 없다.
그건 바로, 그것이 굉장히 어렵다는 증거이기도 한데,
한번 망상에 빠지기 시작한 늑대는 그렇게 생각하지 않았다.
'그렇다면 이 몸이!'
이렇게 더욱더 망상의 포로가 되고 만 것이다.
어쩌면 배가 너무 고팠던 탓인지도 모르지만, 늑대의 눈에,

초원을 달리는 말이 거대한 고깃덩어리로 보이는 환영까지 어른거리자,
늑대는 본격적으로 말을 잡을 계획을 세우기 시작했다.
'말은 어린 양과 달리 나보다 빨리 달린다.
따라서, 그저 쫓아가기만 해서는 잡을 수 없어.
잠복을 한다 해도, 그 커다란 몸으로 달려들면 오히려 내가 더 위험하지.'
보통은 거기까지 생각하면
수고에 비해 얻는 것이 너무 적다는 걸 깨닫고,
'역시 그만 두는 게 좋겠어. 대신 목장의 닭이나 잡아먹자.'
생각하겠지만,
이 늑대는 완전히 망상에 빠져있었기 때문에,
또, 이미 계산을 하기 시작해버렸기 때문에,
머리의 회전은 더욱 빨라졌다.
한번 돌기 시작하면 저 혼자 빙글빙글 돌아가는 것이
머릿속 계산인지라,
이 늑대의 머리도
이젠 현실을 떠나 멋대로 시나리오를 써내려가기 시작했다.
'무조건 접근전으로 하는 거다. 그리고 그 다리를 어떻게든 해야 해.'
이 명제를 푸는 일 저편에,
늑대족 역사상 최초의 위대한 명예가 기다리고 있다.
"생각해보면, 말은 그 커다란 몸을

저렇게 가느다란 다리로 지탱하고 있는 거니까,

틀림없이 다리에는 남보다 신경을 더 쓰고 있을 게 뻔해.

그래, 의사인 척하고 다가가자.

'저로 말씀드릴 것 같으면, 이 근방에서는 알아주는 명의인데,

제가 보기에 아무래도 당신의 다리에 병이 난 것 같군요.

지금 당장 치료하지 않으면 아마 썩어버릴 겁니다.

괜찮으시다면 제가 좀 봐드릴까요?'

이렇게 말하면 말은 걱정이 되어서, 선뜻 다리를 보여줄 게 틀림없어.

그때 덥석 정강이를 물어뜯어 다리의 힘줄을 끊어버리면 끝나는 거야.

말은 달아나기는 고사하고,

그 거대한 몸을 지탱하지도 못해 쿵 하고 땅에 쓰러져서……."

이리하여 말고기를 먹는다는 목적에 집중한 나머지

참으로 편리한 계산을 세운 늑대는,

말에게 다가가서, 지금까지 한 번도 내본 적이 없는 상냥한 목소리로

시나리오의 대사를 읊었다.

"저로 말씀드릴 것 같으면, 이 근방에서는 알아주는 명의인데……."

그 말을 들은 말은,

물론 그런 늑대의 말에 넘어가기는커녕,

'이렇게 속이 빤히 들여다보이는 말을 하는 늑대도 흔치 않을 걸.

그래, 잘 됐어. 이번 기회에 요 간 큰 늑대를 혼내주자.'

말은 속는 척 늑대를 쳐다보며,

걱정스럽다는 듯이 얌전하게 다리를 내밀었다.

그러자 옳다구나 하고, 늑대는 자기도 모르게 입이 벌어지는 것을

안간힘을 다해 숨기면서 말에게 다가왔다.

말은 그 얼굴이 충분히 가까이 다가오기를 기다렸다가,

있는 힘을 다해 뻥하고 차버렸다.

가엾어라, 늑대의 꿈도 야망도 한순간에 산산조각이 나고 말았으니.

농부와 아들들

어느 시골 변두리에 늙은 농부가 살고 있었다.
농부는 집 한 채와, 가족을 부양하기에
충분한 크기의 밭을 소유하고 있었는데,
그것은 모두 그가 직접 거친 땅을 일구어 얻은 것이었다.
농부가 이곳에 온 지도
벌써 40년이 다 되어갔다.
그 전에 어떤 과거와 사연이 있었는지는 모르지만,
어쨌든 맨몸으로 이 마을에 흘러들어온 농부는,
처음에는 마을사람들을 도와주며 입에 풀칠을 했다.
그러다 자투리 시간도 아껴가며, 아무도 손댄 적이 없는
산비탈의 돌투성이 황무지를 개척하기 시작하여,
오랜 세월 황무지를 밭으로 일군 것이었다.
그 사이에 농부는 아내를 맞이하고 세 아들도 얻었는데,
그 아들들도 어느덧 어엿한 청년으로 자란 지금,
늙은 농부는 이제 아무런 여한이 없다고 생각했다.
아들들에게 물려주고 싶은 단 한 가지를 제외하고는……
자신의 죽음이 그리 멀지 않은 것을 느낀 어느 날.
늙은 농부는 세 아들을 머리맡에 불러 이렇게 말했다.
"미리 말해 두지만, 내가 죽으면 이 집과 밭은 물론 너희 것이다.
사이좋게 나눠가지도록 하여라. 그리고,
실은 또 한 가지, 너희에게 꼭 말해 두고 싶은 것은,
내가 보물을, 그것도 너희가 평생 편히 먹고 살 수 있는 보물을
밭에 묻었다는 사실이다.
곧, 그것이 무엇인지 어디에 있는지 너희에게 가르쳐주마."
늙은 농부의 그 얘기는 그때를 끝으로,
보물이 있는 곳을 아들들에게 가르쳐주기도 전에,
갑자기 세상을 떠나고 말았다.

아버지의 유언대로 밭을 나눠 가진 아들들은, 얼마 뒤,
아버지가 언젠가 얘기해준 보물을 떠올렸다.
분명히 아버지는 밭에 보물을 묻었다고 했다며,
세 사람은 각자 자신의 밭을 파기 시작했다.
세 형제가 나눈 어느 밭에 보물이 묻혀 있는지도 모르는 채, 형제는 서로,
언제 다른 형제가 보물을 발견할지 몰라 노심초사하면서,
필사적으로 자신의 밭을 팠다.
세 사람은 각자가 소유한 모든 밭을 다 파보아도 보물이 나타나지 않자,
혹시나 하고, 이번에는 자신의 밭에 이어진 산의 황무지를
끈기 있게 파기 시작했다.
산의 황무지는 아버지한테서 물려받은 밭에 비해,
흙이 단단하고 돌과 나무뿌리도 많아서 파기가 여간 힘들지 않았다.
그래도 형제는 아버지가 자신들에게 거짓말을 했을 리가 없다며
필사적으로 황무지를 팠고, 그러다 보니,
세 형제는 어느새, 각자 가정을 꾸리고 먹고 사는 데
어려움이 없을 정도로 넓은 밭의 주인이 되어있었다.

산의 출산

어느 날 산이 갑자기 산기가 돌기 시작했다.
산에도 역시 진통이라는 것이 있는 모양이다.
산은 땅울림처럼 우르릉 우르릉 신음소리를 질렀고,
그 소리는 사방팔방으로 울려 퍼졌다.
그 소리에 놀란 사람들이 구름처럼 모여들었다.
무엇보다, 산이 출산을 하려는 것이 아닌가!
도대체 얼마나 큰 아기가 나올까 하고, 사람들이 지켜보는 가운데,
드디어 마지막 진통이 시작되었다.
산은 전보다 더 크게 마지막 신음소리를 질렀다…….
하지만 거기서 나온 것은,
결국 쥐 한 마리였다…….
이런 어이없는 이야기를,
도대체 누가 믿겠느냐고 할지도 모르지만,
이와 비슷한 일이 이 세상에는 얼마든지 있다.
부화뇌동과는 거리가 먼 당신이라면, 설마 그런 소문에,
함께 들썩이거나 하지는 않을 거라고, 생각하지만…….

운명의 여신과 어린아이

어느 날, 숲 속을 산책하던 운명의 여신이,
잠들어 있는 한 어린아이를 우연히 발견했다…….
여러분은 모르실지도 모르지만,
운명의 여신 만큼 인간을 위해 열심히 일하는 신도 없다.
운명의 여신은 오늘은 동쪽으로 내일은 서쪽으로,
그녀의 하나밖에 없는 '운명의 수레바퀴'를 타고,
온 세상을 돌아다니며 잠시도 쉬는 일이 없다.
아무리 운명의 여신이라도 가끔은,
여신답게 우아한 하루를 보내고 싶다는 생각이 왜 없으랴.
그날 여신은 오랜만에 일을 떠나 숲의 봄을 즐기려고,
부드러운 햇살 속에 가벼운 기분으로,
'운명의 수레바퀴'를 타고 숲을 산책하고 있었다.
그런데 그런 운명의 여신의 눈에,
잠들어 있는 한 어린아이의 모습이 들어온 것이다.
아이는 참으로 편안한 듯이 자고 있었지만,
문제는 아이가 자고 있는 그 장소.
어린아이는, 숲 속에 있는 둥글게 쌓아올린 오래된 우물 위에서
새근새근 자고 있었다.
혹시 아이가 우물 쪽으로 조금이라도 몸을 뒤척이면,
아이는 그대로 어떤 운명이 기다리고 있을지 모르는
깊은 우물 속에 빠지게 될 것이다.
여신은 '도대체 왜 그런 곳에…… ?' 이런 생각은 하지 않았다.
인간은 믿을 수 없는 무모한 일과 위험한 일을,
아무렇지도 않게 저지르는 생물이라는 것을
누구보다 잘 알고 있었기 때문이다.
여신이 하는 일은, 바로 그런 사람을 발견하면 아주 조금만 손을 내밀어서,
그대로 두면 비참한 운명에 빠질 사람을 위기에서 구해주는 데 있었고,

그러기 위해 '운명의 수레바퀴'를 부지런히 돌려서
동서남북으로 바쁘게 달리고 있는 것이다.
그 덕택에 얼마나 많은 사람들이 구사일생으로 목숨을 구하고,
또 슬픔의 눈물을 흘리지 않아도 되었는지 모른다.
실제로 이렇게 지금도, 모처럼 쉬려고 큰맘 먹고 나온 숲 속에서,
죽음과 등을 맞대고 잠들어 있는 인간의 아이를 본 순간,
운명의 여신은 그만 걱정이 되어 견딜 수가 없었다.
"오늘은 쉬겠다고 한번 결정했으니까…….
이런 곳까지 찾아온 인간이 잘못한 거니까……."
여신은 그렇게 혼잣말을 하며 자리를 떠나려 했지만, 바로 그때,
아이가 우물 쪽으로 빙글 돌아눕는 것이 아닌가!
그것을 본 여신은, 다음 순간에는 이미 바람처럼 아이에게 다가가서
두 손으로 아이의 몸을 일으켜 다정하게 우물가에 앉혀주고 있었다.
여신이 눈에 보이지 않는 아이는,
졸린 눈을 깜박이면서 그 자리를 떠났다.
보아하니 숲 속에서, 아이의 어머니인 듯한 여자가
아무것도 모르는 채 미소 지으며 다가가고 있었다.
그 모습을 지켜보면서 자비로운 여신은
'아, 다행이야' 생각했지만 동시에,
"만약 여기서 아이가 우물에 빠져 죽는다면,

부모들은 나를 원망하겠지?" 하는 생각도 들었다.

실제로 여신은 사람을 구하는 일밖에 하고 있지 않지만,

여신이 구할 수 있는 사람의 수에는 한계가 있었다.

여신이 아무리 '운명의 수레바퀴'를 쉼 없이 굴려

사람을 위기에서 구한다 해도,

그보다 훨씬 많은 수의 인간들이

어리석은 행동 때문에 목숨을 잃고 재산을 잃는다.

그런 때 대부분의 사람들은,

자신의 불행을 운명의 여신 탓으로 돌리고 운명을 저주하는 것이었다.

"나는 정말 불행한 일을 맡고 있구나."

운명의 여신도 때로는 사람 구하는 일을 그만두고 싶어질 때가 있지만,

아무리 생각해도 신기한 것은, 인간들은 일반적으로 모든 것을

참으로 편리한 구실을 붙여서,

자신에게 유리한 쪽으로만 생각하고 싶어 한다는 점이다.

사람은 무언가를 생각할 때는,

이것이 저렇게 되어 그렇게 되면 하면서,

마치 자신이 미래의 계획자나 된 것처럼

터무니없는 계산을 멋대로 자꾸자꾸 하게 된다.

운명의 여신조차 알 수 없는 내일을,

사람들은 어째서 마치 보고 온 것처럼 그려내는 것일까?

그러면서도 그게 생각대로 되지 않아 실패로 끝나면,

그 실패를 남의 탓으로 돌린다.

나아가서는 운명의 여신 탓으로 돌린다.

모든 건 생각이 모자라는 자신이 불러들인 일인 것을…….

신도 그릴 수 없는 미래를 멋대로 그린 자신의 어리석음 탓인 것을…… .

실제로 이 어머니도, 아이가 깊이 잠들었으니 아주 잠깐 동안은 괜찮겠지,

아니면, 그런 건 생각도 하지 않은 채, 무심코 우물 위에 아이를 놓고,

산딸기라도 찾으러 간 건지 모르지만, 아무리 그렇다 해도…….

아, 인간의 머릿속은 정말 나로서는 알 수 없다고 말하면서도,

여신은 모처럼의 휴식도 하는 둥 마는 둥,

다시 '운명의 수레바퀴'를 타고 다음 사람을 구하러 갔다.

두 의사

오랫동안 병을 앓고 있던 한 남자가,
어느 날, 마침내 죽을 때가 다가온 것을 느꼈다.
그래서 남자는 머리맡에 가족들을 불러,
한 사람 한 사람에게 작별인사를 해야겠다고 생각했다.
사람은 죽을 때가 가장 중요하다고 늘 생각해 왔던 남자는,
드디어 삶이 다했음을 느끼면서,
거기서 발버둥치지 않고 가족 한 사람 한 사람에게,
다정한 말과 저마다에게 어울리는 말을 한 마디씩 남기며,
그 일에 남은 생명을 다 태워버린 뒤,
아름답고 조용하게 길을 떠나려 생각하고 있었다.
그것이 오랫동안 병상에 있었던 그가 남몰래,
마지막으로 피우려고 했던 꽃이었다.
사람은 누구나 언젠가는 죽기 마련이다. 그러므로,
마지막 순간이 가장 중요하며, 그때 남기는 말이,
죽어가는 자신과 남겨진 자들을 영원히 이어주는,
이른바 마지막 작품이라고 생각했다.
그런데 드디어 그가 은밀하게 기다리고 있던
마지막 순간이 다가온 것이다.
'자, 이제부터가 중요하다, 아름답게 가는 거야.'
남자는 조금밖에 남아있지 않은 힘을 모아 가족을 불렀다.
한동안 듣지 못했던 낮고 또렷한 목소리가 들리자,
가까이 있던 아내가 재빨리 뛰어왔다.
남자는 아내에게 가족을 모두 불러오라고 말한다.

그러고는 조용히 눈을 감았다.
놀란 아내가 큰 소리를 지르자,
도대체 무슨 일인가 하고 아들과 손자들이 침실에 모여들었다.
모두 모인 기색을 느낀 남자가, 힘없이 눈을 뜨고,
오래 생각해 두었던 마지막 대사를 막 말하려 한 바로 그때,
아무래도 아버지가 위독한 상태에 빠졌다고 생각한 한 아들이 소리쳤다.
"어머니, 의사 선생님을 불러와야겠어요."
거기에 이어서 또 한 아들이 소리쳤다.
"친척들도 불러야 해요."
그러고는 둘 다 방에서 뛰어나가고 말았다.
남자의 계획은, 먼저 가족 모두에게 얘기를 한 다음
한 사람 한 사람에게 유언을 남기는 것이지 않은가!
'하는 수 없지 뭐, 이렇게 되었으니 조금만 더 기다리는 수밖에.'
남자는 남아있는 에너지를 아끼기 위해 다시 눈을 감았다.
그것을 본 어머니는 또 다시 혼비백산, 이번에는 딸이
"어서 의사 선생님을!" 하고 소리치면서 방에서 뛰어나갔다.
잠시 뒤 아들이 의사를 데리고 돌아왔다.
딸도 돌아왔는데, 그녀도 의사와 함께였다.
남자는 의사도 친척도 필요하지 않았다.
'이래가지고는 나의 마지막 무대가 수포로 돌아가 버릴 텐데.'

남자의 생각 같은 건 아랑곳 하지도 않고
하나둘 친척들까지 모여들기 시작했다.
다같이 의사와 소곤소곤 얘기를 주고받더니 한 의사가 말했다.
"이제 얼마 남지 않았습니다. 장례식 준비를 하시는 게 좋을 것 같습니다."
또 한 의사는 이렇게 말했다.
"걱정 마십시오, 다시 무사히 고비를 넘기실 겁니다. 제게 맡겨 주십시오."
두 의사가 언쟁을 시작하자,
남자는 자신의 생사는 스스로 결정할 거라고 말하고 싶었지만,
기운이 하나도 없어서 목소리가 나오지 않았다.
두 의사가 계속 자기주장의 근거를 가족에게 설명하는 가운데,
남자의 생명의 불꽃은 허무하게 꺼져갔다.

황금알을 낳는 닭

한 가난한 농부가 있었다.
농부는 고양이 낯짝만한 밭을 가지고 있었는데, 그 밭에서는 해마다,
농부가 간신히 입에 풀칠할 수 있을 정도의 먹을 것이 나왔다.
농부는 또 닭을 몇 마리 키우고 있어,
매일 몇 개의 알을 낳아 주었다.
일요일 아침이 되면, 농부는 먹고 남는 채소와 달걀을,
새벽시장에 내다 팔아 현금으로 바꿨다.
그것이 농부의 생활이었다.
그런 농부의 닭이, 어느 날 아침 노란 황금알을 낳았다.
금의 가치가 어느 정도인지 모르는 농부는,
우선 그것을 도시의 환전상에게 가져갔는데,
거기서 황금알과 맞바꿔준 막대한 현금에 깜짝 놀랐다.
그것은 농부가, 매주 일요일 새벽마다 시장에 다니며,

백년쯤 걸려야 겨우 손에 넣을 수 있는 금액이었다.

그런 거금이 아무 수고도 하지 않고 손에 들어온 것이다.

집으로 돌아온 농부는, 황금알을 낳은 닭을 뚫어지게 쳐다보며,

어째서 자신에게 그런 행운이 돌아왔는지 모르지만,

이제부터는 피땀 흘려 밭을 갈 것도 없고,

콩이든 채소든 고기든, 원하는 것이 있으면,

시장이나 도시에 가서 사오기만 하면 된다고 생각했다.

다음 일요일 아침, 농부는 새벽시장에 나가,

광주리 가득 채소와 콩과 쌀을 사고,

지금까지 농부가 한 번도 먹어본 적이 없는 과일도 샀다.

그것은 어딘가 먼 나라에서 가져오는, 신비한 색깔의 과일로,

전부터 한번 먹어보고 싶었지만,

값이 너무 비싸서 사지 못했던 과일이었다.

농부는 또, 지금까지는 아주 특별한 날이 아니면,

먹을 수 없었던 양고기도 샀다.

농부는 흥분하여 집에 돌아와 남은 돈을 계산했지만,

돈은 아직 반도 줄어들지 않았다.

다음 주에도 닭은 황금알을 또 낳았다.

일요일 새벽, 시장에 간 농부는,

지난주보다 더 많은 고기와 말린 생선과 채소를 샀다.

지난주에 산 쌀과 콩은 아직 남아 있었고
그 이상한 과일은 생각했던 것만큼 맛있지 않았기 때문에,
이번에는 다른, 더 신기한 과일과,
지금까지는 살 생각조차 한 일이 없는 과자를 샀다.
그래도 돈이 남아서,
농부는 수요일에 큰 맘 먹고 도시에 가서 식기와 가구를 샀다.
돈이 떨어져서 농부는 불안했지만,
집에 돌아가 보니 그 사이 닭이 다시 황금알을 낳은 것이 아닌가!
그렇게 몇 주일이 가고, 몇 달이 지나, 몇 년이 흘렀다.
농부는 보잘 것 없는 채소와 콩을 얻기 위해 밭을 가는 일은
더 이상 하지 않았다.
밭은 황폐해지고,
봄에 꽃을 피우고 가을에 영근 과일도 수확하여 잼을 만들지 않으니,
그대로 땅에 떨어져서 썩어갔다.
하지만 그 뒤로도 닭은 황금알을 계속 낳았고, 농부도 돈을 계속 썼다.
처음에 비해 지금은 물건을 사들이는 것이 그다지 즐겁지 않았지만,
이상하게도 농부가 아무리 사들여도 원하는 것은 줄지 않았다.
전에는 시장에 가도 꼭 필요한 것을 필요한 만큼만 샀는데,
지금은 왠지 원하는 것만,
아니 그보다, 사지 않고는 견딜 수 없는 물건들만 눈에 들어왔다.
그러던 어느 축젯날,
농부는 장에서 값비싼 융단을 보았다.
농부는 서둘러 집에 돌아와, 집에 있는 돈을 모두 그러모으고,
닭이 지난주에 낳은 황금알도 가지고 시장으로 돌아갔지만,
값비싼 융단을 사기에는 그래도 조금 모자랐다.
무슨 일이 있어도 그 융단을 꼭 손에 넣고 싶어진 농부는
다시 집에 돌아가,
닭의 몸 안에 있는, 매주 한 번도 거르지 않고 나오는 황금알을
한꺼번에 손에 넣으려고 닭의 배를 갈랐다.
그러나 죽은 닭의 몸을 아무리 뒤져봐도,

황금알은 하나도 나오지 않았다.

성자의 유해

어떤 마을에서 한 성자가 죽었다.
성자는 오래 전인 40년쯤 전에,
어디선지 모르게 나타나 이 마을에 정착하여,
마을 언저리에서 조용히 살고 있었다.
처음에는 근본을 알 수 없는 외지인이라고 하며,
사람들은 성자를 멀리하고, 때로는 괴롭히기도 했지만,
이윽고 사람들은, 그가 나쁜 짓은 절대로 하지 않을 뿐만 아니라,
무슨 일에서든 도움이 되니, 마을로서는 오히려
고마운 사람이라는 것을 알게 되었다.
성자는 집 주위에 있는 조그만 텃밭을 갈고,
들풀과 나무열매와 물고기를 잡아서 살아가고 있었으므로,
마을사람들에게는 전혀 신세를 지지 않았을 뿐만 아니라,
질병이나 상처를 치료하는 약초에 대해 잘 알고 있었다.
뿐만 아니라 성자는, 밤하늘의 별과 먼 나라에 대한 것,
갖가지 도구를 만드는 방법에 이르기까지,
그야 말로 모르는 것이 없었다.
물론 그런 것들을 안 것은,
성자가 마을 언저리에서 살기 시작한 지 몇 년이나 지난 뒤의 일이었다.
어느 날, 놀다가 크게 다친 아이가 성자 덕분에 목숨을 구한 뒤,
성자는, 처음에는 그 아이의 집에 불려가 어머니의 급한 병을 치료해주고,
다음에는 그 이웃집에 불려가 눈을 치료해주고,
나중에는 마을사람들 모두가 무슨 일만 있으면 성자를 찾아가
의지하게 되었다.

온 나라에 역병이 유행하여,

대부분의 마을에서 수많은 사람들이 죽어 갈 때,

이 마을을 재난에서 구한 것도 성자였다.

성자의 소문이 온 나라에 퍼지자,

국왕까지 성자에게 지혜를 빌리기 위해 마을을 찾게 되었다.

사람들이 그를 성자라 부르게 된 것은 분명히 그 무렵부터였다.

그래도 성자는 전과 마찬가지로,

숲 속을 산책하고 아이들에게 글을 가르치며 살았다.

그런 성자가 마침내 죽은 것이다.

그 소식이 온 나라에 퍼지자,

왕의 이름으로 성대한 장례식이 거행되었다.

성자의 유해를 왕궁으로 옮기는 역할을 맡은 이는,

마침 집이 성자의 집 가까이에 있어서,

언제부턴가 성자를 찾아오는 나그네들을 상대로

여관을 운영하게 된 남자였다.

그 남자가 성자의 유해를 운구해 가자,

길가에 모인 사람들은 모두, 남자를 향해 눈물을 흘리며 손을 모았다.

왕궁이 가까워질수록 거리는 더욱 사람들로 넘쳤고,

그들도 모두 남자를 향해 합장하는 것이었다.

물론 사람들은, 성자와 그의 생전의 행위에 대해 두 손을 모은 것이지만,

성자의 유해를 운구하는 남자가 보기에는,
사람들이 마치 자기에게 감사하며 손을 모으고 있는 것 같았다.
그러는 동안 넘치는 사람들의 장벽 속에서,
자신이 마치 성자의 가족인 것 같은,
또는 성자의 수제자인 것 같은 착각에 빠진 남자는,
성자의 유해를 어딘지 모르게 자랑스럽게 떠받들고,
자신이 개선장군이나 된 것처럼 길을 나아가고 있었다.

산포도와 사슴

어느 날, 사냥꾼에게 쫓긴 사슴이,
울창하게 자란 산포도 그늘로 뛰어들었다.
몇 겹이나 겹쳐진 산포도 잎과 커다랗게 달린 열매가,
같은 산에 사는 사슴의 커다란 몸을 부드럽게 감싸며,
사냥꾼과 사냥개의 시야에서 사슴을 숨겨 주었다.
다행히 사냥꾼은, 사슴이 더 멀리 간 것으로 생각하고,
개들을 몰고 다른 방향으로 나아가기 시작했다.
사슴은 꼼짝 않고 사냥꾼들이 지나가기를 기다렸고,
사냥꾼들은 다행히 그대로 다른 길로 가버렸다.
목숨을 건져 안도한 사슴이, 문득 시선을 드니,
눈앞에는 흐드러지게 달려 있는 산포도 열매!
자기도 모르게 한 입 먹어보고, 그 달콤한 맛에,
정신이 팔려, 다시 한 송이, 그리고 또 한 송이……
예민한 개가 그 소리를 알아듣고,
사슴이 포도를 먹어 생긴 구멍 사이로 사슴의 모습을 발견했다.
사슴은 퍼뜩 제 정신이 돌아왔지만, 때는 이미 늦어 있었다.

사람의 집으로 이사 간 뱀

들판에서 사는 것이 싫증난 뱀이,
이제부터 사람의 집에서 살아야겠다고 생각했다.
듣자하니, 사람의 집은 들판과 달리,
밤에는 따뜻하고 낮에는 시원하다고 한다.
또 수고스럽게 먹잇감을 찾지 않아도,
사람의 집에는 늘 먹을 것이 가득하다고 한다.
게다가 뱀이 무척 좋아하는 쥐도 있다고 한다.
꼭 천국 같다고 뱀은 생각했다.
그래서 당장 들판을 나간 뱀이 이사 간 곳은,
마을 대장장이의 집이었다.
밤이 되어, 설레는 기대감으로 가슴을 두근거리면서,
집을 탐험하기 시작한 뱀이 맨 처음 발견한 것은,
놀랍게도 그 집에 먼저 와서 살고 있던 또 한 마리의 뱀이었다.
하지만, 보아하니 그 뱀은 똬리를 틀지도 않고 모가지도 쳐들지 않고,
볼썽사납게 몸을 길게 뻗고 누워 있었다.
생각지도 않게 먼저 와있는 손님에, 뱀은 잠시 실망했지만,
거기서 순순히 물러나면 체면이 안 선다.
'어떻게든 저 녀석을 위협하여 당장 이 집에서 나가게 해야지.'
이 뱀은, 하기는 사람의 집에 빌붙어서 편하게 살 생각을 했을 정도니,
그다지 기백이 있는 뱀은 아니었지만, 그래도 들판에서 살고 있었을 때는,
같은 뱀들 사이에서 나름대로 권위를 가지고 있었던 뱀이었기 때문에,
이 정도 상대라면 조금만 위협하면 충분할 거다 싶어서,
정석대로 우선 똬리부터 틀고 모가지를 높이 쳐든 뒤 엄니를 드러냈다.
그런데 상대는, 그 모습을 보고도 못 본 척하며,
태평하게 몸을 누인 채 꼼짝도 하지 않는다.
혹시 이미 죽은 게 아닌가 하고 생각했지만
상대 뱀은 비늘에서 광택이 나고,

다락에서 새들어오는 달빛을 검게 반사하며 바짝 곤두서 있는 것이
영양상태가 더할 나위 없이 좋은 모습이었다.
아무래도 그건, 여기서 비바람을 맞지 않고
집쥐를 마음껏 먹고 살았기 때문인 것 같았다.
그래서 배가 잔뜩 불러 움직이지 않고,
저렇게 꼴사납게 늘어져 있는 것이리라.
그렇게 생각한 순간
뭔가 표현할 길 없는 분노 같은 것이 활활 치밀어 오르더니,
정신이 들었을 때는, 밖에서 온 뱀이
집안에 있던 뱀의 몸을 물어뜯고 있었다.
그런데, 이래도 항복 안 할 테냐는 듯이 필사적으로 엄니를 세워봤지만,
검게 빛나는 상대의 비늘은, 믿기 어려울 정도로 단단해서
아무리 엄니를 세워도 꿈쩍도 하지 않았다.
뿐만 아니라, 물면 물수록 소중한 엄니가 순식간에 닳아버리는 것이었다.
그도 그럴 것이, 상대는 실은 뱀이 아니라
막대모양의 단단하기 짝이 없는 쇠줄이었으니.
들판에서 온 가련한 뱀은,
눈 깜짝할 사이에 소중한 엄니를 완전히 잃어버리고 말았다.

토끼와 산비둘기

산토끼 한 마리가 개에게 쫓기고 있었다.
하지만, 그것은 늘 있는 일이어서, 산토끼는,
자신의 다리가 개보다 빠르다는 것을 알고 있었기 때문에,
무조건 전속력으로 달리면 걱정 없다고 생각하며,
쏜살같이 토끼굴을 향해 달려갔다.
한동안 달리다가 뒤돌아보니,
이미 개는 보이지 않았다. 산토끼는 새삼스럽게,
자신의 날쌘 다리에 감탄하며 계속 달렸다.
'나는 날카로운 엄니와 발톱도 없고, 몸집도 작지만,
누구보다도 빠른 이 다리가 있으니, 아무것도 무서울 것이 없다.'
산토끼는 그대로,
자신의 속도에 도취하여 쏜살같이 집을 향했다.
그런데 아무래도 이때만큼은 개가 더 한 수 위였다.
늘 산토끼를 놓치기만 했던 개는, 산토끼가,
전력질주로 들판을 크게 한 바퀴 돈 뒤에,
반드시 토끼굴로 달려간다는 것을 알고 있었다.
미리 그 날카로운 코로 산토끼가 달아날 굴을 알아낸 개는,
잠시 산토끼를 쫓는 척한 뒤
그 굴 뒤에 숨어서 산토끼를 기다리고 있었던 것이다.
아니나 다를까, 산토끼는 들판을 크게 한바퀴 돈 뒤
곧장 굴을 향해 달려왔다.
기다리는 개의 눈에는,
산토끼가 마치 자신의 입을 향해 달려오는 것처럼 보였다.
가엾은 산토끼는, 이리하여 개에게 보기 좋게 잡히고 말았으니……
그때 위쪽에서 목소리가 들려왔다.
"자신의 발이 빠르다는 것만 믿고 우쭐해졌기 때문이야."
개에게 잡힌 산토끼가 위를 쳐다보니,

토끼굴 옆에 있는 나무에 사는 산비둘기의 목소리였다.

"제아무리 발이 빠르다 해도, 우리 새에 비하면 아무것도 아닌데.
분수를 알아야지, 분수를!"

"게다가, 자기가 왜 붙잡혔는지 모르고 있겠지만,
네가 달아나는 길목을 하늘에서 내려다보면,
언제나 똑같이 그저 들판을 크게 한바퀴 돌기만 할 뿐인 걸.
그러면 어떤 개라도, 네가 어디로 달아날지 금세 훤히 읽어버리잖아,
이 바보!"

"그러는 너는 어떻고?"

그때, 더 높은 곳에서 어떤 목소리가 들리는가 했더니,
커다란 매 한 마리가 화살처럼 곧장 내려와서
날카로운 발톱으로 산비둘기를 채갔다…….

그런데 여러분, 빠른 다리를 가지고도 개에게 붙잡히고 만 산토끼.
산토끼보다 더욱 빠른 날개를 가지고도 매에게 잡혀버린 산비둘기.
또, 앞의 이야기에서 소중한 날카로운 엄니를 줄로 갈아버리고 만 뱀.
저마다 다른 자에게는 없는 무기와 기술을 가지고도,
그들이 그렇게 되어버린 것은 어째서일까요?
만약, 그들이 인간이라면 어떤 부류의 인간이라고,
여러분은 생각하십니까?

독수리와 올빼미

수많은 새 중에서 가장 강한 새로 알려진,
독수리와 올빼미가 어느 날 동맹을 맺기로 했다.
물론 독수리는 낮에 하늘을 날며 먹잇감을 잡고,
올빼미는 어둠 속에 먹잇감을 찾아 날아다니므로,
서로의 이해가 충돌하는 일은 거의 없었다.
그럼 어째서 동맹을 맺은 것일까? 그것은,
서로의 새끼들을 염려해서였다.
되풀이하지만, 독수리가 둥지를 비우는 낮 동안은,
올빼미는 대개 둥지에서 잠을 자고 있고,
밤에는, 독수리가 둥지에서 새끼들과 함께 잠을 자므로,
그동안은 서로의 새끼를 빼앗길 걱정이 없었다.
문제는, 낮과 밤의 경계, 즉,
어렴풋이 날이 샐 무렵과, 밤의 장막이 내리기 시작할 무렵이다.
그 짧은 시간 동안, 이를테면, 저녁에,
독수리가 둥지를 향해 하늘을 날아오는 도중에,
잠에서 깨어 먹잇감을 찾으러 둥지를 떠난 올빼미가,
독수리 둥지 안의 새끼들을 발견하면 어떻게 될까? 또 그 반대는?
그렇게 생각하면, 독수리와 올빼미는 너무 걱정이 되는 나머지,
가장 수확이 많은 아침저녁 많은 시간을, 그만 아깝게 포기해야 한다.
황혼녘이면 독수리는 불안에 사로잡혀,
새끼들의 주린 배를 다 채우지 못할 줄 알면서도
조금만 더 분발하면 잡을 수 있는 맛있는 먹잇감을 포기하고,
서둘러 집으로 돌아간 것이 몇 번인지 모른다.
그것은 올빼미도 마찬가지였다.
그래서 독수리와 올빼미는 서로 동맹을 맺어,
서로, 상대의 새끼를 절대로 공격하지 않기로 약속한 것이다.
그러려면 서로의 새끼가 어떻게 생겼는지, 잘 알아두어야 할 필요가 있다.

그런데 독수리와 올빼미는 활동하는 시간대가 달라서,
어린 새끼들을 서로 소개하고 싶어도, 아무래도 시간이 잘 맞지 않았다.
그래서 독수리와 올빼미는 하는 수 없이,
서로에게 자기 새끼의 생김새를 설명하기로 했다.
독수리에 의하면,
독수리의 새끼는 빛나는 솜털과 금빛 부리를 가지고 있다고 했다.
또 올빼미의 말로는,
올빼미의 새끼는 가슴이 두근거릴 정도로 매력적인 눈과
볼을 비비고 싶을 만큼 섬세한 솜털,
그리고 황홀한 목소리를 가지고 있다는 것이었다.
그런데, 그들이 그런 동맹을 맺은 뒤 얼마 지난 어느 날 저녁,
독수리는, 둥지로 돌아가던 도중에 무심코 들른 나무에서,
터무니없이 큰 눈을 가진 못생긴 병아리가
꺽꺽 갈라진 목소리로 떠들고 있는 것을 발견했다.
"아무리 봐도 올빼미의 새끼는 아니야."
독수리는 그렇게 말하고, 올빼미 새끼를 물고 둥지로 돌아갔다.

사자와 전쟁에 나가다

동물들의 세계에 전쟁의 발소리가 들려오고 있었다.
동물들은 거의 반은 겁을 먹고,
나머지 반은 몹시 흥분하며 분노했는데,
어느 쪽이나 침착성을 잃고 있어서,
평소와는 상당히 다른 모습이기는 마찬가지였다.
잠시 뒤, 혈기가 앞서서 흥분한 동물들이,
어서 빨리 강한 군대를 조직해야 한다고 떠들기 시작하더니,
그들이 동물의 왕으로 인정하고 있는 사자에게 가서,
모든 동물들을 소집해 달라고 부탁했다.
그러자 사자는, 스스로 사자왕이라는 이름을 자처하며,
뜻있는 자들은 즉시,
사자왕의 깃발 아래 모이라는 호령을 내렸다.
사자왕과 측근들이 지켜보는 가운데,
맨 먼저 달려온 것은, 갑옷 같은 몸을 한 코뿔소.
이 코뿔소를 선두로 진군하면 무서울 게 없다고,
모두 박수를 치며 기뻐하고 있는데,
다음으로 지축을 울리며 찾아온 것은 거대한 코끼리.
코끼리가 와줬으니 일당백이라며,
혈기에 사로잡힌 자들은 더욱더 기뻐했고,
그러는 사이, 늑대와 여우, 호랑이, 표범, 하이에나, 물소,
그 밖의 온갖 동물들이, 속속 사자왕의 지휘 하에 모여들자,
이젠 됐다, 아무 것도 걱정할 것 없다며,
동물들은 마치 벌써 싸움에 이긴 것처럼 들떠서 좋아하니
그런 난리가 없었다.
그러자 처음에는 무서워했던 자들까지 점차 마음이 대담해져서,
코뿔소와 코끼리를 맨 앞에 세우고 줄을 맞춰,
쿵 쿵 힘찬 발소리를 울리며 행진을 하기 시작했다.

그때 느릿느릿,
너무나도 미덥지 않은 모습으로 찾아온 당나귀 한 마리가 있었다.
당나귀는 흠칫흠칫하며 다가오더니 말했다.
"저도 끼워주십시오."
그 말을 들은 동물들은 모두 웃음을 터뜨렸다.
"네가 도대체 뭘 할 수 있단 말이야?"
그래서 당나귀는 다시 한번, 이번에는 큰 목소리로 소리쳤다.
"저도 틀림없이 뭔가 도움이 될 테니까, 제발 끼워주십시오!"
당나귀는 평소에는 무척 말수가 적고, 어쩌다 말을 할 때도
잘 들리지도 않는 낮은 목소리로 느릿느릿 말하지만,
뭔가 무서운 일을 당했을 때 지르는 비명소리만은 누구 못지않게 컸다.
그런 당나귀가 있는 소리를 다해 "저도 끼워 주십시오!" 외쳤으니
모두 깜짝 놀랄 수밖에.
코뿔소, 코끼리, 호랑이, 늑대가
모두 자기도 모르게 멈칫 걸음을 멈췄을 정도였다.
그 모습을 본 사자왕이 말했다.
"네가 도움이 된다는 건,
남을 깜짝 놀라게 하는 그 목소리를 두고 하는 말이냐?
좋다, 넌 전군의 선두에 서서
네 목소리를 돌격나팔 대신 지르면 되겠구나."

그 말을 들은 당나귀는 갑자기 주눅이 들었다.
"선두니 돌격이니 하는 건 저에게는 당치도 않습니다.
전 그냥 맨 뒤에 서서 퇴각신호나 하게 해주십시오."

곰과 두 남자

세상에는 여러 부류의 인간이 있다.
돈 밖에 믿지 않는 자와, 무엇보다 먹는 것을 밝히는 자.
매일 똑같은 생활을 하고 싶어 하는 자와,
반대로 늘 새로운 일을 하고 싶어 하는 자,
그리고 확실한 것, 눈에 보이는 것이 아니면 믿지 않는 자와,
반대로 있을 수 없는 얘기에만 흥미를 느끼는 자 등,
아무튼 온갖 부류의 인간들이 있다.
그런 자들이 틈만 나면 모여들어,
이를테면 술집에서, 와글와글 시끌벅적, 이러쿵저러쿵 하며,
되는 대로 아무 말이나 떠드는 것을 좋아하는 세상인지라,
그런 속에서 친구도 사귀고, 싸움거리도 생기고 하는 것이다.

또, 거기서 귀동냥한 말을 부풀려서,
엉뚱한 생각을 하는 자들도 있다.
어느 번화가의 한 술집에서,
여느 때와 다름없이 그런 자들이 모여 떠들고 있는데,
한 사냥꾼이 사냥한 짐승을 판 돈으로 한잔 마시려고 들어왔다.
사냥꾼은 벌이가 꽤 괜찮았는지
싱글벙글하는 얼굴로 술을 몇 잔 마시더니,
급기야 가까이 앉은 사람들에게
"자, 한잔 하시오." 하며 술을 내기 시작했다.
얘기를 들으니, 사냥꾼이 잡은 곰의 가죽이
예상보다 훨씬 비싼 값에 팔린 모양이었다.
물론 곰을 잡는 건 쉬운 일이 아니고, 게다가 위험도 따르기 때문에
원래 고기도 가죽도 비싼 값으로 팔리지만,
요즘은 곰도, 그것을 잡을 만한 솜씨 좋은 사냥꾼도
눈에 띄게 줄어든 데다,
곰의 간이 사람 몸에 좋다는 소문이 근거도 없이 나돌기 시작한 뒤로,
곰의 값이 폭등하여, 전의 몇 배나 되는 값으로
거래되고 있는 모양이었다.
"이것으로 두세 달은 편히 먹고 살 수 있어."
사냥꾼이 거나해져서 술집에서 나간 뒤,
사냥꾼의 이야기를 주워들은 두 남자가
술집 구석에서 소곤소곤 얘기를 시작했다.
"우리도 곰이나 잡으러 갈까?"
"그까짓 곰 한두 마리쯤, 총만 있으면야……."
"우리 집 헛간에 할아버지가 쓰시던 총이 있는데."
"그래? 마침 잘 됐군."
실은 두 사람은, 실제로 산에서 곰을 본 적도 없고
총을 쏜 적은 더더군다나 없었지만,
머릿속은 벌써 곰을 판 돈으로 가득.
이리하여 이튿날, 당장 산으로 간 두 사람,

산에 들어서자마자 일찌감치 커다란 곰을 만나고 말았다.
처음 보는 곰의 그 박력과 그 공포…….
두 사람은 곰의 모습을 실제로 본 것만으로도 완전히 혼비백산하여
총을 겨누기는 고사하고,
한 사람은 놀라서 나무 위로 달아나고,
또 한 사람은 다리에 쥐가 나서 미처 피하지 못한 채
곰은 죽은 사람은 건드리지 않는다는 말이 생각나서 죽은 척했다.
그 한심한 꼴을 본 곰은 어이가 없었다.
"이 자들도 그 사냥꾼과 같은 인간이란 말인가?"
그러고는 완전히 정나미가 떨어져서 싸울 의욕도 없는 듯,
곰의 간보다 자신의 간이나 키우는 것이 어떠냐며
죽은 척하는 남자의 머리를
인사 대신 툭 한번 건드리고 돌아가 주는 바람에,
두 사람은 간신히 목숨을 건졌다고 한다.

사자 가죽을 쓴 당나귀

어떤 곳에 제법 영리한 당나귀가 한 마리 있었다.
그 당나귀는 털도 고운 데다,
얼굴도 자세히 들여다보면 제법 지혜롭고 기품이 있게 생겼다.
게다가 기억력이 무척 좋고, 걸음도 제법 날랬다.
한 마디로 당나귀치고는,
어느 모로 보나 뛰어난 당나귀였기 때문에,
같은 당나귀들에게는 부러움의 대상이었고,
주인도 몹시 소중하게 여기고 있었다.
그러니 당연히,
당나귀로서 행복한 나날을 보내고 있을 거라 생각되지만,

뜻밖에도 그 당나귀는 매일 같이 불평만 하면서 지내고 있었다.
왜냐하면,
자신의 능력에 대단한 자신감을 가지고 있었기 때문에,
당나귀치고는 나름대로 대우를 받고 있다고는 해도,
어차피 당나귀 이상도 이하도 아닌 자신의 처지에,
큰 불만을 품고 있었던 것이다.
그리고 그것이 당나귀의 생활을 우울하게 만들고 있었다.
'나만한 당나귀가 왜 좀더 주목을 받지 못하는 걸까,
왜 좀더 존경을 받지 못하는 걸까?'
불만 속에 하루하루를 보내며 당나귀는 틈만 나면 생각했다.
'저렇게 작고 무능한 개도 귀여움을 받고 있는데…….
저렇게 앙상하게 마른 말도
훌륭한 사람을 등에 태우고 여기저기 달리고 있는데…….
저렇게 낡은 시계도 정성들여 닦아주면서…….'
본디 당나귀라는 동물은,
개처럼 사람에게 재롱 부리는 것을 좋아하지 않는다.
또, 말처럼 달리는 것도 좋아하지 않고,
시계처럼 잠시도 쉬지 않고 성실하게 일만 하는 것도 성격에 맞지 않다.
그렇지만 그 당나귀는,
요컨대, 자신이 처해있는 입장에 큰 불만을 가지고 있었기 때문에,

무슨 일을 해도 기쁨을 느끼지 못하고, 무엇을 먹어도 만족하지 못하고,
무엇을 보아도 부럽게만 생각될 뿐.
그런 당나귀가 어느 날, 헛간에서 사자 가죽을 발견했다.
그것은 그 집의 돌아가신 할아버지가
젊은 시절, 아프리카에서 사냥했을 때의 기념품이었는데,
할아버지가 돌아가신 뒤, 헛간 구석에 넣어둔 것이었다.
'그래, 맞아! 그 할아버지는 이 사자 얘기를 자주 했어.
사자라는 동물은 백수의 제왕이라고 하던데.
틀림없이, 그 모습만 봐도 모든 동물이 무서워서 벌벌 떤다고 했어.
게다가 잘 생각해 보니…… 할아버지가 그 가죽을 쓰면,
그때 어린아이였던 이 집 주인도 울며 달아나곤 했지……'
이리하여 당나귀는, 자신에 대한 평가를 새롭게 하기 위해
몰래 사자 가죽을 덮어쓰고 밖으로 나갔다. 그리고,
당장 짖으며 달려드는 개들에게 쫓기고,
주인에게는 몽둥이로 흠씬 두들겨 맞고 말았다.

북풍과 태양

화창한 가을날 오후에,
한 남자가 볼일을 보기 위해 이웃마을로 가고 있었다.
집을 나설 때는 밖은 아직 따뜻했지만,
남자는 매우 조심성이 많은 사람이어서,
두껍고 튼튼한 외투를 걸치고 있었다.
설사 그때는 외투가 필요 없을 정도로 따뜻했다 해도
겨울이 머지않은 이 계절에는,
해가 기울기 시작한 순간부터 온도가 갑자기 내려가서,
볼일을 마치고 집으로 돌아가는 한밤중에는

갑자기 추워진다는 것을 알고 있었기 때문이다.

그런데 그 남자가 길을 가는 것을 보고 있던 북풍과 태양.

계절은 아직 맹렬하게 바람이 불 시기가 아니어서,

북풍은 힘이 남아돌아 지루해하고 있었다.

태양도, 열심히 빛을 내리쬔 여름도 끝나,

아무 생각 없이 한가롭게 쉬고 있던 중이었다.

바로 그런 때, 두툼한 외투를 입고 길을 가는 남자가 나타나자,

할일이 없던 북풍은, 괜히 남자를 놀려보고 싶은 생각이 들었다.

북풍이 말했다.

"이봐, 태양 군,

저기 굉장히 두꺼운 외투를 입고 길을 가는 남자가 보이나?

내가 돌풍을 한번 일으켜,

저 자랑하는 듯한 외투를 남자의 몸에서 벗겨 날려보내 볼까?

까짓것, 입김을 한 번만 불면,

저 자랑하는 듯한 외투는 바로 내 손에 들어올 걸. 어때, 한번 해볼까?

그래, 기왕이면 나하고 내기를 하는 게 어때?

누가 더 빨리, 저 남자의 몸에서 외투를 벗길 수 있는가 하는 내기를."

흔히 힘에 의지하는 자는,

힘이 세고 게다가 자신이 잘하는 것을 못하는 상대를 보면,

우쭐해져서 무모한 승부에 도전한다.

이때의 북풍이 바로 그랬다.

태양은 아주 느긋하게 쉬고 있던 터라 굳이 상대하지 않았다.

그래도 북풍은 끈질기게,

"날 이길 자신이 없는 모양이지?"라느니,

"금방 승부가 날 테니까, 자, 어서 한번 해보자."라느니 하고 조르더니,

끝내, "자, 그럼 내가 먼저 시작할게." 하며

길을 가는 남자를 향해 당장 바람을 보내기 시작했다.

그런데 입김을 한번만 불면 외투를 빼앗을 수 있을 줄 알았는데,

남자는 갑자기 차가운 바람이 불어오자,

얼른 외투깃을 세우고 앞섶을 꼭꼭 여며 몸을 감쌌기 때문에,

외투는 남자의 몸에서 떨어지기는커녕

오히려 남자의 몸의 일부처럼 되어, 빈틈없이 남자를 감싸고 말았다.

그래서 바람을 더 강하게 불어보내니,

남자는 더욱더 단단하게 외투를 여미기만 할 뿐.

그렇다고 외투를 남자와 함께 날려 보낼 수도 없어서

난처해하고 있는 북풍을 향해 태양이 말했다.

"이제 내 차례군. 자네는 잠시 쉬고 내가 하는 걸 잘 보게나."

이리하여 북풍은 바람을 보내는 걸 그만두고,

대신 태양이 따뜻한 빛을 아주 조금 강하게 보내기 시작했다.

그러자, 남자는 이내 더위를 견디지 못하고 외투를 벗어버렸다.

대지의 신과 젊은 농부

농부가 하는 일은 자연을 상대로 하는 만큼,

여간해서 마음대로 잘 되지 않는 법이다.

봄에 좋은 날씨가 계속되어 올해는 풍작일 거라고 예상하고 있으면

여름에 비가 오지 않아, 생각한 것보다 수확이 적거나,

보리가 흉작이라 실망하고 있으면
가을에 과일이 풍성하게 열리기도 한다.
어쨌든, 좀처럼 마음대로 되지 않는 법이어서,
농부들은 모두 몸과 마음 어딘가에,
뜻대로 안될 때는 자연을 거역하지 않고,
포기한다는 자세를 가지고 있다.
그것은 하나의 지혜이기도 하다.
그런데, 흉작 뒤의 혹독한 겨울이 끝난 어느 봄날,
다른 농부들이 여느 때처럼, 대지의 신에게,
한해의 풍작을 기도하면서 밭을 갈기 시작하는 것을 보고,
한 젊은 농부가 더 이상 참을 수 없다는 듯이 말했다.
"신 같은 게 어디 있어요?
있다면 어째서, 그렇게 열심히 기도했는데도,
작년처럼 기근이 들게 하느냐 말이에요."
"그런 말은 하는 게 아니네.
분명히 가뭄이 든 여름도, 이상하게 추운 가을도 있었지만,
그래도 우리는 이 토지에서 조상대대로
어쨌든 이렇게 살아올 수 있었잖아?
그렇게 불평할 시간이 있으면, 늦기 전에 밭이나 갈지 그러나."
이렇게 모두가 설득을 해도, 젊은 농부는
제멋대로 날씨를 바꾸는 신의 무책임함에 화가 나서 참을 수가 없었다.
"나 같으면, 제때에 비를 내리고 제때에 따뜻한 햇살을 보내
해마다 풍년이 들게 하겠어요.
내 밭만이라도 좋으니까, 마음대로 날씨를 부릴 수만 있다면……."
젊은 농부가 그렇게 말하자, 어디선가 모르게 목소리가 들려왔다.
"좋아, 그럼 한번 해보려무나."
이상하게 생각한 젊은 농부가 시험 삼아 "비야, 내려라!" 말하자,
젊은 농부의 밭에만 비가 내리는 것이 아닌가!
다시 한번 시험 삼아 "햇빛아, 쏟아져라!" 말하자,
당장 비가 그치고 밭에 햇빛이 비치기 시작했다.

이리하여 자신의 밭의 날씨를 마음대로 부릴 수 있게 된 젊은 농부는,
기뻐 날뛰며 일을 시작했다.
먼저 밭을 갈고 씨를 뿌린 뒤 이렇게 말했다.
"비야 내려라!"
그러자 당장 비가 내리기 시작하더니,
그만 그치라고 말할 때까지 계속 내렸다.
그런 다음, 햇살을 보내어 밭을 따뜻하게 해주자,
며칠이 지나 씨에서 싹이 나왔다.
그때까지는 모든 것이 순조로웠다.
"뭐야, 이렇게 간단한 걸 가지고."
젊은 농부는 신이 나서 부지런히 비를 내리게도 하고 그치게도 했다.
그러다 모종이 빨리 자라게 하려고,
필요 이상으로 빛을 강하게 쬐자 모종이 시들어버렸다.
이를 보고 농부는 조급하게 다시 큰비를 내리게 하더니,
급기야, 깜박 잊고 비를 그치게 하지 않고 집으로 돌아오고 말았다.
다른 농부들은 채소와 과일과 곡물을 여느 해처럼 수확할 수 있었지만,
젊은 농부는 날씨를 부리는 데만 너무 열심이었던 나머지
결국 아무런 작물도 수확하지 못하고 말았다.
완전히 지쳐버린 젊은 농부는,
이듬해에는 날씨를 바꾸는 능력을 신께 반납해버렸다.

닭과 고양이와 새끼쥐

태어난 지 얼마 지나,
겨우 걸을 수 있게 되고, 또,
여러 가지 일을 조금씩 배우기 시작한 새끼쥐가,
어느 날, 누구한테도 말하지 않고 제멋대로,
어두컴컴한 지붕 밑에서 밖으로 빠져나가, 처음으로 집 밖으로 나갔다.
햇살이 넘치고, 기분 좋은 바람까지 불고 있는 집 주위에는,
축축하고 곰팡내가 나는 헛간 지붕 밑과는,
전혀 다른 세상이 펼쳐져 있었다.
"아니! 바깥세상이 이렇게 멋질 줄이야!
어른들이 언제나 제멋대로 밖에 나가면 안 된다고 했던 건,
이렇게 놀기 좋은 장소를 알아버리면 지금보다 더,
노는 데만 정신이 팔려버릴 거라고 생각했기 때문이었어.
어른들은 야비해."
새끼쥐가 그렇게 중얼거리며 헛간에서 밖으로 나간 순간,
밝은 햇살 속에서,
그때까지 한 번도 본 적이 없는 것들이 한꺼번에 눈에 들어왔다.
그중에서도 눈길을 끈 것은,
양지 바른 곳에서 자고 있는 고양이와,
사납게 소리를 질러대며 뜰을 뛰어다니는 닭이었다.
그래서 새끼쥐가 생각한 것은, 우선 놀이친구를 찾는 일이었다.
같은 시기에 태어난 새끼쥐들 중에서도 그 새끼쥐는
무척 활달하고 머리도 좋았기 때문에,
자기와 같은 새끼쥐들한테서는 뭔가 늘 부족함을 느끼고 있었다.
그렇지만 새끼쥐는, 어머니한테서 늘,
"친구를 잘 사귀어야 한다.
네가 좋은 쥐가 될 수 있고 없고는 어떤 친구를 사귀는가에 달려 있어."
이런 말을 계속 들어왔기 때문에, 우선 눈에 들어온 것들 중에서,

누구를 친구로 사귀는 것이 가장 좋을지,
누가 자신에게 어울릴지를 잘 생각해보기로 했다.
"저렇게 시끄럽게 뛰어다니는 놈은 틀렸어.
뾰족한 부리가 위험한 데다 눈도 새빨갛고,
무엇보다 저 침착하지 못한 모습은, 우리 쥐보다 더하군 더해.
저런 놈과 사귀면, 안 그래도 침착하지 못한 것이
옥의 티라고들 하는 나에게 결코 득이 될 리가 없어.
좋아, 나처럼 부드러운 털을 가지고,
조용하고 친절해 보이는 쪽과 친구가 돼야지.
저 침착함과 우아함이야말로 내가 이제부터 배워야 할 것들이야."
그렇게 생각한 새끼쥐가
고양이와 친구가 되기 위해 헛간에서 한 걸음 내디딘 순간,
잽싸게 그것을 발견한 닭이
꼬꼬꼬! 소리치면서 뜰을 푸드득거리며 한번 날아올랐다.
놀라서 잠이 깬 고양이는 닭을 흘깃 노려보더니,
한숨 더 자려고 멀리 가버렸고, 덕택에 새끼쥐는 목숨을 구할 수 있었다.

원숭이와 왕관

동물왕국의 임금님이 갑자기 세상을 떠났다.
임금님이 돌아가신 뒤,
그를 대신해서 누가 임금님이 되라는 유언이 없었기 때문에,
후계자가 선정되지 않아,
남겨진 것은 임금님이 늘 쓰고 있던 왕관뿐이었다.
그리고, 그 왕관을 이제부터 누가 쓸 것인가 하는 문제로,
동물왕국에는 분쟁이 끊이지 않았다. 본디,
임금님으로 어울리는 자가 써야 왕관이라 할 수 있는데,
임금님이 너무 갑자기 세상을 떠났기 때문에, 뒤에 남은 것은,
동물왕국을 잘 이끌어가는 것에 대해서는,
한 번도 생각해본 적이 없는 자들뿐이어서,
하는 수 없이, 누가 왕관을 쓸 것인가, 누가 그 자리에 어울리는가,
하는 것부터 이야기를 시작해야 했다.
그 왕관은 코끼리가 쓰기에는 너무 작았다.
기린은 키가 너무 커서, 왕관을 써도 아무한테도 보이지 않았다.
코뿔소는 뿔에 왕관을 씌워 보았지만, 어쩐지 어색했다.
뱀은 아예 얘기가 되지 않았다.
사슴은 역시 뿔이 방해가 되어서,
아무리 해도 왕관이 머리에 잘 들어가지 않았다.
여러 동물들이 왕관을 써 보았지만,
그런대로 어울리게 보이는 것은 결국 원숭이와 여우뿐이었다.
이리하여 왕관을 쓰는 것은, 다시 말해 임금님이 될 자는
원숭이와 여우의 결선투표 결과에 따르기로 했다.
지금까지 표면에 나서는 일이 별로 없었던 여우는
속으로는 빙그레 웃었지만,
무슨 일이나 늘 뒤에 숨어서 해온 여우인지라
동물들 앞에 나서니 떨리는 기분이었다.

안절부절못하며 자꾸 달아날 구멍을 찾아 고개를 숙이니,

그때마다 왕관이 굴러 떨어졌다.

그에 비해, 전에 어디선가 인간이 모자를 쓰고 있는 것을

본 적이 있는 원숭이는,

그것을 흉내 내어 웬만큼 보기 싫지 않게 왕관을 써보였을 뿐만 아니라,

왕관을 손에 들고 빙글빙글 돌리거나

여러 가지 재미있는 곡예도 해보였기 때문에,

투표 결과, 왕관을 쓰는 것은, 즉 임금님은 원숭이로 결정되었다.

아무튼 말재주도 좋고 수단도 좋은 원숭이는, 취임 인사를 무난히 끝냈고,

그것을 들은 동물들도, 아무래도 역시 원숭이가

제일 낫다고 생각하면서 집으로 돌아갔지만,

영 못마땅한 것은,

모처럼 임금님이 될 수 있는 천재일우의 기회를 놓친 여우.

모두가 돌아간 뒤, 혼자 남아 원숭이에게 이렇게 말했다.

"축하합니다. 원숭이 임금님. 왕관이 정말 잘 어울리시는군요.

그런데, 예비로 왕관이 하나 더 있으면,

그야말로 원숭이 임금님의 지위가 더욱 튼튼해지지 않겠습니까?

원하신다면, 축하의 뜻으로 제가 또 하나의 왕관이 있는 곳을

가르쳐 드리지요."

여우가 왕관이라고 말한 것은,

실은, 사냥꾼이 여우를 잡기 위해 설치한 덫을 가리키는 것이었는데,

우쭐거리기 좋아하는 원숭이는 권하는 대로
왕관을 하나 더 손에 넣기 위해 서둘러 덫을 향해 걸어갔다.

노새와 혈통

혈통이 좋은 것을 자랑으로 여기고 있던 노새가 있었다.
노새란 본디,
당나귀 아버지와 말 어머니 사이에서 태어난 새끼.
혈통이라는 것은 보통, 말이면 말,
개면 개, 한 종류의 혈통을 가리키는 것이기 때문에,
두 종류가 섞인 것은, 이미,
혈통이니 뭐니 하지 않는 법이건만,
어찌된 셈인지 그 노새는, 틈만 나면,
자신의 좋은 혈통을 자랑하고 다녔다.
물론 혈통 좋은 당나귀라는 말은 별로 들은 적이 없으나,
어머니인 말이 굉장히 좋은 혈통이었기 때문에,
그 얘기를 늘 들으면서 자라는 사이에,
어느새 그런 기분을 가지게 된 건지도 모른다.
어쨌든 노새라는 것은 본디,
힘든 일을 하기 위해 태어난 동물임에도 불구하고,
그 노새는 그것과는 거리가 먼 생활을 하고 있었다.
그 노새가, 일도 하지 않고 저택 안에서 빈둥빈둥 놀 수 있었던 이유는,
어머니인 말이 저택에서 몹시 소중하게 대접받고 있었기 때문이다.
주인이 사냥을 하거나 멀리 나갈 때는,
반드시 노새의 어머니가 함께였고, 또,
특별한 손님을 배웅하고 맞이하는, 꽃으로 아름답게 장식된 마차를
끄는 것 역시 노새의 어머니 역할이었다.

늘씬하게 뻗은 긴 다리와 아름다운 털을 가진 노새의 어머니는
저택에서 자랑하는 말이었고, 그래서,
부모와 같은 털을 가진 새끼인 노새도 역시, 소중한 말의 새끼로서
귀여움을 받고 있었던 것이다.
그렇게, 어머니인 말을 칭찬하는 말을 듣고 자란 노새가
혈통을 자랑하게 된 것도,
그리 부자연스러운 일은 아닐지도 모른다. 하지만,
그저 아름다운 말의 새끼라는 것만으로,
노새가 저택 안에서 특별히 하는 일 없이,
개나 고양이, 양을 상대로
혈통이나 자랑하면서 놀고 있을 수만은 없는 일이다.
사실을 말하면 그 저택에서는,
노새의 아버지인 당나귀가 무척 튼튼하여,
무거운 짐을 운반하는 역할을 한 몸에 감당하고 있었기 때문에,
아직 새끼인 노새에게 시킬 수 있는 일이 거의 없었다는 것이,
노새가 한가롭게 놀고 있을 수 있었던 가장 큰 이유였다.
노새가 그 사실을 깨달은 것은, 그로부터 한참 지난 가을 수확철이었다.
저택의 주인이, 가을걷이로 바쁜 친구의 부탁을 받고
노새를 빌려준 것이다.
친구는 짐수레에 거둬들인 밀을 산더미처럼 싣고, 노새에게 말했다.

"자, 가자!"
한 번도 그런 일을 한 적이 없었던 노새는,
불만스러운 듯이 히힝 하고 콧방귀를 뀌었지만,
아무리 출신이 좋아도, 사람에게는 노새는 어디까지나 노새.
"불평하지 말고, 어서 가!"
호통과 함께, 매서운 채찍질만 당했을 뿐이었다.

노인과 나귀

어떤 곳에, 모든 사람한테서 미움을 받고 있는 노인이 있었다.
보통 노인들은, 긴 인생경험을 통해 얻은 여러 가지 지혜를,
꼭 필요할 때 꺼내어,
이를테면, 혈기에 사로잡힌 젊은이가
경솔한 말을 하려 할 때
넌지시 그것에 대해 충고해주거나,
고민에 빠진 젊은이가 인생의 기로에서 방황할 때는
그 젊은이에게 어울리는 조언을 해주기도 하면서,
어떤 사회에서나 나름대로 존경받는 존재이련만,
이 노인은, 그 긴 인생에서,
도대체 어떤 것을 경험했으며, 또 거기서,
무엇을 어떻게 배웠는지는 모르지만, 아무튼,
일흔 살이 넘어서도 여전히, 사람들을 인자하게 대하거나,
지혜를 나눠주기는커녕, 반대로,
사람을 속이고 괴롭히며,
하여간 모든 사람이 싫어하는 짓만 하고 있었다.
그래서 마을 사람들로부터 미움을 받고 있는 노인은
마을 변두리의 오두막에서 혼자 살고 있었다.

그런 노인에게 내편이 있다고 한다면,
그것은 오로지 노인이 키우고 있는 나귀 한 마리뿐이었다.
노인은, 밭에 갈 때도, 나쁜 짓을 하러 마을에 갈 때도
늘 나귀와 함께였다.
그런 노인이 오늘도 여느 때처럼 나귀를 타고
오늘은 어떤 심술을 부려볼까 요리조리 못된 머리를 굴리면서
오두막을 나가 마을로 향하고 있었다.
한참을 가다 도대체 무슨 바람이 불었는지,
평소에는 전혀 눈에 들어오지도 않았을 텐데, 그날만큼은,
작고 예쁜 꽃이 핀 풀이 가득 자라고 있는 푸른 들판이 눈에 띄었다.
노인은 나귀 걸음을 멈추게 하고 나귀 등에서 내려,
걸어서 들판으로 헤쳐 들어가 풀 위에 앉더니,
고삐를 풀어 나귀를 들판에 풀어놓았다.
나귀는 처음에는 어리둥절해 하며, 노인의 주위를 얼쩡거리다가,
곧 부드러운 어린 풀을 밟으며 들판을 뛰어다니는 것이,
기분이 좋아 어쩔 줄 모르는 눈치.
그 모습을 보는 노인도 기분이 좋은지
평소의 심통 맞은 얼굴과는 전혀 다른 표정이 된 바로 그때,
멀리서 마을사람들이 소리소리 지르며, 안색이 변하여 달려왔다.
"이 영감탱이! 남이 애써 가꾼 밭을 이렇게 짓밟아 놓다니,

이번에는 절대로 그냥 넘어가지 않을 테다!"
노인이 나귀를 뛰어놓게 한 곳은,
마을 사람들이 가꾸고 있던 콩밭이었던 것이다.
노인은 여느 때처럼 나귀를 타고 그 자리에서 달아나려 했지만,
평소에는 고삐만 당기면 금방 탈 수 있는 곳에 있던 나귀가
사라지고 없었다.
지금까지 달아날 때는 언제나 함께였는데,
부르면 당연히 금방 와줄 거라고 생각했던 나귀는
아무리 불러도 못 들은 척, 도와주러 오기는커녕
벌써 줄행랑을 치고 없었던 것이다.

특별히 아름답게 태어난 사슴

숲 속에 무척 아름다운 모습으로 태어난 수사슴이 한 마리 있었다.
사슴은 원래 생김새가 아름다운 동물이지만,
그 사슴의 아름다움은, 숲 속의 같은 사슴들보다 훨씬 뛰어났다.
긴 다리는 늘씬하게 뻗어있고
윤택한 털로 뒤덮인 몸은 마치 비로드처럼 우아하게 빛났지만,
그 모든 것보다, 멋진 뿔이 그 사슴의 아름다움을
더욱 특별한 것으로 만들고 있었다.
아름다운 사슴이 숲 속을 거닐 때,
숲의 동물들은 모두 숨을 죽이고 그 모습을 바라보았다.
그 사슴이 숲의 샘가에서 걸음을 멈추고 서있는 모습은
마치 한 폭의 그림처럼 아름다웠다.
주위에 있는 풀과 꽃과 나무도,
나뭇잎 사이로 비쳐드는 햇빛과 그것들을 비춰주는 물조차도,
그 사슴의 아름다움을 돋보이게 하기 위해

조물주께서 특별히 만들어 그곳에 놓아둔 것만 같았다.
물론, 같은 또래의 암사슴들 사이에서도 특별히 인기가 높아서,
모두들 아름다운 사슴의 마음을 사로잡기 위해
눈을 반짝반짝 빛내며 아름다운 사슴을 바라보았다.
암사슴에게 인기가 없는 수사슴의 입장에서는 부럽기만 한 그런 처지도,
아름다운 사슴에게는 당연한 일일 뿐,
철든 뒤부터 내내 그랬기 때문에
그 일 자체는 특별히 기쁘지도 고맙지도 않을 뿐만 아니라,
오히려, 번거롭게 생각될 정도였다.
그렇게 하루하루가 계속되는 가운데, 어느새,
아름다운 사슴의 마음속에,
자신이 그들과는 다른 특별한 사슴이라는 의식이 자리 잡기 시작했다.
아름다운 사슴은 처음부터 그렇게 태어났기 때문에,
그 일은 따지고 보면 그 사슴의 공이 전혀 아니었지만,
젊은 암사슴들의 뜨거운 눈길에,
익숙해져버린 아름다운 사슴은, 이윽고,
자신이 선망의 눈길을 받는 것은 당연한 일,
다른 사슴들이 자신을 그렇게 보는 것도 당연한 일, 심지어는,
자신은 완전히 특별한 존재라는 생각까지 하게 되었다.
아름다운 사슴이 자신의 보금자리인 숲에서 나가 바깥세상에까지,
자신의 모습을 보여주게 된 것은, 그 무렵부터였다.
아름다운 사슴은, 숲 밖에 사는 동물들에게도,
자신의 특별한 모습을 보여주어,
동료들한테서 받는 것과 같은 선망의 시선을,
받고 싶었던 것이다. 그리고 원하는 대로,
그 아름다운 모습이 인간들의 눈에 띄었다…….
인간은 아름다운 사슴을 아름답다고 생각은 했지만,
그렇다고 그 아름다움을 부러워하지는 않았다.
인간들은 그저 그것을 소유하고 싶어 했다.
인간은 사슴을 쫓기 시작했고, 당황한 사슴은 달아나다가,

아름답고 큰 뿔이 나뭇가지에 걸려 오도 가도 못하게 되었다.
숲 속에서는 같은 수사슴들이 뿔을 높이 쳐들고,
우아하게 숲 속을 달리는 기술을 익히고 있었다.

당나귀와 그 주인

어떤 곳에, 매우 자신감을 가진 당나귀가 있었다.
그 당나귀는 스스로 힘도 세고, 머리도 좋고, 게다가,
반짝이는 털도 참으로 아름답다고 생각하고 있었다.
왜 그렇게 생각하게 되었는지는 모르지만,
어쨌든, 보기 드문 능력과 재능을 가지고 있는 당나귀라고,
스스로 생각하고 있었다.
물론, 그렇다고 해서 이 당나귀에게,
소보다 강한 힘이 있었던 것도,
말보다 빠른 다리가 있었던 것도,
또, 양을 쫓는 개보다 지혜가 있었던 것도 아니었지만,
이 당나귀는, 그런 다른 동물들의 존재와,
다른 당나귀들이 어떤 일을 할 수 있는지에 대해서,

전혀 몰랐으니 어쩔 수 없는 일이었다.

이 당나귀가 알고 있었던 것은, 고작 닭이나,

인간의 아기와 돼지 정도였던 탓도 있으리라.

아무튼 이 당나귀는 굉장한 자신감을 가지고 있었다.

단지, 그것과 같은 정도로, 또는 그 이상으로 강한 불만도 가지고 있었다.

어떤 불만이었나 하면, 자신이 그 뛰어난 능력을 마음껏 발휘하기에는,

너무나 주인을 잘못 만났다는 것이었다.

이를테면, 이 당나귀의 첫 번째 주인은 방앗간을 했는데,

방앗간 주인이 아침에 너무 일찍 일을 시작해서

아침에 일찍 일어나지 못하는 당나귀는,

생각처럼 힘을 발휘할 수가 없었다.

당나귀는 오후부터 일을 시켜주면 좋겠다고 생각했다.

그러나 주인은 매일 아침 물레방앗간에 가서,

전날 밤 물레방아가 도는 힘으로 밀을 빻은 것을 자루에 담아 가져오고,

대신 가지고 간 보리를 다시 맷돌에 넣고 오는 것이 일이었으므로,

아침에 일찍 일어나는 것이 당연했고,

그러니 아침에 힘을 내지 못하는 당나귀 같은 건 필요가 없었다.

"이렇게 힘없는 당나귀는 처음 봤군."

주인은 투덜거리면서 당나귀를 숯장수에게 팔아버렸다.

그곳에서 당나귀는 숯을 운반하게 되었다.

다행히 숯장수는 저녁에 숯 굽는 가마를 열었기 때문에

힘은 그럭저럭 낼 수 있었지만,

이번에는 소중한 털이 숯으로 새카매지는 것이 영 마음에 들지 않았다.

숯을 운반하면서도, 등이 더러워지는 것에 신경이 쓰여 힘이 나지 않았다.

더 깨끗한 것을 운반하게 해주면 좋겠는데 하고 당나귀는 생각했지만,

숯장수로 봐서는 당나귀의 털보다 숯이 더 소중한 건 말할 것도 없다.

툭하면 발을 헛디뎌서 숯을 쏟아버리는 당나귀에 화가 난 숯장수는,

당나귀를 돌집에 팔았다.

밀가루와 숯도 제대로 운반할 수 없는 당나귀가

돌을 운반할 수 있을 리가 없어,

돌장수는 당나귀를 얼른 대장간에 팔아넘겼다.
대장간에서는 당나귀에게 짐을 운반하는 것이 아니라
압착기를 돌리는 일을 시켰는데, 너무 뜨거워서 힘이 나지 않았다.
그리하여 당나귀는, 자신에게 걸맞은 주인을 만나지 못하고
헐값에 시장에 팔려나가고 말았다.

개구리와 태양

옛날 옛날, 태양이 결혼을 하려 한 적이 한번 있었다.
상대는 아마 달님이었던 것 같은데,
태양은 그 점에 대해서는 그다지 확실하게 얘기하지 않은 채,
어쨌든, 이 세상의 모든 생물의 찬성을 얻기 위해,
대대적으로 마시고 노는 잔치를 열었다.
태양이 뭔가 특별한 일을 할 경우에는,
모든 생물들의 찬성을 얻는 것이 지구의 규칙이었던 것이다.
그런데, 초대받은 생물들은 대부분,
결혼이든 뭐든, 어쨌든 태양이 하는 일이고,
또 어쩐지 경사스러운 일 같아서,

반대고 찬성이고 없이, 요컨대 아무 생각 없이 승낙했다.

그중에는 결혼 상대가 누구인지, 그것부터 확인하는 자도 있었다.

만약 상대가 멀리 있는 별일 경우, 까딱하면,

정열적인 태양이니만큼, 상대 별이 하자는 대로,

멀리 가버릴 수도 있다고 생각했기 때문이다.

그러자 태양은, 결혼 상대는 사실 달님이라고 말했다.

물어본 자들은, 달이라면 뭐,

본디 태양과 함께 지구를 돌고 있으니 괜찮겠지 하는 생각도 들고,

또, 실컷 마시고 먹은 뒤에 반대하는 것도 태양에게 미안한지라,

태양과 달의 결혼을 승낙했다.

그런 뒤에는 다시, 그런 건 까맣게 잊어버리고

부어라 마셔라하는 소동이 계속되었다.

그런데, 그런 가운데, 한 마리의 여윈 개구리가

몹시 불안한 표정으로 생각에 잠겨 있었다.

정말 좋은 것일까? 이대로 태양의 결혼에

두말없이 찬성해버려도 되는 걸까?

아마 태양은,

다른 동물들처럼 개인적인 결혼을 하지 못하게 되어있었을 텐데.

후손을 남기는 대신, 영원한 생명과 에너지를 부여받았을 텐데.

특정한 상대가 아니라, 모든 생물을 골고루 사랑한다는 약속 아래,

모든 생명의 원천으로서 비할 데 없는 힘과

현재의 명예로운 지위와 존경을 얻은 것이 아니었던가?

만약 태양이 달과 결혼하여,

둘 사이에 달 같은 자식이 태어난다면, 그건 좋다.

달을 보면서 노래 부르는 걸 좋아하는 우리 개구리로서는,

크게 손해 볼 일은 없을지도 모른다.

그러나, 만약 태양 같은 자식이 태어나면,

게다가 둘이고 셋이고 자꾸 태어난다면 도대체 어떻게 되는 거지?

단 하나의 태양으로도 가뭄이 발생하여

목이 말라 노래를 부르지 못할 때가 있는데,

만약 부자가 한꺼번에 쨍쨍 내리쬐면
우리는 금방 말라 타죽어 버릴 거야.
여윈 개구리는, 그런 생각을 다른 개구리들에게도 말했다.
개구리들 중에는, 그런 먼 훗날을 걱정하기보다 지금의 잔치나 즐기자며
태연하게 노래를 계속하는 자도 있었지만,
얘기를 듣고 보니 여윈 개구리의 말에도 일리가 있었다.
개구리들이 마침내 목소리를 합쳐
앞날에 도사리고 있는 위험을 환기시키자,
그것은 곧 지구의 모든 생물의 목소리가 되어
태양과 달은 결혼하지 않고,
지금까지 짝사랑을 간직한 채, 함께 지구를 계속 지켜나가게 된 것이다.

남자와 뱀

어느 추운 겨울날, 한 마리의 뱀이 길 위에서 거의 얼어 죽어가고 있었다.
뱀은 추위를 많이 타는 동물이라, 여느 때 같으면
겨울 동안 땅 속에서 겨울잠을 자면서 봄을 기다리는데,

어쩌다가 낮에 기온이 올라 따뜻했기 때문에
그만 땅 위에서 깜박 존 것이 화근,
어느새 해가 지고, 주위가 갑자기 추워지자
몸이 굳어서 꼼짝달싹 못하게 되고 만 것이었다.
어떻게든 움직이려고 해봤지만,
자꾸만 식어가는 땅 위에서는 도저히 방법이 없었다.
그러는 사이, 의식이 점점 희미해지면서
그대로 잠이 들어버릴 것 같았다.
그러나 뱀이 땅 위에서 잠든 상태로,
찬바람이 불고 눈이 쌓이는 혹독한 겨울을 무사히 넘길 수 있을 리 없다.
'아! 내 운명도 여기까지구나' 뱀이 체념하려는 순간,
한 남자가 손자 둘을 데리고 산책에서 돌아가다가
얼어서 꼼짝도 하지 않는 뱀을 발견했다.
"아니, 이런 곳에 멍청한 뱀이!"
남자가 뱀을 집어 들자, 뱀을 모르는 손자들은 재미있어 했다.
"그게 뭐예요? 어쩐지 이상한 작대기 같아요."
"이건 작대기가 아니라 뱀이라고 하는 생물이란다.
여름에는, 다리도 없는데 꿈틀거리며 재빨리 돌아다니지."
그 말을 들은 손자들은 이상하다는 듯이 물었다.
"그런데 왜 지금은 움직이지 않는 거예요?"
"추우면 움직이지 않게 된단다."
"놓아주면 어떻게 돼요?"
"얼어 죽고 말걸."
"불쌍해요. 살려주세요, 할아버지."
그런 모습이 너무 귀여워서 자비심이 들었는지,
아니면 그저, 손자들에게 자기가 인정 많은 사람임을,
보여주고 싶었는지는 모르겠지만, 어쨌든,
"좋아, 살려주자꾸나" 남자가 말하자,
"와아, 와아!" 손자들은 큰 소리를 지르며 기뻐했고,
이리하여 남자와 손자들은 뱀을 안고 집으로 돌아갔다.

'이거, 큰일 났군.'
뱀은 몽롱한 의식 속에서도 생각했지만, 달아나려 해도,
무엇보다 몸이 말을 안 들으니, 별 도리가 없다…….
남자는 집에 돌아오자,
당장 손자들을 데리고, 난로 앞에 가서,
뱀을 손에 들고 따뜻한 불로 녹이기 시작했다.
몸이 녹자 당장 기운을 차린 뱀이,
몸을 비틀어 남자의 손에서 빠져나가 바닥을 기어 다니자,
그 모습을 본 손자들이 무서워하며 비명을 지르고,
남자는 당황하여 도끼를 꺼내와,
뱀을 쫓아다니면서 죽이려 하는 것이었다.
뱀은 달아나면서 몇 번이고 생각했다.
'살려주겠다고 할 때는 언제고, 인간은 정말이지 믿지 못할 동물이야.'

병에 걸린 사자와 여우

오랫동안 동물들의 왕으로 군림하면서,
모든 동물에게 두려움의 대상이 되었던 사자가 병에 걸렸다.
아마 나이를 먹은 탓도 있으리라.
몸이 나른하고 조금만 걸어도 다리가 후들후들.
물론 그런 상태에서는 사냥을 할 수 없으니,
만약 이대로 병이 낫지 않는다면,
이 사자도 냉엄한 황야의 법칙에 따라,
그대로 앙상하게 말라서 조용히 사라져갈 것이다.
그런데 이 사자는 그런 상황을 미리 예상하고,
벌써 빈틈없이 준비를 해 두고 있었으니.
사자는 만약 자신이 병에 걸리거나,

무슨 사정이 생겨 움직이지 못할 경우에는,
사바나의 주민들은 한 마리도 남김없이, 사흘에 한 번씩,
번갈아가며, 반드시 문병을 와야 한다고 명령하고,
만약 그것을 어기는 자가 있으면,
나중에 엄한 재판을 받게 될 것이라고,
모든 동물들에게 단단히 엄포를 놓았던 것이다.
그것은 요컨대, 노쇠나 병이라는,
아무도 피해갈 수 없는 상황이 사자에게 닥쳐서,
사냥을 하지 못하게 되어도 굶주리지 않도록,
사자가 다른 동물들을 압도하는 힘을 배경으로 생각해낸 횡포였다.
하지만 다행히도,
실제로는 아직 그 명령이 내려진 적이 한 번도 없어서,
동물들은 그것이 의미하는 위험을 깨닫지도 못한 채
나날을 보내고 있었다.
그런데 그 명령이 실제로 내려지고 만 것이다.
전령이 되어 이리저리 뛰어다닌 얼룩말이 맨 먼저 병문안을 갔다.
다음에는 임팔라가, 그 다음에는 흑멧돼지가,
그리고 그 다음에는 누군가…….
이렇게 사자가 명령한 대로 차례차례 사자를 문병하러 갔다.
동물들은 왠지 모르게 불안했지만
그렇다고 사자의 명령을 거역할 용기도 없고,
또 문병을 간 동물들이 어떻게 되었는지 확인하지도 않은 채,
그저 명령대로 사흘마다 다음에는 누가 갈 것인지 의논하여,
차례가 되면 누구나 당연한 듯이 사자를 문병하러 갔다.
그러던 어느 날 이번에는 여우가 사자의 문병을 갈 차례였다.
"가기 싫은데."
여우는 주위의 동물들에게 의논해 보기로 했다.
그런데 모두 한결같이 이렇게 말하는 것이다.
"얌전하게 시키는 대로 하는 게 좋을 거야,
나중에 무슨 후환이 있을지 모르니까."

'하지만 문병을 간 뒤로 아무도 돌아오지 않는 건 어째서일까…… ?'
그래서 여우는 몰래 사자가 있는 동굴을 엿보러 갔다. 그리고…….
여우가 거기서 본 것은, 굴 안에 숨겨져 있는 수많은 동물들의 뼈였다.

말과 나귀와 나그네

한 나그네가 말과 나귀를 끌고 길을 가고 있었다.
말 등에는 나그네가 타고,
나귀 등에는 여행에 필요한 모든 짐이 실려 있었다.
말로서는, 사람 하나 태우고 걷는 것쯤 일도 아니었지만
나귀는 원래 느리게 걷는 데다 무거운 짐까지 실은지라,
도무지 빨리 걷지 못하고,
나그네를 태우고 발걸음도 가볍게 나아가는 말의 뒤를,
비척비척 가쁜 숨을 몰아쉬며 안간힘을 다해 따라가고 있었다.
그런데 나그네와 말은 이따금 뒤를 돌아보며,
그런 나귀를 참으로 한심한 놈이라고
경멸하는 듯한 눈길로 보는 것이었다.
생각해 보면, 필요한 물건은 모두 나귀 등에 실려 있으므로,

나귀를 두고 나그네와 말만 먼저 갈 수는 없는 일이다.
요컨대 나그네와 말과 나귀는 한 배를 탄 동반자,
그렇다면 나귀의 짐을 조금이라도 덜어 말에 실었더라면,
나귀의 걸음도 조금은 빨라질 것을. 아니면,
나귀와 말이 짐을 나눠 싣고, 나그네는 차라리 자기 발로 걸어가는 편이,
어쩌면 실제로는 훨씬 더 빠르고, 또 무리 없는 여행이 될 수 있을 것이다.
물론 그렇게까지 하지 않더라도
어쨌든 나귀가 괴로워하고 있는 것이 사실이므로,
짐을 나누든 어떻게 하든, 조금만 생각해주었면 좋았을 것을,
이 나그네, 말은 사람만 태워야 하고
나귀는 짐만 실어야 한다고 생각하는 건지,
아니면, 나귀를 타는 것은
폼이 나지 않는다고 생각하는 건지 모르겠지만,
나귀가 아무리 비틀거려도 나귀를 욕하기만 할뿐,
아무런 손 쓸 생각이 도통 없는 것이다.
어쩌면 그런 걸 생각할 수 있는 머리가, 아예 없는 건지도 모른다.
하는 수 없이, 그런 주인을 모시게 된 것이 불행이라며
나귀는 체념하고 길을 갔지만,
그러는 사이 힘이 다 빠져버려
아무리 분발해도 몸이 말을 듣지 않게 되고 말았다.
그래서 나귀는, 그때까지 한 번도 아쉬운 소리를 한 적이 없었지만,
마침내 동료인 말에게
주어진 책임을 다하지 못하는 것은 부끄럽지만
이대로 가다가는 몸이 견디지 못하여 여행에 지장을 주게 될 것이니,
미안하지만 짐을 조금만 나눠지면 안 되겠느냐고 부탁했다.
같은 가축의 처지에 있는 말인 데다,
동료이기도 하니, 틀림없이 이해해줄 거라고 생각한 것이다.
그런데 말은, 아마 나그네와 함께 나귀를 계속 경멸해온 탓인지,
"짐을 지는 건 네 역할이고, 난 주인을 태우고 있잖아" 하고 모르는 척.
나귀는 마침내,

여행의 중간쯤에서 체력이 다하여 땅에 쓰러지고 말았다.

개와 환영

어떤 곳에 비교적 다른 개들보다,
아주 조금 상상력이 풍부한 개가 있었다.
아주 조금이라는 게 어느 정도인가 하면,
전혀 상상력이 없는 개라면,
도저히 생각할 수 없는 것을 늘 꿈꾸고는 있지만,
상상력이 무척 풍부한 개가 볼 때는,
그런 몽상은 꿈이라기보다 차라리,
망상이라고 부르는 것이 나은, 그런 것을,
늘 생각하고 있다는 정도의 것으로,
좀더 쉽게 얘기해서, 이 개의 머릿속에는 언제나,
요컨대, 좋아하는 고기에 대한 생각으로 가득 차있었다.
이 개는, 자주 꿈꾸듯이 하늘을 쳐다보고 있는데,
얼핏 보아 마치 시인처럼 보일지도 모르지만,
잘 보면, 입에서는 침이 흐르고,

아무 것도 없는 저편을 응시하는 눈에도 공허한 광채라.
뭔가 있을 것 같지만, 천만의 말씀, 이럴 때 이 개의 눈은,
하늘에 흘러가는 구름 저편에
먹음직스러운 커다란 고깃덩이를 보고 있는 것에 불과하다.
또 이 개는, 가끔 고개를 살짝 숙이고 말없이 땅바닥을 응시하고 있는데,
얼핏, 뭔가 생각에 잠긴 철학자 같지만, 속아서는 안 된다.
이럴 때는, 눈앞에서 뒹굴고 있는 돌이
고깃덩이로 변하면 얼마나 좋을까 하는,
터무니없는 생각을 끝없이 하고 있는 데 지나지 않는다……
그런데 그런 개가,
어쩐 일인지, 하루는 진짜 고깃덩이를 손에 넣은 것이다.
태어나서 처음으로 손에 넣은 커다란 고깃덩이를 입에 물고,
개는 묘하게 안절부절못하고 있었다.
말할 것도 없이, 진짜 고기는 하늘에 떠있는 구름 고기보다 향기롭고,
아무리 돌이 고기로 변한다 해도 이렇지는 않을 거라고 생각될 만큼
솜사탕처럼 부드러웠다.
도대체 이 고기를 어디서 먹으면 좋을까 하고,
개는 안심할 수 있는 장소를 찾아 이리저리 왔다 갔다 하고만 있었다.
얼른 먹어치우면 될 것을, 평소의 상상력이 화근인지,
눈에 비치는 주위의 모든 것들이

자신의 고기를 노리고 있는 것처럼 느껴지는 것이었다.
앞쪽에 가로막고 있는 나뭇가지는
마치 고기를 가로채려는 거대한 손처럼 보이고,
길옆에 자라고 있는 기다란 풀잎도
마치 "나도 조금만 줘" 말하고 있는 것만 같았다.
무슨 수를 쓰지 않으면 안 되겠다 싶어
고기를 물고 헤매 다니는 사이, 어느덧 강변까지 와버린 개,
물에 비친 자신의 모습을 보고 깜짝 놀란다.
뉘집 갠지 무척 침착하지 못한 개가
눈앞에서 커다란 고기를 물고 있었던 것이다.
그것도, 지금까지 한 번도 본 적이 없는 커다란 고깃덩이를……
"웬 놈이냐, 건방진 것! 그 고기, 얼른 이리 내!"
커다란 소리로 위협한 순간, 고기는 물속에 풍덩!
맛있고 맛있는 진짜 고기의 맛을, 환상처럼 희미하게 혀에 남긴 채
고깃덩이는 물속에 가라앉고 말았다.

남자와 짐수레

한 남자가 커다란 짐을 실은 짐마차를 몰고,
약속장소로 가다가,
짐마차가 진창에 빠지고 말았다.
남자는 말에 채찍질을 가했지만, 짐이 너무 무거워서,
한번 진창에 빠져버린 바퀴는,
움직이면 움직일수록 더 깊이 빠져 들어갈 뿐이었다.
이러다가는 약속시간을 지키지 못한다며,
남자는 더욱 말에 채찍질을 가했지만,
진창은 더욱 깊어지고, 게다가,

바퀴 한쪽이 진창 속에서 빠져버려,
마차가 점점 기울어지면서 당장이라도 옆으로 쓰러질 것만 같았다.
당황한 남자는 마차에서 내려, 이번에는 자신도,
말과 함께 힘을 주어 짐수레를 진창에서 꺼내려 했지만,
그래도 짐차는 삐걱삐걱 흔들리기만 할뿐 꼼짝도 하지 않았다.
드디어 남자는 분통이 터져서, 모든 것에,
닥치는 대로 화풀이를 하기 시작했다.
남자는 먼저, "지금까지 뭣 때문에 여물을 먹여가며 너를 키웠는데!"
하며 말에게 소리소리 지른 뒤,
다음에는 "이 거지같은 놈의 마차!" 하며 마차를 차더니,
이제는 진창을 만든 비까지 원망했다.
시간은 점점 흘러, 드디어 약속시간에 맞추지 못하게 되자,
이번에는 갑자기 기가 죽어서
길바닥에 앉아 모든 것을 한탄하기 시작했다.
남자는 진창에 빠져버린 불운과 짐의 무게,
끝내는 자신의 직업까지 한탄하기에 이르렀다.
물론 아무리 한탄한다고 짐차가 어떻게 될 리도 없어,
남자는 드디어 하늘을 우러러 하나님을 찾았다.
"하나님, 제발 이 불쌍한 사람을 도와주십시오."
눈물을 흘리며 기도를 하기 시작한 것이다.

그런데, 하늘 위에서 남자의 울음소리를 들은 하나님,
부탁받은 일이 하도 많아서 눈코 뜰 새 없이 바쁘지만,
그래도 서둘러 남자에게 달려갔더니, 남자는 반기기는커녕
불만스러운 듯이 우는 소리로 불평부터 늘어놓는 것이었다.
"왜 이렇게 늦게 오시는 겁니까?
어떻게 좀 해주십시오, 하나님. 말에게 힘을 좀더 주시든지,
저를 장사로 만들어주시든지, 제발 어떻게 해주세요.
그게 안 된다면, 이 짐차를 번쩍 들어
진창에서 좀 꺼내주기라도 하십시오.
하나님이라면, 그 정도야 식은 죽 먹기겠죠?"
하지만, 아무리 그렇게 말한다고,
하나님이 뭐든 다 해주시는 것은 아니다.
이것은 일반적으로 사람들이 굉장히 오해하고 있는 것인데,
하나님의 역할은 어디까지나
자연이 자연다울 수 있도록 지켜보면서 그것을 도와주는 것이기 때문에,
비를 아래에서 위로 오르게 하거나,
물을 불로 바꾸고, 돌에 꽃을 피우게 하거나
하늘을 나는 재주를 부릴 수 있게 해 주시지는 않는다.
하물며, 한 남자의 부주의로 짐마차가 진창에 빠졌다고,
그것을 어떻게 해달라고 무리한 요구를 해도, 그런 개인적인 사정에,
어떻게 하나님이 일일이 관여하고 있을 수 있단 말인가.
하나님이 얼마나 바쁜데!
하지만 그렇다고, 단칼에 거절하면 남자가 가엾을 것 같고,
또, 그대로 냉정하게 내버려두었다가 도리어 원한을 사게 되어
하나님에 대한 평판이 나빠지는 것도 곤란한 일이어서,
하나님은 자신이 할 수 있는 범위의,
또 남자도 하려고 하면 할 수 있는 범위의 조언을 하기로 했다.
"이보게, 어째서 바퀴가 진창에서 빠져나오지 않는지
곰곰이 생각해보게나.
그리고 주위를 잘 살펴봐.

구멍을 메우는 데 적당한 돌이 저쪽에 굴러다니고 있지 않은가.
바퀴 밑에 깔기에 맞춤한 판자조각도, 오, 바로 저기 떨어져 있군.
여기 마른 흙도 있으니, 이것을 잘 이용하여
바퀴 밑을 단단하게 다지면 어떨까……."
그 말을 들은 남자가, 하나님이 가리킨 물건들을 모아 와서
시키는 대로 진창을 메운 뒤 말에 채찍질을 하니,
아니, 신기해라! 짐마차는 단번에 진창에서 벗어났다.
그런데, 그렇게 되자,
남자는 모두 자신의 힘으로 한 것인 양 의기양양한 얼굴로,
하나님에게는 고맙다는 인사도 하지 않고 냉큼 달려가 버렸다.
그것을 보면서 하나님은,
"어째서 인간들은 다른 생물과 달리, 불가능한 것만 바라는 것일까?
자신에게는 운이 없다느니, 아무도 도와주지 않는다느니
하며 쓸데없이 한탄하고 원망만 하는 것일까?
사람은 다 저마다 다르므로, 없는 것을 조르기만 하지 말고,
자신의 힘과 재능과 실제로 주위에 있는 것을,
잘 활용하여 어떻게든 해보려고, 왜 노력하지 않는 것일까?
그것이 지혜요, 응용력이라는 것이 아닌가.
그러면서 툭하면 하나님을 부르고 원망하니,
도대체 날 보고 어쩌란 말인가."
하나님은 전에 없이 마치 인간들처럼 불평을 늘어놓으면서,
그 자리를 떠났다.

늙은 야바위꾼

어떤 곳에 늙은 야바위꾼이 있었다.
야바위꾼이라는 것은 예를 들어 아무 가루나 기름으로 반죽하여,

어떤 상처에나 잘 듣는 약이라고 선전하여 팔거나,
싸구려 칼을 사들여, 그것을 어디어디의 명장이,
심혼을 기울여 벼린 것이라고 보증서까지 붙여서 팔고,
심지어는, 아무데서나 굴러다니는 돌멩이를 자루에 가득 담아 와서,
무슨무슨 산 속, 또는 어디어디의 성스러운 돌로 만든,
백 개 한정의 영험한 부적이라며 팔고,
아무튼, 그렇게 말주변으로 사람들을 속여서,
원래는 아무도 쳐다보지 않을 물건을,
길가에 전을 펴고 사람들에게 강매하는, 다시 말해,
새빨간 거짓말을 팔아 살아가는 사람을 가리키는 말로,
이 늙은 야바위꾼은, 그런 일을
이미 수십 년이나 해오고 있었기 때문에,
야바위꾼이 완전히 제격이어서, 그 화술의 멋들어짐은,
이미 예술이라 할 수 있는 경지에 도달해 있었다.
이 늙은 야바위꾼의 손에 걸리면, 아니 정확하게 말해, 그 입에 걸리면,
아무리 하찮은 물건이라도 꼭 무슨 마술처럼 특별한 것으로 변했다.
늙은 야바위꾼이 길바닥에 노점을 펼치고, 뭔가 말을 하기 시작하면,
이상하게도,
어느새 길에는 늙은 야바위꾼을 에워싸듯 사람들이 모여들어,
얘기의 재미에 때로는 웃고, 때로는 진지하게 들으면서
모두 자기도 모르는 사이에, 늙은 야바위꾼이 창조해내는
독특한 세계에 끌려들어가고 마는 것이었다.
그리고 얘기가 끝난 뒤 늙은 야바위꾼이 정체를 알 수 없는 물건을 내밀며
"희망자에게는 특별히 이것을 나눠드리지요."
이렇게 말하면 사람들은 앞 다투어 그 물건을 사들였다.
나중에 "쓸데없이 돈을 써버렸다" 생각하지만
그거야말로 버스 지나가고 손 흔들기,
다음 날이면 늙은 야바위꾼은 이미 다른 마을을 향해 길을 떠나고 없다.
게다가, 늙은 야바위꾼이 파는 물건은
약이고 부적이고 도대체 효과가 있는 건지 없는 건지,

애초부터 잘 알 수 없는 것이기도 하고, 또 늙은 야바위꾼의 얘기 자체가,
나중에 생각해도 재미있어서, 사람들은 늙은 야바위꾼을,
원망하거나 하지 않을 뿐만 아니라, 생각할 때마다 왠지 모르게
그리움 비슷한 것을 느끼는 것이었다.
그런데, 그 늙은 야바위꾼은, 어느 날 문득
이제 슬슬 장사를 그만 두어야겠다는 생각을 하기 시작했다. 그리고,
마지막으로, 가장 엉터리 물건을, 가장 어리석은 임금에게
가장 비싼 값에 팔고, 그만 두기로 했다.
그래서 늙은 야바위꾼은,
먼저 늙어서 비실비실한 당나귀를 사서, 그것을 이끌고 성 앞으로 갔다.
성문 근처, 사람들이 많이 모이는 시장 구석에서
야바위꾼은 당나귀를 상대로 뭔가 어려운 얘기를 하기 시작했다.
곧 무슨 일인가 하고 사람들이 모여들어
무엇을 하고 있는 거냐고 물으니, 당나귀를 교육시키고 있다고 한다.
왜 그런 일을 하고 있느냐고 사람들이 다시 묻자, 늙은 야바위꾼은,
나는 제국을 순례하는 현자인데, 풍문에 듣자하니
이 나라의 대신들이 모두 한결같이 바보라는 평판이기에,
그렇다면 백성들이 가엾고,
또 본디 임금님을 보필해야 할 대신들이 그렇게 바보라면,
백성을 염려하는 임금님도 틀림없이 고민하고 계실 거라는 생각이 들어,
내가 지금까지 제국을 두루 여행하며 얻은 지혜를
모두 이 당나귀에게 물려준 뒤,
이 당나귀를 임금님께 선물하여
늙은 나를 대신하여 임금님의 측근으로서 잘 보좌해드리게 하려고,
이렇게 치세 교육을 하고 있는 중이라고 설명했다.
이 말을 들은 사람들은 설마 하며, 처음에는 웃어넘기고 믿지 않았지만,
그래도, 늙은 야바위꾼이 매일같이 시장 한구석에서,
당나귀를 상대로 세율의 결정방법이니, 유착 방지방법,
이웃나라와 국교를 맺는 방법, 상업을 부흥시키는 방법,
등등의 어려운 이야기를 아침부터 밤까지 하고 있는 것을 보고,

또 당나귀도 그 말에 조용히 귀를 기울이거나
가만히 상대의 눈을 응시하고, 때로는 얘기에 맞춰서,
알아들었다는 듯이 고개를 끄덕이거나 "음" 하고 대답하는 것을 보고,
사람들은 서서히 혹시 하는 생각이 들기 시작하여,
이젠 그 늙은 야바위꾼의 이야기를 오다가다 주워들으면서,
아무래도 이 노인은, 지금은 은퇴하여 이렇게 여행을 다니고 있지만,
옛날에는,
풍요롭고 평화롭기로 유명한 그 나라의, 그 명군의 원로였던 것 같으며,
노인이 여행에 나선 뒤로는,
역시 마찬가지로 노인의 교육을 받은 당나귀가 왕의 측근이 되어
지금도 정치 고문의 역할을 하고 있을 것이라고 믿게 되었다.
소문이 이윽고 성안까지 퍼짐에 따라,
맨 먼저, 바보라고 불린 대신들이 노하여
노인을 잡아들이고 그를 처벌하려 했다.
그러자 평소부터 대신들에게 시달려 오던 임금님은,
그들을 제지하고 진지하게 물었다.
"당나귀에게 교육을 할 수 있다는 게 정말이냐?"
늙은 야바위꾼은 조용히 미소 지으면서,
"믿지 않으셔도 상관없습니다만" 하고 말한 뒤,
어떻게 당나귀를 교육하며,

또 그것이 실제로 얼마나 도움이 되고 있는지 자세히 설명했다.
정말 황당무계한 얘기였지만
그것이 일단 늙은 야바위꾼의 입에서 나오면,
모든 것이 사실처럼 들리는 것이었다.
그 말을 들은 임금님은 당장 당나귀가 갖고 싶어져서,
늙은 야바위꾼에게 도대체 얼마면 그 지혜로운 당나귀를 팔겠느냐고
물었다. 늙은 야바위꾼은,
"당치도 않으십니다. 오로지 임금님과 이 나라를 생각하여 하는 일인데,
어찌 돈 같은 걸 받을 생각을 할 수 있겠습니까?
이 당나귀에 대한 교육이 끝나기만 하면,
당장 내일이라도 도움이 되어드릴 수 있지만……."
그러고는 불현듯 입을 다물고 말았다.
"왜 그러느냐?"
임금님이 물으니, 늙은 야바위꾼은 다시 입을 열었다.
"참으로 유감스럽게도 제가 줄 수 있는 지혜에 대해서는
전에 제가 키운 당나귀 이상의 것을 이미 주었습니다만,
실은 그것을 사람의 언어로 표현하는 방법을 아직 가르치지 못했습니다.
그러니 지금 당장 모신다 해도,
애석하게도, 생각하는 것만큼 아직 일을 할 수 없습니다."
"당나귀가 사람의 언어를 배우는 데는 시간이 얼마나 걸리겠느냐?"
완전히 술수에 넘어간 임금님이 묻자,
늙은 야바위꾼은 죄송하다는 듯이 말했다.
"적어도 3, 4년은……. 물론 당나귀가 말을 배우는 동안은,
제가 이 당나귀와 함께 임금님을 모시겠습니다."
이리하여, 감쪽같이 당나귀와 함께
임금님의 초빙을 받은 이 늙은 야바위꾼은 이렇게 중얼거리고 있었다.
"3, 4년 안에 내 수명도 다할 것이다.
아마 그보다 먼저 당나귀가 죽겠지만,
그때는, 다시 처음부터 다른 당나귀를 가르치면 되지."

세 천사

옛날 옛날, 신들의 천사가,

인간과 같은 세상에서 살고 있었을 때의 이야기.

말썽을 일으키는 것을 굉장히 좋아하는 천사 삼형제가 있었다.

그중의 하나는 '말다툼 천사'라 불리고 있었는데,

이 천사는 싸움의 씨앗을 뿌리는 것을 무척 좋아하여,

고자질을 하거나, 넌지시 나쁜 소문을 퍼뜨려 싸움을 일으키고,

그 과정을 즐기는 것이었다.

이 천사에게는 '애매한 천사'로 불리는 동생이 있어서,

그가 관련된 일은 뭐든지 애매하게,

흐지부지되어버리는 것이었다.

그리고 또 한 천사, '제멋대로 천사'라고 하는 형도 있어서,

이쪽은 뭐든지 자기 생각대로 하지 않으면 성에 차지 않아,

어떤 일이든 무엇을 하든, 하나에서 열까지,

이것저것 시시콜콜하게 지시를 하지 않고는 배기지 못했다.

물론 모든 일에는,

여러 가지 견해와 여러 가지 방법이 있으며, 또,

일단 한 가지 방법으로 시작했다 하더라도, 만약 문제가 발생하면

때와 장소에 따라 임기응변으로,

견해와 방법을 달리하여 문제를 해결하고

사물을 가능한 한 좋은 방향으로 이끄는 지혜가 필요한데,

이 천사의 경우는, 뭐든지 까다롭게 지시해놓고는

이따금 갑자기 마음이 변하여 멋대로 방법을 바꾸기 때문에,

'제멋대로 천사'가 관여하기 시작하면 모든 일은 뒤죽박죽이 된다.

물론, 그것이 이 천사가 노리는 바이기도 하지만, 그렇게 되면 이번에는,

누구누구가 제대로 하지 않았다며, 더욱 말썽을 부리는 것이었다.

그리하여, 이 말썽꾸러기 천사 삼형제가 가는 곳에는

말썽이 그칠 줄을 몰랐는데, 다만 그것은,

자세히 보면, 인간들이 이 세 천사의 꼬임에 넘어가서 일어나는 것이
대부분이었다. 왜냐하면,
신과 천사들은, 아무래도 신념도 있고 힘도 있을 뿐만 아니라
나름대로 분별심도 있고,
또 그 무엇보다 자신들의 세계를 즐겁고 살기 좋은 곳으로 만들기 위해
어지간히 따분할 때의 기분전환 상대쯤으로 여기며
적당히 대하고 있었기 때문이다.
물론 말썽꾸러기 천사 삼형제의 장기인
'말다툼'이나 '애매함'이나 '제멋대로'는, 제아무리 날뛰어도
그리 좋은 결과를 낳지 않을 것임을 알고 있었다.
그런데 어찌된 셈인지 인간들은,
정말 중요한 것보다, 왠지 세 천사가 하는 말에 더 마음을 빼앗기기 쉬워,
세 천사가 뿌리는 씨앗은, 금방 심각한 싸움으로 발전해버리는 것이었다.
그리고 그 싸움에 신들까지 휘말릴 때도 많아서, 이대로는,
세상이 살기 어려워질 거라고 생각한 신들과 천사는
하는 수 없이 인간과 신들의 세계를 나누기로 했다.
그리고 천사는 그 사이를 오가도록 했는데,
그때 말썽꾸러기 세 천사는
자신들이 비교적 상대하기 쉬운 인간 세상에서만 활동하기로 했다.

젊은 미망인

어떤 마을에서, 아직 젊고 아름다운 여자가 갑자기 남편을 잃었다.
두 사람은 모든 사람들이 부러워할 정도로 금슬이 좋았기 때문에,
여자의 슬픔은 더할 수 없이 깊었다.
여자는, 해가 뜨고 달이 떠도 죽은 남편 생각만 하고,
아침부터 밤까지 눈물로 지새우는 나날을 보냈다.
여자는 자신한테서 남편을 빼앗아간 신을 원망하여,
그런 일을 당한 자신의 운명을 저주했다.
아름다웠던 여자의 얼굴은 여위어가고, 눈에서는 빛이 사라졌다.
포동포동했던 여자의 몸은 앙상하게 말라,
모든 사람들이 그 가련하고 처참한 모습을 보고 가슴 아파했다.
지난날, 그녀의 아름다운 입가에서 흘러나와,
사람들의 마음을 밝고 가볍게 기운을 북돋워주었던,
봄날의 새소리 같았던 목소리도 오랫동안 들리지 않았고,
그녀가 남편을 잃은 뒤부터는, 그녀뿐만 아니라,
온 마을이 어딘지 생기를 잃고 슬픔에 잠겨 있었다.
봄은 아직 멀어, 어둡게 가라앉은 마을에 겨울이 다가오고 있었다.
"나의 기쁨이었던 사람이, 살아갈 힘이 되어주었던 사람이
이젠 사라졌어. 더 이상 살아가는 보람이 없어."
그녀는 해가 뜨고 달이 떠도 오직 그 생각만 하며,
한번은 강물에 몸을 던지려고도 했다.
그때는, 마침 지나가던 마을 사람이 그녀를 발견하여 무사히 넘어갔지만,
그 사실을 안 부모가 몹시 슬퍼하는 모습을 보고,
그녀는 그 뒤로 스스로 목숨을 끊는 짓만은 하지 않았다.
그래도 슬픔과 과거 속에 사는 나날은 변함이 없어,
"차라리 내 목숨을 한시 빨리 거두어주십시오."
신께 기도까지 하는 것이었다.
이대로 가다가는, 스스로 목숨을 끊지 않더라도

머지않아 쇠약하여 딸이 죽어버릴 거라고 생각한 부모는,
아무쪼록 딸에게 뭔가 미래에 대한 희망을
가지게 할 방법이 없을까 하고 생각했다.
사람은 과거만으로는 살 수가 없고,
한번 잃어버린 것은 다시 돌이킬 수 없기 때문이다.
그들이 딸의 슬픔을 위로하고
딸에게 새로운 희망을 주어야겠다고 생각하기 시작한 어느 날,
딸의 남편이 살아있을 때 뜰에 알뿌리를 심었던 것이
아버지의 머리에 떠올랐다.
아버지는 딸에게 그 사실을 말하고,
그가 피우려 했던 꽃이 어떤 꽃인지 보고 싶다며, 넌지시 말했다.
그녀의 마음속에 조용히 들어온 그 말은,
이윽고 그녀의 몸 안에서 하나의 작은 힘이 되었다.
여자는 남편이 알뿌리를 심은 곳에,
사람이 들어가지 못하도록 담장을 치고,
오래도록 비가 오지 않으면 정성들여 물을 주었다.
그러던 어느 날, 딸의 남편이 살아있을 때
귀여워했던 산양이 새끼를 낳았다.
어머니는 딸에게 그 사실을 말하고,
새끼양의 이름을 지어 딸에게 돌봐달라고 부탁했다.

자신을 바라보는 사랑스러운 새끼양의 눈길이
여자에게 한순간 기쁨을 주었다.
그리고 한참 지난 겨울의 어느 날,
한 마을 사람이 이웃마을에서 돌아와 이렇게 말했다.
"당신 남편이 이웃마을의 부탁을 받아 그곳 광장에 세운 가로등이,
무척 반응이 좋더군요."
그 말을 들은 여자는 가로등과 문의 장식, 창문의 장식난간을 만드는
세공사였던 남편의 직업을 떠올리고,
남편이 만든 가로등이, 이웃마을의 광장에서 불을 켜고 있는 모습을
자신의 눈으로 직접 보고 싶었다.
남편을 잃은 이래, 그녀가 스스로 뭔가를 하고 싶다고 생각한 것은,
이 처음이었다.
그렇게 시간이 흘러 겨울이 지나고,
드디어 봄이, 작년과 마찬가지로 그녀의 마을을 어김없이 찾아왔다.
봄의 방문과 함께, 풀과 나무는 새싹을 틔우고
마을 여기저기에 꽃이 피었다.
죽은 남편이 심은 알뿌리도, 그녀의 뜰에서 색색깔의 꽃을 피웠다.
"이렇게 온갖 빛깔의 꽃을, 그 사람은 피우려 했던 거야."
부드러운 봄볕 속에서, 그녀가 추운 겨울을 이기고 핀 꽃을
멍하니 바라보고 있던 바로 그때, 담장 너머로 목소리가 들려왔다.
"아름다운 뜰이군요."
시선을 들자, 한 청년이 미소 지으면서 이쪽을 바라보고 있었다.
"정말 아름답죠?
흙 속에 이렇게 많은 색깔들이 숨어있을 줄은 몰랐어요."
그녀는 그렇게 말하며,
자기도 모르게 자연스러운 미소를 담장 너머로 보내고 있었다.

하늘은 끝없이 맑고 푸르고, 바람은 천천히 지나갔다.
그 푸른 빛 속에, 작고 하얀 구름이 외로이 떠있었다.
문득 멈춰버린 것 같은 시간 속에서, 하얀 꽃이 바람에 흔들렸다.

하늘에 떠있는 하얀 구름 역시, 봄바람을 받아, 천천히,
모양을 바꾸며 흘러갔다.

역병에 걸린 동물왕국

동물왕국을 역병이 강타했다.
동물들은 하나 둘 쓰러지기 시작하여,
이대로 가다가는 동물왕국은 전멸할 것 같았다.
그래서, 왕인 사자의 호령 하에,
모든 동물들에게 비상소집 명령이 내려졌다.
각 종족 대표들은 모여
비상회의를 열었다.
참석한 동물들의 얘기를 들으니, 아무래도 역병은,
모든 동물들에게 재앙을 가져다주고 있는 듯,
사슴도 여우도 기린도 낙타도,
심지어는 두더지 같은 작은 동물들까지,
많은 동료들이 병에 걸려 쓰러지고 말았다고 했다.
각 종족 대표들이 이렇게 상황을 보고한 뒤,
회의의 의제는 자연스럽게, 도대체 왜 이런 일이 일어났는가,
누구 때문에 동물왕국이 이런 끔찍한 재앙을,
입게 되고 말았는가 하는 얘기로 옮아갔다.
동물들은 누군가가 죄를 지었기 때문에
하나님이 노하여 역병을 내리신 거라고 생각했다.
그래서 저마다 자신이 과거에 어떤 나쁜 짓을 했는지 고백하게 되었다.
먼저 사자가 위엄을 보이며 말했다.
"지피는 데가 있다고 한다면
실은 한번, 다리를 다친 얼룩말을 잡아먹은 적이 있다."

그 말이 떨어지기가 무섭게, 아첨꾼인 여우가 말했다.
"그런 것은 하나도 나쁜 짓이 아닙니다, 임금님.
임금님은 원래 육식을 하시니, 사냥을 하는 건 생업이지요.
게다가 그 다친 얼룩말은, 설사 임금님이 죽이지 않았다 하더라도
어차피 가망 없는 목숨입니다,
임금님은 오히려 얼룩말을 고통에서 구해준 은인이라 할 수 있습니다."
이렇게 사자를 시작으로
강한 육식동물들이 차례로 하나마나한 고백을 했고,
그들은 같은 육식동물들에 의해
역병을 초래할 정도의 죄는 되지 않는다는 심판을 받았다.
그리하여 드디어 초식동물의 차례가 되자, 맨 먼저 당나귀가 말했다.
"특별히 생각나는 것은 없지만, 굳이 한 가지 든다면,
며칠 전에, 늘 먹고 있던 풀이 아니라 강가의 나무에 움튼 새싹이
너무 맛있어 보여서 그만 한 입 뜯어먹어본 적이 있는데,
어쩌면 그게 무슨 죄가 되는 건지……?"
그 순간, 여우를 비롯하여 육식동물들이 일제히 들끓기 시작했다.
"그건 안 될 말이지. 풀을 먹고 살아가는 당나귀가 나뭇잎을 먹는다는 건,
우리 육식동물이 초원의 풀을 먹어버리는 것과 같지 않느냐?
그것이야말로 신의 법칙에 어긋나는 일이야.
그건 그렇고 가엾게도, 그런 심한 일을 당한 강가의 나무는

얼마나 괴로웠을까?
우리에게 재앙이 내려진 건 아마 그것 때문일 거야. 아니, 틀림없어."
이리하여 육식 동물들은,
당장 당나귀를 동물왕국에 재앙을 가져다준 나쁜 동물이라 하여,
신에 대한 사죄의 표시니 뭐니 하는 그럴듯한 이유를 붙여 죽인 뒤,
결국은 모두 먹어치우고 말았다.

백로와 특별식

백로 한 마리가 남쪽으로 날아가던 중,
무리에서 떨어져 낯선 못에 내려앉았다.
배가 고파서 물고기라도 먹을 요량이었던 것이다.
그렇게 생각하고 내려앉고 보니,
그때까지 한 번도 와본 적이 없는 못이었지만,
다행히도 물고기가 무척 많은 것 같았다.
붕어도 미꾸라지도 잉어도 있고, 그 밖에도,
한 번도 본 적이 없는 커다란 물고기도 분명히 헤엄치고 있었다.
애초에 배가 고파 무리를 떠났으니,
얼른 붕어든 미꾸라지든 뭐든 잡아먹고,
서둘러 친구들에게 돌아갔으면 되었을 것을,
물고기가 너무 많아서인지, 아니면,
빝속에 커다란 물고기의 그림자를 본 탓인지는 모르겠지만,
'기왕에 잡을 거면' 하고 백로는 생각하고 말았다.
'좋아, 저 커다란 물고기를 잡아야겠다.
그래서, 모두에게 보란 듯이 자랑해야지.'
이 백로는 다른 백로들과 좀 달라서,
말하자면 뽐내기 좋아하고, 약간 제멋대로인 데다,

자신은 다른 백로와는 다르다고 속으로 생각하면서, 자신이,
모두의 신망을 모아 스스로 무리를 이끄는 입장이 될 만한 존재도 아니고,
또, 자신이 생각한 만큼 영향력을 가지고 있지 않은 것에 대해,
언제나 불만을 느끼고 있었다.
요컨대, 어느 사회에서나 볼 수 있는
약간 까탈스럽고 미숙한 성격의 백로는,
자기도 모르게 평소에 하던 습관대로 쓸데없는 생각을 하기 시작했고,
이내 그 생각에 빠지고 말았다.
배가 고파서 무리를 떠났으니
얼른 작은 물고기든 뭐든 먹고 무리로 돌아갔어야 하는데,
아니면, 뜻밖에도 이렇게 물고기가 많은 못을 발견했으니
일단 무리로 돌아가서
모두에게 그 사실을 알려 다같이 못으로 돌아왔어야 했다. 그런데,
아무래도 이 백로는 큰 물고기가 있다고 생각한 순간
모든 것을 잊어버리고,
아무도 본 적이 없는 큰 물고기를 잡아
모두에게 자랑하는 일로 머리가 가득 차고 말았다.
이렇게 되자, 미꾸라지는 말할 것도 없고,
붕어고 메기고, 이미 백로의 눈에는 들어오지 않았다.
평소 같으면 대단한 별식인 잉어조차,

아무데나 있는 흔해빠진 잡어로밖에 보이지 않았다.
눈에 어른거리는 것은,
못에 처음 내려앉았을 때 본 환영 속의 커다란 물고기 그림자뿐.
'그 물고기를 잡을 때까지는……'
정말 있는지 어떤지도 확실하지 않고, 만약 있다고 해도,
과연 백로의 가느다란 부리로 잡을 수 있을지 없을지도 모르는
물고기를 찾아 이리저리 왔다갔다……
그러는 사이 날이 저물어 아무것도 보이지 않게 되자,
마침내 백로는 난생 처음 온 못 속에서,
배를 주린 채 홀로 밤을 보내야 하게 되었다.

아가씨와 연인

옛날 어떤 곳에, 무척 아름다운 아가씨가 있었다.
머리도 좋고, 대저택의 따님이었기 때문에,
그 평판은 아가씨가 사는 도시는 물론,
먼 마을과 도시에까지 소문이 나 있었다.
누가 그 아가씨를 차지하게 될 것인가?
그것이 이 도시 젊은이들의 가장 큰 화젯거리였는데,
문제는, 그 아가씨가 좀처럼 집에서 나오지 않기 때문에,
도무지 사귈 기회가 없다는 것이었다.
대저택의 귀한 따님이 집 밖에 나가는 건,
본디 그리 빈번하게 있는 일은 아니었지만,
아가씨에 대한 소문을 듣고 젊은이들이 집 주위를,
막무가내로 몰려들게 된 뒤로는,
전보다 더욱 밖에 나가는 일이 드물어져서,
도저히 빠질 수 없는 행사에,

가족과 함께 나갈 때 외에는,
아가씨의 모습을 볼 수가 없었다.
그러니 아가씨에 대한 평판은 더욱더 신비의 베일에 싸여가서,
도시의 젊은이는 물론,
소문을 듣고 멀리서 찾아오는 젊은이도 끊이지 않았다.
문 앞에 선물을 두고 가는 자, 연애편지를 저택에 던져 넣는 자,
심지어는, 아가씨에게 들려주기 위해
밤새도록 사랑의 세레나데를 부르는 젊은이까지 있었고,
급기야는, 소문 속의 아가씨를 한번이라도 보려고
담장을 타넘기도 하는 대담한 자까지 등장했다.
물론 그중에는,
정식으로 부모를 통해 혼담을 넣는 양가의 도련님도 있었지만,
그런 자는 또 그런 자 대로, 다른 젊은이들의 거센 비난을 받기도 하며,
어느새 저택 주위에는 밤낮없이 젊은이들이 모여들어,
점점 불온한 분위기가 조성되어 되어갔다.
이대로 가다가는 큰일 나겠다고 생각한 아가씨의 부모는,
어서 빨리 딸을 걸맞은 상대에게 시집보내는 게 좋겠다 생각하고,
딸에게 맞선을 보게 했다.
다만, 선을 보게 하더라도,
함부로 상대를 고르다가는 무슨 꼴을 당할지 몰라,

부모는 딸과의 교제를 희망하는 자는
모월 모일까지 신청해달라고 발표를 하고,
그렇게 모인 후보자 모두에게 제비를 뽑게 하여
그 순서대로 딸을 만나게 해주기로 했다.
물론, 소식을 듣고 모인 신청자의 수가 너무 많은 것도 큰일이었지만,
어쨌든, 이렇게 아가씨의 애인 고르기가 시작되었다.
그런데 막상 당사자인 아가씨는,
본디 애인이 간절히 필요했던 것도 아니고,
쉴 새 없이 등장하는 젊은이들 중
특히 마음에 드는 남자가 있는 것도 아니며, 또 부모도,
일단 소동을 진정시키기 위해
맞선의 기회를 평등하게 어느 젊은이에게나 준 것인데,
그것이 화근이 되어, 딸이 충동적으로 출신도 모르고
정체도 모르는 남자를 선택해버리면 큰일이라,
맞선을 보는 딸 옆에서 함께 상대를 관찰하거나,
딸을 대신해 가문과 재산 따위를 묻기도 하고, 조건이 나쁘다고 생각되면,
딸에게 넌지시 신호를 보내 거절하도록 조종하니,
이 자도 안 되고, 저 자도 안 되고
아무리 맞선을 보아도 이렇다할 애인후보를 찾을 수가 없었다.
이윽고, 아가씨의 눈에 들지 못하고 거절당한 젊은이의 수가,
신청한 수의 반을 넘었지만, 그래도 여전히 애인후보는 나타나지 않았다.
생각해 보니, 처음에는 이렇게 신청자가 많으니까,
상당한 사람이 아니면 곤란하다고 생각하여
제대로 얘기해보기도 전에 자꾸자꾸 거절했기 때문에,
그중에는, 나중에 다시 돌아보면
괜찮은 남자였다고 생각되는 젊은이도 있고,
지금 눈앞에 있는 신청자와 비교하여
이 정도면 그 사람이 훨씬 나았는데 하고 생각될 때도 있었다.
이러구러 하는 사이에, 남은 신청자의 수가 점점 줄어들자,
그토록 자신만만하던 부모도 조금씩 초조해지기 시작했고,

딸도 계속 그러는 사이에 부모의 영향을 받아선지,
이렇게 많은 젊은이들 속에서도 상대를 찾지 못한다는 것은,
어쩌면 이 세상에는 나의 연인이 될 사람이 없는 게 아닐까
불안해지기 시작했다.
그렇다고, 이제 와서 갑자기 선택의 수준을 낮출 수는 없다며,
더욱 신중해져버리니, 상대를 더욱 찾기가 힘들다.
이런 정도의 상대라면 얼마든지 있었다.
이 정도 기량이라면, 이 정도 재력이라면 하고,
현재 눈앞에 있는 상대보다, 이미 거절해버린 상대만 생각하니,
마지막 신청자의 차례가 지나가도록
결국 아가씨의 애인후보는 끝내 찾지 못하고 말았다.

세 가지 소원

옛날 어느 때 어느 곳에,
그리 부유하지도 않지만,
그렇다고 양식을 걱정할 정도로 가난하지도 않고,
그런대로 아픈 사람도 없이 나날을 보내고 있는 가족이 있었다.
어느 따뜻한 봄날 오후, 그들이,
식사 뒤의 단란한 한때를 즐기고 있는데,
별안간 어디선지 모르게 한 천사가 나타나 이렇게 말했다.
"뭐든지 세 가지 소원을 들어주겠다."
아닌 밤중에 홍두깨처럼 느닷없이 그런 말을 하니,
도대체 무슨 영문인지 알 수가 없다.
뭐라고 대답해야 할지 몰라 모두 어리둥절해하고 있으니,
천사가 다시 한번, 이번에는 짜증스런 모습으로 말했다.
"모처럼 소원을 들어 주겠다고 하는데도,

별로 기쁘지 않은 모양이구나. 얼른 소원을 말하지 않으면,
이 이야기는 없었던 일로 하겠다. 어이구 참,
나도 이래 뵈도 바쁘신 몸이란 말이다!"
아무런 준비도 안 된 상태에서 느닷없이 이런 말을 들으면,
여러분이라면 어떻게 하시겠습니까?
이 가족은 이렇다 하게 특별히 절박한 사정도 없었기 때문에,
일단, 지극히 평범하게 누구나 생각할 수 있는 것을 말했다.
"미안하지만, 그럼 돈을 주십시오."
"얼마나 주면 되겠느냐?
정확하게 어느 만큼이라고 말해주지 않으면 곤란하지 않느냐."
"그야 뭐, 많으면 많을수록 좋으니까, 될 수 있는 대로 많이요."
그러자 당장 이층에 있는, 평소에 돈을 넣어두는 항아리 속에서,
금화가 물처럼 넘쳐흘렀다.
금화는 금방 방안으로 흘러들어와, 자꾸자꾸 쌓여서,
방이 이내 금화로 가득 차자, 그 무게로 바닥이 삐걱거리기 시작했다.
그래도 금화는 여전히 넘쳐흘러,
드디어 집이 기울어지며 금방이라도 금화에 깔릴 지경이 되었다.
집안에 있던 온 가족이 놀라 모두 밖으로 뛰쳐나가더니, 다같이 큰소리로,
"제발 소원이니까, 금화가 나오는 것을 멈춰주십시오."
소리치자 금화가 넘치는 것은 멎었지만,

그래도 집은 여전히 삐걱거리며 당장이라도 무너질 것 같다.
그때, 누군가가 소리쳤다.
"앗! 큰일 났다. 집안에 아기가 자고 있어요!"
그 말을 들은 가족들은, 이번에는 전보다 크게 소리쳤다.
"금화를 치우고, 어서 원래대로 돌려주시오!"
그러자 집은 당장 원래대로 돌아갔지만, 그와 함께 금화도 사라졌다.
그리고 사람을 놀라게 하는 천사도 역시,
"그럼 세 가지 소원이 다 이루어진 거지?" 이 말을 남기고,
바쁘게 어딘가로 사라져버렸다.

사자의 왕궁

한 동물왕국에서 사자가 새롭게 왕이 되었다.
그래서, 그것을 기념하기 위해서라며,
영토 안에 사는 모든 동물들에게 소집명령이 내려졌다.
그 내용은 다음과 같은 것이었다.
"모든 동물은, 나의 왕궁에 와서 축하인사를 하고, 각자,
내 눈을 즐겁게 하는 재주를 보여줄 것."
게으른 사자가 사냥을 하는 수고를 덜기 위해,
이런 저런 이유를 붙여서 모두를 모아놓고,
적당히 시간을 때운 뒤, 그 가운데 몇 마리에게,
생트집을 잡아서 잡아먹어버리는 것은,
과거에도 여러 번 있었던 일이기 때문에,
일단은 모두 모르는 척하고 있는데,
왕궁에서 다시 명령이 떨어졌다.
"얼른 인사하러 오지 않으면,
내가 가서, 남녀노소를 불문하고 닥치는 대로 먹어버리겠다!"

그래서 하는 수 없이, 다들 왕궁에 얼굴을 내밀기로 했다.
왕궁이라 하지만, 무슨 버젓한 건축물이 있는 것은 아니었다.
사자가 인간을 흉내 내어 스스로 그렇게 부르고 있을 뿐,
야트막한 언덕 위에 제법 커다란 바위가 있고,
그곳에 꼭 사자가 들어갈 만한 정도의 동굴이 뚫려 있는,
단지 그것뿐이어서, 왕궁이라 부르기에는 너무나 초라한 것이지만,
그래도, 사자가 그렇게 부르니 별 수 없다.
그 전 사자 임금님 시절에,
그만 순진하게 "이것이 왕궁이란 말입니까?" 하고 말하여 잡아먹혀버린
동물도 있었을 정도이니,
아무튼, 이 사자 왕국의 임금님에게는
말을 신중하게 하지 않으면 목숨이 위태롭다.
그건 그렇고, 두 번이나 명령이 떨어진 이상,
이대로 계속 버티고 있다가는 무슨 일이 일어날지 알 수 없어서,
일단 곰이 먼저 인사 겸, 기색을 살피러 가기로 했다.
상대가 곰이라면, 아무리 왕이라 해도 함부로 달려들 수 없기 때문이다.
"이번 일은 참으로 경하 드립니다.
그런데 실은, 저는 이렇다 할 만한 재주가 없습니다.
그저 할 줄 아는 거라고 해야,
이렇게 인간처럼 두 다리로 서는 정도라고 할까요?"
그렇게 말하며 곰이 두 손을 높이 들고 뒷다리로 서보이자,

사자는 그 박력에 그만 주눅이 들었다.

"이제 됐다. 잘 알았으니, 그만 하고 얼른 돌아가거라."

곰이 무사하게 돌아온 것을 보고,

이번에는 얼룩말이 사자에게 인사하러 갔다.

얼룩말이 왕궁에, 다시 말해 사자가 살고 있는 언덕에 가보니,

누워 있는 사자 옆에

벌써 완전히 말라비틀어진 동물의 뼈가 있는 것이 아닌가?

아무리 보아도 얼룩말이나, 적어도 비슷한 종류의 동물의 뼈인지라,

얼룩말은 그것을 보기만 하고도 겁을 집어먹고,

이미 인사고 뭐고 할 정신이 아니었다.

무슨 말을 하려 해도 입이 떨어지지 않고,

에라 모르겠다 달아나려 해도 발이 떨어지지 않았다.

그러고 있는데, 사자가 천천히 이쪽으로 다가왔다.

'아, 이제 틀렸어. 나도 저런 뼈가 되고 말겠지.'

얼룩말의 몸이 더욱더 굳어진 순간,

긴장한 나머지 "뿌웅!" 커다랗게 방귀가 나오고 말았다.

그 엄청난 소리와, 지독한 냄새.

사자는 깜짝 놀라 뒤로 물러서더니,

"정말 끔찍한 재주로구나. 그만 됐다. 얼른 꺼져버려!"

이렇게 말하며 동굴로 피신해버렸다.

얼룩말도 무사히 돌아온 것을 보고,

이번에는 멧돼지가 왕궁에 인사하러 갔다.

멧돼지는 자신이 말재주가 없다는 것을 알고 있기 때문에

아예 인사 같은 건 하지 않고,

어쨌든 한 재주는 보여주고 얼른 돌아오리라 생각했지만,

아무리 생각해도 쏜살같이 빨리 달리는 것 말고는 보여줄 만한 것이 없었다.

사자에게 하다못해 그 달리는 모습이라도 보여주려고,

축하의 말이고 뭐고 없이 다짜고짜 뛰기 시작했다.

그런데 워낙 방향감각이 없어서

어느덧 왕궁과는 반대 방향으로 죽자 사자 달리다가,

정신을 차렸을 때는 벌써 자기 집에 돌아와 있었다.

멧돼지가 인사도 하지 않은 채

힐끗 얼굴만 내밀고, 아무 일 없이 달려서 집에 돌아온 것을 보고,

이번에는 원숭이가, 아무래도 이번 임금님은

소문과는 다른 것 같다고 생각하면서 인사하러 갔다.

다른 동물과는 달리 원숭이는 말주변도 좋고 머리도 좋아서

일단 임금님의 관대함을 입에 침이 마르도록 칭찬부터 하고,

정말 멋진 왕궁이라고 속이 빤히 들여다보이는 아부를 한 다음,

더욱 기세가 나서 말했다.

"재주라면 저는 뭐든지 할 수 있는데, 오늘은 무엇을 보여드릴깝쇼?"

생각지도 않았던 일이 계속되어, 완전히 기분이 엉망이었던 사자는,

"시끄럽다! 이제 재주 같은 건 다 필요 없다!"

말하기가 무섭게 원숭이에게 달려들었다.

파리와 승합마차

승객을 많이 태운 승합마차가,

목적지를 향해 가다가 가파른 언덕길에 접어들었다.

마부가 이랴, 이랴 소리를 치고,

기합을 넣기 위해 채찍질을 해도,

마차는 더 이상 꼼짝도 하지 않았다.

승객들은 물론 돈을 내고 마차를 타고 있지만,

말이 힘들어하는 모습을 보자,

누가 먼저랄 것도 없이 모두,

마차에서 내려 힘을 합쳐서 마차를 밀기 시작했다.

하지만 언덕길이 워낙 가팔라서,

마차는 좀처럼 시원하게 언덕을 올라가주지 않았다.

그 광경을 보고 있던 파리 한 마리가 생각했다.
'어디, 나도 좀 도와줄까?'
그래서 당장 말에게 날아갔다.
물론, 파리가 제아무리 마차를 민다 해도
별 도움이 되지 않는다는 것 정도는 파리도 알고 있었기 때문에
파리는 말의 귓전에서 말을 격려해주기로 했다.
'말도 저렇게 열심히 노력하고 있는데,
채찍으로 때리는 건 너무 야만적이야.
진심으로 성의를 담아 격려해주면, 말도 조금은 기운을 낼 텐데.'
파리는 그렇게 생각하고, 안간힘을 쓰고 있는 말의 귓전에 가서
붕붕 하고 날갯소리를 냈다.
파리의 날갯소리는 안 그래도 신경에 거슬리기 마련인데,
이때는, 더더욱 말을 격려할 요량으로,
또 진땀을 뻘뻘 흘리고 있는 말이 조금이라도 시원해지도록
부채질한다는 의식도 작용하여,
전에 없이 크고 시끄럽게, 말의 귓전에서 붕붕 날갯소리를 냈다.
말의 입장에서 보면, 조금이라도 빨리 언덕을 올라가기 위해
열심히 기력을 집중하고 있는 판에,
귓전에서 시끄럽게 소리를 내니 도무지 정신을 집중할 수가 없다.
귀를 꿈틀거려 파리를 쫓으려고 했지만,
그러면 그럴수록,

파리는 말이 자신의 응원을 기뻐하고 있는 거라고 착각하고,
더욱 귀 속으로 들어가서, 붕붕,
그야말로 야단이니 정신을 차릴 수가 없었다.
너무 시끄러워서 머리를 흔들어 쫓으려 하면,
파리는 말이 기운이 난 것으로 생각하고,
'나의 격려도 무시 못해.' 하며 의기양양해져서,
이번에는 다른 말에게 가,
마찬가지로 귓전에서 붕붕 날갯소리를 냈다. 물론 다른 말도,
역시 시끄럽게만 여기며 머리를 흔들었고, 파리는 이번에도,
자신의 덕택으로 말이 힘이 난 거라 생각하고
더욱 시끄럽게 날갯짓을 한다.
이리하여 파리가 맨 앞에 있는 말에게까지 가서,
더욱 강하게 날갯소리를 내자,
맨 앞에 선 말이 깜짝 놀라 자세가 흐트러졌고,
마차는 그대로 질질 언덕길을 미끄러지고 말았다.

시골처녀와 우유항아리

한 시골처녀가 아침에 짠 우유를,
우유항아리에 담아 시내에 팔러 나갔다.
처녀는 지금까지 여러 번,
그렇게 시내에 우유를 팔러 간 적이 있었기 때문에,
시내로 가는 길도, 또 시장이 어디서 서며,
어떻게 하면 잘 팔리는지도 다 알고 있었다.
그리하여, 처녀는 여느 때와 다름없이,
우유항아리를 머리에 이고, 시내로 가는 길을 걸어갔다.
하늘은 맑고, 바람도 상쾌하고 기분 좋게 불고 있었지만,

처녀의 마음은 그런 것은 느끼지도 못하고 붕 떠서,
처녀의 몸보다 훨씬 먼저 시내에 도착하여,
우유를 판 뒤의 계획으로 가득 찼다.
그도 그럴 것이, 처녀는 우유를 팔 때마다,
그 돈으로 늘 시장에서 무언가를 사고 있었던 것이다.
그것이 이 시골처녀의 은밀한 즐거움이었다.
그 우유를 판 돈으로 살 수 있는 것이라고 해야,
고작 이상하게 생긴 과일이나, 노점의 과자,
아니면 예쁜 천조각 정도였지만, 그래도
"오늘은 무엇을 살까?" 생각하면서 시장을 걷는 것은
처녀에게는 무척 즐거운 일이었고,
그녀가 살고 있는 시골마을에서는 좀처럼 가질 수 없는,
왠지 모르게 신나는 한때였던 것이다.
"맞아! 과자 가게 옆에 분명히 예쁜 스카프를 팔고 있는 가게가 있었어.
오늘은 그 가게를 구경하기로 하자. 어쩌면 멋진 스카프가 있을지 몰라.
그 스카프를 두르고, 큰맘 먹고 시내의 광장을 걸어봐야지.
그러면 나도, 도시 아가씨처럼 보일까? 양갓집 규수처럼 보일까?
남자들이 고개를 돌려 나를 쳐다봐줄까? 어쩌면,
아가씨! 하고 말을 걸어오는 사람이 있을지도 몰라. 그러면 어떻게 하지?
마음에 들지 않는 사람이면
아주 살짝만 미소 지어 보이고, 부드럽게 거절해야지.
하지만 만약 무척 잘 생긴 좋은 집안의 아들이면 어떡하지? 그 사람이,
오늘 밤 무도회에 함께 가주시겠습니까 하면서, 손을 내밀면 어떡하지?
그때는, 승낙한다 해도 일단은 뜸을 들이며 생긋 웃으면서 대답해야지.
그때, 아주 살짝 무릎을 굽히며 눈인사를 하는 게
요조숙녀처럼 보일지도 몰라."
이리하여 시골처녀가, 마치 실제로 그 자리에 있는 것처럼
무릎을 살짝 굽히고 한쪽 손을 내밀면서,
눈을 약간 내리깔고 고개를 까딱 했으니, 이를 어째!
그 순간, 머리 위의 항아리가 땅에 떨어져 깨지고 말았다.

잘생긴 젊은이도 우유도 당장 사라져버리고,
아가씨는 하는 수 없이 왔던 길을 되돌아갔는데,
그런 처녀의 뺨을, 바람이 아무 일도 없었던 것처럼
부드럽게 어루만져주었고, 길가에는 올 때는 보지 못했던 예쁜 꽃들이,
수없이, 수없이, 피어있었다.

신부와 관

어느 부잣집 가장이 병으로 쓰러졌다.
아무래도 임종이 다가왔다고 생각한 가족은,
마지막으로 축복을 받고 저 세상으로 가게 하기 위해,
신부를 집에 불렀다.
신부는 연락을 받은 즉시, 마차를 타고 길을 나섰는데,
준비성 많은 이 신부, 관을 마차에 싣고 그 집으로 갔다.
하기는, 죽어가는 사람을 축복해주고,
받는 돈은 뻔한 액수였다.
수입을 더 늘리려면 어떻게 하면 좋을까 하고 생각한 끝에,

놀랍게도 이 신부는, 거 참! 축복하러 가는 김에,
관을 팔 생각을 한 것이다.
신부가 불려가는 것은 보통,
환자가 더 이상 가망이 없을 정도로 위독할 때이므로,
마지막 순간에 신부가 그럴 듯한 말을 하고 나면,
대부분의 경우 환자는 곧 숨을 거둔다.
그러면 가족들은, 왠지 모르게 신부님 덕택에,
고인이 편안하게 떠난 것으로 생각되는 것이었다.
죽기 직전에 신부를 불렀으니, 신부가 오고 나서 곧 숨을 거두는 것은,
생각해보면, 아주 당연한 일이라고도 할 수 있지만,
인간이란 누구든지 나중에 후회가 남는 일이 많은 법이어서,
그렇게 일단, 신부님의 축복을 받은 뒤에,
"운명하셨습니다. 아버님께서는 이제 편안하게,
아무 여한도 없이, 하늘의 부르심을 받아 떠나셨습니다."
이런 말을 들으면, 모두가 왠지 모르게 고마운 기분이 드는 것이다.
이 신부는 바로 그 심리를 이용하여 장사를 할 생각을 한 것이었다.
자신의 역할이 끝난 뒤, 남은 가족들에게 간단하게 위로의 말 같은,
그럴 듯한 말을 하고 나서,
"아, 그렇지!" 문득 생각난 듯이 중얼거린 뒤,
"그런데 관 같은 건 준비하셨습니까?" 지나가는 말처럼 묻고, 이어서,

"아직 안하셨다면 저희 교회에서 특별히 주문한 관이 있습니다만……."
기습적으로 말을 꺼내면 대부분
"마침 잘 됐군요, 그 관을 저희에게 파시면 안 될까요?"
이러기 마련이었다.
그리하여 신부는,
이 날도 여느 때와 다름없이 관을 가지고 그 집으로 가고 있었다.
이 일을 위해 무엇보다 중요한 것은,
죽기 직전에 때를 잘 맞춰 고마운 축복을 내려야 하는 것이다.
만약 그렇지 못했다가 감사는 고사하고 원망의 말을 듣게 되면,
관에 대한 얘기는 아예 꺼낼 생각도 못하기 때문이다.
그래서 그런 요청이 들어오면 신부는,
언제나 득달같이 마차를 달리는데, 그 날의 상대는 돈이 많은 데다,
집까지의 거리도 멀었기 때문에,
신부는 제 시간에 맞추지 못하면 헛물만 켠다 싶어서,
여느 때보다 더 비싼 관을 실은 마차를, 평소보다 더 급하게 몰았다.
그리고…… 너무 서두르다가 마차가 쓰러지는 바람에,
신부는 머리를 심하게 다쳐 그만 그길로 황천행.
그대로 참회도 기도도 하지 못한 채,
자신이 운반하던 관에 들어가서 저승길로 떠나고 말았다.

행운의 여신과 두 남자

어느 날, 행운의 여신이 한 마을을 지나갔다.
행운의 여신이 하는 일은, 인간에게 행운을 주는 일이어서,
이 날도 누군가에게 행운을 주려고 돌아다니다가,
길에서 싸우고 있는 두 남자를 보았다.
그래서, 무엇 때문에 싸우는가 싶어,

가까이 다가가서 몰래 들어보니,

놀랍게도 두 사람은 아무래도 자기 때문에 싸우고 있는 것 같았다.

한 사람은 행운의 여신은 앉아서 기다리고만 있어서는 안 된다,

이쪽에서 찾아가 붙들어야 한다고 주장하고,

또 한 사람은, 그런 짓을 해봤자 아무 소용없다,

행운의 여신은 제 발로 찾아오는 것이지,

이쪽에서 찾아다니는 것이 아니라고 말하는 것이었다.

"생각해보게, 이 사람아" 하고 '찾아가야 한다는 남자'가 말했다.

"우리가 사는 꼴을 좀 보라구, 매일 매일 뼈 빠지게 일하면서,

그것으로 겨우 입에 풀칠이나 하는 정도 아닌가?

세상에는 궁전 같은 집에서 예쁜 여자들 속에 파묻혀,

허구헌날 맛있는 것만 먹고 놀면서 사는 자들도 있어.

그런 신분이 되고 싶으면,

이런 곳에서 무작정 기다리고 있어서는 아무 소용 없다구.

개도 돌아다니면 몽둥이든 뭐든 만난다고 하지 않던가?

아무것도 하지 않으면 아무 일도 일어나지 않는다는 말일세."

거기에 대해, '기다려야 한다는 남자'가 말했다.

"무슨 어리석은 소리를 하는 건가?

어슬렁거리며 돌아다니다가 행운을 잡을 수 있을 것 같으면,

지방을 순회하는 예능인이나 행상들은, 금세 큰 부자나 왕자가 되게?

그렇지 않다는 증거로, 그들은 늘 똑같은 행색을 하고

언제까지나 여행을 계속하고 있지 않은가?

보게나, 속담에도 행운은 누워서 기다리라는 말이 있지 않나?

요컨대 행운이라는 것은 기다려야 하는 거라네.

게다가, 행운의 여신은, 아무리 신이라고 해도 여자는 여자야,

인간 여자와 마찬가지로, 쫓아다니면 쫓아다닐수록 달아나는 법이라구."

"아니, 그렇지 않아. 행운의 여신은 양갓집 규수와 마찬가지로

좀처럼 모습을 드러내지 않으니까,

여기저기 찾아다니며 어떻게든 이쪽에서 계기를 만들어,

조금이라도 기회다 싶으면, 적극적으로 끌어당겨야 자신의 것이 되는 거야.

게다가 큰 운과 작은 운이 있으니,
기왕이면 큰 운을 붙잡아야 손해를 안보지, 안 그래?
그것 때문에라도, 무조건 멋진 행운의 여신을 찾아서
여행을 하는 수밖에 없어.
이렇게 작은 마을이나 기웃거리는 여신이라면,
어차피 대단한 여신도 아닐 거야."
'아니, 아니, 이 두 사람이 무슨 이런 엉터리 소리를!'
여신은 상황을 더 지켜보기로 했다.
두 사람은 더욱더 자신의 주장을 고집하며 계속 싸우느라,
바로 옆에 행운의 여신이 와있는 것은, 전혀 눈치 채지 못하고 있었다.
"이제 그만 하세. 자네 같은 사람한테는
무슨 말을 해도 소용없을 것 같으니. 어쨌든 난 여행을 떠날 거야.
두고 보게. 2년 안에 온 마을이 깜짝 놀라는 커다란 행운을 거머쥐고
돌아올 테니까.
그때 가서 내 덕 좀 보려고 생각해도 이미 늦을 거야."
"자네 좋을 대로 하게나.
어차피 고생만 실컷 하고 헛수고로 끝날 게 뻔하니까.
아무리 발버둥쳐도 올챙이는 개구리밖에 못돼,
농사꾼은 어차피 왕이 될 수 없는 거고.
죽도록 고생만 한 끝에, 울며불며 마을로 돌아오는 모습이 눈에 선하군.

사람의 운명은 어차피 태어날 때부터 정해져 있는 거야.
그러니, 여기서 느긋하게 기다리고 있어도 마찬가지지.
운만 좋으면, 우연히 내 집 앞에서 아름답고 마음씨 착한 부잣집 규수가,
지나가다 발이 삐어서 도움을 청해 내 집 문을 두드리고,
그것이 계기가 되어 인연을 맺게 될지도 모르지. 요컨대,
호박이 덩굴째 굴러들어오듯이 그렇게 저절로 찾아오는 것이 아니면,
진짜 행운이라고 할 수 없는 거야.
실제로 보게, 이웃마을의 방앗간 집 아들도
그렇게 못생긴 얼굴로 그토록 예쁜 색시를 얻었잖아?
뒷집의 게으름뱅이 영감은,
여간해서는 일을 하지 않는데도 우연히 밭을 갈다가 금화를 발견했지.
나도 괜히 안달하거나 들썩거리지 않고,
집안에서 느긋하게 놀며 운이 내려오기를 누워 기다릴라네."
이리하여 두 사람의 언쟁은 결론이 나지 않은 채
한 사람은 운을 찾아 길을 떠나고,
또 한 사람은 운이 굴러들어 오기를 기다리기 위해 집에 틀어박혔다.
그런데 난처해진 것은,
두 사람에게 무시당하고 그 자리에 홀로 남은 행운의 여신.
"모처럼 행운을 가져 왔는데……" 하고 중얼거리며,
하는 수 없이 옆 마을로 발길을 돌렸다.

닭들의 전쟁

두 마리의 수탉이 한 마리의 암탉을 두고 싸우고 있었다.
둘 다 자기가 이기면 암탉을 차지할 수 있을 것으로 생각하고,
있는 힘을 다해 싸웠다.
그리고 두 마리 다 치명상을 입고 죽고 말았다……

얼마 뒤, 이번에는 다른 수탉 두 마리가,

마찬가지로 한 마리의 암탉을,

서로 차지하려고 싸우기 시작했다.

싸움은 끝없이 계속되었고, 아무리 시간이 흘러도 승부가 나지 않자,

기다리다 지쳐버린 암탉은,

다른 수탉에게 가버렸다…….

또 다른 두 마리의 수탉이,

이긴 쪽이 암탉을 차지한다는 약속 아래 싸움을 시작했다.

피비린내 나는 싸움 끝에 한쪽이 승리를 거두었지만,

애초에 암탉은, 어느 쪽에도 흥미가 없었고,

이긴 쪽의 연인이 되어 주겠다고 말한 적도 없었기 때문에,

승패와는 상관없이, 다른 수탉과 부부가 되었다…….

그런 지 한참 뒤에 또 수탉 두 마리가 역시 암탉 문제로 싸우기 시작했다.

암탉은 본디 둘 모두에게 호의를 가지고 있었는데,

두 마리가, 너무 거친 말로 서로를 욕하며,

격렬하게 싸우다 서로에게 상처를 입히는 것을 보고,

마음이 완전히 떠나버려, 수탉에 대한 흥미를 아예 잃고 말았다…….

그런데 이번에는 암탉 두 마리가, 한 마리의 수탉을 두고 싸웠다.

서로 욕설을 하는 건 물론이고 치열하게 몸싸움을 하느라,

한참 뒤에는 둘 다 온 몸의 깃털이 다 뽑혀서

애써 가꾼 미모도 온데간데없이 사라지자,

정나미가 떨어진 수탉은

얼른 다른 암탉을 찾아 어딘가로 가버리고 말았다…….

그러자 이번에는, 한 암탉이

"어느 쪽이든 싸워서 이긴 쪽의 연인이 되겠어요" 말했고,

그리하여 수탉 두 마리가

연인이 될 자격을 얻기 위해 장렬한 싸움을 시작했다.

생사를 건 싸움 끝에, 이긴 쪽이 승리의 포효를 지른 뒤 암탉을 돌아보니,

이게 웬일인가!

암탉은 눈물을 흘리며 싸움에 진 수탉의 상처를 치료해주면서,

"어쩜 이렇게까지 잔인할 수가 있어요?
이 폭력배 같으니! 당신 같은 닭은 필요 없어!!
다시는 내 앞에 나타나지 말아욧!"
그러고는 진 쪽을 위로하면서 둘이 함께 숲 저편으로 사라져버렸다……
이렇게, 사랑을 둘러싼 싸움은 모두 하나같이 실패로 끝나고,
아무도 당초의 목적을 달성하지 못했다.
지금까지의 자료를 객관적으로 보는 한,
그것은 이미 확연한 역사적 사실인데…….
그렇다면, 아무리 닭이라 해도,
이제 조금은 나은 방법을 궁리해도 좋을 때가 되었으련만…….

여신과 남자

어떤 곳에, 행운의 여신의 도움을 받은 한 남자가 있었다.
행운의 여신은 보통,
누구에게나 행운을 가져다주지만,
그걸 알고 실제로 행운을 붙잡고 못 붙잡고는,

그 사람에게 달려 있기 때문에,

만약 그 사람이 행운을 알아보지 못한다 해도,

어쩔 수 없는 일,

그 이상, 쓸데없는 참견을 하지 않는 것이,

여신의 기본 방식인데, 다만,

행운의 여신은 워낙 자비로운 성격이어서,

행운을 가지고 와서 몰래 옆에 두고만 가는 것이 아니라,

그 사람이 제대로 행운을 거머쥘 수 있도록,

때로는, 일부러 눈에 띄기 쉬운 곳에,

행운을 놓고 가는 경우도 많다.

그런데, 이 남자는 어찌된 셈인지,

여신이 아무리 알기 쉬운 장소에 행운을 두어도,

그 행운의 존재를 전혀 깨닫지 못하는 것이었다. 여신도 바쁘신 몸인지라

여간해서는 그렇게 몇 번씩 특정한 사람에게

행운을 가져다주는 일이 없지만, 그래도 이 남자의 경우는,

행운에 대한 주의력이 너무 없어서, 여신도 그만 화가 나서

몇 번이고 행운을 남자에게 가지고 가

손을 뻗으면 금방 닿을 곳에 두었는데,

이 남자는 왠지, 자신만을 위해 준비된 그 행운을

일부러 요리조리 피하듯이 놓쳐버리고 만다.

그런데도 그는 입만 열면,

행운의 여신은 어째서 나만 빼놓고 다니느냐고 불평을 하는 것이었다.

"이렇게 갖다 주었잖아요? 행복도 거기 그렇게 많이 뿌려 두었건만!"

여신은 안타까워서 그렇게 말해보지만,

물론 여신의 목소리가 인간에게 들릴 리가 없고, 모습도 보이지 않는다.

마침내 더 이상 참지 못한 여신은

그 귀한 행운을 남자가 손에 넣을 수 있도록,

이 남자의 삶 자체에, 아주 조금만 손을 대기로 했다.

물론 그것이 여신의 영역을 넘어서는 일이라는 건 알고 있었다.

하지만 여신은 이 남자를 보고 있으면 너무 안타까웠다.

'그가 무슨 일을 해도 잘 안되는 건,
그가 불성실해서도, 그에게 장점이 없어서도, 바보여서도 아니라,
그저 행운을 찾는 방법, 붙드는 방법을 너무 모르기 때문이야.
그것을 조금만 알면, 이 남자의 인생은 절로 열릴 텐데.'
그래서 여신은, 도무지 주의력이 산만하여 주위를 잘 살펴보지 않고
남의 말도 귀담아 듣지 않는 이 남자에게,
아주 조금만, 침착하게 주위를 둘러보는 습관을 갖게 해주었다.
그런 다음 여신은, 성격이 조급하여, 머리에 뭐가 떠올랐다 하면
두 번 다시 생각하지 않고 이내 행동해버리는 이 남자에게,
아주 조금만, 그 행동이 어떤 결과를 가지고 올지
한순간만 생각해보는 습관을 주었다.
그리고 또, 어디서 주워들은 얘기를
그대로 자신이 생각한 것처럼 말하는 이 남자에게,
아주 조금만, 정말 스스로 그렇게 생각하는 것인지
자신에게 묻는 습관을 주었다.
그리고 또 한 가지, 자칫하면 사물의 나쁜 면만 보고 걱정하는 남자에게,
아주 조금만, 모든 사물에 숨어있는 가능성을 보고,
그것을 향해 돌진하는 용기 같은 것을 주었다.
요컨대 이 남자가 사회와 사람과 자기 자신을 대하는 방법에,
아주 조금 변화를 준 것이다.

그러자 신기하게도, 이 남자의 행동에
그 나름대로 미덕이 갖춰지기 시작했다.
그것과 동시에, 적극성과 침착성,
그리고 좋은 의미에서의 계산 같은 것이 몸에 배기 시작했다.
그렇게 되자, 저절로 행운을 찾는 방법도 알게 된 것인지
하는 일도 점점 잘 풀려나갔다.
조금씩 성공을 거두게 된 남자는, 과감하게 무역을 시작했다.
맨 처음, 아시아에서 들여온 후추가 비싼 값에 팔려
그 돈으로 밀가루를 사서 북국으로 가지고 갔더니,
마침 그 지방에 기근이 들어 밀가루도 비싼 값에 팔렸다.
그 돈으로 털실을 사니, 이번에는 혹독하게 추운 겨울이 와서
독점한 털실이 비싼 가격으로 날개 돋친 듯이 팔렸다.
남자가 노리는 건 모조리 적중했고,
순풍에 돛단 듯이 무슨 일을 해도 잘 되자, 남자는 그 성공에,
행운의 여신이 깊이 관여하고 있는 줄은 꿈에도 모르고,
모든 것이 자신의 재능에 의한 결과이며,
이제 장사 요령을 배운 자신에게는
무서운 건 아무 것도 없다고 생각하게 되었다.
그리고 일생일대의 도박에 나선 결과,
폭풍으로 배가 난파하여 한순간에 모든 재산을 날리고 말았다…….
그것을 보고 비로소 여신은,
중요한 지혜를 하나 더, 남자에게 주는 걸 깜박 잊은 것을 깨달았지만,
이내, "뭐, 상관없어, 이번 일로 그것도 배웠을 테니까."
이렇게 중얼거린 뒤,
행운의 수레바퀴를 굴리며,
누군가에게 새로운 행운을 주기 위해 다시 출발했다.

여점술사와 손님

인간사회의 인기나 평판만큼 이상한 것은 없다.
같은 사람이 같은 일을 한다고 반드시 결과까지 같은 것은 아니다.
가령 채소가게를 예로 들어,
신선한 채소를 진열한 것과, 시들어버린 채소를 진열한 것 사이에는,
실적이 다른 것은 당연한 이치지만,
똑같은 채소를 같은 사람이 같은 장소에서 판다고 해도,
결과가 다르게 나올 수가 있다.
아무것도 아닌 일로 평판이 좋아지기도 한다.
또는 반대로, 어제까지 잘 팔렸는데,
특별한 이유도 없이 손님이 딱 끊기기도 한다.
그것은 예능인이나 정치가, 이발사도 마찬가지여서,
아무튼, 이렇게 하면 이런 결과가 나온다고,
일률적으로는 말할 수 없는 것이 인간사회의 어려운 문제이다.
뛰어난 예능인이 서툰 예능인보다 반드시 돈을 많이 버는 것도 아니고,
권력 있는 정치가가 반드시 좋은 정치가인 것도 아니다.
그렇다면, 평판이니 인기니 세력이니 하는 것은 도대체 무엇일까?

그건 그렇고, 어떤 마을에 점쟁이 여자가 있었다.
그녀는 옛 시가지의 좁은 골목길 안에 있는
당장이라도 무너져 내릴 것 같은 낡은 집에 살면서,
그 집 한쪽의 어둡고 좁은 방에서,
가난한 사람들을 상대로 점을 쳐주며 근근이 연명하고 있었다.
차림새는 남루하고, 가구라고 부를 만한 것은 아무 것도 없이
있는 것이라 해야, 그곳이 점쟁이의 집이라는 것을 나타내는,
먼지가 뽀얗게 쌓인 음침한 소도구 몇 개뿐이었다.
점치는 것 말고는 이렇다하게 살아갈 수단이 없는 이 점쟁이는,
벌써 한 20년쯤,
그렇게 간신히 굶어죽지 않을 만큼 가난하게 살아오고 있었다.
그런데 어찌된 일인지, 약 1년 전부터 이 점쟁이의 집에
갑자기 사람들이 찾아오기 시작한 것이다.
그것도 이웃의 가난뱅이들이 아니라
차림새가 번듯한 신사와 성장을 한 귀부인처럼,
어찌된 건지 돈이 무척 많아 보이는 사람들뿐이었다.
점을 치는 방법이 특별히 바뀐 것도 없는데, 아마 어쩌다가,
누가 우연히 한 마디 한 말이 소문처럼 퍼져가기 시작하여
소문은 이윽고 좋은 평판이 되었고, 그 평판이 또 다른 평판을 불렀으리라.
점쟁이가 어리둥절해할 사이도 없이, 손님이 밀려들기 시작하더니
문전에 장사진이 설 정도가 되었다.
당연히 돈도 자꾸자꾸 쌓여갔고, 점쟁이는 쌓일 대로 쌓인 그 돈으로,
다음 생에 꼭 한번 살아보고 싶었던, 신시가지의 한 곳에
아담한 집을 한 채 샀다.
옷도 세간도 점치는 소도구도 몽땅 새것으로 바꾸고
새집에서 새로운 기분으로 다시 점을 치기 시작했는데,
그때부터 웬일인지 아무도 찾아오지 않았다.
이사를 알리는 안내문도 돌리고 광고까지 냈는데도
손님의 발길이 씻은 듯이 딱 끊긴 것이다.
그런데, 이럴 수가! 점쟁이가 원래 살던 집에서는,

어깨너머로 배워 그 집에서 점을 시작한 이웃집 노파가,
끊임없이 찾아오는 손님을 상대로
하루 종일 어설픈 점을 치고 있었으니!

족제비 새끼와 토끼 새끼

자립할 시기를 맞이한 족제비 새끼가,
이제 부모 곁을 떠나 혼자 살아가기 위해,
적당한 보금자리를 찾으러 들판으로 나갔다.
한참 가다 보니까, 들판 언저리에,
마침 자신의 몸에 꼭 맞는 굴이 하나 있었다.
"여보세요!" 하고 불러봤지만 아무 대답도 없자,
"좋아, 오늘부터 여기가 내 집이야" 하고,
당장 그 굴에서 살기로 결정했다.
몇 번인가 굴에 들락날락하며 확인해보니,
입구의 크기도, 굴의 깊이도 자기에게 꼭 안성맞춤.
굴 안은 따뜻했고, 거기서 얼굴을 내밀면 넓은 들판이 한눈에 들어왔다.
완전히 마음이 흡족해진 족제비새끼가,
굴에서 얼굴을 내밀고, 흐뭇해하고 있으니,
저기서 토끼새끼가 오고 있는 것이 보였다.
무엇을 하고 있는 걸까 생각하고 있으니,
토끼새끼는 깡충깡충 뛰어서 이쪽으로 오고 있다.
무슨 일이지? 생각하는 사이에,
토끼새끼는 바로 코앞까지 와서 이렇게 말했다.
"이러면 곤란해, 족제비 군, 여기는 내 집이야.
내가 먼저 발견하고 살고 있었단 말이야."
"뜬금없이 그게 무슨 소리야? 이곳은 내가 발견했어."

"뭐라고? 나보다 뒤에 와놓고 그러면 안 되지.
동물사회의 규칙은 지켜줬으면 좋겠어."
"말은 그럴싸하게 한다만,
네가 먼저 이 굴을 찾은 게 틀림없다는 증거라도 있어?"
"있고말고. 굴속에 아까 내가 갖다 둔 나무뿌리가 틀림없이 있을 테니까."
그 말을 들은 족제비새끼가 굴속을 찾아보니,
분명히 나무뿌리가 한 개 떨어져 있다.
"거봐. 내가 먼저 이곳을 발견했다는 걸 이젠 알았지?
알았으면 어서 비켜줘.
난 어제부터 부모님 곁을 떠나서 자립하게 되었단 말이야.
그래서 배가 고플 때를 위해,
이렇게 먹을 것을 찾아 집에 옮겨놓는 중이잖아."
"자립을 하게 된 건 나도 마찬가지야. 나도 오늘부터 혼자 살기로 했어.
그러려면 이 굴이 꼭 필요해.
게다가 듣고 보니 별것도 아니면서 그러는구나.
네가 이 굴을 발견한 건 어제였다고 했지?
단 하루 차이로 그렇게 뻐길 것 없잖아?
이곳이 그렇게 소중하다면,
밖에 나가지 말고 내내 여기서 지키고 있지 그랬니?
어쨌든 지금은 내가 이곳의 주인이니까, 넌 다른 곳으로 가봐."

"무슨 소리야? 하루든 한 시간이든, 먼저 찾은 자가 임자지……"
이리하여 족제비와 토끼 새끼들이
굴을 두고 큰 소리로 끝없이 다투고 있으니,
마침 지나가던 고양이 한 마리가 그것을 보고
어이없다는 표정으로 이렇게 말했다.
"이렇게 눈에 잘 띄는 장소를 두고 다투다니,
마치 누가 먼저 죽을지 내기하고 있는 것 같군."

뱀의 머리와 뱀의 꼬리

어느 화창한 오후에, 숲 속 길 한복판에서,
뱀의 머리와 꼬리가 갑자기 말다툼을 하기 시작했다.
뱀의 머리가 꼬리에게 말했다.
"꼬리 주제에 그렇게 멋대로 움직이지 말아줬으면 좋겠어.
내가 나가는 방향에 맞춰서 따라오란 말이야."
그러자 뱀 꼬리도 말했다.
"너야말로 가끔은 나에게 맞춰주면 안 돼?
언제나 나는, 말없이 순순하게,
네가 하자는 대로 따라왔어.
오늘만큼은 난 내가 가고 싶은 쪽으로 갈 테야.
도대체 넌, 멋대로 자기 좋은 쪽으로만 가면서,
내 의견은 한 번도 물어보지 않잖아?
어디에 가고 싶으면, 적어도,
난 저쪽으로 가고 싶은데 괜찮니? 하고,
일단 의견을 물어보는 게 예의 아니니?"
"그래 봤자, 너한테는 눈이 없잖아?
너에게 길을 맡기면, 위험해서 안 돼.

내가 가는 곳을 정하면, 넌 그것을 지원한다,
우리가 한 몸의 뱀으로 살아온 이래,
처음부터 그렇게 역할이 정해져 있으니까, 어쩔 수 없는 일이지……."
"무슨 소리야? 우리는 땅을 기어다니며 사는 동물이야.
중요한 건 대지를 몸으로 느끼는 거라구.
난 눈이 보이지 않는 대신, 대지를 느끼는 감각에서는,
너보다 몇 배나 예민해.
그런 나의 감각이, 너의 판단 자체를 지탱해주고 있다는 걸 모르니?"
그렇게 뱀의 머리와 꼬리가
길 한복판에서 앞으로도 가지 못하고 뒤로도 가지 못한 채,
이러쿵저러쿵 말다툼을 하고 있자, 견디다 못한 몸통이 말했다.
"이제 그만 좀 해라. 뭐라고 말하든 너희 자유지만,
머리든 꼬리든, 내가 없으면 무슨 소용이냐?
내가 보기에, 머리 넌 그저 고개를 들고 주위를 두리번거리고 있을 뿐이야.
또 꼬리, 너는 그저 스르륵스르륵 하고 편안하게 따라만 가면 되잖아?
아까부터 잠자코 듣자 하니,
내가 방향을 정한다느니, 내가 판단을 지탱해주고 있다느니 하는데,
무슨 헛소리들인지 모르겠군!
내가 열심히 몸을 비비꼬지 않으면, 앞으로도 뒤로도 나아가지 못하는데.
결국, 너희는 한낱 장식품에 불과해.

한심한 말장난은 이제 그만 하고,
조금은 나에 대해 감사의 마음과, 위로하는 마음을 가져줬으면 좋겠어."
이리하여, 뱀의 머리와 꼬리와 몸통이 삼파전을 벌이는 동안
태양은 사정없이 내리쬐고 있었고,
뱀이 정신이 들었을 때는
마른 땅 위에서 몸이 말라버려 꼼짝할 수 없게 되고 말았다.

인간과 저승사자

어떤 곳에 죽음이 다가온 남자가 있었다.
그럴 때, 죽음의 순간에 입회하여,
사람을 사후 세계로 인도하는 것이 저승사자의 역할인지라,
저승사자가 시간을 맞춰 남자에게 가서,
익숙한 말투로 늘 하던 대사를 읊었다.
"드디어 모시고 갈 때가 왔군요.
자, 저와 함께 사후 세계로 여행을 떠납시다.
길안내는 제가 다 해드릴 테니까,
아무쪼록 안심하고 편안하게 눈을 감으십시오."
그러자 남자가 놀라서 말했다.
"무슨 소리를 하는 거야, 난 아직 죽지 않았어!"
"그러니까……" 저승사자가 타이르듯이 말했다.
"그러니까 맞이하러 왔다고,
말씀드리는 것 아닙니까?
말씀대로, 당신은 이제 곧 숨을 거두게 될 것입니다."
"싫어, 난 아직 죽고 싶지 않아! 하고 싶은 일이 얼마나 많은데.
먹고 싶은 것도 보고 싶은 것도 아직 많이 남아 있단 말이다!
게다가, 세 번째 아내가 낳아준 막내딸은 아직 너무 어려.

그런데도, 나보고 죽으라는 건 너무하잖아.
그렇게 죽이고 싶으면 누군가 다른 사람을 찾아봐."
"죽이다니 당치도 않으십니다.
저는 당신의 수명이 다한 것을 알고 왔을 뿐입니다.
뭐라고 말씀하시고 뭐라고 부탁하셔도,
저는 사람을 살리는 것도 죽이는 것도 할 수 없습니다.
제가 할 수 있는 건 다만,
당신의 수명이 다한 것을 확인하고, 당신을 즐겁게,
사후세계로 모시고 가는 것. 그것이 제 역할입니다.
말하자면 즐거운 여행의 안내자이지요.
그런 제가 보기에, 당신의 수명은 앞으로 딱 3분밖에 남지 않았습니다.
부디 마음을 진정하시고, 편안하게 죽음의 순간을 받아들이시기를
간절히 부탁드립니다.
그렇게 하지 않으면, 아무리 저라 해도 안내해드릴 수가 없습니다.
누구나 다 한번은 죽습니다.
그리고 이렇게 말씀드리면 뭐하지만, 당신은 벌써 97세.
충분히 사실만큼 사셨다고 생각하지 않으십니까? 아니, 물론,
사람의 수명은 저마 달라,
90이니까 충분하고 40이니까 아깝다는 건 아닙니다만,
당신보다 훨씬 젊은 나이에

갑작스럽게 불의의 죽음을 맞이한 분도 계시니까,
부디, 오랜 인생에서 즐거웠던 일을 떠올리시며,
편안하게 영원한 잠에 드시는 게 어떨까요?”
이렇게 저승사자가 아무리 온갖 말로 구슬려도,
남자는 전혀 단념하지 않고 울부짖으며 저항했기 때문에,
마침내 남자의 수명은 운명을 저주하는 가운데 끝나버렸고,
즐거운 추억의 선물도 지니지 않은 채,
홀로 외롭게 저 세상으로 떠나고 말았다.

부자와 구두장수

어떤 도시에 커다란 저택에 사는 부자가 있었다.
부자에게는 부모한테서 물려받은 막대한 재산이 있어서,
굳이 일할 필요가 없었기 때문에,
그 큰 저택 안에서 하인들에게 에워싸여,
무엇 하나 부족함이 없이 우아한 생활을 하고 있었다.
이렇게, 주위에서는 생각하고 있었지만,
사실 이 부자한테도 고민은 있었다.
낮 동안 지루해서 견딜 수가 없는 것과,
밤에 잠을 푹 잘 수 없다는 것이었다.
낮 동안에 지루함을 달래기 위해, 뭔가 하려고 해보지만,
반드시 뭔가를 꼭 해야만 하는 이유가 없었기 때문에,
무엇을 해도 곧 싫증이 나버린다.
맛있는 산해진미만 해도, 가끔이면 몰라도,
매일 계속되니 질릴 수밖에.
게다가 살이 너무 쪄,
의사한테서 지나치게 과식하면 안 된다는 주의를 들었다.

운동이라도 좀 하는 게 좋지 않겠느냐는 말도 들었지만,
이제 와서 몸을 움직인다는 것도 귀찮고,
무엇을 시작해도 거의 사흘을 못 간다. 책 읽는 것도 귀찮고,
그렇다고 아무것도 하지 않으면 지루해서 견딜 수가 없고,
그러다 보면 꾸벅꾸벅 졸기 일쑤니, 정작 밤이 되면 잠이 오지 않는 것이다.
밤에는 더더욱 할 일이 없어, 자려고 하면 할수록 눈이 말똥말똥,
그렇다고 한밤중에 집안을 돌아다니는 것도 왠지 흥이 나지 않고.
밤낮 없는 이 악순환이 극에 달해, 마침내 노이로제가 될 지경이었다.
그러던 어느 날, 부자가 창문에서 밖을 내다보니
거리 저편에 구두장수의 모습이 보였다.
가만히 보고 있으니,
구두장수는 나무망치로 탕탕탕! 박자에 맞춰 가죽을 두드리며,
즐거운 듯이 노래를 부르고 있었다.
나무망치를 두드리는 가락이 바뀌면 노랫가락도 바뀌고,
이따금 구두를 손에 들고 바라본 뒤,
만족스러운 표정으로, 다시 탕탕 하며 고치고 있는 건지
가볍게 망치를 휘두른다.
매일 똑같은 일을 하고 있어서,
얼마 못가 싫증내겠지 하고, 부자도 매일 보고 있으니,
매일 매일 똑같이 아침부터 밤까지 노래를 부르고 나무망치를 두드리며,

끝없이 구두를 만들어낸다.
그리고 한 켤레 완성될 때마다,
만족스러운 표정으로 구두를 바라본 뒤,
다시 탕탕 소리를 내며 일을 시작하는 것이었다.
그 모습이 너무나 즐거워보여서,
부자는 어느 날 구두장수를 저택에 불러 물었다.
"그렇게 매일 구두만 만들고 있으면 싫증나지 않느냐?"
"싫증날 틈이 없습니다.
무슨 일이 있어도 약속한 날짜에 끝내야 되거든요.
게다가 구두라는 것은,
한 켤레 한 켤레 다 크기도 다르고 모양도 다르고,
가죽도 다르고 색감도 다르지요.
부끄럽지만, 싫증날 만큼 솜씨가 좋지는 않다는 얘기죠."
"그렇게 하루 종일 일만 하면 몸이 피곤해서,
밤에 오히려 머리가 말똥말똥해지거나
몸이 아파서 잠을 자지 못하지는 않느냐?"
"완전히 정반댑니다. 밥을 먹으면 금방 쓰러져서,
그대로 아침까지 내처 자버리죠."
부자는 구두장수의 말이 왠지 모르게 부러웠다.
"그럼 자네한테는 고민 같은 건 전혀 없겠구나. 불만도 없을 것이고."
"없지야 않지요, 구두를 좀더 비싸게 팔 수 없을까라든가.
가끔은 좀 쉬고 싶다든가, 자기 습관이 나쁜 것은 생각하지 않고
구두만 나무라는 손님은 싫다든가,
좀더 여유가 있으면 더 좋은 가죽을 사용할 수 있는데…… 같은,
별로 고민이라고 할 것까진 없지만,
아무튼 이런 일을 오랫동안 하다보면 뭐든 있게 마련이지요.
거기에 비하면, 나리께서는 정말 좋은 팔자 아닙니까?
이렇게 좋은 집에 사시면서,
식사도 말하지 않아도 요리사가 만들어 주니
그보다 더 편한 게 어디 있겠습니까?

가능하다면, 저도 한번 이런 생활을 해보고 싶군요."
"그것 참 좋은 생각이다! 당장 오늘부터 바꿔보세."
이리하여 부자는 구두장수의, 구두장수는 부자의 생활을
체험하게 되었는데……
그 결과 어떻게 되었냐고?
바로 사흘도 못가서 두 사람의 입에서 똑 같은 소리가 나왔다.
부자는 구두장수를 흉내 내어보았지만
손을 나무망치로 때리거나 못으로 찌르고,
급기야 손님한테 욕까지 얻어먹으니 견딜 수가 없었다.
구두장수는 시간을 주체 못하는 데다 밤에도 잠을 자지 못하고,
너무 많이 먹어서 몸이 둔해 기분이 나쁘다고 하소연을 하여,
곧 다시, 서로 원래의 부자와 구두장수의 생활로 돌아가고 말았다.

사자와 늑대와 여우

동물왕국의 임금님인 사자가 병에 걸렸다.
그래서 사자는, 미심쩍은 충성심을 시험하기 위해,
부하 동물들에게 병문안을 오라고 소집명령을 내렸다.
사자가 무슨 일만 있으면 소집명령을 내리는 것은,
자신이 모든 동물한테서 미움을 받고 있다는 것을 알고 있기 때문으로,
그래서 이렇게 이따금 권위를 과시하지 않으면,
왠지 모르게 불안해지기 때문이었다.
그래서 동물들은 모두 모여 의논을 했다.
화제는 물론 사자의 병이었는데,
문제는, 이 병이 곧 나을 병인가,
아니면 목숨과 관계된 병인가 하는 것이었다.
그도 그럴 것이, 만약 잠깐 아프고 말 병이라면,

일단 얼굴을 내밀지 않으면,

병이 나은 뒤 여러 가지로 보복을 당하는 수가 있기 때문이다.

하지만, 만약 치명적인 병에 걸린 거라면,

굳이 들여다볼 필요가 뭐 있으랴.

그리고 그게 나이 탓이라면, 어차피 앞일은 뻔하기는 하지만,

지금은 일단 얼굴만이라도 내미는 편이 무난할지도 모른다.

어쨌든, 상당히 타산적인 생각이기는 하지만,

왕이 실제로 얼마나 존경을 받고 있는지,

또는 얼마나 미움을 받고 있는지는, 이런 때 여실히 드러나는 법이다.

게다가 이 사자처럼, 순전히 힘만으로 모두를 복종시켜온 왕의 경우에는,

모두 당장 본심을 드러낸다.

물론 그것은, 왕도 어느 정도 알고 있기 때문에,

그럴수록 더 핑계거리만 있으면 모두를 불러모아,

부하들의 언동을 넌지시 살피지 않을 수 없다.

게다가 이번 경우는, 아무래도 나이 탓만이 아니어서,

스스로도 어쩌면 회복하기 어렵다는 것을 알고 있었기 때문에,

더욱더 불안해져서,

모두에게 당장 병문안을 오라고 소집명령을 내린 것이었다.

어차피 살날이 얼마 남지 않았다면, 그런 번거로운 일을 하지 않고

혼자서 조용히 죽음을 맞이하면 좋을 것 같지만,

그것이 바로 오랫동안 권력을 마음대로 휘둘러온 자의 슬픈 천성.
죽을 때도, 주위에 많은 동물들이 엎드려 있지 않으면
직성이 풀리지 않는다.
그런데, 평소에는 소집명령을 내리면 금방 모여드는 동물들이
이번에는 아무도 오지 않는 것이었다.
동물들의 회의 결과, 아무래도 임금님이
다시 기력을 되찾는 일은 없을 것 같다는 결론에 도달했기 때문이었다.
그리고 만에 하나 기적적으로 회복했을 때도 고려하여,
모두가 소집을 무시하기로 한 것이다.
그런데…… 그런 결정을 어기고 사자를 찾아간 동물이 있었으니,
바로 늑대와 여우였다.
만에 하나의, 또 그 만에 하나를 생각하여 앞질러 간 것이 화근이었다.
그리고 결국, 아무도 오지 않는 것에 화가 나 있던 사자의
마지막 먹이가 되고 말았다…….

고기를 입에 문 개

어떤 개가 주인의 지시로 심부름을 갔다.
무슨 심부름인가 하면,
광주리를 입에 물고 고깃간에 가서,
광주리 안에 담긴 메모에 적혀 있는 대로,
고깃간 주인이 주문품을 광주리에 담아주면,
그것을 물고 주인에게 돌아오는 것이었다.
개는 지금까지 여러 번 주인과 함께,
그 심부름을 연습한 적은 있었지만,
혼자 하는 것은 그날이 처음이었다.
연습할 때는 시키는 대로 잘 하면,

주인은 무척 기뻐하면서 몇 번이고 칭찬해줄 뿐만 아니라,
가지고 온 고기에서 맛있는 부위를 한 점 잘라 주었다.
그렇게 해서, 개는 심부름하는 것을 금방 배웠고,
오늘은 드디어 진짜 심부름을 하게 된 것이다.
그런데 늘 하던 대로, 개가 광주리를 입에 물고 고깃간까지 가서,
광주리에 고기를 받아가지고 집으로 돌아가는데,
어떻게 알고 나타났는지, 모르는 개들이 여러 마리 뒤따라오기 시작했다.
연습할 때는 그런 일이 한 번도 없었는데 말이다.
역시 만만찮은 일이라고 생각하고 있으니,
도대체 이 거리의 어디에 그렇게 많은 개가 있었나 할 정도로,
뒤에 따라오는 개의 수는 자꾸자꾸 늘어나기만 했다.
처음에는, 심부름을 할 줄 아는 자신에게 감탄해서 따라오는가 했지만,
눈치를 보아하니, 아무래도 그건 아닌 것 같았다.
그러다가 뒤쪽에서 "조금만 줘, 집개 군." 하는 목소리가 들렸다.
그러자 그것을 신호로, 뒤따라오는 개들이 일제히 떠들기 시작했다.
"여러 말 할 것 없이 얼른 고기를 빼앗아버리자."
"너 혼자 독차지하려고? 내가 있는 한 그렇게는 못할 걸."
"정 그렇다면 누가 제일 강한지 한번 붙어보자.
제일 강한 놈이 고기를 차지하는 거야."
"그런 욕심꾸러기 같은 말은 그만 하고, 오랜만에 다 함께 나눠먹자."
"무슨 바보 같은 소릴 하는 거야?

약육강식이 이 세상의 법칙이라구, 자, 덤벼봐."
"그랬다가는 우리 모두 손해만 봐. 그러지 말고 원만하게 해결하자."
이렇게 뒤에서 들려오는 소리는, 갈수록 불온한 얘기뿐.
게다가 뒤따라오는 개들은 모두 이 고기를 아예 제 것인 양
생각하고 있는 눈치.
어떡하지? 하고 힐끗 뒤를 돌아보니,
모두가 눈을 반짝이면서 당장이라도 달려들 것 같은 기세다.
지금이라도 광주리를 내던지고 달아나고 싶지만,
화난 주인의 얼굴이 뇌리를 스쳐가니,
심부름 잘하는 집개 군은,
연습과 진짜의 예상 밖의 차이에 어쩔 줄 몰라 쩔쩔 매고 있을 뿐이었다.

광대와 작은 물고기

하루는 한 광대가 파티에 불려갔다.
무척 성대한 파티였기 때문에,
광대는 여느 때처럼, 연회에 흥을 돋우거나,
분위기가 가라앉을라치면 우스갯소리를 하여 웃기고,
바로 이때다 싶을 때, 파티의 주인공에게 꽃을 바치는 등,
자신에게 원하는 역할을 충분히 해내면,
그에 상응하는 보답이 있을 거라고 기대하며,
나름대로 준비를 하고 갔는데,
막상 파티장에 도착하여 준비된 자리에 앉아보고 깜짝 놀랐다.
초대받은 사람들의 신분도 꽤 높고, 음식도,
그런대로 호화롭게 마련되어 있는 것 같은데도,
자신의 자리에는 거의 아무것도 놓여있지 않았던 것이다.
자세히 보니, 메인 접시에는 달랑 작은 생선 한 마리.

설마 하고 생각하며 다른 자리를 둘러보니, 놀랍게도,
사회적인 지위와 재력에 따라 생선의 크기가 다 달랐다.
정말 치사한 인간이라고 생각하며 이번에는 주인의 자리를 보니,
어이구야! 그 자신의 생선이 가장 큰 건 물론이고,
누구보다 좋은 접시에 담겨 있었다.
'아, 틀렸어, 이걸 보면 오늘의 벌이가 어느 정도나 될지 뻔해.'
그렇다고 일단 불려온 연회에서,
아무것도 하지 않고 그냥 돌아갈 수도 없는 일이었다.
어쨌든 오늘은 가능한 한 체면만 세워주고
기회를 봐서 얼른 일어서자고 생각하고 있는데,
윗자리 쪽에서 주인의 목소리가 들려왔다.
"어이, 거기 자네!
뭔가 재주를 보여서, 손님들을 기분 좋게 해드리게."
갑자기 시키면 어떻게 하란 말이냐고 한 순간 화가 났지만,
그래도 산전수전 다 겪은 광대의 몸.
그런 눈치는 전혀 내색하지 않고, 파티를 시작하기에 어울리는
짧은 얘기를 하나 들려주어 그 자리를 무사히 넘겼다.
이어서 다 같이 건배를 하고 식사가 시작되었는데,
시작하자마자 또 윗자리 쪽에서 목소리가 들려왔다.
"어이, 거기 자네, 이번에는 멋진 춤이라도 춰보지 그래."

이렇게 거만하고 무례한 손님은 처음이라고 생각하면서도 광대는,
이것도 일인지라 하는 수 없이 췄지만,
춤을 추면서도 자꾸만 화가 났다. 춤이 끝나 다시 자리에 앉은 광대는,
자기 접시 위의 작은 생선을 집어 들어 귀에 갖다댔다.
주위 사람들은 의아해했지만, 광대는 모르는 척하고,
그대로 생선을 귀에 계속 갖다 대고 있었다.
얼마 안 있어, 또 윗자리 쪽에서 술 취한 주인의 목소리가 들렸다.
"어이, 자네, 이번에는 노래 한번 불러봐.
이 집의 미래를 축복하는 노래를!"
그러나 광대는 주인의 말을 무시하고, 생선을 귀에 계속 댄 채 말했다.
"조용히 해주십시오, 지금 생선의 애기를 듣고 있으니까요.
무슨 일이 있어도 들어줘야 한다고, 이 작은 생선이 말하고 있거든요."
어이가 없어진 주인이 자기도 모르게 물었다.
"그래서 생선이 도대체 뭐라고 말하던가?"
광대는 천천히 주인 쪽으로 돌아앉으며,
"이 작은 생선이 말하기로는" 하고, 애기하기 시작했다.
"저는 아직 어려서 지식도 경험도 그리 많진 않지만,
이렇게 붙잡혀서, 바다 밖 세상을 구경하니
아무래도 바다 속과는 영 딴판이군요.
역시 좁은 세상 속에 갇혀 있으면 모르는 게 많은 법이라고
절실히 느꼈습니다.
물론 이제부터 먹혀버리게 된 것은 유감이지만, 이 세상과 하직하기 전에,
이렇게 바다 밖의 세상을 볼 수 있어서, 정말 행운입니다.
이젠 죽어도 여한이 없습니다.
하고 만족스럽게 말하는군요. 제가 무엇에 그렇게 감격했느냐고 물으니,
바다 속은, 그야말로 냉엄한 약육강식의 세계로,
작은 물고기는 큰 물고기에게,
큰 물고기는, 그보다 더 큰 물고기에게 먹혀버립니다.
그런데 이렇게 바다 위에 올라와서
막상 제가 먹힐 차례가 되어 보고서야 알게 된 것은,

아무래도 인간 세상은, 바다와는 반대로
가장 힘이 있는 자가 가장 작은 생선을 먹고,
가장 보잘 것 없는 자가
가장 큰 생선을 먹게 되어 있는 것 같다는 사실입니다.
아까부터 보고 있자 하니, 저를 먹기로 되어 있는 당신은,
열심히 다른 사람들을 웃기고 즐겁게 해주더군요.
아마 뭐든지 잘 하시는 분인 것 같아요.
그런데, 이쪽의 가장 큰 생선을 받은 분은, 스스로는 아무 것도 못하는지,
툭하면 당신에게 부탁을 하여, 이 자리의 분위기를 북돋우려 하고 있어요.
즉 땅에서는 바다 속과는 반대로, 힘이 있는 자가
힘이 없는 자를 위해 봉사하게 되어 있는 것 같다는 얘깁니다.
정말 훌륭한 가치관입니다.
이 세상에 이런 세계가 있다는 것을 안 것만으로도,
저는 태어난 보람이 있습니다. 이것으로 저는 미련 없이
저세상으로 갈 수 있을 것 같습니다. 그럼 안녕히…….
작은 생선의 이야기는 이상입니다.”
광대는 그렇게 말한 뒤, 그대로 파티장을 떠났다.

쥐와 여행

세상 무서운 줄 모르는 쥐 한 마리가 여행을 떠났다.
좁은 세상에 갇혀 있으면,
성장할 수 없다고 생각한 것이다.
이 쥐가 태어나고 자란 곳은,
작은 마을 변두리의 헛간인데,
그 쥐들은 대대로 거기서,
아무런 부족함이 없다고는 할 수 없어도,

그런대로, 굶주리지는 않고,
그럭저럭 살아온 셈이었다.
물론, 어떤 세상이나 다 그렇듯이,
시골 마을 변두리의 헛간도, 요즘 같은 시대에,
항상 평온하기만 한 것은 아니다.
늘 집고양이가 쳐들어오고,
잠시 방심하면, 헛간 주인이 설치한,
쥐덫에 걸릴 수도 있다.
한밤중에 함부로 밖에 나갔다가는,
눈 깜짝할 사이에 올빼미의 먹이가 되어버리기도 한다.
기근으로 식량이 부족할 때는, 다 같이 나름대로 인내하면서,
어떻게든 연명해 가지 않으면 안 되는 것과,
좁은 헛간 속이기는 하지만, 여러 가족이 모여서 살고 있는 이상,
이웃의 젊은 쥐들과의 교류와, 원로 쥐와의 대화 방법, 등등……
어쨌든 한 마리의 어엿한 헛간쥐가 되려면,
여기서도 배워야 하는 일이 많다.
하지만, 그런 마을 변두리의 헛간 생활에 작별을 고하고,
쥐 한 마리가 여행을 떠났다.
성장하기 위해서는 넓은 세상을 구경해야 한다는
말을 남기고 헛간을 떠난 것이다.
그렇게 성장해서 뭐할 것인지에 대해서는,
지금은 특별히 생각한 것이 없다.
널리 세상을 구경한 쥐와 그렇지 않은 쥐가 어디가 다른가 하는 것도,
헛간 생활의 어떤 점이 싫고, 어떤 점이 좋은가 하는 것도,
헛간 밖의 세상에는, 어쩌면 고양이와 올빼미보다
더 위험한 것이 있을지도 모른다는 것에 대해서도,
특별히 생각한 적이 없었다.
또 그런 여러 가지 의문에 대해 누군가에게 의견을 물은 적도,
미리 헛간 주위를 조사해 본 적도 한 번도 없었다.
요컨대 이 쥐는, 아무것도 생각하지 않고 무조건 길을 떠난 것이었다.

그래서, 그 뒤 이 쥐가 어떻게 되었는가 하면…….
거기에 대한 여러분의 생각은 어떻습니까?
실컷 고생만 한 끝에 집을 떠난 것을 후회했을까요?
아니면, 위험하고도 즐거운 모험을 함으로써 크게 성장했을까요……?

정원사와 곰

어떤 곳에, 사람과 사귀기를 싫어하는 정원사가 있었다.
정원사가 이 직업을 선택한 것도 바로 그것 때문으로,
사람과 사귀는 것은 물론 얘기를 나누는 것조차 싫어하는 그는,
정원사라면 불필요한 교제를 하지 않아도 된다고 생각해선지,
말 못하는 초목을 상대로 하는 이 일을,
혼자서 오랫동안 친구도 없이 해왔던 것이다.
그런데, 이 정원사의 집에서 그리 멀지 않은 숲에,
외로운 곰 한 마리가 살고 있었다.
곰이라고 하면, 숲 속에서는 무적의 존재,
모든 동물의 두려움의 대상으로, 무리를 짓지 않고 사는 동물이어서,

이 곰도 어른이 된 뒤로는,
숲 속에서 혼자 살아왔다.
그런데 이 곰은 곰치고는 별난 곰인지,
그런 외톨이 생활이 쓸쓸해서 견딜 수가 없었다.
그래서 곰은, 숲의 무적 곰으로서의 체면을 내던지고,
누군가 친구를 만들어야겠다고 생각했다.
그런데 슬프게도, 곰이 아무리 다정한 마음으로 다른 동물에게 다가가도,
상대는 다람쥐든 사슴이든 멧돼지든, 곰이 뭐라고 말을 걸기도 전에,
겁에 질린 얼굴로 미친 듯이 달아나고 만다.
"이봐! 달아나지 마!
난 아무 짓도 안 할 거야, 그저 너하고 친구가 되고 싶을 뿐이라구!"
아무리 큰 소리로 불러도,
상대는 더욱 빨리 달아나기만 할 뿐.
아! 나는 평생 친구라는 것을 가질 수 없는 건가 하고,
외로운 곰은 슬픈 기분으로 하루하루를 보내고 있었다.
그러던 어느 날, 곰이 친구가 되어 줄 상대를 찾아,
지금까지는 한 번도 가본 적이 없는, 숲의 남쪽 변두리까지
큰 맘 먹고 찾아가보니,
저편에 한 인간이 누워 있는 것이 보였다.
누워 있는 사람은 바로 사람을 싫어하는 정원사였다.

정원사는 오전의 일이 끝나면,

불필요한 대화 같은 걸 피하기 위해

매일 그렇게 집 근처의 숲에 가서 식사를 한 뒤,

식사 뒤의 한때를 그렇게 혼자 낮잠을 자면서 보내는 것이었다.

곰은 누워있는 사람을 보고 처음에는 잠시 주저했지만,

그래도 불현듯 '인간이라면……' 하고 생각했다.

'혹시 인간이라면,

나를 무서워하지 않고 어쩌면 친구가 되어 줄지도 몰라.'

한편 정원사는 아무리 인간을 싫어한다지만,

그렇다고 곰을 좋아하는 것도 아니었기 때문에,

다가오는 곰을 보았을 때 이 일을 도대체 어떻게 하나 생각했지만,

지금까지 남에게 큰 소리를 지른 적이 한 번도 없으니,

갑자기 큰소리가 나올 리도 없고,

또 평소에 움직이지 않는 초목을 상대로 일하느라,

민첩하게 몸을 피하거나 빨리 달려본 경험도 없으니,

미처 달아나지 못하는 사이,

곰은 금세 코앞까지 와있었다.

곰이 인간과 친구가 되려고 생각하고 있는 줄 알았으면 몰라도,

아니, 곰의 마음을 설사 알았다 하더라도,

인간과의 교제방법도 제대로 모르는데,

곰과의 교제방법을 정원사가 어떻게 알 수 있으랴.

하다못해 큰 소리라도 질렀으면 곰도 놀라서 물러갔을지 모르지만,

또 이 곰은 정원사를 다치게 할 마음이 전혀 없었기 때문에,

뭐든 좋으니 화라도 내며 말을 하거나,

울면서 살려달라고 손을 비비기라도 했더라면,

설사 언어는 통하지 않더라도,

그 모습을 보고 곰도 정원사와 친구가 되는 건 포기했으련만,

정원사는 오로지 무섭기만 해서 아무것도 할 수 없는 데다

분명히 곰은 죽은 사람은 건드리지 않는다는 것이 생각나서,

그대로 죽은 것처럼 꼼짝 하지 않고 있는 것이 고작이었다.

한편 곰은 단잠을 자고 있는 것을 깨워서 놀라게 하면,
친구가 될 것도 안 된다고 생각하여,
정원사가 눈을 뜰 때까지 옆에서 조용히 기다리기로 했다.
그리하여 외로운 곰이 조용히 정원사의 기색을 살펴보고 있으니,
아니! 전갈 한 마리가 정원사의 얼굴로 기어올라오는 것이 아닌가?
'내 친구의 곤한 낮잠을 방해하는 못된 놈 같으니!
좋아, 내가 퇴치해주마.'
그렇게 생각한 곰은, 옆에 뒹굴고 있는 돌을 가만히 주워들어,
소중한 미래의 친구를 위해,
온 정신을 집중하여 전갈을 겨냥해 돌을 내리쳤다…….

두 친구

어떤 곳에 나이 든 두 친구가 있었다.
두 사람은 태어난 곳도 자란 곳도 달랐지만,
어느 때 우연히 알게 된 이래,
서로를 친구로 인정하며 오랫동안 교제해 왔다.
처음 사귀기 시작했을 때는,
집도 가까워서 거의 매일 서로의 집에 드나들며,
중요한 것이든 그렇지 않은 것이든,
뭐든지 서로 의견을 주고받았다.
어느덧 두 사람은, 여러 가지 사물에 대해,
직접 만나지 않아도 그러면 이렇게 말하겠지,
그러면 이렇게 하겠지 하고,
서로를 손바닥 들여다보듯이 속속들이 이해하게 되었다.
생각해보면, 그것은 어떠한 때라도,
뒤에 부모가 버티고 있는 것과 같은 것이어서,

왠지 모르게 마음이 든든했는데, 그것은 두 사람의 일상생활에서도,
저절로 일종의 안정감이 되어 나타났다.
그보다 더욱 좋은 점은, 그로 인해 두 사람은,
사물에 대해 생각하고 판단할 때,
자기 자신 안에 명확한, 다른 사람의 시각을 가지게 된 것이었다.
인간이란 본디 자기중심적인 존재여서,
자칫하면 독선적인 판단을 내리기 쉽지만,
이 두 사람의 경우, 서로 그러면 어떻게 할까 하고 늘 생각하기 때문에,
어느새, 사물을 판단할 때, 항상 한발 떨어진 곳에 서서,
다른 관점에서 생각해보는 습관이 몸에 배었고, 그것은 결과적으로,
두 사람의 능력과 사회성과 인간성을 높이는 데 크게 도움이 되었다.
그들은 이윽고 서로 멀리 떨어져서 살게 되었지만, 그래도,
서로 이웃에 사는 것보다 더 가까운 곳에,
다시 말해, 서로의 마음속에 줄곧 살고 있었기 때문에,
설사 오랜만에 만난다 해도 서먹하지 않고,
어제 하던 얘기를 계속하는 것처럼 자연스럽게 얘기를 나눌 수 있었다.
그러던 어느 날, 그런 두 친구 가운데 한 친구가 꿈을 꾸었다.
그것은 멀리 사는 친구가 물에 빠져 도와달라고 외치고 있는 꿈이었다.
그저 꿈일 뿐이라고 생각했지만,
왠지 모르게 마음이 불안하여 서둘러 친구에게 달려가 보니

친구는 병에 걸려 몸져누워 있었다.

"이 사람, 왜 알려 주지 않았나?"

"알리지 않았는데도 이렇게 와주지 않았나?"

두 사람은 이렇게 농담을 하며

신비로운, 그러나 왠지 자연스러운 느낌 속에서 문득 생각했다.

'무슨 일이 일어난다 해도, 그는 내 마음속에서 계속 살아있을 것이다.'

돼지와 염소와 양과 짐마차

어느 날, 돼지와 염소와 양이 아침 일찍,

한 대의 짐마차에 실려 집을 나섰다.

특별히 어디로 간다는 얘기는 없었다.

그때까지 돼지는 돼지우리에서 살고 있었고,

염소는 안마당에, 그리고 양은 목장에 있었기 때문에,

서로 얼굴을 익힐 기회가 별로 없어서,

좁은 장소에 함께 있는 것은 이번이 처음이었다.

다만, 양은 그때까지 몇 번인가 목장에서,

한 곳에 모여 털을 깎은 적이 있었기 때문에,

이번에도 털을 깎으려는 건가 하고,

막연하게 짐작하고 있었다.

또 염소는, 매일 젖을 짜내는 습관이 있었기 때문에,

도대체 언제 젖을 짜주려나 하고,

그것에만 신경 쓰느라 다른 건 아무 것도 눈에 들어오지 않았다.

그리고 돼지는 그때까지 한 오두막에서

많은 친구들과 함께 살아왔기 때문에,

좁은 곳에 있는 것에는 익숙했지만,

어디론가 끌려간 적은 한 번도 없어서,

도대체 이제부터 어떻게 되는 건지 불안해서 견딜 수가 없었다.
그러다가 퍼뜩 눈치를 채고 소동을 벌이기 시작한 것은 돼지였다.
어쩌면, 시장이라는 곳에 가서 팔리는 게 아닌가 하는 불안이
스치고 지나간 것이다.
'틀림없이 그거야, 고깃간에 팔려가서 도살당하는 거야.'
그렇게 생각하자 안절부절못하게 되어,
돼지는 짐마차에서 몸을 내밀고 큰 소리로 울부짖었다.
"누가 나 좀 살려줘요!"
그런데, 그렇게 소리를 지르면서 돼지가 옆을 돌아보니,
같은 운명을 지고 있는 염소와 양은,
그저 한가롭게 밖의 경치를 보고 있는 것이었다.
"너희도 같이 소리 질러! 어쩌면 살 수 있을지도 몰라."
돼지의 말에 양과 염소는 무심하게 대꾸했다.
"팔릴지 안 팔릴지 네가 어떻게 알아?
다른 목장으로 데리고 가는 건지도 모르잖아."
"어서 젖만 짜준다면 다른 건 아무래도 상관없어."
"팔리는 것뿐이라면 좋지만, 그 뒤에 죽을지도 모른단 말이야."
돼지가 더욱 필사적으로 말하자,
이번에는 양과 염소가 입을 맞춰,
"아직 결정된 것도 아닌데 뭐 하러 벌써부터 단정하니?

아직 그렇게 되기도 전에 왜 미리부터 난리야?
보기에 안 좋으니까 조용히 있어."
성가시다는 듯이 돼지를 달래기만 할 뿐.
"하지만 우리의 목숨이 걸려 있어, 우리의 미래가 걸려 있단 말이야."
돼지가 울면서 말하자,
넌 왜 그렇게 의심이 많은 거냐는 둥, 지금까지 길러 준 은혜를
모른다는 둥, 하면서 이번에는 돼지를 비난하기까지 했다.
이리하여 돼지와 염소와 양을 실은 짐마차는,
쉬지 않고 계속 길을 나아가고 있었다.

사자 왕비의 장례식

한 사자왕국의 왕비가 죽었다.
그래서 왕인 사자는 즉시,
영토에 사는 모든 동물들에게 소집명령을 내렸다.
소집의 명분은 물론 왕비의 장례식이었지만,
사자왕으로서는, 늘 그래 왔듯이 이번 기회에,
자신의 권위를 과시하는 동시에,
부하 동물들의 마음을 확인하려는 것이었다.
동물들 또한, 지금까지 그래 왔듯이 마지못해,
한 마리 또 한 마리, 사자 앞에 모여들었다.
가장 먼저 달려 온 것은, 이 또한 전과 다름없이 원숭이였다.
원숭이는 왕비의 유해를 보자마자 보란 듯이 눈물을 흘리고,
탄식을 하며, 자신의 실감나는 연기에,
사자왕이 자기도 모르게 눈시울을 적시는 것을 옆 눈으로 확인하고,
성공을 더욱 굳히기 위해 그럴싸한 위로의 말을 늘어놓은 뒤,
슬프고 또 슬퍼서 더 이상은……

하며, 얼른 집으로 돌아갔다.

다음에 찾아온 것은

빈틈없는 점에서는 어쩌면 원숭이 이상일지도 모르는 여우였다.

여우는 원숭이처럼 쓸데없는 말은 한마디도 하지 않았지만,

참으로 숙연한 표정으로 힘없이 꼬리를 축 늘어뜨리고,

슬픈 나머지 아무 말도 못하겠다는 듯이

조용히 한숨을 쉬고는 그 자리를 떠나,

꼬리를 흔들며 집으로 돌아가 버렸다.

이리하여 동물들은, 각자 마음에도 없는 위로의 말을 하고는,

모두 바쁜 듯이 돌아갔다.

문상하러 온 동물들이 그렇게 돌아가 버리는 것을 보고,

사자왕은 갑자기 화가 나서 소리를 질렀다.

"어째서 모두 금방 돌아가 버리는 거냐?

어째서 끝까지 이 자리에 남아있는 놈이 없어?

이제부터 돌아가는 놈은 그냥 두지 않을 테니, 그런 줄 알아!"

그래서 남은 동물들은

왕 앞에서 거짓 눈물을 흘린 뒤에도 어쩔 수 없이 그 자리에 남아,

모든 문상이 끝나기를 함께 기다리기로 했다.

이리하여 동물들의 문상도 거의 끝나가,

앞으로 조금만 더 견디면 된다고 모두가 생각한 무렵,

사슴이 문상할 차례가 되었다.

사슴은 소집에 응하기는 했지만

도저히 위로할 마음이 내키지 않아 맨 뒤쪽에 서 있었는데,

마침내 자신의 차례가 되어 떠밀리듯이 사자왕 앞에 섰다.

그런데 사슴은, 그렇게 왕 앞에 서서도

그저 입을 다물고 서 있기만 하는 것이었다.

"어서 말해 버려."

다른 동물들이 걱정이 되어 재촉해도,

몸을 떨며 입을 한 일자로 꼭 다문 채, 그저 꼼짝 않고 서있기만 할 뿐.

어색한 침묵이 흐른 뒤, 마침내 사자가 버럭 화를 냈다.

"너는 왕후의 죽음이 슬프지 않은 거냐?"
여기서 만약 겉으로라도 다른 동물들처럼 우는 척했으면 좋았을 것을,
아니면 말로만이라도 슬픔을 표시했으면 좋았을 것을,
사슴은 그 한 마디가, 단 한 방울의 눈물이
죽어도 나오지 않는 것이었다.
사자의 표정이 갑자기 험악해지자,
이대로 가다가는 위험하다고 모두 숨을 죽이는 순간,
갑자기 사슴의, 가늘지만 높고 낭랑한 목소리가 주위에 울려 퍼졌다.
"어떻게 제가 눈물을 흘릴 수 있겠습니까?
어떻게 슬픔의 말을 할 수 있겠습니까?
어린 자식을 당신들에게 먹혀버린 제가
어떻게 위로할 마음이 들겠습니까?
원한의 말이라면 얼마든지,
비난의 말이라면 하루종일이라도 할 수 있을 겁니다…….
이곳에 있는 다른 자들도 모두 저와 마찬가지일 겁니다.
모두가 당신들에게
자식을 잃고, 남편을 잃고, 또는 아내를 잃고 부모를 잃었습니다.
약육강식의 세상이라고는 하지만,
약한 자에게도 마음은 있습니다. 슬픔은 있습니다.
우리의 몸은 결코 당신들의 먹이가 되기 위해 있는 것이 아닙니다.

이 왕국의 평화를 지키고 있는 것은 누구냐고 당신들은 말하지만,
우리의 평화를 어지럽히고 있는 것은, 그런 당신들 자신이 아닙니까?
당신들이 지켜주는 평화니, 왕국이니 하는 것은,
그 날카로운 엄니를 배경으로 한 겉모습만의 평화일 뿐입니다.
따지고 보면, 이 대초원의 어디에 당신들보다 위험한 동물이 있습니까?
저는 두 번 다시 이런 소집에는 응하지 않겠습니다.
이제부터 제 생명은 제 스스로 보호할 겁니다.
생각하면 지금까지도 그래 왔습니다.
소집에 응하든 응하지 않든,
당신은 달려들고 저는 달아나는 이 관계는, 전혀 변하지 않을 테니까요.
사슴은 몸을 떨면서도 의연하게 그렇게 말한 뒤, 그대로 달려가 버렸고,
그 말을 들은 다른 동물들도
당황하는 사자를 남겨두고, 아무 말 없이 모두 그곳을 떠났다.

쥐와 코끼리

옛날 어떤 곳에서 결혼식이 거행되었다.
신부를 신랑의 집에 데려다 주는 중요한 역할에,
코끼리 중에서도 특별히 몸집이 큰 코끼리가 선택되었다.
그 무렵에는 코끼리를 본 사람이 많지 않아서,
난생 처음 보는 거구에,
신부와 몸종들을 몇 사람이나 싣고,
하인들의 손에 이끌려 유유히 걸어가는 코끼리의 모습을 보고,
길가에 늘어선 사람들은 일제히 탄성을 질렀다.
혼례의 분위기를 북돋우는 이벤트는,
지금까지 다양하게 시도되었지만,
먼 훗날까지 화제가 될 수 있는 효과를 올렸다는 점에서는,

이 코끼리의 등장을 능가하는 것은 아마 없을 것이다.

그 광경을 한번 본 사람은, 아무런 설명을 듣지 않고도,

그 혼례를 특별한 것으로 느끼고 말았으니까……

그러고 보면, 이런 생각을 한 신부의 부모는,

상당한 연출가였다고 할 수 있을 것이다.

한 번도 본 적이 없는 코끼리가 육중하게 걸어가는 모습을 보고

길가에 선 사람들이 탄성을 지르며,

도대체 어느 나라 공주님의 혼례인가 하고

여기저기서 서로 속삭이는 소리를 들으면,

신부의 가족들은 더욱더 자랑스러워지는 것이었다.

그런데 그 연출이 칭송을 받으면 받을수록,

길가에 선 사람의 수가 늘어나면 늘어날수록,

기분이 불쾌해지는 자가 딱 하나 있었다.

신부의 집 지붕 밑에 살고 있던 쥐였다.

실은 이 쥐는,

신부의 집 천장 틈새로 신부의 모습을 처음 본 순간 사랑에 빠졌다.

물론 상대는 인간이고 자신은 쥐이니만큼

어차피 이루지 못할 짝사랑인 줄은 알면서도,

은밀하게 주인집 아가씨를 뜨거운 눈빛으로 지켜보고 있었다.

그런데, 그 아가씨가 갑자기 시집을 가게 되어버린 것이다.

게다가 코끼리라고 하는,

본 적도 들은 적도 없는 놈의 등을 타고 말이다.

만약 이 아가씨가 시집을 가게 된다면, 만에 하나 그렇게 된다면,

하다못해 그 혼례 때에는 자신이 행렬의 맨 앞에서 걸어가자,

그때는, 아가씨의 행복을 진심으로 축복하자 결심하고 있었는데,

그것을 위한 마음의 준비도 은밀하게 하고 있었는데,

아가씨가 갑자기 아무 말도 없이 시집을 간다는 것이다.

게다가 듣도 보도 못한, 정체 모를 코끼리를 타고……

현명한 여러분이라면 아시겠지만,

말할 것도 없이, 아가씨 쪽에서 보면 쥐 역시,

듣도 보도 못한 정체 모를, 그저 한 마리 쥐에 지나지 않는데,

그런 정상적인 생각은

이 망상에 빠진 쥐의 머릿속에는 털끝만큼도 없었다.

언젠가는 이렇게 될 운명이라는 걸 뻔히 알면서도 시작한 짝사랑이라고,

자신의 마음을 향해 아무리 타일러 봐도 도저히 참을 수가 없는 것은,

단지 몸집이 크다는 것만으로 사람들의 갈채를 받는 코끼리의 모습이었다.

신부의 행복을 기도하는 마음은, 저 코끼리보다 자기가 훨씬 더 크다는 걸,

연도에 있는 모든 사람에게 알리기라도 해야겠다 싶어, 쥐는 마침내,

코끼리 앞으로 쪼르르 달려가서, 일찍이 마음속에 그리고 있던 대로,

신부를 앞장서서 이끄는 어리석은 짓을 저질렀다.

그토록 아가씨를 사랑한다면

몸집이 작은 것을 이용하여 혼수품 상자 속에라도 숨어들어가서,

지금까지 그랬던 것처럼

시집간 집 지붕 밑에서 아가씨를 지켜보았으면 좋았을 것을,

아니, 그 무엇보다 인간을 사랑하는 어리석은 짓은 당장 집어치우고,

이웃집 헛간에 사는 귀여운 쥐나 상대했으면 좋았을 것을……

아니면, 어차피 이루지 못할 사랑이고 꿈이라는 걸 안다면

그것을 고스란히 아름다운 추억으로 바꾸어,

하다못해, 현실 속의 코끼리와 대결하는 짓만은 하지 않으면

좋았을 것을,

하지만 슬프게도, 이 망상에 빠진 쥐의 머릿속에는,

현실과는 완전히 다른, 자신의 머릿속에서 그린 시나리오밖에 없다.
신부의 앞날을 축복하기 위해
코끼리 앞으로 용감하게 뛰쳐나간 것까지는 좋았지만,
자신이 멋대로 그린 환상과
사람들의 눈에 비치는 현실 사이에는 커다란 거리가 있었으니,
쥐는 아주 잠깐 코끼리 다리 주위를 오락가락하며 그 존재를 과시했지만,
그런 쥐의 모습을 발견한 것은, 우연히 행렬 옆에 서있다가,
인간들의 난리법석에 혀를 내두르고 있던 고양이 한 마리뿐이었다…….

사람과 점성술

사람과 별은, 당연히 서로 관계가 있다.
어떤 관계인가 하면,
우리는 지구에서 살고 있지만,
우리가 태어나 삶을 가꿔가는 이 지구 역시,
우주에 떠있는 무수한 별들과 마찬가지로,
분명히 한 개의 별이라는, 그런 관계이다.
그러나 그것을, 좀더 극단적으로 생각하는 사람이 있다.
그들은 말하기를, 지구와 달이 형제별인 것과 마찬가지로,
별과 별은 서로 밀접한 관계를 가지고 있으며, 그래서,
사람과 별은 깊은 관련을 가지고 있다는 것이다.
그런데 그런 생각을 더욱 과감하게 비약시켜서,
별과 사람이 서로 밀접하게 관련되어 있는 이상,
별을 이해하지 못하면 사람도 이해할 수 없다거나,
사람의 운명은 별에게 물어보라고 하는 사람까지 있다.
이들은 생각하는 것이 왠지 모르게,
서로 닮은 것 같지만, 물론 전혀 그렇지 않다.

사람은, 얼핏 보아 완전히 다른 것 같지만
어딘가 깊은 곳에서 서로 연관되어 있다는 것을,
무언가의 방법으로 연관지어 생각할 줄 아는
신비로운 능력을 가진 동물이다.
그러나 동시에, 전혀 관계가 없는 것을
얼핏 그럴 듯한 방법으로 연관지어,
터무니없는 생각을 믿어버리는
또는 믿게 만드는 위험성을 가진 동물이기도 하다.
그런데……, 옛날 어떤 곳에
점성술사의 말은 뭐든지 믿어버리게 된 사람이 있었다.
무엇이 계기가 되었는지는 모르지만,
어느 날부터 그 사람은, 무슨 일만 있으면 점성술사에게 물어보고,
시키는 대로 하지 않고는 못 배기게 된 것이었다.
그런데, 올해는 운이 좋은 해이니 열심히 노력하라거나,
이번 달 3일에는 건강운이 저조하니
음식을 조심하라는 말을 듣는 정도야 괜찮았지만,
어느 날 점성술사한테서
당신의 신상에 머지않아 생사와 관련된 재앙이 내릴 것이라는,
황당무계한 점괘를 들었을 때부터
이 사람의 기색이 이상해지기 시작했다.
점성술사에 의하면,

가까운 시일 내에 무너진 지붕에 깔려 죽을 것이라는 얘기였다.
그 말을 듣고부터, 이 사람은 언제 지붕이 무너질까 걱정하느라,
밥도 느긋한 마음으로 먹을 수 없을 뿐만 아니라
밤에도 마음 놓고 잠을 잘 수가 없었다.
사람이란 기묘해서,
한번 두려움을 품게 되면, 그 두려움이 갈수록 심해진다.
얼굴도 몸도 홀쭉하게 여위어간 이 사람은,
마침내 침대를 집 밖으로 가지고 나갔다.
이곳에서는 지붕이 무너질까 걱정할 필요 없이
푹 잘 수 있을 거라고 생각하며 누운 순간, 이게 웬일인가!
마침 거북을 물고 그 위를 날아가던 새가,
그만 거북을 떨어뜨리고 말았다.
똑바로 떨어져 내린 거북의 단단한 등딱지가 머리를 정통으로 때려,
그 사람은 허망하게 목숨을 잃고 말았다.

나귀와 개

나귀와 개가 농부에게 이끌려 집을 나섰다.
나귀는 물론 짐을 운반하기 위해, 그리고 개는,
가는 길의 안전을 지키기 위해 동원된 것이었다.
집을 나선 지 반나절도 지나지 않아 점심시간이 돌아왔다.
농부는 집에서 가지고 온 도시락을 먹고는,
아침 일찍부터 걸어서 피곤했던지,
근처의 나무 그늘에 가서 누워, 그대로,
나귀와 개에게 먹을 것도 주지 않고 잠이 들고 말았다.
나귀에게는 다행히도, 그 부근에는,
맛있는 풀이 많이 자라고 있었다.

농부가 늘 주는 맛없는 마른 풀보다,
몇 배나 맛있는 풀이 주변에 가득 자라고 있었다.
나귀는 좋아라고 부지런히 풀을 뜯기 시작했지만,
난처한 것은 풀을 먹을 수 없는 개.
안 그래도 배가 고픈 데다,
나귀가 너무 맛있게 풀을 먹고 있는지라,
배가 고파 도저히 참을 수가 없었다.
주위를 한 바퀴 돌며, 오소리든 토끼새끼든 잡아올까 생각했지만,
불침번을 서는 것이 임무인 자신이
잠든 농부와 농부의 소중한 짐을 둔채 자리를 비우고,
멋대로 사냥감을 찾아나서는 것은, 개로서 자존심이 허락하지 않는다.
자신의 먹이가 나귀 등에 실린 자루에 들어 있다는 것은
알고 있었기 때문에,
한참 동안 꾹 참고 기다려 보기는 했지만, 결국 배고픔을 견디지 못하고,
먹이를 자루에서 꺼내달라고 하기 위해, 자고 있는 농부를 깨우기로 했다.
그런데 개가 농부를 깨우러 가려고 하자
나귀가 필사적으로 말리는 것이었다.
"모처럼 곤히 잠든 주인님을 깨우면 안 돼!
그건 개로서는 절대로 해서는 안 되는 일 중의 하나야."
제법 사리를 분별하는 듯이 말하지만, 사실은 맛있는 풀을

실컷 먹고 싶어서 그런다는 것이 얼굴에 그대로 드러나 있었다.
배고픈 개는 조금도 생각해주지 않고,
때를 만난 듯이 풀을 정신없이 먹어대고 있었다.
그렇게 하늘에라도 오르는 기분으로 풀을 먹고 있는 나귀는,
먹는 것에만 열중한 나머지,
뒤에서 굶주린 늑대가 몰래 다가오고 있는 것은 알지 못했다.
조금씩 간격을 좁혀오던 늑대는
단숨에 먹음직스러운 나귀의 엉덩이를 덥석 물어뜯었다.
갑자기 천국에서 지옥으로 떨어진 나귀는
놀라 소리치며 개에게 도움을 청했지만,
개는 "자고 있는 주인님을 깨울 수도 없고⋯⋯" 모르는 척 시치미.
나귀가 "아이구, 나 죽네" 하고 눈물을 흘리면서 용서를 비는 것을
확인한 뒤에야, 간신히 도와주기 시작하며,
"내 눈앞에서 나귀가 늑대에게 먹혀버리는 건 나의 불명예."
어쩌고저쩌고하면서 늑대를 쫓아냈다.

장사꾼과 술탄

한 술탄의 궁전에 출입하는 장사꾼이 있었다.
그 일대를 통치하는 술탄은 권력이 막강하고,
재력도 감히 헤아릴 수 없을 정도였는데,
언제부턴가 술탄의 마음에 든 이 장사꾼은,
먼 나라에서 진기하고 아름다운 물건들을 사들여,
술탄에게 소개하는 일을 하고 있었다.
술탄은, 이 장사꾼이 가져온 물건이라면,
거의 뭐든지 사주었기 때문에,
이 장사꾼은 자잘한 일에는 신경 쓸 것 없이,

술탄이 좋아한다기보다 자기 자신이,
좋다고 생각되는 물건이 있으면 사가지고 오면 되었다.
물론, 안목이 높은 술탄을 상대한 걸 보면,
장사꾼의 안목도 나름대로 상당한 수준이었으리라.
또, 어지간한 일로는 놀라지 않는 술탄을,
오랫동안 나름대로 만족시켜온 것을 보면,
어느 나라의 어느 곳에 가면 무엇이 있는지,
그것을 손에 넣으려면 어떻게 하면 되는지, 모든 정보에 능통했을 것이다.
그리고 당연히, 까다로운 술탄 한 사람을 상대하는 장사인 만큼,
나름대로 고생도 없지는 않았을 것이다. 그렇지만,
생각해보면 이 장사꾼만큼,
장사꾼으로서 그만한 명성과 이욕을 누린 장사꾼도 없을지도 모른다.
무엇보다 술탄이 자랑하는 보물전에 장식되어 있는 물건들은, 대부분,
이 장사꾼이 마음 내키는 대로 여행을 하며 사들인 것들뿐이었다.
두 사람 사이에는, 술탄과 장사꾼이라는 신분의 차이는 있을지언정,
일종의 신뢰관계, 또는
서로가 상대의 수준을 은밀하게 시험하고 인정하는,
그런 이상한 묵계 같은 것이
어느 샌가 성립되어 있었다고 할 수 있을지도 모른다.
그런데 어느 날,
이 두 사람의 관계에 변화를 가져다주는 사건이 일어났다.

이 장사꾼의 능력에 주목한 세 사람의 부호가,

장사꾼에게 새로운 계약을 제시한 것이다.

"우리 세 사람의 재력을 합치면 술탄에게도 못지않을 것이네.

이제부터 술탄과는 인연을 끊고,

부디 우리 세 사람의 전속상인이 되어주게.

그리고 아무도 가지고 있지 않은 진기한 물건을, 우리를 위해 구해주게.

사가지고 온 물건은, 세 사람 가운데 누군가의 마음에는

반드시 들 것이고, 구입한 물건에 대해서는

술탄의 배의 수수료를 지불할 것이니,

그러면 자네의 생활도 전보다 훨씬 더 나아지지 않겠나?"

장사꾼으로서의 이해득실을 따진다면 상당히 매력적인 제안이었다.

그러나 그렇게 되면,

더 이상 술탄의 얼굴을 보지 못할 거라고 생각하니,

서운한 생각도 들었다.

자, 여러분은,

이 제안에 대해 장사꾼이 뭐라고 대답했을 거라 생각하십니까……?

현자와 부자

어느 때 어떤 나라에서 한 부자가,

거만한 태도로 한 현자에게 이렇게 말했다.

"나하고 자네하고 둘 중에서 어느 쪽이 더 훌륭하다고 생각하나?"

현자는 이 사람한테는 무슨 말을 해도 소용없을 거라 생각하고,

이렇게 대답했다.

"당신이라고 말하는 사람이 많겠지요."

그런데 부자는 그런 대답에는 만족하지 못하고 다그쳤다.

"자네는 어떻게 생각하는지를 묻고 있네."

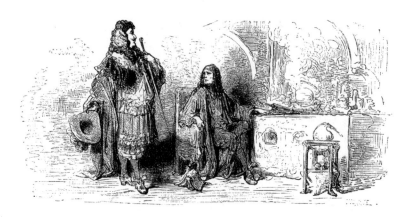

이거 성가시게 되었다고 생각한 현자가,
상대를 해주면 해줄수록 더욱 성가시게 굴 것을 알고
대답을 안 하고 있으니 부자는 더욱더 목소리를 높여 추궁했다.
"사람이 이렇게 묻고 있는데도 잠자코 있는 건 뭔가?
그런 질문에도 대답하지 못하면서 소문난 현자라니 가소롭기 짝이 없구나.
무슨 질문에도 대답할 줄 알아야 현자가 아닌가?
아니면 현자라는 건 헛소문에 불과한 건가?"
아무래도 상대를 하지 않고는 안 될 것 같다고 생각한 현자는,
어련무던한 말로 그 자리를 넘기려고 했다.
"저는 자신을 현자라고 스스로 말한 적도 없고,
남보다 훌륭하다고 생각한 적도 없습니다.
그러니, 스스로 훌륭하다고 생각하고 있는 당신이,
틀림없이 더 훌륭하겠지요."
그러자 부자는, 그런 약삭빠른 말에는 넘어가지 않는다는 듯이 말했다.
"내가 언제 스스로 훌륭하다 생각한다고 말했나?
나는 자네의 판단을 묻고 있는 거네."
그래서 현자가 하는 수 없이 물었다.
"훌륭하다는 것은, 당신의 경우 어떤 것을 말하는 겁니까?"
부자는 기다렸다는 듯이 대답했다.
"얼마나 많은 사람을 먹여 살리고 있는가 하는 것이네."
"내 집에는 집사와 가정부, 정원사, 요리사와 그 가족들,

그 밖에도 모두 합쳐서, 그럭저럭 35명이 일하고 있네.

또 나는 일곱 개나 되는 농원을 가지고 있는데, 그곳에서 일하는 사람은,

자세히 헤아려본 적은 없지만 아이와 노인까지 합해서,

아마 어림잡아도 2백 명은 될 거야.

그 밖에도 나는,

알다시피 베 짜는 공장과 가게도 여러 개 가지고 있으니까,

그 종업원과 가족, 그리고 거기에 관련된 자까지 포함하면

헤아릴 수 없을 정도라네.

게다가 나는 돈에 집착하는 사람이 아니어서

무엇을 사도 후하게 지불하는 편이지.

가구도 마차도 세간도 모두 가장 좋은 것을 사는데,

그런 물건은 만드는 데 시간과 품이 드니까

아무나 만만하게 살 수 있는 것이 아니라네.

내 집에 들어오는 가구에만 반년 동안 매달리는 기술자도 있을 정도니까.

그들의 생계는 그것을 팔아서 유지되고 있으니,

그것을 사주는 내가 없으면 그들의 생활은 성립되지 않지.

고용인 외에도 그런 사람까지 계산하면,

요컨대 막대한 수의 사람들이 내 비호 아래 살아가고 있는 셈이네.

거기에 비해 자네는 어떤가?

이렇다할 직업도 없이 혼자서 가족도 없이 살고 있지 않나?

그런데도, 이 마을 사람들은

입만 열면 자네를 훌륭한 사람이라고 칭찬하더군.

내 집에서 일하는 고용인의 입에서도 그런 말을 몇 번이나 들었어.

나는 그 이유를 도무지 모르겠네.

하지만 내 생각에, 이 세상에서 가장 중요한 것은 사람의 생명일세.

그러니 사람의 생명을 많이 돌보는 자가 훌륭한 사람이지.

따라서 우리 둘 중에서는 내가 훨씬 더 훌륭하다고 생각하지 않나?"

부자는 현자의 얼굴을 들여다보면서 그렇게 말한 뒤,

현자의 대답을 기다렸다.

거기까지 듣고서야 비로소 현자는

이 부자가 단순히 자기자랑을 하기 위해서가 아니라,
자기와 뭔가 대화를 나누고 싶어서
여기까지 일부러 찾아온 것임을 깨닫고는,
그것을 헤아리지 못하고
적당히 대꾸하여 쫓아내려 한 자신을 뉘우치면서 이렇게 말했다.
"그런 어려운 질문을 받는 것은 처음이군요.
그리고 미리 말씀드려 두어야 할 것은,
어떤 일에 대해서든, 해답이라는 것이
확실한 형태로 어딘가에 존재하는 것은 아니라는 겁니다.
그러니 어찌 제가 그 해답을 가지고 있을 수 있겠습니까?
제가 할 수 있는 것은,
어쩌면 이런 건지도 모른다고 하는, 그 생각의 확실성을 높이려고
노력하는 것뿐입니다.
무슨 말을 들으면, 내 나름의 확실성을 내 나름의 방식으로,
그때마다 상대에게 돌려줄 뿐입니다.
물론, 그것이 반드시 옳다고는 할 수 없습니다.
그렇지만 사람은, 설사 알 수 없는 일이 있다 해도,
그동안 아무것도 하지 않고 있는 것은 아닙니다.
살아있는 한, 그래도 시간은 흘러가기 때문이지요.
또, 주위도 변해가기 때문입니다.
지금의 확실성은 내일의 확실성과 같지 않을 수도 있습니다.
지금 제가 하는 말은, 어쩌면 내일 제가 하는 말과 다를지도 모릅니다.
오늘과 내일은 다른 날이기 때문입니다.
저와 당신도, 같은 저와 당신은 아닐 겁니다.
모든 것은 움직이고 변합니다. 시간도 사람도 그 관계도…….
그것이 생명이 있는 자의 법칙이겠지요.
그렇지만 그 속에서 조금이나마 더 확실하다고 생각되는 지금을 사는 것,
그것이 생명 있는 자의 소망일 것입니다.
그러므로 여기서 제가 대답하는 것은,
더욱 확실한 무언가와 이어지기 위한 하나의 실마리로 여겨주십시오.

자, 당신의 질문에 대해 저 나름대로의 생각을 말하자면,

당신이 말한 것처럼

이 세상에서 가장 소중한 것은 생명일 것입니다. 저도 그렇게 생각합니다.

그러므로 당신이 많은 생명을 부양하고 있다면,

당신은 무척 훌륭한 사람이라고 할 수 있겠지요.

하지만 저는, 거기서 몇 가지 사실이 마음에 걸리는군요.

예를 들면 당신은, 당신이 부양하고 있다고 말한,

그 많은 사람이 없어도 살아갈 수 있을까요? 그리고 행복할까요?

많은 사람을 부양하고 있다는 그 자부심이

당신에게 일종의 삶의 보람과 기쁨을 주고 있다고 한다면,

당신 자신의 생명 역시

그런 사람들에 의해 부양되고 있다고 할 수는 없는 걸까요?

그리고 당신의 안락한 생활도

그런 사람들이 일해준 결과라고 할 수는 없는 걸까요…… ?

그리고 또 한 가지,

생각해 보면 사람이라는 것은 참으로 신비로운 생물입니다.

살아 있다는 것만으로는,

사람의 생명에 활기찬 생기가 살아 있다고는 할 수 없습니다.

왠지 모르게 시들어 버리지요.

이를테면 나비는……, 직접 그들에게 물어본 적이 없어 사실 모르지만,

팔랑팔랑 날아다니거나 꽃에 머물러 있기만 해도

생명이 빛나고 있는 것처럼 보입니다.

그렇지만 사람의 생명은,

아무래도 기쁨이 없으면 활기차게 계속 살아있을 수가 없습니다.

그러므로, 당신이 고용인이라고 부르는 사람들이,

만약 그 일에 기쁨을 느끼고 있다면,

그보다 더 멋진 일은 없을 겁니다. 만약 그렇다면, 정말 그렇다면,

당신은 그들의 생명에 생명을 주고 있는 것이 되겠지요…….

하지만 그것은 동시에, 아까도 말했듯이, 그 사실로 인해,

당신의 생명도 기쁨을 느낄 것이므로,

어느 쪽이 더 훌륭한지는 애초부터 말할 수 없는 건지도 모릅니다.
그렇게 생각할 때, 또 한 가지 왠지 모르게 마음에 걸리는 것이 있군요.
저에게 있어서 훌륭하고 안 하고는,
굳이 말하자면, 생명이 기쁨을 느끼는,
그런 순간을 만들어낼 수 있는가 어떤가에 달려 있는 건지도 모릅니다.
그래서 저는, 이를테면 마을사람과 얘기를 나누면서, 종종,
제 스스로는 깨닫지 못했던 것을 깨닫고,
커다란 기쁨을 느낄 때가 있습니다.
그런 때 훌륭하다고 말은 하지 않아도, 그 사람을 훌륭하다고 생각하지요.
뿐만 아니라, 저는 있는 힘을 다해 강물을 거슬러 올라가는
물고기를 보며, 훌륭하다고 생각할 때가 있습니다.
또 아름다운 모습으로 하늘을 나는 새를 보며 마음이 뛸 때도 있습니다.
맑고 아름다운 하늘을 보며,
생명이 새로운 기쁨을 느끼고 마음이 부푸는 걸 느낄 때가 있습니다.
즉 제 생명은, 사람과 사람의 언어에서뿐만 아니라,
물고기와 새와 꽃과 경치와,
그 밖의 모든 것에서, 많은 순간에, 여러 가지 형태로 기쁨을 얻습니다.
그 모든 것들을 굳이 말로 표현한다면, 저는 훌륭하다고 생각합니다.
그것들은 모두,
제 생명이 더욱 풍요로워지기 위해,
제가 좀더 나은 자신이 되기 위해 필요한 것이라고 생각합니다.
아무래도 사람들은 무언가를 훌륭하다,
아름답다, 멋지다고 생각함으로써,
자신을 높여가는 것을 기쁨으로 여기는
신비로운 생물이라고 저는 생각합니다. 그러므로 틀림없이,
사람과 사람의 관계 속에도,
누군가가 항상 누군가보다 더 훌륭하다는 것은 있을 수 없지 않을까요?
저는 지금, 이런 것에 대해 생각할 수 있는 계기를 만들어준 당신을
훌륭하다 생각하고 있습니다.
그리하여 어떤 때는 당신이, 그리고 어떤 때는 하늘을 나는 새가,

또 어쩌면 제가, 누군가에게 기쁨을 준다고 생각할 때,
생명은 기쁨을 느끼며 그것을 살아가는 양식으로 삼는 것이 아닐까요?"
그리하여 한 사람이 말을 신중하게 선택하면서 더듬더듬,
모르는 길을 더듬는 것처럼 천천히 얘기했고, 그 얘기가 끝났을 때,
또 한 사람은 문득
큰맘 먹고 이 사람에게 물으러 오기를 잘했다고 생각했다.
저녁 해가 기울어 어렴풋이 붉게 물들기 시작한 하늘에,
달이 떠오르고 있었다.

개와 닭과 매

어떤 곳에 한 채의 시골집이 있었다.
시골집의 주인은 본디 농부였지만,
마침 집이 큰길 옆에 있었기 때문에,
언제부턴가 여행객을 상대로 여관업을 시작했는데,
그러는 사이 점차 단골손님도 생겨서,
지금은 농사보다 여관 쪽이 본업이 되어 있었다.
시골집에는 개와 닭과 매가 있었는데,
개는 물론 집을 지키기 위해, 닭은 알을 얻기 위해,
그리고 매는, 이 여관의 명물인 꿩요리를 위해 사냥을 하는 매로
기르고 있었다.
그런데 그 세 마리의 동물들이, 하루는 아주 작은 일에서,
자신들의 지위를 둘러싸고 말다툼을 벌이기 시작했다.
즉 누가 주인으로부터 가장 소중한 대접을 받고 있으며,
누가 가장 자유로운지를 다툰 것이었다.
개가 말했다.
"그거야 말할 것도 없지."

"주인님에게 가장 귀여움을 받고 있는 건 바로 나야,
우리 개들은 아득히 먼 옛날부터
인간들의 친구로서 서로 사이좋게 살아왔어.
우리와 인간들 사이의 신뢰관계는
이제 끊으려야 끊을 수 없는 강한 것이 되어 있지.
보다시피 나도 이렇게 매일 맛있는 밥을 맘껏 먹으면서,
늘 주인님 옆에 있을 수 있잖아?
게다가 너희에게는 허락되지 않은 일이지만,
집안에 들어가서 난로 옆에 앉아
주인님의 귀한 손님을 상대할 수도 있으니까."
개가 이렇게 자랑을 늘어놓자,
닭이 파드득거리면서 신경질적으로 반박했다.
"그건 자유와는 다른 거야. 그건 분명히 말해 길들여진 거지.
그 증거로, 넌 언제나 주인이 시키는 대로 하잖아?
부르면 즉시 꼬리를 흔들며 달려가고,
기다려! 하고 말하면, 그렇게 좋아하는 뼈다귀도 손대지 않고
침만 흘리면서 참고 있잖아.
나는 너에 비하면 아주 의연한 편이지. 물론 모이는 매일 얻어먹지만,
그건 우리가 주인님에게 낳아주고 있는 알에 대한 당연한 대가야.
우리는 떳떳하게 자립한 닭으로서 인간들과 대등한 관계를 유지하면서,
너처럼 완전히 그들이 시키는 대로만 하는 게 아니라
서로를 인정하며 살아가고 있단 말이야."
그 말을 듣고, 그때까지 잠자코 있던 매가 참지 못하고 입을 열었다.
"가소롭기 짝이 없군,
날지도 못하는 새가 자립이니 뭐니 한다는 건 웃기는 일이야.
새라는 건 나처럼 푸른 하늘을 우아하게 날 수 있는 것을 말하는 거라구.
너처럼 인간에게 찰싹 달라붙어, 하늘을 나는 것을 잊어버린 새에게,
무슨 자유를 얘기할 자격이 있니? 쫓아가면 종종걸음으로
달아나기 바쁜 새에게 어떻게 대등함을 말할 권리가 있겠어?
대등함이란 나처럼 발톱도 부리도 날카롭고, 날개도 힘찬,

자연 그대로의 모습을 의연하게 유지하고 있는 자나 할 수 있는 말이야.
그리고 내 눈을 봐, 주인의 얼굴빛만 살피는 가련하고 비굴한 개와
어떻게 다른지 잘 보라구."
매한테서 그런 말을 들은 닭과 개는 어쩐지 무척 서글퍼졌다.
그때까지 개는, 자신이 주인으로부터 누구보다 귀여움을 받고
신뢰받고 있다 생각했고,
닭은 닭대로, 개처럼이 아닌 자기 나름대로 자존심을 가지고
살고 있다 생각해왔는데,
매한테서 그런 말을 들으니 그 말도 맞다 싶어, 냉정하게 생각해보니,
주인이 매를 대하는 태도에,
자신들을 대하는 태도와는 달리, 어딘지 모르게
일종의 외경심이 엿보이는 듯한 느낌이 드는 것도 같았다.
"너야말로 새의 왕이야."
주인이 그렇게 말하는 것을 들은 것도 한두 번이 아니었다.
'그래, 우린 아무리 이러니저러니 해도,
결국 인간에게 보기 좋게 길들여지고 만 존재야.'
개는 지금까지 자신이 바라온 기쁨이란 도대체 무엇이었나,
또 닭은, 자신이 자랑해온 자존심이란
도대체 얼마 만큼의 것이었나 생각했다.
이렇게 저마다 왠지 모르게 쓸쓸하고 처량한 기분에 빠져 있을 때,

그런 개와 닭의 눈에,
매와 매가 앉아있는 횃대를 연결하고 끈이 들어왔다.
개와 닭은 동시에 생각했다.
"아니? 끈으로 묶여있다는 건……?"
다음 순간 개와 닭이 동시에 말했다.
"요컨대 넌 포로의 몸이야!
날고 싶을 때 날고 싶은 곳으로 마음대로 날 수도 없잖아……."
그 말을 들은 매는 한 순간 당황한 표정을 보였지만,
그래도 매로서의 위엄을 유지하면서 말했다.
"꼭 그렇지도 않아. 이 집의 주인과 사냥하러 나가서 사냥감을 잡을 때는,
족쇄를 풀고 단숨에 하늘로 날아올라
이 날카로운 발톱으로 단번에 사냥감의 숨통을 끊어놓지."
그 말을 들은 개와 닭은,
아무래도 인정할 수 없다는 기색으로 매에게 물었다.
"그럼 어째서 그대로 날아가지 않는 거니? 어째서 다시 돌아오는 거야?
사냥감은 네가 잡은 것이니,
그것을 가지고 너 가고 싶은 데로 날아가면 되잖아?"
어렸을 때부터 매사냥용으로 키워졌기 때문에
그런 건 생각도 한 적이 없는 매는,
그 말을 듣고 완전히 머리가 혼란해져서
한 순간 뭐가 뭔지 알 수 없게 되고 말았다.,
그래도 다시 정신을 수습하여, 자기 스스로에게 들려주듯이 말했다.
"그건 그러니까, 나와 주인 사이에
끊으려야 끊을 수 없는 신뢰관계가 있기 때문이야……."
그러나 개와 닭은, 그런 대답에는 만족하지 못하고,
바로 이때라는 듯이 목소리를 합쳐서 말했다.
"그럼, 사냥에서 돌아온 뒤 어째서 횃대에 묶이는 거니! !"
그 말을 듣고 보니 정말 맞는 말이어서,
매는 자기도 뭐가 뭔지 모르게 되고 말았다.
"그래, 어째서일까? 어째서 나는 시키는 대로 사냥감을 잡고,

어째서 아무런 의문도 느끼지 않고 이렇게 묶여 있는 것일까……."
평소의 의연한 태도는 어디로 가버렸는지, 완전히 기가 죽은 매는,
아무것도 눈에 들어오지 않는 듯한 텅 빈 눈을 하고 등을 구부린 채,
작은 목소리로 뭔가 중얼거리기만 할 뿐.
의기소침한 기분을 달랠 절호의 표적을 발견했다고 생각했는데,
그 표적까지 갑자기 풀이 죽어버리자,
마음이 울적해진 개와 닭도 어떻게 해야 할지 알 수 없는 기분이었다.
그리하여 세 마리는 서로 침울한 기분에 빠진 채,
허전한 마음으로 그저 멍하니 할말을 찾고 있다가,
이윽고 누가 먼저랄 것도 없이, 불쑥 이렇게 말하기 시작했다.
"우리 다시 한번 곰곰이 생각해 보자.
자유와 기쁨, 그리고 무엇을 믿는다는 것을……."

고양이와 쥐와 족제비와 올빼미

사냥꾼이 숲에 새그물을 쳤다.
물론 목표는 꿩이었지만,
그물에 걸린 것은 사냥꾼이 키우는 고양이었다.
여태까지 한 번도 그런 일을 당한 적이 없었던 고양이는,
어떻게든 궁지를 벗어나려고 필사적이었지만,
발버둥치면 칠수록 손발이 뒤엉키는 것이 새그물.
완전히 절망에 빠져, 아! 이제 마지막인가 하고,
하늘을 우러러 한숨을 쉬면서도,
누군가 자신을 구해줄 자가 어딘가에 있지 않을까,
지푸라기라도 잡는 심정으로 주위를 둘러본 고양이의 눈에,
쥐와 족제비와 올빼미의 모습이 들어왔다.
이거야말로 하늘이 도우시는 거라고 생각한 고양이가 올빼미에게 말했다.

"제발 좀 살려줘요, 올빼미 씨,
당신의 날카로운 부리라면, 이런 그물쯤 간단하게 끊을 수 있을 텐데."
마침 낮잠을 자고 있다가 그 소리에 깬 올빼미는,
사뭇 불쾌하다는 듯한 목소리로 말했다.
"에이, 시끄러워, 왜 내가 널 구해줘야 하는 거지?"
"그러지 마시고 한번 살려주세요.
우린 둘 다 밤눈이 밝은 동료사이잖아요……."
"뻔뻔스럽긴. 멋대로 동료 취급하는 건 사양하겠어.
어쨌든 지금 난 졸려."
올빼미는 그렇게 말한 뒤, 얼른 다시 눈을 감고 잠들어버렸다.
하는 수 없이 고양이는, 이번에는 족제비에게 도움을 청하기로 했다.
"정말 인정머리 없는 올빼미로군.
역시 조류는 우리 포유류와 달라서 마음이 좁다니까,
족제비 군, 자네라면 같은 포유류 사이인 데다,
자네는 머리가 좋기로 정평이 났잖아?
그 현명한 머리를 써서 나를 이 지옥의 덫에서 구해주면 안될까?"
"그렇게 속이 빤히 들여다보이는 말은
아무리 해봤자 소용없어, 고양이 군. 같은 포유류끼리라고 하지만,
자네는 집고양이, 나는 인간들이 키우고 있는 닭을 채가는 야생 족제비.
인간들한테서 미움을 받고, 툭하면 덫에 걸려서
그 때문에 목숨을 잃는 동료도 있어.
그런 인간들한테서 얻어먹고 있는 자네를,
왜 내가 구해줘야 한단 말이야?"
족제비한테서도 보기좋게 거절당하고 만 고양이는
이번에는 쥐에게 도움을 청할까 하고 생각했지만,
생각해보니 쥐에게 고양이는
스스로 말하기는 뭣하지만 거의 악마 같은 존재.
올빼미와 족제비에게도 무시당했는데
쥐가 도와줄 리 없다고 생각하면서도,
그래도 고양이는 안 돼봤자 본전이라는 심정으로,

쥐에게 말을 걸었다.

"쥐 군, 지금까지 너희를 괴롭혀서 정말 미안하다.

이런 일을 당하게 된 건 아마 그 천벌이 내린 걸 거야.

이제부터 다시는 너희를 쫓아다니지 않을 테니까,

제발 이 불쌍한 나를 한번만 살려주라……."

그러자 쥐는 예상했던 것과는 반대로 이렇게 말했다.

"정말이야? 정말로 다시는 우리를 잡지 않을 거야?"

어차피 상대해주지 않을 건 뻔하고

핀잔이나 듣지 않으면 다행이라고 생각했는데,

뜻밖의 대답이 돌아오자 고양이는 깜짝 놀랐다.

'되든 안 되든 부딪치고 볼 일이야.

설마 쥐가! 아무리 그래도, 그보다는 머리가 좀 있을 줄 알았는데…….'

자신이 궁지에 빠져 있다는 사실도 잊고

고양이가 그런 생각을 하고 있으니,

"정말, 정말, 이제부터는 우리를 더 이상 쫓아다니지 않을 거지?"

찢어질 것 같은 쥐의 목소리.

현실로 돌아온 고양이가 당황하여

"물론이지, 쥐 군, 넌 내 생명의 은인이 될 텐데."

그 말을 들은 쥐는, 고양이와 조금 떨어진 곳에서

열심히 그물을 갉기 시작했다.

"거기가 아니고 이 손이 엉킨 곳부터 얼른 끊어줘."
"잠깐만 기다려, 고양이 씨. 무슨 일이든 순서라는 것이 있으니까……."
쥐는 부지런히, 수많은 그물눈을 하나하나 갉아 나갔다.
애가 탄 고양이가 자기도 모르게 소리치고 말았다.
"거기는 뭐하러 갉아?"
깜짝 놀란 쥐가 그물을 갉는 것을 그만두고 말했다.
"무서워, 역시 그만 둘까 봐……."
고양이는 당황하여 재빨리 달래듯 말했다.
"알았어, 알았어. 어디든 좋으니까 빨리 해."
작업을 다시 시작한 쥐는,
적당히 시키는 대로 여기저기를 바쁘게, 바쁘게 갉았다.
그대로 조금만 더 시간이 지났으면 어떻게 되었을지에 대해서는,
아쉽지만 알 수 없다.
그로부터 얼마 지나지 않아
그물에 뭔가 걸려들지 않았나 하고 살피러 온 사냥꾼이,
그물에 걸려 발버둥치고 있는 고양이와
그 고양이 때문에 갈기갈기 찢어진 그물을 발견했기 때문이다.
"이 멍청한 고양이 같으니!"
사냥꾼은 호통을 치면서,
누더기가 된 그물과 고양이를 어깨에 짊어지고
화가 나서 집으로 돌아갔다.

청년과 급류

한 청년이 여행을 떠났다.
청년이 혼자서 여행을 떠난 것은 그때가 처음이었다.
그가 여행을 떠난 이유는, 그에게는,

고향에서는 결코 이룰 수 없다고 생각하는 꿈이 있었기 때문이다.
청년의 가슴은 미래에 대한 생각으로 한껏 부풀어 올라,
앞길에 기다리고 있을 난관도,
자신을 크고 강하게 키워주기 위한 시련으로 생각되었다.
먼 저편을 응시하는 청년의 눈동자는 반짝이고 있었고,
아직 보이지 않는 모든 것이, 자신을 기다리고 있는 것처럼 생각되었다.
청년은 용감하게 길을 가고, 또 용감하게 길을 갔다.
그런데 그런 청년의 앞길을 한 줄기 급류가 가로막았다.
그때까지 청년을 꿈으로 이끌어주고 있었던 길이,
갑자기 급류에 의해 끊긴 것이다.
강 건너편을 보니, 강을 사이에 두고 길은 곧장,
당연하다는 듯이 저편으로 계속되고 있고,
끊어진 길 사이를 물살이 소용돌이를 그리며 흐르고 있었다.
"틀림없이 이곳에 다리가 있었을 텐데. 급류가 다리를 휩쓸고 간 거야."
그렇게 생각하자, 청년에게는 눈앞의 급류가
자신의 빛나는 미래를 방해하고 있는 것처럼 보였다.
"이 급류만 없다면……."
그때까지 아무런 어려움 없이, 순조롭게 여행을 해온 청년에게,
급류는 그가 처음으로 만난 난관이며,
앞날을 향해 나아가려면 반드시 이겨내야 하는 첫 시련이었다.

그러나, 그때까지 평탄한 길을, 그 길이 인도하는 대로 걸어온 청년에게,
길이 끊어져 있다는 현실은, 그가 그때까지 한 번도 생각한 적이 없는,
다시 말해 예상치 못했던 사태였다.
인생을 스스로 개척하려고 한다면,
앞길에 나타나는 모든 것은
기본적으로 눈에 보이지 않음을 알아두어야 한다.
설령 예비지식이 있다 하더라도
현실적으로는 그것으로 충분할 수가 없기 때문에,
항상 무언가의 형태로, 그때그때 자신의 판단에 의한 대처가 필요한데,
이 청년은 그런 인생을 헤쳐나갈 수 있는 어떠한 지혜도
아직 터득하지 못하고 있었다.
눈앞을 가로막고 있는 급류를 본 순간
어떤 어려움도 시련일 뿐이라고 각오했던 청년은,
그 난관을 해결할 방법을 생각하기는커녕
자신이 갈 길을 방해하는 급류를 원망스럽게 생각하면서,
그저 망연자실, 거품을 일으키며 흘러가는 물을
공허한 마음으로 바라볼 뿐⋯⋯.
'돌아가 버릴까⋯⋯.'
청년이 포기하려던 바로 그때,
청년을 태운 말이 급류를 향해 걷기 시작했다.
청년은 당황했지만,
한 발 또 한 발 말은 아랑곳하지 않고 자꾸자꾸 강물 속으로 들어갔다.
그리고 어, 어, 하는 사이에 강 한복판까지 나아간 말은,
그대로 강을 끝까지 건너고 말았다.
물살은 빠르지만 물이 그리 깊지 않다는 것을
말은 다 알고 있었던 것이다.
그리하여 말 덕택에 강을 건넌 청년은,
집으로 돌아가려고 했던 것은 어느새 까맣게 잊고,
"뭐야, 별것 아니었잖아." 하면서, 다시 길이 이끄는 대로 나아갔다⋯⋯.

도끼를 주운 남자

두 사람이 함께 여행을 하고 있었다.
길가에 떨어진 도끼를 발견한 남자가 말했다.
"저기 도끼가 있어.
우리가 칼도 아니고 도끼를 줍다니, 엄청난 행운인 걸."
"우리라고? 네가 발견한 거니까 네가 주운 거지.
그러니까 우리가 주웠다고 말하지 말고 네가 주웠다고 말하는 게 옳아!"
그들은 길을 가다가 도끼를 잃어버린 사람을 만나게 되었다.
도끼를 주운 남자는 미리 겁을 먹으며 말했다.
"우린 이제 죽었어. 어떡하지?"
그러자 옆에 있던 친구가 말했다.
"우린 이제 죽었다고 말하지 말고, 난 이제 죽었다고 말해.
왜냐하면 네가 도끼를 발견했을 때
내게 그 행운의 절반을 나누어주지 않았으니까."

황금 사자상을 발견한 사람

겁이 많은 구두쇠가 순금으로 만든 사자상을 우연히 발견했지만
감히 그것을 차지하려 하지 못하고 이렇게 말했다.
"아이고, 이를 어쩌지?
이 기묘한 행운의 결과가 어떻게 될지 통 모르겠어.
난 지금 겁이 나서 죽을 지경이야.
황금을 갖고 싶지만 이렇게 겁이 나니 어떡하면 좋을 지 모르겠어.
이건 순전히 우연일까?
아니면 어떤 신이나 귀신이

저 황금사자상을 만들어 여기에 놓고 나더러 발견하게 한 것일까?
이러지도 저러지도 못하겠어.
난 황금을 사랑하지만, 황금으로 만든 동상은 무서워.
내 욕심은 '저걸 가져라!' 말하지만,
겁이 많은 내 성격은 '조심해!' 말하거든.
아, 야속한 행운이여!
너는 내게 복을 내려주면서 동시에 그것을 손에 넣지 못하게 하는구나.
오, 아무런 기쁨도 주지 못하는 황금 사자상이여!
오, 저주로 변하는 신의 은총이여!
내가 저걸 가지면 어때서? 어떻게 쓸까?
도대체 지금 내가 무엇을 할 수 있지?
알았다! 집에 가서 하인들을 불러다가 저 황금 사자상을 잡게 해야겠어.
난 안전한 곳에 숨어서 하인들이 저것을 잡는 것을 구경하겠어."

개와 망상

강가에 있던 개 두 마리가,
강 상류에서 천천히 떠내려 오는 물에 빠진 동물을 발견했다.
인간이라면 그런 생각은 하지 않겠지만, 개 두 마리는 그것을 보고,
커다란 고깃덩이가 떠내려 오는 것으로 생각하고 좋아했다.
그런 잔인한 생각을! 할지도 모르지만, 개라는 것은,
아무리 인간들에게 길들여졌다고 해도
근본을 말하자면 육식동물인 늑대의 족속.
그래서 이런 경우, 아무런 수고도 하지 않고
커다란 고기가 손에 들어왔으니, 좋아하는 것도 무리가 아니다.
다만 문제는, 그 동물이 강 한복판을 떠내려가고 있어서,
그냥 두면, 아무래도 강가 쪽으로 올 것 같지 않다는 것이었다.

인간이라면 그런 경우, 나름대로 여러 가지 방법을 생각하겠지만,
이 개들은 먹잇감에만 정신이 팔린 나머지
어처구니없는 방법을 생각하고 말았다.
우선 개 한 마리는, 문제는 먹잇감과 자신들 사이를 가로막고 있는
물에 있다고 생각했다.
'이 물만 없으면 얼마든지 먹잇감이 있는 곳으로 갈 수 있는데.'
사실 맞는 말이다. 하지만 이 개는, 그 문제를 해결하기 위해,
어이없게도, 강물을 모두 자기가 마셔버린다는,
망상의 극치라고 할 수 있는 수단을 선택했다.
그 개의 머릿속에는 벌써,
완전히 말라버린 강을 건너 먹잇감을 향해 달리는 자신의 모습으로 가득,
쇠뿔은 단김에 빼랬다고, 당장 강물을 벌컥벌컥 들이키기 시작했다.
욕심에 사로잡혀 한번 생각해버리면,
그 밖에는 전혀 눈에 들어오지 않는 것이니 이게 바로 망상이라.
강물의 양과 자기 위장의 크기와의 관계나
상류에서 쉬지 않고 물이 흘러내리는 강의 구조 같은,
그런 당연한 사실은, 일단 망상을 품어버린 개의 머리에는
들어올 여지도 없어,
이 개는 눈까지 희번덕거리면서 필사적으로 강물을 마셨다…….
그런데 옆에서 그 모습을 본 또 한 마리의 개는,
상대를 못 말리게 어리석은 놈이라고 생각했다.
물을 마시고 있는 개를 옆에서 보아하니,
개의 몸 크기와 강의 크기 차이는 한눈에도 뚜렷했다.
그런 일이 가능할 리가 없다는 것은,
이 개에게는 생각할 것도 없는 일로 보였다.
그래서 이 개는, 완전히 다른 새로운 방법을 생각해냈다.
그것은 바람의 방향을 바꾸면 어떻게 되지 않을까 하는 것이었다.
가만히 보니, 바람은 이쪽에서 건너편으로 불고 있었고
커다란 먹잇감은 그 바람에 떠밀려서,
자꾸자꾸 건너편으로 흘러가고 있는 상황.

'그렇다면, 바람의 방향을 바꾸자. 그리고 그 바람을 타고,
저 먹잇감이 이쪽 강가까지 밀려오게 하자……'
그것은 얼핏 보면 논리적인 생각이라고도 할 수 있었다.
바람의 방향만 바꾼다면, 그렇게 될 가능성은 물론 충분히 있었다.
문제는, 바람의 방향을 어떻게 바꾸는가 하는 것이었는데,
거기에 대해 이 개는,
조금 전의 개보다 더했으면 더했지 못지않은 방법을 생각해냈다.
어디 될 법이나 한 소린가! 숨을 크게 들이마셔서 바람을 마시고 또 마셔
방향을 바꾸려는 것이었으니.
어허, 망상이라는 것은 이렇게도 무서운 것.
여러분, 망상과 계획의 차이가 무엇인지 이제 아셨겠지요?

손님 대접을 받은 개

어떤 사람이 친구들을 초대하고 식탁을 차렸다.
그때 그의 개도 옆집 개를 초대하면서 말했다.
"우리 집으로 와서 나하고 같이 저녁을 먹자."
초대받은 개가 차려진 음식을 둘러보고는
함박웃음을 지으며 혼잣말로 중얼거렸다.
"이게 웬 떡! 마음껏 배를 채우면 내일은 온종일 안 먹어도 되겠지!"
초대받은 개가 고맙다는 인사로 꼬리를 흔들었다.
그 모습을 본 요리사가 옆집 개를 잡아서 창 밖으로 내던졌다.
개는 다리를 다쳐서 끙끙거리며 집으로 돌아가다가 다른 개들을 만났다.
그중 한 마리가 물었다.
"저녁은 잘 먹었겠지?"
그러자 그 개가 대답했다.
"술에 너무 취해서 그 집에서 어떻게 나왔는지도 기억이 나지 않아."

젊은 사냥꾼과 깊은 숲

사냥꾼을 부러워하여, 활 쏘는 연습을 열심히 해온 도시의 젊은이가,
처음으로 사냥을 하기 위해 숲으로 떠났다.
젊은이가 활 연습을 한 곳은 도시 속의 궁도장이었다.
그곳에서 갈고 닦은 젊은이의 활솜씨는
도장에서는 이미 겨룰 자가 없을 정도로 훌륭해서,
열 개의 화살을 쏘면 그중 아홉 개는 과녁 한복판을 꿰뚫을 수 있었다.
이만하면 됐다고 생각한 젊은이는,
마침내 사냥꾼으로서의 첫 걸음을 내딛기로 했다.
본디 야산을 자유롭게 쏘다니며
짐승을 잡아 살아가는 사냥꾼이 되고 싶어서,
남보다 더욱 열심히 연습을 쌓은 젊은이였으니,
한시 바삐 솜씨를 시험해보고 싶어 한 것도 무리는 아니다.
이리하여 드디어 자신이 사냥꾼 대열에 끼는 것이라고 생각하자
가슴이 두근두근,
머릿속에는 벌써, 어엿한 사냥꾼으로 인정받아
고참 사냥꾼으로부터도 존경의 눈길을 받는 자신의 모습뿐.
젊은이는 의기양양하게,
전부터 큰 짐승이 나타나는 곳으로 유명한 깊은 숲으로 갔다.
그 숲에 들어가자마자 곧 토끼를 발견한 젊은이는,
당장 활을 겨누어 별 어려움 없이 잡았다.
'뭐야, 간단하잖아?'
젊은이는 잡은 토끼를 그대로 두고 숲 속으로 더 들어갔다.
진짜 사냥꾼이라면,
아무리 작아도 잡은 것을 그 자리에 그냥 두고 가지는 않는다.
그런데 이 젊은이의 머릿속에는
커다란 짐승을 잡을 생각만 가득하여,
어쩌다가 나타난 토끼는 단순한 몸풀이 대상에 지나지 않았으니,

사냥꾼에게는 토끼도 훌륭한 사냥감이요,
숲의 신이 준 선물이라는 것을 알지 못했다…….
그리하여 젊은이는
화살의 과녁이 되어 목숨을 잃은 토끼에게는 눈길도 주지 않고,
더 큰 짐승을 찾아 더욱 깊은 숲으로 들어갔다.
다음에 젊은이의 눈에 들어온 것은 아기사슴이었다.
젊은이는 이번에도 아기사슴을 발견하자마자 곧바로 겨냥하여,
큰 어려움 없이 잡았다.
'에이, 겨우 이 정도? 차라리 연습하는 게 훨씬 더 어렵겠다.
이렇게 큰 표적이라면 눈감고도 맞힐 수 있겠는 걸…….'
숲에 들어가자마자 잇따라 짐승을 잡아서
제법 사냥꾼 기분이 된 젊은이는,
이번에도 아기사슴에게는 눈길도 주지 않고
더 큰 짐승이 나타나기를 기다렸다.
진짜 사냥꾼이라면 토끼와 아기사슴을 맞혔으면,
이미 그날은 그것으로 충분하다 생각하고 숲의 신에게 감사하면서,
날이 저물기 전에 얼른 집으로 돌아가는 법이거늘…….
무엇보다, 더 이상 짐승을 잡는다 해도 다 들고 다닐 수가 없다.
그런데 이 젊은이는, 사냥감을 잡는 것 자체에만 열중하여,
잡은 사냥감을 어떻게 하는가까지는 도저히 생각이 미치지 않았다.
그러는 사이에 이번에는 커다란 사슴이 눈앞에 나타나자,
젊은이는 그것도 잡았다.
'사냥이 이렇게 재미있는 건 줄은 몰랐어.
이럴 줄 알았으면 사냥을 좀더 일찍 시작하면 좋았을 걸.'
젊은이는 이런 식으로 가다가 혹시? 하면서,
언감생심, 더 큰 짐승을 기다렸다.
게다가 짐승이 나타나기를 기다리는 동안, 일단 한번 해보자 싶어서,
잡은 큰 사슴을 그 자리에서 해체하기 시작했다.
해는 이미 기울고 있었다.
사냥꾼이라면

그런 해질녘에 산장도 없는 곳에서 짐승을 해체하지 않는 법인데…….
그때 별안간 젊은이 앞에 거대한 멧돼지가 나타났다.
젊은이는 활을 쏘았고, 화살은 멧돼지를 맞혔지만,
멧돼지는 화살에 맞은 채 그대로 젊은이를 향해 돌진하여,
커다란 엄니로 젊은이를 길동무로 삼아버렸다.
이윽고 어둠이 찾아오자,
깊은 숲 속에 쓰러져 있는 그들을
늑대 한 마리가 조용히 응시하고 있었다…….

어떤 사람의 인생계획

어떤 사람이 아는 사람에게 돈을 맡기고 방랑의 길을 떠났다.
마음 내키는 대로 이리저리 떠돌아다닐 텐데,
전 재산을 가지고 갈 수도 없는 일이어서,
우선 필요한 돈만 가지고, 나머지는 아는 사람에게 맡겨두었다가,
여행 도중에 돈이 떨어지면 돌아와서,
맡겨둔 돈을 찾아,
다시 여행을 계속하면 된다고 생각한 것이다.
오늘날처럼 신용카드도 세계적인 은행도,
현금 자동인출기도 없었던 시절이었으니,
그 사람이 그렇게 생각한 것도 무리는 아니었다.
게다가 그 사람은 만에 하나를 생각하여 안전하게,
돈을 세 사람에게 나눠서 맡기고 떠났던 것이다…….
그리고 몇 달이 지나 돈이 떨어지자,
여행을 더 계속하기 위해 고향에 돌아가서 먼저 한 집을 찾아갔다.
"그 돈은 이미 써버리고 없소.
설마 이렇게 돌아올 줄 몰랐기 때문에……."

그는 깜짝 놀라 말했다.

"틀림없이 돌아올 테니까 그때까지 맡아달라고 하지 않았소."

"아무리 그래도 이미 없는 것은 없는 거요."

배짱을 내민다.

아무리 얘기해도 해결이 되지 않아,

하는 수 없이 돈을 맡겨 둔 또 한 사람을 찾아갔다.

그러자 두 번째 사람이 말했다.

"미안하지만, 그 돈은 어머니가 중병에 걸려서,

다 써버렸습니다. 어머니는 지금도 병석에 누워계신데,

그래도 당신 덕택에 많이 좋아졌습니다."

'남의 돈을 멋대로……'

하지만 병자를 돌보는 상대에게 당장 돌려달라고 할 수도 없어서,

하는 수 없이 이번에는,

허둥지둥 마지막 한 사람의 집에 돈을 받으러 갔다.

그런데 세 번째 사람이 시치미를 뗀다.

"무슨 소린가! 난 자네한테서 돈을 맡은 기억이 없네."

마침내 그 사람도 화가 나서 큰소리를 쳤다.

"거짓말을 하는 데도 정도가 있어야지, 당장 돈을 돌려주시오!"

"생떼를 쓰는 건 그만 두게, 느닷없이 돌아왔나 했더니,

사람을 도둑취급 해! 어느새 자네도 상당히 타락해버린 것 같군."

상대는 거꾸로 그 사람을 비난하는 것이었다.

이리하여 여행에서 돌아와 잠시 쉰 뒤, 다시 길을 떠나려고 했던 사람은,
계획이 완전히 틀어져서, 결국 돈 한 푼 없는 알거지가 되고 말았다.
도대체, 어쩌다가 이 지경이 되어버렸느냐고 탄식해봐야
돈이 돌아올 리도 없고,
세 사람에게 계속 돈을 돌려달라고 조르면
그만큼 그곳에서의 생활이 거북해지기만 할 뿐……
있는 돈을 모두 가지고 갔으면 좋았을 걸 하는 생각도 했지만,
도중에 도둑이라도 만난다면 이 역시 마찬가지.
게다가 돈을 잃을까봐 노심초사하면서 여행하는 것도 어리석고,
숨겨두어도 불안은 마찬가지.
설사 은행 같은 것이 있다 하더라도, 그것도 언제 없어질지 모를 일.
자, 여러분, 이 사람은 과연 이 재난을 어떻게 극복하고,
앞으로 어떻게 하면 좋을까요……?

사형수의 마지막 말

한 소년이 옆자리에 앉은 친구의 노트를 몰래 훔쳤다.
그 사실을 알게 된 어머니는 아이를 야단치기는커녕 오히려 칭찬해 주었다.
며칠 뒤에는 소년이 옷을 훔쳐서 어머니에게 주었다.
그때도 어머니는 혼내지 않고 도둑질한 아이를 칭찬해 주었다.
아이가 자라 청년이 되자,
이제는 아주 비싼 물건들을 훔쳐서 어머니에게 건네 주었다.
그러던 어느 날 그가 도둑질하는 현장에서 붙잡히고 말았다.
등 뒤로 손이 묶인 채 그는 사형장으로 끌려갔다.
그를 따라 걸어가던 어머니는 그때서야 가슴을 치며 통곡했다.
슬퍼하는 어머니의 모습을 본 청년은
마지막으로 어머니에게 할 말이 있다고 했다.

어머니는 아들이 무슨 말을 하는지 듣기 위해 귀를 가까이 댔다.
그러자 그는 이빨로 어머니의 귀를 물어 단숨에 잘라버렸다.
그녀는 불효자식이라고 마구 야단쳤다.
"이제 도둑질도 모자라서 네 어미의 귀를 물어뜯어?
이런 불효 막심한 자식 같으니라구!"
그러자 아들은 이렇게 대꾸했다.
"내가 처음 친구의 노트를 도둑질한 날
어머니가 나를 야단치고 매질했더라면 요 모양 요 꼴이 되었겠습니까?
사형장에 끌려가는 신세가 되진 않았을 겁니다.
어머니가 제 인생을 망쳐 놨다구요!"

지혜를 파는 남자

옛날 어떤 곳에 지혜를 팔고 다니는 남자가 있었다.
도대체 지혜라는 것이,
사고팔고 할 수 있는 것인지는 모르겠지만,
남자는 마치 토마토나 수박이라도 팔듯이 길거리에서,
큰 소리로 외치고 있었다.
"누구 지혜가 필요한 사람 없소?"
그런 미심쩍은 지혜를 도대체 누가 사겠느냐고 생각하지만,
남자가 그렇게 악기 반주를 곁들여서 떠들고 다니다가,
이윽고 적당한 장소를 발견하여 걸음을 멈출 무렵에는,
남자 주위에 그런대로 사람들이 모여들어,
이 사람이 도대체 무슨 말을 하려나하고 지켜본다.
사람이 모인 것을 확인한 남자는 다시 한번 큰 소리로,
"누구 지혜가 필요한 사람 없소?"
그러고는 잠시 악기를 연주한 뒤,

힐끗 주위를 둘러본다.

"어허! 이렇게 많은 사람이 모여들다니,

내가 무엇을 팔고 있는지 알기나 하고 모인 거요?

내가 팔고 있는 건 엿이 아니란 말이오,

따라오기만 하면 거저 얻을 수 있을 거라고 생각한다면 틀렸소.

내가 팔고 있는 건 다름 아닌,

인간이 살아가는 데 무엇보다 중요한 지혜란 말이오.

그런 중요한 것을, 이렇게 난생 처음 보는 당신들한테 나눠주겠다는 거요.

무슨 말인지 알겠소? 잘 들어요, 내 말을 한마디도 놓치지 말고.

돈은 잠깐이고 지혜는 평생 가는 거니까.

하지만 지혜란 구멍 뚫린 자루요, 날 없는 칼이요,

맛이 날아간 겨자와도 같은 것.

무언가가 조금만 빠져도 그냥 짐짝이요, 그저 헛일일 뿐. 어디 그뿐인가?

어쩌다가 주위들은 어설픈 지혜만큼 세상에 위험한 것은 없지.

알려면 모두 다! 그렇지 않으면,

그대로 아무것도 모르고 평생을 바보로 사는 편이 훨씬 나아.

그게 싫으면, 이제부터 내가 하는 말을

한 마디도 놓치지 말고 정신 똑바로 차리고 듣는 게 좋을 거요.

다 들은 뒤에 그 지혜를 사야겠다고 생각한다면,

돈은 그때 가서 내면 돼."

이따금 반주를 넣으며 얘기하는 남자의 말솜씨를
구경꾼들이 재미있어하며 듣고 있는데,
갑자기 남자가 맨 앞에서 정신없이 얘기를 듣고 있던 한 남자를 가리키며,
날카로운 목소리로 말했다.
"어이, 거기 망석중이!
먼저 자네부터 말해 보게, 자네는 어떤 지혜를 갖고 싶나?"
"어, 글쎄, 갑자기 물으니……."
갑자기 질문을 받은 남자가 당황하여 말을 얼버무리자,
"이 바보! 무엇을 알고 싶은지도 모르면서 도대체 무엇을 알겠다는 게야,
응? 이 망석중이, 지혜라는 것을 뭣에다 쓸 건데?
어디다 쓸지도 모른다면 지혜가 슬퍼하지 않겠어?
아니면 자네한테는 고민이고 희망이고 아무것도 없단 말인가?
그렇다면 차라리 다행이지. 자네한테는 지혜도 소용없어."
남자는 그런 식으로 차례차례 상대를 바꿔가며 이상한 열정을 담아
얘기했고, 사람들 역시 그렇게 차례차례 호통을 들으면서도,
남자가 말하는 지혜 얘기에 점점 깊이 끌려들어가고 있었다.

늑대와 개

옛날 늑대들의 영역이었던 숲이,
인간들에 의해 자꾸자꾸 개발되어 사라지게 되자,
밥줄이 끊어진 늑대 한 마리가 숲을 나가,
먹이를 찾아 마을로 내려갔다.
처음으로 숲을 나가 마을에 온 늑대로서는,
눈에 보이는 모든 것이 신기하기만 했다.
또 조금만 주위를 둘러보면, 통통하게 살이 오른,
먹음직스러운 인간의 아기들이 이내 눈에 띄었다.

'사람이 사는 마을은 정말 풍요로운 곳이군,
이런 곳일 줄 알았으면 숲에서 미련스럽게 참고 견딜 게 아니라,
좀더 일찍 마을에 내려올 걸 그랬어.'
숲에서는 늑대가 거의 절멸해 가고 있어서,
이 늑대도 태어나자마자 곧 부모와 헤어지고,
혼자서 간신히 살아왔기 때문에,
부모와 동족으로부터 인간이 얼마나 두려운 존재인지 배우지 못하여,
마을이 위험한 장소라는 것을 알 리가 없었다.
인간들도 늑대를 모르는 사람이 대부분이어서,
눈빛이 이상하게 날카롭고 무척 민첩해 보이는 것을 제외하면,
겉으로 보기에는 집개들과 그리 다르지 않았고, 게다가 설마 벌건 대낮에,
늑대가 마을을 어슬렁거리고 있으리라는 건
꿈에도 생각하지 않았기 때문에, 늑대는 아무한테도 들키지 않고,
나무 대신 집이 많이 늘어서 있는 마을 한복판으로 자꾸자꾸 들어갔다.
그러는 사이 늑대는, 어떤 인간의 집 뒤뜰에서 생물의 기척을 느꼈다.
가까이 가보니, 아무리 봐도 자기와 매우 닮은 동물이었다.
그것은 두 마리의 집개였는데,
그때까지 개라는 것을 한 번도 본 적이 없었던 늑대는
그 동족으로 보이는 동물을 보고 깜짝 놀랐다.
한 마리는 털이 굉장히 길고 깨께 말라서 연약해 보이고,
또 한 마리는 반대로, 너무 살이 쪄서 움직이는 것조차 힘들어 보였다.
'저런 몸으로는 숲에서는 도저히 살아갈 수 없겠는 걸.'
'그래도 저렇게 살아 있는 걸 보면,
마을이라는 곳은 상당히 평화로운 곳임이 분명해.'
그때, 두 마리 가운데 한 마리가
아무런 인사도 없이, 갑자기 큰 소리로 늑대를 향해 짖기 시작했다.
모습은 기묘해도 처음에는 동족인 줄 알았던 늑대는,
으잉, 그게 아니었나? 생각했지만,
그 짖는 모습이 아무래도 이해가 되지 않았다.
자신에 대해 위협하고 있는 것 같으면서도 뒷걸음질치는 기색인 데다,

짖는 소리 자체에도 힘이 없었다.

덤벼드는 것도 달아나는 것도 아니고,

화내는 것도 비명을 지르는 것도 아니고,

도대체 무슨 말을 하고 있는가 싶어 주의하여 들어보았지만

언어도 도무지 통하지가 않았다.

늑대는 숲에서 곰을 보면 달아나고, 토끼를 보면 쫓아가는 식으로,

그때그때 항상 순간적으로 태도를 분명히 하며 살아왔다.

그렇게 하지 않으면, 숲에서는 한 순간의 망설임으로 목숨을 잃기도 하고,

모처럼의 먹잇감을 놓치게 된다는 것을 잘 알고 있기 때문이다.

그런데 눈앞에서 짖고 있는 저 놈은, 도대체 시끄럽기만 하고

무엇을 어떻게 하고 싶다는 건지 전혀 알 수가 없었다.

얼핏 봐도 자기보다 훨씬 약한 놈이라는 건 알 수 있지만,

상대는 그걸 모르는 눈치다.

자신의 경험에 의하면, 자기보다 강한 자를 괜히 놀리거나,

목적도 없이 자기가 먼저 집적거렸다가

좋은 꼴을 본 적은 한 번도 없었다.

그런 숲의 기초적인 법칙도 모르고,

놈은 도대체 왜 저렇게 떠들고 있는 걸까?

게다가 짖고 있는 것은 한쪽뿐이고,

뚱뚱한 쪽은

반대로 동료를 도와주는 기색도 없이 앉아서 꼼짝도 하지 않는다.
'정말이지 정체 모를 교양 없는 놈들이군.'
늑대는 화가 났지만 곰곰이 생각했다.
'마을에는 마을대로 숲과는 다른 규칙과 방식이 있을지도 모른다.
처음 찾아온 도시에서 그곳 주민에 대해 제대로 알지도 못하고,
갑자기 실력행사를 하는 것도 점잖지 못하다.
지금은 일단 인사부터 해야지.'
늑대가 조용히 상대에게 다가가니,
여윈 쪽이 더욱 신경질적으로 소리를 질렀다.
'에잇, 참는 데도 한계가 있다.'
늑대가 덤벼들려고 했지만,
공교롭게도 여윈 개와 늑대 사이에 튼튼한 울타리가 가로놓여 있었다.
어디 입구가 없나 하고 찾아봤지만,
아무리 찾아봐도 틈새 같은 것도 보이지 않았다.
'그렇다면 가엾게도 놈들은 이런 곳에 갇혀서
나오고 싶어도 나오지 못하고 있는 거야.
그러니 머리가 이상해지고 무기력해지는 것도 무리가 아니지.
인간이란 정말 무섭구나. 내 이런 곳에 다시는 오나 봐라!'
늑대는 얼른 숲으로 돌아가 버렸다.

양의 꿈과 사람의 꿈

양의 꿈과 사람의 꿈은 다르다.
하지만 그렇다고 해서 사람의 꿈이,
양의 꿈보다 뛰어나다는 것은 아니다.
어느 때 어떤 곳에서, 어디선지 모르게 목소리가 들려왔다.
"다같이 꿈을 그려보아라, 그 꿈을,

한 가지만 이루어 주리라."
어쩌면 하나님이 그렇게 말한 건지도 모르지만,
그런 목소리를 분명히 들었다고 하는 양도 있고,
그런 건 모른다고 하는 양도 있으니,
정확한 진실은 알 수 없다.
그러나 한 양이 확실히 들었다고 주장해서,
양들은 다같이 꿈을 그려보기로 했다.
밑져봤자 본전, 만에 하나 꿈이 이루어진다면,
그거야말로 횡재 아니냐고 생각한 것이다.
그래서 먼저 한 마리가 말했다.
"이곳에 자라고 있는 풀이 크게 자라게 해달라고 하자."
양들의 관심이라면 뭐니 뭐니 해도 모두가 먹는 풀이었지만,
양들이 살고 있는 곳에는 풀이 드문드문,
그것도 키 작은 풀밖에 자라지 않았던 것이다.
"그래, 맞아, 그게 좋겠어."
양들은 일제히, 마치 벌써,
주위에 그런 풀이 가득 자라고 있는 것처럼 눈을 반짝이며 말했다.
그런데 한 양이 작은 목소리로 말했다.
"하지만 키가 큰 풀은 질기기만 하고 맛이 없어."
그 말이 맞다고 양들은 생각했다. 아무리 커도 먹을 수 없으면 소용없다.
그러자 조금 전의 양이 가소롭다는 듯한 표정으로 말했다.
"모두 바보구나! 모르겠니, 너희? 우리는 꿈을 그리라는 말을 들었어.
다시 말해, 꼭 실제로 있는 풀이 아니라도 된다는 뜻이야.
그러니까 크면서도 부드럽고 맛있는 풀이
많이 자라면 좋겠다는 꿈으로 하면 돼."
"그래, 그게 좋겠다. 역시 넌 달라."
양들이 기뻐하자 이번에는 다른 양이 걱정스러운 듯이 말했다.
"하지만, 그렇게 큰 풀이 주위에 가득 자라고 있으면
늑대가 다가와도 보이지가 않잖아."
그 말을 들은 양들은 갑자기 물을 끼얹은 듯 조용해졌고,

모두 공포로 등줄기가 얼어붙는 것 같았다.

"그럼 우리를 늑대보다 강하게 해달라고 하자."

조금 전의 양이 결연한 표정으로 말하자,

"그럼 우리는 양이 아니게 돼, 게다가 꿈은 한 가지뿐이라고 했어."

누군가가 말했고,

그것이 신호인 양, 양들은 그런 꿈에 대해서는 완전히 잊어버리고

다같이 천천히 풀을 뜯기 시작했다.

사람들이 그리는 꿈이, 그런 양들의 눈에 비친 푸른 하늘보다

반드시 더 아름답다고는 할 수 없지 않을까?

사람과 신

어느 날 여행을 하던 나그네가, 한 마을에서 신의 물건을 훔쳤다.

여행을 하다가 돈을 잃어버려서,

며칠을 굶다가 그 마을에 당도한 나그네는,

우연히 눈에 들어온 음식을 자기도 모르게 먹어버린 것이다.

그런데 그것은 마을 사람들이, 그해 1년의 평화와 은혜를,

신께 감사드리는 마을제사에 올린 음식으로,

마을광장에 차려둔 귀한 공물이었다.
나그네는 그것이 공물이라는 걸,
전혀 몰랐던 것은 아니지만,
거의 아무것도 먹지 못한 채,
며칠이나 걸어서 가까스로 당도한 마을광장에서,
너무도 먹음직스러운 과일과 과자를 보자,
그만 자기도 모르게 그 공물에 손을 대고 만 것이었다.
남자는 아무것도 생각하지 않고 정신없이 눈앞에 있는 음식을 먹어,
주린 배를 채우고 차차 정신이 들자, 비로소,
자신이 한 짓의 의미를 깨달았다.
나그네는 당황하여 그 자리를 떠나려 했는데, 그때,
그 공물 중에서 몇 개의 과일과 과자를 품에 넣고 달아났다.
굳이 그렇게 하지 않더라도,
처음부터 마을사람들에게 사정을 얘기했으면,
약간의 음식 정도는 나눠주는 사람도 있었을 것이다, 어쩌면,
집안에 불러들여 음식을 차려주고
잠까지 재워주는 사람도 있었을지 모른다.
적어도, 그 자리를 떠날 때 공물을 품에 넣고 달아나지만 않았더라도,
그 뒤의 불행은 어쩌면 일어나지 않을 수도 있었는데,
결과적으로, 나그네는 공물을 품에 넣고 광장에서 몰래 빠져나가다가,

도중에 품에서 과일 하나가 떨어지는 바람에
마을 사람에게 발각되고 만 것이었다.
"넌 누구냐! 어디서 온 놈이야?
여기서 무슨 짓을 하고 있는 거야? 거기 서!"
마을사람들의 목소리에 더욱 당황한 나그네는,
걸음아 날 살려라 하며 죽을 힘을 다해 달아났다.
그렇게 되면 당연히, 마을사람들도 수상한 놈이니 도둑이니 하고
소리치면서 쫓아오기 마련이라,
나그네가 달아나면 달아날수록, 쫓는 쪽도 더욱 화가 나서 쫓아오는데,
쫓아오는 마을사람들의 수는 눈 깜짝할 사이에 불어나고,
달아나는 나그네의 품에서는 후두둑 후두둑 공물이 굴러 떨어지네.
그것을 본 마을사람들은 더욱 분노하여 쫓아왔다.
"공물을 훔친 도둑이다! 잡아라!"
여행의 피로와 굶주림으로 쇠약해질 대로 쇠약해져
마을사람들을 따돌리지 못한 나그네는,
마을에서 겨우 벗어난 곳에서 분노에 찬 사람들에게 포위되어,
혈기왕성한 젊은이의 손에 의해 칼에 찔려 죽고 말았다…….
신이 그해에, 마을사람들의 공물을 기쁜 마음으로 받았는지
어떤지는 아무도 모른다…….

고양이와 여우

늘 말썽만 피워 마을 사람들을 곤란하게 만들고 있는 고양이와,
키우고 있는 닭과 토끼를 잡아가서,
마을사람들이 눈엣가시처럼 여기는 교활한 여우가,
무슨 바람이 불었는지 나란히 사이좋게 순례여행을 떠났다.
둘 다 평소에 나쁜 짓만 하고 다녔기 때문에,

이쯤에서 한번 몸과 마음을 정화하자고 생각한 건지,
또는 그런 가상한 생각은 그만 두고,
서로 미움이나 받는 자끼리 이쯤에서 휴양 겸,
정보교환이라도 하지 않으면 위험하다고 생각한 건지,
아니면 여행을 통해 넓은 세상을 구경하면서,
여러 가지 새로운 작전을 구상하여, 다음에는 둘이서 함께,
획기적인 나쁜 짓을 저지르려 한 건지는 모르지만,
아무튼 마치 옛날부터 친한 사이이기라도 한 것처럼,
고양이와 여우가 너무도 사이좋게 어깨를 비비며,
목적지를 향해 순례길을 걸어갔다.
이것이 고양이와 여우가 함께 있는 걸 본 사람의 증언이다.
어떤 장면이든, 그것을 보는 사람에 따라
받아들이는 방법은 가지각색이어서,
이 경우는 마침 그 둘이 함께 있는 것을 본 사람의,
그 사람 특유의 생각과 희망과 사정이 저절로 반영되어
그런 식으로 보인 것이리라.
그래서, 사실은 어땠는가 하면, 실은 그 둘은,
역시 순례라는 가상한 일을 생각하고 있었던 것은 아니지만,
그래도 확실히, 서로 사이좋게 지내자 생각하고 얘기를 나누기는 했다.
그도 그럴 것이, 얼핏 두 마리는

똑같이 나쁜 짓을 하고 있는 것처럼 보였지만, 실제로는,
여우는 살기 위해 닭과 토끼를 습격하는 데 비해,
매일 주인으로부터 먹을 것을 얻어먹고 있는 고양이는
그저 장난이 재미있어서 하고 있는 것에 지나지 않았다.
마을사람에게 발각되어 달아날 때도,
여우는 잡히면 그것으로 끝장! 목숨을 건 것임에 비해,
고양이는 그저 쫓기기만 할 뿐, 고작해야 돌팔매나 당하는 정도에
지나지 않았다.
그런 식으로 서로 처지는 전혀 다르지만, 노리는 대상이 비슷하기 때문에,
닭장 같은 데서 서로를 발견할 때도 적지 않았던 두 마리는,
어느새 서로의 존재에 흥미를 느끼게 되어,
여우는 '목숨을 걸고서가 아니라,
저런 식으로 즐기면서 닭을 쫓아다녀 봤으면 좋겠다,
매일 안간힘을 쓰지 않아도 밥을 먹을 수 있으니 얼마나 행복할까?'
생각하고, 고양이는 고양이대로
'한번 저런 식으로 위기일발의 스릴을 맛보고 싶어라.
스스로 먹이를 잡아서 살아간다는 건 얼마나 멋진 일이야?' 생각하던 차에,
두 마리가 길에서 우연히 마주친 것을 기회로,
함께 걸으면서 대화를 하기 시작한 것이다.
먼저 고양이가 여우에게 말을 걸었다.
"아, 갑자기 이런 말 하는 건 뭐하지만
여우님의 의연한 삶을 보고 있으면 절로 고개가 숙여지는군요.
저 같은 건 인간에게 완전히 길들여져서 이젠 틀린 것 같아요.
그래도 야생의 본능을 잊지 않으려고,
사냥 흉내를 내보기도 하지만, 역시 아무래도 놀이에 불과하답니다."
"무슨 말씀이십니까, 고양이 씨.
저야말로 이렇게 얘기를 나눌 수 있게 되어서 얼마나 영광인지 모릅니다.
실은 전부터 한번 말씀을 듣고 싶었어요.
하지만, 무엇보다 이렇게 닥치는 대로 살아가는 유랑의 몸이라,
제 쪽에서 먼저 말을 거는 것이 송구스러워서

지금까지 인사조차 하지 않았는데,

오늘은 좋은 기회이니 꼭 여쭙고 싶군요.

제가 여쭙고자 하는 것은 다름이 아니라, 어떻게 하면 당신처럼,

매일 맛있는 것도 먹을 수 있고, 멋대로 행동하면서도 귀여움을 받는,

그런 마법 같은 일이, 도대체 어떻게 하면 가능한지……."

"아, 그거요?

그런 거라면, 좀더 진작 말해줬으면 언제라도 가르쳐드렸을 텐데.

간단한 일입니다. 잘 들으세요.

당신처럼 진짜로 닭을 잡지만 않으면 돼요.

적당히 쫓아다니면서 즐기다가,

인간들이 화를 내면, 그때 얼른 달아나면 된답니다.

자칫 힘 조절을 잘못해서 죽어버렸을 때는,

그냥 시치미 딱 떼고 다른 누군가의 탓으로 돌리면 되지요."

"그럼 배가 고프지 않습니까? 닭을 잡지 않고 도대체 무엇을 먹습니까?"

"당신은 그렇게 모든 일에 너무 진지해서 탈이에요.

물론 그래서 멋있는 거긴 하지만.

애초에 하루하루 먹을 것을 모두 스스로 잡으려 하니까 힘든 거지요.

배가 고프면 저처럼, 목을 가릉가릉 울리면서 인간에게 다가가면 됩니다.

인간이란 어찌나 이상한 동물인지, 자기가 직접 밥을 먹이며,

그렇게 무언가를 키우는 것을 좋아한다니까요. 다시 말하면,

그렇게 자기가 뭔가를 키우고 있다는 기분이 되는 것을 좋아하는 거지요,

뭔가가 자기를 의지하는 것이 좋은 겁니다.

그래서 때로는 그런 척하면서, 이쪽에서 다가가지 않으면

귀여워해주지 않아요.

그것도 저처럼 평소에는 제멋대로 굴다가,

가끔 다가가는 것이 효과 만점입니다.

게다가 가끔 인간들의 양식을 축내는 쥐라도 몇 마리 잡아주면,

정말 좋아하면서 마치 자식처럼 사랑해준다니까요.

쥐 한두 마리 정도야, 저 같은 동물도 놀이 겸 심심풀이로 하는 거니까,

여우님, 당신이라면 그까짓 것 눈 감고도 할 수 있을 겁니다.

뭐 그 정도면 됩니다, 인간에게는. 아니 오히려 그 정도가 더 나아요.
저는 차라리 당신처럼, 누구에게도 아양 떨지 않고 살아가고 싶지만,
만약 당신이 그래도 저 같은 생활을 한번 해보고 싶다면,
그건 정말 간단한 일이지요.
방금 제가 말한 것을 적당히 해보여주면 되거든요."
그 말을 들은 여우는 생각했다.
'뭐야, 그런 거였어?
그 정도라면 매일매일 먹을 것만 생각하며
필사적으로 목숨을 부지하는 것에 비하면 훨씬 낫잖아?
저런 하찮은 고양이가 할 수 있는 일을 내가 못할 리가 없지.'
여우가 그렇게 생각한 바로 그때, 저편에서 인간들이 다가왔다.
그래서 여우는 고양이한테서 들은 대로
당장 목을 가릉가릉 울리면서 인간에게 다가갔는데,
물론 인간들은, 그런 여우의 기분은 꿈에도 알아주지 않고
여우를 쫓기 시작했다.

부부와 도둑

사람이라는 동물의 기묘한 점은,
어찌된 일인지 가까운 곳에서 적을 만들고 싶어 한다는 것이다.
뭔가 곤란한 일이 있으면 반드시,
그것을 친구나 직장 동료, 반려자 같은,
당연히 내 편인 가까운 사람 탓으로 돌린다.
또는, 특별히 나쁜 일이 없어도,
자기 기분이 좋지 않다고 해서, 사소한 트집을 잡아,
원래 신뢰를 서로 돈독히 해야 할,
가장 가까운 사람한테 화풀이를 하기도 한다……

그런데 어떤 곳에, 그리 사이가 좋지 않은 부부가 있었다.
사소한 일로 늘 티격태격하면서,
마치 원수나 되는 것처럼,
서로 상대를 욕하고 비난하며 나날을 보내고 있었다.
그렇게 서로를 싫어한다면,
깨끗하게 헤어져버리면 될 것 같은데,
말은 그렇게 해도, 실제로는 전혀 그럴 기색이 없다.
어쩌면 말하는 것만큼 서로를 미워하는 것은 아닐지도 모른다.
도대체 어느 쪽이 진짜인지, 자신들조차 알 수 없게 된 어느 날,
한 사건이 일어났다.
한밤중에 이 집에 도둑이 든 것이다.
아니 정확하게 말하면, 한밤중에 수상한 소리가 났다.
어쩌면 집 마당에 들개가 들어와서 쓰레기통을 뒤지고 있었던 건지,
고양이나 뭔가가 지붕 밑에 숨어들어간 건지, 또는,
그저 틈새바람이 들어와서 무언가가 쓰러졌을 뿐인지 모르지만,
어쨌든, 마당에서 바스락거리는 소리가 나는 것 같더니,
이어서 집안에서도 이상한 소리가 났다.
깜짝 놀란 아내는 너무 무서워서 남편을 필사적으로 꼭 끌어안았다.
"여보, 도둑이 들었나 봐요."
아내의 목소리에 비로소 잠이 깬 남편이, 졸리는 눈을 비비고 보니,

평소에는 그런 적이 한 번도 없던 아내가
웬걸, 몸을 떨며 자신을 꼭 끌어안고 있는 게 아닌가!
왜 그러느냐고 물으니 도둑이 들어왔다고 한다.
그래서 남편은 귀를 기울여 보았지만,
아무리 숨을 죽이고 들어도 아무 소리도 나지 않았다.
평소 같으면 거기서 당장, 호들갑을 떤다고 화를 내고,
거기에 또 아내가 말대답을 하여,
한판 싸움이 붙을 판이지만, 그때는 반쯤 잠에 취해서인지,
아니면, 자신에게 매달려 떨고 있는 아내한테서
문득 연약한 여자의 일면을 본 것인지,
어울리지도 않게 자기도 모르게 다정한 목소리로 말하고 말았다.
"괜찮아, 아무 것도 아니야."
그러자 여느 때 같으면 "무슨 소릴 하는 거예요!"
소리를 지르며 당장 달려들었을 아내도,
이상하게 더욱 나긋하게 몸을 기대온다.
그것을 본 남편은 반쯤 꿈속에서,
'그래, 이렇게 전쟁을 했다가 휴전을 했다가 하는 거지……'
생각하는 것이었다.

사람과 운명

어느 때 한 굶주린 남자가,
목을 매고 죽기로 결심했다.
일하려 해도 일자리가 없고, 그렇다고,
걸식을 하면서까지 살고 싶지는 않았던 남자는,
다행인지 불행인지 자신의 죽음을 슬퍼해줄 가족도 없었기 때문에,
추위를 가려줄 집 한 칸 없이 언 몸으로 겨울을 보낼 바에는,

차라리 눈 질끈 감고 죽어버리자고 생각한 것이다.

주위를 둘러보니 눈 앞에 있는 집 벽의,

목을 매기에 딱 좋은 높이에,

맞춤하게 튀어나온 부분이 있어서,

남자는 거기에 자신의 유일한 재산인 곡괭이를 딛고 올라가 끈을 걸고,

그 끈에 목을 건 뒤 곡괭이를 걷어 차버렸다······.

일이 순조롭게 되었으면 거기서 남자의 목숨은 끝났어야 했지만,

아마 운명의 여신이 변덕을 부린 것이리라.

남자가 공중에 매달린 순간,

끈을 걸어 두었던 벽의 튀어나온 부분이 톡 하고 부러졌다.

그리고 거기서 벽 속에 묻혀있었던 항아리가 굴러 나와

남자의 머리 위에 떨어졌다.

'아, 나는 죽는 것조차 마음대로 할 수 없단 말인가!'

죽지도 못하고, 항아리에 머리만 세게 얻어맞은 남자는,

절망적인 심정으로 굴러 떨어진 항아리를 보니, 이게 웬일인가!

항아리에는 오래된 금화가 가득 들어있는 게 아닌가?

이쯤 되면, 인간이라는 것은 신기하게도 당장 기운이 나는 법.

'아, 죽지 않아서 정말 다행이다.'

조금 전까지 절망의 밑바닥에서 허우적대고 있었던 남자는,

마치 딴 사람이 된 것처럼 표정이 밝아져서,

항아리를 안고 그곳을 떠났다.

그런데, 그 모습을 숨어서 엿보고 있던 또 한 사람의 굶주린 남자,

남자가 아무래도 목을 매려 하는 것을 보고, 구해주러 갈까 하다가,

'좋아, 저자가 죽으면 주머니를 털어야지.

아무리 행색이 초라해도 동전 몇 개쯤이야 있겠지.'

생각하며 기다리고 있는데,

예상과는 반대로, 죽기는커녕 남자는 완전히 기운이 나서 달려가 버렸다.

어찌된 일인가 하고 가까이 가보니,

무너진 벽토에 섞여서 금화 하나가 남아 있었다.

'으잉? 그자가 소중하게 안고 있었던 건,

이 금화가 들어있는 항아리였단 말이야?'
뒤에서 온 남자는 애석해했지만 때는 이미 늦어,
항아리도 남자도 벌써 어둠 속으로 사라진 뒤.
미련을 버리지 못하고, 금화가 잔뜩 숨어 있었던 벽을 올려다보니,
무너진 부분 옆에 오래된 나무 조각이 튀어나와 있는 것이 눈에 들어왔다.
인간이라는 것은 그런 경우, 대개 판단력을 잃어버리기 마련이어서,
남자도 '그럼, 나도' 하며 자신에게도 같은 일이 일어날 거라고
철썩 같이 믿는 듯이 목을 맸다.
과연 운명의 여신이,
두 번이나 연달아서 같은 일을 할지 어떨지는 알 수 없지만…….

원숭이와 고양이와 사람

집안에서 원숭이와 고양이를 키우고 있는 사람들이,
급한 볼일로 모두 외출하게 되었다.
결과적으로 원숭이와 고양이가 집을 지키게 되었는데,
말할 것도 없이 원숭이나 고양이나

그럴 때 아무것도 하지 않고 가만히 앉아서,
주인이 돌아오기를 얌전하게 기다리는, 그런 부류가 절대 아니다.
원숭이는 원숭이대로,
자기가 집 주인이라도 되는 듯이 집안을 제 세상인 양 돌아다녔고,
고양이는 고양이대로 야단치는 사람이 아무도 없으니, 이때다 싶어
모든 물건을 끄집어내고 헤집고, 그런 난리가 없었다.
왜 그런 놈들만 남겨두고 집을 비웠느냐고 생각할지도 모르지만,
물론 그 집 사람들도 그러고 싶어서 그런 것이 아니었다.
무슨 일이 있어도 나가야 할 일이 있었고,
누구에게 집을 부탁할 시간도 없어서 그렇게 한 것인데,
그런 때 인간들은
흔히 자신에게 유리한 쪽으로 생각하는 버릇이 있는 동물이어서,
그때도 우리 집 원숭이와 고양이가 아무리 장난을 좋아한다고 해도,
잠시 동안인데 별일이야 있을라구.
게다가 지금까지 철저하게 교육을 시켜두었으니,
무엇을 해서는 안 된다는 것쯤은 다 알고 있을 거야.
평소에 그렇게 귀여워하며 보살펴 주었는데,
틀림없이 얌전하게 있어 주겠지 하며,
자신에게 좋은 쪽으로 생각하고 집을 비운 것이었다.
그러나 말할 것도 없이, 그것은 어디까지나 인간의 희망사항일 뿐,
원숭이와 고양이가 알 바 아니다.
원숭이와 고양이는 기회는 이때라는 듯,
평소에 하고 싶어도 할 수 없었던 장난만 골라 했다.
웬만한 장난은 다 했을 때쯤, 원숭이의 눈에 난로가 들어왔다.
'그러고 보니 평소에 웬만하면 너그럽게 봐주는 사람들이,
이것만은 어쩐 일인지 가까이 다가가는 것조차 허락하지 않았어.
아마 굉장히 재미있는 물건인가 봐.'
그렇게 생각한 원숭이는 난로에 다가가서, 인간들이 늘 하는 것처럼,
옆에 있는 장작을 하나 손에 들고, 흠칫거리며 난로 안에 던져 넣었다.
한 순간 불꽃이 튀어 올라, 원숭이는 놀라서 펄쩍 뒤로 물러났지만

그 뒤로는 별다른 기색이 없었다.

이윽고 장작에 불이 옮겨 붙자, 난로 안의 불이 크게 활활 타올랐다.

장작을 하나 더 던져 넣고 어찌되나 보고 있으니,

불꽃은 더욱 붉게 타오른다.

햐! 이거 재미있다 싶어진 원숭이는,

다시 하나 또 하나, 장작을 자꾸자꾸 난로에 던져 넣었다.

신이 난 원숭이는 이것 역시 인간들이 하던 대로,

밤과 감자와 딱딱하게 마른 빵을, 난로에 차례차례 집어넣었다.

물론 인간이라면 불 상태를 보아가며

물건을 태우거나 먹을 것을 굽고, 장작을 보충할 텐데,

원숭이는 그런 것은 생각도 하지 않고

뭐든 닥치는 대로 난로에 던져 넣었다.

그때 고양이가 다가와서, 평소에 하던 대로 난로에 던져진 물건을

집으려고 했지만, 뜨거워서 집을 수가 없었다.

원숭이는 신이 나서 손에 닿는 대로 물건을 난로에 던져 넣고,

고양이는 필사적으로 그것을 집으려 한다.

주인이 없는 집안에서 원숭이와 고양이는 노는 데 폭 빠져있고,

난로는 갈수록 세게 타오른다.

이와 같은 일이 자신의 주위에서는 절대로 일어나지 않을 거라고,

과연 당신은 장담할 수 있을까……?

거북이가 집을 지고 다니는 이유

제우스는 결혼식 날 모든 짐승들을 피로연에 초대했다.

그런데 거북이만 참석하지 않았다.

이상히 여긴 제우스는 다음 날 거북이에게 물었다.

"너만 내 피로연에 참석하지 않았는데, 이유가 뭐냐?"

"저는 제가 사는 집이 세상에서 가장 좋다고 생각하거든요."
그 말에 화가 난 제우스는
거북이에게 그가 가는 곳마다 자기 집을 등에 지고 다니는 벌을 내렸다.

솔개와 휘파람새

어떤 곳에 목소리가 무척 아름다운 어린 휘파람새가 있었다.
그 휘파람새가 하루는 솔개에게 붙잡히고 말았다.
솔개는 작은 동물을 잡아먹는 새여서,
휘파람새를 잡는 것은 알고 보면 당연한 일이지만,
휘파람새의 입장에서 보면 물론 그렇지 않다.
휘파람새는 벌레를 먹는 새이고,
게다가 그때까지 요행히,
그런 무서운 새를 만난 적이 한 번도 없었던 휘파람새는,
새가 새를 습격하리라고는 꿈에도 생각하지 않았기 때문에,
솔개가 가까이 다가와도 달아나기는커녕,
처음으로 보는 커다란 새에게 자신의 노래를 들려주려고,
평소보다 더욱 아름다운 목소리로 노래를 불렀다.
물론 그런 건, 솔개와는 아무 상관도 없는 일이어서,
이쪽을 쳐다보면서 노래를 부르는 휘파람새는,
솔개에게는 딱 좋은 먹잇감으로밖에 보이지 않았다.
조금 이상한 새라고는 생각했지만 먹이는 먹이인지라,
휘파람새를 겨냥하여 내려와서
그 날카로운 발톱으로 휘파람새를 꽉 움켜잡았다.
보통 새 같으면 무서운 나머지 비명을 질렀을 텐데,
그 조그만 휘파람새는 이렇게 말하는 것이다.
"아니, 왜 그러세요? 그렇게 너무 세게 잡지 마세요.

그러면 아파서 노래를 부를 수가 없잖아요.
그렇게 세게 붙잡지 않아도 저는 아무데도 가지 않아요.
제 노래가 듣고 싶은 거라면
당신이 만족하실 때까지 노래를 불러 드릴 테니까요."
솔개는 어이가 없었다.
"이봐, 지금 네가 어떤 처지에 있는 건지, 알고나 있는 거야?
난 너를 잡아먹으려 하고 있어.
이 발톱으로 너를 찢어놓으려 하고 있단 말이야."
"무슨 말씀을 그렇게 하세요? 크기는 달라도 같은 새끼리잖아요?
새가 새를 죽이고 먹다니, 게다가 커다란 새가 작은 새를.
아, 말도 안돼요.
새의 역할은 하늘을 날며 노래하는 것. 그 정도는 당신도 아실 텐데요.
당신은 그렇게 몸이 크니까, 틀림없이 목소리도 클 거예요.
이제 짓궂은 농담은 그만하시고 우리 함께 노래 불러요.
제가 먼저 노래할 테니까, 그 뒤에 당신도,
제 노래에 맞춰 맘껏 큰 소리로 노래해보세요.
아이, 어서 이 발톱을 풀어주세요.
이렇게 잡고 있으면 목소리를 낼 수가 없잖아요?"
생각지도 않은 휘파람새의 말에 놀란 솔개가 자기도 모르게 발톱을 풀자,
"호—호호 포르릉! 이번에는 당신 차례."

휘파람새의 목소리에 이끌려 솔개도 그만 "피이—" 울었다.
그걸 들은 휘파람새는 솔개를 격려했다.
"아이, 그건 마치 아기 소리 같군요.
자, 다시 한번 제대로 목소리를 내어서 노래하면 틀림없이 될 거예요."
이번에는 "피—표로로—" 하고 노래한 솔개는,
어쩐지 기분이 좋아져서, 그대로 노래를 부르면서 하늘로 올라가
크게 원을 그리며 날아갔다.

양치기와 양

소중히 키우고 있는 양들이,
툭하면 늑대에게 먹혀버려서,
무슨 수를 써야겠다고 생각한 양치기가, 한번 해보기로 하고,
양들을 모아놓고 훈계를 했다.
"너희도 알다시피, 요즘,
양들이 잇따라 늑대에게 희생되고 있다.
나도 가능한 한 주변에 주의를 기울이고 있고,
개도 지금까지 두 마리였던 것을,
세 마리로 늘려서 너희를 보호하고 있지만,
그래도 희생당하는 양이 끊이지 않고 있다.
그렇다고 내가 밤새도록 망을 볼 수는 없는 일이다.
또 아무리 물샐 틈 없이 지킨다 해도 목장은 워낙 넓다.
그런 모든 것에 신경을 쓴다는 건 나로서는 도저히 불가능한 일이다.
물론 너희를 잃는 것은 나에게도 크나큰 손실이지만,
그 이상으로 늑대에게 동료를 잃고,
슬프고 괴로운 것은 말할 것도 없이 너희다.
그러니 너희도 우리만 의지하지 말고,

너희 스스로 늑대로부터 몸을 보호하는 것을 진지하게 생각해주기 바란다.
무엇보다 산을 개척하여 만든 지 얼마 안 된 이 목장은,
주위가 숲으로 에워싸여 있어서 늑대도 많다,
아무리 둘러봐도 목장밖에 보이지 않는 오랜 역사를 가진 목장과는
다르다는 것을 명심하기 바란다."
양치기가 심각한 표정으로 그렇게 말하자
지금까지 그런 건 한 번도 생각한 적이 없던 양들도,
한번 다같이 지혜를 짜내어
자신들의 몸을 보호할 방법을 생각해보기로 했다.
먼저 어린 양 한 마리가 그게 뭐 어려운 일이냐는 듯이 말했다.
"무슨 일이 있어도 모두 함께 뭉쳐있으면 돼요.
그렇게 하면 늑대도 손을 대지 못할 거예요."
그 말을 시작으로 모두 저마다 한마디씩 거들었다.
"그래도 늑대가 달려들면 어떻게 해? 무리 안에 있는 양은 괜찮지만,
바깥쪽에 있는 양은 먹혀버릴 텐데, 그러면 불공평하잖아?"
"그럴 때는 다같이 고개를 숙이고, 늑대를 포위하여 박치기를 하자."
"그게 가능한 일이라면 무슨 걱정이야, 넌 그럴 용기 있어?"
"늑대에게 사정하면 어떨까?
우리를 먹지 말아달라고, 대신 풀을 주겠다고."
"멍청하기는, 늑대는 육식동물이야, 순진한 도련님은 이래서 탈이라니까."
"그건 둘째 치고, 언제나 함께 있는 것도 무리야.

풀을 먹는 장면을 상상해봐.
한 덩어리가 되어 풀을 먹으면서 이동하면,
무리 뒤쪽에 있는 양들은 먹을 풀이 없잖아……."
그런 식으로 양들이
마치 남의 일처럼 저마다 의견을 말하는 모습을 보면서,
양치기는, 이러니까 '길들여진 양'이라는 소리를 듣는 거라고
다시금 생각하고 있었다.

독사와 물뱀 히드라

독사가 샘에 가서 물을 자주 마셨다.
그러자 샘에 살던 물뱀 히드라는
자기 영역을 침범한 독사가 더 이상 오지 못하게 막기로 마음먹었다.
둘 사이에 원한이 깊어지자 드디어 결투를 하기로 했다.
누가 이기든 이기는 쪽이 그 일대의 땅과 샘을 차지하기로 한 것이다.
드디어 결투 날짜를 정했다.
물뱀을 미워하던 개구리들은 독사를 찾아갔다.
"우리가 네 편이 되어 줄 테니 힘을 내!"
결투가 시작되고 독사가 물뱀과 엎치락뒤치락하며 싸웠다.
개구리들은 아무 것도 거들어 줄 수 없었기 때문에
목청을 돋구어 개골개골 울어대기만 했다.
독사가 싸움에서 이긴 뒤 개구리들을 비난했다.
개구리들이 자기편을 들어 싸워주기로 약속하고는
도와주기는커녕 노래만 부르고 있었다고 말이다.
그러자 개구리들이 이렇게 대꾸했다.
"우리의 응원 소리를 못 들었어?"

거북과 오리

어떤 늪에 거북이 한 마리가 살고 있었다.
늪에는 해마다 겨울이 되면 오리가 날아와서 겨울을 난다.
그리고 봄이 끝나갈 무렵이 되면,
오리들은 일제히 늪에서 날아올라 북쪽을 향해 날아간다.
늪에서 태어나고 늪에서 자란 거북은, 해마다,
늪에 내려앉았다가 다시 날아가는 오리들을 보아왔다.
늪에서 한 번도 나가본 적이 없는 거북에게는,
오리들의 삶은 신비 그 자체였다.
늪에 대해서라면 거북은 거의 모든 것을 알고 있다.
늪 주위에 대한 것도 조금은 알고 있다.
그렇지만, 그보다 먼 곳은,
거북은 전혀 알 수 없었고 알려고 하지도 않았다.
거북에게 있어서 늪은 살기 좋은 세상이었다.
지금까지 거북은 오랫동안 늪에서 살아왔지만,
그동안 어떤 불편도 느끼지 못했고,
특별히 배고픔을 느낀 기억도 없다.
그렇지만 거북은 해마다, 어디선지 모르게 날아와서,

다시 어딘가로 날아가는 오리들을 보는 동안, 문득,

늪 밖은 어떤 곳일까 하는 생각이 들었고,

그때부터 그 생각이 늘 머리에서 떠나지 않았다.

그때까지 거북에게 모든 세상은 바로 이 늪이었다.

이 늪 이외의 세상이 있다는 건 한 번도 생각한 적이 없었다.

그렇지만 문득 저 오리들은 어디서 와서 어디로 가는 것일까

하는 생각이 든 순간부터,

거북에게 세상은, 이 늪과 늪이 아닌 곳, 이렇게 둘로 갈라지고 말았다.

그리고 보아하니, 오리들은 그 두 세상을 오가고 있었다.

마치 물속과 물 밖이 있는 것처럼,

이 늪과 늪 밖이라는 세상이 있다고 거북은 생각했다…….

이 늪이 멋진 곳이라는 것은 알고 있었다.

그래서 오리들은 해마다 이 늪을 떠나 날아가도

다시 이곳으로 돌아오는 것이다.

그렇지만 반드시 다시 날아가는 것을 보며 거북은 생각했다.

'이 늪 외에도 틀림없이,

어딘가 먼 곳에 멋진 세상이 있는 거야, 그게 틀림없어.'

그러는 사이 거북은 바라게 되었다.

'한 번만이라도 좋으니까 이 늪 밖의 세상을 보고 싶다…….'

그렇지만 오리들에게는 하늘을 날 수 있는 날개가 있는데,

자신에게는 그 날개가 없다.

늪에서 나가 걸을 수는 있지만,

마른 땅을 얼마나 걸어야 할지 알 수가 없다.

'하늘을 날 수만 있다면

그들처럼 높은 하늘에서 늪 밖의 세상을 볼 수만 있다면…….'

거북이 마침내 그 방법을 생각해냈는지,

아니면 포기했는지는 아무도 모른다.

가마우지의 속셈

늪을 자신의 먹이터로 생각하고 있는 가마우지 한 마리가,
나이 탓인지 점점 먹잇감을 잡는 것이 귀찮아졌다.
젊었을 때는 동작도 재빠르고 눈도 밝아서,
물고기를 잡는 데 아무런 어려움이 없었는데,
요즘 갑자기 몸이 둔해져서,
종종 점찍은 물고기를 놓치는 일이 있었다.
그래서 이 가마우지는, 체력이 더욱 약해졌을 때를 대비하여,
이제부터 뭔가 손을 써야겠다고 생각했다.
하지만, 가마우지의 먹이인 물고기는 살아있는 것이어서,
많이 잡아 어딘가에 저장해둘 수는 없는 일이다.
이리저리 궁리한 끝에, 드디어 이 늙은 가마우지는,
정상이라면 도저히 생각할 수 없는,
획기적이고도 기발한 방법을 몇 가지 생각해냈다.
하나는, 물고기들을 교묘하게 속이는 것인데,
그러려면 물고기가 물속 세상밖에 모르는 것을
이용하는 것이 가장 좋다고 생각했다.
이를테면, 요즘 늪의 물이 줄어
물고기들이 걱정하고 있는 것을 이용하는 것이다.

"여기서 조금 떨어진 곳에, 더 크고 물이 풍부한 늪이 있어,
원한다면 하늘을 날 수 있는 내가,
너희를 한 마리씩, 지금까지 신세진 것에 대한 답례를 겸해서,
저쪽 늪으로 옮겨줄 수 있는데, 하지만 한번에 많이는 안돼,
저쪽의 물고기가 싫어하니까."
이렇게 말하여, 매일 한 마리씩 물고기를 옮겨주는 척하며
먹어버리는 것이었다.
옮겨진 물고기가 무사히 저쪽에 도착했는지 어떤지는
물고기는 알 리가 없으니까……
그런 말도 안 되는 방법 외에도,
이 교활한 가마우지는 이런 방법도 생각해냈다.
그건 어이없게도, 물고기들을 위협하여 일종의 계약을 맺는 것으로,
먼저 늪의 물고기들을 모아놓고, 예를 들어 이렇게 선언하는 것이다.
"너희, 내 얘기 잘 들어, 이건 너희에게 굉장히 좋은 소식이야.
나는 지금까지 너희를 마음대로 잡아 먹어왔지만,
나도 염치가 있고, 이제 비만이 걱정되는 나이도 되어서,
너희와 그 가족을 생각하고 이제 적당히 하기로 마음먹었어.
그래서 제안하는데, 너희도 알다시피,
지금까지 대략 평균하여 하루에 세 마리의 물고기를 먹었던 것을,
큰맘 먹고 이제부터는 하루에 한 마리로 줄이기로 했어.
하지만 내가 직접 잡으면,
지금까지의 습관으로 나도 모르게 많이 잡아버리기 때문에,
이제부터는 너희 쪽에서,
매일 한 마리씩 나한테 와주는 것으로 하자, 정말 좋은 생각 아니니?
그렇게 되면 고맙게도, 매일 두 마리는 목숨을 건지게 되는 셈이지."
이런 뻔뻔스러운 방법을 이 늙은 가마우지는 생각한 것이다.
그런데 이 제안을 물고기들이 과연 받아들였는지에 대해서는
아무도 모른다.

심술궂은 사람

어느 심술궂은 사람이
델피의 신탁이 속임수에 불과하는 것을 자기가 증명해 보이겠다고
사람들 앞에서 큰소리치며 말했다.
약속한 날이 되자
그는 작은 참새를 손에 쥐고 외투자락으로 가린 채 신전으로 갔다.
그리고 신탁을 말해주는 신과 마주 서서
자기가 손에 쥐고 있는 것이 죽은 것인지 산 것인지 물었다.
신이 '죽은 것'이라고 대답하면 살아있는 참새를 내보이고,
신이 '산 것'이라고 말하면 새를 목 졸라 죽인 뒤에 내보일 작정이었다.
신은 그의 사악한 의도를 알아차리고는 이렇게 말했다.
"네가 쥐고 있는 것이 산 것이 될지 죽은 것이 될지는 네게 달려 있다."

수전노와 동료

어떤 곳에 한 수전노가 있었다.
수전노라는 것은,
돈을 모으는 데 혈안이 된 나머지,
돈의 노예처럼 되어버린 사람을 가리키는데,
그 사람이 하루는, 집안에 모아둔 돈을 보자,
갑자기 걱정이 되기 시작했다.
돈이 그리 많지 않을 때는, 열심히 일하며,
돈이 조금씩 쌓이는 것을 보는 것이 무엇보다 낙이었고,
그것을 원동력으로 누구보다 열심히 일할 수 있었는데,
어느 정도 돈이 모인 뒤부터는,

그것을 보면 즐겁기는커녕, 오히려,

이렇게 돈이 많다는 것을 누가 알면 어떡하지,

혹시 도둑이 들어와서 가져가면 어떡하지,

그런 걱정만 하느라,

안심하고 일하러 나가지도 못하게 되고 말았다.

그러니 당연히 돈이 더 이상 모이지 않았다.

인간이란 하는 일이 없어도 배는 고프기 때문에, 뭔가 먹어야 한다.

그래서 먹을 것을 사오거나 식당에 먹으러 가야 한다.

그러려면 돈이 들기 때문에,

모으는 건 고사하고 그러는 사이에 돈은 조금씩 줄어들었다.

그때까지 돈이 불어나는 것만 보아왔던 탓에,

소중한 돈이 조금씩 줄어드는 것을 보는 건

이 남자에게는 무엇보다 괴로운 일이었다.

음식을 줄일 수 있을만큼 줄여보지만, 그래도 돈은 줄어갔다.

이래선 안 되겠다 싶어 돈을 벌려고 일하러 나갔지만,

그 사이에 집에 도둑이 들면 어떡하나 하는 생각에,

일을 해도 건성이어서, 전처럼 많은 돈을 벌 수 없었다.

제대로 먹지 않아서 몸은 완전히 쇠약해지고,

하는 일도 뜻대로 되지 않았다.

그런 남자의 모습을 보고,

같이 일하는 동료가 왜 그러느냐고 말을 걸어왔다.

그때까지 남자는 돈을 모으는 것에만 열심이었지,

가족도 없고 친구도 사귀지 않고,

동료와 얘기를 나누는 일조차 없었기 때문에, 그렇게 친절한 말을 듣자,

동료의 별것 아닌 말과 목소리가,

어쩐지 묘하게, 약해진 몸에 부드럽게 스며드는 것 같았다.

그래서 남자는, 지금까지는 그런 적이 한 번도 없었지만,

동료에게 사정을 얘기했다.

물론 돈을 많이 가지고 있다거나, 그래서 걱정이라는 말은 하지 않고,

그저 돈을 가지고 있으면 불안해져서, 그것을 먹어서 써버리고 나면,

이번에는 또 돈이 없어서 불안해진다. 도대체 어떻게 하면 좋겠느냐,
자네는 돈을 어떻게 하고 있느냐, 그런 식으로 얘기했다.
상담을 받은 동료는,
그런 귀찮은 것은 한 번도 생각한 적이 없었기 때문에, 놀라서 말했다.
"나는 일해서 번 돈은, 대부분 그 날 먹고 마시는 데 다 써버리네.
일이 끝나면 그 돈으로 맛있는 것을 먹고,
친구와 술이라도 마시면서 피곤을 풀지.
그래야 푹 자고 난 뒤 다시 기운을 차려서, 일하러 나갈 수 있으니까.
그것이 산다는 것 아닌가? 돈은 그렇게 쓰라고 있는 것 아닌가?"
남자는 동료의 말에, 정말 그런 생각도 가능한가 하고 생각했다.
"하지만 그러면 마음이 불안하지 않나?
혹시 병에라도 걸리면 어떻게 하나?"
"뭐, 그건 그때 가서 생각할 일이고.
물론 다 써버린다고 하지만, 나도 며칠의 여유는 두고 있지.
게다가 무슨 일이 생기면 당장 급한 돈은 빌려줄 수 있는 친구야
얼마든지 있으니까, 인생은 그렇게 서로 돕고 사는 것 아닌가?
자네는 그런 생각만 하고 있으니까 병에 걸리는 거라네."
그 말에 감탄한 남자는, 이 사람이라면 믿을 수 있다 생각하고,
동료에게 드디어 진짜 고민을 털어놓았다.
"그럼, 만약 집에 많은 돈이 있으면 어떻게 하나? 역시 모두 써버리나?

실은 내가 돈을 많이 모았지만, 애써 모은 돈이라서 쓰기도 아깝고,
그렇다고 집에 두고 다니는 것도 어쩐지 불안하네.
내가 병에 걸린 건 그것 때문일세……."
그 말을 들은 동료는, 그야말로 천지가 뒤집힌 것처럼 놀랐다. 무엇보다,
허름하고 초라한 행색에, 바짝 마르고 안색도 나쁜 이 남자가
큰 돈을 가지고 있다는 것이 믿어지지가 않았다.
동료의 머리에 한 순간, 그 돈을 마음껏 뿌리며
마시고 노래 부르고 신나게 노는 장면이 떠올랐지만,
남자의 얼굴을 보니
그런 말을 했다가는 미치거나 목이라도 매어 죽어버릴 것 같았다.
그래서 동료는 한 가지 좋은 생각을 해냈다.
"그래, 매일같이 그런 것을 보고 있기 때문에 이상해지는 거네.
그 돈을 일단 어딘가 비밀 장소에 묻는 게 어떻겠나?
괜찮다면 내가 도와주겠네.
걱정할 건 아무 것도 없어. 묻은 장소를 알고 있는 건 우리 둘뿐이니까.
물론 나도, 만에 하나 무슨 일이 있으면 내 탓이 되니까
비밀을 누설할 리가 없지."
그 말을 들은 남자는 얼마쯤 불안을 느끼면서도,
동료가 권하는 대로 모든 재산을 비밀장소에 묻었다.
그렇게 하고 나니, 처음에는 어쩐지 불안했지만
한참 지나 돈을 가지지 않은 것에 익숙해지자,
전처럼 집에 돌아가자마자 돈이 모두 있는지 확인하는 버릇도 없어지고,
또 무슨 일이 있으면 돈을 다시 꺼내면 된다고 생각하니 마음이 편해져서,
가끔은 일을 마친 뒤에 동료들과 술을 마시기도 하며,
남자는 점차 건강을 회복해갔다.
역시 돈이라는 것은 다루기 나름이라고 생각하는 여유까지 생겨서
남자는 그런대로 좋았지만,
별안간 한 번도 본 적 없는 많은 현금을 본 탓인지
이번에는 동료 쪽이 이상해졌다.
일을 하고 돈을 받아도, 어쩐지 그 돈이 쥐꼬리 만해 보였다.

술을 마시러 가도
그때까지는 자신의 돈으로 마실 수 있는 범위 안에서 만족했는데,
자기도 모르게 묻은 돈이 머리를 스쳐지나가고
아, 그 돈이 있으면 더 마실 수 있는데 하는 생각이 드는 것이었다.
그리하여 드디어 어느 날,
동료는 더 이상 참지 못하고 묻은 돈을 훔치고 말았다…….
그런데, 그렇게 많은 돈을 막상 손에 넣고 보니,
어쩐지 갑자기 불안해지기 시작했다.
훔친 돈으로 마음껏 놀아보고 싶지만,
그랬다가는 의심을 받을 것이 틀림없었다.
그렇지 않더라도, 혹시 남자가 비밀 장소에 가서 돈을 확인하면
금방 탄로나 버린다.
집안에 숨기고 있다가 혹시 누군가가 돈을 훔쳐 가면,
한번 써보지도 못하고 자신이 도둑이 되고 말 것이다.
죄의식에 사로잡혀 일하러 가지도 못하고
마침내 밤에도 잠을 이룰 수 없게 된 동료는,
얼마 뒤, 훔친 돈을 고스란히 원래의 장소에 다시 묻으러 갔다.

마음씨 착한 늑대

친구들은 나를 마음씨 착한 늑대라고 한다.
늑대는 육식동물이어서, 살아가기 위해서는,
다른 동물을 잡아먹어야 한다.
육식동물인 한, 그것은 어쩔 수 없는 일이고,
물론 나도 그쯤을 알고 있다.
하지만 이런 식으로 살아왔기 때문에,
늑대는 완전히 기피의 대상이 되고 말았다.

물론 옛날부터 같은 늑대 이외의 동물로부터는,
별다른 호감을 얻고 있었던 것은 아니지만,
그렇다고 외롭다고 생각한 적은 한 번도 없었다.
옛날에는 더 많은 동족이 있었다.
숲에서 큰 사슴을 다 함께 잡았을 때는,
나는 뒤에서 따라가기만 했지만,
그래도, 큰 사슴이 동료의 공격에 쿵 하고 쓰러졌을 때는
늑대로서 어쩐지 자랑스러운 기분도 들었다.
용감하게 큰 사슴과 정면으로 맞서 싸웠던 동료는
모두에게 감탄의 눈길을 받았다.
그래서 다른 동물을 죽이는 것에 대해 아무런 의문도 품지 않았다.
우리는 늑대다, 숲 속의 왕자다, 하며
누구나 자긍심마저 가지고 있었던 것 같다.
물론 나는 그리 강하지도 않고 용감하지도 않았기 때문에,
그런 기분을 느낀 적은 거의 없었지만, 그래도,
늑대인 것을 부끄럽게 여기는 마음은 어디에도 없었다.
위세가 좋은 동료들에게 에워싸여
나도 다음에는 큰 먹잇감을 잡아보겠다고,
우쭐한 기분이 된 적도 한두 번이 아니었다.
하지만, 그 시절의 동료들은 어느새 모두 사라지고 없다.
지도자가 없어진 뒤에는 무리도 뿔뿔이 흩어졌고,
그래도 이따금 만났던 옛날 동료들도,
요즘에는 전혀 보이지 않게 되고 말았다.
뿐만 아니라, 그렇게 컸던 숲도 어느새 완전히 작아져서,
사슴 같은 큰 동물은 말할 것도 없고
숲 속의 작은 동물도 그리 많지 않았다.
모두 어디로 가버린 걸까……
요즘 보이는 것은, 두 발로 걷는 기묘한 동물들과,
그들이 숲을 베어내고 만든, 풀이 무성하게 자라는 곳에 있는,
얌전하고 털이 많은 양과,

그들의 집 부근을 어슬렁거리며 돌아다니고 있는 날지 못하는 새와,
멧돼지를 닮았지만 묘하게 토실토실 살찐 동물뿐이다.
사슴과 토끼에 비하면 모두 느림보여서,
동료들 중에서 가장 겁쟁이였던 나도,
잡으려고 마음만 먹으면 금방 잡을 수 있다.
몇 번인가 숲에서 아무것도 잡지 못했을 때
그들을 습격한 뒤로는,
저쪽은 나를 완전히 멀리하고 있다.
아니 그보다, 요즘에는 나를 마치 악마를 보는 것 같은 눈길로
보기 시작했다.
물론 그것도 무리가 아니다. 나에게 잡히면 먹혀버리니까……
게다가 나도, 옛날에는 그렇지 않았는데, 어찌된 일인지,
나에게 습격을 받았을 때 그들의 겁먹은 얼굴을 보는 것이
점점 싫어지기 시작했다.
틀림없이 함께 습격하고 함께 수확을 기뻐하며,
공을 서로 칭찬해주는 동료들이 사라진 탓일 것이다.
주위에 모두 나를 싫어하는 동물들뿐이기 때문인지도 모른다.
그렇다 해도, 그들의 지도자로 보이는 두 발로 걷는 기묘한 동물은,
어째서 저런 한심한 놈들하고만 사이좋게 지내는 것일까?
사이좋게 지내는 정도가 아니라,

몰래 보고 있으면, 놈들에게 먹을 것까지 주고 있는 것 같다.
도대체 무엇 때문에, 저런 놈들을 먹여 살리고 있는 걸까?
어차피 먹여 살릴 거면, 저런 어설픈 놈들보다 내가 훨씬 더 나을 텐데.
어쩌면 두 발로 걷는 짐승은,
어딘가 멍청하고 어설픈 놈들을 좋아하는 것일까?
그건 그렇고, 그들은 도대체 무엇을 계기로,
어떻게 하여 두 발 짐승과 사이가 좋아진 걸까?
처음부터 그랬을까, 두 발 짐승이 놈들을 불러들인 걸까?
아니면 놈들 쪽에서 먼저 두 발 짐승에게 다가간 것일까……?
이렇게 마음씨 착한 늑대는,
점점, 맨 처음 개의 길을 향해 나아가고 있었다.

여우의 지혜

사자가 양을 불러 자기 입에서 고약한 냄새가 나는지 물었다.
양은 냄새를 맡아보고는 말했다.
"냄새가 고약한데요."
"이 똥항아리 같은 놈!"
사자는 화가 나서 양을 물어 죽였다.
이어 사자는 늑대를 불러서 똑같은 질문을 던졌다.
늑대는 눈치를 살피면서 말했다.
"아무 냄새도 안 나는데요."
"이 아첨꾼!"
사자는 화가 치밀어 늑대를 물어 죽였다.
이번에는 사자가 여우를 불러 똑같은 질문을 던졌다.
그러자 여우는 대뜸 이렇게 말했다.
"죄송합니다만 전 지금 감기에 걸려서 아무 냄새도 맡을 수가 없군요."

임금님과 목동

어떤 나라에 남아도는 시간을 주체하지 못하던 한 임금님이 있었다.
어릴 때부터 대를 이을 왕자로 자라면서,
필요한 일은 모두 누군가가 대신 해주었다.
성 안에는 같은 또래의 아이도 없어,
놀이 상대라고 해야 교육담당을 겸한 늙은 유모와 할아범,
아니면 무술을 가르치는 시종뿐.
그러니 세상에 대해서는 전혀 몰랐고,
그것을 당연하다고 여기며 제멋대로 자랐다.
그래서 선대 임금님이, 이제 왕의 후계자로서 자각을 하게 해야겠다고,
생각한 찰나, 이 양반이 갑자기 세상을 떠나고 말았다.
다른 적자가 없었기 때문에, 그대로 왕이 되어,
행인지 불행인지 아무것도 할 일이 없는 상태에서 세월이 흘렀다.
이웃나라와의 분쟁과 싸움이 일어나지도 않았고,
기근과 홍수, 역병, 내분, 부하의 부정 같은,
수완이 요구되는 일도 딱히 없었기 때문에,
임금님은 더욱더 아무것도 하는 일 없이 세월을 보냈다.
성안에서 임금님을 거역하는 자는 물론 없었고, 그렇다고 이 임금님이,
자기 쪽에서 불합리한 일을 부하에게 요구하거나
낭비를 할 만큼 어리석지는 않았기 때문에,
나라도 성도 평온한 나날이, 다시 말하면 지루하기 짝이 없는 나날이
어제도 오늘도 그리고 내일도 변함없이 흘러갔다.
그런 임금님의 하나뿐인 낙이라고 하면,
한 달에 한 번 말을 타고 영지를 둘러보는 것이었다.
그렇다고 이 임금님은 수많은 부하를 거느리고 가지도 않았고,
또 자신을 맞이하고 배웅하는 등 영민에게 괜한 부담을 주는 일도 없이,
시종 몇만 데리고, 느긋하게 들과 산을 둘러보는 것을 즐기는 것이었다.
다시 성으로 돌아가면, 또 지루하기만 한 나날이 기다리고 있지만,

임금님은 아무 일도 없는 것이 나라와 백성에게는 가장 좋다고,
나름대로 만족하면서 나날을 보내고 있었다.
그런 임금님이 하루는,
한 달에 한 번의 행차 도중에 한 젊은 목동에게 말을 걸었다.
임금님이 영민에게 말을 거는 일은 좀처럼 없는데, 무슨 생각에선지,
그때 임금님 기분이 몹시 좋았는지, 젊은 양치기에게 말을 건 것이다.
날씨가 좋았기 때문인지도 모르고,
목동이 돌보는 양이 훌륭했기 때문인지도 모른다. 또는,
늠름한 목동의 표정에서 뭔가 느끼는 것이 있었기 때문인지도 모르지만,
어쨌든 임금님은 말에서 내려 물었다.
"잘 키운 양들이로구나.
나는 이 나라의 왕인데, 어떠냐, 이 나라가 살기 좋다고 생각하느냐?"
임금님으로서는,
과장스러운 감사의 말까지는 아니라도, 웬만하면,
평화로운 이 나라에 사는 백성으로서의 기쁨을 표현하는 말이라도
한마디 들을 줄 알았더니,
목동한테서 돌아온 대답은 놀랍게 생각지도 않던 말이었다.
"참 태평도 하십니다."
한순간 자신의 귀를 의심한 임금님은
자기도 모르게 목동의 얼굴을 유심히 쳐다보았으나,

영리해 보이는 목동의 표정을 보아하니
그가 농담을 한 것도, 머리가 이상한 것도 아니라는 걸 알 수 있었다.
그래서 임금님은 목동이 한 말의 참뜻을 알기 위해 부드럽게 물었다.
"왜 그렇게 생각하느냐?"
"당신이 나쁜 사람이 아니라는 건 알고 있소.
하지만 임금님으로서는 실격이오.
틀림없이 모르고 있겠지만,
사람들은 모두 당신을 바보임금이라고 부르고 있소.
전쟁이 없는 건 사실하지만, 그건 당신의 겁쟁이 부하들이
이웃나라가 시키는 대로 조공을 바치고 있기 때문이오.
그래서 이곳 백성들은 다른 데보다 높은 연공을 빼앗기니,
이웃나라의 노예나 마찬가지.
이웃나라로서는, 뭐든지 생각대로 되니까,
전쟁 같은 건 일으킬 필요도 이유도 없지요.
당신 부하들은, 지금 이웃나라의 앞잡이나 마찬가지가 되어,
이 나라를 제물로 바치고 있을 뿐이오.
물론 놈들도, 이 나라에서 착취한 부를
그대로 고스란히 이웃나라에 바치는 바보가 아니라오.
자기네끼리 나눠먹기도 한다는 것쯤,
이 나라에서는 모르는 사람이 없어요.
아마 당신 부하들은, 당신 앞에서는 입을 맞춰
이 나라는 평화롭고 백성에게는 아무 근심도 없으며,
모든 사람이 이 나라에서 사는 것을 기뻐하며
임금님을 칭송하고 있다느니 하는 말을 하고 있겠지만,
당치도 않아요, 이 나라 백성들은
모두 당신에게 고개를 설레설레 흔들고 있소.
당신에 비하면 선대 임금님은 훨씬 나았지, 적어도 신하들이 지금처럼,
멋대로 나라를 말아먹는 짓만은 하지 않았으니까.
나도 부모님한테서 당신 아버지인 선대 임금님에 대한 얘기를 들었소.
백성에게는 자비로운 임금님이오,

부하와 이웃나라에 대해서는 해야 할 일은 분명히 하신 분이었다더군.
아무래도 당신은, 조상으로부터 호인 기질만 물려받은 것 같소.
그러니 태평하다고 하는 거요……."
임금님은 목동의 얘기에 놀랐지만,
그렇게 생각하고 되돌아보니 짚이는 데가 없지도 않았다.
그리고 그것을 계기로, 그때까지는 전혀 작동한 적이 없었던 머리가,
웬일인지 갑자기 돌아가기 시작했다.
어쩌면 지금까지,
스스로 애써 아무것도 생각하지 않으려 한 건지도 모른다.
주위의 경치가 마음 탓인지 갑자기 밝게 보이고,
어쩐지 몸속의 무언가가 다시 산 것 같은 느낌도 들었다.
'좋아! 이제부터 신하들이 깜짝 놀랄 일을 해보자,
먼저 이 목동을 데리고 성으로 돌아가는 거다.
그리고 이 젊은이에게 왕위를 물려주겠다고 선언하자.
부하들이 우와좌왕하는 모습이 눈에 선하군. 반대해도 받아주지 않고,
시험 삼아 이 젊은이가, 신하들을 어떻게 다루고
또 나라를 어떻게 다스리는지 지켜봐야지.
어차피 지금까지 나는 아무 일도 하지 않았다.
아니, 아무 일도 하지 않은 것이 아니라,
그것으로 인해, 나쁜 일이 벌어지는 것을 허용해 왔어.
이 젊은이가 무슨 일을 하든 전보다 더 나빠지지는 않겠지.
적어도 이 젊은이는 신하들의 악행을 알고 있어.
이 나라와 이웃나라와의 유착도 알고 있고.
게다가 당연히, 분개하며 장래를 염려하는 백성의 마음도 알고 있어.
여기까지 온 이상, 흰 것은 희다고 검은 것은 검다고 말하는 것이
지금은 무엇보다 중요하다.
만약 잘 되면, 이대로 그가 임금님을 계속하고 나는 물러나면 된다.
그렇게 되지 않더라도,
무언가의 형태로든 이 나라에서 악을 뿌리 뽑는 데 도움이 되겠지.
경우에 따라서는 내가 정신이 이상해졌다 생각하고

반란을 기도하는 자들도 나타날 것이다.
어쩌면, 이 나라를 진심으로 걱정하는 자도 한두 사람쯤 나타날지 몰라.
어쨌든 지금보다는 나을 거야,
이대로는 나도 이 나라의 미래도 없으니까…….'
시간을 주체하지 못하던 임금님이,
스스로 무언가를 하겠다고 결심한 것은 이때가 처음이었다.

돌팔이 의사

어떤 돌팔이 의사가 환자를 치료했다.
다른 의사들은 그 환자에게 죽을병에 걸린 것은 아니고
다만 회복이 느릴 뿐이라고 진단해 주었다.
그러나 돌팔이 의사만은
하루도 못 가서 죽을 테니 모든 것을 정리하라고 말했다.
며칠 뒤 그 환자가 자리에서 일어나 바깥으로 걸어나갔다.
얼굴은 창백하고 걸음걸이는 비틀거렸다.
우연히 그를 본 돌팔이 의사가 그에게 물었다.
"저승 사람들은 요즈음 어떻게 살고 있지요?"
환자가 대꾸했다.
"그들은 망각의 강 레테의 물을 마셨기 때문에 아주 평온하게 살지요.
그러나 요즈음 저승에서는 대단한 소동이 벌어졌지 뭡니까?
죽음의 신과 하데스가 모든 의사들에게 무시무시한 위협을 했거든요.
의사들이 환자들을 자연스럽게 죽도록 내버려두지 않기 때문이라더군요.
그래서 두 신은 의사들의 이름을 모두 저 아래 명부에 적어두었습니다.
당신 이름도 거기 써넣으려고 하기에
제가 엎드려 제발 당신 이름은 적어 넣지 말아달라고 애걸했지요.
당신은 진짜 의사가 아니고,

따라서 아무런 이유도 없이
부당하게 의사로 오해를 받은 것이라고 말입니다.

친구를 배신한 독수리

독수리와 여우가 친구가 되기로 약속하고 집을 가까운 곳으로 옮겼다.
가까이 살면 우정이 더욱 두터워질 것이라고 믿은 것이다.
독수리는 하늘 높이 날아가서 나무 위에 둥지를 틀었다.
여우는 나무 밑둥에 굴을 파서 보금자리를 만들었다.
그러던 어느 날 여우가 먹이를 구하러 나간 사이에
독수리는 여우 굴로 내려가서 여우 새끼들을 채어다가 먹어치우고 말았다.
집으로 돌아온 여우는 새끼들의 죽음도 슬펐지만,
복수할 방법이 전혀 없다는 사실이 더욱 분했다.
땅에서 기어다니는 짐승이
날개 달린 독수리를 어떻게 추격할 수가 있단 말인가!
절망에 빠진 여우는 멀리서 자기 원수를 저주하는 것으로 만족해야 했다.
얼마 뒤 독수리는 친구를 배신한 죄 값을 톡톡히 치르게 되었다.
사람들이 들판에 모여 제단 위에 염소를 올려놓고 제사를 지내고 있을 때,
독수리는 제단으로 내려가
불에 타고 있는 내장 몇 점을 채어서 자기 둥지로 돌아갔다.
강한 바람이 불자 내장에 붙어 있던 불이 둥지에 옮겨 붙었다.
아직 날 수 없었던 독수리 새끼들은
발버둥치다가 땅으로 곤두박질하고 말았다.
그 광경을 지켜보고 있던 여우는
어미 독수리가 보는 앞에서 그 새끼들을 잡아먹었다.

공주님과 시종

아름답기로 소문난 공주가,
어느 날 갑자기 숲 속에 물고기를 낚으러 갔다.
성 안에서 신하들이 열심히 낚시 얘기를 하는 것을 듣고,
마음이 동한 것이다.
듣기로는, 성 뒤의 숲 속에 있는 호수에 굉장히 큰 잉어가 살고 있는데,
다른 물고기는 누구나 쉽게 낚을 수 있지만
그 잉어만은 절대로 바늘에 걸려들지 않는다는 것이었다.
이따금 호수 속에서 우아한 자태를 드러내기도 하지만
누가 어떤 낚시바늘로 시도해도,
어떤 미끼를 사용해도, 또 아무리 끈기 있게 기다려도
마치 낚시꾼을 비웃듯이,
낚시꾼 앞에 유유히 모습을 드러내고는
꼬리지느러미로 세차게 물을 때리며 호수 속으로 사라진다고 한다.
성 안은 온통, 누가 그 잉어를 낚느냐는 얘기로 자자했다.
그 말을 들은 공주가 용감하게 나섰다.
"그럼 제가 한번 낚아보겠어요.
신사분들은 누구나 한 번만 보면 저의 포로가 된답니다.
인간도 그러할진대,
고작 잉어 따위가 어떻게 저에게 사로잡히지 않을 수 있겠어요?"
그 잉어가 과연 공주가 말하는 것처럼 신사인지 어떤지는 몰라도,
도도한 공주가 하는 말에 반대해봤자 원망만 살 게 뻔한지라.
가신들은 속으로 어이가 없으면서도, 아무도 감히 반대는 하지 못하고,
특별히 좋은 낚싯대를 들려,
또 공주가 가장 마음에 들어 하는 시종까지 딸려서 공주를 숲으로 보냈다.
그런데 호수에 도착한 공주가 맨 처음 한 일은,
놀랍게도 그 아름다운 얼굴을 호수에 비추는 것이었으니.
공주는 호수 위로 몸을 내밀고 "잉어야, 잉어야, 이리 나와" 하고 말하여,

만약 잉어가 모습을 드러내면
이때다 하고 그 잉어의 눈을 뚫어지게 응시하며,
눈짓을 한번 한 뒤, 천천히
"사양 말고 내 먹이를 먹어주렴" 말할 생각이었다.
꼭 그렇게까지 하지 않아도, 지금까지는 어떤 남자든 곁눈질을
살짝 하기만 하면 단번에 넘어왔지만,
공주로서는 반드시 성공하고자 이번만큼은 선수를 치고 나서려는 것이다.
그런데 아무리 기다려도 잉어한테서는 전혀 소식이 없었다.
공주가 제아무리 아름답다 해도,
잉어가 그 모습을 보지 못하면 얘기가 되지 않는다.
"이 정도로는 물속에서 보이지 않는 게 아닐까?"
공주는, 더욱더 호수로 몸을 내밀었다.
이에 놀란 것은 시종, 공주를 호수에 빠뜨렸다가는 목이 날아갈 판이어서,
죽을 힘을 다해 공주를 말렸다.
"위험합니다, 공주님!"
"그럼 도대체 어떻게 잉어를 불러낸단 말이냐?"
공주가 말을 듣지 않자 난처해진 시종은,
자신의 뛰어난 피리솜씨를 떠올리고, 순간적으로 말했다.
"공주님, 제가 즐겨 부는 이 피리소리로 잉어를 불러내 볼까요?
물속에서는,
상당히 가까운 곳에서가 아니면 공주님의 모습이 보이지 않지만,
피리소리라면 이 호수 건너편까지도 울려 퍼질 거예요.
그 아름다운 가락에 끌려 잉어가 가까이 오면,
그때 공주님이 나서시면 됩니다."
"그것 참 좋은 생각이야."
그리하여 두 사람은 잉어를 기다리는데……,
과연 잉어가 나타났는지 어떤지,
그리고 두 사람은 그 뒤에 어떻게 됐는지, 그야 어떻든,
설마 당신은 이 두 사람처럼은 아니더라도, 자신의 특기와 지혜를,
통할 리가 없는 상대에게 사용하려고 생각하지는 않겠지요?

술탄과 앵무새

어떤 곳에, 자신을 무척 어질고 지혜롭고 인망이 있다고,
스스로 생각하고 있는 술탄이 있었다.
술탄이 다스리는 이 나라는 결코 크지는 않았지만,
풍요로운 오아시스가 있는 나라로서 번영하고 있었다.
아름다운 정원이 있는 술탄이 사는 저택에는,
먼 나라에서 상인들이 매일처럼,
술탄에게 줄 선물을 들고 왔다.
상인들은 먼 나라 이야기를 재미있게 들려준 뒤, 선물을 꺼내,
그것이 얼마나 진귀하고 값비싼 물건인지 설명하며,
술탄에게 바쳤다. 그러고는 넌지시,
교역의 편의를 봐달라고 부탁하는 것이었다.
그러니 당연히, 술탄을 만나러 오는 상인들은,
모두 웃는 얼굴로 예의바르게 하나같이
술탄은 뛰어난 왕이며 자비로운 분이라고 추켜세우기 마련이라,
그들의 말을 곧이곧대로 받아들인 술탄은,
어느새 스스로를 정말 그런 사람으로 생각하게 되었다.
자신은 누구한테나 사랑받고 있으며,
아득히 먼 나라에까지 이름이 알려진 명군이라고 생각하게 된 것이다.
그런 술탄에게 어느 날,
여느 때와 다름없이 먼 나라에서 한 상인이 찾아왔다.
보아하니 상인은 커다란 광주리를 들고 왔는데,
천으로 덮여 있어서 안에 무엇이 있는지 알 수가 없었다.
"이 안에는 사람의 말을 할 줄 아는, 진귀한 새가 들어 있습니다."
상인에게 이렇게 말하고는 그대로 천을 치우지도 않고,
이 나라의 시장에서 장사를 하기 위한 여러 가지 부탁을 하기 시작했다.
그 무렵 술탄은,
누가 오면 먼저 선물이 무엇일까 하는 생각만 하게 되었기 때문에,

진귀한 새가 들어 있다는 광주리에 자꾸 신경이 쓰여
상인이 하는 얘기도 모두 건성으로 듣고 있었다.
상인한테서 도대체 무슨 요청을 받았고,
거기에 대해 어떤 약속을 했는지도 모르는 사이에,
"술탄의 하해 같으신 아량에 깊이 감사드립니다.
그럼 잘 부탁드리겠습니다." 하는 목소리가 들리더니,
상인은 비서관한테서 술탄의 약속을 기록한 서류를 받아들고는,
바쁘게 궁정에서 나갔다.
그 말주변이 좋은 상인은,
아무래도 술탄한테서 파격적인 조건을 이끌어낸 것 같았다.
그러나 술탄은, 그런 것에는 아랑곳도 하지 않고, 상인이 나가자마자,
얼른 옥좌에서 내려와 광주리가 있는 곳으로 달려가서
덮혀 있던 천을 벗겼다.
광주리 안에는, 현란한 색채의 날개가 달린 새 한 마리가 들어 있었다.
그 아름다움과 진귀함에 놀란 나머지,
"정말 훌륭한 새로구나."
술탄이 감탄의 소리를 지르자,
새도 술탄의 목소리를 똑같이 흉내 내어 말했다.
"정말 훌륭한 새로구나."
술탄은 다시 한번 깜짝 놀랐다.

그때부터 새는 술탄의 사랑을 한 몸에 받게 되었다.
그로부터 얼마 지나,
술탄이 여느 때처럼 정원에서 신하들과 함께 새와 놀고 있으니,
새가 느닷없이 이렇게 말하는 것이다.
"바보 같은 술탄을 속이는 건 일도 아니야."
그러고는 몇 번이고 되풀이했다.
모두 놀라고 당황했지만, 곰곰이 생각해보니,
목소리가 그 상인과 똑같았다.

암사자와 곰

암사자 한 마리가 큰 소리를 지르며 울고 있었다.
그녀의 새끼가 누군가에 의해 죽음을 당한 것이었다.
누구한테 당했는지는 모른다.
아주 잠깐 눈을 뗀 사이에 일어난 일이었다.
울음소리는 온 사바나에 울려 퍼졌다.
안 그래도 사자의 목소리는, 한번만 짖어도,
모든 동물들이 두려움에 떨 정도로 큰데,
이때의 울음소리는, 그 몇 배나 더 컸고,
또 그 비통한 울림 속에 깊은 분노가 담겨 있어서,
그 소리에 사바나의 동물들은 모두,
공포를 느낀 나머지 오들오들 떨고 있었다.
울음소리는 며칠이나 계속되었고, 그동안 동물들은,
밤에도 잠을 자지 못하고, 낮에도 살아있는 심정이 아니었다.
처음에는, 내일이면, 내일이면 하며,
간신히 참아왔지만,
1주일이 지나자 드디어 한계에 이르고 말았다.

동물들은 회의를 열어, 모두 어떻게든 해서
저 암사자의 입을 다물게 해야 한다고 말했지만,
그러면 도대체 누가 그것을 사자에게 말하러 갈 것인가 하는 단계가 되자,
모두 갑자기 고개를 돌렸다.
그때까지 "정말 시끄러워 못살겠네." 하며 끊임없이 비난했던 얼룩말도,
"뭐가 백수의 왕이야,
우는 데도 정도가 있어야지." 하며 화를 냈던 하마도,
"난 누구보다 귀가 밝지만, 이웃에 폐가 될까봐 울음소리도
여간해서 내지 않아." 하며 투덜대던 토끼도
난 사자와는 친구사이라고 으스댔던 하이에나도,
아무튼 아무도, 직접 암사자에게 가서
"이제 그만 입 좀 다물어!" 하고 말할 수는 없는 노릇이었다.
안 그래도 무서운데, 이런 때 괜한 짓을 했다가는
그야말로 무슨 짓을 당할지 알 수 없는 일이었다.
자신이 죽음을 당할 뿐이면 몰라도,
원한을 사서 대대손손 원수가 될 수도 있다.
이리하여 사바나의 동물들이 이러지도 못하고 저러지도 못하며
의견만 분분한 동안에도, 사자의 울음소리는 그치기는커녕,
오히려 목소리에 담긴 분노가 갈수록 하늘을 찌를 것만 같았다.
"이젠 정말 못 견디겠어.
저러다가 사자가 분노와 슬픔 때문에 미쳐 날뛰기라도 하면 어떡하지?"
모두가 겁을 먹기 시작한 바로 그때,
커다란 곰 한 마리가 육중한 몸으로 모두 앞에 나타났다.
곰은 사바나 저편 숲 속에서 살고 있었는데,
하도 시끄러워서 무슨 일인가 살피러 온 것이었다.
순간적으로 머리가 돌아가는 원숭이가 곰에게 말했다.
"아이고, 마침 잘 오셨군요.
실은, 우리의 지도자이신 사자여왕님께서 가엾게도 아기를 잃으셔서요,
그래서 여왕님은,
벌써 1주일 동안이나 슬픈 나머지 저렇게 탄식하고 계신답니다.

어떻게 위로를 하고 싶지만 저희는 역부족이라…….
하지만 숲의 제왕이신 당신의 말이라면
여왕님도 틀림없이 들어주실 거라고 생각합니다.
제발 부탁이니 여왕님께,
더 이상 탄식하지 마시라고, 울면 더욱 슬프기만 할 뿐이라고,
그렇게 말씀드려 주시지 않겠습니까?
숲의 제왕님, 아무쪼록 잘 부탁드립니다.”
그 말을 듣고도 사정을 잘 이해하지 못한 곰은
성가신 부탁을 하는 놈이라고 생각했지만,
상대가 여왕이든 뭐든
이대로는 시끄러워서 우선 자신부터 잠을 잘 수가 없어,
구태여 누구한테서 부탁받을 것도 없이,
적당히 하라고 말할 생각으로 멀리서 찾아왔기 때문에,
“아, 알았어, 요컨대 더 이상 울지 마라,
시끄럽게 굴지 마라, 그렇게 말하면 되는 거지?”
그러더니 기함을 하는 원숭이와 놀라는 사바나의 동물들을
거들떠도 보지 않고, 육중한 걸음으로 암사자를 찾아가서 다짜고짜 말했다.
“이보슈, 이제 그만 좀 우는 게 어떻소?”
깜짝 놀란 암사자, 그때까지 그런 말을 들은 적은 물론,
그런 태도로 자기를 대하는 동물은 아무도 없었기 때문에

완전히 당황하고 말았다.

어느덧 자기도 모르게 울음을 그치고 고개를 드니,

사바나에서는 한 번도 본 적이 없는 몸집이 거대한 동물이 서있었다.

'이건 도대체 웬 놈이냐, 나를 두려워하는 기색이 전혀 없잖아?

어쩌면 나의 힘을 모르거나,

자신의 실력에 상당히 자신이 있는 놈이거나, 아니면 그저 바보……?'

암사자는 어떤 태도로 나가면 좋을지 몰라, 한순간 머뭇거리고 있었다.

"오! 이제야 울음을 그치셨군, 진작에 그럴 것이지.

듣자하니 아기를 잃으신 것 같은데,

운다고 자식이 돌아오는 건 아니잖소.

설마, 당신 때문에 자식을 잃은 동물들의 몫까지

대신 울어주고 있는 건 아니겠지.

뭐 하여튼, 이렇게 울음을 그쳤으니 나도 멀리서 온 보람이 있군……."

그렇게 말을 남기고 사라져 가는 곰을 보자,

암사자는 울 마음이 싹 사라지고 말았다.

두 사람

옛날 옛날, 신들이 아직 인간과 함께 살고 있었던 시절의 이야기.

인간을 무척 좋아했던 신들은, 때로는 인간을 돕고

때로는 인간을 놀리며, 그 반응을 보는 것을 좋아했다.

인간도 역시, 그런 신들을 그다지 무서워하지 않고

또 물론 함부로 여기지도 않으며,

인간과 마찬가지로, 또는 바람과 물과 꽃과 초목을 대하듯이

아주 자연스럽게 신들과 어울렸다.

그도 그럴 것이, 그 무렵에는 아직 인간이 하는 일과 신이 하는 일,

그리고 자연이 하는 일 사이에

특별히 경계가 있는 것으로는 생각하지 않아서,
이를테면, 보리가 풍요롭게 결실을 맺었으면,
그것은 당연히 자신이 일한 성과이기도 했지만,
동시에, 결실의 신이 기분이 좋았기 때문이기도 하고, 또,
물과 빛의 순환이 잘 되었기 때문이기도 하다고 생각했다.
그래서 그 무렵의 인간들은, 어떤 일이든,
잘 되면 솔직하게 기뻐하고, 그렇지 않으면 애석해 하지만,
설령 무슨 일이 잘 되지 않는다 하더라도 낙담하지 않았다.
무슨 일에든, 신과 자연이 함께 도와주는 경우도 있는가 하면,
그렇지 않은 경우도 있어서,
지나치게 화를 내거나 너무 슬퍼하는 것은 무의미하며,
하물며 그런 감정에 언제까지나 매달려 있는 것은
아무 소용없는 어리석은 일이라고 생각했다.
그래서 지금과 비교하면,
그때의 인간들은 모든 일과 행동에 참으로 다양성이 풍부하여,
그중에는, 꿈의 신보다 더욱 몽상에 잠기는 사람도 있는가 하면,
길가의 풀보다 더 조용한 사람도 있었다.
그런 저마다의 다양성과, 행동과 사고의 의외성과, 엉뚱함이야말로,
각각 정해진 역할밖에 하지 않는 신들에게
인간이 사랑받는 가장 큰 이유이기도 했다.
그런데, 그런 인간이 하는 일과 신의 행위가
혼연일체가 되어 있었던 무렵이었다.
두 인간이 정든 집을 떠나, 모험을 찾아서 함께 길을 나섰다.
한참을 가다 보니, 이윽고 두 사람의 앞길에 커다란 강이 나타났다.
한 사람은, '자, 이제 드디어 진짜 모험이 시작되었구나.'
가슴이 설레었지만, 또 한 사람은 반대로,
이건 아무래도 더 이상 가지 말라는 신호니까,
다른 길로 가자고 한다.
한 사람은, 이 격류를 건너면,
그 앞에는 지금까지 한 번도 본 적이 없는 세상과

즐거움이 기다리고 있을 거라 말하고,

또 한 사람은,

아니다, 이건 하나님이 우리를 시험에 빠뜨리는 것이 틀림없다고 한다.

이상하게도, 강 건너편 기슭을 바라보니

커다란 코끼리 한 마리가 쓰러져 있었는데, 그것에 대해서도 한 사람은,

"저걸 보게, 저 커다란 코끼리도

이 강을 건너려다가 힘이 다하여 죽었어."

한쪽은,

"아니야, 저 코끼리야말로 하나님이 우리를 위해 준비해주신 것으로,

우리가 건너오기를 기다리다가 저렇게 잠이 든 거라네.

강을 건너기만 하면,

코끼리는 벌떡 일어나서 우리를 태우고, 도원경으로 데리고 가줄 거야."

하며 양보하지 않았다.

하는 수 없이 두 사람은 거기서 함께 여행하는 것을 그만 두기로 하고,

한 사람은 용감하게 강을 건너기 시작하고,

또 한 사람은 강을 건너지 않고 다른 길을 가게 되었는데…….

자, 당신은, 두 사람이 그 뒤 어떻게 되었을 거라고 생각하십니까?

또 이런 경우, 당신이라면 어떻게 하겠습니까……?

하늘을 날고 싶은 거북이

거북이가 독수리에게 하늘을 나는 법을 가르쳐달라고 애걸했다.

독수리는 거북이에게 말했다.

"넌 하늘을 날 수 있도록 태어나지 않았어.

내가 하늘을 나는 방법을 가르쳐 줘도 넌 절대로 하늘을 날 수 없을 걸?

네가 하늘을 난다는 건 말도 안 되는 일이야."

이 말을 듣고도 거북이는 독수리에게 더욱더 매달렸다.

할 수 없이 독수리는 거북이를 발톱으로 채어서 하늘 높이 날아간 뒤 거북이를 놓아주었다.

거북이는 바위에 떨어져 산산조각이 나고 말았다.

토끼의 귀

여러분은 토끼의 귀가 왜 그렇게 긴지 알고 있습니까?

또 눈이 빨간 것은 무엇 때문인지 알고 있습니까?

옛날 옛날, 동물들이 저마다 자신에게 어울리는 모습을,

여러 시행착오를 거듭하면서 만들어 가던 시절의 이야기.

토끼의 귀는 그 무렵에는 아직 보통 길이였고,

눈도 특별히 빨갛지는 않았다.

다만, 겁이 많은 것은 예나 지금이나 마찬가지였고,

날카로운 엄니와 발톱, 강한 힘 같은, 적과 싸울 수 있는 무기도,

그 무렵부터 달리 가지고 있지 않았다.

그러나 그 무렵 토끼는 누구보다 뛰어난 기억력을 가지고 있어서,

언제 어디서 어떤 새가 어떻게,

습격해 오는지, 또는 어디 사는 어떤 짐승이,

언제 어떤 길을 지나 먹잇감을 찾아 나서는지,

이런 것을 자세히 기억하여,

그 기억력으로 자신의 몸을 보호하고 있었다.

물론, 그 밖에도 기억해야 하는 일이 많았다.

경계해야 할 적의 수는 많았고 저마다 달리 습격해오기 때문에,

토끼의 머릿속에는 그야말로 오늘날의 컴퓨터 기억장치처럼,

모든 정보가 입력되어 있었다.

그 무렵 토끼는,

뭐니 뭐니 해도 그렇게 남을 꼼짝 못하게 할 수 있을 만큼의

많은 정보를 이용해 위험을 피하는 것이,
몸을 보호하는 가장 좋은 방법이라고 믿고 있었다.
그러기 위해서는 바람의 방향과 세기, 달려드는 새의 속도,
또는 기온의 차이와 곰의 속도의 관계,
나아가서는 바람에 흔들리는 나뭇잎 소리와,
몰래 다가오는 여우가 건드리는 나뭇잎소리의 미묘한 차이 등,
아무튼 자기 신변의 위험과 관련된 모든 정보를
하나에서 열까지 기억할 필요가 있었다.
또, 혼자만의 경험에는 어차피 한계가 있기 때문에
토끼는 같은 토끼들끼리 부지런히 정보를 주고받으며,
과거의 사례와 특수한 케이스에서의 특수한 해결방법 등을
서로 가르치고 배우고 있었다.
그리하여 토끼는 그 무렵, 위험한 일을 당하는 일이 거의 없다기보다,
위험이 있을 것으로 예상되는 모든 상황에서
몸을 멀리 두고 있었기 때문에, 무사히 지낼 수 있었던 건 사실이다.
하지만 모든 위험을 피하려면, 실제로는,
돌아다닐 만한 장소가 거의 없고,
그렇다고 같은 장소에 계속 있으면 더욱 위험하기 때문에,
토끼들은 어쨌든 서로 정보를 교환하면서
이쪽을 두리번 저쪽을 힐끔, 그렇게 살고 있었다.

그런데 적도 만만치 않았으니,

이윽고 토끼의 기억을 거꾸로 이용하는 동물들이 나타나기 시작했다.

상대도 살아가기 위해서는 궁리가 필요하기 때문에,

토끼에게 맞설 이런 저런 방법을 생각하기 시작한 것이다.

그래서 비로소 알게 된 것은,

정보목록에 없는 것에는 토끼가 전혀 무방비상태라는 것이었다.

기억에 의한 경험치가 높을수록 그런 것에는 약하여,

피해가 날 때마다 토끼들은, 당황하며 서로의 기억과 정보를 수정했지만,

그래도, 또 그 허를 찌르는 자들이 나타나니

이렇게 수정과 새로운 수법의 악순환이 계속되고 있었다.

그렇게 되자 이제 토끼들은,

도대체 무엇이 옳은 정보이고,

무엇이 옳은 판단인지 알 수가 없게 되고 말았다.

이것도 위험하고 저것도 불안해 보여서

아무데도 가지 못하고, 무엇을 해도 의심만 들고,

언제가 안전한지 전혀 판단도 서지 않게 되어

밤에도 잠을 이루지 못했다.

토끼들은 모두 수면부족으로 눈이 빨갛게 충혈되어,

마치 노이로제에 걸린 것처럼 되어버렸다.

그러는 사이에, 많던 동료들이 한 마리 두 마리 줄어들기 시작하더니,

급기야 집단으로 적에게 당하여,

어떡해 어떡해, 하는 사이 드디어 토끼족 멸망의 위기에 처하고 말았다.

그래서 토끼들은 회의를 열어,

도대체 무엇이 잘못된 건지 서로 의견을 나누었다.

결론은 분명했다. 말할 것도 없이 기억에만 너무 의지했던 것이다.

분명히 기억은, 어느 정도 위험에서 몸을 보호하는 데 도움이 되지만,

너무 많은 기억은 오히려 자신들을

자유롭지 못하게 만들 뿐이라는 사실을 깨달은 것이다.

그래서 토끼는 종족의 역사가 시작된 이래 일대결심을 하고,

자신들의 삶의 방식과 체질을 바꾸기로 했다.

그때까지의 강력한 기억력이라는,
너무 많은 정보를 저장하는 능력을 포기하고, 그 대신,
그때그때의 정보를 민감하게 감지하여, 그것을 순간적으로 처리하는,
지금까지와는 완전히 다른 개념과 삶의 방식을 가진 동물이 되기로
결정한 것이다.
이리하여 토끼는 위험을 예상할 수 있는 탁월한 기억력 대신,
그때그때, 위험에 그 자리에서 대응할 수 있는
커다란 귀와 빠른 다리를 가지게 되었다.
토끼의 빨간 눈은, 지나친 불안에 사로잡혀 밤을 지냈던
그 시절의 먼 흔적이라는 얘기였습니다.

상인과 귀족 왕자와 목동

난파한 배에 우연히 함께 타고 있던 네 사람이,
어딘지도 알 수 없는 해변에 표류했다.
한 사람은 상인, 한 사람은 귀족, 한 사람은 왕자였고, 또 한 사람은,
동료의 부름으로 새로운 목장으로 가던 중인 목동이었다.
네 사람은 처음에는 서로 살아난 것을 기뻐하며,
이곳이 어딘지는 모르지만 아무튼 힘을 합쳐서,
이 어려움을 이겨내기로 했다.
네 사람은 분담을 하여 그곳을 탐색하기로 했는데,
막상 행동을 개시하자, 곧 평소의 습관이 나오고 말았다.
상인은 자기도 모르게 뭔가 먹을 것을 찾아와 주면,
거기에 합당한 돈을 지불하겠다고 하여 모두로부터 비웃음만 샀고,
누군가 대신해줄 사람에게 부탁해야겠다고 생각한 귀족은,
이내 하인도 아무도 없다는 것을 깨닫고 망연자실했다.
의외였던 것은 왕자로, 상황을 이해하지 못한 건지,

아니면 평소에 그런 일을 경험한 적이 없어서,
무척 신기하게 보여선지 모르지만,
어쨌든, 유난히 의욕을 보이며 주변을 돌아다녔다. 그러나 그것도 잠시뿐,
곧 지치고 화가 나서, 당장 구조선을 요청하라,
위급을 알릴 파발마를 어떻게든 구해오라,
이런 헛소리를, 역시 누구한데도 말하지는 못하고
혼자서 투덜투덜 중얼거리기 시작했다.
당연하다면 당연한 일이지만,
네 사람 중에서 상황을 가장 냉정하게 받아들인 것은 물론 목동이었다.
나이는 가장 어렸지만
사람이 없는 야산을 다니는 것에 단련이 되어 있었기 때문에,
다른 세 사람은 상관하지 않고 먼저 주위를 살펴보며,
그곳에 사람의 손길이 닿은 흔적이 있는지 조사하기 시작했다.
만약 사람의 흔적이 있으면,
그것은 가까운 곳에 사람이 살고 있다는 증거이며, 아직 해가 떠있을 때,
그 흔적을 따라 출발하면 되기 때문이다.
그런데 그 주변에는 사람의 흔적이 전혀 없었다.
아무래도 장기전이 될 것 같다고 생각한 목동이 다음에 한 것은,
밤을 대비하여 가능한 한 많은 나뭇가지를 모으는 일이었다.
지형으로 보아,
밤에는 상당히 기온이 떨어질 것이 틀림없다고 판단한 것이다.

그렇게 나뭇가지를 모으다가 커다란 동물의 발자국을 몇 개 발견했는데,
큰 동물이 있으면 반드시 작은 동물도 있으며,
그런 동물들이 먹는 나무열매와 무언가가 있다는 뜻이다.
목동은 가장 먼저 할 일이, 해가 지기 전에
밤의 추위와 위험에서 몸을 보호할 불을 피우는 거라고 생각했다.
먹을 것에 대해서는, 내일이 되면 어떻게 될 거라고 생각한 목동은,
나뭇가지를 모은 뒤,
늘 몸에 지니고 다니는 부싯돌로 모닥불을 피우고 모두를 불렀다.
목동이 이 모든 일을 말없이,
또 누구의 도움도 빌리지 않고 척척 해내는 것을 보고,
나머지 세 사람은,
도대체 자신은 지금까지 무엇을 하며 살아왔나 뼈저리게 느꼈다.

사자 그림의 저주

겁이 많은 노인이 있었다.
그는 하나밖에 없는 아들이 사냥에 빠져 있는 것이 걱정거리였다.
그의 아들은 용기가 뛰어난 청년이었지만,
노인은 매일밤 아들이 사자에게 잡아먹히는 꿈을 꾸었다.
그 꿈이 현실로 나타날까 두려워진 노인은
아들을 위해 매우 높은 곳에 넓고 화려한 거실을 만들어 주고
날마다 아들을 감시했다.
그는 아들을 기쁘게 해주기 위해
유능한 화가를 시켜 거실과 방에 여러 동물을 그림으로 그리게 했다.
그중에는 사자 그림도 있었다.
그러나 아무리 그림을 쳐다보아도

아들의 기분은 좋아지지 않았고 권태롭기만 했다.
하루는 아들이 벽에 그려진 사자 그림 앞으로 다가가
그림 속 사자를 저주했다.
"이 빌어먹을 놈아!
네가 우리 아버지 꿈에 나타나서 내가 지금 이 고생을 하고 있다.
내가 왜 감옥 같은 곳에 갇혀 있어야 하느냐 말이다.
그러니 내가 널 어떻게 처치해 줄까?"
그는 사자의 눈을 멀게 하려고 주먹으로 그림을 쳤는데,
파편이 손톱 밑에 박히고 말았다.
파편은 쉽게 빠지지 않았고 손가락은 점점 심하게 곪아갔다.
손이 퉁퉁 붓고 열이 점점 올라 아들은 결국 죽고 말았다.
비록 그림 속의 사자이긴 했지만 아버지의 꿈이 현실로 나타난 것이었다.

표범과 사자

옛날 어떤 곳에 표범을 왕으로 둔 동물왕국이 있었다.
그런데 이 왕에 대한 평판은 몹시 좋지 않았다.
물론 표범은 육식동물이어서,
코끼리와 코뿔소 같은 몸이 거대한 동물은 몰라도,
대부분의 동물은 자칫 방심하면,
먹혀버린다는 것을 알면서도,
그래도, 무슨 일이 있으면 자신이 모두를 보호하겠다는,
아니, 자기 말고 누가 그런 일을 할 수 있겠냐는,
표범의 말을 일단 받아들여,
오랫동안 표범을 왕으로 대우해 온 것이었다.
그렇다고, 동물들이 처음부터,
그것을 바랐던 것은 결코 아니었다.

언젠가 "너희 잘 들어, 이제부터 내가 왕이다." 표범이 말하자,
모두들 거기에 대해 감히 반대하기가 두려워 망설이는 사이에,
어느새 그렇게 되어버린 것이다.
그렇게 되자, 안 그래도 횡포를 부리던 표범의 태도는,
갈수록 더 나빠져 갔다.
낮에는 나무 위에서 늘어지게 자다가,
밤이 되면 깊이 잠들어 있는 다른 동물을 습격했다.
습격하는 건 하는 수 없지만, 하다못해 습격을 하더라도
뛰어서 달아날 수 있는 낮에 하면 좋겠다고 얼룩말은 생각했다.
하지만 표범은 그런 건 아랑곳도 하지 않고,
더구나 왕의 자리에 있으면서,
뒤에서 몰래 다가와 잠든 동물에게 달려들었다.
모두 비겁한 동물로 취급하고 있는 하이에나조차 혀를 찰 지경이었다.
"아무리 그래도 저런 방법은 심했어, 게다가, 우리는 먹잇감을 만나면,
아까워서 뼈와 가죽까지, 그야말로 흔적도 없이 먹어치우는데.
스스로 이런 말 하는 건 뭐하지만,
그게 육식동물의 미학이라고 하는 것 아닐까?
그런데 저 표범이라는 놈은,
먹잇감을 잡아서는 아주 조금만 먹고,
나머지는 모두 독수리에게 줘버린단 말이야.

아무리 봐도 왕으로서의 자각도 미학도 없어.
저러니 초식동물들이 살아남을 수가 있나."
사실 표범이 사냥을 하는 횟수가, 왕이 된 뒤에 확실히 더 늘어난 것 같았다.
그렇다고, 모두에게 도움이 되는 일은 하나도 해주지 않고,
코끼리 같은, 자기보다 큰 동물이 오면 슬그머니 나무 위에 숨어버린다.
하다못해 겉으로 보기에는 당당하여
저분이 우리의 왕이라고 안심할 수 있는,
누구나 나름대로 자랑스럽게 생각하는, 그런 왕이기를 바라지만,
글쎄, 저 모양이니, 무슨 일이 생기면 왕으로서의 역할을
제대로 할 수 있을까? 우리 모두를 보호해줄 수 있을까?
표범이 늘어지게 자고 있는 한낮에
흉포한 뭔가가 습격해오면 어떡하느냐고, 모두 점점 불안해져서,
이윽고 저런 자를 왕으로 모실 수는 없다, 우리 동물왕국의 수치라고,
은밀하게 수군거리는 자까지 나오기 시작했다.
"본디 왕이라는 것은 더 강해야 하는 것 아닐까……?"
표범을 왕으로 모시는 것에 불만을 품은 동물들의 목소리가
날이 갈수록 높아지자,
마침내 동물들은 회의를 열어
표범을 몰아내고 새로운 왕을 추대하기로 했다.
그래서 후보에 오른 것이 사자였다. 한 박식한 동물이 말하기를,
일반적으로 동물왕국의 왕은,
백수의 제왕으로 불리는 사자로 정해져 있다는 것이었다.
그 강함은 표범과 비할 바가 못 되고,
갈기를 가진 그 모습은 당당하고 아름다우며,
게다가 표범과 달리 사냥은 밝을 때 정정당당하게 한다고 한다…….
표범이라는 왕에 넌더리가 난 동물들은 이구동성으로 말했다.
"그게 좋겠다."
"왕이라는 존재가 꼭 필요할까?"
이런 의견을 말하는 자는 아무도 없었다.
어느새 왕이 필요하다는 것에 모두 익숙해져 버린 것인지도 모른다.

어쨌든 이리하여, 새로운 왕으로 사자를 모셔오기로 하고,
먼 곳에 있는 다른 동물왕국에 사자를 파견하여
그곳 왕에게 예를 다하여 의뢰한 결과,
한 젊고 용맹한 사자가 뽑혀 와서 동물왕국의 새로운 왕이 되었다.
새로운 왕은 부임하자마자 표범을 불러 선언했다.
"이제부터는 내가 왕이다."
표범이 아무런 저항도 하지 못한 채 꼬리를 말고 나무 위로 달아나
숨어버리자, 모두 새로운 왕의 권위에 압도되고 말았다.
뭐, 거기까지는 좋았는데, 그러나 이 개혁은 결국,
표범보다 더 위험한 동물을 왕국에 불러들이는,
비참한 결과를 스스로 불러들인 것에 지나지 않았다.
더욱이 나중에 조사에 의해 밝혀진 바에 의하면,
그 젊은 사자는 특히 흉포한 애물로서,
그 나라의 왕조차 도저히 어찌할 수 없었던, 그런 사자였다고 한다⋯⋯.

농부와 개와 여우

어떤 곳에 닭을 키우고 있는 농부가 있었다.
농부는 가난한 데다 밭도 그리 넓지 않아서,
가난한 농부에게 닭과, 닭이 낳아주는 알은,
팔아서 돈으로 바꿀 수 있는 중요한 수입원이었다.
그런데 그 닭이, 어느 날 여우의 습격을 받았다.
여우가 닭장 문 밑에 굴을 파고,
안에 들어가, 모든 알을 먹어치우고,
닭을 세 마리나 훔쳐간 것이다.
농부의 집 주위에는 울창한 숲이 있었다.
그곳에는 여우와 너구리도 살고 있어서,

그들이 이따금 마을에 나타나 못된 짓을 한다는 것을,
농부도 알았고, 또,
실제로 피해를 당한 마을 사람들의 얘기도 듣고는 있었다.
하지만 그때까지 이 농부가 피해를 당한 적은 한 번도 없었고,
만약의 경우를 위해 개도 키우고 있었기 때문에,
농부는 막연하게 괜찮겠지 생각하고 있었다.
그런데, 설마하고 생각했던 자신의 집에서,
게다가 그 소중한 닭을 여우에게 감쪽같이 빼앗겨 버린 것이다.
개가 근처의 고양이를 쫓아서, 조금 멀리 가있는 사이에 일어난 일이었다.
화가 난 농부는, 키우고 있던 개에게 화풀이를 하며
개를 채찍으로 실컷 때려주었다.
개를 때린다고 닭이 돌아오는 것은 아니지만,
닭을 잃어버린 화풀이로 뭔가 해야만 했던 것이다.
도대체 개를 키우고 있는 이유가,
바로 그런 때를 대비해 망을 보게 하는 것이 아니었던가?
그렇게 생각하자 더욱 화가 난 농부는, 더욱 세게 개를 때리더니,
"다음에 또 이런 일이 있으면, 이 정도에서 넘어가지 않을 거야." 하며,
한번 더 있는 힘을 다해 채찍으로 개를 때린 뒤,
화를 내며 집안으로 들어갔다.
그 뒤 농부가 숲의 여우에 대해 뭔가 대책을 세웠느냐고?
사실은 이렇다 할만한 일은 거의 아무것도 하지 않았다.
물론 여우가 들어온 구멍을 막고, 그 주위에 커다란 돌을 놓아,
그것으로 막연하게 이제 괜찮겠지 하고 생각했을 뿐이다.
게다가, 그만큼 개를 혼내 주지 않았는가?
그런데, 그로부터 2주일도 채 되지 않아,
완전히 재미가 들린 여우가 또 닭을 훔쳐가고 말았다.
그 뒤로 개도 결코 망보기를 게을리 하지 않았는데,
오랜만에 놀러온 이웃집 개와
은근하게 정담을 주고받는 사이에 일어난 일이었다.
이번에는 여우가,

닭장의 벽과 천장 사이에 나있는 조그만 틈새를 노렸던 것인데,
그것을 알지 못한 농부는 화가 나서 전보다 더욱 세게 개를 때려
결국 개에게 상처를 입히고 말았다.
그것을 본 여우는 이튿날 밤,
그나마 몇 마리 남아있지 않던 닭마저 몽땅 훔쳐가버렸다.

야생염소와 목동

염소를 치는 목동이 염소들을 풀밭으로 인도한 뒤 자세히 살펴보니,
염소 무리에 야생 염소가 섞여 있었다.
저녁이 되자 목동은 염소들을 모두 동굴로 몰아 넣었다.
다음 날 엄청난 태풍이 불어닥쳐
염소들을 풀밭에 풀어놓을 수 없게 된 목동은
염소들을 동굴 안에 내버려 두었다.
목동은 자기 염소들에게는 굶어 죽지만 않을 정도로 꼴을 주었고,
야생 염소들에게는 꼴을 많이 주고 정성스레 보살폈다.
날씨가 다시 좋아지자 목동은 염소들을 몰고 풀밭으로 나갔다.

산에 도착하자마자 야생 염소들은 달아나 버렸다.
정성껏 보살펴 주었는데도 달아나는 것은
배은망덕한 처사라고 비난하면서 그들에게 돌아오라고 고함쳤다.
야생 염소들은 몸을 돌려 이렇게 대꾸했다.
"그럴수록 더 의심이 든다는 걸 모르세요?
당신이 오래 데리고 있던 염소들보다도
처음 본 우리를 더 잘 보살펴주었으니,
만약 다른 염소들이 새로 오면 당신은 우리들을 냉대할 게 분명해요."

원숭이와 사자

선대로부터 동물왕국의 왕위를 물려받은 사자가,
나라를 다스리는 데 무엇이 중요한지 한번 생각해 보려고,
머리가 좋기로 소문난 원숭이를 불러 조언을 청했다.
이렇게 왕이 친히 부탁하자 원숭이는 완전히 신바람이 나서,
거침없이 자신의 생각을 얘기했다.
"그건 말입니다, 임금님.
나라를 다스리는 데 있어서 중요한 것은,
무엇보다 먼저 위엄입니다. 그 위엄이라는 것은,
물론 왕이라면 당연히 아시겠지만,
힘과 외모와 몇 마디 말, 그리고 또 한 가지, 가신들의 활약,
이들이 하나가 됨으로써 형성됩니다.
힘에 대해서는, 실제로 힘이 있다는 것도 중요하지만,
현실적으로는 정말 힘이 있고 없고 보다는,
오히려 있는 것처럼 보이는 것이 더 중요합니다.
힘을 실제로 사용하는 건 웬만한 경우가 아니면 없으며,
중요한 것은 얼마나 강하게 보이느냐 하는 것입니다.

그리고 바로 그래서 외모가 중요한 거지요.
물론 힘으로 굴복시키는 방법도 때로는 필요하지만,
그러면 권력 자체가 오래가지 못합니다. 권력자라는 것은 모름지기,
앞에서도 말씀드렸듯이, 가능한 한 힘을 행사하지 않고
그것을 숨기고 다스리는 것이 가장 좋습니다.
그렇다면 민중은 실제로 무엇을 가지고 왕의 좋고 나쁨을 판단할까요?
바로 아름다운 모습, 늠름한 모습, 당당한 모습,
그런 외모로 판단하는 겁니다.
왜냐하면 민중이
일상생활에서 임금님을 직접 접하는 일은 없기 때문입니다.
그러므로, 멀리서 보는 모습과 거동이
왕이 왕이기 위한 중요한 요소가 되는 겁니다.
물론 임금님은 힘도 있고 외모도 훌륭하시니까,
그야말로 더할 나위가 없는 셈이지요.
그야말로 백수의 제왕이 되기 위해 태어난 분이라고 할 수 있습니다.
하지만 여기서 제가 말씀드리고 싶은 것은,
그것만으로는 충분하지 않다는 겁니다.
실은 여기에, 조금 전에 말씀드린 위엄을 형성하는 세 번째 요소,
바로 언어라는 요소가 따라야 합니다.
다시 말해, 왕은 민중에게 실제로는 힘을 행사하지 않고
멀리서만 보이기 때문에,
그 존재감이 희미해질 우려가 있습니다.
그래서 때로는 으르릉! 하고 한번, 그 우렁찬 목소리를
온 왕국에 울려 퍼지게 할 필요가 있습니다.
그렇게 하면 민중은 그때마다,
아아, 저분이 우리의 왕이라고 다시 한번 생각하게 되는 겁니다.
아닙니다, 아니에요, 꼭 무슨 의미가 있는 말을 해야 하는 건 아닙니다.
중요한 것은 내용보다 소리입니다.
다만, 딱 한 마디 크고 우렁차게 울려 퍼지는 목소리로
포효하는 것이 중요합니다.

민중이란 무슨 말을 들어도, 어차피 내일이면 싹 잊어버리는 법입니다.

그럼 무엇을 어떻게 하란 말이냐,

어떻게 민중에게 전달하느냐 하고 생각하시겠지요? 그렇습니다, 맞아요.

바로 그것 때문에 위엄을 구성하는 마지막 요소인 가신이 필요한 겁니다.

임금님께서 으르릉 하고 한번 포효하면,

아랫것들 중에는, 왕께서 도대체 뭐라고 말씀하셨나

걱정하는 자도 가끔은 있을 겁니다.

그래서 감히 말씀드린다면, 지식도 있고 말주변도 있는 저 같은 가신이,

왕의 심중을 깊이 이해하여,

그것을 아랫것들에게 전하는 역할을 할 필요가 있는 거지요.

만약 제가 가신이 된다면,

임금님께서는 번거로운 일은 일체 하지 않으시도록 하고,

때와 장소와 상대에 따라서, 때로는 자상하게 때로는 부드럽게,

또 때로는 왕의 위광을 빌려서 어디까지나 엄격하게,

이 동물왕국을 훌륭하게 다스려 보이겠습니다.

아니, 아니, 당치도 않습니다. 만약 뭔가 난처한 일이 생긴다면,

모두 제 탓으로 돌리면 됩니다.

무슨 일이 있든 임금님께서 신경 쓰실 필요가 전혀 없습니다.

모든 건 저의 이해가 부족하거나,

저의 전달방법이 나빴던 탓으로 돌리고 제가 사과하면 됩니다.

그렇게 해서 왕의 위엄을 지키는 겁니다.
필요하다면 때로는 모두의 앞에서 저를 엄하게 질타하는,
그런 모습을 민중에게 보여주는 것도 가끔은 좋을지도 모릅니다.
아닙니다, 전혀 신경 쓰실 일 없습니다.
그게 바로 가신의 의무 아니겠습니까?"
이리하여 원숭이는, 제 세상을 만난 듯 끝없이,
그 이상한 제왕학을 사자에게 설파하고 있었다…….
그런데, 너무 장황한 얘기에 지루해하면서도
자기 쪽에서 원숭이를 부른 체면에,
이제 됐으니 그만 하라는 말도 못하고
건성으로 원숭이의 얘기를 듣고 있던 사자의 눈에,
당나귀 두 마리의 모습이 들어왔다.
이때라는 듯이 사자가 말했다.
"원숭이 군, 이번에는 저 당나귀들의 이야기를 한번 들어볼까?"
"무슨 말씀이십니까? 임금님, 당나귀가 제왕학에 대해 뭘 알겠습니까?"
원숭이가 펄쩍 뛰었다.
이리하여 완전히 지쳐버린 사자는,
마침내 누구의 의견도 듣지 않고 혼자 나라를 다스리기로 했다.

여우와 우물

이솝 시대에서 오늘날에 이르기까지,
인간의 생활에서 완전히 변해버린 것은 많이 있다.
이솝 시대에는, 비행기는 물론이고,
자동차도 지하철도 없었고 전등도 없었다.
당연히 오디오도 없었고 DVD도 없었다.
그럼, 인간이 그만큼 진화했는가 하면,

꼭 그렇지도 않은 것 같다.
물론, 그 덕분에 사람은 먼 곳까지,
누구나 쉽고 빠르게 갈 수 있게 되었고,
뛰어난 음악과 영화를 언제 어디서나,
몇 번이고 되풀이해서 즐길 수 있게 되었다.
그러나 그것도, 반드시 좋은 일이라고만은 할 수 없으니,
자동차를 탄 것만큼 다리가 약해졌을지도 모르고,
여러 번 본다고 더 감동하는 것도 아니다.
또, 공부와, 표현을 위한 수단과, 기회가 늘었기 때문에,
지금 사람은 옛날보다 아마도 더 많은 것을 알고 있겠지만,
그렇다고 해서, 다빈치와 보티첼리, 베라스케스보다 뛰어난 그림을,
아무나 간단하게 그릴 수 있게 된 것도 물론 아니다.
먹는 것도 완전히 변해버렸다고 할 수 있는데,
깡통에 들어있든 플라스틱 그릇에 들어있든,
우리는 철과 석유를 먹을 수는 없으니
결국은 옛날과 다름없이 고기와 생선과 채소를 먹는다.
생각해보면 지난 수천 년 동안
우리의 몸과 그 구조가 반드시 변한 것도 아니며,
중요한 것은 따지고 보면 지금이나 옛날이나
몸에 좋은 것과 맛있는 것에는 변함이 없다.

그렇게 생각하면, 어쩌면 우리에게 중요한 지혜라는 것도,
본질적으로는 이솝 시대와 그리 달라지지 않았을지도 모른다.
옛날에 이솝은 이런 이야기를 했다.
한 여우가 우물에 비친 달을
우물에 가라앉은 커다란 치즈덩어리로 착각하여,
그것을 건지려고 궁리한 끝에,
나중일은 생각도 하지 않고 두레박을 타고 우물에 내려갔다.
거기까지는 좋았는데,
그 결과, 치즈도 얻지 못하고, 우물에서 나오지도 못하게 되었다.
여기서 그가 말하고자 한 것이,
지금은 의미를 갖지 않게 되어버린 것 같기도 하지만,
아무래도 그렇지만은 않은 듯하다.
욕심에 눈이 어두워 물에 비친 달을 치즈로 착각하는 자나,
앞뒤 생각하지 않고 차라리 없는 게 나은 잔꾀를 부리다가
스스로 무덤을 파는 자가 지금도 많이 있다.
또 나중에 와서 우물을 들여다보다가
다른 두레박을 타고 내려와 주면 치즈를 주겠다고 하는,
여우의 감언이설에 넘어가
여우 대신 우물에 빠지는 바보 같은 늑대도 뒤를 끊이지 않는다.
그러고 보면, 21세기라는, 새로운 시작을 의미하는 시대를 사는 우리가,
여기서 다시금, 인간에게 무엇이 진화이고 무엇이 퇴화인지
한번 생각해보는 것도 좋지 않을까 싶다.

뼈 있는 말

이솝이 어느 날 조선소를 찾아갔다.
목공들이 그를 놀리며 재미있는 이야기를 해달라고 부추기자

이솝이 입을 열었다.
"태초에는 혼돈과 물 이외에 아무 것도 없었소.
그러나 제우스가 땅을 절실히 바랐기 때문에
땅에게 바다를 세 번 삼켜버리라고 명령했소.
제우스의 명을 받들어 땅이 한 번 바다를 삼키자 산이 생겼고,
두 번 삼키자 평야가 생겼소.
땅이 바다를 세 번 삼킨다면 당신들은 실직자가 되고 말거요."

노인과 세 젊은이

옛날 어떤 곳에서 한 노인이 나무를 심고 있었다.
그것을 본 세 젊은이가 노인을 놀리며 말했다.
"영감님, 영감님, 여든 나이에,
그런 어린 나무를 심어서 도대체 뭘 하려는 거예요?
이제 그 나이에는, 큰 나무를 잘라,
그것으로 집을 지을 만한 힘도 없을 텐데,
그런 나무는 심는 것보다 차라리,
언 몸이나 녹이게 불쏘시개로 쓰는 게 어때요?
그 나무가 자라 열매를 맺을 무렵에는,
어차피 영감님은 이 세상에 없을 테니까."
그 말을 들은 할아버지는 웃으며 젊은이들에게 말했다.
"꼭 나무열매를 따먹으려고 나무를 심고 있는 게 아니라네.
게다가 다행히 살 집도 버젓이 있고,
내가 이렇게 나무를 심고 있는 것은,
다름이 아니라 즐겁기 때문이지.
이렇게 내가 심은 나무가 쑥쑥 자라서,
여름과 겨울을 여러 번 넘기면서, 이윽고 커다란 나무가 되면

가지라는 가지마다 열매가 주렁주렁 열리겠지.

그 나무 밑에서 내 아들들이, 내 손자와 증손자와,

또 그 손자들이 기쁜 듯이 나무를 올려다보네.

또 더운 여름이면, 마을 사람들이 이 나무 그늘에서 몸을 쉬며 땀을 씻지.

물론 그때쯤이면 난 이 세상에 없을 거야. 아니,

어쩌면 난 이번 겨울도 넘기지 못할지도 모르네. 또 어쩌면,

몇 번의 봄을 맞이할 수 있을지도 모르고,

또는 내일이라도 저승사자가 데리러 올지도 모르지.

그런 건 아무도 알 수 없어.

그것은 끝없는 미래가 있는 것처럼 보이는 자네들도 마찬가지야.

겁을 줄 생각은 없지만,

내일 어떤 사고와 질병이 자네들을 기다리고 있을지 모르는 일 아닌가?

하지만 지금 여기서, 내가 이렇게 나무를 심으며

나무가 자랐을 때를 상상하는 건,

지금이 아니면 할 수 없는 일.

그리고 지금이라면 나도 자네들과 다름없이 할 수 있는 일.

그리고 지금, 내가 손자와 증손자들의 웃는 얼굴을 떠올리는 건,

아무리 저승사자라 해도 방해할 수 없다네.

게다가 내가 죽은 뒤에도 이 나무는 아마 계속 살아갈 거야.

이윽고 큰 나무로 자란 이 나무를,

많은 사람과 동물들이 올려다볼 것이고,

많은 생명과 이야기가 이 나무 주위에서 태어나고, 죽어갈 거야.
물론 이 나무도, 크게 자라기 전에 가뭄으로 말라죽을지도 몰라.
누군가가 베어내 버릴지도 모르고.
그렇지만 그건 역시 내 상상과는 상관없는, 이 나무의 이야기지.
그러니까 이렇게 나무를 심으며 여러 가지 상상을 하는 것이,
나에게는 무엇보다 즐거운 일이라네."
노인이 이렇게 말을 마치고, 다시 나무를 심는 것을 바라보며,
젊은이들 역시 노인과 함께,
멀고 먼 시간 속의 뭔가 신비로운 광경을 본 것 같은 느낌이 들었다.

통나무의 왕

하루는 통나무들이 모여 회의를 열고 자기들의 왕을 뽑기로 했다.
그들은 올리브 나무에게 말했다.
"우리를 다스리는 왕이 되어 주시오."
올리브 나무가 이렇게 대꾸했다.
"뭐라고?
신과 사람들이 더없이 귀중하게 여기는 내 올리브 기름을 포기하고
너희들을 다스리란 말이냐?"
그러자 통나무들은 무화과 나무에게 말했다.
"자, 우리들의 왕이 되어 주시오."
그러나 무화과 나무도 역시 올리브 나무처럼 같은 대답을 했다.
"뭐라고? 달콤하고 맛있는 내 열매를 버리고 너희들을 다스리란 말이냐?"
그러자 통나무들은 가시나무에게 말했다.
"자, 우리에게 와서 왕이 되어 주시오."
그러자 가시나무가 이렇게 말했다.
"나에게 기름을 부어 정말 왕으로 삼기를 바란다면,

너희는 내 밑으로 와서 피난처를 구하는 것이 좋을 거야.
그렇게 하지 않는다면 나의 잔가지에 붙은 불이 튀어나가
레바논의 삼나무들마저 태워버릴 테니까."

사자와 여우와 숫사슴

사자가 병이 들어 굴 안에서 쉬고 있었다.
그는 가끔 일을 같이 하며 친하게 지내던 여우에게 말했다.
"내가 살아나서 기운을 다시 차리기를 바란다면
커다란 숫사슴을 교묘한 말로 꼬드겨서 내 앞으로 데려와라.
그러면 내가 그를 앞발로 잡을 수 있을 거야.
사슴 고기와 심장을 이빨로 씹어먹고 싶어 죽겠어."
여우가 길을 떠난 뒤 얼마 지나지 않아
숲속에서 뛰어 다니는 숫사슴을 만났다.
여우는 웃는 얼굴로 다가가서 정중하게 인사했다.
"기쁜 소식을 전해주려고 왔어요.
당신도 아시다시피 우리들의 왕인 사자가 제 옆집에 살지요.
그는 지금 심한 병에 걸려 죽어가고 있어요.
그는 어느 짐승이 자기 뒤를 이어 왕이 될 것인지 알고 싶어합니다.
야생 수퇘지는 지능이 모자라고 곰은 둔하며,
표범은 너무 화를 잘 내고 호랑이는 자만심이 강하지요.
오로지 숫사슴만이 짐승들을 다스릴 자격이 있어요.
왜냐하면 숫사슴은 키가 가장 크고 또 가장 오래 살며,
무엇보다도 뿔로 뱀을 받아서 죽일 수 있으니까요.
아니, 이런 얘길 더 늘어놓을 필요가 어디 있겠어요?
사자는 당신을 다음 왕으로 삼기로 이미 결정했어요.
내가 이런 기쁜 소식을 전해주었으니 당신은 무엇으로 보답하겠어요?

사자 왕이 나를 찾을 것 같아요.

서둘러 떠나야 하니까 내게 무엇을 주겠는지 말해 보세요.

사자 왕은 내 의견을 들어야만 일을 처리할 수 있거든요.

이 늙은 여우가 당신에게 한마디 권고를 한다면

당신은 나를 따라 왕이 누워있는 곳으로 가서

그를 지켜보는 게 좋을 거예요."

여우의 말에 가슴이 터질 정도로 흥분한 숫사슴은

무슨 일이 벌어질지 조금도 의심하지 않은 채 여우를 따라 굴로 들어갔다.

사자가 그의 머리 쪽으로 달려들었다.

사자는 발톱으로 숫사슴의 귀를 찢었을 뿐 사냥하지 못했다.

목숨을 간신히 구한 숫사슴은 전속력을 내어 숲 속으로 달아났다.

여우는 자기가 그렇게 애를 썼는데도 헛수고로 그치자

발을 동동 구르며 실망에 빠졌다.

사자는 굶주림과 슬픔에 견디지 못해 신음하면서

산이 울리도록 큰소리로 울부짖었다.

사자는 숫사슴을 한 번 더 속여서 데려 오라고 여우에게 명령했다.

여우가 대답했다.

"그건 정말 어려운 부탁이긴 하지만 한 번 더 해보겠습니다."

이윽고 사냥개처럼 숫사슴의 냄새를 따라 숲 쪽으로 달리면서

여우는 다른 꾀를 생각해 냈다.

그는 걸음을 멈춘 뒤 목자들에게 피 흘리는 숫사슴을 보았느냐고 물었다.

그들은 숫사슴이 쉬고 있는 곳을 가르쳐주었다.

여우가, 한숨 돌리며 쉬고 있는 숫사슴에게 가서 뻔뻔스럽게 인사했다.

온몸이 피투성이가 된 채 분노에 치를 떨던 숫사슴이 욕을 퍼부었다.

"이 악당아! 넌 사자 굴로 두 번 다시 나를 데리고 갈 수 없어.

가까이 오기만 하면 넌 죽을 줄 알아.

다른 놈이나 속여 먹어라.

다른 놈들한테 가서 왕자리를 준다며 꼬드 보란 말이다!"

여우가 대꾸했다.

"당신은 그렇게도 마음이 약한 겁쟁이란 말이오?

당신은 이런 불신으로 갚는단 말이오?
사자가 당신 귀를 잡았을 때는
죽어가는 사람이 유언을 남기듯이
당신에게 왕이 할 일에 대해서 말하고 유언을 남기려 했던 거요.
그런데 당신은 병든 사자의 발톱에 약간 할퀴는 것도 못 참다니!
지금 사자는 당신보다 더 화가 뻗쳐서
늑대를 왕으로 삼겠다고 할 지경이오.”
그러고 나서 여우가 다시 말을 이었다.
“맙소사! 가련한 나의 왕이여! 자, 이젠 두려워하지 말아요.
어린 양처럼 고분고분하면 되어요.
숲속의 모든 나뭇잎과 샘물에 걸고 맹세하지만,
당신은 사자를 무서워할 필요가 눈곱만큼도 없어요.
내 소원은 오로지 당신을 섬기는 것뿐이니까요.”
여우는 숫사슴을 꼬드겨 다시 사자 굴로 데리고 들어갔다.
숫사슴이 들어오자 사자는 그를 잡아서 저녁식사를 즐겼다.
숫사슴의 모든 뼈, 골수, 내장까지 다 먹어치웠다.
여우는 곁에서 사자를 지켜보기만 했다.
숫사슴의 심장이 땅에 떨어지자 여우는 심장을 냉큼 집어서 먹었다.
자기 수고에 대한 보답으로 먹은 것이다.
잠시 뒤 사자는 아무리 뒤져도 심장이 안 보이자
여우에게 사슴의 심장이 어디 있는지 물었다.
여우는 사자에게서 멀리 떨어져 앉은 뒤 대꾸했다.
“사실대로 말하자면 숫사슴은 본디 심장이 없습니다.
찾으려고 애쓸 필요도 없어요.
사자 굴에 두 번이나 들어가서
그의 밥이 된 짐승에게 어떻게 심장이 있겠어요?”

말과 나귀와 시간과 운

이름을 날리고 힘을 얻게 되더라도,
다른 사람을 업신여겨서는 안 된다.
운명의 수레바퀴가 돌고 돌아
언제 나락으로 떨어지게 될지 아무도 모르기 때문이다.
금색 은색의 화려한 장신구로 잔뜩 멋을 낸 젊고 멋진 말이
좁은 길에서 나귀와 맞닥뜨리게 되었다.
등에 짐을 진 채 쉬지도 못하고 길을 걸어왔던 나귀는
지칠 대로 지쳐있었기 때문에
옆으로 길을 비킬 수가 없었다.
"길을 비키지 않은 너를 냅다 한번 차주어야 하는데,
고마운 줄이나 알아.
내가 지나갈 때까지 한쪽에 가만히 서 있어."
말의 기세에 나귀는 깜짝 놀랐다.
하지만 기특하게도 아무 말 하지 않고 깊이 한숨을 쉬면서
자신의 불행한 처지를 신에게 한탄했다.
그 뒤 얼마 지나지 않아
말은 달리다가 넘어지게 되었다.
다리는 고칠 수 없었다.
주인은 어쩔 수 없이 초췌해진 말을 포도밭으로 끌고 가
거름 나르는 일을 시켰다.
번쩍번쩍 빛나던 장신구들은 진작 벗겨졌고
밭일을 위한 도구들이 채워졌다.
그리고 짐을 나르며 논두렁을 걷게 되었다.
목장에서 풀을 뜯고 있던 나귀가 말을 알아보고,
비웃으며 말했다.
"그때 그렇게 기세등등하게 나를 바보 취급하더니.
그렇게 자랑하던 장신구는

이제 아무짝에도 쓸모없게 됐네 그려.
지금은 나와 똑같이 밭일이나 하는 신세가 되지 않았는가.
무례한 태도와 번쩍거리던 장신구들은
모두 어디로 갔는가.
당신의 멋진 몸은 어디로 갔소.
당신이 그렇게 자랑스러워하던 것들이
한낱 보잘 것 없는 것들이 되었구려."

올빼미와 쥐

깊은 숲에서 커다란 나무를 베어냈더니,
나무 구멍 속에 올빼미 둥지가 발견되었는데,
놀랍게도 그곳에서 수많은 살아있는 쥐가 나왔다.
쥐는 모두 통통하게 살이 올라 있었지만,
이상하게도 모두 다리가 없었다.
이것은 그런 식으로 쥐를 키우고 있었던,
기묘한 한 올빼미의 기묘한 이야기이다…….
여러분도 아시겠지만, 올빼미는 밤이 되면,
쥐나 물고기 같은 작은 동물을 찾아서 사냥을 떠난다.
올빼미는 밤에도 눈이 잘 보이는 데 비해,
대부분의 생물은 밤에는 그다지 잘 보이지 않기 때문에,
먹잇감을 잡는 것 자체는 별로 어려운 일이 아니다.
밤의 숲 속을 그저 한 시간만 날아다니면,
그날 먹을 것을 잡는 것은 일도 아니다.
올빼미는 그렇게 오랫동안 살아왔고,
그것을 당연한 일로 생각하고 있었다.
그런데 어느 때, 그 숲에서 일찍이 한 번도 없었던 장마가 계속되어,

먹잇감을 잡는데 큰 어려움을 겪은 적이 있었다.

물론 비속에서도 올빼미는 날 수 있어서

먹잇감을 찾으려면 찾지 못할 것도 없지만,

그래도 날씨가 좋은 날보다는 비할 바가 못 될 정도로 힘이 든다.

물이 탁해서 물고기의 모습이 잘 보이지 않고,

비 오는 밤에 숲 속에 나다니는 동물도 좀처럼 없다.

쉽게 발견할 수 있는 것이라야,

비 오는 날에만 땅 위로 기어나오는 지렁이 정도.

조금이라도 더 나은 것을 찾아다니다 보면,

날개는 어느새 물에 흠뻑 젖어버리고, 몸은 얼어붙는 것처럼 차가워진다.

젖은 몸으로 둥지로 돌아가면,

쾌적함을 위해 애써 깔아둔 짚 침대도 축축하게 젖어있다.

'아, 지겨워, 이런 생활은 더 이상 못 견디겠어.'

이렇게 생각한 순간, 올빼미의 머리에 멋진 아이디어가 스치고 지나갔다

"그래! 맑은 날에 먹잇감을 많이 잡아두자.

비 오는 날에는 둥지 안에서 우아하게 그것을 먹으며 지내는 거야."

그것은 정말 멋진 생각이었다.

맑은 날 밤에 여분의 먹잇감을 잡는 거야 간단한 일.

그래서 올빼미는 비가 그치자마자,

곧바로 아이디어를 실행에 옮기기 위해 밤의 숲으로 날아갔다.

올빼미는 좋아하는 물고기와 쥐를 닥치는 대로 잡아,

매일 밤 둥지로 가지고 돌아왔다.

먹잇감은 자꾸자꾸 쌓여갔지만, 얼마 못가 예상하지 못한 일이 일어났다.

잡아온 쥐와 물고기가 둥지 안에서 썩어버려,

냄새가 진동해서 견딜 수가 없는 것이다.

역시 먹잇감은 살아 있지 않으면 안돼.

첫째로 신선하지 않으면 맛이 없으니까.

하지만 물고기를 산 채로 키울 수는 없으니…….

좋아, 쥐를 둥지 안에서 키우기로 하자.

이리하여 올빼미는 쥐를 잡아, 마치 많은 새끼를 거느린 어미처럼,

그 쥐들에게 매일 부지런히 먹이를 주어왔던 것이다…….

배은망덕한 용

용 한 마리가 강에서 살고 있었다.
용이 자라면서 물이 모자라자
점점 하류 쪽으로 내려오다가 모래밭이 있는 곳까지 오고 말았다.
물이 없어 꼼짝 못하고 있는데, 우연히 농사꾼이 그 옆을 지나갔다.
"아니 용아, 여기서 왜 이러고 있는 거니?"
용이 대답했다.
"물을 찾아서 하류까지 오게 됐어요.
그런데 여기 물도 다 말라 버려서
이렇게 오도가도 못하는 신세가 되었어요.
나는 물이 없으면 꼼짝도 못해요.
그러니까 나를 당신 당나귀에 묶어서 내 집까지 데려다 줘요.
그러면 금은 보화를 선물로 드릴게요."
금은 보화라는 말에 욕심이 생긴 농사꾼이
용을 묶어서 당나귀에 싣고는 동굴로 갔다.
농사꾼이 용을 당나귀에서 내려 풀어주고는
약속했던 금은 보화를 달라고 했다.
그러자 용이 농사꾼에게 말했다.
"적반하장도 유분수지. 네놈이 감히 나를 묶어놓고는 그 대가를 바래?"
농사꾼은 어이가 없었다.
"네가 네 입으로 묶어달라고 사정했잖아."
"이제 그건 문제도 안 돼. 배가 고프니 너를 잡아먹어야겠다."
"은혜를 원수로 갚으려는구나."
이렇게 서로 옥신각신하고 있는데,

여우가 우연히 그 옆을 지나가다 그들이 하는 이야기를 듣고 말했다.

"자, 그렇게 싸우지 말고 차근차근 이야기해봐요."

그러자 용이 먼저 이야기하기 시작했다.

"이 농사꾼이 나를 꼭 묶어서 자기 당나귀에 싣고는
여기까지 데리고 왔답니다.
그래놓고는 이제 와서 대가를 내놓으라는 겁니다."

그 다음으로 농사꾼이 말했다.

"여우 선생, 내 말 좀 들어보시오.
이 용이 강물을 따라 내려가다가
모래밭을 만나서 꼼짝도 못하고 있는 걸 내가 발견했소.
그때 용이 지나가는 나를 보고는
자기를 묶어서 당나귀에 싣고 여기 자기 집까지 데려다 주면
금은 보화를 주겠다고 약속했소.
그런데 이제 와서 약속을 지키기는커녕 나를 잡아먹으려 하고 있소."

여우가 말했다.

"용을 묶은 것은 당신 잘못이에요.
하지만 이제 와서 그게 다 무슨 소용이에요.
용을 어떻게 묶었는지 그거나 보여주세요.
그걸 보고 나서 판단하겠어요."

그러자 용을 묶기 시작했다.

여우가 용에게 물었다.

"지금 묶은 것만큼 세게 묶었나요?"

용이 대답했다.

"이것보다 백 배는 더 세게 묶었을 겁니다."

여우가 농사꾼에게 말했다.

"더 세게 묶어요."

힘센 농사꾼이 있는 힘을 다해 용을 묶었다.

여우가 용에게 물었다.

"어때요? 지금처럼 꼭 묶었어요?"

용이 대답했다.

"예, 바로 지금처럼 꽉 묶었어요."
여우가 농사꾼에게 말했다.
"용을 꽉 묶었으니, 이제 당신은 용을 당나귀에 싣고서
처음 있던 곳에 다시 갖다 놓으세요.
그럼 더이상 당신을 잡아먹을 수 없을 겁니다."
농사꾼은 여우가 시킨 대로 했다.

사람의 손발과 위장

옛날에는 사람 몸의 각 부분이 고집이 세어서
지금처럼 화목하게 서로 협조하지 않았다.
위장이 다른 모든 부분들에게 필요한 것을 주었지만,
다른 부분들은 위장이 게으름만 피우고 사치스럽게 산다고 비난했다.
어느 날 다른 부분들이 위장에게 아무 것도 해주지 않기로 결의했다.
두 손은 빵 부스러기조차 들어올리지 않겠다 말했고,
입은 음식을 받아들이지 않겠다고 말했다.
두 다리는 위장이 다른 곳으로 움직일 수 없도록
한 발짝도 떼지 않기로 했다.
위장을 제외한 신체의 다른 부위가
저마다 위장에게 협조하지 않겠다고 나섰다.
그들이 위장을 굴복시키려는 계획을 실행에 옮기자마자
그들 자신이 하나씩 기운을 잃고 비틀거렸으며, 온몸이 쇠약해졌다.
그제서야 그들은 위장의 역할과 소중함을 알게 되었다.
비록 위장이 게으르고 아무 쓸모가 없는 것처럼 보일지라도
중요한 기능을 하고 있다는 사실을 깨닫게 된 것이다.
또한 위장이 자기들에게 의존하는 것처럼
자기들도 위장에 의존하고 있으며,

건강한 몸을 유지하려면
그들이 서로 도움을 주고 받으며 함께 살아가야 한다는 사실도 깨달았다.

수수께끼 같은 유언

때로는 한 사람이 수많은 인파보다 더 나을 때가 있다.
그래서 후세들에게 이 사실을 증명해 보이기 위해
다음과 같은 이야기를 기록해 두려 한다.
어떤 남자가 아내와 딸 셋을 남기고 죽었다.
미인인 첫째 딸은 남자를 유혹하는 게 취미였고,
둘째 딸은 부지런한 농사꾼이면서 바느질도 잘했으며,
셋째 딸은 아주 못생긴 술꾼이었다.
죽은 남자의 유언에 따르면,
유산은 모두 아내가 관리하되 세 딸에게 공평하게 나눠주어야 했다.
하지만 다음과 같은 조건이 있었다.
"딸들은 물려받은 재산을 즐겨 사용해서는 안 되며,
그 재산을 더 이상 소유하지 않게 되었을 때
어머니에게 각각 천 파운드씩 지급해야 한다."
이 소문은 온 아테네에 퍼졌다.
어머니는 여러 변호사를 만나 상담을 해보았다.
하지만 아무도 딸들이 상속받은 재산을 즐길 수 없다거나,
더 이상 소유하지 않게 되었을 때
어머니에게 천 파운드를 지급한다는 구절을 이해하지 못했다.
시간이 오래 지나도록 내용을 이해하는 사람이 없자,
어머니는 법이 아닌 양심에 따라 유산을 나누기로 마음먹었다.
바람둥이 첫째 딸에게는
옷과 장신구, 목욕 용품, 내시와 심부름꾼을 주기로 했다.

부지런한 둘째 딸에게는 땅, 농장, 양치기, 일꾼, 황소,
그리고 짐 나르는 짐승과 농기구를 모두 주기로 했다.
마지막으로 술꾼인 막내딸에게는 포도주가 가득한 지하 창고와
아름다운 정원이 딸린 훌륭한 저택을 주기로 했다.
이 집 딸들의 성격을 잘 아는 사람들은
대체로 이러한 결정이 옳다고 생각했다.
어머니가 막 저마다의 몫을 나누려 할 때
갑자기 인파 속에서 이솝이 나타나 말했다.
"돌아가신 남편이 이 일을 아신다면
아테네 사람들이 자기의 뜻을 이해 못한다고 슬퍼하실 겁니다."
사람들이 자세한 설명을 부탁하자,
이솝은 모든 사람을 당황하게 만든 그 수수께끼 같은 유언을 풀었다.
"아름다운 정원이 딸린 집과 포도주 창고를
부지런한 농사꾼 딸에게 주십시오.
옷과 보석, 하인등은 술저중뱅이 딸에게 주십시오.
그리고 땅, 욍야간, 양과 양치기 등은 바람둥이 딸에게 주십시오.
세 사람은 자기한테 맞지 않는 물건을 계속 갖고 있지 않을 겁니다.
술을 좋아하는 딸은 장신구를 팔아 포도주를 살 것이고,
바람둥이 딸은 땅을 팔아 그 돈으로 화려하게 치장할 것이며,
농장일과 바느질에만 관심이 있는 딸은
화려한 저택을 팔려고 안달이 날 겁니다.
그래서 마침내는 모두 자기가 물려받은 것을 소유하지 않게 될 것이고,
그것을 판 돈으로 어머니에게 돈을 지불할 수 있습니다."

쓸데없는 재판

한 남자가 죽어가면서 온 재산인 사과나무 한 그루와 염소 한 마리,

물레방앗간 하나를 세 아들에게 남겨주었다.

아버지 장례식을 치르고 나서 아들들이 말했다.

"재판관에게 가서 우리 재산을 공평하게 나눠달라고 하자.

자, 빨리 가자."

재판관이 아버지 재산이 얼마나 되느냐고 묻자, 아들이 대답했다.

"사과나무 한 그루와 염소 한 마리, 물레방앗간입니다."

재판관이 말했다.

"아버지가 사과나무를 어떻게 나눠 가지라고 하셨소?"

"한 사람이 더 갖거나, 덜 갖지 않도록

똑같이 공평하게 나눠 가지라고 하셨습니다."

"그럼 사과나무를 어떻게 나누면 되겠는가?"

큰아들이 말했다.

"똑바른 것과 비뚤어진 걸로 나누면 됩니다."

둘째아들이 말했다.

"푸른 것과 마른 걸로 나누면 됩니다."

셋째아들이 말했다.

"나무 뿌리와 몸통, 가지로 나누면 됩니다."

재판관이 그들의 말을 다 듣고 나서 말했다.

"여러분이 공평하게 나눈 것으로 보이지만,

나중에 여러분 가운데 가장 공평하게 나눈 사람이

사과나무를 모두 차지하는 걸로 하시오.

그럼 염소는 당신 아버지가 어떻게 나눠 가지라고 하셨소?"

아들들이 대답했다.

"여기 이 염소가 저희가 상속받은 염소입니다.

염소를 가장 큰 놈으로 만들어달라고 기도를 할 줄 아는 사람이

차지하기로 되어 있습니다."

큰아들이 먼저 시작했다.

"오, 신이시여. 이 염소가 바닷물과 하늘 밑에 있는 모든 물들을

한꺼번에 다 마시고도 배가 차지 않을 정도로 큰 놈으로 만들어주십시오."

둘째아들이 염소는 자기 차지일 것 같다며 말했다.

"이 세상에 있는 모든 밧줄과 나무줄기, 삼, 마, 모를
있는 대로 모두 끌어모아 긴 줄을 만들어도,
그걸로는 이 염소의 발도 제대로 묶을 수 없을 정도로
큰 놈으로 만들어주십시오."
셋째아들이 말했다.
"내가 맨 마지막으로 이야기를 하지만,
이 염소는 내 차지가 될 게 분명해요.
염소의 덩치가 하도 커서,
아무리 큰 독수리가 하늘 높이 날아가
내려다보려고 해도 내려다볼 수 없을 정도로 큰 놈으로 만들어주십시오."
재판관이 세 아들의 기도를 다 듣고 나서 말했다.
"쉽게 결정할 문제가 아닌 것 같으니
여러분이 누가 염소를 가장 큰 놈으로 만들었는지 결정해서,
이긴 사람이 염소를 차지하도록 하시오.
그럼 물레방앗간은 당신 아버지가 어떻게 나눠 가지라고 하셨소?"
아들들이 대답했다.
"가장 감쪽같이 거짓말을 잘하는 사람이 차지하기로 되어 있습니다."
큰아들부터 말하기 시작했다.
"오랜 옛날에 내가 아주 큰 빈 집에 들어간 적이 있었습니다.
그때 그 집안을 돌아다니다가
구멍에서 흘러나온 물이 내 귀로 떨어졌어요.
그런데 그때 그 물이 내 귀로 흘러들어오면서
혈관을 다쳐 몸에 마비가 왔었지요.
배도 크게 상하고 머리도 많이 다쳤습니다.
그러고는 그 물이 다른 쪽 귀로 빠져나갔어요.
그래서 그때 다친 것 때문에
아직도 침대에서 제대로 몸을 일으키거나 뒤척거릴 수가 없어요.
그리고 거짓말을 너무 많이 하다 보니
머리가 무거워서 고개를 숙일 수도 없고요."
둘째아들이 말했다.

"내가 보기에는 물레방앗간이 내 차지가 될 것 같습니다.
나는 보름이나 한 달 정도 단식을 하고 나서,
온갖 진수성찬이 잔뜩 차려진 식탁을 본다 해도
아무것도 먹을 수가 없습니다.
나는 입 안에 거짓말을 잔뜩 넣어가지고 다니기 때문에
다른 사람이 억지로 내 입을 벌려 음식을 넣어주지 않는다면
음식이 들어가지도 못할 겁니다."
셋째아들이 말했다.
"내가 거짓말을 가장 잘하는 사람인 게 분명하니
물레방앗간은 내 것임에 틀림이 없습니다.
물이 내 목까지 차 있어도 죽을 때까지 갈증을 참고 견딜 수 있습니다.
다른 사람들이 억지로 내 입을 벌려 물을 마시게 하지 않는 한,
고개를 숙여 물을 마시느니, 차라리 죽음을 선택하겠습니다."
그러자 재판관이 말했다.
"나도 그렇고 이 세상 어떤 사람도
누가 더 거짓말을 잘했는지 판결할 수 없을 겁니다.
그러므로 판결을 연기하겠습니다."
그래서 아들들은 아무런 결과도 없이 빈손으로 돌아갔다.

동물로 변한 인간들

옛날 옛날, 인간들이 신들과 함께 살고 있었던 시절의 이야기.
무장한 한 무리의 인간들이,
신들의 거처를, 그것도 여신들의 거처를 공격해 왔다.
그 무렵의 사회로 말하자면, 사랑과 평화가 무엇보다 소중한 가치였고,
모든 사람들은 신들과 함께 사랑을 얘기하고
노래와 춤을 즐기면서 나날을 보내고 있었다.

그런데 그런 가운데, 어디선지 모르게 나타난
한 남자가 이끄는 그 무리는,
전쟁이야말로 인간의 증거라고 주장하며
밤낮없이 군사훈련에 열중했을 뿐 아니라,
실전이 가장 좋은 훈련이라며
주변 도시를 닥치는 대로 공격하여 세력을 떨쳤다.
대부분의 사람들은 그 폭력적인 행동에 눈살을 찌푸렸지만, 그중에는,
그 절도 있는 집단행동과 지도자의 단순명쾌한 언행에
신선함을 느끼는 자도 있었다.
처음에는 그저 무장을 하여 세력을 과시하는 데 만족했던 그들은,
순식간에 세력을 확장하여
이윽고 도시를 파괴하고 물건을 약탈하더니,
급기야 손에 든 무기로 사람을 죽일 정도로, 행동이 과격해졌다.
처음에는 인간들 사이의 일은 인간들끼리 해결하라고
말없이 상황을 지켜보던 신들도,
그들의 세력이 전혀 수그러들지 않을 뿐만 아니라
갈수록 고조되는 것을 보고,
이대로 두면 자칫하다가는
그들이 인간들의 주도권을 장악할지도 모른다고 걱정하기 시작했다.
그래서 한 여신이 그들의 지도자에게 폭력은 그만 두라고 타이르자,
아무래도 그것이 비위에 거슬렸던지
감히, 여신들의 거처를 급습한 것이다…….
여신들은 평소에 무척 부드럽고 얌전해서,
조금만 위협하면 조용해질 거라고 생각한 건지도 모른다.
그러나 여신들은 무기를 보고 겁을 먹기는커녕,
마치 아기를 달래듯이 처음에는 그들을 설득하다가,
그래도 소용없다는 걸 알자, 드디어 마법을 사용하여,
지도자만 남기고 병사들을 모두 동물로 변하게 했다.
그리하여 홀로 남은 지도자.
병사를 동물로 바꿀 수 있을 정도면,

그 밖에 어떤 무서운 일을 할지 모른다고 생각하자,
그때까지 기세등등했던 모습은 어디로 가버렸는지,
여신 앞에 무릎을 꿇고,
제발 목숨만 살려달라고 두 손을 비비기까지 했다.
그런 지도자의 한심한 모습을 본 병사들은,
자신들이 지금까지 그의 부하였던 것을 부끄럽게 여기고,
여신이 마법을 풀어주겠다고 해도,
그대로 동물로 남기를 원했다……
그 뒤에도 인간사회에는 어쩐 일인지,
이런 지도자가 종종 고개를 쳐드는데,
신들이 어디론가 완전히 자취를 감추어버린 지금,
그런 사람에게는 우리 스스로 주의합시다.

남자와 인생

어떤 바닷가 마을에 우연히 성공하여 재산을 이룬 남자가 있었다.
그 재산이 남자가 평생 일하지 않고도 살 수 있는 것이기도 했지만,
그보다는 실은, 운 좋게 손에 넣은 그 소중한 재산을,

섣부른 짓을 하다가 잃어버리는 것이 두려워서,
남자는 집밖에도 잘 나가지 않고
매일 아무것도 하는 일 없이 살고 있었다.
그러면 시간이 남아돌아 몹시 지루했겠다고?
천만에, 이 남자는 하루하루를 무척이나 바쁘게 보내고 있었다.
그도 그럴 것이, 특별히 하는 일은 없지만,
재산과 장부 대조하는 일을 하나뿐인 일과로 삼아,
재물은 물론이고 금화와 은화, 그리고 동화에 이르기까지,
자신이 기재한 장부의 목록과 현물을 대조하여,
딱 맞아 떨어지지 않으면 안절부절 못하는 것이었다.
그러나, 남자는 혼자 살고 있었기 때문에,
가구와 보석이 자기도 모르게 줄어들 리도 없고,
줄어드는 것은 고작 먹는 데 쓰는 돈 정도.
그러나 남자는 매일 모든 재물과 장부를 대조하고,
마지막으로, 그 날 쓴 금액을 장부에 기록하면서
금화와 은화를 헤아리기 시작한다.
그리고 그 계산이 딱 맞아떨어질 무렵에는 이미 밤도 이슥하여,
남자는 그제야 잠자리에 드는 것이다.
다만, 그렇게 재산과 장부에 차이가 없다는 것이
순조롭게 확인되는 날은 좋지만,
사람은 누구나 착각과 실수라는 것을 하기 마련이어서
이 남자도 가끔은 돈을 잘못 헤아린다.
또는 사용한 금액을 정확하게 기억하지 못하거나
장부에 금액을 잘못 기록했을 때는,
아무리해도 계산이 맞아떨어지지 않으니, 오로지 계산하는 것을
낙으로 사는 남자는, 거의 광란 상태에 빠져버린다.
몇 번이고 다시 계산해도 장부와 재산이 일치하지 않은 채
아침을 맞이하는 일도 종종 있다.
그런 때는 수면부족으로 머리가 몽롱하여,
시장에 가서 또 잔돈을 잘못 계산하거나,

장부에 숫자를 잘못 적어 넣으니, 갈수록 초조감과 의심만 높아갈 뿐.
그런 일은 일체 그만 두면 좋지 않으냐고
생각하는 사람도 있을지 모르지만, 이상하게도 그런 일은,
한번 시작하면 여간해서 그만둘 수 있는 것이 아니고,
그렇다고 남에게 맡기는 것은 더더욱 마음이 놓이지 않는다.
그리하여, 여느 사람 같으면 바닷가에 있는 집에서 내일을 걱정하지 않고,
친구들과 어울리고 바다를 벗 삼아 사는,
누구나 부러워하는 우아한 생활을 할 수 있을 텐데,
이 남자는 그 한정된 시간의 대부분을,
무슨 업보에선지, 재물과 장부를 대조하며
안절부절못하는 것에 소비하고 있었으니…….
그러는 사이에, 결국 그런 남자의 신경을 더욱더 바짝 태우는 사건이
일어나고 말았다.
금화와 은화가 사용한 것 이상으로 줄어들기 시작한 것이다.
게다가 그 액수가 자꾸자꾸 늘어나는 것 같았다.
실은, 남자가 키우고 있던 원숭이가
재미삼아 몰래 금화와 은화를 바다에 던져 넣고 있었던 것인데,
계산이 유일하게 사는 보람인 남자에게는,
계산이 틀어지는 것은 미래와 인생이 틀어지는 것과 같다.
이리하여 남자는 날이면 날마다, 밤이면 밤마다,

결코 맞을 리가 없는 계산을 필사적으로 계속하고 있었다…….

불행한 일과 다행한 일

불행의 여신이 다스리는 악령들은
행운의 여신 밑에 있는 요정들이 나약한 것을 알고
심심할 때마다 공격하며 괴롭혔다.
이를 견디다 못한 요정들이 하늘나라로 올라가 제우스 신에게 물었다.
"불행의 악령들이 우리를 너무 괴롭혀서 더는 못살겠어요.
저희 요정이 사람들을 도와주고 싶어도 사람들에게 다가갈 수가 없어요.
어떻게 해야 되죠?"
제우스 신은
한꺼번에 몰려가지 말고 하나씩 내려가서 사람을 만나라고 지시했다.
이렇게 해서 악령들은 지상에 머물면서
사람들을 언제나 못살게 구는 반면,
행운의 요정들은 하늘에서 하나씩 내려와야 하기 때문에
오랜 간격을 두고 가끔 사람들을 방문하게 되었다.

새 장수의 눈물

여름이 되자, 새들이 나무 그늘에 앉아
이파리들을 쪼아먹으면서 즐겁고 한가로운 오후를 보내고 있었다.
그때 새들은 새장수가 허리춤에 가지고 온 꼬챙이로
자기 눈을 찔러서 눈물을 흘리는 것을 보았다.

순진해서 아무것도 모르는 새들이 이렇게 이야기했다.
"어머, 저 사람 좀 봐. 마음이 굉장히 여린가봐.
우리 노랫소리를 듣고는, 어쩜 저렇게 눈물을 흘리니."
하지만 똑똑하고 경험이 많은 새가
사냥꾼들의 계략을 훤히 꿰뚫어보고 말했다.
"순진하고 멍청한 새들아, 조심해.
저 남자의 속임수에 넘어가지 말고 빨리 도망쳐. 빨리!
꾸물거리지 말고 높이 날아가.
저 남자가 하는 짓을 잘 살펴보란 말이야.
다른 새들을 잡아서 입에 넣고 우물거리며, 자루에 집어 넣고 있잖아."

올림푸스에서 쫓겨난 모모스

제우스는 황소를 만들고,
프로메테우스는 사람을 만들었으며, 아테나는 집을 지었다.
그들 셋은 모모스를 초대해서 자기들의 업적을 평가해 달라고 말했다.
그들의 업적을 질투한 나머지 모모스는
먼저 제우스가 실수를 저질렀다고 말했다.
즉, 황소의 두 눈을 뿔 끝에 달아
황소가 치받을 목표를 미리 알아 보도록 했어야 마땅하다는 것이었다.
또한 프로메테우스는 사람의 마음을 몸 바깥에 달아서
그의 사악한 성질을 누구나 알아볼 수 있도록 했어야 마땅하다고 말했다.
아테나는 집 밑에 바퀴를 달아서
마음에 들지 않는 사람이 이웃에 이사온다면
집을 밀어 다른 곳으로 옮길 수 있게 지었어야 마땅하다는 것이었다.
모모스의 질투에 화가 난 제우스는
그를 올림푸스 산에서 쫓아내 버렸다.

외나무다리의 두 마리 염소

어느 벌거숭이 바위산에,
계곡을 사이에 두고 사는 염소 두 마리가 있었다.
둘 다 새끼를 키우고 있었고,
새끼들이 배를 곯지 않게 하기 위해 노심초사하고 있었다.
물론 염소는 어느 정도 자라면
스스로 마음껏 먹이를 찾아다니며 혼자 힘으로 살아가게 되지만,
아직 어릴 때는, 어미가 젖을 먹이면서 여러 가지로 돌봐주어야 한다.
물론 꼭 염소만 그런 것이 아니라,
거의 모든 동물이 그렇게 새끼를 보살핀다.
당연하다면 당연한 일이지만,
만약 모든 어미가 새끼를 돌보지 않는다면,
어떤 동물도 당장 절멸해버릴 것이다.
이를 생각하면 지구상에 존재하는 모든 동물의 생명은,
그렇게 수만 년 동안 쉬지 않고,
보살피고 보살핌을 받은 결과로서 이렇게 존재하고 있는 셈이다.
어쩐지 정신이 아득해질 것 같은 얘기지만,
달리 보면 사실은 동물이라는 동물은 모두,
그렇게 서로 보살피고 보살핌을 받는 것을
정말 좋아하기 때문에 그렇게 해온 것이라고 할 수도 있다.
물론 어떤 부모도,
언제나 그런 생각을 하면서 자식을 키우고 있지는 않다.
또, 다만 본능이 그렇게 시키고 있는 데 지나지 않는 거라고
말하는 사람도 있을 것이다.
하지만 그것이 본능이든 뭐든 동물에게는,
어미는 자식을 사랑하고, 자식은 어미에게 응석을 부리는 마음이
본디 갖춰져 있는 것 같다……
이쯤에서 얘기를 되돌리자면,

어떤 바위산에서 계곡을 사이에 두고 사는 어미염소 두 마리가,
아직 어린 자신의 새끼들에게 젖을 맘껏 먹이기 위해
부지런히 풀을 뜯어먹고 있었다.
바위산에는 부드러운 풀이 그리 많지 않아서
주변의 풀을 다 먹어치운 한 염소가 문득 보니,
깎아지른 계곡 건너편에 어쩐지 맛있는 풀이 더 많이 있는 것 같았다.
게다가 마침 나무가 쓰러져 계곡에 다리처럼 걸쳐져 있는 게 보여서,
염소는 뛸 듯이 기뻐하며 건너편으로 건너가려고 했다.
그런데 그렇게 건너기 시작한 순간,
저쪽에서도 또 한 마리의 염소가 마찬가지로 나무를 건너오고 있었다.
아무래도 건너편 염소도 같은 생각을 한 모양.
즉 그것은 건너편의 풀도 다 먹어치웠다는 뜻인데,
이 두 염소는 그런 것에는 전혀 생각이 미치지 않았다.
두 염소는 그대로 외나무다리를 건넜고, 한복판에서 딱 마주치고 말았다.
그리고 서로 양보하지 않고,
높이 깎아지른 계곡 위에 걸쳐진 나무 위에서 뿔을 맞대기 시작했다.
만약 여기서 떨어지면 자신도 죽고 새끼도 굶어죽을 거라고는,
둘 다 그때는 생각하지 않았다.
동물이라는 것은 대개 한번 무엇을 시작했다하면,
끝까지 계속 밀어붙이려는 버릇이 있는데,
이 두 염소도,
그때까지는 존재하지 않는 거나 다름없었던 강 건너편의 세계가,
마치 무슨 일이 있어도 가야만 하는 곳인 것처럼,
서로 한 걸음도 양보하지 않고 싸우고 있었다.
새끼들에게는 그토록 자애로운 자신이, 왜 여기서,
같은 암염소를 상대로 죽느냐 사느냐 하는 싸움을 하고 있을까?
이런 의문은 전혀 들지 않았다.
여기서 떨어지면 죽는다는 것도,
그때 두 염소의 머릿속에는 거의 없었고,
하물며, 어쩌면 그것이 상대가 아니라 자신일지도 모른다는 생각은

더더욱 하지 않았다.

이 싸움이 어떻게 되었는지는 모르지만,

염소뿐만 아니라 대부분의 동물들은 이렇게,

많은 생각을 하지만 왜 그런지 사물을 그리 깊이 생각하지 않으며

살고 있는 것 같다……

몰매 맞은 살쾡이

살쾡이가 덫에 걸려든 것을 보고 목동들이 쫓아왔다.

몇 사람이 달려들어 살쾡이를 몽둥이로 때리자 다른 몇몇이 말렸다.

"나쁜 짓도 하지 않았는데 괜히 때리지 맙시다.

그놈은 아무 잘못이 없잖소."

살쾡이를 못살게 굴던 사람들이 때리던 손을 멈췄다.

살쾡이에게 먹을 것을 주는 사람도 있었고,

살쾡이의 상처를 보고 마음 아파 울먹거리는 사람도 있었다.

밤이 되자 사람들은 살쾡이가 그날 밤을 넘기지 못할 거라고 생각하고는,

저마다 흩어져 자기 집으로 돌아갔다.

그러나 얼마 뒤, 살쾡이는 위험한 고비를 넘기고

겨우겨우 기운을 차려 자기 동굴로 돌아갈 수 있었다.

며칠이 지나자 살쾡이는 생각할수록 억울해서 가만히 있을 수가 없었다.

화가 잔뜩 나서 자기가 몰매를 맞았던 장소로 가

목동들과 가축들을 죽이고는 쑥대밭을 만들어놓았다.

그리고 밭을 갈던 농부들도 해쳐서 많은 피해를 입혔다.

동네 사람들은 살려달라며 살쾡이에게 손이 발이 되도록 빌었다.

그러자 살쾡이가 쌀쌀하게 대답했다.

"나에게 돌팔매질을 하고, 몽둥이로 때리고,

또 그런 분위기를 부추긴 사람들은 용서할 수 없다.

하지만 나를 가엾게 여겨,
먹을 것을 주고 돌봐준 사람들에게는 손도 대지 않을 것이다."

은혜를 갚은 쥐

어느 날 쥐 한 마리가 잠자고 있는 사자의 등 위를 기어다녔다.
깜짝 놀라 잠을 깬 사자가 쥐를 잡아먹으려고 했다.
그러자 쥐가 목숨만 살려주면 은혜를 반드시 갚겠다고 맹세했다.
그 말이 매우 재미있어서 사자는 쥐를 놓아주었다.
그런 지 얼마 지나지 않아서 쥐가 은혜에 보답할 수 있게 되었다.
왜냐하면 사냥꾼들이 사자를 잡아서
밧줄로 나무에 꽁꽁 묶어두었기 때문이다.
사자의 신음소리를 듣고 쥐가 달려가서 밧줄을 이로 갉아 풀어주었다.
쥐가 의기양양하게 말했다.
"자, 어때요?
얼마 전에 제가 은혜에 보답하겠다고 말할 때 당신은 절 조롱했지요.
그러나 이젠 몸집이 작은 쥐도 보답을 한다는 걸 알 수 있을 겁니다."

쥐와 고양이

어느 때, 고양이에게 붙잡히고만 쥐가 있었다.
물론 그 자체는 특별히 신기한 일이 아니다.
고양이는 쥐를 잘 잡아먹으니, 이 쥐도,
그대로 고양이의 먹이가 되겠지 하고 생각할 뿐이다.

실제로 이런 일에 맞닥뜨리면,

이미 달아날 길은 없고, 결국 목숨이 다한 것으로 생각하고,

보통 쥐 같으면 거기서 포기하고 체념하지만,

그런데 이 쥐, 고양이에게 붙잡힌 주제에,

"고양이 군, 자넨 정말 바보로군 그래."

고양이를 고양이로 생각하지 않는 듯한 태도도 말했으니,

오히려 고양이가 당황할 수밖에.

"기왕 붙잡을 거면 상대를 제대로 골라야지.

나 같은 건 아직 어려서 별로 먹을 것도 없어.

지붕 밑에는 나보다 더 큰 쥐도 많고,

나도 시간이 좀 더 지나면 더 자랄 테니까,

기왕이면 충분히 자란 뒤에 잡아야지."

"하지만 이미 잡았는데……."

불만인 듯이 말하는 고양이에게 쥐는 사이를 두지 않고 말했다.

"알았어, 알았어, 분명히 자네가 하는 말도 일리가 있어.

그럼 우리 이렇게 하자, 이렇게 붙잡혀버린 이상,

이미 내 목숨은 자네 거야.

나도 자존심이 있는 쥔데, 어차피 먹힐 것,

좀 더 보람 있는 방법으로 먹히고 싶군.

그러니 지금은 일단 나를 놓아주면,

석 달 뒤에는 통통하게 살이 쪄서 네 앞에 나타나지.

그렇게 하면, 자네는 통통하게 살찐 쥐를 먹을 수 있고,

나는 잃어버렸을 생명을 앞으로 석 달이나 더 즐길 수 있지 않겠나?

그것이 인생에서의 협조와 신뢰라는 것이 아닐까, 고양이 군?"

마지막까지 얘기를 들은 고양이는 생각했다.

'뭐야, 결국은 그런 얘기였어?'

생각해보면 지금까지 수많은 쥐가 있었다.

발버둥치는 쥐, 눈물을 흘리는 쥐, 한번만 살려달라고 사정하는 쥐,

곧바로 정신을 잃어버리는 쥐.

이 쥐도 결국은 살고 싶어서 이런 말을 하고 있는 거겠지만,

그래도 상당히 말주변이 좋은 쥐다.

하는 말이야 어쨌든, 표현이 어쩐지 묘하게 재미있다.

쥐치고는 아깝다고 고양이가 문득 생각한 순간,

이 쥐가 날카로운 이로 대담하게도, 고양이의 손을 무는 기습을 감행했다.

고양이는 자기도 모르게 깜짝 놀라 손을 뗐다.

그 틈에 쥐는 거뜬히 빠져나가,

눈 깜짝할 사이에 지붕 밑으로 올라가더니, 얄미운 얼굴로,

"아무래도 완전히 방심한 것 같은데, 고양이군.

강자 약자는 시운(時運)이고, 일은 저지르고 보는 거라더니,

어쨌든 포기하지 않고 머리를 짜내어 도전해본 보람이 있었어.

하지만 말해두는데,

그 수에 다시는 속지 않을 거라고 생각해도 소용없을 걸."

이런 말을 남기고 어디론가 사라지고 말았다.

옹기장수 아내와 정원사 아내

어떤 사람이 두 딸을 두었는데,

하나는 정원사에게, 또 하나는 옹기장수에게 시집을 보냈다.

얼마 뒤 그는 정원사의 아내가 된 딸을 찾아가

어떻게 지내는지, 남편의 사업은 잘 되는지 물었다.

딸은 모든 것이 만족스러운데,

단 한 가지 신들에게 부탁할 것이 있다고 대답했다.

나무들이 잘 자라도록 비를 풍족하게 내려 달라는 소원이었다.

며칠 뒤 그가 이번에는 옹기장수의 아내가 된 딸을 찾아가서

어떻게 지내는지 물었다.

딸은 부족한 것이 아무 것도 없는데, 단 한 가지 소원이 있다고 대답했다.

날씨가 늘 맑아서 옹기들이 햇볕에 잘 마르기를 바란다는 것이었다.

"넌 맑은 날씨를 바라고 네 언니는 비를 바란다면,
난 누구를 위해 기도해야 하겠느냐?"

병에 걸린 사슴

어떤 곳에서, 사슴 한 마리가 병에 걸렸다.
사슴 같은 동물이 병에 걸린다는 것은,
대부분의 경우, 곧 죽음을 의미한다.
병에 걸리거나, 부상을 입으면,
동료와 함께 숲을 달리는 것도 뜻대로 되지 않고,
험준한 절벽을 오르내리거나 계곡을 건너는 것 같은,
건강하다면 아무 것도 아닌 일도 할 수 없게 되어버린다.
하지만 몸에 좋은 풀을 먹으려면,
또는 영양가 높은 나무열매를 먹으려면,
아무래도, 모두와 행동을 함께 해야 한다.
그러지 못하면 죽는 수밖에 없는 것이다.
무리를 떠나 살아가는 것은 불가능하며,
그것이 자신들 같은 동물의 섭리라고,
사슴들은 모두 그렇게 생각하고 있었고, 실제로,
지금까지 병과 부상으로 쓰러진 수많은 동료들도,
여기서 끝이구나 하며 스스로 체념하고 죽어갔다.
병에 걸리거나 부상을 당한 경우,
처음에는 물론 필사적으로 무리를 따라가려 하지만,
그러다가 어떤 사슴은 강을 건너지 못하고, 또 어떤 사슴은
절벽을 올라가지 못하여, 그 자리에 혼자 남겨져 생명을 끝낸다.
물론 그렇게 혼자 남는다 해서, 반드시 그 순간에 죽어버리는 것은 아니다.
하지만 그때까지 동료와 함께 무리를 지어 살아온 사슴은,

무엇보다 먼저,

홀로 남겨진 것에 의한 충격으로, 살아갈 의지를 잃고 만다.

이제 모든 게 끝났다 생각하고, 불러도 돌아오지 않는 동료를 부르다가,

자신의 목소리가 외롭게 메아리치는 것을 들으며

마침내 일어설 기력조차 잃어버리는 것이다.

그리하여 실제로는, 그대로 아무것도 먹지 못한 채

결국 쇠약하여 죽어가는 것이다.

그것은, 그때까지 무리 속에서만 살아온 자의

슬픈 기질 같은 것인지도 모른다……

또 지도자를 따라 이동하는 것을 당연하게 여겨온 자의

허약함이라고 할 수 있을지도 모른다.

그런데 이 사슴은, 기운이 다하여 무리에서 혼자 남겨졌을 때,

왠지 거기서 포기하지 않았다.

어쩌면, 병으로 정신이 몽롱해진 것이 오히려 다행이었는지도 모른다.

태어나서 처음으로 외톨이가 된 슬픔을 느끼며

절망에 빠지는 것보다 먼저,

이 병을 이겨내려면 뭔가 먹어야만 한다고,

열에 들뜬 상태에서도 생각했다.

주위를 둘러보니 저쪽 커다란 나무 밑에 아무래도,

먹음직스러운 풀이 자라고 있는 것 같았다.

안간힘을 다해 다가가보니,

결코 많지는 않지만 혼자 먹기에는 충분한 풀이 자라고 있었다.
그것을 먹고 하룻밤 잔 뒤, 다음날 아침, 또 다음날 아침에도
그렇게 사슴은 숲 속에서 혼자 풀을 찾아다녔다.
동료들과 함께 있을 때처럼
풀이 무성하게 자라고 있는 장소는 발견하지 못했지만,
조금쯤은 찾아보면 얼마든지 있었다.
사슴의 병은 그렇게 차차 나아가고 있었다…….

파산한 남자들

한밑천 벌려고 하던 남자들이 파산했다.
원인은 여러 가지가 있다고 할 수도 있고 없다고도 할 수 있다.
확실히 그들의 계획은 그리 치밀하지는 않았다.
동방의 나라에서 진귀한 물건을 사와서,
도시에서 팔면 큰 돈을 벌 수 있을 거라고 생각하여,
셋이서 전 재산을 털어 배를 탄 것까지는 좋았다.
그런데 사전조사를 충분히 하지 않았기 때문에,
현지에 간 뒤 사들일 상품을 물색하느라
돌아오는 배의 예정에 크게 차질이 빚어진 결과,
항구에 도착하기 직전에 풍랑을 만나고 만 것이다.
다행히 배는 침몰만은 면하여 세 사람 다 목숨은 건졌지만,
물건이 소금물에 잠겨 못 쓰게 되는 바람에,
모두 파산하고 만 것이다.
사전조사만 제대로 했더라면,
좀더 일찍 배를 탈 수 있었을 것이고,
그랬으면 아마 풍랑도 만나지 않았을 것이다.
즉, 그들의 파산 원인은, 무계획성에 있다고 말할 수 있을지도 모르지만,

그것은 어디까지나 결과론이지,

아무리 치밀한 계획을 세운다고 풍랑이 그들을 비켜가라는 법은 없다.

예정대로 출발했다 해도, 역시 풍랑을 만났을지도 모르므로,

세 사람의 파산 원인이 반드시 그들의 무계획성 때문이라고는 할 수 없다.

어쩌면 구입할 물건을 미리 정해두지 않았기 때문에

더욱 좋은 물건을 손에 넣었을지도 모르고,

풍랑만 만나지 않았으면

경우에 따라서는 그편이 훨씬 더 성공했을지도 모른다.

아마 모든 일의 진행에는 인간이 헤아릴 수 없는 것이 있어서,

무엇이 어디서 어떻게 될지, 일정한 데까지는 예상할 수 있어도

결과에 대해서는 알 수 없는 경우가 대부분이다.

하물며 이 세 사람처럼, 욕심에 눈이 멀었든 아니든,

남들이 하지 않는 일을 해보려는 자들과 그 시도에 대해서는,

세세한 것을 하나하나 왈가왈부해도 소용없는 일이고,

하물며 결과가 나온 뒤에, 전문가인 양 원인을 따지고 비난하는 것도,

아는 척하며 성공의 비결을 제시하는 것도, 그저 무의미한 일일 뿐이다.

세상에는 그런 사람들이 많지만, 이런저런 것을 파헤치자면 한이 없으니,

결국은, 그런 시도만 하지 않았으면 파산하지 않았을 텐데 하는,

하나마나한 얘기가 되어버린다.

그러나 그런 식으로 말하는 사람은,

그들이 풍랑을 만나지 않아 성공을 거두었다면 하는,

어쩌면 있을 수도 있었을 또 하나의 현실을 간과하고 있다.
또, 콜럼버스를 비롯하여 역사적으로 성공한 사람의 대부분이
그 일을 하기 전에는 아무도 생각하지 못하거나
기존의 요인에 비추어 생각하면 도저히 승산이 없는,
그런 시도를 스스로 꿈꾸고 실행한 자들이라는 사실을
완전히 잊고 있는 거라는 생각이 든다.

봄과 겨울

어느 날 겨울이 봄을 조롱하고 놀려댔다.
봄이 되면 아무도 더 이상 편안하게 지내지 못한다는 것이다.
"어떤 사람들은 초원이나 숲에서 나리와 장미를 꺾어 감탄하는가 하면
그 꽃들을 자기 머리카락에 꽂고,
또 어떤 사람들은 배를 타고 바다를 건너
다른 나라의 친구들을 만나기도 하지.
바람이나 홍수를 아무도 두려워하지 않는단 말이야."
겨울은 조금 뜸 들이는 듯 하다가 말을 이었다.
"나는 절대권력을 휘두르는 독재자와 같아.
사람들에게 하늘을 쳐다보지 말고
두려움에 몸을 떨면서 시선을 아래로 깔라고 명령하지.
때로는 집에 틀어박혀 하루 종일 집 보는 일에 만족하라고
명령하는 거야."
봄이 대꾸했다.
"바로 그 이유 때문에 사람들은 네 손아귀를 벗어나면 기뻐하는 거야.
반면에 내 이름은 그들에게 가장 아름다운 이름이야!
제우스 신의 이름을 걸고 맹세해도 좋아!
그래서 내가 사라지면 그들은 나에 관한 추억을 고이 간직하고,

내가 다시 나타나면 크게 기뻐하는 거야."

뱀과 족제비와 생쥐

뱀과 족제비가 생쥐네 집 앞에서 싸우기 시작했다.
여느 때와는 달리 생쥐를 잡을 생각 같은 건 아예 없는 듯 했다.
시끄러운 소리가 들리자 생쥐가 쥐구멍에서 걸어 나왔다.
"왜 이렇게 시끄러운 거야?"
뱀과 족제비는 생쥐를 보자 싸움을 그쳤다.
그리고 곧바로 오래된 앙숙을 공격하려 들었다.

정치에서도 이와 같은 모습을 볼 수 있다.
정치가들의 싸움에 민중이 휘말리게 되면,
서로 싸우던 정치가들이 단합하여
민중을 파멸시키고 만다.

감언이설이 진실을 이기는 세상

거짓말을 잘하는 사람과 진실한 사람이
친구가 되어 세상을 돌아다니다가 원숭이 왕국에 도착했다.
그런데 원숭이들의 우두머리가 그들을 잡아들이라고 명령했다.
두 사람이 우두머리 앞에 끌려와 보니,
그 나라의 원숭이들이 근사하게 차려입고 모두 그곳에 모여 있었다.
우두머리 원숭이는 로마시대의 황제처럼 멋들어진 옥좌에 앉아 있었다.

우두머리 원숭이가 그들에게 물어보았다.
"나와 내 신하들과 국민들이 어떻게 보이느냐?"
아부 잘하고 거짓말을 밥먹듯이 하는 남자가 먼저 말했다.
"전하는 위대한 황제 같습니다.
그리고 전하 곁에 서 있는 신하들은 기사와 장군들 같습니다."
사기꾼의 달콤한 말에 우쭐해진 우두머리 원숭이가,
그에게 많은 상을 내리라고 명했다.
그것을 본 진실한 사람이 속으로 생각했다.
"아무 생각도 없이 거짓말로 둘러대는 사람의 말을 듣고
저렇게 푸짐한 상을 내렸으니,
진실만을 말하는 내 말을 들으면 얼마나 큰상을 내릴까?"
그가 이런 생각에 잠겨 있는데, 우두머리 원숭이가 물었다.
"내가 누구냐? 그리고 나와 함께 있는 신하들은?"
언제나 진실만을 말하는 사람이 대답했다.
"당신과 여기에 있는 당신 신하들은 원숭이입니다."
그 말을 들은 우두머리 원숭이가 노발대발해서
진실을 말한 사람을 끌어내 당장 물어뜯어 죽이라고 명령했다.

고양이와 쥐의 싸움

인간은 고양이나 쥐보다 훨씬 머리가 좋다고들 한다.
그런 인간의 집에 사는 고양이와 쥐에 대한 얘기.
서로 한 지붕 밑에 살면서 이 고양이와 쥐는,
몹시 사이가 나빠 늘 싸움질만 하고 있었다.
생각해보면, 고양이는 주인으로부터 먹이를 얻어먹고,
쥐는 남은 음식을 멋대로 실례하고 있으므로,
서로 으드등거릴 이유가 하나도 없을 것 같은데,

이 집의 고양이와 쥐는 눈만 뜨면 싸움질을 하는 것이었다.
그 싸움은 당연히 고양이 쪽이 우세할 것 같지만,
이 집의 고양이와 쥐의 경우는,
어찌된 셈인지 입장이 완전히 뒤바뀌어 있었다.
이 집의 고양이는 쥐를 잡은 적이 한 번도 없었고,
오히려 거꾸로, 집주인이 잠들기를 기다리던 쥐가,
고양이의 먹이를 빼앗아 지붕 밑에 가지고 가서,
여봐란 듯이 그것을 먹으며 고양이를 놀리는 실정이었다.
이 집의 쥐가 꽤 동작이 민첩하기 때문인지, 아니면,
고양이가 그만큼 느리기 때문인지는 모르지만,
어쨌든 매일 같이 쥐는 고양이를 놀려먹고,
고양이가 화가 나서 쫓아가면 다같이 고양이를 실컷 가지고 논 뒤,
싫증이 나면 지붕 밑으로 달아나서, 느긋하게 밥을 먹는 것이었다.
그런 일이 매일 밤 되풀이되고 있었으니,
드디어 주인이 그 사실을 알고 말았다.
설마 하고 생각한 주인이, 이튿날 몰래 지켜보고 있으니,
어제와 마찬가지로, 쥐가 고양이의 먹이를 훔친 뒤,
고양이를 실컷 놀리고는 지붕 밑으로 사라졌다.
고양이는 쥐를 잡는 동물인 줄로만 알고 있던 집주인은,
자신이 키우는 고양이의 한심한 꼴에 기가 막혀서
고양이에게 오랫동안 훈계를 했다.

하지만 그런다고 갑자기 입장이 역전될 리도 없어,
이 집의 쥐는 여전히 고양이를 놀렸고,
창피하다면 창피한 몰골을 주인에게 들켜버린 고양이는,
완전히 자신감을 잃어, 전보다 더욱 움직임이 어색해져서
갈수록 쥐에게 당하기만 했다.
그 모습을 자세히 관찰한 이 집 주인,
어느 날, 무슨 생각에선지 유난히 좋은 공책을 꺼내,
뭔가 조용히 적어 넣기 시작했다.
표지에 쓰기를, '이 집의 고양이와 쥐에 관한 법률대전'.
실은 이 집 주인은, 사람을 심판하는 것을 생업으로 하는 재판관으로,
항상 법률이 정하는 바에 따라 행동하는 습관이 있어서,
먼저, 고양이와 쥐가 이 집에 사는 데 있어야 할
법률을 제정해야 한다고 생각한 것이다.
그것도, 당연한 일이지만 집주인의 이익도 충분히 고려하여,
사뭇 고양이에게 유리하도록 법률의 체계를 정비했다.
그렇게 하면 어떻게든 될 거라고 생각했던 모양이지만, 말할 것도 없이,
그런 법률은 아무 소용이 없어서,
사흘도 지나지 않아 고양이는 쥐에게 물려버렸다.

가재와 그 딸

하루는 가재 어머니가 이제 혼기에 접어든 딸에게 말했다.
"애야, 너도 이제 좋은 신랑감을 찾아야지,
그러려면, 가능한 한 훌륭한 분의 눈에 띄도록,
참한 아가씨가 되어야 한다."
별안간 그런 말을 들은 딸은,
무엇을 어떻게 하면 참한 아가씨가 되는 건지 알 수가 없다.

또, 훌륭한 분이라면 과연 어떤 분인지,
몸집이 크고 집개발도 큰 가재를 말하는지,
아니면, 가까운 곳에 살고 있던 조그마한 수채가 며칠 전에,
갈대를 타고 물 밖으로 나와 껍질을 벗기 시작하는 것 같더니,
어느새 아름다운 잠자리가 되어 날아갔는데,
어쩌면, 그런 식으로 껍질을 벗어버리고 다른 무언가가 되는,
특별한 가재라도 있는 것인지.
아마 그럴 거야, 아니, 그게 틀림없어, 하고 딸은 생각했지만,
아무리 기다리고 기다려도 그런 가재는 나타나지 않았다.

질투심 많은 개

개가 건초가 잔뜩 들어 있는 구유통에 드러누워 있었다.
개는 소들이 먹이를 먹지 못하도록
이빨을 드러내놓고 으르렁거리면서 훼방을 놓았다.
그러자 소들이 말했다.
"너, 우리를 질투하는구나?

그래서 이렇게 못되게 구는 거야.
네가 이걸 먹지도 못하고, 아무 데도 쓰지 못하는 게 화가 나니까
괜히 우리를 못살게 굴려는 거지?"
사실 그 개는 입에 뼈다귀를 물고 있었지만 그것도 제대로 먹지 못했다.
그렇다고 그 뼈다귀를 내려놔 다른 개들이 먹을 수 있도록 하지도 않았다.

눈 먼 예언자

헤르메스는 테베의 현자인 테이레시아스의 예언 능력이 어느 정도인지,
눈 먼 그가 새들이 날아가는 형상에 따라 미래를 어느 정도 점치는지
시험해보고 싶었다.
그래서 헤르메스는 사람으로 모습을 바꿔
시골에 있는 테이레시아스 농장의 가축들을 훔쳐서 감췄다.
그런 뒤 테이레시아스의 집에 찾아가서 가축들이 없어졌다고 말했다.
테이레시아스는 헤르메스를 이끌고 테베 도시의 교외로 나갔다.
가축 도둑들이 어디 있는지 새점을 치기 위해서였다.
테이레시아스가 물었다.
"당신에게 무슨 새가 보이지요?"
헤르메스는 왼쪽에서 오른쪽으로 날아가는 독수리가 보인다고 대답했다.
"그건 우리와 상관이 없소. 자, 이젠 또 무슨 새가 보이지요?"
헤르메스가 이번에는 나뭇가지에 올라앉은 붉은 부리 갈매기를 보았다.
그 새는 하늘을 쳐다보다가 태양을 바라보았고,
이어서 헤르메스를 향해 끼룩끼룩 울었다.
헤르메스가 새의 모습을 설명해 주자,
테이레시아스는 이렇게 말했다.
"바로 그거요! 저 붉은 부리 갈매기가
내 가축들을 돌려주는 것은 오로지 당신 손에 달려 있다고

하늘과 땅을 두고 맹세하는 거요."

날개 잘린 독수리

어떤 농부가 독수리를 잡아서 두 날개를 자른 뒤 마당에 놓아주었다.
닭들과 함께 마당에서 살게 된 독수리는
슬픔으로 고개를 숙인 채 아무 것도 먹지 않았다.
누가 보면 독수리를 감옥에 갇힌 왕이라고 생각했을 것이다.
어느 날 우연히 농장에 온 남자가
독수리를 사서 날개 부위의 깃털을 젖히고 물약을 발랐다.
날개가 다시 자라기 시작한 독수리는
하늘 높이 날아가 산토끼를 채어다 그 사람에게 선물로 주었다.
그 광경을 옆에서 모두 지켜 본 여우가 독수리에게 말했다.
"그 선물은 두 번째 주인이 아니라 첫 번째 주인에게 바쳐야 마땅해요.
두 번째 주인은 착한 사람이지만, 첫 번째 주인은 악하거든요.
그러니까 첫 번째 주인에게 선물을 바쳐서
그가 또 다시 당신의 날개를 자르지 못하도록 해야 합니다."

산새와 독수리

산새 한 마리가 피곤한 날개를 쉬려고,
물가의 가파른 벼랑에서 자라고 있는 한 그루의 나뭇가지에 앉았다.
문득 뒤돌아보니, 놀랍게도 커다란 독수리가 바로 뒤에 앉아 있었다.
놀라서 달아나려 했지만 몸이 얼어붙어 꼼짝도 하지 않았다.

늘 조심 또 조심하며, 가능한 한,
독수리의 눈에 띄지 않으려 애쓰며 살아왔는데,
하필이면 스스로 독수리에게 다가가다니,
정말 운도 지지리도 없다. 아무리 피곤하다고 해도,
또 독수리의 모습이 배경의 일부가 되어 있었다고 해도,
그래도 숲 속에서 가장 위험한 존재인 독수리를 보지 못하다니,
아, 난 이제 죽었다⋯⋯.
하고 산새가 완전히 자포자기하여 고개를 축 늘어뜨리는데,
독수리가 낮고 침착한 목소리로 산새에게 말했다.
"그렇게 무서워할 것 없어.
난 마침 배가 불러서 쉬고 있는 중이니까.
잡아먹지 않을 테니까 우리 함께 쉬자꾸나."
독수리한테서 그런 말을 들은 산새가,
과연 지금까지 한 마리라도 있었을까?
독수리는 숲에 사는 모든 작은 동물을 먹잇감으로 살고 있는
숲 속의 폭군이다.
'몸의 떨림이 멎으면 틈을 봐서 달아나야지.'
이렇게 산새가 생각하고 있으니,
꿰뚫어보기라도 한 것처럼 독수리가 말했다.
"달아나려 하지 마.
네가 날아오르면, 나도 아마 반사적으로 널 쫓아가게 될 거니까.
그렇게 되면, 먼 곳을 날고 있는 너희까지 붙잡을 수 있는 나를 상대로,
달아나기는 어려울 걸."
확실히 맞는 말이라고 산새는 생각했다. 이젠 단념할 수밖에 없다.
폭군의 마음이 변하면 그때가 나의 마지막이다.
산새가 그렇게 생각하고 절망에 빠져있으니,
무척 친근한 말투로 독수리가 얘기했다.
"잠시 나하고 얘기하지 않겠니?
생각해 보니 난 지금까지, 너희와 얘기를 나눈 적이 한 번도 없었어."
당연하다고 산새는 생각했다.

날카로운 발톱에 붙잡혀, 당장 먹이가 될 판인데 얘기는 무슨 얘기!

내심 화가 난 산새가, 자기도 모르게 쏘아붙이려고 입에서 나오던 말을

필사적으로 삼키고 있으니,

"이래봬도 난 사실 무척 외롭단다.

무엇보다 친구가 없으니까…… 너희가 부러워.

아침부터 다함께 얘기하고 노래 부르고, 무리를 지어 날기도 하지.

거기에 비하면 난 고독한 새야. 나를 보면 누구나 일단 달아나고 봐.

한번 너희가 어떤 생각을 하고 있는지,

나를 어떻게 생각하고 있는지 알고 싶어……"

그런 말을 듣고 있는 동안 산새는 갈수록 머리가 혼란스러워져서,

눈앞에 있는 새가 천적인 독수리라는 것을 완전히 잊어버리고,

거친 말투로 이렇게 말했다.

"그렇다면, 우릴 덮치지 않으면 될 거 아냐!"

이렇게 말해버린 뒤 산새는,

아차! 쓸데없는 말을 하여 독수리를 화나게 하고 말았다고 생각했다.

하지만 그 말을 들은 독수리는,

한순간 당황함을 보이면서도 별로 화내는 기색 없이,

의연한 태도를 유지한 채,

그러나 어딘지 모르게 슬픈 듯이 눈빛을 흐리며 이렇게 말했다.

"그래, 하지만 그러면 난 뭘 먹고 살란 말이니? 난 육식동물이라서,

너희처럼 나무열매를 먹고는 살 수가 없어.
너희를 잡지 말라고 하면 난 굶어 죽을 수밖에 없는데,
나 같은 건 차라리 없는 편이 낫다고 말하고 싶은 거니?
그렇다면, 지금까지 이렇게 살아온 내 존재에는
어떤 의미가 있을까……."
갑자기 그런 말을 들은 산새는 대답할 말이 궁했다. 그와 동시에,
담담하게 말하는 독수리의 목소리에는 어딘지,
자기도 모르게 스스로 자신을 되돌아보게 하는 여운이 있었다.
'그러고 보면, 나도 반드시 나무 열매만 먹고 있는 건 아니야,
나도 벌레와 개구리와 작은 물고기를 먹어.
그렇다고 그들의 의견을 물어본 적은 한 번도 없었지.
그들의 눈에는,
나 역시 독수리처럼 무자비하고 무서운 존재로 보일지도 몰라.
아니야, 곰곰이 생각해보면, 나무와 풀도 모두 살아 있는 거야…….'
그런 생각을 하자 어쩐지 착잡해진 마음으로 옆을 돌아보니,
독수리도 말없이 먼 곳을 바라보고 있었다.
이리하여 독수리와 산새는,
한 그루의 나뭇가지에 나란히 앉아 잠시 철학적인 생각에 잠겼다.
그 광경을 혹시 누가 봤다면,
그들을 동료 또는 친구라고 생각했을 것이다.
우연히 찾아온,
독수리도 산새도 지금까지 한 번도 경험한 적 없는 신비로운 시간 속에서,
그래도 시간은 흐르고 바람도 흘러,
석양에 물들기 시작한 나뭇가지에서 나뭇잎이 한 장 팔랑거리며 떨어졌다.
바람에 흔들리면서 대지를 향해
아래로 아래로 춤추며 떨어지는 나뭇잎을 쳐다보고 있다가,
문득 자신으로 돌아온 산새가 옆을 돌아보니,
독수리가 커다란 날개를 펼쳐 날아오르려 하고 있었다.
"나 먼저 갈게!"
인사를 남기고 금세 하늘 멀리 사라진 독수리의 모습에서,

산새는 왠지 모르게 아름다움을 느끼고 있었다.

사자의 왕국

숲에 사는 동물들이 모여 이야기를 나눈 끝에
사자가 왕이 되었다.
사자는 사납게 으르렁 거리거나
다른 동물들을 위협하지 않는
좋은 왕이었다.
어느 날 사자가 왕의 이름으로
동물들을 한자리에 불러 모았다.
"이제 내가 왕이 되었으니
모두가 평화롭게 살 수 있도록 규칙을 정하겠다.
늑대와 양, 호랑이와 사슴, 들개와 토끼는
다투지 말고 사이좋게 살아야 한다."
그러자 갑자기 토끼가 끼어들었다.
"아, 이런 날이 오기를 얼마나 바랐는지.
앞으로는 잡아먹힐 걱정 없이
힘센 동물들 옆에서도 살 수 있겠군요."
토끼는 말이 끝나자마자 죽을힘을 다해 줄걸음 쳤다.

분쟁과 싸움의 신

헤라클레스는 어느 날 좁은 길을 가다가

사과처럼 보이는 것이 땅에 떨어져 있는 것을 보았다.
밟아 없애려고 하자 그것은 두 배로 커졌다.
그래서 더 힘껏 밟아대고 몽둥이로 후려쳤다.
그것은 점점 더 커져서 길을 완전히 막아버렸다.
영웅 헤라클레스는 몽둥이를 아래로 축 늘어뜨린 채
너무나 놀라서 입을 딱 벌리고 서 있었다.
그때 아테나가 나타나서 그에게 말했다.
"그만 해 둬라. 그건 분쟁과 싸움의 신이야.
혼자 그대로 내버려두면 처음 모습으로 돌아가지만
네가 대항해서 싸우면 그것은 더욱 더 커질 뿐이야."

임금님과 매부리

사람은 자신이 꽤나 노력하며 살고 있다고 생각한다.
이렇게 할 걸, 저렇게 할 걸 하고,
후회할 때도 많지만,
그래도 최선을 다한 거라고 생각하며,
자신을 스스로 인정하면서 살고 있다. 하기야,
자신을 책망만 하면서는 살 수 없기 때문인데,
다만 인간에게는, 지금에 만족하고 싶지 않은 마음과,
같은 실수를 되풀이하고 싶지 않은 마음이 있어서,
자신은 서투르다거나 틀렸다고 생각하여 낙담하기도 한다.
그러나 동시에, 그런 마음이 있기 때문에,
사람은 많은 것을 배우며,
복잡한 사회를 살아가는 지혜와 힘을 기를 수도 있다.
다만 거기에는, 마음의 균형이라는 것이 중요하여,
자신을 긍정하는 마음과 부정하는 마음이,

알맞게 균형을 이루어야 한다.

도대체 어떠한 균형이 가장 좋은지는 알 수 없지만,

적어도 부정하는 마음이 반을 넘어버리면 살기가 고달파지고,

반대로 긍정하는 마음이 너무 많으면,

자존심이 지나쳐 오만으로 이어질 수도 있다.

그 적당한 비율은 사람마다 다르겠지만, 자신에게 최적의 상태를

언제나 유지한다는 것은 참으로 어려운 일이어서,

당연하다면 당연한 일이지만

사람은 대체로 자신을 실제보다 좋은 쪽으로 해석하면서 살고 있다.

그런데 어떤 곳에, 무척 친근하고 대중적인 왕이 있었다.

왕이라면 보통, 성 안에서 안하무인으로 행동하고

신하를 벌레처럼 다룰 거라고 생각하지만,

이 왕은 그래서는 안 된다고 생각하여, 혼자 적극적으로 거리에 나가,

사람들과 흉허물 없이 얘기를 나누며

직접 백성의 마음을 파악하여 정치에 활용하고자 했다.

실제로 이 왕은 자주 거리에 나갔기 때문에,

나름대로 인기도 높고, 어린아이들 중에는,

왕을 무척 화려한 옷을 입은 이상한 아저씨로 생각하는 아이까지 있었다.

이 왕은 내심, 자기만큼 마음이 넓은 왕은

세상 어디를 찾아봐도 없을 거라고 자부하고 있었다.

그런 왕이 하루는, 여느 때처럼 혼자 거리를 산책하고 있는데

광장에 매부리가 있는 것이 눈에 띄었다.

매부리란 매를 훈련시켜 사냥을 하는 사냥꾼을 가리키는 말로,

고도의 숙련이 요구되기 때문에,

이 지방에서는 존경의 대상이 되고 있는 존재이다.

하지만, 실은 이 남자는 아직 견습 중인데도 불구하고,

사람들에게 자랑하고 싶어서

매부리의 허가도 얻지 않고 훈련 중인 매를 데리고 거리에 나온 것이었다.

훈련 중인 매를 사람 앞에 내보내는 건 위험해서 금지되어 있는데,

아니나 다를까, 흥분한 매는 깃털 장식이 달린 모자를 쓴 왕이 다가오자,

사냥감으로 착각하여 왕을 공격하고 말았다…….

그 뒤 어떻게 되었는지는 여러분의 상상에 맡기기로 한다.

사람의 운명은 종종,

자신이 미리 그려둔 시나리오에서 벗어나는 일이 일어난 뒤에야,

진정한 자신의 모습을 그리기 시작한다.

여우와 파리와 고슴도치

교활하기로 숲에서 둘째가라면 서러운 여우가 다치고 말았다.

아차 하는 사이에 바위틈에서 발이 미끄러져 떨어져서,

필사적으로 탈출한 것까지는 좋았지만,

앞발을 다치고 만 것이다.

상처는 별 것 아니었지만,

문득 뒤돌아보니, 자신이 온 길에,

다리에서 흘러내린 피가 점점이 떨어져 있다.

그것을 본 순간, 어쩐지 정신이 아득해져서,

여우는 자기도 모르게 정신을 잃어버릴 것만 같았다.

그래서 여우는 그대로 잠시 누워서,

잘 구슬리면 자기를 집까지 데려다줄 만한,

누군가가 지나가기를 기다렸다.

그런데 하필 그날은 아무도 지나가지 않을 뿐만 아니라,

피 냄새를 맡고 파리가 꼬여들기 시작하는 것이었다.

여우가 파리에게 소리쳤다.

"이봐 이봐, 웃기지 마, 난 아직 죽지 않았어.

내가 누군지 몰라?

나를 화나게 하고 이 숲에서 살아갈 수 있을 것 같아!"

그런데 파리는 여우의 위협에 겁을 먹기는커녕, 더 많이 꼬여들었다.

"알았어, 알았어, 무조건 화부터 낸 내가 나빴어.
우리, 말로 하자, 말로."
상처에 세균이 들어가서 다리가 썩어버리면 큰일이라
여우는 필사적으로 파리를 설득하려고 했지만,
대부분의 상대에게 다 통하는 여우의 말솜씨도
파리에게는 영 통하지가 않았다.
"그렇다면……."
이번에는 평소에 자랑하는 꼬리로 파리를 쫓으려 해봤지만,
다리가 아파서 몸을 움직일 수가 없으니,
꼬리를 아무리 흔들어도 파리가 있는 곳까지는 닿지 않는다.
그러는 사이에도 파리는 자꾸자꾸 달라붙어,
그중에는 상처를 핥기 시작하는 놈도 있었다.
습관이란 무서운 것. 그 지경이 되어서도,
늘 누군가를 속이며 살아온 여우의 머리에 떠오른 것은,
어서 누군가를 구워삶아서, 집으로 데려다 달라고 하든지,
파리를 쫓아내달라고 하든지 해야 한다는,
어쨌든 누군가의 힘을 빌린다는 고식적인 생각뿐이었다.
그때, 고슴도치가 한 마리 지나갔다.
"살았다! 겨우 얘기가 좀 통하는 놈이 왔구나."
여우는 고슴도치에게 오만 간살을 다 부려, 요컨대 도와달라고,

그리고 우선 이 파리부터 어떻게 해달라고 부탁했다.
이렇게, 모든 동물들에게 따돌림을 당하고 있는 고슴도치가,
숲의 유명인사인 여우에게 부탁을 받자 신이 나서,
기다리고 있었다는 듯이 바늘로 파리를 퇴치하기 시작했으니,
파리가 견딜 재간이 없다.
하지만 고슴도치가 바늘로 파리를 찌를 때마다,
바늘은 다친 여우의 다리까지 찔러댔다.
그게 일부러 그런 건지,
아니면 너무 열심히 한 결과 그렇게 된 건지는 알 수 없지만, 아무튼,
간신히 그 자리를 벗어난 여우는,
고슴도치는 돌아보지도 않고 쏜살같이 집으로 돌아갔다.

아이에게 당한 도둑

한 아이가 우물가에서 넋을 놓고 앉아 엉엉 우는 시늉을 하고 있었다.
도둑이 지나가다가 아이를 보고는 왜 그리 슬피 우는지 물어보았다.
"애야, 뭐 때문에 그리 슬피 울지?"
소년이 훌쩍거리며 대답했다.
"물을 퍼가려고 금솥을 가지고 왔다가
그만 줄이 끊어지는 바람에 솥이 우물 속으로 빠지고 말았어요."
욕심 많은 도둑이 그 말을 듣고는,
옷을 벗어 아이 옆에 두고 솥을 찾으려 우물 아래로 내려갔다.
도둑이 우물 안으로 들어가자
아이는 얼른 도둑의 옷을 집어들고 산속으로 도망쳤다.
도둑은 우물 안에 들어가 금솥을 찾아보았지만
아무리 찾아도 솥은 보이지 않고 헛고생만 했다.
도둑이 우물 밖으로 나와 주위를 두리번거렸지만 어디에도 옷은 없었다.

도둑이 땅에 주저앉으면서 말했다.
"아무리 생각해도 하나님은 공평하단 말이야.
우물 안에서 금솥을 발견할 거라고 생각한 미련한 놈은
옷을 잃어버려도 싸지.
내가 미쳤지. 뭐에 홀려도 단단히 홀렸지 뭐야."

때까치와 쥐와 사슴과 거북

어느 숲에서 때까치와 쥐와 사슴과 거북이,
나름대로 평화롭게 살고 있었다.
숲에는 늑대도 없고,
때까치는 나무 위에서, 거북은 늪에서, 사는 곳도 저마다 달랐기 때문에,
서로 간섭하는 일도,
먹을 것을 두고 경쟁하는 일도 거의 없이,
숲의 혜택을 함께 누리며 살고 있었다.
그러던 어느 날, 지금까지 한 번도 본 적이 없는,
두발로 걷는 짐승이 갑자기 숲에 나타나서 이렇게 말했다.
"이 숲을 내 사냥터로 삼아야겠다.
내가 누구보다 먼저 이 숲을 발견했으니까,
그렇게 해도 아무도 불평 못하겠지."
그러더니 그 동물은 갑자기 그물을 치기 시작했다.
그 두발 달린 짐승은 숲에 찾아온 사냥꾼이었는데,
솔직하게 말해 사냥솜씨가 그리 좋지 않아서,
같은 사냥꾼 동료로부터 따돌림을 당한 끝에,
어떤 숲에서도 살 수 없게 되어
하는 수 없이 다른 사냥터를 찾다가 이 숲을 발견한 것이었다.

그러나 때까치와 쥐와 사슴과 거북은 그런 줄은 모르고,
인간을 본 것도 처음인지라 사냥꾼이 그물을 치기 시작하자,
다같이 사냥꾼 주위에 모여들어, 그 광경을 자세히 지켜보기 시작했다.
'이게 어찌된 일이지? 사냥감이 제 발로 다가오다니.'
사냥꾼은 사냥꾼대로 이상하게 생각했지만,
때까치와 쥐와 사슴과 거북의 입장에서는,
난생 처음 보는 인간이, 특히 사냥꾼이,
자신들에게는 무엇보다 무서운 존재라는 걸 전혀 모르니 할 수 없는 일.
흥미진진하게 작업을 보는 동안,
드디어 거북이 호기심을 이기지 못하고 말을 걸었다.
"당신은 누구십니까? 여기서 도대체 무엇을 하고 있는 겁니까?"
조금 전에 곁눈으로 거북을 보았을 때,
'저 거북으로 오늘저녁 수프를 만들어 먹으면 맛있을까?'
생각했던 남자는, 갑자기 거북이 그렇게 묻자 흠칫 놀랐다.
"아, 난 저어……."
우물쭈물 말꼬리를 흐리는데, 이번에는 때까치가 물었다.
"그럼 저기 저, 아무리 봐도 커다란 거미줄 같은 저것은 뭔가요?"
조금 전에 새그물을 나뭇가지에 치면서,
'좋았어! 이 숲에는 새도 무척 많은 것 같군.'
속으로 회심의 미소를 지었던 남자는,

때까치가 그런 질문을 하자 다시 심장이 덜컥 했다.
그러자 이번에는 사슴이 손에 든 활에 대해 물었다.
"당신이 들고 있는 건 무엇입니까?"
쥐가 잇따라서 물었다.
"당신은 몸집이 상당히 큰 것 같은데, 도대체 어떤 것을 먹고 삽니까?"
때까치와 쥐와 사슴과 거북은,
숲 속의 새로운 동료에 대한 단순한 흥미에서 이것저것 물어본 것인데,
어쩌면 동물들이 뭔가 수상한 일을 꾸미고 있는 건지도 모른다고 생각한,
겁 많은 사냥꾼은 어쩐지 마음이 불안해져서,
사냥꾼이 동물이 친 함정에 빠져서는 큰일이라며
부리나케 숲에서 달아나고 말았다.

토끼와 거북이

어느 날 토끼가 지나가던 거북이를 불러 세웠다.
"어쩜 저렇게 다리가 짧을 수 있지?
게다가 걷는 꼴 좀 보라지.
세월아 네월아."
그러자 거북이가 웃으며 말했다.
"네가 아무리 바람처럼 날래다해도,
경주를 하면 나한테 상대가 안 될걸."
거북이의 말에 토끼는 어이가 없었다.
"그래? 좋아.
정말 어처구니없지만 마침 심심하기도 하니
너의 제안을 받아들인다."
드디어 경주하는 날.
땅! 소리와 함께 둘은 똑같이 출발했다.

거북이는 잠시도 쉬지 않고
느리지만 꾸준히 결승점을 향해 나아갔다.
하지만 토끼가 조금 달리다 뒤돌아보니
거북이는 너무 느려 아예 보이지도 않았다.
'뭐, 너무 쉽게 이기면 재미가 없지.'
토끼는 길가에 누워 있다가 깜빡 잠이 들고 말았다.
한참 뒤에 잠에서 깬 토끼는 있는 힘껏 달렸지만,
이미 결승점에 도착한 거북이는 지친 탓에 편안한 자세로 졸고 있었다.

숲과 나무꾼

어떤 숲에, 무척 난폭한 신참 나무꾼이 찾아왔다.
난폭하다는 것은 즉, 아무 생각 없이 무조건 나무를 베는 것을 말하는데,
나무꾼이란 본디, 숲의 모습을 살펴보면서,
앞일까지 다 생각해 가며 나무를 베어야 한다.
그도 그럴 것이, 나무꾼은 숲에 의지하여 살아가고 있어서,
숲이 죽어버리면 나무꾼의 내일도 없기 때문이다.
진정한 나무꾼은 그것을 잘 알고 있어서,
숲을 자신의 아들이나 손자를 대하는 것과,
거의 마찬가지로 생각하고, 숲을 키우면서 나무를 벤다.
그런데 이 남자는 그저 힘만 가지고 도끼를 휘두르며,
닥치는 대로 무조건 나무를 베어갔다.
아마 이 일을 처음 시작한 나무꾼이어서라기보다,
도저히 나무꾼이라고 부를 수 있는 자가 아닌데,
어찌어찌하다가 나무꾼이라도 되어보려고,
또는 나무를 베어 시장에 내다 팔면 쉽게 돈을 벌 수 있을 거라 생각한,
힘만 좋고 무지한 남자인 것 같았다.

말할 것도 없이 나무라는 것은 아무렇게나 베어내면 되는 것이 아니다.
베어낸 뒤에는 제대로 가지를 치고, 큰 줄기는 적당한 크기로 잘라서,
상처를 내지 않고 산에서 옮겨 날라,
그것들을 중개인의 손에 넘겨줘야 비로소 돈이 된다.
특별히 이런 나무를 구해 달라고, 손님에게 직접 주문을 받은 경우에는,
그 나무를 사용하는 목적과 사용할 장소도 생각하여,
혼자 산을 다니면서 한 그루 한 그루 손으로 직접 확인하며 나무를 고른다.
비싸게 팔리는 나무도 있는가 하면, 그렇지 않은 것도 있다.
그중에는 굽은 것을 좋은 것으로 치는 경우도 있고,
심의 단단하기가 중요한 것도 있는가 하면, 껍질이 중요한 것도 있다.
게다가 한 그루의 나무를 베어내면,
거기에는 여러 작업이 뒤따라야 하는데, 그것을 제대로 하지 않으면,
다음 나무를 베는 것도,
나무를 산에서 옮겨 나르는 것도 힘들어질 수가 있다.
가지는 가지대로 잘라서 말려두면,
장작이나 그 밖에 여러 모로 쓸모가 있다.
어쨌든 나무꾼이라는 것은, 단순히 나무를 베기만 하면 되는 것이 아닌데,
이 남자는 닥치는 대로 나무를 베어내고,
그것도 앞뒤 생각하지 않고 마구 베어내니, 숲은 당장 벌거숭이가 되었다.
뿐만 아니라, 베어낸 나무 위에 다시 베어낸 나무들이 몇 겹이나 쌓여서,

나무를 운반하는 것은 물론, 발을 디디기조차 어려운 상태가 되고 말았다.
그리고 더욱 난처하게도,
중개인한테서 이래가지고는 값을 쳐줄 수 없다며 무시당하고 말았으니.
만약 진정한 나무꾼이 이 참상을 보았다면, 과연 어떻게 생각했을까?
분노보다 슬픔이 앞서서 아마 아무 말도 나오지 않을 것이다.
진정한 나무꾼은 한 그루 한 그루,
나무와 대화를 나누며 숲을 가꿔가면서 나무를 베는 법이다.

진정한 친구

사람들은 흔히 친구의 이름을 입에 담지만
진정한 친구는 그리 흔하지 않다.
한 현자가 작은 집을 짓고 있었다.
그 현자처럼 영광스러운 인물이 될 수 있다면 불행한 운명도 감수할 만하다.
살아있을 때의 불명예는
죽은 뒤에 누린 영광에 대한 대가였다고 할 수 있으니 말이다.
현자의 조그만 초라한 집을 보고 어떤 사람이 물었다.
"선생님처럼 훌륭하신 분이 왜 이렇게 비좁은 집을 짓고 계십니까?"
그러자 현자가 대답했다.
"내 진정한 친구들이 이 집을 채울 만큼만 있으면 좋겠군요."

새끼여우 새끼늑대와 망아지

아직 어린 새끼여우와 새끼늑대가 함께 놀고 있었다.

어른이 되고 나면,

늘대와 여우가 서로 장난치고 노는 일은 절대로 없지만,

이 여우와 늘대 새끼는, 둘 다,

혼자 놀다가 우연히 상대를 발견했다.

서로 잠시 좋은 놀이상대라고 생각한 그들은,

한동안 마치 형제처럼 장난을 치며 놀았다.

물론, 그런 모습을 어미가 보았다면,

여우와 늑대가 사이좋게 논다는 건 말도 안 된다며,

둘 다 절대로 허락하지 않았을 것이다.

늑대의 어미는 늑대와 여우는,

애초에 동물로서의 격이 전혀 다르다 생각하고 있고,

여우의 어미는 여우의 어미대로, 늑대 같은 것은,

힘만 내세우는 가증스러운 짐승으로밖에 생각하지 않는다.

그러나 이 여우와 늑대새끼는,

둘 다 아직 어미와 함께 상대를 본 적이 없었고,

서로 늑대라는 것은 어떻다거나, 여우라는 것은 어떻다는 얘기를,

어미로부터 미리 들은 적도 없어서, 별다른 선입견 없이,

어쩌다 자연스럽게 만나 함께 즐겁게 놀고 있었던 것뿐이다.

인간이든 동물이든, 가치관과 감정이라는 것은 기본적으로,

저마다 자라는 환경과 가지고 있는 자질이 미묘하게 작용하여

조금씩 형성되어 가는 것이다.

그러니 만약 이 여우와 늑대 새끼가 그대로 사이좋게 자랐다면,

과연 어떻게 되었을지 무척이나 흥미로운 일이지만,

실제로는 그런 일은 좀처럼 일어나지 않는 법이니

이 새끼들도 곧 어미에게 발견되어,

마치 도저히 용서 받을 수 없는 나쁜 짓이라도 한 것처럼 꾸중을 듣고

강제로 끌려갈 것이었다.

그리하여 여우새끼는 여우들 속에서, 늑대새끼는 늑대들 속에서 자라며

여우는 너무나도 여우답게, 늑대는 늑대답게 되어갈 것인데…….

그건 그렇고.

실은 이 모습을 가까이에서 보고 있던 망아지 한 마리가 있었다.

망아지는 그들처럼, 엄니로 서로의 몸을 깨물면서 놀지는 않기 때문에,

처음에는 그들이 싸움을 하고 있는 줄 알고

같이 휩쓸리기 전에 달아나려고 하다가,

그래도 잠시 조심스럽게 지켜보고 있으니

아무래도 두 마리는 재미있게 놀고 있는 기색.

몸집은 그들보다 훨씬 크지만

마찬가지로 한창 놀기 좋아할 때였던 망아지는,

그 두 마리를 보고 있는 사이에,

마침내 참을 수가 없어서 함께 놀려고 다가갔지만,

갑자기 커다란 동물이 나타난 것에 놀란 두 마리는

당황하여 노는 것을 그만 두고 집으로 달아나고 말았다.

모르기 때문에 일어난 이런 일을, 그들도 역시 곧 잊어버릴 것인가……?

양 치는 소년과 늑대

짓궂은 장난을 좋아하는 양치기가

양을 치러 나왔다.
몹시 따분해진 양치기는
마을 사람들을 골려주고 싶은 생각이 들었다.
"늑대다! 늑대가 나타났다!"
마을 사람들이 놀라서 달려오자
양치기는 신이 나서 정신없이 깔깔댔다.
이러기를 여러 번.
마침내 정말로 늑대가 나타났다.
양치기는 온 힘을 다해 소리쳤다.
"늑대다! 늑대가 나타났다!"
하지만 이번에도 장난일거라고 생각한 마을 사람들은
아무도 도우러 오지 않았다.

칠면조와 여우

칠면조라는 새는,
닭과 마찬가지로 이미 오랜 옛날부터 가축으로 사육되고 있기 때문에,
다른 새처럼 하늘을 날아다니지 못하게 되었다.
하지만, 옛날에는 날 수 있었는데
사람에게 길들여짐으로써 점차 날지 못하게 된 건지,
아니면 본디 그런 새인 건지, 실은 잘 알 수 없다.
땅 위를 돌아다니는 것을 무척 좋아하는 것을 보면,
어쩌면 타조와 마찬가지로
어쩌다가 나는 것에 대한 흥미를 잃고, 땅을 선택한 새일지도 모른다.
다만 칠면조가 조금은 날 수 있다는 증거로
낮에는 땅 위를 걸어 다니지만,
아무래도 밤이 되면 나무 위에 올라가

다함께 나뭇가지에 앉아서 잠을 자는 것 같다.

즉, 땅 위에서 나뭇가지까지 날아오르는,

새로서의 최소한의 비상력만은 가지고 있다는 얘기다.

이것은 물론, 잠을 자는 가장 무방비한 밤에,

적으로부터 몸을 보호하기 위한 것으로 짐작된다.

그렇다면 이 새는,

땅 위의 생활과 하늘의 생활 두 장점을 완벽하게 파악하고 있는 것이니,

겉보기와는 달리 함부로 얕잡아볼 수 없는 새일지도 모른다.

그런데 어느 숲에서,

수많은 칠면조가 여느 때처럼 편안하게 나무 위에서 잠을 자고 있었다.

그것을 본 한 마리의 여우가, 어떻게든 저것을 잡아야겠다고 생각했다.

다른 여우들은 나무 위의 칠면조에 대해서는 아예 포기했을 텐데,

이 여우만은 문득, 무슨 방법이 없을까 하는 생각이 들어,

나무에 기어오르려 해봤지만 실패했다.

큰 소리로 위협해보기도 했지만, 칠면조는 아랑곳도 하지 않았다.

어차피 여우에게는 무리한 일이라고 무시하는 눈치.

이 시점에서는 낮에는 땅 위에서 밤에는 나무 위에서 사는,

칠면조의 독특한 생물적 전략이 분명히 이기고 있었다.

그런데 이 여우는, 어쩐 일인지 그래도 포기하지 않았다.

이 여우가 다른 여우와 다른 점은,

지금 안 된다고 반드시 끝까지 안 된다고는 할 수 없다는,

그런 혁명적인 관점을 새롭게 갖추었다는 것이다.

날이 새고 아침이 되면, 그리하여 낮이 돌아오면,

어차피 칠면조는 땅으로 내려와야 한다.

여우의 작전은 멋지게 성공하여,

이 여우 때문에 칠면조 일족은 존망의 위기에 처하고 말았다.

어쨌든 자연계를 보고 있으면, 생명의 그 풍부한 다양성과

독창성에는 참으로 놀랄 수밖에 없다. 이는 바로,

생물은 그렇게 다양하게 변화하고 또 변화함으로써,

생명을 이어왔다는 것을 보여주는,

다시 말해, 변화야말로 생명의 본원임을 말해주는 것이다.
그렇다면, 칠면조 일족은 이 위기를 과연,
어떤 비책으로 극복할 것인가……?

코끼리와 가시와 신의 사자

어떤 곳에, 거대한 몸집의 코끼리가 한 마리 있었다.
코끼리는 비교적 온순한 동물인데, 이 코끼리만은,
성질이 무척 거칠어, 다른 동물들뿐만 아니라,
같은 코끼리로부터도 두려움의 대상이 되고 있었다.
그런 코끼리가 어느 날 다리에 가시가 찔렸다.
아마, 가시가 있는 나무를 난폭하게 쓰러뜨리면서,
찔린 것 같았다.
그런 데다, 아파서 자기도 모르게 다리를 쿵 하고 차는 바람에,
가시가 속으로 들어가 버려, 아파서 참을 수가 없었다.
가시가 찔리면 누구나 아픈 법이지만, 코끼리의 경우는,
그 커다란 몸을 다리로 지탱하기 때문에, 아픔도 클 뿐만 아니라,
거의 걸음을 걸을 수도 없었다.
동료에게 뽑아 달라 하려 해도 코끼리의 손으로는 도저히 무리이고,
다른 동물도 평소의 난폭한 행동 때문에 아무도 가까이 오려 하지 않았다.
곤경에 빠진 코끼리는, 바로 이런 때를 위해 써먹는 거라는 듯이,
커다란 코를 나팔처럼 울리며 신의 도움을 청했다.
거대한 코끼리의 나팔에서 나온 소리는,
대지를 진동하고 바람을 가르더니, 구름을 뚫고 나가 하늘까지 닿았다.
마침 그때 낮잠을 자고 있던 신은,
그 처절한 소리에 놀라 하마터면 구름 침대에서 떨어질 뻔했다.
잠에 취한 눈으로 아래를 내려다보니

커다란 코끼리가 뒷다리로 서서 코를 대포처럼 하늘로 향해 쳐들고,
빠앙, 빠앙! 자신을 향해 큰 소리로 도움을 청하고 있는 것이 보였다.
옛날부터 동물들에게,
뭔가 어려운 일이 생기면 주저하지 말고 얘기하라고,
말해두기는 했지만, 사실 지금까지,
너무 자주 도와달라고 불러서 넌더리가 나,
얘기를 적당히 들어주고 있던 인간을 제외하면,
동물들 중에서 신을 직접 부르며 도움을 청한 자는 아무도 없었다.
게다가, 아마 다리에 가시가 하나 찔려서 아프니까
뽑아달라고 하는 것 같았다.
그런 정도치고는 너무 엄살이 심하다고 생각했지만,
일단 고민을 들어주는 것도 의무인지라,
하지만 아무리 그래도 가시 하나 때문에, 부른다고 신이 직접 내려가면,
앞으로 언제 어느 때 무슨 일로 자꾸 불러내게 될지 몰라서,
지금은 우선 상황부터 파악해보자 싶어,
신은 자신의 조수인 하늘을 나는 원숭이를 지상으로 보냈다.
그래서 하늘을 나는 원숭이는 즉시 코끼리에게 날아가서,
자신이 신의 대리임을 밝힌 뒤,
증상과 이렇게 된 경위를,
마치 뛰어난 햇병아리 의사라도 되는 듯이 척척 물었다.
그것은 상황을 파악하는 동시에
신에 대한 보고에도 꼭 필요했기 때문으로, 다시 말해,
신은 무엇이든 부탁만 한다고 무조건 들어주지는 않으며,
도움에는 나름대로 기준이 있어서,
만약 그 기준을 채우기만 하면
부르지 않아도 넌지시 도움의 손길을 내미는 것이,
신 나름의 미의식이자 규칙이기도 하여 원숭이는 그렇게 한 것이다.
그런데 이 코끼리는,
"너처럼 작은 것이 신의 사자일 리가 없다."
그러고는 큰 코로 원숭이를 집어던져 버렸다.

원숭이는 그대로 하늘을 날면서 생각했다.

"이거 안 되겠군."

처음 보았을 때 정말 아프겠다고 생각했던 원숭이는,

모처럼 여기까지 내려온 데다,

구태여 신의 판단을 기다리지 않아도

이 정도 불행이면 기준을 따질 것도 없이 스스로 판단하여

가시를 빼줘도 되겠지 하고 순간적으로 생각했었다.

그리고 코끼리 옆에 있다가,

아파서 날뛰는 코끼리가 기세 좋게 일으킨

모래먼지의 모래 한 알에 맞아서,

불행히도 다리가 부러지고만 개미도, 아울러 봐주려고 마음먹고 있었다.

당연한 일이지만, 신은 몸의 크기와 생명의 크기를 혼동하지는 않는다.

이는 하늘을 나는 원숭이가 신의 사자 일을 하면서 배운 것이다.

어떤 동물이든 벌레든 풀이든, 지상에 태어나는 자들은

몸의 크기와 상관없이, 또 수명의 길이와 상관없이,

이 세상에서 생명을 받아 죽을 때까지 단 한번의 삶을 누린다.

그 삶을 저마다 최선을 다해 사는 자들을 갸륵하게 여겨,

신도 역시 그들을 보호해준다.

그래서 코끼리의 비명소리가 아무리 크다고,

개미의 울음소리가 아무리 작다고,

하나하나의 생명이 느끼는 기쁨과 슬픔에 크고 작음이 있는 것이 아님을,
하늘을 나는 원숭이는 이 일을 하면서 어느새 저절로 터득하고 있었다.
물론 지상에는 많은 생명이 있어서
혼자서는 도저히 다 볼 수 없기 때문에,
자신이 모시고 있는 신외에도, 아마 여러 곳에 많은 신들이 있으며,
신 한 분 한 분에게 자신 같은 조수가 있어서,
저마다 자신에게 알맞은 활동을 하고 있다…….
이렇게 하늘을 날면서 생각한 원숭이는
코끼리를 그냥 내버려두고 하늘로 돌아가 버렸다.

개구리와 달님

달밤에 어느 늪에서 개구리들이 대합창을 하고 있었다.
계절은 가을, 하늘은 맑고, 덥지도 춥지도 않으며,
적당한 습기가 개구리들의 몸에 생기를 불어넣으니,
이때 노래를 부르지 않으면
개구리가 개구리가 아니게 되기라도 하는 듯이,
개구리들은 저마다 있는 힘을 다해 목청을 지르며 노래를 부른다.
그들이 부르는 노래는 특별히 제목이 붙여져 있지는 않지만,
개구리들 사이에서 대대로 이어져 내려온 민족의 노래다.
단 하나밖에 없는 그 노래는 개구리족의 자랑이며,
여기에 개구리가 있다고 세계를 향해 선언하는 것인 동시에,
개구리로 태어난 기쁨을 개구리들끼리 서로 기뻐하며,
그 기쁨을 온몸으로 확인하기 위한 노래이기도 했다.
개구리들은 배를 곧 터질 듯이 부풀려서,
다함께 개굴개굴 개굴개굴 밤새도록 노래를 불렀다.
물론 늪에는 개구리만 살고 있는 것은 아니다.

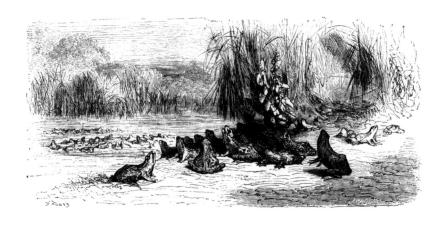

게다가 밤에 잠을 자는 생물도 많이 있지만,

개구리들은 그런 것에는 아랑곳도 하지 않아서가 아니라,

자신들의 행위가 모든 자에게 감동과 행복을 주고 있다고,

철석 같이 믿고 있는 데다,

일단 노래를 시작했다 하면, 다른 것은 전혀 생각할 수 없게 되어버려서,

옆에서 들으면 잡음으로밖에 들리지 않는 그 노래를,

개구리들은 밤새도록 안간힘을 다해 부르는 것이었다.

물론, 개구리가 아닌 누군가가 칭찬을 하거나,

거기에 따라 무언가가 변한 사실은 딱히 없다.

그러나 개구리들의 말을 빌리면, 그것은 결코 그렇지 않으며,

오히려 이 늪 주위뿐만 아니라, 세상의 내일은, 다시 말해 세상의 명운은,

오로지 자신들이 이렇게 부르는 노래에 달려 있다는 것이다.

그 확실한 증거로,

자신들이 부르는 노래에 따라, 달님이 날마다 모습을 바꾸지 않는가?

자신들이 멋지게 노래한 다음 날 밤에는,

달님이 아주 조금 커져있다.

다음에 더욱 정성을 기울여 노래하면,

달님도 더욱 커져서 세상을 환하게 비춰준다.

그런 때 개구리들은 밝은 세상의 평화와 모든 자의 행복을 위해서라면

무엇인들 못하리 하며,

자신의 배가 터질 위험도 무릅쓰고
더욱 큰 소리로 열심히 노래를 부른다.
그렇게 노래한 보람이 있어서,
다음날 밤 달님이 보름달이 되어 개구리들의 머리 위에서 빛나면,
개구리들의 성취감은 절정에 달한다.
너무 기뻐서 달님을 향해 뛰어오르는 개구리,
몸을 식혀서 흥분을 가라앉히지 않으면 심장이 멎을 것 같다며
물에 뛰어드는 개구리도 있다.
그런데, 그렇게까지 개구리들이 헌신적으로 눈물겨운 노력을 하는 데도,
달님이 조금씩 작아져서 마침내 모습을 감추어버릴 때도 있다.
그러면 개구리들은, 그 마음이 하늘에 닿아,
달이 다시 모습을 드러내줄 때까지 죽을 힘을 다해 노래한다.
이리하여 개구리들은, 달의 모습에 일희일비하면서
매일 밤 불타는 사명감으로 노래를 부르고 있는 것이다.

까마귀의 지혜

목이 말라 죽을 지경이 된 까마귀가
멀리 놓여 있는 물 항아리를 발견하고 기뻐서 날아갔다.
그러나 가까이 다가가 물 항아리를 보고는 실망했다.
바닥에 물이 아주 조금 고여 있어서
자기 주둥이로는 마실 수가 없었던 것이다.
항아리를 엎어서 깨버릴 생각도 들었으나,
힘이 모자라서 그렇게 할 수도 없었다.
마침내 근처에 놓여 있던 조약돌을 보고 묘수가 떠올랐다.
그는 조약돌을 하나씩 물어다가 항아리에 떨어뜨렸다.
물이 점점 위로 올라와 그는 아주 쉽게 물을 마시고 갈증을 풀게 되었다.

곰의 귓속말

두 친구가 함께 길을 가고 있는데 갑자기 곰이 나타났다.
한 사람은 잽싸게 나무 위로 올라가 숨었다.
다른 한 사람은 곰에게 막 잡히려고 할 때
땅바닥에 쓰러져서 죽은 척했다.
곰이 쿵쿵거리면서 그의 몸에 주둥이를 대고 냄새를 맡았다.
그는 숨을 절대로 내쉬지 않고 있었다.
곰이 사람의 시체에는 손을 대지 않는다는 말을 들었기 때문이다.
곰이 멀리 가버린 뒤 나무에 숨어 있던 사람이 내려왔다.
그리고 친구에게 곰이 무슨 말을 속삭였는지 물었다.
땅에 쓰러져있던 친구는 이렇게 대답했다.
"위험할 때 혼자만 달아나는 친구하고는
앞으로 같이 여행하지 말라고 했어."

어떤 쥐들의 동맹

그리 먼 옛날은 아닌 어느 날, 어떤 곳에서,
쥐들이 방방곡곡에서 모여들어 회의를 열었다.
의제는 '고양이의 횡포와 우리의 미래'.
고양이는 어째서 이렇게도 횡포를 부리는가,
그렇다고 어째서 자신들은 고양이에게 당하기만 하는가,
뭔가 막아낼 수 있는 방법은 없는 것인가,
아니면 차라리 우리가 고양이를 혼내주는 것은 도저히 할 수 없는 일인가,
이런 문제를 두고,
이날 회의를 위해 한데 모인 쥐들이 토론을 벌였다.

회의는 먼저,

저마다의 불만과 처지를 토로하는 것에서 시작하여,

이윽고 그 분석과 앞으로의 대책으로 진행되었는데,

그 내용을 간추리면 대략 다음과 같은 것이었다.

말하자면, 이대로 가다가는 우리 쥐들의 미래는 어두울 수밖에 없으며,

영원히 고양이의 먹이가 되는 공포에서 벗어날 수 없다.

또 냉정하게 분석해보면,

아무래도 세상은 우리를 인간의 식량을 가로채는 좀도둑으로,

우리를 없애려는 고양이를 정의의 편으로 여기고 있는 것 같다.

아득한 옛날부터 이 땅에 살며,

어엿하게 자립하여 살아온 우리 입장에서는,

정말 억울하기 짝이 없는 일이지만,

인간들 사이에서는 그런 의견이 널리 퍼져있는 것도 사실이다.

따라서 이대로 가면,

고양이는 점점 더 기세등등하게 우리 쥐들을 계속 공격할 것이 틀림없다.

수많은 생물들이 사는 풍요로운 숲이었던 이 일대를

집과 밭과 가축들로 넘치게 해버린 것은 도대체 누구인가,

본디 숲에서 살던 고양이가 도대체 언제부터 가축으로 전락했는가,

이렇게 소리 높이 외치고 싶지만,

그런 것을 하나하나 따지자면 끝이 없고,

지금에서 벗어날 수 있는 것도 아니다.

문제는 지금의 처지를 어디까지나 현실로 받아들이고,

그 위에서 우리가 할 수 있는 것이 무엇인가 하는 것이다.

여기서 어떻게든, 조금이나마 쥐의 미래가 나아질 수 있는

어떤 행동을 취하지 않으면,

현재를 살고 있는 우리는

우리에게 최선을 다해 생명을 물려주신 조상에 대해,

또 앞으로 더욱 혹독한 현실을 살아가야 하는 우리 후손에 대해

수치와 회한만 남기게 될 것이다.

그래서 생각할 수 있는 것은 오직 한 가지,

설사 고양이를 한꺼번에 없애지는 못하더라도,

고양이들에게 쥐는 결코 쓰레기나 장난감 같은 존재가 아니며,

만약 쥐의 목숨을 빼앗는다면

자신의 생명을 잃을 수 있음을 각오해야 할 것이라는 인식과 함께,

고양이들이 쉽게 괴롭힐 수 없게끔 공포심을 심어줄 수는 없을까?

1대 1로는 이길 수 없어도,

한 마리가 당하고 있는 사이에 다같이 덤벼들면 절대로 질 리가 없다.

생각해 보면, 이빨의 세기와 날카로움에서는

우리 쥐들이 고양이보다 훨씬 낫지 않느냐.

중요한 것은,

쥐 전체의 미래를 생각하여 개개의 죽음을 두려워하지 않아야 하며,

스스로 명예로운 죽음을 맞이하는 것이라고…….

이리하여 그리 먼 옛날은 아닌 어느 날,

어떤 곳에 사는 쥐들이 모두 단결하여 고양이를 습격했던 것이다.

이솝의 생애

고산

철학자 크산토스와 그의 노예 이솝

1

위대한 우화의 아버지 이솝이 노예였다니, 이는 신의 장난이라고밖에 할 수 없다. 이솝은 소아시아 프리기아 코티아이움에서 태어난 프리기아 사람이었다.

올챙이처럼 볼록 튀어나온 배는 허리띠 위에서 출렁거렸고, 무거워 보이는 큰 머리와 얼굴에 눌어붙어 있는 듯한 납작코, 아무리 씻어도 지저분해 보이는 거무튀튀한 피부, 몸에 비해 크고 투박한 손과 발, 심하게 휜 다리, 길이가 다른 두 팔, 사팔뜨기 눈, 지저분한 콧수염—이런 볼품없는 외모 때문에 보는 이들은 모두 얼굴을 돌렸다. 하지만 이런 외모보다 더 큰 약점이 있었으니 그것은 말을 제대로 못한다는 것이었다. 이까지 숭숭 빠져 있어, 그나마 새어나오는 웅얼거림조차 도대체 무얼 뜻하는지 도통 잘 알아들을 수가 없었다.

2

마을에서 아무짝에도 쓸모없는 이 남자 이솝을, 주인은 늘 밭으로 내몰아온 하루를 농사일이나 거들도록 했다.

한 노예가, 넋을 잃고 앉아 포르륵 포르륵 하늘을 날아다니는 종달이를 바라보고 있자 다른 노예가 말을 걸었다.

"자네 무슨 생각을 하고 있는지 나는 알지. 무화과가 먹고 싶은 거지?"

"맞아. 어떻게 알았나?"

"자네 눈빛만 봐도 알지. 몰래 먹어치울 방법을 가르쳐줄까?"

"뭐야, 좋은 생각이라도 있나? 주인이 무화과를 찾으면 어쩌려 그래?"

"아, 이렇게 말하면 되지 않는가? '창고가 열린 것을 보고 이솝이 몰래 들어가더니 다 먹어치워 버렸습니다.' 그러면 반벙어리 이솝 놈이 변명도 못하고 꼼짝없이 벌을 받아야지 별 수 있겠어?"

두 사람은 무화과를 사이에 두고 정신없이 먹어치우면서 말했다.

"앞으로 무슨 곤란한 일이 있으면 모두 이솝이 그랬다고 하세나. 그러면 귀찮은 일도 없을 거야."

그들은 어느새 무화과를 몽땅 먹어치워 버렸다.

3

언제나 정해진 시간에 목욕을 하고 점심을 먹는 주인은 갑자기 무화과 생각이 났다.

"아가타포스, 가서 무화과를 가져오너라."

그러나 맛있는 무화과 생각에 한껏 부풀어 있던 주인은 몹시 실망해야 했다. 이솝이 무화과를 모두 먹어치웠다고 하지 않는가? 주인은 몹시 화를 내며 이솝을 불러오도록 했다.

이솝이 불려왔다.

"이런 망나니 같은 놈을 봤나! 네놈이 나를 바보로 여기는 게냐? 그래서 내가 아껴두었던 무화과를 다 먹어치운 게냐?"

주인의 말을 모두 알아 들었지만 혀가 잘 돌아가지 않는 이솝은 성난 주인의 얼굴을 어쩔 줄 몰라하며 쳐다볼 뿐 변명할 수가 없었다. 처벌을 받게 된 이솝은 온갖 손짓 발짓을 다 해가며 주인에게 잠시만 기다려달라고 간청했다. 그는 옆에 있는 항아리에 미지근한 물을 붓고, 모두가 보이는 곳에 대야를 놓아달라고 부탁했다.

이윽고 항아리에 든 물을 다 마신 뒤 이솝은 손가락을 입에 깊숙이 집어넣었다. 그러고는 마신 물을 모두 토해냈다. 그러나 아무것도 나오지 않았다. 기지를 발휘해 자신의 무죄를 입증한 이솝은, 다른 노예들에게도 똑같이 그렇게 하게 해달라고 간청했다. 무화과를 먹은 사람이 누구인지 이솝 또한 알고 싶었다. 이솝의 지혜로움에 깜짝 놀란 주인은 다른 사람에게도 물을 마시고 토해내도록 명령했다. 무화과를 나눠 먹은 노예 둘은 서로 이렇게 속삭였다.

"이 일을 어쩌지?"

"손가락을 너무 깊숙이 넣지 말고 살짝만 넣도록 하세나."

하지만 물에서 쓴맛이 나서인지, 물을 마시자마자 뱃속이 부글거리기 시작했다. 손가락을 살짝만 넣었는데도 무화과가 마구 쏟아져 나왔다. 주인은 말했다.

"이 못된 놈들 너희는 말 못하는 이솝에게 누명을 씌웠겠다. 이놈들의 옷을 모두 벗겨라!"

다른 사람에게 악행을 저지르면 그 죄값이 결국 자신에게로 돌아온다. 이 사실을 노예들은 매를 맞으면서 깨닫게 되었다.

4

밭을 일구는 이솝 옆으로 우연히 이시스의 여사제가 지나가게 되었다. 길을 잃고 이곳까지 오게 된 것이다. 자신의 불행함도 잊고 온 힘을 다해 열심히 일하는 이솝에게 여사제가 다가가 말했다.

"인정 많으신 분이시여, 자비를 베푸시어 저에게 마을로 가는 길을 가르쳐주십시오. 그만 길을 잃고 말았답니다."

이솝이 뒤돌아보자, 거기에는 인간의 모습을 한 여신이 서 있었다. 믿음 깊은 이솝은 땅에 넙죽 엎드리고는 고개를 조아렸다.

'어떻게 이렇게 누추한 곳까지 오시게 되었습니까?'

이솝은 몸짓으로 이렇게 말했다. 이솝이 말을 못한다는 것을 눈치 챈 여사제는 고개를 끄덕이며 이렇게 말했다.

"나는 이곳 사람이 아닙니다. 보시다시피 여사제입니다. 이곳을 잘 몰라 길을 잃고 말았습니다. 부탁이니 제발 인도해 주십시오."

이솝은 괭이를 손에 든 채 여사제를 나무 그늘 아래로 안내했다. 그러고는 남루한 자루에서 빵과 올리브 열매를 꺼내고 신선한 채소를 뜯어다가 드시라는 몸짓을 했다. 여사제가 다 먹자 이솝은 그녀를 샘터로 안내해, 물을 마시도록 했다. 먹고 마시며 편히 쉬고 난 여사제는 이솝을 위해 기도했다. 그리고 길을 가르쳐달라고 다시 부탁했다. 이솝은 여사제를 사람과 마차들이 다니는 큰길로 안내했다. 여사제는 다시 길을 떠났고, 이솝은 돌아와 묵묵히 일을 하기 시작했다.

5

이솝이 베푼 친절에 감동한 여사제는 길을 걷다가 두 손을 하늘 높이 쳐들고 이렇게 기도했다.

"대지를 다스리시는 여신 이시스여, 저 믿음 깊은 자를 기억해주소서. 불쌍한 그를 돌아보시고, 당신의 은총으로 그가 말할 수 있게 해주소서. 당신은 어둠 속에 있는 자도 빛의 세계로 인도해내실 수 있지 않습니까?"

여신 이시스는 여사제의 소원을 들어주었다. 믿음 깊은 자에 대한 이야기는

신들 사이에서 퍼져나갔다.

6

일에 몹시 지친 이솝은 풀이 무성하고 그늘진 조용한 곳을 찾았다.

'감독이 두 시간쯤 쉬어도 된다 했지. 여기서 한숨 자면서 잠깐 쉬자.'

새로 돋아난 싹과 꽃들이 만발하고, 샘에서 솟아나는 물 덕분에 주변의 공기는 촉촉했다. 이솝은 무성한 풀 위에 몸을 안기듯 누웠다. 땅에 던져놓은 괭이는 자루로 덮어두고 양가죽을 베개 삼아 잠을 청했다. 나무 사이로 물 흐르는 소리가 들려왔다. 기분 좋은 서풍이 불어와 가지들을 살랑살랑 흔들어 댔다. 매미들이 소리 높이 울고, 새들은 쉬지 않고 지저귀었다. 그때 갑자기 이상한 소리가 들려오기 시작했다. 올리브 나뭇가지가 그 소리에 몸을 떨었다. 소리는 하늘에서 소나무 위로 내려오는 것 같았다. 개똥지빠귀들이 노래하는 소리일까? 그 소리에 화답하듯 모든 소리들이 메아리쳤다. 마치 합창이라도 하는 것처럼. 이솝은 그 감미로운 소리를 들으며 깊은 잠에 빠져들었다.

7

그때 여신 이시스가 아홉 명의 뮤즈들과 함께 모습을 나타냈다.

"이 사람을 보시오. 모습은 추하지만 믿음만은 누구보다 깊다오. 길을 잃고 헤매던 내 여사제를 도와주었지요. 이제 이 남자에게 보답을 하고자 합니다. 나는 이 남자에게 목소리를 돌려줄 것입니다. 당신들은 그 목소리에 어울리는 훌륭한 재능을 주도록 하세요."

여신은 이솝에게 목소리를 내렸다. 뮤즈들은 그리스어로 시와 이야기를 만들 수 있는 능력과 지혜를 내렸다. 이솝이 그의 이름을 떨치도록 축복한 뒤 여신은 떠나갔다. 뮤즈들도 은혜를 베푼 다음 헬리콘 산으로 돌아갔다.

8

이윽고 이솝이 눈을 떴다.

"아, 잘 잤다."

그러고는 눈에 들어오는 물건의 이름을 대기 시작했다. 괭이, 가죽부대, 양가죽, 소, 당나귀, 양……

"아, 내가 말할 수 있다!"

이솝은 소리쳤다.

"내가 어떻게! 어떻게 말하는 법을 알게 된 거지? 그래, 이시스의 여사제를 극진히 대접했기 때문이야. 아, 믿음이 있는 것은 좋은 거야. 이런 은혜를 베풀어주시다니!"

9

그러나 이솝은 아무 일도 없었다는 듯 다시 땅을 일구기 시작했다. 감독이 일하는 사람들 사이를 헤치고 달려오더니 노예 한 명을 채찍으로 때리기 시작했다. 이솝이 참지 못하고 말했다.

"감독님! 무슨 잘못이 있다고 그를 때리는 겁니까? 당신은 일 년 내내 나쁜 짓을 일삼는데도 아무한테도 매를 안 맞지 않습니까?"

감독 제나스는 깜짝 놀라 생각했다.

'이게 어떻게 된 거야? 이솝이 말을 하다니! 말문이 트이니까 나한테 반항까지 하는군! 다행히 녀석이 말하는 것을 아직 아무도 못 봤어. 명령을 내리는 것은 나니까, 어떻게든 트집을 잡아 이놈을 해치워야겠다. 그렇지 않으면 내가 모가지야. 이솝이 몸짓으로 이렇게 말했다고 하자. '주인님이 오면, 너를

모가지 시킬 거야. 너를 고소할 거야'라고. 빨리 어떻게든 해야겠다.'

10

말에 올라타자마자 감독은 서둘러 마을로 향했다. 주인집에 도착한 감독은
주인을 찾아 이렇게 말했다.

"주인님."

"제나스, 왜 이렇게 소란스러운가?"

"참으로 기괴한 일이 일어났습니다."

"왜, 사람 형상을 한 짐승이 태어나기라도 했는가?"

"아닙니다, 주인님."

"그럼 도대체 그 기괴한 일이라는 게 무엇인가? 어서 말해보게."

"이솝이, 글쎄 그 배불뚝이가……."

"그놈이 뭘 낳기라도 했는가?"

주인이 말꼬리를 잘랐다.

"그런 게 아니고, 말을 못하던 녀석이 갑자기 말을 하는 것입니다."

"자네도 참, 그런 일을 기괴하다고 하다니."

"너무 이상하지 않습니까?"

"왜? 신께서 그놈에게 분노하시고 잠시 그놈의 목소리를 거두셨던 거라네.
이제 화를 푸시고 다시 은혜를 내려 주신 게지. 그게 뭐가 이상하단 말인가?"

"그런데 주인님, 그 녀석이 말만 트인 게 아닙니다요. 이 사람 저 사람 험담
을 하고 돌아다닙니다. 주인님에 대해서도 어찌나 심한 말을 하던지 차마 들
을 수가 없었습니다."

11

그러자 주인이 제나스에게 말했다.

"가서 그놈을 팔아버리게."

"농담이시겠지요, 주인님. 녀석이 얼마나 못생겼는지 잊으셨습니까? 누가 녀
석을 인간이라고 생각하겠습니까?"

"그렇다면 자네가 가서 그놈을 아무에게나 줘버리게. 아무도 받지 않거든
그때는 죽여도 되네."

어떻게 하든 상관없다는 주인의 말에 자신을 얻은 제나스는, 말을 돌려 밭으로 향했다. 말을 달리며 제나스는 이렇게 중얼거렸다.

"주인님이 이솝을 어떻게 하든 상관없다고 하셨어. 팔아도 좋고, 누구에겐가 줘버려도 좋고, 죽여도 좋다고 하셨지. 그런데 그놈이 죽을 정도로 나쁜 짓을 했나? 그건 아니지. 죽이지 말고 팔아치우자."

이렇게 신의 도우심으로 이솝은 목숨을 건졌다.

12

한편 우연히 한 노예 상인이 말을 타고 이솝이 있는 밭 옆을 지나가고 있었다. 당나귀를 몇 마리 빌리려고 했지만 여의치 않자 마을로 돌아가는 길이었다. 노예 상인을 알고 있던 제나스가 먼저 다가가 이렇게 말했다.

"아이고, 오펠리온 님! 안녕하셨어요?"

"제나스, 마침 잘 만났네. 당나귀 몇 마리 팔지 않겠나?"

"그건 좀 힘들겠는데요. 그보다, 남자 노예 한 놈을 싸게 팔겠습니다."

"아니, 노예 상인인 나에게 노예를 팔겠다는 것인가?"

"예, 이쪽으로 잠깐 와보십시오."

13

제나스는 상인을 밭으로 안내했다.

"가서 이솝을 불러오게."

노예 하나가, 땅을 일구고 있는 이솝을 불렀다.

"이솝, 괭이를 놓고 나를 따라와. 주인님이 부르셔."

"어떤 주인님? 우리 주인님, 아니면 감독님? 그래야 확실하지 않나. 구별해서 말하게. 감독이지 주인님은 아니잖은가? 감독도 노예처럼 주인님을 섬기는 신분이라네."

노예는 생각했다.

'기가 차군! 혀만 굴러가는 게 아니라 머리까지도 아주 잘 돌아가는구나.'

이솝이 괭이를 놓고 말했다.

"노예 제도는 안 좋은 거야. 그러니까 신들도 노예를 싫어하지. '이솝, 식탁을 준비해라. 이솝, 목욕물을 데워라. 이솝, 물을 길어 와라. 이솝, 가축에게 먹이를 줘라.' 지겹고 힘든 일은 뭐든 나에게 시키지. 그런데 신이 나에게 말할 수 있는 능력을 주셨어. 주인님을 만나면 저 감독 녀석에 대해 말해줘야겠어, 모가지를 시켜야 돼. 아무튼 지금은 조금만 참자."

이솝을 데리고 온 노예가 말했다.

"감독님, 이솝을 데리고 왔습니다."

제나스가 말했다.

"찬찬히 살펴보십시오."

14

노예 상인이 오래된 해삼 같은 이솝의 풍채를 보고 말했다.

"이게 인간이야, 멍게 덩어리야? 말을 안 하고 있으면 발 달린 냄빈지, 말 먹이통인지, 거위 알인지 모르겠구만. 이거 심하군, 제나스. 일 끝내고 돌아가려는 참에 이렇게 엉뚱한 일로 시간 낭비를 시키는가. 바보 같은 녀석! 좋은 물건이 있다더니……."

이렇게 말하며 벌떡 일어섰다.

15

돌아가려는 노예 상인의 망토 자락을 붙들고 이솝이 말했다.

"잠시만, 제 말 좀 들어주십시오."

"이런 버릇없는 놈. 왜 나를 붙들어 세우는 것이냐?"

"당신은 여기에 왜 오신 것입니까?"

"너 때문이다. 너를 사려고."

"그런데 왜 저를 안 사시는 것입니까?"

"거참 성가신 놈이구나. 너 같은 놈은 사고 싶지 않아서다."

"나를 사주십시오, 어르신! 이시스 여신을 두고 맹세합니다. 반드시 도움이 되어 드리겠습니다."

"너 같은 놈이 무슨 도움을 준다는 게냐?"

"어르신의 노예 창고에는 행실 나쁜 녀석이 있을 것입니다."

"있지."

"나를 사서 그 아이들을 가르치게 하십시오. 내 무서운 모습을 봐서라도 절대 나쁜 짓을 못할 것입니다."

"네 놈 형상을 보니 그도 좋은 생각이긴 하다."

노예 상인이 제나스에게 물었다.

"이놈을 얼마에 팔 건가?"

"삼 오볼로스에 팔겠습니다."

"그렇게 비싸?"

"그럼 원하시는 대로 하십시오."

상인은 얼마 안 되는 돈을 지불하고 이솝을 샀다.

16

마을로 들어가자마자 이솝은 노예창고로 끌려갔다. 아직 어머니의 보살핌이 필요한 어린 노예들이 이솝을 보자마자 소리를 지르며 숨었다. 이솝은 노예 상인에게 말했다.

"제가 말씀드린 대로지요. 악동들에게 아주 좋은 약을 사신 겁니다."

노예 상인이 웃으며 이솝에게 말했다.

"저쪽 식당에 가면 다른 노예들이 있을 것이다. 들어가서 인사를 나누도록 해라."

이솝이 가까이 다가가보니 거기에는 굉장한 미소년 몇 명이 앉아 있었다. 아폴론이나 디오니소스라 해도 믿길 정도로 준수했다. 이솝이 다가가 먼저 인사했다.

"잘 부탁해."

"나도 잘 부탁해."

"나는 너희와 같은 노예이긴 하지만 조금 모자라."

노예들이 수군거리기 시작했다.

"뭐야, 주인님은 저런 녀석을 왜 사신 거야? 정신이 어떻게 되신 거 아냐?"

다른 노예들도 한마디씩 보탰다.

"왜 샀을까?"

"가게 앞에 세워놓기라도 할 모양이지."

17

노예 상인은 노예들 거처로 와서 말했다.

"당나귀를 구하지 못했으니까 내일 짐은 서로 나눠서 운반하도록 한다. 그럼 푹 자두도록. 내일 일찍 아시아로 출발할 거니까."

다음 날 두 사람이 한 조가 되어 짐을 나눠 들었다. 이솝은 비틀거리며 모두에게 말했다.

"부탁이야. 나는 이제 막 팔려 와서 몸도 약하니까 가벼운 것으로 부탁해."

"너는 안 짊어져도 돼."

"다른 사람들은 모두 짐을 지는데, 나만 빈손으로 가면 주인님이 보시기에 쓸모없어 보인단 말야! 그렇지 않은가?"

"그렇게 보이기는 싫은가 보지?"

노예들은 서로 말을 주고받더니 이솝에게 말했다.

"아무거나 들게."

짐들을 한번 휙 둘러본 뒤 이솝은 노예 상인의 여행 바구니를 집어 들었다. 거기에는 깔개, 도구류로 가득한 주머니, 사기 그릇, 버드나무로 짠 바구니

들이 들어 있었다. 그 바구니를 들려면 족히 네 명은 필요할 것 같았다. 하지만 그 안에는 빵도 가득 들어 있었다.

"이 바구니를 나 혼자 들겠네."

"저런 바보 같은 놈은 세상에서 처음 보겠네. 가장 가벼운 것을 짊어지라 했더니 가장 무거운 것을 짊어지고 있어."

이렇게 이솝을 비웃는 노예들도 있었지만 다르게 말하는 노예도 있었다.

"바보가 아니야. 배가 고파 죽을 지경인 거야. 다른 사람들보다 빵을 많이 먹기 위해서 그러는 거지. 녀석이 짊어지도록 내버려 두세나."

모두가 그 바구니를 이솝에게 맡겼다. 이솝이 바구니를 짊어지고는 비틀거리며 일어섰다. 이것을 본 노예 상인은 감탄했다.

"모두 봐라, 이솝이 얼마나 열심히 일하는지. 자 모두 힘을 내라. 저 녀석, 본전은 벌써 뽑았네. 저 짐을 끌려면 당나귀 한 마리는 필요한데 말이야."

<h2 style="text-align:center">19</h2>

노예들은 이솝을 비웃으며 걷기 시작했다. 하지만 길을 나서자 이솝은 그들에게 바구니 드는 방법을 가르쳐주었다. 비탈길을 오를 때는 다 오를 때까지 이를 악물고 끌어올린다. 그러나 내리막길에서는 편하다. 바구니를 타고 미끄러져 내려가면 되는 것이다. 모두가 기진맥진하여 여관에 도착하자, 노예 상인이 말했다.

"이솝, 빵을 한 조에 한 개씩 나눠 주어라."

노예들에게 빵을 나누어주고 나니 바구니의 절반이 비었다. 한숨을 돌린 뒤 그들은 다시 걷기 시작했다. 이솝은 몸이 가벼워졌다. 또다시 여관에 도착해 빵을 나눠 주고 나자 바구니는 텅 비게 되었다. 이솝은 바구니를 어깨에 메고 맨 앞에 서서 걷기 시작했다. 노예들이 수군거리기 시작했다.

"맨 앞에 서서 가는 저놈은 누구야? 우리 동료야? 아니면 다른 패거리야?"

"몰라, 새로 들어온 덜 떨어진 놈이야. 당나귀도 고개를 절레절레 흔들 저 무거운 바구니를 혼자서 짊어지고 간다니까. 멍청한 녀석이지."

"몸집도 작은 놈이 머리까지 나쁘군."

"아냐, 저놈 보기와는 달리 눈치가 있어. 빵바구니를 짊어지겠다고 했다지? 빵은 우리가 도중에 먹어치우잖아. 분명 바구니가 가벼워졌을 거야. 우리는 이런 두꺼운 천에 쇠붙이를 나르고 있지 않은가. 무게가 전혀 줄어들지 않는 것들 말이야."

20

그들은 에페소스에 도착했다. 노예 상인은 그곳에서 필사생과 하프 연주자, 이솝 세 사람만을 남겨두고 노예들을 팔아 한밑천 두둑이 챙겼다. 이솝도 다른 두 사람처럼 생각했던 만큼의 가격이 붙지 않았기 때문에 팔리지 않았던 것이다. 노예 상인의 친구들이 말했다.

"노예들을 좋은 가격에 팔고 싶으면 사모스 섬에 가보게. 거기에는 부자들이 많다네. 섬에는 철학자 크산토스가 한 학파를 형성하고 있지. 선생을 따르는 사람들이 아시아와 그리스에서 몰려들고 있다네. 필사생은 아이의 공부 상대로 누군가 사 줄 거고, 하프 연주자는 몸맵시가 좋으니까 젊은 사람들이 데리고 다니기 딱 좋을 거야. 그리고 저 괴상한 놈도 누군가 살 사람이 나서지 않겠나? 아무리 신의 분노를 샀어도 농부든 문지기든 요리사든 뭐든 하긴 하겠지."

친구들의 말에 힘을 얻은 노예 상인은, 노예들과 함께 사모스 섬으로 건너갔다. 배에서 내려 숙소를 정하자마자 노예들을 팔기 위해 깨끗이 단장시켰다.

21

노예 상인은 하프 연주자에게 하얀 튜닉을 입히고 멋진 신발을 신겼다. 머리는 깔끔히 빗어 넘겼고 어깨에는 스카프를 둘렀다. 그는 대단한 미소년이었기 때문에 단박에 사람들의 눈길을 사로잡았다. 필사생에게는 두꺼운 튜닉과 두꺼운 신발을 신겼다. 볼품없을 정도로 깡마른 장딴지와 허벅지를 감추기 위해서였다. 머리는 단정히 빗어 넘겼다. 그리고 스카프를 목에 두른 뒤 하프 연주자와 함께 진열대 위에 세웠다. 그런데 몸 전체가 엉성했던 이솝은 감출 수도 장식할 수도 없었다. 그냥 마포 튜닉을 입히고, 허리는 남루한 천으로 대충 동여맸다. 그리고 두 소년 사이에 그를 세웠다. 경매인의 목소리 사이로 이런 말이 들려왔다.

"저 두 놈은 상당히 좋은데! 그런데 저 이상하게 생긴 녀석은 대체 어디서 데려온 거야? 저 녀석 때문에 두 사람마저 영 폼이 안 나는구먼. 가운데 놈은 치우는 게 좋겠어."

어떤 놀림에도 이솝은 눈 하나 깜짝하지 않았다.

22

마침 크산토스 부인이 가마를 타고 그곳을 지나치게 되었다. 그녀는 경매인의 말을 듣고 집에 돌아오자마자 남편에게 말했다.

"집에 남자 노예가 부족해요. 그러다보니 어린 노예들에게 너무 많은 일을 시키게 되죠. 마침 노예들을 판다니까, 가서 보시고 괜찮으면 말끔하게 생긴 노예로 한 명만 사다 주세요."

"그러지."

크산토스는 제자들이 있는 곳으로 가 잠시 토론 수업을 시킨 뒤, 제자 몇을 이끌고 광장으로 나갔다.

23

아름다운 노예 두 명과 볼품없는 노예 한 명을 먼발치에서 본 크산토스가 노예 상인의 지혜로움에 탄복하며 큰 소리로 말했다.

"정말 훌륭하군요! 당신의 지혜로움과 장사 수단에 놀라움을 금치 못하겠소."

제자들이 물었다.

"선생님, 무엇을 보고 그렇게 칭찬하시는 겁니까? 무엇이 선생님을 그렇게 감탄시킨 겁니까? 저희에게도 가르쳐주십시오."

크산토스가 말했다.

"철학은 말로만 하는 것이 아니다. 행함과 연관이 있는 것이다. 때로 침묵하는 철학이 말로 하는 철학보다 훌륭할 때가 있다. 춤추는 자를 보거라. 손의 움직임으로 자신이 보여주고자 하는 것을 멀리까지 전달하지 않느냐. 침묵의 철학도 그 자체가 표현이 될 수 있는 것이다. 저 상인은 잘생긴 소년 둘 사이에 볼품없는 저 사람을 세웠다. 볼품없는 저 남자 때문에 다른 두 소년이 더욱 돋보이게 되는 것이다."

제자들이 물었다.

"사물의 이치를 이토록 정확히 인식하시다니! 선생님께서는 정말 신과 같으

십니다."

크산토스가 말했다.

"일손이 부족하니 노예 한 사람을 사도록 하자."

24

크산토스는 첫 번째 노예 앞에 멈춰 섰다.

"너는 어느 나라에서 왔느냐?"

"카파도키아입니다."

"이름은 무엇이냐?"

"리기리스입니다."

"네가 할 수 있는 게 무엇이냐?"

"뭐든 할 수 있습니다."

옆에 있던 이솝이 웃음을 터트렸다. 얼굴을 일그러뜨리며 누런 이만 드러내고 웃는 이솝의 얼굴을 보고 제자들은 괴물 같다고 생각했다. 그리고 서로 이런 말을 주고 받았다.

"꼭 감자에 이만 붙여 놓은 것 같지 않은가?"

"뭘 보고 웃는 거지?"

"웃고 있는 게 아냐. 떨고 있는 거지. 왜 웃었는지 물어보자."

한 제자가 이솝에게 다가가 물었다.

"왜 웃는 것이냐?"

이솝이 대답했다.

"이 어리석은 놈들, 저리 꺼져라."

한방 먹은 제자들이 주춤거리며 물러섰다.

크산토스가 노예 상인에게 말했다.

"그 하프 연주자는 얼마인가?"

"천 데나리입니다."

터무니없이 비싸다 생각한 크산토스가 다른 노예에게 다가갔다.

"너는 어디 출생이냐?"

"리디아입니다."

"이름이 뭐지?"

"피로카로스."

"무엇을 할 줄 아느냐?"

"뭐든 할 줄 압니다."

이솝이 또다시 웃었다. 그것을 보고 제자들이 말했다.

"도대체 왜 웃는 거야?"

다른 제자가 말했다.

"어리석은 놈이라는 말을 또 듣고 싶으면 녀석에게 다시 물어보게."

크산토스가 노예 상인에게 말했다.

"그 필사생은 얼마에 팔 건가?"

"삼천 데나리입니다."

그 말을 듣고 말도 안 된다고 생각한 크산토스가 자리를 떠났다. 뒤따르던 제자들이 물었다.

"선생님, 노예들이 마음에 들지 않으십니까?"

"마음에 들긴 하지만 너무 비싸서 못 사겠다. 그 가격이면 다른 노예를 몇 명은 더 살 수 있을 것이다."

그러자 제자 중 한 명이 말했다.

"너무 비싸 못 사시겠다면 저 볼품없이 생긴 놈을 사십시오. 저희가 돈을 보태겠습니다."

"노예 살 돈을 내겠다? 너희도 참 재미있구나. 하지만 내 아내가 못 참을 거야. 저런 못생긴 노예가 시중드는 것을 말이야."

"선생님, 선생님께서는 저희에게 여자에게 휘둘려선 안 된다고 몇 번이나 가르치셨습니다."

25

"어쨌든 뭘 할 줄 아는지 물어보기나 할까? 돈을 낸다는 그대들의 호의를 생각해서 말이야."

크산토스는 이솝에게 다가가 말을 건넸다.

"몸은 괜찮은가!"

"왜, 내가 병이라도 들어 보입니까?"

"오, 말을 잘하는군. 놀라워! 그래 건강한 게 당연하지."

야무진 이솝의 대답에 제자들이 먼저 놀랐다. 크산토스가 다시 물었다.

"어떤 사람이냐, 너는?"

"살아 있는 인간인데요."

"그런 걸 묻는 게 아니다. 어디서 태어난 것이냐?"

"엄마 배 속입니다."

"진지하게 대답하게. 그런 걸 묻는 게 아니네. 어디에서 태어났는가를 묻는 거야."

"그것은 어머니도 말해주지 않았습니다. 침실인지 식당인지."

"어느 지역에서 태어났는지 말하게."

"프리기아입니다."

"무엇을 할 줄 아는가?"

"할 줄 아는 게 없습니다."

"왜 아무 것도 못한다는 거지?"

"옆의 소년들이 뭐든 다 할 줄 안다고 하는데, 제가 할 수 있는 게 뭐 있겠습니까?"

제자들이 말했다.

"정말 속 편한 놈이군! 저 두 사람 대답은 잘못됐어. 인간이 뭐든 할 수 있을 리가 없지. 그래서 아무것도 못 한다고 말한 거구나. 그래서 웃었던 거고."

26

"내가 사길 바라느냐?"

크산토스가 물었다.

"왜 갑자기 내 생각을 묻는 것입니까? 원한다면 사십시오. 싫으면 그냥 가세요. 나를 파는 사람이 안 팔려고 나를 묶어 놓은 것도 아니고, 살 마음도 없는 사람에게 억지로 팔려고 하는 사람도 아닙니다. 그리고 당신에게 사라고 부탁하는 사람도 없지 않습니까? 당신은 당신 의지로 선택하면 됩니다. 나를 원하면 지갑을 풀고 돈을 지불하세요. 하지만 살 마음이 없으면 그만 놀리시고 그냥 가세요."

"말이 많구나."

크산토스가 말했다.

"말 많은 참새는 가격이 비쌉니다."

제자들이 말했다.

"이야기가 잘 돼 가는데! 저 녀석이 선생님에게 설교를 다 하네."

크산토스가 말했다.

"너를 사 줄 테니 도망가지 마라."

"도망가고 싶으면 도망갈 겁니다. 당신에게 묻지 않을 것입니다. 당신도 나에게 묻지 마세요. 도망친다는 말은 누구에게 해당되는 것입니까. 당신에게? 아니면 나에게?"

"물론 네가 나에게서 도망치는 것이지."

"그게 아니라 당신이 나에게서겠지요."

"왜 너한테서 내가 말이냐?"

"노예들은 대접만 잘 받으면 도망치거나 하지 않습니다. 유랑하는 노예의 친구는 굶주림과 공포뿐이기 때문이죠. 당신이 노예들에게 거칠게 대하면, 나는 조금도 아니 한 순간이라도 당신 곁에 있지 않을 것입니다."

"무슨 일이 있기만 하면 도망치겠다는 거구나. 머리는 명석한 것 같은데 생김새가 그래서 참 안타깝구나."

"저의 겉모습을 보지 말고 마음을 봐 주십시오."

"겉모습이란 게 무엇이냐?"

"술집에 포도주를 사러 가보면 알 수 있습니다. 술통의 겉모습은 비록 낡고 볼품없지만, 그 안에는 향기롭고 진한 포도주가 들어 있지요."

27

이솝의 말을 듣고 크산토스는 더 생각해볼 것도 없다는 듯이 노예 상인에게 다가가 말했다.

"이 노예를 얼마에 팔 건가?"

"어르신, 저를 바보로 보십니까?"

"왜 그런가?"

"쓸 만한 이 두 사람에게는 눈길도 주지 않으시고 이 볼품없는 놈을 사시겠다니요. 두 사람 중 어느 한쪽을 사시면 이놈을 덤으로 드리겠습니다."

"글쎄 이 사람은 얼마인가?"

"저는 이놈을 육십 데나리에 샀습니다. 그리고 경비로 십오 데나리가 들었습죠. 그 점을 헤아려 가격을 매겨주십시오."

관세 징수원들이 노예거래를 한다는 말을 듣고 찾아왔다. 사는 이가 누구며 파는 이가 누군지 물었다.

노예 상인도 칠십오 데나리에 노예를 판다는 게 창피했던지 입을 다물어버렸다. 그러자 이솝이 큰 소리로 말했다.

"팔려가는 것은 나, 판 사람은 이 사람, 산 사람은 저 사람입니다. 두 사람이 아무 말도 안 하는 걸 보니 자유의 몸이 된 게 분명하군요."

크산토스가 말했다.

"나는 칠십오 데나리에 노예를 샀소."

관세 징수원들이 기가 막힌다는 듯 웃으며, 크산토스와 그 제자들에게 이솝에 대한 세금을 면제해주고 돌아갔다.

28

이리하여 이솝은 크산토스를 따라가게 되었다. 한낮의 뜨거운 태양이 머리 위를 내리쬐고 있었다. 더위 때문인지 거리에는 사람들이 보이지 않았다. 크산토스는 옷자락을 걷어 올리고 걸으면서 소변을 봤다. 그것을 보고 몹시 화가

난 이솝이 크산토스에게 말했다.

"나를 도로 파세요. 안 그러면 도망치고 말 겁니다."

"대체 왜 그러는 거냐?"

"나를 다시 파세요. 당신을 섬길 수가 없습니다."

"누가 나에 대해 험담이라도 했느냐? 내가 노예에게 모질게 대하고, 먹을 것을 안 주고, 화를 잘 내고, 성질이 급하다고 하더냐? 그런 말에 신경 쓸 필요 하나도 없다. 남의 험담을 듣고 있으면 기분이 좋아지지. 하지만 그것도 지나치면 짜증이 나는 법이다. 그러는 사이 그 사람은 험담하는 자로 낙인 찍히지."

"크산토스 님. 그게 아니라 소변 때문입니다. 주인님은 한마디로 거침이 없으시군요. 집에 가도 맞지 않을 테고, 쇠사슬에 묶이지도 않을 테니 무리도 아니시겠죠. 주인님은 주인님 자신의 주인입니다. 자유인이십니다. 생리현상 때문에 참지 못하겠거든 잠시 쉬십시오. 지금 걸으면서 소변을 보셨습니다. 그렇다면 노예인 저는 달리면서 용변을 봐야 한다는 것입니까?"

"그 점이 걱정 되느냐?"

크산토스가 말했다.

"그렇다는 얘기입니다."

"나는 걸으면서 소변을 봤을 때, 세 가지 것을 피하고 싶었다."

"그게 무엇입니까?"

"타들어가는 땅, 참기 어려운 배변감, 내리쬐는 햇볕이다."

"그게 어쨌다는 겁니까?"

"태양이 머리 위에서 내리쬐고, 그 열기로 땅은 타들어가고 있다. 타는 땅이 내 발을 태운다. 배변감이 코까지 차올랐다. 태양이 내 머리를 태운다. 이 세 가지를 피하기 위해 나는 걸으면서 소변을 본 것이다."

"잘 알겠습니다. 잘 생각하고 하신 행동이군요. 그렇다면 길을 계속 가실 까요."

"내가 아무래도 노예가 아니라 '주인'을 산 모양이구나."

29

집에 도착하자 크산토스가 말했다.

"이솝, 내 아내는 신경이 몹시 날카로운 여자다. 갑자기 너를 보면, 나갈 테니 지참금을 돌려 달라 할 것이다. 내가 먼저 들어가 아내에게 말을 하고 올 것이니, 너는 잠시 문 앞에서 기다리고 있거라."

"부인에게 꼼짝 못 하시는군요. 그럼 그렇게 하세요."

집에 들어간 크산토스가 말했다.

"이제 당신의 하녀를 내가 부린다고 불평하지 않아도 될 것 같소. 나도 노예를 장만했으니."

부인이 크산토스에게 말했다.

"오, 당신, 정말 훌륭하세요. 꿈을 꾸었는데 꿈속에서 당신이 아름다운 남자 노예들을 사 오셨어요."

"이것은 당신이 지금까지 한 번도 본 적이 없는 아름다움일 것이오. 기다리시오. 그러고 보니 아폴론도, 엔디미온도, 가니메데스도 내 눈에 들어오지 않는구려."

여자 노예들이 기뻐하며 말했다.

"주인님이 나를 위해 남자를 사오셨어."

"아니, 나를 위해서야. 나는 꿈도 꾸었는걸."

"나처럼 말 잘 듣고 고분고분한 여자를 위해 사 오신 거야."

"그럼 네가 착하다는 거야?"

"그럼 네가 그렇다는 거야?"

여자 노예들이 다투기 시작했다.

30

크산토스 부인이 말했다.

"당신이 그렇게 자랑하시는 그 노예는 어디에 있어요?"

"문 앞에 있소. 허락 없이는 절대 남의 집에 들어가서는 안 된다고 교육 받았다오. 내가 부를 때까지 문 앞에서 기다릴 것이오."

크산토스 부인이 말했다.

"가서 그 노예를 불러오너라."

현명한 한 여자 노예가 다른 노예들이 다투는 사이 이런 생각을 했다.

'지금 밖에 나가 내가 먼저 그 남자의 연인이 되어야겠다.'

여자가 밖으로 나오며 말했다.

"새로 사 온 노예가 어디 있지?"

이솝이 여자에게 대답했다.

"여기 있다."

"당신이 새로 온 노예야?"

"그래."

"도대체 꼬리는 어디에 붙어 있는 거야?"

여자 노예가 말했다. 이솝은 여자 노예가 북치는 원숭이를 골리듯 자기를 놀리는 것을 보고 이렇게 말했다.

"잘못 봤어. 내 꼬리는 뒤가 아니라 앞에 있다."

"들어오지 말고 여기 있어. 네 몰골을 봤다간 모두 기절할 테니까."

여자 노예가 다시 안으로 들어갔다. 아직 다투고 있는 다른 노예들을 보고 이렇게 말했다.

"얘들아, 내가 왜 너희처럼 안 싸우는지 알아? 가서 직접 그 남자를 보면 알게 될 거야."

다른 여자 노예가 이솝을 보러 나가 말했다.

"이마가 멋지다는 그분은 어디 있지?"

이솝이 대답했다.

"여기요."

"어머, 흉측해라! 그 낯짝을 아프로디테 님이 때려줬으면 좋겠다. 내가 너 때문에 싸우다니! 가서 죽어버려. 안에 들어오지 마. 나에게 가까이 오지 마. 멀리 떨어져!"

이솝이 집 안으로 들어가 부인 앞에 섰다.

31

크산토스 부인은 이솝의 꺼림칙한 얼굴을 보고 남편에게 말했다.

"크산토스, 평소에 그렇게 현명하게 구시더니 참 잘도 하셨군요. 나와 헤어지고 싶어 그래요? 차마 얼굴에 대고 '나가라'는 말을 못 해서 일부러 이런 놈을 데리고 온 건가요? 내가 이 망측한 놈 때문에 참지 못하고 내 시중들과 이 집에서 나가길 바라는군요. 그것이 당신의 목적이었어요. 그렇다면 지참금을 돌려주세요. 지금 나갈 테니."

크산토스가 이솝에게 말했다.

"걸으면서 소변 보는 것은 안된다고 잘도 입을 놀려대더니, 왜 지금은 아무 말도 못하는 게냐?"

이솝이 부인을 향해 말했다.

"지참금을 가지고 지옥에나 떨어져라."

"조용해, 바보 같은 놈! 아내가 나를 얼마나 사랑하는데!"

"당신도 부인을 사랑하십니까?"

"물론."

"그렇다면 부인이 나가는 것을 원치 않으시는군요."

"그걸 말이라고 하느냐?"

"그렇다면 당신의 마음을 들려드려야지요."

이솝이 한 걸음 앞으로 나와 큰 소리로 말했다.

"여러분! 철학자 크산토스는 아내에게 꼼짝 못 하는 공처가입니다! 우리 위대한 철학자 님께서 얼마나 변변치 못한 사람인지 들어보시오!"

크산토스가 말했다.

"그만! 됐다, 됐어, 이솝."

32

이솝이 이번에는 크산토스 부인에게 말했다.

"마님, 마님께서 바라시는 것은, 주인님이 어디 가서 체격 좋고 젊은 미소년 노예를 한 명 사왔으면 하는 것이지요? 물론 눈도 아름답고 머리는 금발인 녀석으로 말입니다."

크산토스 부인이 물었다.

"그렇다면?"

"그 아름다운 남자 노예는 당신의 목욕 시중을 들겠지요. 당신의 옷을 벗겨주고, 당신이 목욕을 마치고 나오면 얇은 옷도 걸쳐 주고. 옆에 앉아 신발도 신겨주고, 함께 놀이도 할 것입니다. 때로 그 녀석의 멋진 물건을 보면서 당신은 웃음 짓기도 할 것입니다. 젊은 노예를 보고 몸이 뜨거워진 당신은, 그를 침실로 불러 다리를 주무르게 할 것입니다. 그러다 기분이 좋아져 그 녀석을 당겨 부드럽게 키스하겠지요. 그리고 마침내 당신은 참으로 부끄러운 일을 저지르게 될 것입니다. 철학자이신 크산토스 님의 명예를 더럽히고, 주인님께 치욕을 안겨 줄 것입니다.

그래, 에우리피데스! 네가 그렇게 말할 때, 입을 황금으로 막아버려야 했거늘!

　거센 대양의 성난 파도, 무시무시하구나.
　강의 급물살과 뜨거운 불의 입김, 떨리고 두렵구나.
　빈궁한 삶, 이 또한 얼마나 두려운 존재더냐,
　하지만 어찌 못된 여자보다 더 두렵다 할 수 있으리.

　분별 있는 철학자의 아내가 젊고 아름다운 남자 노예들의 시중이나 받고 싶어하다니. 그게 남편에게 수치가 된다는 걸 모르십니까? 뻔뻔한 주인 마님께선 나를 쫓아내고 싶을 것입니다. 하지만 그렇게는 못 할 것입니다."
　크산토스 부인은 화가 치밀었다.
　"감히 누구 앞에서 지껄여대느냐!"
　크산토스가 말했다.
　"지금 이놈이 말한 짓이나 대소변 보는 모습을 보이지 않도록 하시오. 그것을 보면 이솝은 데모스테네스처럼 머리가 날카로워질 테니까."
　"말도 안 돼. 그놈은 아주 교활한 노예예요. 기가 차서 화도 안 나네요. 더 이상 화도 안 나요."
　"이솝, 부인은 네게 화를 내는 것이 아니라는구나."
　"그래요. 여자들은 조금 겁을 줘야 한다니까요."
　크산토스가 말했다.
　"거 참! 맹랑한 놈일세!"

33

　크산토스 부인이 말했다.
　"이솝, 너는 분명 말을 잘한다. 하지만 내 꿈은 이루어지지 않았다. 잘생긴 노예를 사러 갔다고만 생각하고 있었는데, 너는 끔찍한 추남이니 말이다."
　"꿈이 이루어지지 않았다고 억울하게 생각할 필요 없습니다, 마님. 꿈이 모두 진실은 아니니까요. 제우스 신은 아폴론에게 예언의 힘을 내려주셨습니다. 신탁에 관계해서는 그 어느 누구보다 뛰어나도록 말입니다. 아폴론은 모든 사람이 자신을 숭배하자, 자신의 지혜는 모든 신을 능가하는 것이라고 생각하게 되었습니다. 그리고 자기가 제일이라 뽐내기 시작했습니다. 이를 보고 몹시 화가 난 제우스가 인간들 사이에서 신의 힘이 행사되는 것을 원치 않게 되었습니다. 그래서 꿈을 만들게 된 것입니다. 잠든 사이에 미래에 일어날 일을 보여 주는 것이었습니다. 아무도 자기를 찾지 않자 아폴론은, 제우스를 찾아가 화해를 청하며 예언의 힘만은 거두어 달라고 부탁했습니다. 제우스는 아폴론과 화해하며 인간들에게는 다른 꿈을 주기로 했습니다. 바로 거짓 꿈을 꾸게 하는 것입니다. 꿈을 이상하게 생각한 사람들이 그것을 아폴론에게 물어보도록 하기 위해서였습니다. 때문에 전부터 꿈에 나타난 것이었다면 그것은 분명 진짜 꿈입니다. 하지만 부인은 놀라실 것 없습니다. 꿈과 다른 현실이 나타났을 테니까요. 다시 말해 부인의 꿈은 처음부터 있었던 것이 아닌, 거짓 꿈인 것입니다. 바로 거짓 꿈에 속은 것입니다."

이솝의 현명함과 기지에 크산토스는 박수를 치며 칭찬했다.

34

어느 날 크산토스가 이솝에게 말했다.

"이솝, 자루를 챙겨라. 채소밭으로 채소를 사러 가야겠다."

이솝은 어깨에 자루를 메고 따라나섰다. 이솝과 함께 채소밭에 도착하자, 크산토스가 채소밭 주인에게 말했다.

"요리에 쓸 채소를 좀 주시오."

그는 낫을 손에 들고 양배추, 부단초, 아스파라거스, 허브를 뜯어 그것을 적당히 묶은 뒤 이솝에게 건넸다. 크산토스가 동전 상자에서 대금을 치르려고 돈을 꺼냈다.

35

채소밭 주인이 크산토스에게 물었다.

"선생님, 이게 뭡니까?"

"채소 값이오."

"왜 돈을 주시는 겁니까? 채소밭도 채소도 너무나 보잘것없는 것들입니다. 돈 대신 저에게 말씀을 주십시오. 그것으로 충분합니다."

"아니, 말도 안 되네. 자네는 농부가 아닌가. 어째서 내 말이 필요하다는 것인가. 돈을 받든가 채소를 도로 가져가든가 하시게. 나는 자네에게 쟁기나 괭이를 만들어 줄 수 있는 대장장이도 아니네. 나는 철학자라네."

크산토스가 대답했다.

"선생님 말씀은 저에게 많은 도움이 됩니다. 요즘 영 잠을 이루지 못하고 있습니다. 땅을 일구어 밭에 씨를 뿌린 다음에는 물을 주면서 열심히 돌보는데, 이상하게도 제가 뿌린 씨앗보다 잡초가 더 빨리 자라는 것입니다. 선생님, 그건 왜 그렇지요?"

철학적인 질문을 받은 크산토스는 이 문제에 바로 답하지 못하고 이렇게 말했다.

"모든 것은 신의 섭리라네."

36

크산토스 뒤에 서 있던 이솝이 웃음을 터트렸다.

"이솝, 너 지금 나를 비웃는 것이냐?"

크산토스가 말했다.

"당신 때문이 아닙니다."

"그럼 누구 때문이냐?"

"주인님의 선생님 때문입니다."

"이놈, 그리스 전체를 상대로 부도덕한 말을 하는구나. 나는 아테네에서 위대한 철학자와 변론가, 문법가들의 가르침을 받았다. 네 놈이 뮤즈들이 있는 헬리콘 산에 다녀오기라도 했다는 것이냐?"

"하지만 주인님이 아무 말도 못 한다면 주인님을 비웃을 수밖에 없습니다."

"그렇다면 이 문제에 다른 해답이라도 있다는 게냐? 신께서 지배하시는 자연의 모든 현상들을 철학자들이 다 알 수는 없는 노릇이다. 그래, 너는 무슨 좋은 대답이라도 있느냐?"

"네, 제가 대답해 보이겠습니다."

37

당황해하며 크산토스가 말했다.

"약은 놈! 그렇게 위대한 청중을 앞에 두고 연설하던 내가, 채소밭에서 이런 설명이나 늘어놓고 있다니 말이 안 된다. 하여튼 따라오너라."

떠나면서 크산토스가 채소밭 주인에게 말했다.

"나에게 지혜로운 노예 한 명이 있다네. 내가 데리고 다니는 이 사람이지. 이 사람에게 물어보면 문제가 풀릴 것이네."

"뭐라고요? 이 못생긴 남자가 글을 읽을 줄 안다는 말씀입니까?"

이솝은 웃으며 대답했다.

"참으로 불쌍한 양반이네."

"불쌍한 양반? 내가?"

"당신 농부 아니오?"

"농부, 맞소만."

"자존심은 강해가지고…… 불쌍하다고 하니까, 그렇게 화가 나오? 어쨌든 내 이야기부터 들어보시오! 저마다 자식이 딸린 두 남녀가 재혼을 했다오. 그러니까 여자에게는 전 남편과의 사이에 아이가 있었고, 남자는 전 부인과의 사이에 아이가 있었던 것이지. 그런데 그 여자는 자기가 낳은 자식을 남편의 자식보다 더 끔찍이 아끼고 보살폈소. 그건 자연의 이치라 어쩔 수 없는 것 아니겠소? 당신이 하는 걱정이 바로 이런 것이라오. 토양에게는 잡초가 친자식일 것이오. 그렇지만 당신이 심는 식물은 토양의 관점에서 보면 남의 자식인 셈이오. 그러니 정성이 덜할 수밖에. 이제야 알겠소?"

농부가 눈을 크게 뜨고 말했다.

"아 그렇군! 정말 고맙소. 큰 도움이 됐소이다."

38

"지금부터는 내가 시키는 것만 하고, 절대 나를 귀찮게 하지 마라. 기름단지와 수건을 몇 장 들고 따라 오너라. 목욕을 하러 가야겠다."

이솝은 생각했다.

'지나치게 까다롭게 굴다가 불행이 닥치면, 그것도 자기 책임이라는 것을 알아야 해. 일을 시킬 때는 어떻게 해야 하는지 철학자에게 한 수 가르쳐 줘야겠군.'

이솝은 크산토스가 말한 대로 기름단지와 수건을 들고 뒤따랐다. 하지만 기름단지에 기름은 채우지 않았다. 목욕탕에 도착한 크산토스는, 입고 있던 옷을 벗어 이솝에게 건네며 말했다.

"기름단지를 이리 내라."

이솝은 그것을 건넸다. 크산토스가 기름단지를 기울였다. 하지만 단지 속은 텅 비어 있었다. 크산토스가 의아해하며 물었다.

"이솝, 기름은 어디에 있느냐?"

"집에 있습니다."

이솝이 대답했다.

"어째서?"

"주인님께서 '기름단지와 수건 몇 장을 들고 오라' 말씀하셨기 때문입니다. 저는 분부하신 대로 단지와 수건을 들고 주인님의 뒤를 따랐을 뿐입니다. 명령에 어긋난 행동을 하면 매를 맞기 때문입니다."

이렇게 말한 뒤 이솝은 입을 다물어 버렸다.

39

크산토스는 목욕탕에서 친구들을 만났다. 그는 이솝에게 옷을 친구의 노예에게 건네주라 명령하고 말했다.

"이솝, 집에 돌아가거라. 집에 가거든 아내가 하는 것처럼, 콩을 한 줌 넣어 수프를 만들도록 해라. 냄비에 콩을 넣고 물을 부은 다음 가마 위에 얹어 놓기만 하면 된다. 장작에 불을 붙여 꺼지지 않도록 주의하면서. 알겠느냐?"

"그렇게 하겠습니다."

이솝은 집에 돌아가자마자 부엌에 들어가, 콩 한 알을 냄비에 넣어 불 위에 올려놓았다.

친구들과 목욕을 마친 크산토스가 말했다.

"우리 집에 가 함께 식사하지 않겠나? 먹을 게 조린 콩밖에 없지만 말일세. 차린 음식으로 친구를 판단하지는 말게. 선의를 고맙게 받아주게나. 아무리 초라한 음식이라도 초대한 사람의 마음이 담겨 있다면 마음이 따뜻해지지 않는가."

친구들이 말했다.

"가세나."

40

크산토스가 친구들을 데리고 집에 와 이렇게 말했다.

"이솝, 목욕을 했더니 갈증이 난다. 시원한 물을 빨리 좀 내오너라."

이솝은 욕조의 물을 단지에 담아 크산토스에게 내밀었다.

"이게 무엇이냐?"

"시원한 물입니다."

기분이 몹시 상한 크산토스가 쏘아붙이듯 말했다.

"발 씻을 대야를 가져와라."

이솝은 빈 대야를 크산토스 앞에 놓고 멍하니 서 있었다.

"또! 이건 뭐냐?"

크산토스가 말했다.

이솝이 대답했다.

"주인님께서 '대야를 가져와라' 말씀하시지 않았습니까? '발을 씻게 물을 가져와라'가 아니고요."

"내 샌들을 벗기고 발을 씻겨라."

당황한 크산토스는 친구들을 돌아보며 말을 이었다.

"봤는가? 나는 노예가 아니라 선생님 한 분을 떠받들고 살지. 자, 모두 식당으로 가세."

41

크산토스가 이솝에게 말했다.

"이솝, 콩은 다 조렸느냐?"

"예."

"먹기 좋게 익었는지 가져와 보거라."

크산토스가 말했다.

이솝은 스푼에 콩 한 알을 얹어 크산토스에게 내밀었다. 그 한 알을 먹고 크산토스가 말했다.

"됐어. 잘 익었군. 빨리 가져오너라."

이솝은 접시마다 국물을 따른 뒤 말했다.

"아주 잘 익었습니다. 드십시오."

"국물밖에 없지 않느냐! 콩은 어디 있느냐?"

크산토스가 추궁하듯 묻자 이솝이 대답했다.

"건더기는 이미 드셨습니다."

"그러면 너는 콩을 한 알밖에 익히지 않았다는 것이냐?"

"예, 주인님은 '콩을 한 줌 넣어 수프를 만들라'고 말씀하셨습니다. 그것이 제 손에는 콩 한 줌이었습니다."

42

크산토스는 말했다.

"내 친구들이 대접이 소홀하다고 생각하지 않도록, 사다 놓았던 돼지새끼발을 당장 식초로 조리하거라."

이솝은 돼지발을 냄비에 넣어 익히기 시작했다. 이솝을 매로 때릴 구실을 찾고 있던 크산토스는 일어나 이렇게 말했다.

"이솝, 식재 창고에 가서 식초를 가지고 오너라."

이솝이 식재 창고에 간 사이 크산토스가 부엌에 들어가, 냄비 안의 다리 하나를 숨겼다. 이솝은 냄비 안에 다리가 셋밖에 없는 것을 보고, 크산토스가 자기를 질책할 구실을 찾기 위해 다리 하나를 숨겼다는 것을 알았다. 이솝은 가축 우리를 둘러보았다. 마침 살이 잘 오른 돼지새끼 한 마리가 눈에 띄었다. 크산토스가 아내의 생일날 잡기로 한 돼지였다. 이솝이 새끼돼지의 입을 단단히 묶고 한바탕 소동 끝에 다리 하나를 잘라냈다. 그리고 도둑맞은 다리 대신 그것을 냄비 안에 넣었다. 한편 다리가 하나 없어진 것을 보고 이솝이 혹시 도망가지나 않을까 걱정이 된 크산토스는, 방에서 몰래 나와 숨겨둔 다리를 냄비에 도로 집어넣었다. 그렇게 해서 다리는 다섯 개가 되었다. 그러나 냄비 안에서 어떤 일이 벌어졌는지는 이솝도 크산토스도 눈치채지 못했다.

43

한참 뒤에 크산토스가 이솝에게 말했다.

"고기는 다 익었겠지?"

"예."

"그럼 가지고 오너라."

이솝이 접시를 놓고 냄비를 비우자 돼지다리 다섯 개가 나왔다. 크산토스가 새파랗게 질려 말했다.

"이솝, 돼지 다리가 몇 개지?"

"여기에는 다섯 개가 있습니다만, 밖에 있는 돼지새끼 다리는 세 개입니다."

화가 난 크산토스가 친구들을 보며 말했다.

"이보게들, 봤나? 이놈이 날 아주 미치게 할 작정인 게야?"

이솝은 대답했다.

"주인님께서 먼저 시작하셨잖습니까? 그러지 않으셨으면 저도 돼지새끼 다리를 자르거나 하지 않았을 것입니다. 하지만 후회하실 필요는 없습니다. 이 일로 주인님은 한 가지 깨달음을 얻으셨으니까요. 바로 청중 앞에서는 말을 신중히 해야 한다는 것입니다. 청중에게는 말을 너무 장황하게 늘어놓아서도, 지나치게 요점만 얘기해서도 안 됩니다."

크산토스는 이솝을 매로 다스릴 구실을 찾지 못하고, 그저 입을 다물 수밖에 없었다.

44

이솝은 그 뒤 몇 번인가 크산토스를 따라 집회에 참석했다가 그 자리에 모인 제자들과 친하게 되었다. 어느 날 한 제자가 연회를 베풀었다.

크산토스가 이솝에게 말했다.

"식사에 필요한 것을 가지고 따라오너라. 바구니, 접시, 냅킨, 햇불과 샌들, 빠짐없이 챙기거라."

이솝은 그 물건을 들고 주인의 뒤를 따랐다. 식사 중간 중간 크산토스는 요리를 조금씩 남겨 이솝에게 건네주었다. 이솝은 그것을 바구니에 넣었다. 크산토스가 이솝에게 말했다.

"음식은 잘 챙겼느냐?"

"예, 바구니 안에 잘 챙겨 두었습니다."

"나를 가장 사랑하는 여인에게 그 바구니를 가져다주어라."

"알겠습니다."

집을 향하여 걸어가면서 이솝은 속으로 이렇게 생각했다.

'지금이 바로 마님에게 맺힌 한을 풀 때다. 첫날부터 나를 바보 취급하면서 욕을 해댔지. 내가 채소밭에서 뜯어온 채소는 땅에 내동댕이치고 발로 밟았어. 그 채소를 주인님께 드려 기쁘게 해드리고 싶었는데. 말 잘하는 노예에 비해 여자는 별 쓸모가 없는 존재라는 것을 주인님도 아셔야 해. 주인님이 '나를 사랑하는 여인에게 이것을 가져다주어라' 말씀하셨지? 주인님을 가장 사랑하는 여인이 누구일까? 어디 보자……'

45

집에 도착한 이솝은 크산토스 부인에게 바구니 안의 음식물을 보이며 말했다.

"음식이 빠짐없이 다 있는지 살펴보십시오. 도중에 집어먹었던 흔적은 없는지 찬찬히 보시고요."

"아니, 생각했던 그대로구나. 주인께서 내게 보내신 것이냐?"

"아니요."

"그럼 누구에게 보내신 거지?"

"주인님께서 자기를 가장 사랑하는 여인에게 가져다주라고 하셨습니다."

"나보다 주인님을 사랑하는 여인이 대체 누구냐?"

"잠깐 기다려 주십시오. 누군지 알고 있습니다."

이솝은 집에서 기르는, 혈통 좋은 암캐를 부르며 말했다.

"류카이나, 어서 와 먹어."

그러자 암캐가 달려왔다. 이솝이 먹을 것을 주자 류카이나는 날름날름 모

두 먹어버렸다. 이솝은 연회가 열리는 곳으로 다시 돌아가 크산토스 뒤에
섰다.

46

크산토스는 물었다.
"이솝, 어찌 됐느냐, 주고 왔느냐?"
"드리고 왔습니다."
"좀 들더냐?"
"예, 모두요."
"하나도 남기지 않고?"
"예, 배가 고프신 듯했습니다."
이솝이 대답했다.
"맛있게 먹었느냐?"
"예, 아주 흡족해했습니다."
"그리고 뭐라고 하더냐?"
"아무 말도 하지 않았습니다. 하지만 여전히 주인님을 생각하는 얼굴이었습
니다."
"그래? 앞으로는 좀 편해지겠구나."
그 시간, 크산토스 부인은 시중들에게 이렇게 말했다.
"내가 정말 분해서! 크산토스와는 한시도 같이 살 수 없다. 지참금을 돌려받
으면 당장에 돌아갈 것이다. 나보다 암캐를 더 사랑하는 남자와 어떻게 함께
살아간단 말이냐?"
그리고 침실로 들어가 슬픔에 잠겼다.

47

연회가 길어지면서 연회장은 점점 대토론회장으로 변해갔다. 이것은 학문
을 사랑하는 사람들 사이에 자주 있는 일이었다. 다양한 문제들이 제기되면
서 서로 묻고 답하느라 연회장은 너무나 시끄러웠다. 한 제자가 일어나서 질
문했다.
"혼란은 언제 생기는 것입니까?"

주인 뒤에 서 있던 이솝이 말했다.

"죽은 사람이 되살아나, 자기 것을 돌려달라고 요구하면 생기지."

그러자 모두가 와 하고 웃었다. 제자들이 말했다.

"선생님이 사신 노예는, 우리보다 머리가 좋습니다."

제자 하나가 말했다.

"언젠가 나에게 '돌대가리'라고 말한 적이 있습니다."

"이솝은 자기 생각을 말하기도 하고, 선생님께 배운 것을 말하기도 합니다."

다른 제자가 덧붙이자 이솝이 말했다.

"나도 여러분과 똑같습니다."

제자들이 크산토스에게 말했다.

"이거 안 되겠는데요! 선생님, 이솝이 술을 마실 수 있도록 허락해 주십시오."

크산토스가 허락하자 이솝은 술을 마셨다.

48

연회에 참석한 사람이 이런 질문을 했다.

"도살장에 끌려가는 양은 울지 않는데, 왜 돼지는 그렇게 시끄럽게 우는 것입니까?"

이 질문에 아무도 대답하지 못하자 이솝이 나서서 대답했다.

"양에게는 우유와 양모가 있습니다. 사람이 적당한 시기에 무거워진 털을 깎아주고 우유를 짜 주면 양은 좋아합니다. 때문에 도살장에 끌려가더라도 심한 꼴은 당하지 않으리라 믿는 것이지요. 즐겁게 따라가고, 칼을 들이대도 도망가지 않습니다. 하지만 돼지에게는 털도 우유도 없습니다. 돼지는 자기에게 닥칠 일을 미리 알고 울부짖는 것입니다."

제자들이 말했다.

"정말 현명한 대답이군!"

49

집에 돌아온 크산토스는 침실에 들어가 부인을 안고 키스했다. 부인은 크산토스를 매정하게 뿌리치고 등을 돌린 채 말했다.

"저리 가세요! 다른 여자와 노닥거리는 것도 아니고, 암캐라니! 내 지참금이나 당장 돌려줘요."

"무슨 그런 터무니없는 소리를! 이솝 이놈, 이번에 또 무슨 짓을 저지른 거야?"

"그렇게 맛있는 음식을 먹은 여자를 꼬드겨 당신 여자로 삼지 그래요."

"이솝이 나를 핑계로 또 한바탕 소란을 피웠다는 거군? 누가 가서 이솝을 불러오너라."

50

이솝이 들어오자 크산토스가 말했다.

"이솝, 요리는 누구에게 주었느냐?"

"주인님은 '주인님을 사랑하는 여인에게 가져다줘라' 말씀하셨습니다."

크산토스 부인이 말했다.

"나는 아무것도 받은 게 없어요. 누구에게 가져다줘라 했는지 시치미 떼지 말고 말해요."

"이런 괘씸한 놈, 부인은 아무것도 먹지 못했다 하지 않느냐?"

크산토스가 소리치자 이솝이 말했다.

"음식을 누구에게 주라고 말씀하셨습니까?"

"나를 사랑하는 여자에게라고 했다."

"누가 주인님을 가장 사랑할까요?"

"이놈, 감히 주인을 가지고 놀 셈이냐?"

"주인님을 사랑하는 사람이 누군지 아셔야 합니다."

이솝은 암캐를 불러 말했다.

"이 개는 주인님을 사랑합니다. 주인님은 마님을 사랑합니다. 하지만, 마님은 주인님을 사랑하지 않습니다. 주인님은 부인에게 사랑받고 있다고 생각합니다. 하지만 부인은, 그런 보잘것없는 음식을 탓하며 당신에게 지참금을 돌려달라고 말합니다. 그것이 바로 당신을 사랑하지 않는다는 증거입니다. 하지만 이 개는 껍질을 벗겨도, 죽어도, 맞아도, 당신 곁을 떠나지 않습니다. 자기가 당한 것을 모두 잊어버리고, 꼬리를 흔들며 당신 품으로 파고듭니다. 주인님은 '나를 사랑하는 여자에게'라고 말씀하시지 말고, '집사람에게 이것을 가져다줘라' 이렇게 말씀하셔야 했습니다. 당신을 가장 사랑하는 여자는 부인이 아니라, 이 개이기 때문입니다."

크산토스가 부인에게 말했다.

"이제 알겠소? 내 탓이 아니라, 말꼬리를 잡힌 것이오. 어떻게든 구실을 찾아 저놈에게 매질을 하겠소. 꼭 보복해주겠소."

<h2 style="text-align:center">51</h2>

다음 날 크산토스는 제자들을 식사에 초대했다.

"이솝, 친구들을 식사에 초대했다. 뭔가 맛이 있으면서 사람들이 좋아할 만한 요리를 하도록 해라."

이솝은 속으로 생각했다.

'다시는 이런 어리석은 말을 하지 않도록 내가 이 사람을 가르쳐야겠다.'

이솝은 시장에 가, 제물로 바쳐진 새끼돼지의 혀를 사서 집에 돌아왔다. 그리고 그것을 삶고 굽고 소스에 재워 맛을 냈다. 다시 말해 혀를 여러 가지 방법으로 조리한 것이다.

정해진 시간에 손님들이 오자 크산토스가 말했다.

"이솝, 먹을 것을 내오너라."

이솝은 삶은 혀와 거기에서 나온 국물을 내왔다.

제자들이 말했다.

"선생님의 집에서는 식사까지 철학적입니다. 정말 완벽합니다. 식사가 시작되자마자 벌써 혀 요리가 나오다니!"

<h2 style="text-align:center">52</h2>

사람들이 하나둘 국그릇을 비우자 크산토스가 말했다.

"이솝, 먹을 것을 더 내오너라."

이솝은 불에 굽고 소금과 후추로 맛을 낸 혀를 나누어주었다. 제자들이 말했다.

"훌륭하십니다, 스승님. 소금과 후추는 우리 보고 날카로운 설전을 벌이라고 자극시키는 것이겠지요?"

사람들이 요리를 다 비워가자 크산토스가 이솝에게 말했다.

"이솝, 먹을 것을 더 가지고 오너라."

이솝은 이번에는 매운 소스에 재워 맛을 낸 혀를 나누어주었다. 제자들은 수군거리기 시작했다.

"우습게도! 혀를 먹으니 혀가 아픕니다."

다른 제자도 한마디 거들었다.

"다른 먹을 것은 없습니까?"

매운 소스로 맛을 낸 혀를 먹고 나자, 제자들이 구역질을 시작했다. 크산토스가 말했다.

"이솝! 모두에게 다른 요리를 나누어주거라."

이솝은 소스에 재워 맛을 낸 혀를 다시 가지고 나왔다. 더 이상 먹을 수 없게 된 제자들이 말했다.

"이것은 이솝이 일부러 벌인 일입니다. 우리는 완전히 혀에 당한 것입니다."

크산토스가 말했다.

"이솝, 다른 것은 없느냐?"

이솝이 대답했다.

"더 이상 아무것도 없습니다."

53

크산토스가 말했다.

"더 이상 아무것도 없다니 무슨 말이지? '뭔가 맛이 있으면서 사람들이 좋아할 만한 것이 있으면 그것을 사오라' 하지 않았느냐?"

이솝이 대답했다.

"제자 분들 앞에서 저를 꾸짖어 주시니 정말 감사합니다. 주인님께서 '뭔가 맛이 있으면서 사람들이 좋아할 만한 것이 있으면, 그것을 사오라'고 말씀하셨습니다. 네, 그래서 혀를 준비한 것입니다. 철학도 교육도 모두 혀가 있었기 때문에 정리할 수 있었습니다. 혀가 없었다면 아무것도 이룰 수 없었을 것입니다. 줄 수도, 취할 수도, 살 수도 없습니다. 혀가 있기 때문에 '폴리스'가 생기고, 명령이 생기고, 법률도 있는 것입니다. 이처럼 세상은 모두 혀로 인해 정리가 되는 것입니다. 그러니 세상에 혀만 한 것이 또 어디 있겠습니까?"

제자들도 말했다.

"놀랍군. 정말 말도 잘하네. 선생님, 아무래도 선생님께서 잘못 말씀하신 것 같습니다."

그날 제자들 모두는 밤새 설사로 고생해야 했다. 썩 기분 좋은 경험은 아니었다.

54

다음 날 제자들은 간밤의 고생에 대해 크산토스에게 불만을 늘어놓았다. 그러자 크산토스가 변명하고 나섰다.

"그것은 내 탓이 아닐세. 아무짝에도 쓸모없는 이솝의 잘못이지. 오늘 다시 한 번 초대하겠네. 이번에는 자네들이 보는 앞에서 이솝에게 명령하지."

그리고 이솝을 불러 말했다.

"너는 말을 거꾸로 알아들으니까. 가서 세상에서 가장 나쁜 것, 질 안 좋은 것이 있다면 사오너라!"

이솝은 시장으로 향했다. 고기 집에 들른 이솝은 다시 제물로 쓰인 돼지의 혀를 모두 사 가지고 돌아왔다. 그리고 식사 준비를 시작했다. 제자들과 집에 돌아온 크산토스는 그들과 식탁에 둘러앉았다.

먼저 마실 것을 들고 난 뒤 말했다.

"이솝, 먹을 것을 가져오너라."

이솝은 모두에게 소금에 절인 혀 한 개 씩과 소금식초 소스를 내놓았다. 제자들은 말했다.

"이게 뭔가. 또 혀인가?"

크산토스가 새파래졌다. 제자들이 수군대기 시작했다.

"어제 설사로 고생한 위를 식초로 달래라는 거야?"

포도주 두 잔을 비우고 크산토스가 말했다.

"먹을 것을 더 가지고 오너라."

이솝은 모두에게 불에 구운 혀를 나누어주었다. 제자들이 말했다.

"이게 뭐냐? 네가 우리를 혀로 미치게 하려 드는구나!"

55

크산토스가 말했다.

"이건 또 무엇이냐? 변변찮은 놈! 왜 또 이것을 산 것이냐?"

"주인님께서는 '시장에 가서 세상에서 가장 나쁜 것, 질 안 좋은 것이 있으면 사 오라.' 말씀하시지 않았습니까? 질 안 좋은 것으로 치면 혀만 한 것이 없습니다. 혀로 인해 미움이 나고, 계략과 분쟁, 질투, 불화, 전쟁이 생기는 것입니다."

크산토스의 연회에 참석한 제자 하나가 말했다.

"선생님, 이놈을 계속 상대하다가는 머리가 이상해질 것입니다. 저 몸뚱아리만큼이나 정신도 흉물스런 놈이니까요. 무례하고 교활한 이 노예에게는 일 오볼로스의 가치도 없습니다."

이솝은 그 말에 이렇게 대답했다.

"제자 분은 가만히 계십시오. 내가 보기에 당신은 참으로 교활한 사람입니다. 당신에게는 크산토스 같은 품격도 없습니다. 불씨처럼 주인의 분노에 불을 붙이다니요. 주인의 마음을 부추기지 마십시오. 그것은 제대로 된 사람이 취할 태도가 아닙니다. 다른 사람 일에 참견이나 하는 사람들이 하는 행동입니다."

56

이솝을 매로 다스릴 구실을 찾던 크산토스가 이렇게 말했다.

"이솝, 나는 필요하면 노예와도 철학을 논하는 사람이다. 너에게 한 가지 물어보자. 내 제자가 무슨 참견을 그리 했다는 말이냐?"

"지나친 참견을 했지요. 다른 사람의 초대를 받아 먹고 마실 때는 주인에게 폐를 끼치지 않는 문제를 화제로 삼아야 하는 법입니다. 세상에는 자신의 부족함을 생각하면서 다른 사람 일에 참견하지 않는 사람도 있습니다."

크산토스가 말했다.

"그래? 그렇다면 한번 증명해 보거라. 너에게 다른 명령을 내리겠다. 내일 또 다른 연회를 열 것이니, 너는 밖에 나가 참견 안 하는 사람을 찾아 초대하도록 해라. 만약 그 남자가 자신과 상관없는 일로 참견을 해도, 두 번째까지는 가만히 있겠다. 하지만 세 번째까지 참견하게 된다면 너를 가만두지 않겠다. 모진 매로 벌할 것이다."

57

다음 날 이솝은 시장으로 가서, 남의 일에 전혀 관심없는 사람을 찾아 돌아다녔다. 마침내 한 사람을 발견했는데, 그는 시끄럽고 번잡한 시장 한쪽에 앉아 책을 읽고 있었다.

'저 사람이야, 남들이 시끄럽게 떠들든 말든 상관하지 않는군. 남 일에 전혀 참견 안 하게 생겼어.'

이솝은 그 남자에게 다가가 말했다.

"위대한 철학자 크산토스 님께서 당신의 온후한 성품을 아시고 식사에 초대하셨습니다."

남자가 대답했다.

"좋소, 가십시다."

이솝은 그 남자와 함께 집으로 돌아왔다. 이솝은 그에게 문 밖에서 잠시만 기다려 달라고 부탁했다.

"그럼 식사 때까지 나는 문 앞에 있겠소."

이솝은 집에 들어가 식사 준비를 시작했다. 크산토스가 물었다.

"이솝, 참견 안 하는 사람은 어디 있느냐?"

634 이솝의 생애

"문 앞에 있습니다."

연회가 시작되자 크산토스는 남자를 불러 제자들 옆에 앉혔다.

58

크산토스는 먼저 감귤이 들어간 포도주를 손님에게 권했다. 그러자 손님이 말했다.

"아닙니다. 선생님이 먼저 드시는 것이 마땅합니다. 그 다음은 부인입니다. 그리고 당신의 친구인 저는 맨 나중에 들겠습니다."

크산토스는 '첫 번째는 내가 이겼다' 이렇게 말이라도 하는 듯 이솝에게 고개를 끄덕여 보였다. 그리고 참견 잘하는 사람이라는 몸짓을 해 보였다.

그 다음 생선이 나오자 크산토스가 말했다.

"내가 분명 조미료를 줬는데도 왜 이렇게 요리에서 맛이 안 나는 것이냐? 요리에서 향도 나지 않고, 기름도, 국물도 없지 않느냐. 요리사를 당장 불러라."

손님이 말했다.

"괜찮습니다. 이것은 누구의 잘못도 아닙니다. 모든 게 다 훌륭합니다."

크산토스는 '두 번째다'라고 말하는 듯 이솝에게 눈을 끔적여 보였다. 다음으로 깨가 잔뜩 들어간 둥근 빵이 나왔다. 크산토스가 맛을 보고 말했다.

"당장 빵 굽는 사람을 불러라. 빵이 달지도 않고 건포도도 안 들어 있다. 대체 이유가 무엇이냐?"

손님이 다시 참견을 했다.

"선생님, 빵은 너무나 맛있습니다. 이유 없이 노예를 때리지 말아주십시오."

크산토스는 '그래, 세 번째다' 자신있게 말이라도 하는 듯 이솝에게 신호를 보냈다.

이솝은 말했다.

"이제 끝장이군."

모두가 식탁을 떠난 뒤 이솝은 줄에 묶인 채 매를 맞았다. 크산토스가 말했다.

"이 정도는 약과다. 참견 안 하는 사람을 나에게 데려오지 않으면 이번에는 꽁꽁 묶어 갈기갈기 찢어놓겠다."

59

이솝은 크산토스가 한 말을 깊이 새겼다. 다음 날 광장에 다시 나가 참견 안 할 것 같은 사람을 찾았다. 무리 중에서 겉보기는 시골 사람인데, 언행은 도시 사람 같은 남자를 발견했다. 남자는 장작을 실은 당나귀를 끌고 가면서 사람들이 귀찮다는 듯, 당나귀와 이야기를 하고 있었다. 이솝은 자기밖에 모르고, 다른 사람 일에 절대 참견하지 않을 것 같은 그 사람을 마음에 두고 뒤를 쫓았다. 그 남자는 걸으면서 이렇게 말했다.

"자, 빨리 가서 장작을 십이 앗사리온에 팔자. 그 중 이 앗사리온으로는 너에게 여물을 사주마. 그리고 이 앗사리온은 내 몫이다. 남은 팔 앗사리온은 혹시 모르니 남겨두도록 하자꾸나. 갑작스런 병이나 추위로 생활이 궁핍해질지도 모르니까. 네가 오늘은 보리를 먹을 수 있지만, 일이 잘 안 풀리면 지푸라기도 먹지 못하게 될 게 아니냐?"

60

그 말을 들은 이솝이 혼자 중얼거렸다.
"감사합니다! 저 남자야말로 정말 참견 안 할 것 같다. 가까이 가보자."
이솝은 남자에게 다가가 말을 건넸다.
"안녕하시오?"
시골 사람도 이솝에게 인사를 하자 이솝이 물었다.
"장작은 얼마요?"
"십이 앗사리온이오."
이솝은 생각했다.
'좀 전에 말한 그 가격이구나.'
"혹시, 철학자 크산토스를 아시오?"
"모르겠는데, 젊은 사람인가?"
그러고는 잠시 생각하는 듯하더니 말을 이었다.
"왜 그러시오? 나는 남 일에 참견을 잘 안 하는 편이지만, 그 선생에 관해선 들은 적이 있소만."
"당신은 남을 잘 배려하시는군요. 저는 그 사람의 노예입니다."
"당신이 노예인지 자유인인지, 내가 묻기라도 했소? 그게 나와 무슨 상관이라는 거요?"

"당신의 장작을 모두 사려고 그러지요. 당나귀를 크산토스 님 댁으로 끌고 가세요."

"집이 어딘지 모르는데."

"나를 따라 오면 됩니다."

61

이솝과 남자가 집에 도착했다. 이솝은 장작 값을 치르면서 말했다.

"주인님이 댁과 식사를 같이 하고 싶어합니다. 당나귀는 정원에 두시고 잠시 기다리시오. 식사 때 부를 테니."

자기가 왜 초대되었는지 영문도 모르는 시골 사람은 그것에 대해 별로 신경을 쓰는 것 같지 않았다. 그는 진흙투성이인 신발을 털지도 못한 채 방으로 안내되었다. 크산토스가 말했다.

"이 남자가 남 일에 참견 안 하는 사람인가?"

그러고는 아내를 보며 말했다.

"당신도 이솝이 벌 받기를 바라지 않소?"

"물론이죠."

부인이 대답했다.

"그렇다면 내가 시키는 대로 해요. 일어나 손님에게 대야를 내밀도록 해요. 당신이 저 남자의 발을 꼭 씻겨야 한다는 듯이 말이오. 남자는 당신을 보고 이 집 안주인이라는 것을 알겠지. 그러면 발을 씻기지 못하게 하면서 이렇게 말할 거요. '부인, 내 발을 씻겨줄 노예가 없습니까?' 바로 거기에서 남자가 참견을 하게 되고, 이솝은 벌을 받게 되는 거지."

이솝이 미웠던 크산토스 부인은 수건을 몸에 두르고, 손님에게 대야를 내밀었다. 손님은 그 사람이 이 집 안주인이라는 것을 알고 이렇게 생각했다.

'크산토스는 철학자다. 내 발이라면 노예에게 시키면 되는데, 일부러 자기 부인에게 발을 씻기게 하고 있어. 나에게 경의를 표하기 위해서 말이야. 가볍게 행동하지 말자. 아무 말도 하지 말고 조용히 발을 내밀자.'

시골 사람은 발을 다 씻은 뒤 식탁에 앉았다.

62

크산토스는 놀랐다.

'보통내기가 아니군!'

크산토스는 감귤이 들어간 포도주를 먼저 손님에게 권하도록 명했다. 손님은 생각했다.

'먼저 이 집 주인이 마셔야 하는데, 내게 먼저 음료를 권하고 있어. 이 또한 나에게 경의를 표하기 위해서야. 역시 철학자답군. 쓸데없는 말은 삼가도록 하자.'

그리고 잔을 받아 마셨다. 크산토스는 요리를 내오도록 했다. 생선 요리가 나왔다. 크산토스는 남자에게 말했다.

"드시지요."

남자는 걸신들린 사람처럼 마구 먹어대기 시작했다. 크산토스는 요리를 맛본 뒤, 남자의 참견을 이끌어 내기 위해 이렇게 말했다.

"요리사를 불러라!"

요리사가 들어오자 크산토스는 버럭 화를 냈다.

"이 칠칠치 못한 놈. 요리할 때 왜 기름과 소스, 후추를 충분히 넣지 않았느냐? 이놈의 옷을 벗기고 매질을 해라."

시골 사람은 생각했다.

'요리는 너무나 맛이 있었다. 빠뜨린 것이 하나도 없는데. 어쨌든 크산토스가 자기 요리사를 혼내고 싶어하는 것 같으니, 아무 말도 하지 말고 가만히 있자.'

불쌍한 요리사는 매질을 당했다. 크산토스는 생각했다.

'이 남자는 말을 못하는 것일까? 아니면 머리가 모자라는 것일까? 왜 아무 말도 하지 않는 거지?'

식사 뒤 빵이 나왔다. 한 번도 먹어본 적 없는 빵을 본 남자는, 빵이 사각으로 잘려 접시에 놓여지기 무섭게 냉큼 집어들더니 꿀꺽 삼켰다.

63

크산토스는 빵 맛을 보고 다시 소리쳤다.

"가서 빵 굽는 사람을 불러 오너라!"

빵 굽는 사람이 들어오자 크산토스가 말했다.

"왜 빵에 꿀과 건포도, 잣을 넣지 않았느냐? 빵에서 신맛이 나는구나."

빵 굽는 사람이 대답했다.

"주인 어른, 만약 빵이 덜 익었다면 그것은 제 잘못입니다. 하지만 꿀이 안 들어가 신맛이 난다면 그것은 제 탓이 아닙니다. 마님 탓입니다. 제가 빵을 만들면서 마님께 꿀을 달라고 했더니 마님께선 이렇게 말씀하셨습니다. '목욕을 끝내고 직접 넣겠소.' 그런데 마님이 늦게 오셔서, 결국 꿀을 넣지 못했습니다. 그래서 빵에서 신맛이 나는 것입니다."

"정말이냐? 만약 그렇다면 지금 당장이라도 아내를 화형시키겠다."

크산토스가 그렇게 대답하며 부인에게 말했다.

"부인, 대답해 보시오! 이솝, 마른 덩굴을 가져와서 화형시킬 준비를 해라!"

이솝이 덩굴을 날라 와 큰 화형대를 만들었다. 크산토스가 아내를 끌고 가운데로 나갔다. 그리고 혹시 남자가 화를 내며 뛰쳐나오지는 않을까, 화형을 멈추라고 하지는 않을까, 눈치를 살피면서 가만히 기다렸다.

64

남자는 얼굴색 하나 변하지 않고 식탁에 기대 앉아 나와 상관없는 일이라는 듯 먹고 있었다. 크산토스가 자기를 시험하고 있다고 생각한 남자가 이렇게 말했다.

"꼭 그렇게 하시겠다면 잠깐 기다려 주십시오. 마을 밖에 나가 마누라를 데리고 오겠습니다. 제 마누라는 어찌나 잔소리가 심한지, 이번에 아주 보내 버려야겠습니다. 두 사람을 한꺼번에 화형시키는 게 더 좋을 것 같습니다."

남 일에 전혀 참견하지 않는 그 남자의 넉살 좋음에 짐짓 놀란 크산토스가 말했다.

"이솝, 네가 이겼다. 이것으로 됐다. 다시는 이런 일이 벌어지지 않도록 나를 좀 더 공손하게 섬기도록 해라."

"주인님, 앞으로 저를 바보 취급하지 말아 주십시오. 그리고 섬기는 자의 심정을 헤아려주십시오."

65

다음 날 크산토스가 이솝에게 말했다.

"목욕탕이 붐비는지 가서 보고 오너라."

이솝은 목욕탕에 가다가 한 장군을 만났다. 이솝을 익히 알고 있던 장군이 물었다.

"이솝, 어디에 가느냐?"

"모릅니다."

"어딜 가는지 모른다고?"

장군은 이솝을 감옥에 가두라고 명했다.

"장군님, 제가 말씀드린 대로지요. 저는 제가 감옥으로 끌려가게 될 줄 정말 몰랐습니다."

말문이 막힌 장군은 이솝을 풀어주었다.

66

이솝이 목욕탕에 가보니 사람들로 가득했다. 그런데 목욕탕 문 앞에 돌 하나가 굴러다니고 있었다. 안에 들어가는 사람마다 그것에 걸려 넘어졌다. 하지만 돌을 놓아둔 사람을 욕할 뿐, 그것을 치우려는 사람은 아무도 없었다. 이솝이 그것에 걸려 넘어지는 자들을 보며 어이없어하고 있을 때, 어떤 사람이 그것에 걸려 넘어지며 이렇게 외쳤다.

"누가 이런 곳에 돌을 갖다 놓은 거야? 누군지 모르지만 심보 한 번 고약하네!"

그러고 나서 돌을 구석으로 치운 뒤 안으로 들어갔다. 이솝은 크산토스에게 와서 이렇게 말했다.

"주인님, 목욕탕에는 한 사람밖에 없습니다."

"한 사람뿐이라고? 지금 가면 한가롭겠구나. 목욕에 필요한 것들을 챙겨 가지고 따라오너라."

그러나 목욕탕 안은 사람들로 와글와글했다. 크산토스가 깜짝 놀라 말했다.

"이솝, '목욕탕에는 한 사람밖에 없다'고 하지 않았느냐?"

"말씀드린 대로입니다. 들어오는 길에 돌을 보셨을 것입니다. 목욕탕에 들어가는 사람들 모두가 그 돌에 걸려 넘어졌습죠. 그럼에도 돌을 치워야겠다고 생각하는 사람은 딱 한 사람밖에 없었습니다. 그러니 목욕탕에는 한 명뿐인 게 맞지 않습니까?"

크산토스는 생각했다.

'변명 하나는 입에 기름칠을 한 것처럼 잘하는구나.'

67

목욕을 끝내고 크산토스가 식탁에 앉았다. 음료를 마시고 나자 생리 현상이 발동해 엉덩이가 근질거리기 시작했다. 크산토스가 서둘러 방을 나왔다. 이솝도 수건과 물을 들고 크산토스를 뒤따랐다. 크산토스가 물었다.

"대변을 보고 난 후에 말이다, 사람들은 왜 자기 대변을 확인해 보는지 아느냐?"

이솝이 대답했다.

"옛날 어떤 왕에게 아들이 하나 있었습니다. 그 왕자는 유난히 화장실에 앉아 있는 시간이 길었다고 합니다. 그러던 어느 날, 너무 오래 화장실에 앉아 있다가 그만 자기 영혼까지 똥으로 누게 되지 않았겠습니까. 그때부터 사람은 똥을 눌 때 자기도 모르는 사이에 영혼이 똥으로 빠져나가지 않았을까 살피게 되었다고 합니다. 하지만 주인님은 걱정하실 필요가 없습니다. 아예 영혼이 없으시니까요."

크산토스가 다시 들어와 식탁에 앉았다. 술잔치가 무르익을수록 모두 거나하게 취해갔다. 철학자들은 서로 문제를 내고 질문을 하면서 논쟁을 벌이기 시작했다. 크산토스가 먼저 논하기 시작했는데, 어느 사이 술잔치가 아닌 논쟁이 되고 말았다. 조금만 더 있다가는 큰 싸움이 날 판이어서 이솝이 말했다.

"디오니소스는 포도주를 인간에게 선물하면서, 그 포도주를 담아 마실 술잔 세 개를 같이 주었답니다. 그리고 이 술잔을 가지고 포도주를 어떻게 마셔야 하는지 가르쳐주었습니다. 하나는 쾌락을 위한 술잔이요, 또 하나는 기쁨, 나머지 하나는 만용을 위한 것이었습니다. 주인님은 쾌락과 기쁨의 잔으로 포도주를 마셨습니다. 이제 만용의 잔은 젊은 사람에게 넘기도록 하십시오. 사람들에게 이미 많은 것을 보여드렸으니까요."

술에 몹시 취한 크산토스가 말했다.

"무어라? 너의 입은 한 시도 가만있지 못하는구나! 네가 지옥의 심판관이라도 되더냐!"

"조금만 기다리시면 지옥에 갈 수 있습니다."

크산토스가 몹시 화를 내는 것을 보고 한 제자가 물었다.

"선생님, 인간은 무엇이든 다 할 수 있다고 생각하십니까?"

"인간은 뭐든 할 수 있다고 조금 전에 말했는데, 이미 끝난 애기를 왜 또 꺼내느냐?"

"그렇다면 바닷물도 다 마실 수 있습니까?"

"그럼 마실 수 있고 말고. 내가 다 마셔주지."

"만약 다 마시지 못하면 어떻게 하실 겁니까?"

몹시 취해 있던 크산토스가 말했다.

"내 전 재산을 걸고 약속하지. 만약 다 마시지 못한다면 재산을 몽땅 내놓겠다."

그 자리에 있던 사람들은 반지를 빼 던지며 내기에 동참했다. 크산토스의 발 아래에 있던 이솝은 크산토스의 발을 주먹으로 치며 말했다.

"주인님, 어쩌실 겁니까? 정신 차리십시오. 바닷물을 어떻게 다 마시겠다는 겁니까?"

"조용히 해라. 이 멍청한 놈!"

자기가 무엇을 약속했는지도 모르는 채 크산토스는 그렇게 말했다.

70

아침 일찍 일어난 크산토스가 세수를 하려고 이솝을 불렀다.

"이솝!"

"무슨 일이십니까?"

"손에 물 좀 부어라."

이솝이 크산토스의 손에 물을 부어주었다. 얼굴을 씻던 크산토스가 손가락에 반지가 없는 것을 보고 말했다.

"이솝, 내 반지가 어찌 된 거냐?"

"정말 모르십니까?"

"아, 머리가 너무 아프구나."

"어제, 연회에서 술이 취하셔서 내기를 거셨어요. 바닷물을 다 마시겠다고, 전 재산을 걸겠다고 장담하시면서. 그리고 그 증거로 반지를 빼 던지셨어요.

그렇게 되었으니, 되도록 재산을 많이 숨겨 두시고 때를 기다리셔야 될 것 같습니다. 주인님 재산은 이제 주인님 것이 아니니까요."

"무슨 말을 하는 거냐? 내가 어떻게 바닷물을 다 마실 수 있다는 거냐?"

"제가 불가능하다고 그렇게 말렸는데도 주인님은 듣지 않으셨습니다."

크산토스는 이솝의 발 아래에 몸을 던지며 말했다.

"부탁이다, 이솝. 내기에서 이기게 해주든가, 없었던 일로 해주든가, 너의 기지로 어떻게든 구실을 붙일 수 없겠느냐?"

"이기는 것은 우선 무리입니다. 내기를 취소할 생각이시라면 저에게 맡겨 주십시오."

"어떻게 하겠다는 것이냐. 네 생각을 말해봐라."

71

"조금 있으면 심판관과 내기 상대가 와서, 주인님께 바닷물을 모두 마시라고 할 것입니다. 그때 못 마시겠다고 하시면 절대 안 됩니다. 그리고 사람들이 내기를 구경하기 위해 구름떼처럼 몰려들 것입니다. 구경꾼들이 거의 다 모였다 생각이 드시면, 잔에 바닷물을 채우게 하세요. 그리고 내기 심판관에게 이렇게 말씀하세요. '내가 어떤 내기를 했는가?' 그러면 심판관은 '바닷물을 모두 마시겠다고 했다.' 대답할 것입니다. 그러면 주인님은 '그뿐인가?' 당당하게 말씀하세요. 그러면 '그뿐이다.' 대답할 것입니다. 이야기가 여기까지 되면 이렇게 말씀하시는 겁니다. '시민 여러분, 가뭄도 들지 않아 수량이 많이 늘면서 바다로 흘러드는 강물이 많아졌습니다. 나는 바닷물을 모두 마시겠다고 했지, 바다로 흘러들어가는 강물까지 마시겠다고 하지는 않았습니다. 그러므로 내기 상대가 강어귀를 모두 막아 바닷물만을 마실 수 있도록 해줄 것을 요구합니다. 세상의 모든 강어귀를 막을 수 없다고 한다면 나도 바닷물을 마실 수 없습니다.' 이렇게 불가능한 것과, 불가능한 것이 서로 부딪히면 내기는 성립될 수 없지 않습니까?"

72

크산토스는 이솝의 기지에 벌려진 입이 다물어지지 않았다. 그리고 너무나 기뻤다. 얼마 뒤 내기를 건 자들이 마을의 유력자들을 이끌고 문 앞에 와 크산토스를 소리쳐 부르며 말했다.

"바닷물을 모두 마실 텐가, 재산을 내놓을 텐가."

이솝이 대뜸 끼어들었다.

"재산을 내놓아야 할 사람은 당신이지. 이 내기는 주인님이 이긴 거나 진배없다."

"이솝, 너는 이제 내 노예가 되는 거다."

"어쭙잖은 말은 그만두시지."

그렇게 말한 뒤 이솝은 식탁과 의자를 바닷가로 옮기고, 잔도 몇 개 준비했다. 군중이 지켜보는 가운데 크산토스가 바닷가로 나와 의자에 앉았다. 그 옆에 선 이솝이 잔마다 바닷물을 채우고 나서 그 중 하나를 주인에게 내밀었다.

내기 상대가 말했다.

"저렇게 해서 언제 다 마신단 말인가?"

73

크산토스가 잔을 들고 심판을 불러 말했다.

"내가 어떤 내기를 했소이까?"

"바닷물을 모두 마시겠다고 했소."

"그뿐이오?"

"그뿐이오."

그러자 크산토스가 사람들을 보며 말했다.

"시민 여러분, 아시는 바와 같이 요새는 가물지 않아 바다로 흘러드는 강물이 많아졌습니다. 내가 내기한 것은 바닷물을 모두 마시겠다는 것이었습니다. 강물까지 마시겠다고는 하지 않았습니다. 내가 바닷물만을 마실 수 있도록, 상대 내기꾼에게 강어귀를 모두 막아 줄 것을 요구하는 바입니다."

철학자 크산토스의 승리라는 칭찬 소리가 군중 사이에서 일기 시작했다. 제자가 크산토스 발 아래에 몸을 던지며 말했다.

"선생님, 당신은 정말 위대한 분이십니다. 당신이 이기셨습니다. 부탁이니 제발 내기는 없었던 것으로 해주십시오."

그렇게 내기는 무효가 되었다.

74

이솝이 크산토스에게 말했다.

"주인님, 저는 주인님의 재산을 지켰습니다. 그러니 저를 자유의 몸으로 만들어 주십시오."

"노예로서 당연한 일을 해 놓고 그게 무슨 소리냐?"

이솝은 슬펐다. 앞으로도 계속 노예로 살아가야 한다는 자신의 처지가 가여워서가 아니라, 감사받지 못했다는 것 때문이었다. 그러나 참았다.

75

어느 날 이솝이 혼자 집을 지키고 있었다. 이솝은 옷을 홀랑 벗고 흥분한 상태에서 이상한 행동을 하기 시작했다. 그때 갑자기 크산토스 부인이 나타나 이솝의 기묘한 행동을 보고 말았다. 부인이 말했다.

"이솝, 지금 뭐하는 것이냐?"

"기분이 좋아지는 일을 하지요."

부인은 이솝의 그것이 몹시 큰 것을 보고 적잖이 놀랐다. 추한 이솝의 생김새는 생각지 못하고 순간 욕정에 사로잡혔다. 부인은 이솝을 가까이 불러 이렇게 말했다.

"지금, 아무도 몰래, 나에게 좋은 일을 해주면 너에게 멋진 선물을 주마."

이솝이 대답했다.

"만약 주인님이 눈치라도 채시면, 저는 죽은 목숨입니다. 그러니 그 보상은 톡톡히 해주실 테지요?"

부인이 살짝 웃으며 말했다.

"만약 나를 열 번 만족시켜준다면, 내 옷을 주겠다."

"맹세하시는 거죠?"

몸이 뜨거워진 부인이 맹세했다.

이솝은 주인에게 복수하고 싶은 마음도 있었기에, 부인이 원하는 대로 해주었다. 하지만 부인의 욕정을 아홉 번까지 채워주고 나자 지쳐서 더는 할 수 없게 되었다.

"부인, 남은 한 번은 도저히 못 하겠습니다."

기분이 좋아진 부인이 이솝에게 말했다.

"나를 열 번 만족시켜주지 않으면 아무것도 줄 수 없다."

몹시 지친 이솝은 이를 악물고 마지막 열 번째를 위해 노력을 다했다. 하지만 실수로 안주인의 허벅지에 사정을 하고 말았다.

"옷을 주세요. 안 그러면 주인님께 다 말해버릴 거예요."

그러자 부인이 대답했다.

"나는 내 밭을 일구라고 너를 고용했다. 그런데 너는 옆집 밭에 씨를 뿌리지 않았느냐. 약속을 다 이행해라. 그래야만 옷을 받을 수 있다."

76

마침 크산토스가 나타났다. 이솝이 다가가 말했다.

"주인님, 마님과 함께 저를 벌해 주십시오."

"무슨 일이냐?"

"마님께서 저와 들에 나가셨다가, 우연히 자두가 주렁주렁 달린 자두나무를 보셨습니다. 그것을 보시고 자두가 먹고 싶다 하시며 이렇게 말씀하셨습니다. '돌 하나를 던져 자두 열 개를 떨어뜨리면, 너에게 옷을 주겠다.' 그래서 제가 돌 하나를 던져 자두 열 개를 떨어뜨렸습니다. 그런데 그 중 하나가 퇴비

위에 떨어지고 말았습니다. 그것을 보시고 부인께서 옷을 못 주겠다고 하시는 겁니다."

그 말을 들은 부인이 남편에게 말했다.

"분명히 아홉 개는 받았습니다. 하지만 퇴비 위에 떨어진 한 개는 받은 게 아니잖아요? 이솝이 한 번 더 돌을 던져, 자두 하나를 마저 떨어뜨려야 합니다. 그래야만 옷을 줄 수 있어요."

이솝이 억울하다는 듯 말했다.

"저는 이제 열매를 딸 힘이 없습니다."

크산토스는 부인에게 옷을 주라 명했다. 그리고 이렇게 말했다.

"이솝, 난 식사가 준비될 때까지 산책을 하며 생각을 정리해야겠다. 그 사이에 넌 자두나무를 흔들어 부족한 한 개를 부인에게 가져다주면 될 거 아니냐? 그러면 옷도 받을 수 있을 것이다."

부인이 말했다.

"꼭 그러도록 해주세요. 그러면 옷을 주겠습니다."

77

크산토스가 이솝에게 말했다.

"문 밖에 나가 흉조(凶鳥)가 있는지 보고 오너라. 그런데 만약 까마귀 한 쌍이 있으면 나를 부르도록 해라. 나는 새로 점을 치지는 못 하지만 그걸 본 사람에게는 행운이 온다는구나."

이솝이 문 밖에 나가 보니 마침 문 앞에 까마귀 한 쌍이 있었다. 그는 안에 들어가 크산토스에게 말했다.

"주인님, 지금 외출하시는 것이 좋겠습니다. 까마귀 한 쌍이 앉아 있습니다."

"가자."

크산토스가 말했다.

하지만 밖에 나와 보니 까마귀는 한 마리밖에 없었다. 주인이 그것을 보고 말했다.

"이놈, 한 마리밖에 없지 않느냐, 왜 나를 불렀느냐?"

"분명 두 마리가 있었습니다."

"이것은 분명 네 잘못이다. 이놈 옷을 벗기고 가죽 끈을 가져 오너라."

크산토스는 이솝을 몹시 심하게 매질했다. 친구의 식사 초대를 알리기 위해 노예가 심부름 왔을 때까지 이솝은 매질을 당했다.

"주인님, 까마귀 한 쌍의 징조는 틀린 것입니다."

"무엇이 틀리다는 것이냐?"

"네, 까마귀 한 쌍은 길조로 운이 좋다 하셨습니다. 하지만 제가 한 쌍이 나란히 있는 것을 보고 알리러 간 사이 한 마리가 날아가 버렸습니다. 주인님은 밖에 나와 까마귀를 한 마리밖에 보지 못하셨지요. 그런데도 주인님은 식사에 초대를 받으셨습니다. 그런데 저는 한 쌍을 봤음에도 매를 맞고 있습니다. 이것으로 봐도 점이나 징조는 믿을 게 못됩니다."

그 말에 크산토스가 움찔하며 말했다.

"풀어줘라. 이제 그만 때려도 되겠다."

그렇게 말하고는 식사를 하러 갔다.

78

크산토스와 이솝이 기념비나 묘비에 적힌 글들을 읽으며 함께 마을 밖을

산책하고 있었다. 한 기념비에 새겨진 *ABΔOEθX* 라는 문자가 이솝의 눈에 들어왔다. 그것은 단어가 아니었다. 그것을 크산토스에게 보이며 물었다.

"이것은 무슨 의미입니까?"

크산토스는 한참을 생각했다. 그러나 의미를 알 수 없었고 딱히 떠오르는 것도 없었다.

"너는 어떻게 생각하느냐?"

몹시 고민하는 크산토스를 보고 있던 이솝은 신의 영감과 뮤즈들의 지혜를 얻어 이렇게 대답했다.

"주인님, 만약 이 비문에 쓰인 대로 제가 황금을 찾게 된다면 무엇을 주시겠습니까?"

그 말을 들은 주인이 이렇게 대답했다.

"그 보물의 반과 자유를 주겠다."

79

그 말을 듣자마자 이솝은 주변에서 조개껍질 하나를 주워들었다. 그리고 비석에서 뒤로 네 걸음을 물러서더니 땅을 파기 시작했다. 한참을 파던 이솝이 그곳에서 보물을 발견하고 꺼내 주인에게 건네주었다. 그리고 이렇게 말했다.

"주인님, 약속을 지켜 주십시오."

"잠깐만! 무엇을 보고 보물을 찾았느냐? 이것을 어떻게 찾았는지 그 비밀을 먼저 말해봐라."

"주인님, 여기에 보물을 묻은 사람은 철학자입니다. 도둑맞지 않도록 문자의 배열에 맞게 보물을 숨긴 것입니다. 다시 말해 A 떨어져서, B 걸음, $\varDelta$ 네 번, O 구멍을 파라, E 찾을 것이다. θ 보물, X 황금, 이렇게 됩니다."

"정말 놀랍구나. 그렇게 야무지고 빈틈이 없으니 황금은 필요 없겠구나."

약속이 무산될지 모른다고 생각한 이솝이 말했다.

"주인님, 그렇다면 황금을 주인에게 돌려주십시오."

"보물의 주인이 누구냐?"

"비잔틴의 디오니시우스 왕입니다."

"무얼 보고 알았느냐?"

"문자입니다. 분명히 쓰여 있습니다."

"어떻게?"

"들어보세요. A 돌려줘라, B 왕, $\varDelta$ 디오니시우스에게, O 발견한 것을, θ 보물, X 황금."

80

크산토스는 이솝의 말이 그럴 듯하다고 생각했다.

"그래, 보물의 반을 주마. 그러니 입 다물어라."

"그러지 마시고 약속하신 것을 지금 저에게 주십시오."

"뭐라고?"

"문자에 그렇게 쓰여 있습니다. A 취하라, B 가라, $\varDelta$ 나눠라, O 발견한 것을, E 여기에서, θ 보물, X 황금."

"정말로 엉뚱한 놈이구나. 집에 가서 나누자. 그리고 그 뒤에 너를 자유의 몸으로 만들어 주겠다."

그러나 집에 도착한 크산토스는 이솝을 묶어 감금하도록 명했다. 이솝이 외쳤다.

"저를 자유의 몸으로 만들어 주십시오. 보물은 받지 않겠습니다."

"어련하겠느냐. 네놈은 자유를 얻으면 더 많은 황금을 요구하고, 왕에게는 충성을 다할 텐데. 나는 그럴 생각 없다."

"주인님, 저를 풀어주지 않으신다면 주인님이 싫어도 그렇게 하게끔 만들겠습니다."

"어느 집 개가 짖나 보구나."

81

며칠 뒤, 관원 선거를 위해 사모스 시민들이 극장에 모였다. 대법관이 법전과 반지 모양의 공인을 가운데 놓고 이렇게 말했다.

"시민 여러분, 여러분이 희망하는 법관을 뽑기로 하겠습니다. 새로운 법관은 법을 엄수하고, 법전과 공인을 수호하는 사람이어야 합니다."

선거가 막바지에 다다랐을 즈음, 독수리 한 마리가 홀연히 나타나 공인을 낚아채 날아가 버렸다. 사람들은 이것은 불길한 징조라고 생각하며 몹시 불안해했다. 점술사와 신관이 소집되었고, 그들에게 이것이 어떤 징후인지 풀도록 했다. 하지만 이 징조를 푸는 사람이 아무도 없었다. 한 노인이 일어나 말했다.

"사모스 시민 여러분, 이런 때일수록 희생 제물로 자기 뱃속을 채우는 사람들을 주의해야 합니다. 징조를 푸는 것은 쉬운 일이 아닙니다. 바로 이런 때에 전문가가 필요한 것입니다. 우리 가운데 철학자 크산토스 님이 계십니다. 그리스인 모두 인정하는 분이지요. 그분께 이 징조를 풀어 주십사고 부탁합시다."

사람들이 크산토스를 큰 소리로 부르며, 예시를 해석해 달라고 부탁했다.

82

군중들 사이에 있던 크산토스가 일어섰다. 그러나 이치에 맞는 설명이 하나도 떠오르지 않았다. 크산토스는 예시를 해명할 수 있도록 시간을 달라고 말했다. 집회가 해산될 즈음 독수리가 다시 날아와, 관가에 딸린 어떤 노예의 무릎 위에 공인을 떨어뜨리더니 날아가 버렸다. 사람들은 두 번째 징조도 풀어달라고 크산토스에게 부탁했다. 크산토스는 무거운 마음으로 자리에서 일어섰다.

83

크산토스는 집으로 돌아가는 길에 혼잣말로 중얼거렸다.

"또 이솝을 귀찮게 해야겠구나."

그는 집에 들어서자마자 소리쳤다.

"이솝을 데려와라!"

밧줄에 묶인 채 이솝이 방에 들어왔다.

"풀어줘라."

"전 이대로가 좋습니다."

"네가 해결해주었으면 하는 것이 있어서 너를 풀어주라는 것이다."

"흥, 저를 다시 부리려고 밧줄을 푼단 말씀입니까?"

"그만하거라, 이솝. 적당히 화내고 가까이 오너라."

풀려난 이솝이 말했다.

"무슨 일이십니까?"

크산토스가 자초지종을 이야기했다.

84

주인을 골려줘야겠다고 생각한 이솝이 말했다.

"주인님, 저도 돕고 싶습니다. 하지만 그게 무슨 뜻인지 어찌 알겠습니까? 제가 점술가도 아니고……."

그 말을 들은 크산토스는 크게 실망했다. 사모스 사람들 앞에 나설 것을 생각하니 수치스러워 얼굴을 들 수 없었다. 크산토스는 자살하기로 마음먹었다.

그날 밤, 철학자 크산토스는 밧줄 하나를 들고 집을 나섰다.

그때 방에 누워 있던 이솝이 집을 나서는 주인을 보았다. 그는 눈치를 채고 그 뒤를 따랐다. 보물로 인해 원망하던 마음은 이미 사라지고 없었다. 주인은 집 밖으로 나와, 나무에 밧줄을 던져 고리 모양을 만들고 그것으로 목을 매려 했다. 그때 멀리 있던 이솝이 외쳤다.

"주인님, 기다리세요!"

크산토스가 뒤돌아보니, 달빛 속에서 이솝이 달려오는 것이 보였다.

"이솝, 이것이 내가 가야 할 길이다. 나를 말리지 마라!"

"주인님, 당신의 철학은 어디로 갔습니까? 당신의 교양은 어디로 갔습니까? 자제심을 키우라 가르치지 않으셨습니까? 그만두십시오, 주인님. 왜 이렇게 죽음을 서두르십니까? 멋진 인생을 남겨두고 왜 목을 매려 하십니까? 다시 생각하십시오, 주인님."

"내버려둬라, 이솝. 망신스럽고 불명예스럽게 사느니 차라리 죽는 게 더 낫다."

"제발, 주인님. 예시를 풀기 위해 저도 노력하겠습니다."

"어떻게?"

"저를 극장에 데리고 가 주십시오. 시민들을 위해 그럴싸한 설명을 생각해 낼 것입니다. 수수께끼를 풀었다고 하시고, 적당한 때에 저를 주인님의 제자라 소개하고 군중 앞에 세워 주십시오. 그러면 제가 앞에 나가 말하겠습니다."

이런 설득 끝에 이솝은 주인의 생각을 바꾸어 놓았다. 다음날 크산토스는 시민들 앞에 서서 이렇게 말했다.

"나의 철학은 오로지 논리적인 사유의 범주 안에서만 가능합니다. 저는 예언가도, 날아가는 새를 보고 점을 치는 점술사도 아닙니다. 하지만 여러분의 궁금증을 푸는 데 도움이 돼야 한다고 생각합니다. 철학자인 저의 명예를 걸고, 여러분에게 노예 한 사람을 소개하겠습니다. 그동안 제가 이런 문제를 해결하는 데 크게 의지해 온 사람입니다. 그가 분명 이 예시의 수수께끼를 풀어 보일 것입니다."

그리고 이솝을 민중 앞에 세웠다.

사모스 사람들은 이솝을 보자 마구 웃어대며 소리쳤다.

"수수께끼는 다른 점술사에게 맡겨라! 저건 또 무슨 괴물이냐! 그놈 참, 쓰레기를 뒤지는 개와 같구나."

이솝은 갖은 욕설에도 굴하지 않고 침착한 태도로 말하기 시작했다.

"사모스 시민 여러분, 저의 겉모습이 아니라 생각을 봐 주십시오. 생김새를 보고 그 사람의 생각까지 비난하는 것은 어리석은 자들이나 하는 행동입니다. 모습은 볼품없지만 분별 있는 사람이 많지 않습니까? 겉모습만으로는 볼 수 없는 진실이 있습니다. 바로 그 사람의 지혜 수준입니다. 다른 사람의 결점을 비웃어서는 안 됩니다. 환자를 보고 의사는 도망가지 않습니다. 상처를 살펴보고 어떻게 치료해야 할지를 결정합니다. 항아리가 있다고 합시다. 하지만 그 안의 내용물을 꺼내 맛을 보지 않는 한 절대 그 맛은 알 수 없습니다. 뮤즈는 풀숲에서, 아프로디테는 침대에서 그 진가가 발휘됩니다. 이렇게 사려분별은 말에 있는 것입니다."

그 말을 들은 사모스 시민들은, 이솝이 그 생김새와 달리 지혜로운 사람이라는 것을 알게 되었다. 그리고 서로 수군대기 시작했다.

"놀라워. 머리도 좋고 말도 잘 하네."

사람들은 외쳐대기 시작했다.

"예시의 수수께끼를 풀어라!"

이솝은 지금이야말로 자신의 생각을 전할 절호의 기회라는 듯 말을 이어나가기 시작했다.

89

"사모스 시민 여러분, 노예인 제가 자유인인 여러분 앞에서 예시의 수수께끼를 푼다는 것은 말이 안 됩니다. 제가 예시를 맞출 수 있도록 자유인이 되게 해 주십시오. 자유인으로서 자유로이 의견을 말할 수 있도록 해주신다면 안심하고 말을 시작하겠습니다."

90

사모스 사람들이 크산토스에게 말했다.

"크산토스, 이솝에게 자유를 주십시오."

집정관도 말했다.

"이솝에게 자유를 주게."

"오랫동안 아무 문제없이 나를 잘 섬겨온 노예입니다. 그럴 수 없습니다."

크산토스가 말했다.

크산토스가 반대한다는 것을 알고 집행관이 말했다.

"몸값을 치를 테니 건네주시오. 내가 그 사람을 자유인으로 만들겠소."

크산토스는 고작 칠십오 데나리에 이솝을 샀던 기억을 떠올렸다. 그러자 돈 욕심이 나서 이솝을 해방시킨 거라고 비난받고 싶지는 않았다. 크산토스가 일어나 말했다.

"나 크산토스는 사모스 시민 여러분의 요구에 따라 이솝의 자유를 약속하겠습니다."

91

드디어 이솝이 가운데로 나와 말했다.

"사모스 시민 여러분, 자신을 도우십시오. 여러분 자신의 자유를 위해 마음을 다지십시오. 그 일은 도시가 공략당하고 여러분이 적에게 굴복당하리란 계시입니다. 그에 앞서 전쟁이 있을 것입니다. 이것을 기억하십시오. 독수리는 새들의 왕자입니다. 다른 어떤 새보다 힘이 셉니다. 홀연히 나타나 법전에는 눈길도 주지 않고, 국권의 징표인 인장을 빼앗아 관노의 무릎 위에 던졌습니다. 이것은 자유인의 신의를 노예의 멍에 속에 집어넣는다는 것입니다. 예시에 대한 응답은 바로 이것입니다. 통치자가 여러분의 자유를 빼앗고 법률을 무효화시킬 것이며, 힘으로써 여러분을 누를 것입니다."

92

이솝의 이야기가 끝나기도 전이었다. 새하얀 옷을 걸친 크로이소스 왕의 파발꾼이 나타났다. 그들은 행정관을 찾아 집회가 열리고 있는 극장까지 들어왔다. 행정관들이 건네받은 서신을 펼쳐 읽기 시작했다. 아래와 같은 내용이었다.

"리디아 사람 크로이소스 왕이 사모스의 행정관, 고문, 시민에게 인사를 보낸다. 나는 사모스의 모든 시민이 앞으로 더 많은 세금과 조공을 바칠 것을 명령한다. 이를 시행하지 않을 시에는 무력으로라도 이를 집행할 것이다."

93

행정관들은 리디아 왕국의 강한 적의가 이 나라에 미치지 않도록 요구에 응하자고 시민들을 설득했다. 그러자 시민들은 이솝에게 크로이소스 왕의 요구에 응해야 할지, 거부해야 할지 의견을 말해 달라고 했다. 예언을 적중시킨 이솝은 이미 위대한 예언가로 칭송받고 있었다. 이솝은 사람들에게 말했다.

"사모스 시민 여러분, 여러분의 고관들은 국왕에게 조공을 보내야 한다고 합니다. 그런데 여러분은 나에게 조공을 보내야 할지 말아야 할지를 묻고 있습니다. 내가 '보내지 말라'고 하면, 나는 크로이소스 왕의 적이 됩니다."

군중이 외쳤다.

"당신의 생각을 말해주시오!"

이솝이 말했다.

"내 생각을 말할 수는 없습니다. 대신 이야기를 하나 들려드리겠습니다."

94

"프로메테우스는 제우스의 명령으로 인간에게 두 가지 길을 보여주었습니다. 하나는 자유의 길, 다른 하나는 노예의 길이었습니다. 자유의 길은, 처음에는 험난하고 가파르며 많은 위험이 도사리고 있었습니다. 하지만 결국 넓은 평원과 이어져 있었습니다. 평원에는 산책길과 숲이 있고, 숲에는 과일과 물이 가득했습니다. 여행자가 쌓인 피로를 풀 수 있기에 충분했지요. 그에 반해 노예의 길은, 처음에는 평탄하고 꽃이 만발해 부드러워 보였습니다. 하지만 끝으로 갈수록 험난하고 가파른 위험한 길이었습니다."

이솝의 말을 듣고 사모스 사람들은 무엇을 선택해야 하는지 깨닫게 되었다. 그들은 만장일치로 험난한 길을 택하기로 결정했다. 그리고 그것을 사자에게 통고했다. 사자는 사모스를 떠나 이솝이 말한 것을 왕에게 전했다.

그 말을 전해들은 크로이소스 왕은 군대를 소집하고 무장시켰다. 국왕의 측근들은 왕을 격려하며 말했다.

"폐하, 사모스 섬으로 가 그들을 굴복시키시옵소서. 다시는 이 리디아 왕국에 칼을 들이대지 못하도록 해야 합니다. 또한 이것을 본보기로 삼아 다른 나라도 저항하지 못하게 해야 합니다."

한 신하가 왕에게 말했다.

"성스러운 왕관을 걸고 맹세합니다. 폐하께서 아무리 완전무장을 하셔도, 이솝이 살아 있는 한 사모스는 폐하의 소유가 되지 못할 것입니다. 이솝이 사모스 사람들에게 지혜를 주기 때문입니다. 서면을 보내 이솝을 이쪽으로 보내게 하십시오. '이솝 대신 바라는 것이 있으면 구하라. 내가 너희에게 주리라.'"

크로이소스 왕은 딱히 적당한 사자도 없었기 때문에, 진언한 그 신하를 사신으로 사모스에 보냈다. 그는 즉시 사모스 섬을 향해 출발했다. 그리고 사모스에서 집회를 소집하여, 크로이소스 왕과의 사이를 그르치고 싶지 않으면, 이솝을 왕에게 넘기라고 사람들을 설득했다. 민중이 외쳤다.

"이솝을 왕께 데리고 가라!"

이솝이 가운데로 나와 말했다.

"사모스 시민 여러분, 나는 국왕의 발 아래에서 죽기를 바랍니다. 하지만 한 가지 말씀드리고 싶은 것이 있습니다. 내가 죽거든 내 묘비에 글을 새겨주십 시오."

97

"옛날, 동물들이 인간처럼 말을 하던 때의 일이다. 늑대와 양이 전쟁을 했 습니다. 전쟁에서 승리한 늑대는 양을 갖은 방법으로 탄압했습니다. 하지만 양이 개와 한편이 된 뒤, 개가 늑대를 쫓아냈습니다. 개에게 쫓겨난 늑대는 양 에게 사신을 보냈습니다. 사신으로 온 늑대는 양의 무리에 들어가 말했습니 다. '전쟁을 하고 싶지 않으면 개를 우리에게 건네라. 그렇게 한다면 전쟁은 없 을 것이다. 그리고 그대들도 편히 잠들 수 있을 것이다.' 어리석은 양들은 그 말을 굳게 믿고 개를 건네주었습니다. 늑대는 개를 잡아먹었습니다. 한참이 지 난 뒤 늑대는 양을 다시 공격하기 시작했습니다. 이 이야기에서처럼 여러분은 나라에 도움이 되는 사람을 넘겨서는 안 됩니다."

이 이야기가 자신들을 빗대어 하는 이야기라는 것을 깨달은 사모스 사람들은, 이솝을 보내지 않기로 결정했다. 하지만 이솝은 사자를 따라 크로이소스 왕에게 갔다. 이솝을 본 왕은 몹시 분노하며 말했다.

"사모스를 속국으로 삼는 것과 조공의 징수를 방해한 것이 바로 너냐? 전해들은 말로 너라는 것은 알고 있었다만, 참으로 수수께끼 같은 인물이로구나."

이솝이 말했다.

"국왕 폐하, 저는 당신 앞에 끌려온 것이 아닙니다. 저의 의지로 여기까지 온 것입니다. 폐하는 지금 상처를 입고 그 통증으로 괴로워하고 있을 것입니다. 본디 상처는 의사가 고치지만 폐하의 상처는 제 말이 아물게 해드릴 것입니다. 만약 제가 여기서 죽는다면 이 나라의 장래는 어두워질 것입니다. 폐하는 자신의 의견에 반대하는 자들은 측근이라도 상관하지 않고 내치셨습니다. 폐하를 위해 진언하고도 폐하의 손에 죽게 된다면 누가 국익을 위한 진정한 의견을 내놓겠습니까?"

99

이솝의 말에 깊이 감복한 국왕은 미소를 지으며 말했다.

"그래, 나에게 도움이 될 만한 이야기가 또 있느냐?"

이솝이 말했다.

"옛날 동물이 인간처럼 말을 하던 때의 일입니다. 지독한 가난 때문에 메뚜기와 귀뚜라미를 잡아 생활하던 사람이 있었습니다. 그는 그것을 소금에 절여 내다 팔면서 겨우겨우 연명했지요. 어느 날 그는 메뚜기 한 마리를 잡았습니다. '이것이 마지막이다' 생각한 메뚜기가 그에게 말했습니다.

'제발 저를 죽이지 마세요. 저는 벼이삭 하나 해치지 않았고, 나뭇가지 하나 꺾지 않았습니다. 그리고 날개와 다리를 문질러 아름다운 소리를 냅니다. 그 소리를 들은 나그네들은 잠시나마 편안한 휴식을 취합니다.'

측은한 마음이 든 남자는 메뚜기를 들에 놓아 주었습니다. 그와 똑같이 저도 폐하의 발 아래에 있습니다. 부디 자비를 베풀어 주십시오. 저는 군대를 움직일 만한 힘이 없습니다. 아름답지도 않으며, 다른 사람을 보호할 만큼 풍채

가 늠름하지도 않습니다. 그저 보잘것없는 몸으로 사람들과 희로애락을 함께
할 뿐입니다."

100

그 말을 듣고 국왕은 이솝을 동정하게 되었다.
"널 살려주마. 바라는 것이 있으면 말해보아라. 들어주겠다."
"사모스 사람들에게 평화를 주십시오."
"그렇게 하겠다."
이솝은 왕의 발 아래 조아리고 감사를 드렸다. 그리고 국왕을 위해 이야기
와 우화를 만들어 문고로 남겼다. 이것이 바로 지금까지 전해 내려오는 이솝
이야기이다. 사모스의 평화를 지켜주겠다는 국왕의 서신과 함께 많은 선물을
받은 이솝은 사모스 섬으로 돌아왔다. 그리고 회의를 소집하여 국왕의 서신
을 읽었다. 이솝의 기지 덕분에 크로이소스 왕과 사모스가 화해했다는 소식
을 들은 사람들은 이솝을 높이 칭송했다. 그리고 이솝이 리디아로 끌려갈 때
의 출발지점을 '이솝 광장'이라고 부르기로 했다. 이솝은 뮤즈들에게 재물을
바치고 신전을 세웠다. 그리고 뮤즈들 사이에 아폴론이 아닌 므네모시네를 모
셨다. 아폴론은 마르시아스에게 했던 것처럼 이솝에게도 몹시 분노했다.

101

이솝은 그 뒤 오랫동안 사모스 섬에서 생활하며 많은 명예를 얻었다. 그러나 다른 세상이 알고 싶어진 이솝은, 그동안 받은 많은 사례금을 가지고 여행을 떠나게 되었다. 여행을 하다가 이솝은 리쿠르고스 왕이 지배하는 바빌로니아에 도착하게 되었다. 이솝이 바빌로니아에 들어온 지 얼마 되지 않아 그의 지혜로움에 대한 소문이 나라 구석구석까지 자자해졌다. 이솝의 지혜로움을 깊이 사모한 리쿠르고스 왕은 이솝에게 관직을 내렸다.

102

그 시대 왕들은 지혜를 겨루어 명예의 우열을 가렸다. 제시한 문제를 맞히느냐 못 맞히느냐로 조공을 받기도 하고 올리기도 했다. 그것이 관례였다. 왕들은 전쟁터에서 얼굴을 서로 마주 하지 않기 때문이었다. 먼저 학문적인 문제를 서신으로 보낸다. 그것을 풀지 못하면 서신을 가져온 사람 편에 조공을 보낸다. 이솝은 리쿠르고스가 받은 문제를 풀어 국왕의 명예를 높였다. 또한 리쿠르고스를 대신하여 여러 왕들에게 문제를 보냈다. 답하지 못한 왕들이 리쿠르고스에게 조공을 바치니, 바빌로니아 왕의 세력은 점점 커져나갔다. 그 덕분에 바빌로니아 왕은 야만족을 평정할 수 있었을 뿐 아니라, 온 그리스에 이르는 넓은 지역을 지배할 수 있게 되었다.

103

이솝은 바빌로니아에서 헬리오스라는 한 소년을 알게 되었다. 후계자가 없었던 이솝은 그 소년을 양자로 삼았다. 그리고 자신의 후계자로서 헬리오스를 국왕에게 소개하였다. 이솝은 온 정성을 다하여 헬리오스를 가르쳤다. 어른이 된 헬리오스는 국왕의 첩 중 하나를 유혹했다. 그 일을 알게 된 이솝은 몹시 화를 내며 경고했다.

"규정을 어기고 국왕의 소유에 손을 대는 자는 죽음을 면치 못한다!"

104

이솝의 잔소리를 참지 못한 헬리오스는 친구들의 꾐에 넘어가 이솝에게 누명을 씌웠다. 이솝의 이름으로 리쿠르고스의 적에게 보내는 가짜 편지를 쓴 것이다. 그 내용은 이솝이 언제든 적을 도울 준비가 되어 있다는 것이었다. 그리고 편지는 이솝의 반지 인장으로 봉인되어 있었다. 헬리오스는 리쿠르고스에게 편지를 건네며 말했다.

"신뢰하시던 폐하의 친구가, 어떻게 나라를 배신하는지 보십시오."

봉인을 보고 몹시 분노한 국왕은, 법 감찰관인 헤르미포스에게 반역자 이솝을 사형에 처하라 명했다. 그러나 이솝의 진정한 친구인 감찰관은 이솝의 무죄를 믿었다. 그래서 그를 죽이는 대신 자신이 관리하는 감옥에 숨겨주었다. 국왕에게는 이솝을 죽였다고 거짓 보고를 했다. 이솝의 지위는 헬리오스가 이어받게 되었다.

105

이집트의 왕 넥타네보가 이솝이 죽었다는 소식을 듣고, 리쿠르고스에게 사신을 보냈다. 사신에게는 서신과 함께 풀어야 할 문제가 들려 있었다. 이솝이 죽고 없는 바빌로니아에서 그 문제를 풀 사람이 한 사람도 없을 거라 예측했기 때문이었다. 문제는 다음과 같은 것이었다.

"이집트의 왕 넥타네보는 바빌로니아의 왕 리쿠르고스에게 안부를 보내오. 나는 땅에도 닿지 않고, 하늘에도 닿지 않는 높은 탑을 쌓고 싶소. 이런 탑을 쌓을 수 있는 사람과 내 질문에 답할 수 있는 사람을, 나에게 보내시오. 이 요구에 응한다면 내가 통치하는 모든 나라에서 앞으로 십 년간 조공을 받게 될 것이오. 단 이에 응하지 못하면, 바빌로니아가 다스리는 모든 나라에서 앞으로 십 년간 조공을 내가 거둘 것이오."

106

서신을 읽은 리쿠르고스는 갑작스레 닥쳐온 불행에 어찌할 바를 몰랐다. 그는 측근들에게 진언하도록 명령했다. 그 중에는 헤르미포스도 있었다.

국왕이 말했다.

"문제를 풀든가, 아니면 목숨을 내놓든가 하라!"

"폐하, 하늘에도 땅에도 닿지 않는 탑을 어떻게 세우겠습니까?"

"폐하, 저희는 어떤 명령이든 받잡겠습니다. 하오나 이런 것은 해결할 힘도 경험도 없사옵니다. 부디 용서하옵소서."

측근들이 대답했다.

화가 난 국왕은 모두의 목숨을 거두어버리라 명령했다. 리쿠르고스는 자신의 얼굴을 치고 머리카락을 쥐어뜯으며 이솝을 잃은 것을 한탄했다.

"나의 우매함으로 나라의 기둥을 잃었구나!"

국왕은 식음을 전폐했다.

107

헤르미포스는 왕이 완전히 궁지에 몰렸음을 알고 이렇게 고했다.

"폐하, 오늘은 저에게 마지막 날이 될 것입니다."

"무슨 말이냐?"

리쿠르고스가 물었다.

"신은 폐하의 명령을 어기고 대죄를 저질렀습니다."

"그게 무슨 말이냐?"

국왕이 말했다.

"이솝이 살아 있사옵니다."

절망의 나락에서 헤매던 리쿠르고스는 그 말을 듣고 뛸 듯이 기뻐했다. 그리고 헤르미포스에게 말했다.

"정말로 이솝이 살아 있다면, 네가 말한 마지막 날을 영원히 보류해주겠노라. 그를 몰래 숨겨두다니 네가 나를 살렸다. 반드시 너에게 보답하겠다. 너는 바빌로니아의 은인이다."

리쿠르고스는 이솝을 데려오라 명령했다. 오랜 감금 생활로 머리는 헝클어지고 얼굴은 새파래진 이솝이 리쿠르고스 앞에 끌려 나왔다. 국왕은 이솝을 차마 바라보지 못한 채 울음을 터뜨렸고, 이어 이솝을 극진히 돌보라 명했다.

108

이솝이 침착하게 국왕 앞에 나와 입을 맞추었다. 그리고 지난 일들의 경위를 말하고 진실을 밝혔다. 국왕은 아버지를 배신한 헬리오스를 죽이려 했다.

"폐하, 죽음은 부끄러움을 덮어주는 법입니다. 살아서 죽을 때까지 양심의 가책으로 괴로워하는 편이 낫습니다."

이솝은 국왕을 만류했다. 국왕은 헬리오스의 목숨을 구해주기로 하고 이솝에게 말했다.

"이집트 왕의 서신을 읽어주게."

이솝은 웃으며 말했다.

"다음과 같이 답하십시오. '겨울이 되면, 탑을 쌓을 사람과 문제에 답할 사람을 보내겠다.'"

리쿠르고스는 이솝이 말한 대로 서신을 써 이집트로 보냈다. 그리고 이솝을 즉시 총리대신으로 세워 노고를 치하하고 헬리오스는 그 수하에 두었다. 이솝은 헬리오스를 불러 훈계하고 꾸짖으며 다음과 같이 말했다.

109

"나의 아들 헬리오스야, 내 말을 잘 듣거라. 너는 일찍이 나에게 교육을 받아왔다. 하지만 그 은혜에 보답하지 않았다. 지금부터 내가 하는 말을 마음 깊이 새기거라.

먼저 신을 경배하라. 이것은 의무이기 때문이다. 왕을 존경하라. 그 힘은 신과 같기 때문이다. 너의 스승을 부모와 같이 존경하라. 부모는 소중히 모셔야 할 사람들이며, 자기의 목숨과 바꿀 만큼 너를 사랑하기 때문이다. 그 은혜를 배로 갚도록 하라.

매일 필요한 만큼의 식사를 하여 그 다음날에도 건강하게 움직일 수 있도록 해라. 왕궁에서 뭔가 듣거든, 모두 너의 마음속에서 처리해라. 너의 죽음을 재촉하지 않기 위해서다. 아내에게는 최선을 다해라. 여자는 본디 깃털처럼 가벼우나 자기에게 정성을 다하는 남자 앞에서는 다른 마음을 품지 않기 때문이다.

술자리에서 배운 것을 자랑하며 잘난 척하지 마라. 도리에 어긋난 이치에 빠지게 되면 웃음거리가 되기 때문이다. 부디 말을 삼가도록 해라. 촉망받는 자를 질투하지 마라. 축하해주고 그가 하는 일에 함께 동참하도록 해라. 질투심 많은 자는 어느 사이엔가 자신에게 상처를 입히게 된다. 너의 노예들을 잘 돌봐주어라. 가진 것을 나누어주어라. 주인으로서 존경받기를 바라지 말고 은인으로서 존경받기 위해 애써라.

네 마음의 주인이 되어라. 의도하지 않았던 것을 배우게 되더라도 부끄러워하지 마라. 아는 척한다는 말보다 무식하다는 말이 더 낫기 때문이다. 숨겨야 할 것은 아내에게도 말하지 마라. 여자란 함께 생활하더라도 적대해야 할 존재이기 때문이다. 그녀들은 온종일 어떻게 하면 너를 꼼짝 못 하게 할까 궁리하고 무장한다."

110

"날마다 손에 넣는 빵을 내일을 위해 남겨두어라. 살아서 친구 없이 사는 것보다, 죽어서 적에게 남겨주는 것이 더 낫기 때문이다. 네가 만나는 사람들에게 친절하게 대하고 빨리 친해지도록 해라. 꼬리를 흔드는 개는 빵을 얻지만, 시끄럽게 짖어대는 개는 몽둥이로 맞는 법이다.

재물을 자랑하지 말고 자제심을 자랑으로 여겨라. 돈은 시간과 함께 사라질 수 있지만, 자제심은 절대 빼앗기지 않기 때문이다. 적에게 원한을 품지 마라. 오히려 더 잘해주어라. 그러면 적은 너에게 한 행동을 인정하고 후회하게 될 것이다. 주저하지 말고 자비를 베풀고, 남에게 충분히 주어라. 행운이 언제나 네 곁에 있는 것이 아니기 때문이다. 욕하고 중상하는 사람은 네 형제라 해도 늦기 전에 내쫓아라. 그들이 네 앞에서 웃는 이유는 너의 말을 듣고 행동을 보았다가 다른 사람에게 험담하기 위해서다. 포획한 것이 크다고 기뻐하지 말고 작다고 한탄하지 마라."

　이렇게 말한 뒤 이솝은 돌아갔다. 이솝의 말로써 매를 맞은 헬리오스는 자신이 한 짓을 진심으로 뉘우쳤다. 그리고 양심의 가책으로 아무것도 먹지 못하고 괴로워하다가 결국 굶어 죽었다. 이솝은 몹시 슬퍼하며 헬리오스를 정성스레 묻어주었다.

111

　이 일이 있고 난 뒤 이솝은 조련사를 불러 독수리 네 마리를 잡아오도록 명했다. 그는 독수리의 맨 앞쪽에 난 깃털을 뽑았다. 그래도 날 수 있을 거라 생각했기 때문이다. 그리고 조련사들에게 독수리가 아이를 등에 태우고도 날 수 있도록 가르치라고 명했다. 독수리들은 점차 아이를 태우고 하늘을 날 수 있게 되었다. 그리고 아이들의 말을 따르게 되었고, 아이들이 가고 싶어하는 곳이라면 어디든 날아가게 되었다. 여름이 되자 이솝은 왕 앞에 나아가 고했다.

　"이제 떠나겠습니다."

　그러고는 아이들과 독수리, 이집트 사람들도 깜짝 놀랄 만큼 많은 시종들과 선물을 가지고 이집트로 출발했다.

112

멤피스에 도착하자, 이솝이 왔다는 소식은 넥타네보 왕의 귀에 금세 들어갔다. 왕은 기분이 몹시 상하여 측근들을 불렀다.

"나는 속았소. 이솝이 죽었다기에 리쿠르고스에게 도전장을 낸 것이오."

넥타네보는 이솝이 배에서 내려도 좋다고 허락했다. 다음 날 이솝이 왕을 알현했다. 넥타네보 왕은 장군들과 내신들에게 흰 옷을 입으라 명했다. 자신도 순백의 옷으로 몸을 감싸고, 머리에는 뿔 장식을 달았다. 그리고 왕좌에 앉아 이솝을 들어오게 했다.

이솝은 국왕의 차림에 감탄했다. 넥타네보는 이솝에게 말했다.

"내가 무엇으로 보이느냐. 나를 둘러싼 자들은 무엇으로 보이느냐?"

"폐하는 달로, 폐하를 둘러싼 분들은 별로 보입니다."

다음 날 넥타네보 왕은 주홍색 옷을 입고, 꽃을 한 아름씩 안은 신하들을 이끌고 나타났다. 이솝에게 들어오라 명한 뒤 물었다.

"나와 나를 둘러싼 사람들이 무엇을 닮은 것 같으냐?"

이솝이 대답했다.

"폐하는 봄의 태양으로, 주변 분들은 대지의 과실로 보입니다. 짙은 자홍빛을 발하는 폐하께선 멋진 매력을 발산하고 계시며, 꽃과 같은 과실을 따게 되실 것입니다."

이솝의 말솜씨에 감탄한 왕은 많은 선물을 주었다.

115

다음 날 넥타네보는 하얀 옷을 입고 측근에게는 주홍색 옷을 입혔다. 이솝이 들어오자 똑같이 물었다.

"나와 나를 둘러싼 사람들이 무엇을 닮았느냐?"

"폐하는 태양을, 주변 분들은 그 빛을 닮았습니다. 폐하가 태양처럼 빛을 발하시니 주변이 그 빛으로 붉게 타는 것입니다."

왕이 크게 감탄하며 말했다.

"그래, 그래서 나의 왕국이 리쿠르고스 왕 치하의 바빌로니아보다 낫다는 것이다."

이솝이 미소 지으며 말했다.

"리쿠르고스 왕의 이름을 입에 가벼이 올리지 마십시오. 리쿠르고스 왕께서는 제우스처럼 특별한 분이시기 때문입니다. 제우스는 해와 달을 뜨게 하시고 사계절의 조화를 이루십니다. 분노하면 자기 신전을 흔들고, 천둥으로 천지를 울리고, 무섭게 번개를 치고 땅을 흔드십니다. 저희 리쿠르고스 왕께서도 그 빛으로 폐하의 왕국을 그림자로 덮고 어둠으로 지울 것입니다. 그 위력으로 모든 것을 멈추게 할 것입니다."

116

이솝의 현명함과 혀의 날카로움을 익히 알던 넥타네보 왕이 말했다.

"탑을 쌓을 자들을 데리고 왔느냐?"

"준비했습니다. 장소를 정해주시면 지금이라도 시작할 것입니다."

왕은 이솝과 함께 성 밖으로 나가 탑 쌓을 장소를 결정했다. 이솝은 한 구석에 독수리를 놓고, 아이들에게 독수리를 타고 하늘로 날아오르라고 명령했다. 공중으로 날아오른 아이들이 외쳤다.

"진흙과 벽돌과 나무를 가져다 주세요."

"어디에서 하늘을 나는 사람들을 데려왔느냐?"

"리쿠르고스 왕께는 하늘을 나는 사람들이 있습니다. 그에 비하면 보통 사람이신 폐하께서 신과 같은 저희 국왕과 싸우시렵니까?"

"이솝, 내가 졌네. 내 질문에나 답하거라."

"얼마든지 물어보시옵소서."

117

넥타네보 왕이 말했다.

"새끼를 많이 낳는다 해서 그리스에서 말을 가져왔는데, 바빌로니아 말이 우는 바람에 유산을 했다. 어떻게 하겠느냐?"

이솝이 말했다.

"대답은 내일 드리겠습니다."

이솝은 집으로 돌아오자마자 고양이 한 마리를 잡아오게 했다. 고양이를 잡아오자 많은 사람들 앞에서 매로 때리기 시작했다. 그것을 본 이집트 사람들이 이솝의 집에 몰려가 큰 소리로 항의했다. 이솝은 고양이를 풀어주라고 명했다. 이집트 사람들은 왕 앞에 나가 큰소리를 지르며 이솝을 욕했다. 왕이 이솝을 불러 말했다.

"너는 해서는 안 될 일을 했다. 고양이는 이집트 사람이 숭배하는 부바스티스 여신의 모습과 같다."

118

이솝이 말했다.

"어젯밤에 리쿠르고스 왕께서 고양이 여신 때문에 큰 변을 당하셨습니다. 젊고 위풍당당하고 게다가 시간까지 알려주는 수탉이 있었는데, 고양이가 어젯밤 수탉을 죽여 버렸기 때문입니다."

넥타네보 왕이 이솝에게 말했다.

"그런 뻔한 거짓말을 하고도 부끄럽지 않느냐? 어떻게 고양이가 하룻밤 사이에 이집트에서 바빌로니아까지 갈 수 있단 말이냐?"

"우리나라 말이 우는 소리를 듣고 이 땅의 암말이 유산했다고 하시니 드리는 말씀입니다."

이솝의 지혜로움에 두려움을 느낀 왕은 패배를 인정했다. 넥타네보 왕은 리쿠르고스 왕에게 조공을 바칠 수밖에 없게 되었다.

119

자연 현상으로 점을 치던 헬리오폴리스의 예언자들이 왕의 부름을 받았다. 예언자들과 왕은 이야기를 나눈 끝에 이솝을 식사에 초대하기로 했다. 지정된 시간에 모두가 나와 식탁에 앉았다. 그러자 헬리오폴리스의 예언자 중 하나가 이솝에게 말했다.

"신의 물음을 몇 가지 전할 테니 그것에 답해 주십시오."

"진실로 신의 말씀이오? 자고로 신은 인간의 마음을 꿰뚫는 분이오. 그러니 누구에게도 질문을 하지 않는 법이라오. 하지만 여러분이 정 묻고 싶으시다면 한번 들어보지요."

120

예언자가 말했다.

"신전이 있는데, 기둥은 하나뿐입니다. 기둥 아래에는 열두 도시가 있고, 그 각각에는 삼십 개의 들보가 있습니다. 그 들보 사이를 두 여인이 달리고 있습니다. 무엇을 뜻하는 것입니까?"

이솝이 대답했다.

"그 문제라면 제 고향에서는 아이들도 풉니다. 신전은 세계입니다. 모든 것을 감싸기 때문입니다. 기둥은 해(年)입니다. 그것은 정해져 있기 때문입니다. 아래에 있는 도시는 열두 달을 말합니다. 도시는 열두 달의 지배를 받기 때문입니다. 삼십 개의 들보는 삼십 날을 말합니다. 빙글빙글 도는 두 여인은 밤과 낮입니다. 서로가 뒤쫓고 있기 때문이지요."

그 뒤 모두가 연회를 떠났다.

121

다음 날 넥타네보 왕은 대신들을 모아 놓고 이렇게 말했다.

"저 못생기고 저주받은 자 때문에 리쿠르고스 왕에게 조공을 바쳐야 할 판이다."

한 사람이 말했다.

"폐하, 이번에는 도저히 풀 수 없는 문제를 내시옵소서. '우리가 본 적도 들은 적도 없는 것이 무엇이냐?'라고 물어보시는 것입니다. 그자가 무슨 대답을 하든 우리는 그것을 본 적도, 들은 적도 있다고 대답하면 됩니다. 이솝의 대답이 궁해지면 우리의 승리입니다."

그 말을 들은 국왕은 이제 이긴 거나 다름없다 생각하고 크게 기뻐했다. 그는 이솝을 불러 물었다.

"마지막 문제가 남았다. 네가 이 문제를 풀면 리쿠르고스 왕에게 조공을 보내마. 우리가 본 적도 들은 적도 없는 것은 무엇이냐?"

이솝이 대답했다.

"삼 일간 여유를 주십시오."

이솝은 왕궁을 나오며 생각했다.

'무슨 말을 해도 그들은 본 적이 있다고 대답할 것이다.'

122

이솝은 자리에 앉자마자 가짜 채무증서를 만들었다. 그 증서에 리쿠르고스 왕이 넥타네보 왕에게 금화 천 달란트를 빌려주었다고 적고, 지불 기한이 지난 날짜를 써넣었다. 삼 일이 지나고, 이솝이 넥타네보 왕 앞으로 나갔다. 왕은 이솝이 답할 수 없으리라 생각하고, 자신만만하게 대신들과 그를 맞이했다. 이솝은 증서를 내밀며 말했다.

"이 문서를 읽어주십시오."

왕이 채 읽기도 전에 신하들이 싸늘한 얼굴로 말했다.

"그것은 본 적도 있고 들은 적도 몇 번이나 있소."

그러자 이솝이 재빨리 말했다.

"증인 여러분의 말씀, 진심으로 고맙습니다. 지금 바로 돈을 돌려주십시오. 지불 기한이 지났습니다."

그 말을 들은 넥타네보 왕이 소리쳤다.

"무엇이라? 빌린 적이 없는데, 어떻게 너희가 증인이란 말이냐?"

"저희는 본 적도 없고 들은 적도 없습니다……."

모두가 대답하자 이솝이 말했다.

"그렇게 생각하신다면 문제는 풀렸습니다."

123

넥타네보 왕이 말했다.

"이처럼 지혜로운 자가 있다니, 리쿠르고스는 행복한 왕이다."

넥타네보 왕은 삼 년치의 조공과 화해의 서간을 리쿠르고스 왕에게 보냈다. 바빌로니아에 도착한 이솝은 이집트에서 있었던 일을 낱낱이 고하고 조공으로 받은 것을 건넸다.

리쿠르고스 왕은 뮤즈들이 있는 쪽에 황금으로 된 이솝 상을 세우도록 명하고, 이솝의 지혜를 칭송하여 성대한 축제를 벌였다.

124

그 후로 얼마 뒤, 이솝은 델포이로 가기 위해 국왕에게 작별을 고했다. 왕에게 반드시 바빌로니아로 돌아와 여생을 보내겠다고 맹세하면서. 이솝은 여행길에서 거쳐가는 도시마다 지혜와 교양을 펼쳤다.

마침내 이솝이 델포이에 도착했다. 그리스 문화는 이성주의를 바탕으로 이루어졌기 때문에, 당연히 이성이 보편화된 나라라고 생각될 것이다. 그러나 그리스 전역에는 미신 숭배가 널리 퍼져 있었다. 그리고 그 중심에 있는 것이 바로 델포이였다. 유명한 아폴론의 신탁은 '피티아'라 불리는 여사제를 통해 받았다. 하지만 피티아의 계시는 모호하고 갈피를 잡을 수 없는 헛소리들뿐이었다. 델포이의 신관들은 그녀의 말을 문장으로 다시 배열해서 그것을 질문과 연결짓거나 운문으로 고쳤다. 델포이에서는 이처럼 사기성 짙은 신탁이 이성적 판단보다도 중시되었던 것이다. 이솝은 이 광언과 기만의 도시를 생각하며 한탄했다.

이솝이 델포이를 찾는 목적이 이것 때문이었다. 노예와 시민들에게 깨우침을 주는 일. 그러나 이미 널리 이름을 떨치던 이솝이 신탁에 대해 불신을 나타내는 것은 아주 위험한 모험이었다. 그리고 델포이의 신관들에게는 상당한 위협이었다.

이솝이 설교를 시작했다. 사람들은 처음에 귀를 기울이는가 싶더니, 어느 사이 이솝에게 아무런 관심도 기울이지 않았다. 사람들의 낯빛이 시든 채소처럼 기운 없어 보이자 이솝이 말했다.

"인간이란 자들이 어찌 풀 이파리와 같단 말입니까?"

125

거기서 멈추었으면 그래도 나았을 것을, 이솝은 다음 말로 델포이 사람들의 화를 한층 돋우었다.

"델포이 사람들이여, 당신들은 바다에 떠 있는 통나무와 같소. 멀리서 파도에 떠다니는 것을 보면 뭔가 큰 물건이라도 되는 양 보이지만, 가까이 가서 보면 작고 보잘것없는 것일 뿐입니다. 그처럼, 내가 이곳에서 멀리 떨어져 있을 때는 당신들을 대단한 사람들이라고 생각했습니다. 여러분의 마음은 풍요롭고 담대할 것이라 생각했습니다. 하지만 만나고 보니, 내 생각이 잘못됐다는 것을 알게 되었습니다. 당신들은 다른 누구보다도 어리석습니다. 사람뿐 아니라 도시도 그렇습니다. 나는 당신들에 대해 잘못 생각하고 있었습니다. 다시 말해 당신들은 선조들과 딱 어울리는 일을 하고 있는 것입니다."

126

그 말을 들은 델포이 사람들이 물었다.

"우리들의 선조가 누구냐?"

"모르십니까? 그렇다면 제가 가르쳐드리겠습니다. 바로 노예입니다. 옛 규정에 의하면 그리스인은 도시를 점령하고 전리품을 얻게 되면, 그 전리품의 십분의 일을 아폴론에게 바치도록 되어 있었습니다. 다시 말해 소 백 마리를 취하면 열 마리를 바쳤지요. 양도, 돈도, 남자도, 여자도 뭐든 그렇게 했습니다. 그 전리품으로 바쳐진 남자와 여자의 자손이 바로 당신들입니다. 마치 잡혀 있는 사람들처럼, 자유인이라 할 수 없는 사람들 말입니다. 그렇게 당신들은 모든 그리스인의 노예가 된 것입니다."

이솝은 이렇게 말한 뒤 떠날 채비를 했다.

행정관들은 이솝이 자신들에게 준 모욕을 생각했다.

'이대로 도시를 떠나면, 놈은 다른 도시를 떠돌면서 우리의 명예를 더럽힐 것이다.'

특히 신관들은 더 애가 탔다.

'이솝이 밖에서 우리의 내정을 폭로라도 한다면…… 그러면 신탁의 권위는 땅에 떨어지고 만다.'

그들은 이솝을 속여서 붙잡기로 했다. 더욱이 아폴론은 이솝이 사모스에서 자신을 경배하지 않았던 것에 원한을 품고 있었다. 델포이 사람들에게 이솝의 말이 통할 리 없었기 때문에, 이솝이 가는 곳마다 주민들의 도움을 받지 못하도록 계략을 꾸민 것이다.

그들은 성문 위에서 기다리고 있다가, 이솝의 노예가 잠든 사이 이솝의 짐 안에 신전의 황금 잔을 몰래 숨겼다. 그런 것이 짐에 들어 있으리라고는 꿈에도 생각 못 한 이솝은 포키스를 향해 걷기 시작했다.

128

델포이 사람들이 이솝을 추격해왔다. 그들은 이솝을 잡아 묶어서는 마을로 다시 끌고 갔다. 이솝이 소리쳤다.

"왜 나를 다시 끌고 가느냐?"

델포이 사람들이 대답했다.

"신전의 성물을 훔쳤기 때문이다."

아무것도 모르는 이솝은 울부짖으며 말했다.

"만약 내가 그런 것을 가지고 있다면 내 목숨을 내놓겠다."

델포이 사람들이 이솝의 짐을 뒤져 황금 잔을 찾아냈다. 이것이 마을에 알려지자 큰 소동이 일어났다. 이솝은 모든 사람이 보는 앞에서 두들겨 맞았다.

뭔가 계략이 숨겨져 있다고 생각한 이솝은 델포이 사람들에게 따져 물었다. 하지만 그들은 들으려 하지 않았다.

이솝이 말했다.

"사람은 신의 뜻을 거스를 수 없는 법이다."

그들은 복수라도 하는 듯 이솝을 감옥에 가뒀다. 풀려날 가망이 없다고 생각한 이솝이 말했다.

"죽음을 피할 수 없게 되었구나. 어찌 운명을 피할 수 있으리."

129

이솝의 친구 한 사람이 몰래 찾아왔다. 친구는 눈물을 흘리며 말했다.

"어쩌다 이 지경이 되었는가?"

이솝은 우화 하나를 친구에게 들려주었다.

"남편의 장사를 치른 여자가 무덤가에서 슬피 울고 있었다네. 그 모습을 본 한 농부가 여자에게 흑심을 품게 되었지. 그래서 소를 밭에 버려두고 여자에게 다가가 우는 척했다네. 여자는 울음을 멈추고 농부에게 물었네. '왜 우는 것입니까?' 농부가 대답했네. '아내를 묻고 오는 중이오. 현명한 여자였다오. 울다 보니 슬픔이 누그러졌소.' 여자는 이렇게 대답했소. '나도 남편을 잃었습니다. 하지만 언제까지 이렇게 있을 수는 없지요.' 그러자 남자가 이렇게 말하며 여자를 꾀었지. '우리가 같은 불행을 당하고 같은 지경에 놓였으니, 서로 마음이 잘 맞겠구려. 내가 죽은 아내처럼 당신을 사랑하겠소. 당신도 나를 남편처럼 사랑해주시오.' 그런데 두 사람이 사랑을 나누는 중에, 누군가가 소의 고삐를 풀어 소를 쫓아 버렸네. 소가 없어진 것을 보고 농부가 큰 소리로 울부짖기 시작했지. 여자가 물었네. '왜 우는 것입니까?' 그러자 이런 대답이 돌아왔다네. '이번에야말로 정말 크게 울부짖을 이유가 생겼군요.'

이보게 친구, 내게 닥친 불행을 보면서도 왜 내게 한탄하느냐고 물을 셈인가?"

130

슬픔에 잠긴 그 친구가 이솝에게 물었다.

"왜 사람들 앞에서 교만했는가? 스스로 자제할 힘이 있었으면서. 자네의 교양은 어디로 갔는가? 자네의 학문은 어디로 갔는가? 도시와 사람들에게 도리를 가르쳐 온 자네가, 왜 자신에게는 그러지 못했는가?"

이솝은 또 우화를 들려주었다.

131

"어떤 여인에게 어리석은 딸이 있었네. 정상이 아닌 딸의 머리가 정상이 되게 해 달라고 어머니는 많은 신에게 기도했네. 어머니가 기도할 때마다 딸은 옆에서 그 소리를 들었지. 그러던 어느 날, 어머니와 딸이 같이 밭에 나가게 되었다네. 딸은 어머니를 가축 우리에 남겨두고 밖으로 나왔는데, 한 남자가 당나귀 암놈과 몸을 합하고 있지 않은가? 그것을 본 딸이 남자에게 물었네.

'뭐 하고 계세요?' '지혜를 주고 있단다.' 어리석은 딸은 어머니의 기도를 떠올리고는 이렇게 말했네. '나에게도 지혜를 주세요.' 남자는 유혹을 뿌리치며 말했네. '여자들은 은혜를 모르지.' '아니에요, 아저씨. 엄마는 아저씨에게 감사할 거예요. 그리고 원하는 것은 뭐든 주실 거예요. 저에게 지혜를 주시도록 기도하고 계시거든요.' 남자는 딸의 처녀성을 빼앗았네. 딸은 몹시 기뻐하며 어머니에게 달려가 말했지. '어머니, 저도 지혜를 얻었어요.' '어떻게 말이냐?' 어리석은 딸의 자초지종을 들은 어머니가 말했네. '그나마 있던 지혜까지 잃어버렸구나!'

내게 닥친 일도 이와 같지. 델포이에 와서는 그나마 있었던 지혜까지 잃어버렸다네.'"

이솝의 친구는 통곡하며 그곳을 떠났다.

132

델포이 사람들이 이솝이 있는 감옥으로 몰려왔다.

"오늘, 너는 절벽에서 떨어져 죽게 될 것이다. 성물을 훔치고 폭언을 한 죄로, 너를 사형에 처하기로 결정했기 때문이다. 각오하고 있어라."

더 많은 델포이 사람들이 몰려오는 것을 보고 이솝이 말했다.

"잠시 내 우화 하나만 들어주십시오."

133

"옛날, 동물들이 인간처럼 말을 하던 때의 일입니다. 쥐 한 마리가 친구 개구리를 식사에 초대했습니다. 쥐는 먹을 것이 가득한 창고로 개구리를 데리고 갔지요. 거기에는 빵, 고기, 치즈, 올리브 열매, 말린 무화과가 있었습니다. 쥐가 말했습니다. '자 어서 들게.' 배불리 먹은 개구리가 말했지요. '우리 집으로도 식사하러 오게. 배 터지도록 먹게 해줄 테니.' 개구리는 쥐를 늪으로 데리고 갔습니다. '헤엄을 치게.' '나는 헤엄을 못 치네.' '내가 가르쳐 주겠네.' 개구리는 이렇게 말하더니 쥐의 다리를 자기 다리에 묶고는 늪으로 뛰어들었습니다. 쥐가 허우적대며 말했습니다. '나는 비록 지금 죽지만, 너에게 반드시 복수를 하겠다.' 그러고는 물에 빠져 죽었다지요. 죽은 쥐가 물 위에 떠오르자, 까마귀 한 마리가 날아와 쥐를 낚아챘습니다. 그러자 개구리까지 따라 올라왔지요. 이렇게 쥐는 개구리에게 복수를 한 것입니다.

여러분, 내가 지금 이 쥐와 같습니다. 나의 죽음은 당신들에게 재난이 될 것입니다. 리디아 왕도 바빌로니아 사람도, 그리스의 대부분을 주어서라도 나의 죽음에 대한 책임을 당신들에게 물을 것입니다!"

134

그러나 델포이 사람들은 승복하지 않았다. 도리어 이솝을 절벽 위로 끌어냈다. 이솝은 뮤즈들의 신전으로 도망쳤으나, 델포이 사람들의 아귀 같은 손에 붙잡혀 다시 끌려 나왔다. 이솝이 말했다.

"델포이 사람들이여, 신전을 더럽혀서는 안 됩니다."

135

이솝은 델포이 사람들에게 우화를 하나 들려주었다.

"독수리에게 쫓기던 산토끼 한 마리가 풍뎅이가 있는 곳으로 도망쳐 들어왔습니다. 그리고 도와달라고 간청했습니다. 풍뎅이는 독수리에게 자기를 모욕하지 말라고 애원했습니다. 제우스의 이름으로 자기를 바보 취급하지 않겠다고 맹세하라 다그친 것입니다. 그러나 독수리는 풍뎅이를 그 날개로 밀치고는,

산토끼를 낚아채 가버렸습니다.

136

화가 난 풍뎅이는 독수리를 뒤쫓았습니다. 그리고 둥지를 찬찬히 들여다보았습니다. 둥지 안에는 독수리가 낳은 알들이 있었습니다. 독수리가 날아가고 나자, 풍뎅이가 들어가 둥지 안의 알을 모두 깨뜨려 버렸습니다. 둥지로 돌아온 독수리는, 알이 깨져 있는 것을 보고 울부짖으며 범인을 찾아 갈기갈기 찢어놓겠다고 다짐했습니다. 다시 알을 낳을 시기가 되어 독수리는 아주 높은 곳에 알을 하나 낳았습니다. 그것을 알게 된 풍뎅이는 다시 날아가 알을 깨뜨려 버렸습니다. 독수리의 수를 줄이려는 제우스의 분노라고 생각한 독수리는 아이를 잃은 슬픔으로 탄식했습니다.

137

다시 알을 낳을 시기가 다가오자, 독수리는 걱정이 되어 견딜 수가 없었습니다. 그래서 알을 낳자마자 올림포스 산으로 날아가 제우스의 무릎 위에 올려놓았습니다. 그리고 제우스에게 말했습니다.

'두 번씩이나 내 알이 없어졌습니다. 이번에는 신의 눈앞에 두겠습니다. 알을 지켜주십시오.'

그것을 알게 된 풍뎅이는 몸에 똥을 잔뜩 묻히고 제우스에게 날아갔습니다. 그리고 제우스의 눈앞에서 어지러이 날아다녔습니다. 지저분한 벌레를 본 제우스 신은 가만두지 않겠다는 듯, 무릎 위에 알이 있다는 것도 잊어버리고 벌떡 일어섰습니다. 그 바람에 알이 깨져 버렸습니다.

138

이런 일이 있고 난 뒤, 제우스는 풍뎅이가 예전에 독수리에게 무시당했던 일을 알게 되었습니다. 그래서 독수리를 불러 말했습니다.

'네가 알을 잃게 된 건 풍뎅이를 무시했기 때문이다.'

풍뎅이가 말했습니다.

'바보 취급만 한 것이 아닙니다. 독수리는 신께도 매우 불경스런 짓을 저질렀습니다. 제우스 신을 걸고 맹세하라고 다그쳤을 때 두려워하기는커녕 나에게 도움을 청했던 자를 죽였습니다. 가장 엄한 벌을 내리셔야 합니다. 그렇지 않으면 저는 전쟁을 그만둘 수 없습니다.'

139

독수리가 줄어드는 것을 바라지 않았던 제우스 신은 풍뎅이를 위로했습니다. 하지만 풍뎅이는 받아들이지 않았습니다. 하는 수 없이 제우스는 독수리가 알을 낳을 시기에 풍뎅이가 지상에서 모습을 감추도록 했습니다.

"델포이 사람들이여, 마치 당신들이 독수리와 같습니다. 내가 뛰어든 이 신전을 더럽혀서는 안 됩니다. 자비심 많은 올림포스의 제우스 신을 두려워해야 합니다."

140

델포이 사람들은 이 말을 들으려 하지 않았다. 그들은 이솝을 끌고 나와 절벽 끝에 세웠다. 자기의 운명을 깨달은 이솝이 외쳤다.

"어떻게 하든 내 말을 듣지 않겠다면 이 우화를 들으시오. 깊은 시골 골짜기에 나이 먹도록 마을로 한 번도 나가본 적이 없는 노인이 있었습니다. 살아 있는 동안 마을을 한 번 가보고 싶어 아들들에게 부탁했습니다. 아들들은 당나귀 몇 마리를 수레에 묶고 와서는 말했습니다.

'이걸 타고 가세요. 당나귀들이 마을까지 데려다 줄 거예요.'

하지만 도중에 폭풍우가 몰아치더니 사방이 컴컴해져 버렸습니다. 그 바람에 길을 잘못 든 당나귀는 깎아지른 듯한 절벽 위에 이르렀습니다. 자기에게 닥친 위험을 본 노인이 말했습니다.

'제우스 신이시여, 제가 무슨 나쁜 짓이라도 했습니까? 말도 아닌 이런 멍청한 당나귀 때문에 죽게 되다니요!'

내 처지가 꼭 이와 같습니다. 존경할 만한 사람들이 아니라, 멍청한 노예들의 손에 죽게 되다니, 견딜 수가 없습니다."

141

마지막으로 이솝은 우화를 하나 더 이야기했다.

"자신의 딸을 깊이 사랑한 한 남자가, 뜨거운 마음을 감당치 못하고 아내를

밖으로 내보낸 뒤 딸을 범하고 말았습니다. 딸이 말했습니다.

"아버지, 당신이 한 행동은 신을 모욕한 것입니다. 당신 한 사람보다, 남자 백 명을 거치는 것이 더 나아요."

델포이 사람들이여, 당신들과 나 사이도 이와 같습니다. 여기에서 당신들 손에 개죽음을 당하느니 차라리 시리아, 페니키아, 유대 땅을 돕는 것이 더 나았을 것입니다."

그래도 델포이 사람들은 마음을 바꾸지 않았다.

142

이솝은 델포이 사람들을 저주하면서 자신의 억울함을 알리기 위해 증인으로 아폴론을 세우고, 절벽에서 스스로 몸을 던졌다. 이렇게 이솝의 일생은 끝이 났다.

이솝이 부당하게 살해당한 사건은 그를 사랑하는 사람들 사이에 불온한 공기를 낳았다. 델포이 사람들은 그럴듯한 이유로 날조하여 정당화를 꾀했지만 설득력이 없었다. 곤란해진 신관들은 신탁이 있었다고 하며 배상금을 치렀다. 그리고 어떻게든 사태를 수습하려 했다.

그 뒤 델포이에는 페스트가 창궐했다. 델포이 사람들이 제우스에게 물으니,

이솝을 죽인 대가라는 신탁이 나왔다.

그 뒤로도 이솝의 죽음을 애석해한 그리스, 바빌로니아, 사모스 사람들은 이솝을 대신하여 델포이 사람들에게 복수를 했다.

이솝은 재주꾼이라고 하기에는 너무 이상적이었고, 세상 물정에 밝았다 하기에는 너무 진지하였으며, 인생을 달관했다 하기에는 삶을 너무 초월했다.

이러구러 이솝의 지혜로운 우화와 그 생애를 두고 사람들은 끊임없이 이야기하리라.

우화의 탄생과 역사
고산

1. 우화란 무엇인가

이야기의 탄생

이솝은 인류 역사에 본격적으로 우화를 구현한 인물이다. 그의 명성은 그 자신의 존재가 미약했기 때문에 더욱 빛을 발한다. 이솝우화의 특징은 상식에 탄탄한 기반을 두고 비상식적인 것을 날카롭게 빗대어 이야기하는 데 있는데, 이러한 상식의 바탕은 그의 것이 아닌 인류의 자산이기도 하다. 인류 역사의 초기에는 사실에 뿌리를 둔 것이면 모두 보편적인 것이고, 보편적인 것은 모두 익명의 것이었다. 이 경우에는 언제나 이야기를 수집한 사람이 나중에 그 이야기를 직접 지어냈다는 명성을 얻었다. 바로 이솝의 경우가 그러하리라. 그는 적극적으로 노력하여 명성을 얻었다고 할 수 있다. 분명 이솝에게는 위대하면서도 인간적인, 또한 인간의 미래와 과거를 꿰뚫는 그 무엇이 있었을 것이다. 이솝이 과거를 왜곡시키고 미래를 기만하기 위해 자신의 재주를 사용했다 할지라도 그의 뛰어난 재능만큼은 부인할 수 없다.

한 예로 아서왕의 이야기는 로마제국 끝무렵 호전적인 그리스도교나 웨일스 언덕에 살던 이교도들의 전통과 연관이 있을지 모르지만, 사람들은 아서왕 이름을 들으면 언제나 맬러리 경의 글 속에 나오는 아서 왕을 떠올린다. 《매버노기언》(웨일스 중세
기사 이야기집)보다 더 오래된 책을 발견하거나, 《왕의 전원시》(테니슨이 아서 왕의
생애를 시로 쓴 작품)보다 질이 나은 글이 나온다 해도 상황은 바뀌지 않을 것이다. 또 다른 예로 동화는 인도—유럽 인종과 함께 아시아에서 왔을 수 있고, 프랑스 숙녀나 페로 같은 신사나 아니면 우리가 모르는 그 어떤 사람이 만들어 냈을 수도 있다. 하지만 우리는 가장 오래된 동화집을 보면 흔히 '그림 동화'라고 부른다. 오로지 《그림 동화 *Grimm's Tales*》가 최초의 동화집이란 점 때문일 것이다.

이솝이 실존 인물이라면 프리기아(Phrygia ; 소아시아의 고대 국가)의 노예였을 것이다. 그리고 최소한 프리기아에서 상징적으로 해방된 노예는 아니었을 것이다. 그는 예수보다 약 600년 앞서 태어났는데, 그때는 헤로도토스의 책을 통해 잘 알려진 크로이소스 왕의 통치 시대이다. 이솝이 기형에 가까운 외모에다가 상스러운 욕을 내뱉고 다닌다는 이야기가 있다. 즉 한 저명한 주교가 말했듯이 이솝은 상스런 욕설과 추한 외모 때문에 델포이에 있는 높은 절벽에서 내던져졌다는 것이다. 그럴듯한 이야기는 아니지만 말이다.

이솝이 벼랑에서 내던져진 이유가 과연 보기 흉하고 무례했기 때문인지, 아니면 성격이 너무 올곧아서였는지는 우화를 읽는 독자가 판단할 일이다. 하지만 한 가지 사실만은 분명하다. 이솝에

이솝(BC 620~564) 벨라스케스. 1638.

대한 이야기를 읽어보면, 그가 현대인들이 쉽게 간과해 버리는 노예 철학자라는 인간 부류에 속한다는 것이다. 이솝은 엉클 리머스(Uncle Remus ; 전에는 흑인 노예였으나 후에 뛰어난 이야기꾼이 되었다는 인물)와 마찬가지로 허구의 인물일 수도 있고, 실존 인물일 수도 있다.

이 두 사람은 옛날 노예도 이솝처럼 존경받을 수 있고 엉클 리머스처럼 사랑받을 수 있었다는 사실을 입증하고 있다. 묘하게도 위대한 이 두 노예가 남긴 훌륭한 이야기는 모두 짐승과 새에 관한 것이었다.

하지만 아무리 정당한 평가를 해도 이솝이 인류 전통의 하나인 우화를 처음 만들어 낸 것은 아니다. 우화는 이솝이라는 해방 노예가 절벽에 내던져지

기 오래 전에 생겨나 그 이후로도 계속 명맥을 유지해 왔다. 하지만 이솝의 우화는 그 어떤 우화보다도 영향력이 컸다. 이 사실을 이해하기 위해서는 우선 우화와 동화의 차이점을 깨닫는 것이 중요하다. 독일의 그림 형제는 학생 때 독일 민화를 수집하여 그 유명한 《그림 동화집》을 탄생시켰다. 당시 독일 학생에 대해서 확실하게 알려진 사실은 없지만 최소한 이솝과 같은 프리기아의 노예에 대한 것보다는 알려진 바가 많다. 물론 《그림 동화집》이 그림 형제의 창작품이 아니듯 《이솝우화》도 이솝의 창작품이 아니다. 그러나 우화와 동화는 완전히 다르다. 여러 가지 다른 요소들 중 가장 두드러지는 요소만 살펴보아도 그 차이점을 충분히 이해할 수 있다. 그것은 훌륭한 우화에는 절대로 인간이 등장하지 않지만, 훌륭한 동화에는 반드시 인간이 등장한다는 점이다.

이솝은, 우화에 나오는 사람은 모두 비인격적이어야 한다고 생각했다. 마치 추상대수학이나 체스 게임의 말처럼 말이다. 4가 2의 두 배이듯이 사자는 항상 늑대보다 힘이 세야 한다. 체스 게임에서 나이트가 속일 수 있듯, 우화 속의 여우는 항상 교활해야 한다. 체스 게임의 졸(卒)이 계속 앞으로 나아가야 하듯 우화 속의 양 또한 계속 나아가야 한다. 졸이 속임수를 써서 다른 말을 잡을 수 없듯이, 우화에서는 발자크(프랑스)가 말한 '양의 반란'이라는 것이 허용되지 않는다.

반면에 동화에는 훨씬 더 개성이 뚜렷한 인물이 등장해 훨씬 더 다양한 행동 양식을 보여준다. 영웅이 나타나 용을 물리치기도 하고, 모험가가 무인도를 발견하기도 한다. 또한 방앗간집 셋째아들이 마법에 걸려 하얗게 얼어붙은 일곱 명의 공주를 구해주기도 하고, 왕자가 잠자는 공주를 영원한 잠에서 깨어나게 해주기도 한다.

앞서 말했듯이 우화에는 이러한 다양성이 없다. 모든 것이 그 자체일 뿐이며 어떤 경우라도 그 자체를 나타낼 뿐이다. 늑대는 언제나 늑대 같아야 하고, 여우는 언제나 여우 같아야 한다. 이러한 엄격함은 동물 숭배 사상의 영향일 가능성도 있다. 이집트인과 인도인 그리고 그 외에도 많은 민족들이 동물을 숭배하는 풍습이 있었다. 이는 인간이 벌레나 고양이나 악어를 인간적으로 사랑하는 것과는 다르다. 인간이 동물에게 경의를 표하는 것은 신비로운 자연의 힘을 그 동물이 대변한다고 믿기 때문이다. 인간 모두에게 경외심을 느끼게 하고, 무신론자에게는 두려움을 느끼게 하는 자연의 힘 말이다. 그

이솝우화에 등장하는 동물과 이솝 흉상 샤를 크뢰츠베르그의 판화

래서 이솝우화든 다른 우화든, 우화에 나오는 동물의 행동은 모두 큰 강이나 자라나는 나무처럼 이미 정해진 방향성이 있으며 그들의 힘에는 생명력이 없다. 이렇게 자기 자신밖에 될 수 없는 것이 동물들의 한계이다. 다시 말해서, 자기 영혼을 버릴 수 없다는 것이 바로 동물들의 비극이다. 이 점 때문에 우화는 언제나 정당화된다. 인간을 체스 게임의 말로 바꾸지 않으면 가장 쉬운 진리조차도 쉽게 가르칠 수 없다. 마찬가지로, 말 못하는 동물을 내세우지 않으면 단순한 진리조차도 가르칠 수 없다. 늑대를 늑대 같은 남작으로, 여우를 여우 같은 외교관으로 바꾼다고 가정해 보라. 곧 늑대 같은 남작들조차도 인간다운 면이 있고, 그 여우 같은 외교관조차도 인간이라는 점이 떠오를 것이다. 야만적인 인간이 가지고 있는 야만성과 일치하는 뜻밖의 면을 찾게 될 것이고, 훌륭한 외교관이 가지고 있는 미덕과 같은 자상한 면을 염두에 두게 될 것이다. 만일 주인공이 털로 뒤덮인 네 발 달린 동물이 아니라 두 발 달린 인간이라면, 우화를 읽는 독자는 동화 속에 나오는 영웅 같은 인물이든, 현대 소설에 나오는 평범한 인물이든 간에, 인간을 보기를 원할 것이다.

그러나 문장의 방패나 상형 문자에 동물들을 사용했듯이, 간결하고 자유로운 우화라는 문체에 동물들을 사용함으로써 사람들은 자명한 이치라고 하는 중요한 진리를 후세에 전하는 데 성공했다.

만일 중세 시대의 사자가 불같이 사납다면, 사자는 철저히 불같이 사나워야 한다. 그리고 흑따오기(고대 이집트에서 영조로 여김)가 어디선가 한 발로 서 있다면 영원히 한 발로 서 있게 된다.

동물 문자라고 할 수 있는 이러한 우화체로 인간의 철학적 사고는 쓰여져 있다. 인간은 인간보다 단순하면서도 강한 힘을 가진 갖가지 창조물을 단순하고 강한 진리와 연관시켜 배웠다. 흐르는 시냇물은 썩는 법이 없다. 썩는다고 이야기하는 사람은 폭군이며 거짓말쟁이이다. 쥐는 사자하고 싸우기에는 약하지만 사자를 묶은 밧줄을 끊을 힘은 있다. 여우는 평평한 접시에 담긴 음식은 먹을 수 있지만 주둥이가 긴 병에 든 음식을 먹을 수는 없다. 신은 까마귀에게 노래하지 못하도록 했지만 치즈를 준다. 산꼭대기에서 염소가 모욕을 하면, 모욕하는 것은 산이지 염소가 아니다. 이 모든 심오한 진리는 먼 옛날부터 인간의 일상생활 속에 깊숙이 자리잡고 있었다. 진리가 얼마나 오래되었는가 또는 얼마나 새로운 것인가는 문제가 되지 않는다. 우화는 인간이 좋아하는

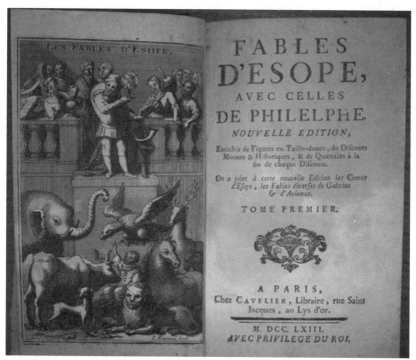

《이솝우화》(1763) 권두화와 속표지

상징적인 생물을 사용한 인류의 문자이다. 이것은 마치 원시 시대의 여러 가지 형태의 그림 문자와 같다. 가장 최근에 발견된 가장 오래된 동굴 벽화가 모두 동물에 관한 것이듯, 오랜 역사와 보편성을 지닌 이야기 또한 모두 동물에 관한 것이다. 원시인들은 언제나 자기 자신을 신비스러운 존재로 여겨 그림으로 그리기를 꺼려했다. 그러나 미숙한 동물 그림으로 조각한 이야기는 어디서나 똑같다.

우리가 발견할 수 있는 이야기는 바로 인간의 손으로 바위에 새겨진 이러한 이야기이다. 만들어진 시기와 형식은 다르지만 우화에는 하나씩 교훈이 들어 있다. 모든 것에는 적어도 하나씩은 꼭 배울 점이 있기 때문이다.

우화의 기원

동물이 등장인물인 짧은 이야기의 기원은, 인류 문화사상 아주 오래된 것이라 할 수 있다. 고대인은 동물도 사람과 마찬가지로 말을 할 수 있다고 생각했다. 이솝도 동물들이 사람처럼 말을 하던 때의 일이라고 하면서 델포이 사람들에게 〈개구리와 쥐〉 이야기를 들려주지 않았는가. 그리고 자연계의 모습을 인간사회에 반영함으로써 사람들의 삶과 인간관계, 사회조직 등을 객관화시키려고 했다.

고대사회는 등장인물이 동물인 이야기와 동물학·박물학 사이에 경계가 없었다고 할 수 있다. 고대인들은 자연을 관찰하면서 상상력을 키워 동물기원담을 만들어 냈고, 동식물들의 삶을 고스란히 우화의 모티프로 삼기도 했다. 양치기는 늑대가 양을 잡아먹는 장면을 직접 보며 두려움에 움츠렸고, 사냥꾼은 토끼의 날쌤과 거북의 느림을 보면서 경탄해마지 않았을 것이다.

우화는 생태를 관찰한 동물을 등장인물로 한 픽션으로서 민중의 상상력을 타고 발달해 왔다. '예화'의 형태로 인간의 실생활에 응용되고, 어리석음을 비꼬는 동물 이야기로서 하나의 문학장르로 성장해 나갔다.

우화의 근원은 민중에게 있다. 뛰어난 개성과 재능을 갖춘 인물이 창작한 이야기가 사람들의 입을 통해 점차 퍼져나갔다. 우화의 형태를 빌린 인간사회의 처세술, 생활의 지혜는 모두 민중에게서 비롯되었다. 이러한 우화를 몇 세대에 걸쳐 구전시켜온 이름 없는 민중의 대표라면, 단연 우화의 아버지 이솝이 아닐까?

우화의 목적이 민중에게 도덕과 세상살이의 지혜를 가르치기 위한 것이라고 한다면, 이솝우화에는 그와 더불어 그 시대 서민들의 가치관이 반영되어 있을 것이다. 우화는 이상적인 덕목이나 고대의 윤리적인 위대한 철학자들이 가르친 완성의 추구와는 별 관련이 없다. 우화 작가들이 권고하는 덕목은, 편안한 삶과 명성과 이득 같은 사회적 덕목이다. 즉 충직함, 감사, 절제, 체념, 근면 등이 그것이다. 때로 우화 작가들이 제시하는 교훈은 도덕적인 조언이 아니라 인간 행동을 바탕으로 한 세속의 지혜와 신중함에 대한 권고일 경우가 있다. 또 적을, 심지어는 친구를 이기는 방법, 권력을 가진 자에게 아첨하여 온전하게 살아남는 법, 다른 사람의 불행과 실수를 이용해 이득을 취하는 법, 모든 것을 자기에게 유리하게 이용하는 법 등, 가끔은 노골적으로 부도덕한 행위를 권장하는 경우도 있다. 여우같은 교활함으로 다른 사람의 무지와 어리석음을 교묘히 이용하고, 강한 것에 복종해야 한다는 교훈 아닌 교훈은, 윤리의 잣대로 볼 때 분명 그릇된 것이다.

또한 이솝우화는 같은 시대의 그리스 철학이나 후대의 그리스도교 철학의 세계관과도 거리가 멀다. 하지만 평균적인 민중의 사고, 처세술로서의 이솝우화는 고대 그리스인에게는 너무나 적절한 것이 아니었을까? 뿐만 아니라 이솝우화가 근세를 거쳐 오늘날에 이르기까지 생명을 유지하며 변함없이 민중 속에 살아 있는 이유는, 우화가 인간성의 기본을 다루기 때문일 것이다. 오랜 세월 동안 수록·편집된 우화집에는 그 시대의 사회상이나, 권력자와 민중 사이를 가늠할 수 있는 이야기들도 있다. 이런 점에서 고대사의 한 면을 볼 수 있는 자료로서도 도움이 된다 할 수 있겠다.

그렇다면 이런 우화의 기원은 어디에서 찾아볼 수 있을까? 그리스에서 처음 생겨난 것일까, 아니면 다른 곳에서 흘러들어온 것일까? '진실을 그리는 가공의 이야기'와 알렉산드리아의 수사학자 테온(기원전 1세기경)이 정의한 우화의 기원을 둘러싸고, 지금까지 그 기원에 대한 다양한 설이 제기되어 왔다.

인도에는 대부분 동물우화로 이루어진 《판차탄트라》(기원전 3~4세기경 성립)라는 교훈집이 있다. 이것은 이후 60여 종의 언어로 번역되었고 지금도 세계문학의 하나로 손꼽히고 있다.

이 《판차탄트라》를 연구한 벤파이는, 1859년에 출판한 책에서 그 성립을 기원전 2~기원후 4세기라고 기술하고 있다. 한편 완전한 형태로 남아 있는 고대 그리스 우화는 헤시오도스(기원전 700년 무렵의 그리스 서사시인)가 쓴 《일과 나날들》에서, 헤시오도스가 재판관인 왕에게 말한, 〈매와 휘파람새〉라고 생각된다.

"다음에는 왕들께 우화를 들려드리자. 지혜로우신 분들께."
날개를 뽐내던 휘파람새에게 매가 말한다.
"매는 작은 새를 낚아채 구름만큼 높은 곳에서 더욱 꽉 움켜쥐었다. 날카로운 발톱 때문에 꼼짝 못하게 된 작은 새는 슬피 운다. 하지만 매는 의기양양하게 말했다. '어리석은 자여, 말을 삼가라. 너는 붙잡힌 것이다. 네가 슬피 울든 말든, 나는 내가 원하는 곳으로 갈 것이다. 마음이 내키면 먹을 수도 있고, 놓아줄 수도 있다. 바보 같은 자여, 누구든 자기보다 강한 자에게 대적하는 자는 승리가 아닌 부끄러움과 후회만 얻게 된다.' 빨리 나는 매가, 긴 날개를 가진 새가."(일과 나날들 202~12)

에밀 샹브리는 말한다.

"헤시오도스의 이야기는, 이솝이 활약했던 기원전 5, 6세기보다 2세기 가까이 거슬러 올라가는 것으로, 현존하는 그리스 우화 중 가장 오래된 것이다. 이것은 고전우화의 기본적인 특징을 두루 갖추고 있다."

인도학의 석학 쓰지나오 시로는 말한다.

"인도의 《판차탄트라》에 앞서, 수세기 동안 그리스 땅에 동물우화가 존재했다는 것 때문에, 학자들 사이에서 우화의 기원을 둘러싼 논쟁이 계속되고 있다. 실제 《판차탄트라》에는 그 수가 많지는 않지만 이솝우화와 기원을 같이하는 이야기가 있다. 예를 들면 〈사자가죽을 쓴 당나귀〉는 독립기원설로 설명하기 어렵다……(중략)…… 그러나 판차탄트라 우화와 이솝우화는 저마다 새롭게 이야기가 덧붙여지며 변화하는 역사를 거쳤기 때문에, 일률적으로 기원지를 정할 수는 없다. 동서 문화의 교류, 우화의 이동 등을 고려하면, 문제는 더욱 복잡해지고 쉽게 단정 짓지 못하는 부분도 있다."

또 스페인 언어학자 로드리게스 아다르도스 교수는, 영국 맨체스터의 존 라이랜즈 도서관에 소장되어 있는 파피루스를 연구하면서 새로운 사실을 알게 되었다. 파피루스에 실린 우화 〈부엉이와 새들〉은 〈제비와 새들〉과 비슷한 이야기라는 점과, 파피루스는 다시 1세기 정도를 거슬러 올라간다는 것이다. 그는 이를 논문에서 밝히고 있다. 또한 테마가 같은 우화 중 가장 오래된 것으로, 이토록 완벽하게 역사를 따라 올라가고, 테마가 어떻게 발전해왔는지를 더듬어 나갈 수 있는 우화는 좀처럼 없다는 점도 지적하고 있다.

심하게 파손된 파피루스에서 아다르도스 교수가 해석해 낸 우화는 다음과 같다(……는 누락되거나 분명치 않은 부분).

곁가지가 생긴 것을 눈치채고……

새들에게……

뻗어나가면, 너희 모두에게 화가 미칠 거야

(부엉이의 충고를 새들이)들으려 하지 않고……

곁가지가 뻗어나가자, 어떤 사람이 그 나무로 끈끈이를 (만들어) 새들을 잡았다. 새들은 그 모습을 보며 깊이 반성하였다. 그리고 한결같이 입을 모았다.

"부엉이는 미래를 볼 줄 아는 무서운 새다."

그 뒤로 새들은 부엉이를 보면 날아가 부엉이를 에워싸고 의견을 구했다.

부엉이는 이렇게 말한다.

"덜떨어진 것들, 부끄러운 줄 알아라. ……그때 내 충고를 들었어야지. 너희가 내게 한 행동은 생각지도 않고, 이제 와서 새삼스럽게……."

새들은 뉘우치며 말한다.

"그래, 너무 늦게 깨달았어."

이솝우화에 나오는 〈제비와 새들〉과 비교하며 읽어보면 알 수 있듯이 제비는 부엉이로 바뀌어 있다. 하지만 이야기의 원형은 같다. 수없이 이야기되어지는 사이, 여신 아테

헤시오도스(?~?) 8세기 무렵, 고대 그리스의 사사시인

나의 성조 부엉이가 처마에 집을 짓고 사람과 더불어 사는 제비로 바뀐 것이라 생각된다.

그리스와 깊은 관계에 있었던 이집트에는, 옛 설화가 적힌 파피루스가 오늘날까지 전해지고 있다. 그것은 많은 학자들을 통해 해석되고 발표되었다. 헤로도토스(기원전 484년 무렵~/기원전 430년 이후)가 그의 저서(《역사》권2, 121)에 남긴 〈란프시니토스 왕과 그 딸〉에 대하여, 그 이야기를 사제들에게서 들었다고 적고 있다. 원문은 그리스어이지만, 이야기 내용상 이집트 고유의 것으로 생각된다. 간접적이긴 하지만 이솝에 대한 기록이 남아 있는(제2, 134) 책에 이집트 설화가 함께 들어 있다는 것은 흥미로운 일이다.

이솝우화에 등장하는 악어와 고양이, 이집트인이 신성시했던 풍뎅이는, 헤로도토스의 말처럼 여행객이나 상인들을 통해 나일강변에서 그리스로 전해진 것이라고 추측된다. 덧붙여 고대 그리스에 고양이는 잘 알려지지 않았던

동물로, 고양이와 족제비의 구별이 분명치 않았던 것 같다. 머리가 고양이인 이집트 여신 부바스티스의 이미지와 함께 전해졌다고 생각된다.

또 아시리아, 바빌로니아와 같은 오리엔트와의 관계도 우화의 기원이라는 문제와 얽혀 논의되어 왔다. 하지만 기원전 18세기 수메르의 점토판에 새겨진 '격언'과 그리스 우화의 테마에 공통되는 부분은 있지만, 구조상 거리가 멀다는 지적을 받는다.

한편 이솝 연구의 권위자인 벤 에드윈 페리 교수는, 고든 교수 등이 일궈낸 수메르 점토판의 해독과 문헌학적 연구를 통해, 고대 메소포타미아 문학 속에 있는 우화의 특징을 분명히 했다. 형식뿐 아니라 소재까지도 그리스 우화와 유사하다고 지적하면서, 그 예를 로우브 고전총서 《바브리우스와 파에도르스》의 서문에서 찾고 있다. 다시 말해 바빌로니아에도 〈사자와 파리메〉 같은 이야기가 있다는 것이다. 여기에서 알 수 있듯 이솝우화는, 그리스인이 철학적으로 뭔가를 쓰기도 하고 생각하기도 했던 몇 세기 이전에 이미 문학의 전통으로 자리잡고 있으면서, 도덕성·문학성도 높았던 수메르, 바빌로니아, 아시리아의 서아시아 인접국 사람들로부터 거의 무의식적으로 받아들이게 된 문화유산의 하나라고, 페리 교수는 논술하고 있다.

수사학을 이용해 어리석음을 깨우치는 이런 문학작품은 그리스 세계에서도 소아시아에서 옛날부터 싹을 틔우고 왕성하게 성장해 왔다. 〈병에 걸린 사자와 여우〉처럼 백수의 왕을 소재로 하는 우화는 대부분 소아시아가 그 기원이며, 거기에서부터 에게해의 섬들과 반도 그리스로 퍼져나간 것이다. 이솝의 출신지를 소아시아의 프리기아 또는 리디아에 두는 것도 그리스인의 우화기원에 관한 감정 때문일 것이다.

오리엔트의 영향을 받으면서, 소아시아에서 형태를 정비한 우화는 어떤 구조를 하고 있을까? 에밀 샹브리가 교정한 《이솝우화집》의 우화 359편에는 이솝 이후 시대에 첨가된 것으로 보이는 이야기가 있다. 그렇다면, 어떤 우화가 그리스 고전우화로서의 특징을 지니는 것일까?

우화의 구조

덴마크 학자 몰텐 네이골은 1964년 《고대 우화》 두 권을 저술했다. 이 책은 풍부한 내용으로 우화를 상세히 분석하고 있다. 첫 번째 책에서 저자는 에밀 샹브리가 편집한 우화집(아우구스타나 교본이라고 불림)을 토대로 우화의 구조를 분석했다. 그 모든 것을 다 소개할 수는 없고, 네이골이 생각한 우화의 구조를 간단하게 살펴보도록 하자.

먼저 우화는 형식이 뚜렷하다. 〈외양간으로 달아난 사슴〉이 그 좋은 예이다. 다음의 요약된 것을 보자.

'사냥꾼에게 쫓기던 사슴이 외양간 앞까지 오게 되었다. 사슴은 몸을 숨기고 보자는 생각에 외양간으로 숨어들었다. 그러나 일을 마치고 돌아온 목동들에게 그대로 붙잡히고 말았다.

헤로도토스(BC 484~425) 그리스 역사가

한번 달아나 보지도 못하고 말이다.

이렇게 작은 위험을 피하려다가 더 큰 위험에 빠지는 사람들이 있다.'

먼저 중심인물이 등장한다. 등장인물(동물)은 주로 둘이다. 이 둘은 서로 대립하는 성격을 띤다. 사슴과 사자, 늑대와 양, 여우와 원숭이처럼 힘과 지혜, 강자와 약자라는 대립양상을 띤다. 때로는 인간과 신, 자연현상(〈북풍과 태양〉)도 등장인물이 된다. 그리고 주제는, 이 이야기의 경우 중심인물인 사슴이 '사냥꾼에게 쫓기고 있다'는 형태로 제시된다.

다음에 사슴이 놓인 상황이 그려진다. '외양간 앞까지 오게 되었다'가 바로 그것이다.

다시 우화의 절정이라고 할 수 있는 사슴의 행동이 이어진다. 이것을 네이골은 '선택적 행동'이라고 말한다. 외양간으로 들어갈지 말지는 오로지 사슴의 의지로 결정되기 때문이다. 사슴의 '선택적 행동'은 '잘 생각해 보지도 않고 안으로 들어가는' 것이다.

그리고 '마지막 행동'으로 이어진다. '목동에게 붙잡힌다'가 그것이다.

행동의 마지막, 중심인물이 '결론짓는 말'로 우화의 무대는 막을 내린다. '운이 나빴구나!'가 그것으로, 이 이야기의 '결론짓는 말'은 '내 판단이 잘못됐다'는, 말하자면 자기비판이다. 이것으로 중심인물의 평가가 현명했는지 어리석었는지 결정되는 것이다.

이러한 기본적인 구조를 바탕으로 등장인물이 세 사람이 되기도 하고 상황이 둘로 나누어지기도 하는데, 네이골은 이러한 형태를 '복합우화'라고 명명하였다. 하지만 기본골격은 동물우화이다. 그리고 우화 전체의 구조가 복잡해질수록 더욱 엄격하게 지켜지는 것은 대립양상을 보이는 '두 등장인물'이라는 원칙이다.

〈독수리와 풍뎅이〉는 아우구스타나 교본 중에서도 매우 복잡한 이야기로 여겨진다. 네 등장인물이 이야기를 이끌기 때문이다. 그래도 독수리와 산토끼, 독수리와 풍뎅이, 풍뎅이와 독수리 알, 독수리와 제우스, 풍뎅이와 제우스 순서로 이야기가 전개되며 대립양상의 기본원칙은 지켜진다. 이 이야기는, 풍뎅이가 겨울잠을 잘 때 독수리가 알을 낳게 되었다로 끝이 난다.

서로 대립하는 둘을 중심인물로 놓는 우화의 특색은, 〈신데렐라〉〈백설 공주〉와 같이 중심인물 한 사람만을 내세우는 옛날이야기와 기본적으로 다르다.

우화에도 〈병에 걸린 사슴〉처럼 등장인물이 하나뿐인 이야기가 있다. 이런 우화에서의 선택적 행동은 적대자에 따른 것이 아니라 상황에 따른 것이다. 이처럼 등장인물이 단독이어서 싸울 일이 없는 우화를 네이골은 '단순화시킨 우화'라고 이름 붙였다. 또한 등장인물이 단독이더라도, 실제로 상대와 싸워서지는 이야기가 있다. 바로 〈여우와 포도〉이다. 여우다운 말투로 끝을 장식하는 장면은 '단순'하다고 할 수 없는 기교가 작용하고 있다.

네이골도 지적한 것처럼, 우화와 똑같아 보여도 이 이야기는 분명 다른 장르이다. 여우의 행동이 도덕적이지 않고 교훈을 이끌어내는 요소도 약하기 때문이다.

이처럼, 이솝우화집에는 기본구조가 빠진 이야기나 변화된 이야기도 있다.

이는 오랜 우화의 역사에서 이솝 본래의 작품도 있고, 덧붙여진 이야기도 있음을 말해준다.

어쨌든, 어리석은 주인공의 행동을 논하며 교훈으로 이어주는 것이, 단순한 이야기를 우화로 바꾸는 요소가 된다고 할 수 있다.

우화의 정의를 너무 좁고 너무 엄밀하게 내리는 것은 잘못이다. 우화에는 '서로 경쟁하는 행위자' 중심의 우화, 동물기원 이야기를 테마로 하는 우화도 있다. 이러한 '주변' 우화가 있다는 것을 로고리게스 아드라데스 교수는 지적하고 있다.

〈독수리와 풍뎅이〉 밀로 윈터. 1919.

또 시대의 흐름과 함께 우화라는 개념도 확대되었다. 아우구스타나 교본에 수록된 우화에는, 좁은 의미에서 '고전우화'의 정의로부터 벗어난 이야기도 있다. 이것은 오히려 당연한 일일 터이다. 어떤 시대에는 '우화'가 아니었던 것이, 다음 시대 다른 관점에서는 '우화'로 불리게 되는 이야기도 있을 것이다.

2. 이솝우화가 의미하는 것

'우화의 결말'은 우화 창작자가 내리는 전체 평가를 의미한다. 이것은 특별히 중요한 의미를 지닌다. '결론짓는 말' 또는 '마지막 행동'으로 주인공의 행동 전체가 분명해지고, 거기에 어떤 정해진 가치가 주어지기 때문이다. 평가는 대개, 패자가 실패를 인정하고 앞선 행동이나 어리석음을 질책하는 형식으로 되어 있다. 이것은 픽션인 우화의 내레이션에서 필연적으로 나오는 결론이다. 그리고 우화라는 비현실 세계에서 독자를 화자가 있는 현실 세계로 되돌리고 우화에 숨겨진 의미, 충고, 처세술을 결론으로 제시하는 것이 '에피뮤티움 (후치형 교훈)'이라고 불리는 마지막 부분이다.

반면 교훈이나 도덕률이 우화 앞에 놓이는 경우를 '프로뮤티움(전치형 교훈)'이라고 한다. 로마의 이솝이라고 하는 파에드로스(기원전 18년?~ 기원후 50년?)의 우화에서는 이 프로뮤티움이 많이 쓰였다.

'남의 물건을 욕심내는 자는 자기 물건까지 잃게 될 것이다.'
개가 고기를 입에 물고 헤엄치며 강을 건너고 있다……'(《파에드로스 우화집》 권1, 제4)

전치형 교훈에서는 화자가 미리 도덕률을 보여주고, 그것을 동물우화를 통해 독자에게 이해시킨다. 앞으로 말하려는 내용을 독자가 바로 찾아낼 수 있도록, 마치 책 제목이나 목차처럼 교훈을 앞에 놓은 것이다.

한편, 샹브리가 교정에 이용한 아우구트타나 교본이라는 사본 《이솝우화집》은 예외 없이 에피뮤티움(후치형 교훈)이 붙어 있다. 그러나 샹브리판 295번 〈아이와 까마귀〉에는 에피뮤티움이 붙어 있지 않기 때문에, 도덕률 불가결의 원칙에 위반되는 것처럼 보인다. 하지만 헨리 교수가 교정한 사본(G본)에는 에피뮤티움이 붙어 있는 것이 발견되었으므로, 이솝풍의 고전적 우화에 관한 한 예외는 없었다.

교훈, 도덕률이 빠진 이야기는 본디 우화가 아니다. 짧은 이야기, 일화, 동물의 습성에 대한 설명 등이 우화화되어 이야기되어지다가, 이솝의 우화가 되고 우화집에 수록된 이야기도 된다. 그런 이야기들 또한 이솝우화라고 할 수 있다.

기원후 1세기 무렵 웅변술이 크게 유행하여, 우화는 수사학(레토릭)의 교재로서 변론술을 가르치는 학교에서 큰 활약을 하게 된다. 여기에서는 그때까지 있던 우화가 모습을 달리하거나, 새로운 우화가 창작되었다고 생각된다. 수사학 학교에서 교사들은 우화를 교재로 즐겨 이용했다. 조금이라도 명쾌한 문장을 쓰고, 설득력 있게 이야기할 수 있도록 학생들을 교육하기 위해, 이해가 쉬운 우화를 택한 것이다. 또 우화는 받아쓰기 연습에도 이용되었고, 나이 어린 학생들에게는 어느 정도 우화의 옷을 입힌 교훈으로 마음을 끌기도 했다. 프랑스 초등학교에서는 지금도 국어 시간에 라 퐁텐의 우화를 암기시키고, 문장을 분석하고, 문법을 가르친다고 한다. 라 퐁텐 우화의 대부분이 이솝 우화를 소재로 한 것을 보면, 수사학을 가르치던 고대 학교의 모습이 어떠했을지 상상이 된다.

〈여우와 포도〉 돈 데일리

스페인의 고전학자 칼시아 게알은 다음과 같이 기록하고 있다.

"우화의 특징은 도덕적인 결론에 이르는 것으로, 실제적인 교훈은 에피뮤티움이나 해설로 표현된다. 고대 수사학자들은 우화의 목적이 교훈임을 강조했다."

에피뮤티움과 해설의 구분을 사본에서는 줄을 바꾸는 것으로 구별했다.

우화는 후치형 교훈을 통해 비로소 우화로서의 효과를 충분히 발휘하고, 독자에게 감명을 주게 되었다. 또, 그 중에는 도덕적 교훈이나 처세술에서 파생된, 때로 사회풍자나 정치비판이라고 생각되는 것도 볼 수 있다.

이솝우화의 특징을 간단히 요약해보면 다음과 같다.

(1) 픽션이다.

(2) 등장인물의 행위가 '죽음을 당하게 되어…… 말했다.' '나는 운이 나빴다'와 같이 과거에 한번 있었던 일처럼 표현된다.

(3) 이야기의 목적은 도덕적, 교훈적이어야 한다.

이솝우화가 표현하는 것

샹브리판《이솝우화집》에 수록된 이야기 362편 중에서 동물우화는 약 4분의 3인 256편을 차지한다. 그 외 인간을 테마로 한 것이 76편, 신이 15편, 식물이 4편, 계절이 1편 그리고 기타가 7편이다.

즉 동물·식물·인간·신이 이야기나 행동을 통해 말하는 자나 듣는 자에게 교훈을 주는 식으로 이루어져 있는 것이다. 그중 몇 개는 교훈이 목적이 아닌, 사물의 기원을 해설하는 것이 있다. 그 예로는 '거북이 등딱지를 얻게 된 사연', '개미가 도둑인 까닭', '거인이 멍청한 까닭' 등을 들 수 있다. 또 변론술이나 수사학 연습을 위한 이야기도 있다.

그러나 이 몇 가지 예외를 제외하면,《이솝우화집》에 수록된 이야기의 대부분은 형식이 잘 갖추어진 동물우화이다. 고대의 엮은이는 교훈적이지 않은 이야기는 적극적으로 배제했던 것으로 보인다.

이솝우화에 등장하는 동물들

앞서 말했듯이 이솝우화는 대부분이 동물우화이다. 따라서 등장하는 동물들의 특성을 외워두면 이해하는 데 도움이 된다. 그것이 우화를 특징짓기 때문이다. 지성과 이해력을 갖춘 동물들은 인간을 본떠 말하고 행동한다. 동물우화가 여러 민족에 널리 분포되어 있다는 사실을 생각하면, 우화에는 자연, 특히 동물과 인간과의 연결이라는 태고의 인간감정이 스며 나온다. 〈사랑에 빠진 사자〉가 그 좋은 예이다.

인간에게 없는 뛰어난 능력(강한 힘, 속도, 하늘을 나는 짓) 때문에 신으로 숭배되는 동물이 있었다는 것은 이상한 일이 아니다. 특히 인간 생활에 큰 도움이 되는 말은 신성한 동물의 대표주자였다.

고대 우화에서는 동물뿐 아니라 풀이나 수목도 등장한다. 이것은 식물에 영혼이 있다는 믿음에서 나온 것이다. 고대 신앙에 의하면, 땅속에 묻혀 있는 정령이 식물 안에 머무르게 되었다고 한다. 이것과 상통하는 그리스 수목 숭배는 식물에 초자연적인 힘과 특성이 있다는 믿음에 따른다. 이렇게 동식물이 중심인물로 등장하는 우화 속 배경은, 상세한 풍경묘사가 아닌 비현실의

〈여우와 포도〉 돈 데일리

세계가 매우 간략하게 표현된다.

우화 속의 동물은 저마다 정해진 성격이 있다. 새끼양은 순진무구함, 여우는 교활함, 당나귀는 어리석음, 양은 도량이 적음, 사자는 힘. 그중에서도 특히 주인공 역할을 담당하는 것이 사자, 늑대, 여우이다.

동물의 왕 사자는 《이솝우화》에서 매우 강한 동물로 묘사되어 있다. 〈사자와 생쥐〉에서는 작고 약한 생쥐를 맞세움으로써 사자의 강함을 강조한다. 동물 고유의 성질이 추상화되어, '사자와 생쥐'라는 제목만 들어도 충분히 그 위력을 느낄 수 있다.

늑대는 양을 잔인하게 죽이는 동물로 묘사된다. 하지만 언제나 그렇지만은 않다. 〈늑대와 새끼양〉에서 늑대의 말솜씨는 여우에 맞먹는 수준이다. 〈말과 늑대〉 이야기에서는 머리 좋은 말에게 당하고, 〈늑대와 아기염소〉에서는 못된 속셈이 발각되어 계획이 완전히 실패하기도 한다. 한편 〈늑대와 양〉에서는 늑대의 본성을 유감없이 드러내기도 한다.

여우는 교활한 동물이다. '실리에 밝고 상황에 맞게 모습을 바꾸며, 머리회전이 빠르고 정신력이 강하다.' 이런 여우의 모습은, 인간사회에서 적극 권장할 만한 것은 못 되지만 그렇게 나쁜 것만은 아니라고 여겼던 고대 그리스인의 처세철학을 잘 표현해 준다. 〈까마귀와 여우〉가 그 좋은 예로, 여기에서 여우는 보기 좋게 까마귀를 속여 넘기고 충고까지 하는 여유를 부린다.

원숭이는 사람을 흉내내다 실패하는 모습을 보여준다. 〈원숭이와 돌고래〉에서 허세를 부림으로써 사람을 흉내낸 것에 대해 엄히 벌을 받는다.

개는 〈고기를 입에 문 개〉에서 멍청한 모습으로 그려지고 있다. 하지만 대체로 충실한 양치기의 모습으로 등장한다. 양은 중요한 재산이기 때문에, 이를 지키는 개에 대한 평가는 우화에서도 높이 나타난다.

새 중에서 까마귀는 미래를 점치는 힘이 있다 하여, 다른 새들과 차별되었다. 박쥐는 〈박쥐와 족제비〉에 잘 드러나 있다. 이 이야기에서는 박쥐의 이중성을 잘 파악하여 에피뮤티움으로 그려내고 있다.

이솝우화 속의 그리스 신들

그리스에서 발전한 《이솝우화집》에는 당연히 그리스신화의 신들도 등장한다. 하지만 이솝우화에는 신화다운 이야기가 없다. 이것 또한 이솝우화의 특징이라 할 수 있다. 목적이 도덕적인 것이니만큼 신화와 일치하지 않는 것이 마땅한 것이 아닐까.

〈독수리와 풍뎅이〉를 보자. 하늘로 찾아온 독수리의 부탁을 듣는 장면에서 제우스는 전능한 신의 위엄을 보여주는 듯하다. 하지만 그것도 잠시, 그는 독수리의 소중한 알을 떨어뜨리는 실수를 하고 만다.

신들은 인간이나 동물의 소원을 들

〈제우스와 테티스〉 도미니크 앵그르. 1811.
테티스가 제우스를 찾아가 트로이 전쟁에 참전한 아들 아킬레우스를 구해 달라고 간청하는 장면이다.

어주기는 하지만, 영적인 존재가 아닌 '현세의 이익'을 가져다주는 존재로 그려지고 있다. 초인간적 능력을 보여주는 조역에 그치는 것이다.

인간이 신을 가벼이 여기는 모습도 볼 수 있는데, 〈코끼리와 가시와 신의 사자〉가 그렇다. 이 이야기에서 코끼리는 신의 사자를 업신여기며 큰 코로 집어던져 버린다.

우화에서는 신과 인간과의 차이가 그리 크지 않다. 어떤 이야기에서는 신과 인간을 비교함에 있어 다른 것이라고는 이름뿐이라고 할 수 있을 정도이다. 이런 몰종교성 또한 우화의 특징 중 하나이다.

이솝우화에서 엿보는 서민생활과 정치사회 모습

《이솝우화》에는, 〈솔개와 휘파람새〉처럼 헤시오도스까지 거슬러 올라가는 이야기를 비롯하여, 호메로스에 이어 위대한 시인으로 존경받는 아르킬로코스(기원전 8세기 후반~기원전 7세기 전반)의 것으로 보이는 〈까마귀와 여우〉와 같은 이야기까지 많은 우화가 실려 있다. 폴리스 역사의 흐름 속에서 모아진 이 다양한 이야기들은 모두 이솝이 지은 것으로 여겨졌다. 아테네에서 많은 사람들 사이에 이솝우화가 이야기되던 시기는, 희극작가 아리스토파네스가 활약하던 무렵, 다시 말해 민주정을 확립한 페리클레스의 죽음(기원전 429년) 전후였다고 생각된다.

우화에는 당시와 그 전후 시대의 사회정치 상황 그리고 그 영향하에 있었던 서민의 생활이 적지 않게 반영되었다 할 수 있다. 아울러 단지 도덕률이나 윤리만을 설명하는 것이 아닌, 특정 인물에게 '너는 이러저러해서 어리석다'라고 숨은 비판을 던지는 이야기도 있지 않았을까 짐작된다. 이는 에피뮤티움을 통해 상상해 볼 수 있다. 그러나 역사적 사실보다 세속적인 지혜와 처세가 테마가 되는 우화 안에서, 구체적인 사건이나 인명을 읽어내기란 어려운 일이다. 또한 이것은 수많은 자료와 전문적 지식을 요구하는 일이기도 하다. 여기에서는 우화 몇 개를 들어, 그 시대 사람들의 생활을 더듬어 보려고 한다.

폴리스의 중심에 있는 아고라(광장)는 정치 상업의 중심지로, 늘 사람들로 북적였다. 중심인 시가 성벽으로 둘러싸인 것으로 미루어, 새로 점을 치거나 재물을 바치는 일은 성벽 밖의 농경지에서 이루어진 듯하다. 그때는 소와 양고기가 귀했기 때문에, 제물을 바치는 날은 곧 고기 먹는 날이었다. '제물을 바치는 사람'을 의미하는 그리스어 '마게이로스'에도 '고기집', '요리사'란 의미가 들어 있다. 〈이솝의 생애〉에서도, 제물로 바쳐진 돼지혀를 이솝이 광장에 나가 사서 돌아오는 장면이 있다. 폴리스에는 재판소와(〈말벌과 꿀벌〉〈늑대와 여우의 분쟁〉), 민중의 권력을 집행하는 의미로서의 사형집행인(디미오스)도 있었다.

기원전 6세기 무렵 귀족정치에서 참주정치로 바뀔 때쯤, 역사상 크게 이름을 날렸던 페이시스트라토스(기원전 612~527)가, 기원전 542년 무렵 솔론의 개혁이 실패한 뒤 혼란을 틈타 아테네의 참주로서 정권을 잡았다. 이 역사의 흐름 속으로 우리를 이끄는 이야기가 〈왕을 원한 개구리〉이다. 파에드로스(Phaedrus)는 이솝이 말했다고 하면서, 페이시스트라토스를 나무토막 왕으로 칭송하고, 물뱀

보다는 나으니 참으라고
아테네 시민에게 호소한다.
이 이야기는 《파에드로스
우화집》에 소개되어 있다.

파에드로스의 해석이
맞는지 어떤지는 모르지
만, 낮은 계층에 속했던 이
솝의 눈을 통해 귀족정치
에서 참주정치로 바뀌는
시기의 정치 모습이 분명
반영되었다고 생각된다.

그리스 역사가의 전문적
인 연구에 의하면, '중심'의
관념은 호메로스 이래 특
별한 성격을 띠고 있었다.
그리스어로 '에스 토 메손
(_{한가}_{윤데})'은 사전에 'in public'이
라는 해석이 붙어 있다.
이 '모두의 것으로 한다'는

호메로스(BC 800~750) 그리스 최고의 서사시인

민주적인 습관은 〈송아지, 새끼염소, 새끼양의 회사〉에 잘 드러나 있다.

도시국가 폴리스의 중요한 구성요소 중 하나가 군대이다. 기원전 7세기 이
후 밀집대가 본격화되었고, 밀집대를 이루는 전투병들 가운데서도 점차 '도보
의 중장보병'의 비중이 늘었다고 한다. 기원전 431년에 시작된 펠로폰네소스
전쟁은, 폴리스 군대 안에 용병제를 발달시켰다. 자기 폴리스를 버리고 유랑하
거나 용병이 된 많은 빈민들은 그 시대의 심각한 사회문제였다고 한다. 이러
한 일들은 〈사자와 함께 출진〉에서 예측해 볼 수 있다.

그리스 사회의 경제를 보면, 해상무역을 통한 상업 활동의 발전으로 부유
해진 시민들이 나타났으며, 그때까지의 계급질서를 흔드는 화폐경제 시대로
향하고 있었다. 하지만 해상무역의 수익은 귀족사회를 유지하는 중요한 경제
적 기반이기도 했다. 〈행운의 여신과 남자〉, 〈양치기와 바다〉는 이런 상황의

반영일 것이다. 〈양치기와 바다〉는 '이직'을 경계하는 이야기 같기도 하다.

식민지 건설과 상업 활동이 활발해짐에 따라 여행하는 사람도 많아졌다. 그즈음 여행의 고충은 〈말과 당나귀와 나그네〉, 〈쥐와 여행〉을 읽어보면 상상할 수 있다. 뱃길 여행에는 난파선에 대한 공포가 늘 따라다녔다. 〈파산한 남자들〉을 보면 그 점을 잘 알 수 있다.

펠로폰네소스 전쟁이 시작되자(기원전431년) 아테네에 역병이 유행하고, 페리클레스 자신도 병으로 쓰러진다(기원전429년). 그 뒤 '데마고그(선동정치가)'들의 주도권 싸움이 끊이지 않았다. 데마고그들은 민중을 선동하고 전선을 확대했다. 적이었던 페르시아와도 배후에서 동맹을 맺어 국가를 파는 자까지 나오게 되었다. 이런 상황을 묘사하는 듯한 우화가 몇 가지 있다. 그중에서 〈뱀과 족제비와 생쥐〉의 에피뮤티움은 부정한 데마고그들에 대한 민중의 항변 같다.

또 〈사자의 왕국〉은 이런 시대를 살아가야 하는 서민의 꿈, 평화와 공정을 찾는 애절한 바람을 담은 우화가 아닐까 싶다.

고대 그리스의 노예

일반적인 예상과는 달리, 고대 그리스에는 사람들이 통상적으로 생각하는 노예제도는 존재하지 않았다고 한다. 미국 서양고전 고대학자 웨스터먼은 고대 그리스 노예제도를 이해하기 위해서는 '먼저 근대 노예제 특유의 부속물이나 우리의 몸에 익은 노예제에 관한 고리타분한 생각을 말끔히 지워야 한다'고 말한다.

노예 신분인 사람은 놀랄 만큼 많았다. 기원전 4세기 말에 이루어진 아티카주민의 조사에서는, 아테네 시민(성인 남자)이 2만 1천 명, 외국인 거주자가 1만 명인 것에 반해, 노예는 40만 명에 달했다고 한다. 농장이나 광산에서 육체노동을 하는 노예뿐 아니라, 도시 행정의 요직을 비롯한 교사, 경영 관리자 등 모든 직업에 노예들이 종사하고 있었다. 관청사업에 종사하는 노예는 도시국가의 소유물이었다. 한마디로 고대 그리스의 노예 중에는 현재의 우리보다 유력하고 지위가 높은 노예가 적지 않았던 것이다.

노예 소유자는 노예를 직접 부리기도 하고 빌려주기도 했으며, 노예가 벌어들인 소득 중 일정 비율을 자기의 이익으로 챙겼다. 노예의 임금은 일반시민과 같았으며, 숙련노동자나 특별 기술 혹은 지식을 갖춘 자는 그만큼 높은 보수를 받았다. 공업적인 도시에서 일하는 숙련된 노동자 노예는, 그 소유자와 같은 곳에서 살지 않았던 것으로 추정된다. 이들 노예는 소유자에게 상납하고 남은 소득을 자신의 생활비로 충당하기도 하였고, 돈을 모아 노예 신분에서 해방되기 위한 자금으로 이용하기도 하였다. 지금 시대로 말하면 보수를 지불하고 기업에 파견되어 수입을 얻는 인재파견회사의 기술자나 건설회사의 하청 노동자에 해당된다고 할 수 있다. 노예가 자기를 되사기 위해 자금을 빌리는 부조(扶助)조직도 존재하였다.

페리클레스(BC 495~429) 그리스 아테네 정치가·군인

노예의 아들로 태어나 성장한 사람, 빚 때문에 노예가 된 사람, 스스로 몸을 판 사람도 있었지만, 이들은 대부분 소아시아 지방의 전쟁포로나 도적으로 붙잡히거나 유괴당한 사람들이었다. 이솝도 또한 그런 사고에 휘말려 그리스에 끌려온 노예였다고 추측된다. 노예와 자유인의 경계는 불분명하였고, 누구라도 불시에 노예가 될 수 있었으며, 돈을 빌리고 갚는 간단한 절차로 쉽게 해방될 수도 있었다. 그런 까닭에 노예가 되었다고 해서, 자유인이었을 때의 자긍심이나 기개가 상실되거나 하지는 않았다. 노예는 애초부터 그런 운명으로 태어난 사람들이 되는 것이라는 설은 훨씬 나중에 생긴 것이다.

요컨대, 노예이기 때문에 안위한 생활을 최우선으로 한다는 '노예의 도덕'에 대한 통설은 고대 그리스의 노예에게는 적용되지 않는다. 이미 이야기한 것처럼 고대 그리스의 노예제도를 현대에 적용해보면 중앙관청의 상급직 공무원이나 고용된 중역, 중소기업의 사장일 수도 있다. 그들에 비하면 오히려 우리가 더 자유를 억압당하는 것일는지 모른다. 우리 역시 현대의 노예가 아닌가. 이솝우화에서 시대성보다 현대성을 보게 되는 까닭은, 사회악의 포로가 되어 있는 우리의 모습과 이솝의 문제가 근본적으로 같기 때문일 것이다.

네 가지 해석의 가능성

말은 모든 사람에게 같은 내용으로 전달되지 않는다. 말하는 사람과 듣는 사람의 조합에 따라 말의 내용은 다양한 색깔을 띤다. 같은 말이라도 칭찬이 되고, 비아냥이 되고, 충고가 되고, 협박이 된다. 많은 의미를 내포하는 말을 정확하게 이해하고 파악하기 위해서는, 그때의 상황, 바로 말하는 사람과 듣는 사람의 관계와 심리를 미리 알아 두어야 한다.

이솝우화는 주로 일상생활에서 일어날 수 있는 일들에 대한 대처 방법을 설명한다. 등장하는 동물이나 인물은 다양하지만, 대부분 그 주인공은 약자이며, 다루어지는 처세술 또한 약자를 위한 것이다. 약자인 서민은 고대 그리스에서는 분명 노예를 나타낸다. 그렇다면 누가 노예를 위한 처세술을 말했을까? 또 그 의도는 무엇이었을까?

주인과 노예라는 두 계층은 서로 대립 관계이다. 노예의 삶을 내용으로 하는 메시지는 말하는 사람과 듣는 사람을 어떻게 조합하느냐에 따라 다음 네 가지로 나눌 수 있다.

(1) 주인이 주인에게—노예를 다루는 방법에 관한 정보.

(2) 주인이 노예에게—교훈.

(3) 노예가 노예에게—자숙, 격려.

(4) 노예가 주인에게—탄원, 경고.

이솝우화의 작자 이솝은 노예였다. 반복하건대 고대 그리스에서는 노예에게도 상당한 자유가 허락되었고, 해방되는 것도 쉬웠다. 그러한 조건하에 노예로서 안주하고 세상을 행복하게 살아가는 처세술을 도덕적으로 설명하는 것은, 주인이 노예에게 주는 메시지의 테마는 될 수 있어도, 노예가 노예에게 조언하는 화제가 되긴 어렵다는 생각이 든다. 생각보다 자유롭다고 해도 어디까지나 소외된 거주자에 지나지 않은 이솝이, 주인을 대신하여, 주인에게 아첨

〈노예시장〉 구스타브 블랑제. 1886.

하는 법과 행동 지침을 노예에게 설명해 주었을까? 그런 일은 없었을 것이다.

이솝우화 하나하나를, 노예가 노예에게, 혹은 노예가 주인에게 전달하는 메시지의 시점으로 다시 읽어보자. 만인을 위한 교훈이요 담겨진 메시지가 별 차이 없는 이야기더라도, 이렇게 중점을 어디에 두고 읽느냐에 따라 상당한 차이가 난다.

예를 들면, 보은을 주제로 하는 우화가 몇 편 있다. 하지만 제시되는 충고는 모순된다. 〈까마귀와 헤르메스〉는, 배은망덕한 행위 때문에 아무에게도 도움을 받을 수 없게 된 까마귀 이야기로, 보은을 권장하는 내용임에는 틀림없다. 하지만 〈여행을 하는 디오게네스〉나 〈날개 잘린 독수리와 여우〉를 보면, 보은은 그렇게 중요한 것이 아닌 듯하다. 상대가 착하고 친절하게 대해준 것에 대해, 보은을 해도 하지 않아도 크게 달라지지 않는다면, 무시해도 좋다고 말한다.

〈농부와 독수리〉, 〈사자와 은혜를 갚은 쥐〉, 〈개미와 비둘기〉는 은혜를 갚을 수 없어 보이는 약자의 건강하고 감동적인 보은 이야기이다. 언제 어떤 위험에 빠질지는 아무도 모르니 은혜는 되도록 베풀어 두어야 한다고 설명한다. 한편 〈농부와 얼어붙은 뱀〉, 〈정원사와 개〉, 〈나그네와 플란다너스〉, 〈벌을 키우는 사람〉 등에서는, 은혜를 베풀어도 상대에게 통하지 않거나, 오해를 받아 도리어 미움을 사거나 해를 입게 될 수도 있는 경우를 말하고 있다.

원칙과 예외를 논하면서, 임기응변식 대처에도 주의를 기울이라는 것인가? 그러나 이 메시지를 듣는 것은 노예라는 점을 생각해보자. 더구나 일반 노예에게 그러한 고도의 판단을 기대할 수 있을까? 아무래도 이 해석은 타당해 보이지 않는다.

너무나 뻔뻔하고 은혜를 몰라서는 아무에게도 도움을 받을 수 없다. 때문에 보은은 필요한 것이다. 하지만 사회의 밑바닥에 있던 노예에게는 보은도 쉬운 일이 아니다. 다시 말해 보은을 할 가치가 있는 사람과 없는 사람으로 나누고 있는 것이다. 그것은 도덕적이거나 부도덕적, 아름다움과 추함과 같은 논의를 넘어서는 현실적인 요청이다. 우리는 자칫 분수를 잊고 원칙만을 쫓다가 쓰라린 후회를 하곤 한다. 무슨 일이든 항상 먼저 자기의 위치를 확인하고 난 후에 해야 하는 것이다.

일반 노예에게는 다른 사람에게 은혜를 베풀 만한 여력이 없다. 곤란을 당하면 자기가 먼저 도움을 받고 싶은 법이다. 그런 노예에게 은혜를 베풀라고 설명하는 것만큼 어색한 일도 없을 것이다. 은혜를 베풀어야 한다고 설명하는 두 우화, 〈사자와 은혜를 갚은 쥐〉〈개미와 비둘기〉에서 특히 눈에 띄는 공통된 특징은, 작지만 그들보다 훨씬 힘센 자를 궁지에서 구원하는 것이다. 강자가 약자에게 은혜를 베풀면 위험에 빠졌을 때 생각지도 못하는 도움을 받을 수 있다, 어떤 강자도 언제 어떤 재해를 당하게 될지 모르는 일이다. 바로 이것이 이야기의 요점이다. 이 이야기들은 노예가 아니라 바로 강자에게 들려주는 이야기인 것이다.

요컨대, 강자에게는 힘없는 약자에게 은혜를 베풀었을 때 얻게 되는 이익에 대해 강조하며, 노예들에게는 가치 없는 자에게 무리를 하면서까지 은혜를 베풀지 말고 다른 사람을 믿는 무른 마음을 경계하라는 것이다.

이런 식으로 이솝우화 전체를 새롭게 조명해 보라. 그러면 기존의 시각으로는 파악할 수 없었던, 불굴의 정신을 지닌 전혀 새로운 이솝상이 선명하게 떠오를 것이다.

〈사자와 은혜를 갚은 쥐〉 밀로 윈터. 1919.

3. 《이솝우화집》

우화는 본디 민중이 주고받는 이야기였다. 1489년에 출판된 스페인어판 《이
솝우화》의 표지 목판화에는, 길을 걸으며 민중에게 말하는 이솝의 모습이 그
려져 있다. 따라서 파피루스에 쓰인 글이나 책으로서의 우화집이 실존하는지,
현재까지 남아 있는 우화집은 언제 누가 편집한 것인지는 흥미로운 부분이 아
닐 수 없다.

페리 교수의 연구에 의하면, 알렉산드리아 도서관에서 문헌 수집을 하던
팔레론의 데메트리오스라는 사람이 있었는데, 그가 여기저기에서 우화를 모
아 교정하여 우화집을 만들어 낸 것 같다고 한다. 이 사람은 기원전 350년 무
렵부터 기원전 280년 무렵까지 살았던 것으로 추정되며, 아테네의 집정직에
있기도 했는데, 그 전 아니면 집정직에 재임하던 중에 우화집을 엮었을 것이
라 여겨진다. 이것은 후대의 저술가 디오게네스 라에르티오스(기원후 200년~
250년 무렵)가 쓴 일
종의 잡록집인 《철인전》에도 기록되어 있다. 기원후 1세기에 우화는 크게 유
행한다. 시인 호라티우스가 채록한 〈서울쥐와 시골쥐〉는 오늘날에도 보석처럼

그 빛을 잃지 않고 있다.

파에드로스도 그 우화집 머리말에서 '소재는 이솝에게서 가지고 왔다'고 썼다. 이것으로 미루어, 파에드로스에게 자료를 제공한 《이솝우화집》이 1세기 로마제국 내에 유포되어 있었다는 점을 짐작할 수 있다. 그 《이솝우화집》이 팔레론의 데메트리오스 편이었다는 것은 거의 확실하다. 실제 《파에드로스우화집》 제5권 제1화에 데메트리오스가 등장한다. 이름이 같은 마케도니아의 데메트리오스와 혼동된다고 해도, 분명 등장하고 있다는 것을 페리 교수는 영어 대역본에 역주로 써 놓았다. 이미 기원전 1세기에는 변론술, 수사학 교재로 우화를 빼놓을 수 없게 되었다는 점을 고려할 때, 데메트리오스본 이외에도 그것을 흉내낸 안내서 같은 것이 있었을 것이다. 파에드로스가 손에 넣은 우화집도 그런 종류였는지 모른다.

데메트리오스의 우화집 《아이소페이온》은, 10세기 초까지 사본이 존재했던 것 같다. 하지만 현재까지 남아 있지는 않다. 파에드로스 이전에 데메트리오스본 말고 우화집이 존재했다는 증거는 없다. 하지만 덴마크 학자 네이골은 대략 다음과 같은 의견을 내놓았다.

'아리스토파네스의 〈새〉에서 페이스테타이로스가 합창대장에게 하는 대사를 보자.

"너는 무지하고, 알려고 하는 마음도 없다. 이솝을 읽어본 적도 없구나."

여기에서 '읽다'를 의미하는 동사 파데오가 문제가 된다. 쓰인 우화집이 아니면 어떻게 읽을 수 있을까? 아리스토파네스가 합창대장을 '무지(無知)'하다고 말할 수 있기 위해서는, 틀림없이 이솝을 배웠어야 한다. 여기저기를 떠도는 평범한 인물이 '배울' 수 있을까? 우화집밖에는 배운 것이 없음이 분명하다.'

아리스토파네스는 기원전 385년 무렵 세상을 떠났기 때문에, 그 시대에 우화집이 존재했다고 한다면 데메트리오스본에 반세기 이상 앞서게 된다. 리델과 스코트의 사전에는 분명 'thumbed(엄지로 책장을 넘겼다)'라고 기술되어 있지만, '이솝을 몇 번이고 읽었다'라는 의미가 당시의 파피루스를 '읽은' 것인지 아니면, '몇 번이고 들어서 알고 있는' 것인지는 의문이다. 덧붙여 펭귄고전총서의 영어역에는 'you don't know your Aesop'이라고 쓰여 있다. 〈새〉에서 페이스

《파에드로스우화집》 권두화와 속표지

트타이로스가 말하는 우화는 페리 교수의 《에소피카》 447번에 채록되어 있는 이야기로 다음과 같다. '종다리는 새 중에서 맨 처음 이 세상에 나타났다. 대지가 생기기도 이전에 말이다. 때문에 히바리는 아버지가 병으로 죽어도 묻을 수 있는 대지가 없었다. 어처구니가 없었다. 히바리는 5일간 울면서 그대로 두었다가, 어쩔 수 없어 아버지를 자기 머릿속에 묻었다고 한다.'

파에드로스와 나란히 우화집을 편집한 사람 중 바브리우스가 있다. 1세기 후반 시리아인가 소아시아에 살았던 그리스화한 로마인으로, 이솝우화를 운문으로 쓴 사람이다. 그 목적은 시리아 서북부, 키리키아의 영주인 알렉산더의 아들을 교육시키기 위한 것으로 추정된다. 이 우화집의 사본은 19세기 그리스의 영지인 아토스산수도원에서 발견되었다. 그리고 우여곡절을 거쳐, 현재는 대영도서관에 소장되어 있다. 헤리 교수의 교정과 영어번역본은 로우부 고전총서에 있으며, 쉽게 찾아볼 수 있다.

파에드로스의 《우화집》이 라틴문학계에서 큰 반향을 일으키지 못한 것에 비해, 아비아누스가 선택한 42편의 우화집은 중세를 통하여 높은 평가를 받왔다. 아비아누스는 4세기 말에 활약한 라틴 시인이라는 것 말고는 알려진 바가 없지만, 그가 고른 우화는 파에드로스가 아닌, 바브리우스의 그리스어 운문을 라틴 시로 개작한 것이다. 고대 우화다운 이야기들을 선택했기 때문에 그 뒤 많은 문헌에 인용되기도 했다.

중세에 유포된 이솝우화의 기원 중 하나로 《로물루스집》이 있다. 로물루스는 그리스어로 직접 번역했다고 하지만, 실은 파에드로스에 의한 것이라고 여겨진다. 10세기 무렵 사본이 전해진 이 《로물루스집》에서 많은 사본들이 만들어졌다. 또 이것은 근세 최대의 우화집, 슈타인헤베르본의 주요부분을 이루고 있다고 한다.

이렇게 이솝우화는 중세의 민중 사이로 침투해 들어갔다. 프랑스에서는 '이솝'이라고 불리며 수도사나 학교에서 교육용으로 재구성되었다. 또, 속어로 이야기되면서 민중 사이에 퍼져나가 인기를 얻게 되었다.

12세기 말 무렵에는, 마리 드 프랑스가 옛 프랑스어로 《이솝》을 저술했다. '프랑스의 마리'라고밖에 알려지지 않은 이 여류문인의 가장 큰 공적은, 그때까지 수도사들의 손에 잡혀 일반 민중에게까지 이르지 못했던 라틴어의 이솝을 그즈음의 정신이나 관습에 맞도록 고치고 속어로 번역하여, 서민들에게 소개한 것이다.

이탈리아에서도, 15세기 후반부터 16세기 전반에 걸쳐 이솝이 널리 읽히게 되었다. 그중에서도 특히 막시무스 브라누데스본이 중요한 역할을 차지했다. 1485년에는 나폴리에서 태어난 문인 프란체스코 델 도포가 라틴어 이탈리아어 대역의 《이솝전》과 잉글랜드인 포르타작의 라틴 시를 배치해 가면서 이탈리아어로 된 우화집을 출판했다. 슈타인헤베르본의 흐름을 잇는 이 도포본은, 판화가 들어간 아름다운 책으로 복각판도 기념 출판되었다.

르네상스의 '천재들' 가운데에는 자기를 이솝으로 비유하며 우화를 창작한 사람도 있다. 《건축론》으로 유명한 레온 바티스타 알베르티($^{1404년 \sim}_{1472년}$)는 레오나르도 다 빈치의 선배 격으로 여러 분야에서 뛰어난 재능을 보였다. 그는 《가정에 대하여》 등 저작활동을 했던 교육자로서 《100편의 우화》를 피렌체에서 출판했다. 라틴어로 쓰였긴 하지만, 그 머리글은 이솝에게 보내는 편지를 쓰고 다음과 같은 '답장'을 받는 형식을 취한다.

존경하는 알베르티 님께
저도 편지를 받고 깜짝
놀랐습니다. 2천 년 동안이
나 내 이야기들이 읽히고
있다니. 더구나 그 '우화'에
서 의욕을 얻게 된 당신과
같은 작가가 있다는 말을
듣고, 정말 두 번씩이나 놀
라고 말았습니다.

내용을 차분히 읽어보니,
당신은 정말 뛰어난 재능을
지닌 분이시더군요.(중략)
그럼 다음을 기약하며.

이솝

레오나르도 다 빈치(1452~1519)

레오나르도 다 빈치도 마찬
가지로 우화 쓰기를 시도했다. '아트란티쿠스 수고, H수고(手稿 : 작기가손 / 쓴 원고)'라고 이
름 붙인 자필 초고에 기록되어 있는 우화에서는, 레오나르도다운 자연관찰과
환상의 세계를 볼 수 있다. 하지만 레오나르도가 쓴 우화는 고대우화 형식에
서 벗어난 것으로, 동물이나 자연을 소재로 한 짧은 동화에 가깝다.

인쇄술의 발명으로 《이솝우화집》은 민중 사이에 널리 보급되기에 이르렀다.
하지만 진부한 이야기나 시대에 맞지 않는 우화는 당연히 버림을 받았다. 17
세기에는 우화를 소재로 하는 시인도 별로 나오지 않았다. 그러다 근대에 이
르러 라 퐁텐을 통해 이솝우화는 새롭게 태어난다.

라 퐁텐은 이솝우화를 번안했다기보다 자기 우화를 창작했다고 해야 옳다.
내용이 신선하고 변화무쌍하며, 읽는 사람을 즐겁게 하는 매력이 라 퐁텐 우
화의 기본이다. 그는 이렇게 이솝우화를 되살리려 했던 것이다. 일정한 형식에
시대감각을 넣어 읽는 사람을 즐겁게 하기란 힘들었을 것이다. 그의 우화가 프
랑스의 초등교육 교재로서 수세기 동안 이용되어 온 것은 많은 사람이 이미
아는 사실일 것이다. 장 자크 루소는 《에밀》에서 라 퐁텐의 우화는 비도덕적

이며 아이에게 어울리지 않는다고 비판했다. 라 퐁텐이 아무것도 덧붙이지 않고 실제 이솝우화를 그대로 살린 이야기는—예를 들면 〈까마귀와 여우〉가 있다. 그럼에도 불구하고 라 퐁텐의 《우화집》은 18세기에는 125판, 19세기에는 1200판이 출판되었다. 특히 19세기에는 그란빌의 삽화가 들어간 책이 인기를 끌었다. 이처럼 대성공을 거둔 라 퐁텐의 우화는 고전문학에서 중요한 자리를 차지하게 되었다.

아우구스타나 교본에 대하여

이 책은 에밀 샹프리가 교정한 '아우구스타나 교본'을 원본으로 하고 있다. 독일의 아우구스부르크에서 발견되었기 때문에 그렇게 불리는 이 고사본에는, 이솝우화 231편이 수록되어 있으며 가장 원형에 가까운 우화를 전하고 있다는 것이 정설이다. 페리 교수는, 원형에 가깝다는 것을 '이솝답다'는 것으로 이해하고 그것을 간단히 정리했다.

(1) 픽션이라는 점.

(2) 등장인물의 행위나 특정 동작이 간결하고 동사의 과거형으로 표현된다는 점.

(3) 도덕률, 교훈과 같은 어리석음을 담아 이야기한다는 점.

이러한 우화를 오늘날에 전하고, 샹브리판의 기초가 된 '아우구스타나 교본'은 교본 제1종에서 제3종까지가 있다. 그 중 중요한 교본이, '교본 제1종', 그리고 페리 교수를 통해 소재가 밝혀진 이 책 〈이솝의 생애〉의 원본이 된 '구로타페라타 교본', 그리고 'G본' 등일 것이다. 샹브리는 '아우구스타나 교본은 제1급 또는 최고의 사본이다'라고 말한다. 어쨌든 11~15세기의 사본이 오늘날에 전해진 것이지만 G본은 10세기의 복사본이다. 간결한 문체로 내용이 다채로운 아우구스타나 교본에 대해 학자들은 2세기 또는 1세기까지 거슬러 올라가는 것이라고 생각하고 있다. 현재 뉴욕의 피아폰트 모건도서관에 소장되어 있는 G본은 매우 우수한 사본으로, 비잔틴시대의 사본필사자가 수정·변경한 부분이 거의 보이지 않는 유일한 사본이다. 필사자는 가능한 충실하게 원문을 재현하려 한 것 같다. 아우구스타나 교본과 밀접한 관계가 있다고 여겨지는 G본은, 기원후 1세기까지 거슬러 올라갈 가능성이 있다. 아우구스타나 교본의 원형이 된 우화집이 팔레론의 데메트리오스본인지 어떤지는 확실하지 않다. 샹브리는 《이솝우화집》의 원본으로 사용되었던 아우구스타나 교본을 기초로 몇 종류의 사본을 면밀하게 비교 검토하여, 이솝풍을 답습한 우화 외에 바브리우스 우화를 산문화한 이야기를 더하여 《우화집》을 편집하였다. 1925~26년에 간행된 두 권의 교정본은 359편의 우화와 그 이문(異文), 거기에 '팔미라로판'에 기록된 3편을 부록으로 수록하였

라 퐁텐(1621~1695) 프랑스 우화작가

다. 하지만 1927년 초판된 프랑스어 대역본은 앞 책의 101번 〈카시와의 나무와 아시〉를 생략하여 358편으로 편집하였다. 본서는 그리스어 원전의 두루마리책 두 권에 의하며, 텍스트 선택은 프랑스어 대역본을 따르고 있다.

교정 작업은 이런 내용의 검토는 물론, 문체, 어휘 등을 문헌학적 방법에 따라 자세히 조사하고, 파피루스나 양피지의 파손 부위에 어떤 어휘가 와야 하는지 원형에는 어떤 어휘가 쓰였는지 판단해가며 메워가는, 고도의 어학력과 인내를 요하는 작업이다.

사본이 다수 있는 경우—그것도 대부분은 저마다 시대를 달리하지만—에는 그 똑같지 않음을 세부적으로 조사하여, 가장 원문에 가깝고 학문적으로 인정되는 텍스트로 재구성해 나간다.

19세기 이후의 주요한 《이솝우화집》 교정본에는 세 가지가 있다. 하나는 1852년에 독일의 할름이 교정한 텍스트를 기본으로 하우스라트가 편집한 두 개의 두루마리로 된 우화집, 에밀 샹브리 교정본, 그리고 미국 일리노이 대학

이솝 연구의 권위자 벤 에드윈 페리 교수의 《에소피카》 제1권(제2권 이후는 간행되지 않음)이 그것이다. 특히 동료 교수가 채록한 G교본은 아주 일부이긴 하지만 샹브리판을 보완하므로, 이 책에서도 G교본을 따르는 것이 자연스럽다고 생각되는 표현이나 교훈은 그것을 채용했다.

인쇄술이 발명되기까지 긴 세월 동안 수도사나 필사자의 손에서 베껴진 사본은 당연히 잘못 기록된 부분이 나올 수 있다. 사본에 따라서는, 에피뮤티움 부분을 뒤에 써넣기 위해 공백으로 남겨두었다가 잊어버리고 그대로 둔 것도 있으며, 표본을 베껴 나가다가 다른 우화에서 착상을 얻어 그것을 부풀리거나 다른 우화에서 또 다른 내용을 베끼는 일도 있고, 사본의 마지막에 전혀 다른 출전의 우화를 덧붙여 '혼합'이 생기는 경우도 있다.

아우구스타나 교본이 기원후 1세기까지 거슬러 올라갈 정도로 오래된 것이라는 것은, 첫째로는 비그리스도교적 요소에 있다. 신들은 어디까지나 그리스 신화의 신들이다. 오늘날 사본이 비잔틴시대의 것이라고 한다면, 그리스도교 신앙에 기초한 몇 가지 특색이 드러나야 할 것이다. 하지만 그것을 떠올리게 하는 교훈이나 이야기를 변형한 필사자의 흔적도 없고, 수도사도 성서의 내용이나 그리스도교적 교훈을 덧붙이지 않았다고 생각된다. 이것은 기초가 되는 텍스트가 확실히 확립되어 있었으며, 중세 천 년 사이에 충실하게 이어져 내려왔다는 사실을 나타낸다.

4. 이솝의 실존을 둘러싸고

이솝은 실존했던 인물이었을까? 그렇지 않으면 전설의 인물에 지나지 않을까? 누구나 이런 의문이 들었을 것이다. 그래서 이솝을 다루는 책이라면 어떤 책이든 반드시라고 해도 좋을 만큼 이 부분을 먼저 다룬다. 이솝의 실존을 논하기 위해서는 아무래도 문헌에 기초하여 검토해 나갈 수밖에 없다. 즉 오랜 전통에 기초한 서양고전학, 문헌학을 참조하는 것이다.

기원전 5세기 후반에 이솝(그리스 이름은 아이소포스)은 그리스에서 익숙한 이름이 되었고 우화 작가로 사람들의 입에 흔히 오르내렸다. 그에 대한 정보는 극히 적어서 실

사모스섬의 헤라신전 유적 헤라 여신은 올림포스의 주신 제우스의 세 번째 아내. 올림포스 여신 중 최고의 여신이다.

재 인물이 아니고, 우화를 꾸며냈다고 생각되는 가상적 인물일 뿐이라는 주장까지 있었다. 그리스인들은 작품을 가공의 인물이 썼다고 생각하길 좋아했기 때문이다. 하지만 이솝이 실제로 존재했다고 믿을 만한 초기의 근거가 '역사의 아버지'라 불리는 헤로도토스의 《역사》에 나와 있다. 요약하면 다음과 같다.

'우화작가 아이소포스(이솝)는 사모스 사람 이아드몬의 노예였다. 로도비스라는 동료 여성 노예가 있었는데, 그녀는 크산테스라고 하는 사모스 사람에게 이끌려 이집트에 가서 기녀가 된다. 그러다가 여류시인 사포의 오빠 카라쿠소스라는 사람에게 팔려간다. 이솝은 델포이 사람에게 살해당했다. 하지만 뒤에 델포이 사람들은 신탁에 따라 살해한 이솝의 보상금을 받아야 할 사람을 찾게 되는데, 그때 수령인으로 나타난 사람이 이아드몬의 손자였다.'

이 자료가 맞다면, 이솝은 시인 사포와 같은 시대 사람이며, 기원전 6세기 전반의 인물이라는 결론을 얻게 된다. 그리고 헤로도토스는 그 뒤 100년 정도 지나서 사모스섬에 살았다는 것이 된다. 그는 그곳에서 이아드몬의 노예였던 이솝에 대한 구전을 《역사》에 수록하게 된 것이다.

헤로도토스는, 이솝이 유명한 사람이어서 그가 죽은 장소와 방법은 누구에게나 잘 알려져 있었기 때문에 자신이 한 말은 의심할 여지가 전혀 없다고 생각했다. 이솝이 노예였다는 점은 분명하지 않다. 헤로도토스는 이솝이 노예였다면 사모스섬에 사는 이아드몬의 노예였을 거라고 믿는 데 대한 충분한 이유를 들고 있다. 하지만 이솝이 노예였다는 것을 어떻게 알았는가에 대해서는 아무런 언급을 하지 않고 있다. 그가 증거라고 내세우는 것은 이아드몬의 노예가 아니라 친척이었다고 해도 틀리지 않는 성질의 것이다. 하지만 이솝이 노예였다는 사실은 고대에 널리 알려져 있었으며 너무나 분명해서 굳이 증거가 필요 없을 수도 있다.

헤로도토스는 이솝의 출신지에 대하여 언급하지 않았지만, 로도비스와 같은 트라키아 출생이라고 생각한 것 같다. 또 에우게온 사람(기원전 431년 펠로폰네소스 전쟁전 사모스섬에 살았다고 추정됨)의 말을, 고대학 백과사전의 편집자인 '스이다스'가 인용한 것에 의하면, 이솝의 고향은 트라키아 연안의 메셈프리아로 되어 있다. 헤로도토스의 자료를 에우게온이 뒷받침한다면, 이솝의 고향은 트라키아가 된다.

한편 널리 유포된 전설에 따르면 프리기아(소아시아)라는 설도 있고, 〈이솝의 생애〉에서도 프리기아인으로 되어 있다. 그 이유는 아이소포스라는 이름이 그리스풍이 아니며, 프리기아를 흐르는 강 아이세포스와 비슷하기 때문이다. 프리기아에서 숭배되었던 마르시아스 신이 아폴론과 음악 경기를 했다가 져서 나무에 묶여 살가죽이 벗겨졌다는 신화가 있다. 또 이솝이 사모스섬에서 뮤즈의 신전을 세웠을 때, 아폴론이 아니라 므네모슈네를 제사했는데, 이 때문에 아폴론의 분노를 샀으며, 그것이 델포이 사람들에 의한 이솝의 살해로 이어졌다는 설이 있다. 이러한 이야기들을 기초로 이솝이 프리기아 사람일 것이라고 굳혀진 것 같다. 그 시절 프리기아인이라고 하면 노예의 대명사였던 것도, 이러한 연상에 힘을 더한 듯하다. 어쨌든 오랜 전설의 어느 것도 추측에 의존할 수밖에 없으며, 무조건 신뢰하기는 힘들다.

파에드로스가 참주 페이시스트라토스의 압정에 괴로워하던 시민들을 〈왕

을 원한 개구리〉라는 이야
기로 깨닫게 한 점으로 미
루어보면, 페이시스트라토
스와 동시대에 이솝이 실
존했던 것 같지만, 확실한
근거 자료는 없다.

희극작가인 아리스토파
네스는 그즈음(기원전 5세기~) 아
테네에서 이솝우화가 유행
하고 있던 것을 시사하기
라도 하는 듯, 작품에서
이솝을 인용한다. 아마도
지식인의 연회 등에서, 말
하고자 하는 것을 이솝풍
의 우화에 맡겨 표현하거
나, 멋스러운 격언조의 이
야기로 대화를 즐겁게 했
던 것 같다.

플라톤(BC 427~347)

플라톤은 《파이돈》에서, 철인 소크라테스가 서민의 우화를 이야기하는 이
솝을 높이 평가했고, 죽음을 앞둔 상황에서 다음과 같이 말했다고 썼다.

'동시에 나는 이야기 같은 것은 만들 수 없다는 것이군. 그래서 가까이에
있으면서도 잘 아는 이솝의 이야기를, 그것도 맨 처음 생각난 것을 시로 만
든 것이다.'

소크라테스가 이솝우화를 이용해 시를 지었다는 것은, 플라톤의 대화편
에서도 찾아볼 수 있다. 이것은 일반적인 체험이나 사실로부터 철학의 형태
를 만들어 가는 과정을 분명히 표명했다고 생각된다. 다시 말해 이솝우화라
고 하는 민중문학이 이 시대에 이미 플라톤 철학을 구성하는 하나의 부품이
되었던 것이다. '노예의 철학', '서민의 체세술'이라는 이솝우화는 분명 낮은 계

층의 사람들을 위한 것으로, 높은 도덕이나 심원한 철학과는 차원이 다른 문학이었을 것이다. 그럼에도 불구하고 《파이돈》에서 언급되는 소크라테스의 말은 '이야기를 만든다'는 행위를 높이 평가하고, 이솝우화가 '시가 되는' 것을 보인 점에서 뜻 깊은 일이라고 생각된다. 플라누데스판이 널리 유포된 15세기 유럽에서 이탈리아 르네상스의 '천재'들이 이솝우화에 마음을 빼앗기고, 그것을 모방하는 우화나 짧은 이야기를 썼다는 것은, 그들이 이솝우화의 저변에 흐르는 인간성, 인간 철학이라고도 할 수 있는 어떤 것을 소크라테스와 마찬가지로 느꼈기 때문일 것이다.

시대가 흘러, 《영웅전》으로 유명한 플루타르코스(기원후 45년~약 120년 무렵)도 '일곱 현인의 향연' 안에 이솝을 솔론(기원전 7세기 후반에 활약한 정치가)의 친구로서 그 옆에 앉히고 있다. 리디아 왕 크로이소스의 명령으로 코린트의 페리안데왕을 방문한 뒤 델포이로 향하게 된 이솝은, 코린트 근처의 아프로디테 신역에 모인 현인들과 논의하게 된다.

이처럼 고대 그리스의 혈기 왕성한 사람들이, 이솝에 관하여 논술하거나 그의 우화를 인용하거나 했음에도, 여전히 이솝이 실존했던 인물이었는지는 확실치 않다. 우화집 자체가 다양한 시대에 걸쳐 민중문학을 집대성한 것이기 때문이다. 이솝우화가—많은 이야기가 광범위한 지역에서 왜곡·와전되는—구전·구승문학이라는 점과, 이솝의 실재성의 문제와는 관계가 있을 것이다. 기원전 6세기 무렵부터 우화가 유행하고, 아리스토파네스 시대에는 그것이 일상의 대화요 자유인들의 술자리에서 안줏거리였다는 점으로 미루어보건대, 상상의 인물을 설정하여 우화라면 이솝이 되어버렸다고 생각할 수도 있다. 게다가 헤로도토스가 《역사》에 이솝의 존재와 죽음에 관하여 쓴 부분에 꼬리가 붙어, 플루타르코스의 저술과 같은 사실처럼 보이는 이야기가 만들어진 것이라고 추측해 본다. 굳이 더 추정해보면, 우화집 같은 것들을 만들어 우화를 다수 암기하고 이야기도 곧잘하며 우화의 고전적 양식을 자연스럽게 결정짓는 인물이 기원전 6세기 무렵에 있었고, 그는 신분이 낮았기 때문에 트라키아 아니면 프리기아 출생이라고 했으며, 이솝이라는 이름이 붙여졌고, 출생도 죽은 시기도 몰랐다, 하는 것이 아닌가 생각해 본다.

비록 못생겼지만 지혜롭고 사리판단을 잘하는 우화의 화자라는 노예 이솝의 인간상에는, 억압당하던 민중의 모습과 꿈이 담겨져 있는 듯하다.

5. 이솝의 생애

가장 믿을 만한 자료에 의하면 이솝은 소아시아 지역인 프리기아의 코티아이움(Cotiaeum, 오늘날 Kutahya)이란 도시에서 태어났다. 노예의 신분으로 태어나 자신의 재능과 미덕만으로 신분 상승을 이룬 사실로 미루어 보아 그는 뛰어난 재능과 훌륭한 인격을 겸비했음이 분명하다. 일부 반대 의견도 있지만, 작가들은 대부분 이솝의 외모가 보기 흉했다는 것에 동의한다.

이솝의 아버지가 양치기

소크라테스(BC 469~399)

였다는 설도 있으나 그의 부모가 누구인지는 명확히 밝혀진 바가 없다. 그러나 이솝 자신이 노예였다는 점은 거의 맞는 듯하다. 그의 첫 주인은 카레시아스라는 아테네인이었다. 이솝은 아테네에서 그리스 말을 완벽하게 배워 도덕적 교훈을 주는 이야기를 우화라는 형식으로 쓰기 시작했는데, 우화는 당시 아티카(고대 그리스 남동부의 국가)에서 도덕을 가르치기 위한 방식으로 유행했었다. 사람들이 이솝우화를 별 거부감 없이 받아들이는 것은 의인화된 동물이 다양하고, 형식이 소설과 유사하기 때문이다. 이솝은 사자, 개, 늑대 등을 통해 인간의 행동과 인격을 묘사함으로써 현학적이지 않으면서도 유익한 교훈을 가르친다. 그가 도덕적 교훈을 전하는 방편으로 우화라는 형식을 택한 이유는 노예라는 자신의 사회적 지위 때문이었을 것이다. 당시 상황에서 한낱 노예가 권위적인 태도로 교훈을 얘기한다면 되돌아오는 것은 사람들의 경멸뿐이었을 것이기 때문이다. 이러한 이유로 선택된 우화라는 형식은 사람들의 열렬한 환영을 받왔다.

이솝에게는 여러 명의 주인이 있었는데 두 번째 주인은 크산토스라는 사람이었다. 그의 집에서 일하는 동안 이솝은 여러 가지 질문에 답변하고 사람들 사이의 의견 차이를 조정하는 데 있어서 총명한 지혜를 발휘했다. 한 예를 들자면, 집 나간 안주인을 다음과 같은 방법으로 돌아오게 한 적이 있다. 이솝은 우선 시장에 가 음식을 잔뜩 사며 자기 주인이 곧 새 부인을 맞을 거라는 소문을 퍼뜨렸다. 이러한 소문은 만족할 만한 결과를 가져와 안주인은 곧 남편에게 돌아왔다.

자유의 몸이 된 후 이솝은 마음껏 자유를 누리며 새로운 명성을 얻었고, 사람들은 그의 지혜를 칭송했다. 어떤 사람들은 이솝을 고대 그리스의 7현인 (Bias, Chilo, Cleobulus, Periander, Pittacus, Solon, Tales)과 비교하며 이솝의 지혜를 그들과 대등한 것으로 본다. 이솝은 솔론(아테네의 입법가이자 그리스 7현인의 한 사람)과 킬로(스파르타의 장관이자 그리스 7현인의 한 사람)와 친분을 갖는 영광을 누렸으며, 그들과 마찬가지로 페리안드로스의 궁전을 드나들 수도 있었다. 페리안드로스는 코린트 지역을 다스리는 왕이자 그리스 7현인의 한 사람이기도 했다.

한편 리디아 왕 크로이소스는 이솝을 매우 높이 평가하며 사르디스에 있는 그의 궁전으로 불러들였다. 사르디스에 머무는 동안 이솝은 재치와 지혜로 크로이소스의 간신들을 당황하게 만들었다.

어느 날, 이 패기만만한 왕은 휘하의 현인을 모두 불러들여 자신의 막대한 부와 어마어마한 궁전을 보여주었다. 그리고 그들에게 세상에서 누가 가장 행복하겠느냐고 물었다. 그 자리에 있던 사람들이 여러 가지 답변을 했고 마지막으로 이솝이 입을 열었다.

"풍요로운 바다가 강보다 훌륭하듯이 크로이소스 왕께서는 다른 사람보다 행복하십니다."

이것이 비꼬는 말이었는지 진지한 말이었는지는 확실하지 않다. 하지만 왕은 이 말을 듣기 좋게 해석하여 이솝에게 칭찬을 아끼지 않았다. 그리고 한껏 허영심에 들떠 말했다.

"이 프리기아인이 바로 정답을 맞추었도다."

이 일화를 두고 이솝이 크로이소스에게 아첨을 했다는 말도 있는데 그럴듯한 이야기이다. 그때 막 궁전을 나선 솔론과 나눈 대화를 살펴보면 그 이유를 알 수 있다. 이솝이 솔론에게 이렇게 외쳤다.

"아, 솔론! 우리는 왕이란 사람들에게 아예 말을 하지 말든가, 아니면 그들이 좋아하는 말만 골라서 해야 합니다."

그러자 솔론이 대답했다.

"우리는 왕들에게 아예 말을 하지 말든가, 아니면 좋은 충고와 진실만을 말해야 합니다."

이 대화는 이솝을 아첨하는 위선자로 비난할 때 주로 인용되는 예이다. 어떤 작가는 왕에게 예의를 갖추었다는 이유로 이솝을 칭찬하기도 하지만 아무래도 이 이야기는 그의 지략을 나타낸 것이라고 보는 편이 옳다. 어떤 작가들이 이솝의 삶을 기록한 글을 보면 그가 민중의 자유에 거슬리면서까지 왕권에 순종했다는 또 다른 예가 나와 있다. 이솝은 폭군 페이시스트라토스를 위해 우화를 썼다고 하며, 이를 파에드로스가 번역했다고 한다. 이는 그가 폭정을 인정했다는 증거가 된다. 그러나 이러한 주장은 전혀 근거가 없다. 이솝의 글이라고 알려진 것 중에는 사실 그가 쓰지 않은 것이 많으며 이솝이 폭군에게 아첨을 했다거나 폭군을 옹호했다는 주장은 이솝의 성품과 그가 쓴 글과 모순되는 점이 많기 때문이다. 따라서 이솝에 대한 이러한 이야기는 믿을 만한 것이 못 된다.

무엇보다도 이솝의 지혜는 그리스의 7현인만큼이나 뛰어났던 것 같다. 어느날, 현인 중 한 사람인 킬로가 이솝에게 물었다.

"신은 무엇을 하고 계셨지요?"

그러자 이솝이 능란하게 대답했다.

"자만하는 자들은 낮추고, 보잘것 없는 자들은 높이고 계셨지요."

이솝은 인간성에 대한 통찰력을 지니고 있었으며, 인간성이 보여주는 모든 현상에 대해 올바른 이유를 부여했다. 필로스트라토스는 안토니누스의 치세($^{\text{AD 138}}_{\sim 180}$) 때의 그림에 대해 설명하며 그중 하나가 이솝을 주인공으로 하고 있다고 말한다. 그림은 자신의 집 앞에 있는 이솝에게 천재들이 다가가 환심을 사려는 모습이다. 천재들은 화환으로 이솝을 축하해주고 월계관을 씌워 주고 있다. 이솝은 미소띤 얼굴로 땅을 내려다보고 있는데 마치 우화를 구상하는 듯하다. 그의 밝은 표정은 그가 우화에서 그리는 유쾌한 익살을 그대로 보여준다. 이솝의 주변에는 사람과 짐승이 여럿 있는데, 이 중에서도 이솝우화에서도 그렇듯이 여우의 모습이 두드러진다. 이 그림은 이솝을 나약한 모습이 아닌, 진지함과 해학을 섞어 놓은 듯한 인물로 묘사하고 있다.

한편 플루타르코스는 〈페리안드로스 궁전에서 열린 현인들의 만찬〉에서 이솝 내면의 심상을 잘 표현하고 있다. 이솝은 이 만찬에서 자신이 쓴 우화인 〈늑대와 양치기〉 이야기를 자꾸 되풀이하여 그곳에 모인 사람들도 같은 잘못을 하고 있다는 것을 보여주었다. 플루타르코스의 설명에 따르면 이솝의 말은 유쾌하고 재치있으면서도 섬세함이 느껴졌다고 한다. 또한 이솝의 풍자는 다른 사람을 불쾌하게 하는 법이 없었으며, 날카로운 기지는 그의 훌륭한 성품과 분별력으로 완화되었다.

사실 이솝이 우화의 창시자라는 점은 의문시되어 왔다. 하지만 그가 우화라는 형식의 글을 처음으로 유명하게 만든 사람이라는 것만은 분명하다. 아르킬로코스는 이솝보다 백 년이나 앞서 우화를 썼다지만, 그의 우화는 이솝의 우화와는 달리 후세에 길이 남지 못했다. 이솝우화는 파이드루스가 예를 든 것처럼 시의 심상이 포함되어 있긴 하지만 산문 형식으로 쓰여 있다. 이솝은 아주 간결하면서도 기품 있고 절묘하게 글을 써 내려간다. 또한 이야기의 구성이 자연스럽고 의미가 함축적이며 결말이 도덕적이다. 로마의 웅변가인 퀸틸리아누스는 어린이가 가장 먼저 읽어야 할 책으로 이솝우화를 추천한다. 또한 플라톤은 모든 시인들을 추방했을 때도 이솝만은 그의 공화국에서 살 수 있도록 허락해 주었다. 문학을 높이 평가했던 아테네 시민들은 이솝의 명성을 후세에까지 알리고자 유명한 조각가인 리시포스로 하여금 이솝의 조각상을 만들게 했다.

이솝이 글을 쓰는 방식에서 가장 돋보이는 것은 재미와 교훈을 적절히 배합해서 독자에게 두 가지 모두를 동시에 전달한다는 점이다. 호라티우스는 글을 씀에 있어서 이솝에게서 많은 영향을 받아 다음과 같은 글쓰기 원칙을 세웠다.

유익함과 즐거움을 결합시키면 갈채를 받는다.
독자를 즐겁게 함과 동시에 가르치므로……

—시의 예술

마지막으로, 이 위대한 우화 작가의 안타까운 죽음에 대해 말해야 할 것 같다. 델포이인들은 이솝을 신성모독죄로 고발하여 가장 악랄한 모함으로 유죄를 선고받게 했다. 그들은 이솝이 델포이를 떠날 때 그의 짐보따리에 아폴로 신전의 금 그릇 몇 개를 숨겨 두었다. 그리고 사람을 보내 이솝의 짐을 뒤지게 했다. 이 일로 이솝은 절도와 신성모독죄를 뒤집어 쓴 채 절벽에서 내던져지는 형벌을 받아야 했다. 이렇게 하여 이솝의 삶은 끝이 났다. 하지만 그의 이름은 우화를 통해 이 세상에 영원히 기억될 것이다.

6. 이솝의 전기에 대하여

이솝이 실존하는 인물이었는지 어떤지 확실하지 않기 때문에, 앞에서 본 플루타르코스처럼 픽션으로 이솝을 채택한 저술가도 나왔다. 가공의 인물을 주인공 삼아 전기가 쓰였다고 해도 이상할 것은 없을 것이다.

14세기 전반, 플라누데스가 비잔틴제국에서 베네치아에 들고 돌아온 그리스어 사본에는, 우화집 앞에 '전기'가 붙어 있었다. 특히 15세기 후반, 인쇄술이 발명되고 라틴어역 간행본이 세상에 나온 뒤부터는 플라누데스 지음으로 통했으며, 이것은 근세에 널리 유포되었다. 19세기까지 이 플라누데스본이 유일한 '이솝전'으로 평가를 받았다.

1845년 독일의 안톤·웨스터만이 그리스어 사본을 기초로 간행본을 냈다. 하지만 교정 등의 문헌학적 문제가 있다는 지적을 받게 된다. 그러나 'W본'으로 약칭되는 이 책은 다른 책에서 얻을 수 없는 부분이 있다는 이유로 소중한 대우를 받았다.

〈이솝의 생애〉로서 오늘날 가장 높은 평가를 받고 있는 사본은, 뉴욕의 피어폰트 모건도서관에 '교본 397'로서 소장되어 있는 10~11세기 사본이다. 이 사본은, 본디 로마 근교 프랑스카티 근처에 있는 구로타페라타의 수도원에 소장되어 있었던 것으로, 18세기 말 무렵에 그 소재가 라모리노 신부의 서간에서 확인되었다. 하지만 나폴레옹군의 이탈리아 진주(1796년~1798년 경) 때 행방불명이 되었는데, 문헌학자들의 신중한 탐색에도 불구하고 찾을 수 없었다.

1929년, 그 사본은 피어폰트 모건도서관의 고문서에서 페리 교수가 발견한다. 그리고 1952년에 정성들인 교정작업 끝에 일리노이대학 출판부를 통해 세상에 나오게 되었다. 《에소피카》에 수록된 것이다.

1908년, 파리의 서적상에게 팔렸다고 하는 이 사본의 여행 경로를 이 이상 더듬는 것은 무의미한 일일지도 모른다. 구로타페라타의 음문자인 G를 취하여 G본이라고 약칭되는 이 사본은, 잘못 기입된 철자도 보이지만 안샤르 자체(3세기~9세기에 걸친 그리스어나 라틴어를 베끼기 위해 이용되었던, 대문자를 보통보다 둥글게 쓰는 서체)로 쓰여 있었으며, 판독할 수 없는 부분이 많았을 것으로 추정되는 고사본을 가능한 성실하게 베껴낸 것이다. 한편 G본에서 빠진 부분이나 불확실한 곳을 보완하는 데에 W본이 도움을 주었다.

G본은 가장 원형에 가까운 신뢰할 수 있는 사본으로, 오히려 W본이나 플라누데스본에 빠져 있는 요소도 많이 보존하고 있다고 여겨진다. 기원은 기원후 1세기라고 추정된다. 물론 작자는 미상이지만, 이집트의 알렉산드리아에서 쓰인 것으로 생각되며, '생애'에 동반하는 G본 우화집은 아우구스타나 교본에서 나온 것으로, 본디 238편의 우화가 기록되어 있어야 하지만 오늘날까지 남아 있는 것은 226편이다. G본의 우화집에는 샹브리판을 보완하는 부분도 있으며, 이 책에도 G본에 따른 부분이 있다.

G본에 의한 〈이솝의 생애〉는 페리 교수가 142의 '절'로 나누었으며, 대략 다음과 같은 부분으로 구성되어 있다.

제1부
이솝이 등장해서 사모스섬에 사는 철학자 크산토스의 노예가 되기까지.(1~28절)
제2부
크산토스를 섬기면서 지혜로운 말로 주인을 꼼짝 못하게 한다.(29~100절)
제3부
사모스섬을 떠나 바빌로니아와 리쿠르고스를 섬기고, 이집트 왕 넥타네보스와의 지혜 겨루기에서 이긴다.(101~123절)
제4부
델포이로 돌아간 이솝은 성물을 훔쳤다는 누명을 쓰고, 절벽에서 내던져져 일생을 마감한다.(124~142절)

도입부라고도 할 수 있는 제1부에서는, 먼저 이솝의 추악한 모습이 심하다 할 정도로 강조되어 있다. 이것은 철학자 크산토스로 대표되는 그리스 소피스트에 대한 민중과 농민의 상징적 의미를 이솝에게 부여하려는 의도라고 생각된다. 이집트의 여신 이시스의 여사제에게 친절하게 대한 것 때문에 말을 할 수 있게 되는 부분은, G본 이집트의 기원을 증명하는 증거의 하나이다. 이시스 숭배는 헬레니즘시대의 그리스·로마 세계에서 넓게 이루어지고 있었다. 그리스의 신 아폴론(뮤즈들의 지도자)이 아닌 이집트의 여신 이시스가 뮤즈들을 이끌고 와, 이솝이 말할 수 있도록 해주었을 뿐 아니라, 많은 지혜와 재능을 내린 것을 지은이는 강조하고 싶었을 것이다. 이솝은 교육받지 못했지만 지혜가 있었다. 그리고 그리스적이며 학문의 수호자요 지도자이기도 한 아폴론을 화나게 하고 무시하는 태도를 보인다. 이는 아폴론의 신봉자들로 대표되는 그리스 학계로부터 이솝을 떼어 놓아, 이집트의 민중에게 받아들여지도록 의도한 것이라고 생각된다. W본에서는, 꿈에 나타나는 여신이 이시스가 아닌 테케(운명의 여신)이며 뮤즈들도 나오지 않는다.

　제2부는 〈이솝의 생애〉 중 가장 긴 부분으로, 재치 있는 이야기들이 이어진다. 당시의 일상생활을 엿볼 수도 있다. 노예매매 방식을 비롯해 지참금, 집안의 모습이 그려져 있다. 밀감이 들어간 포도주, 돼지다리 등을 차려놓고 집단 토론을 하는 모습은 흥미를 자아낸다. 66절의 목욕탕에 가는 이야기에서, 사람들로 북적였는데도 이솝이 '목욕탕에는 한 사람밖에 없습니다'라고 말하는 장면은, 거지 철학자 디오게네스로 대표되며 '덕에 사는' 키니코스 학파의 영향이 느껴진다. 이론적 학문을 대표하는 주인 크산토스에게 대낮인데도 등불을 비추고 '인간은 없는가' 외치며 거리를 걸었다고 전해지는 부분은 디오게네스를 대비시킨 듯하다.

　이솝과 크산토스 부인과의 정교를 테마로 한 75~76절은 G본에는 빠져 있으며, W본에 보충이 되어 있다. G본을 베낀 수도사가 도덕적인 이유로 일부러 누락시켰다고 생각된다.

　사모스의 민화에서 이솝은 자유인이 되고, 리디아의 크로이소스 왕과 사모스 사이의 관계를 수습하지만 물론 픽션이다. 만약 역사적 사실이라면, 크로이소스 왕에 관한 풍부한 기술을 《역사》에 남긴 헤로도토스가 놓칠 리 없을 것이다.

제3부 101~123절은 사모스섬을 떠난 이솝이 바빌로니아 왕 리쿠르고스를 섬기는 이야기를 그리고 있다. 그곳에서 헬리오스를 양자로 삼지만 그에게 배신당하여 죽다 살아난다. 헬리오스를 깨우치고, 이집트 왕 넥타네보스의 난문에 도전하기 위해 이집트로 떠난다. 공중에 성을 세우라는 문제를, 밧줄을 단 독수리 등에 아이를 태워 '성을 쌓을 재료를 주라' 말하게 함으로 문제를 풀게 되고, 이기고 돌아온 이솝은 성대한 환영을 받았다는 줄거리이다.

　이 테마는, 아시리아 혹은 페르시아 기원의 오래된 오리엔트 지혜문학 〈현자 아히칼 이야기〉를 바꾸어 적은 것이 분명하다. 기원전 6세기 무렵 성립하여 고대 오리엔트 세계에 유포되었던 〈아히칼 이야기〉는, 기원 전후 시리아어, 아르메니아어 등으로 남겨졌다고 알려져 있다. 때문에 〈이솝의 생애〉 지은이가 이 부분을 알고 있었던 것이 분명하다. 옛날부터 그리스에도 널리 퍼져 있었던 이 이야기를, 주인공 아히칼을 이솝으로 바꾸고 적당하게 그리스화시켜 '생애'에 넣은 것이다. '생애' 전체의 성립 역사는 분명치 않으며, 후대에 이르러 〈이솝전〉에 삽입되었는지도 모른다. 〈아히칼 이야기〉의 아히칼 왕 센나케리브에는 리쿠르고스, 종형제에 해당하는 양자 나단에는 헬리오스, 장군 나부세마리에는 헤르미포스, 이집트 왕 파라오에는 넥타네보스라는 이름이 주어졌고, '공중에 누각을 지어보여라' 이 난문의 해결에서, 양자 나단을 처벌에서 구하고 깨달음을 얻게 한다는 이야기까지 이솝의 경우와 일치한다. 공중누각을 세우기 위해 독수리를 공중에서 날게 하는 이야기, 아이를 독수리등에 태우는 이야기, 바구니를 매달아 태우는 이야기도 있다. 머리가 고양이인 이집트 여신 부바스티스의 화신인 고양이를 이집트 사람들의 눈앞에서 매질하거나, '생애'의 이집트 기원을 증명하는 정경도 볼 수 있다. 이솝이 오리엔트 세계에서 두루 활약한 만큼 장대한 로망을 느끼게 하는 부분이다.

　에필로그로 이끄는 124절 이하의 내용은 다음과 같다. 리쿠르고스에게 사임을 고한 이솝이 여러 도시를 다니며 그 지혜를 피력하면서 델포이에 도착, 델포이 사람들을 앞에 두고 이야기를 한다. 하지만, '여러분의 선조는 노예였다' 말하며 델포이 사람들을 모욕한다. 그리스 사람은 도시국가를 점령하자, 가축, 재산, 주민의 10분의 일을 신께 바치는 습관이 있었다. 델포이의 아폴론 신전에 바쳤던 노예들의 자손이 바로 델포이 사람들이며, 그들이 모든 그리스 사람의 노예였고 지금도 자유를 빼앗긴 채 잡혀 있는 몸과 같다고 말한다. 분노한 델포이 사람들은 이솝에게 신전의 황금 성물을 훔쳤다는 누명을 씌워 결국 절벽에서 떨어지게 만든다. 짐에 성배를 숨긴 이야기는 성서에도 있는데, 베냐민의 자루에 은배를 넣은 요셉의 이야기(창세기 제44장)를 연상시킨다. 이것은 민중문학의 오랜 모티프의 하나였다고 생각된다.

이솝이 델포이 사람들을 화나게 했던 또 하나의 이유는, 사모스섬에서 신전을 세웠을 때 뮤즈들에게 제사를 지내고 그 안에 아폴론이 아닌 므네모시네(Mnemosyne, 기억의 여신)를 모셔(원주100) 아폴론의 분노를 샀기 때문이다. 그래서 아폴론의 숭배지인 델포이에서 신에게 복수를 당한 것이다.

델포이 근교에는 시라를 중심으로 한 포키스의 식민지가 있다. 그들은 델포이에 오는 순례

므네모시네 여신 단테 가브리엘 로제티. 1876~81.

자들을 습격한 적도 있다. 하지만 기원전 6세기 제1차 '신성전쟁'을 거쳐, 기원전 421년에는 아폴론 신전의 독립이 인정되었다. 델포이에서의 이솝 이야기는 옛날부터 알려진 이야기로서 아리스토파네스가 다루고 있지만, 이러한 역사적 사건에 이솝을 얽어맨 전설의 틀은 옛날부터 만들어져 있었던 게 아닐까 싶다.

델포이의 이솝 전설을 연구한 독일 학자 아톤 비헤르스는, 1961년에 논문 〈델포이에서의 이솝〉을 발표하였다. 다음은 그 논문의 일부이다.

'고대 그리스의 폴리스 공동체에는 인신공양의 종교의례가 있었다. 대표적

인 것은 타르겔리아(Thargelia) 축제로(5월 중순~6월 중순에 아테네에서 개
최되는 아폴론과 아르테미스의 축제), 파르마코스
(Pharmakos)라고 불리는 일종의 스케이프고트(Scapegout, 희생양)는 마치 이솝
같은 육체적 혹은 정신적으로 열악한 사람이 선택된다. 파르마코스는 모든 죄
와 재난을 자기 몸에 붙이고 떠나는 역할을 하며, 의례에는 그곳의 구성원 모
두가 참가하여 공동체가 깨끗해지도록 한다. 행렬이 파르마코스를 마을 안으
로 끌고 다니다가 성 밖으로 나와 정해진 장소에 도착하면, 사람들은 돌을 던
지거나 절벽에서 떨어뜨려 파르마코스를 처형한다.'

비헤르스는 말한다.

"이솝은 아폴론 신전에서 델포이 사람들에 의해 파르마코스되었다. 그리고
이 전설은 그리스 신화에 나오는 트로이전쟁 용사 네오프톨레모스 전설과 흡
사하다."

네오프톨레모스는 목마에 숨어들어 트로이가 함락될 때까지 싸웠으며, 적
의 왕 프리아모스를 친 뒤 적장 헥토르의 아내 안드로마케를 포로로 잡아 귀
국하였다. 그 뒤 그의 운명과 죽음에 관한 다양한 전설이 많이 나왔다. 고대
끝무렵, 델포이에 그 무덤이 있었다는 것도 분명한 사실로 여겨진다. 플루타
르코스에 의하면 이솝은 지참했던 크로이소스 왕의 돈을 델포이 사람에게 넘
기지 않았다고 하며, 네오프톨레모스는 트로이 전쟁의 전리품 봉헌을 위해
델포이에 왔었다고 한다. 또 희생제물로 제공되었던 고기의 분배로 신관들과
싸우다가 살해당했다고도 전해진다. 어쨌든 전설도 델포이의 인신공양에서
기원하고 있는 듯하다고 비헤르스는 주장했다. 다시 말해 이솝과 네오프톨레
모스 이야기에는 공통의 소재가 있었던 것이다. 그것은 다음과 같다.

(1) 둘 다 델포이에서 죽는다.
(2) 신전 털기, 성물 도둑으로 고소당한다.
(3) 파르마코스와 같은 취급을 당하고 형을 받는다.
(4) 아폴론신의 노여움을 산다.

이처럼 두 이야기의 저변에는 같은 핵심이 숨겨져 있으며, 델포이에서의 이
솝의 죽음은 전설이라고 생각된다.

다시 〈이솝의 생애〉 마지막에는, 이솝이 죽은 뒤 델포이에 페스트가 유행한

〈프리아모스를 죽이는 네오프톨레모스〉 아티카 지방 암포라 항아리. BC 520~510. 루브르박물관

다는 것과 그리스 바빌로니아·사모스 사람들이 이솝의 죽음에 대해 복수하는 내용이 기록되어 있다. 헤로도토스의 《역사》에도, 델포이 사람들이 이솝의 피의 보상을 받은 것이 기록되어 있다. 그리고 네오프톨레모스 전설에는 뒤에 델포이 사람이 희생제물을 드리고 경의를 표했다고 한다. 다른 전승에 의하면 이솝, 네오프톨레모스 살해는 무거운 형벌이라는 동정의 소리가 높아져, 파르마코스 의례는 신성전쟁 뒤 얼마 지나지 않아 폐지되었다고 한다.

델포이에서 이솝은 〈독수리와 풍뎅이〉, 〈개구리와 쥐〉의 우화를 이야기하면서 델포이 사람들을 설득하려 한다. 이런 우화의 삽입은 호기심을 증폭시켜 읽는 사람을 만족시키려 하는 의도가 있었던 것 같다. 그 외에도 죽음에 임하는 사람에게는 어울린다고 할 수 없는, 가장 아름다운 우화를 들려줌으로써 유명한 이솝의 죽음을 '백조의 노래'로 장식하고자 한 것이다. 이런 의미의 것들을 샹브리는 말하고 있다.

그리스에 예부터 내려오는, 축제나 연회 등에서 이야기되거나 노래로 불렸던 교훈우화가 기원전 4세기 무렵에는 이솝의 작품으로서 상당히 정리된 형태를 갖추게 되었다. 한편에서는 오래전부터 전해 내려오는 이솝의 전설이 병행하여 존재하고 있었던 것으로 생각된다.

우화는 데메트리오스본으로 정리되었다고 생각된다. '전기'는, 전설이 처음에는 '짧은 전기'로 정리되었다가, 우화집 앞에 붙여지게 된 것이 아닌가 추측된다. 작품 앞에 지은이 소개와 같은 짧은 전기를 붙이는 습관이 있었기 때문이다. G본의 〈이솝의 생애〉가 데메트리오스본 앞에 처음부터 붙어 있었는지 어떤지는 의문이다. 우화집과는 독립된 형태로 알렉산드리아에서 쓰이고, 키니코스 학파의 사상과 우화집 그 자체의 강한 영향을 남기는 '생애'가, 비잔틴 시대에 들어오고 나서 G본의 우화집과 함께 정리되었다고 추정된다.

〈이솝의 생애〉는 오늘날의 감각에서 크게 벗어나 있는지도 모른다. 하지만 기지와 모험을 동반한 소설의 원점을 생각하게 하는 작품임에는 분명하다. 프리기아인이 된 이솝의 모습은, 농노로 대표되는 낮은 신분의 계층과 토속적인 문화를 대표한다. 아폴론을 정점으로 하는 그리스 철학이 담긴 '이솝이야기'는 이집트를 배경으로 쓰인 통속소설이라고도 말할 수 있을 것이다. 노예가 주인을 골탕먹이는 정반대의 세계, 재치, 성적인 이야기 등 그 시절 독자를 즐겁게 해주는 소재들을 모두 갖추고 있다. 이솝을 비명의 죽음으로 내몬 델포이 사람들도 결국에는 천벌을 받아 사후에 그 보상을 받게 되고, 그리스 우화의 아버지 이솝은 흔들림 없는 권위를 갖게 된다.

마지막으로, 〈이솝의 생애〉는 세계문화사적으로도 흥미로운 문예작품이라 할 수 있을 것이다.

7. 이솝우화전집을 엮고 나서

이솝우화의 매력
왕에게 호소하거나 신에게 기도하거나 마법사를 만나는 등 약자가 구원받는 민화는 많다. 하지만 이솝우화에서는 그런 종류의 것들을 찾아볼 수 없다. 이솝은 그러한 권위의 존재를 인정하지 않았기 때문이다. 그는 다른 것에 의지하지 말고 보잘것없어도 자기 힘으로 살아나갈 것을 권했다. 자기 힘 외에 믿을 수 있는 것이 있을까? 법률도 제도도 도의도 원칙도 강자를 위한 것일 수밖에 없다. 잘못된 생각은 바로 신변의 파멸을 가져온다.

현실주의라기보다 퇴색한 자연주의라고 이름 붙여야 할 만큼, 광범위하고 투철한 현실인식이 이 확신을 떠받치고 있다. 현실주의는 염세나 절망, 몰이상으로 사람들을 이끌기도 하지만 이 자연주의는 그들에게 자신감과 의욕을 가져다준다. 실제로 냉정하게 주변을 둘러보면 강한 것이 항상 유리한 것만은 아니라는 사실을 알 수 있다. 약하기 때문에 도리어 강한 것을 얻을 수 있는 것이다. 이솝우화에 등장하는 동물들을 단순하게 인간의 대용물로만 봐서는 안 된다. 이솝은 사람들에게 자연으로부터 배워야 한다고 가르치고 있다.

자연에는 계절이라는 변화가 있고, 인생도 가만히 고여 있지 않다. 이솝은 그것을 지적하면서, 노예들에게 강요받은 현실에 체념하지 말라고 설득한다. 사치스런 자들의 얕은 생각에 대해 경고하고, 불운한 처지에 있는 사람들에게는 자긍심을 회복시켜준다.

내가 느낀 이솝은 신중하고 현실적이며 자제심이 있는 사람이다. 하지만 결코 비굴하지 않다. 쓸데없이 말대꾸하지 않고, 강자에게 아첨하거나 그들을 원망하지 않는다. 어떠한 권위도 두려워하지 않는다. 그러한 것들은 상대적이고 일시적인 것일 수밖에 없다. 그는 강한 척하지 않는다. 그가 태어난 땅에는 다른 신들과 권위, 추종 집단이 번성하고 있었다. 그는 그런 것들의 덧없음을 알고 있었던 것이다.

이솝우화는 구전된 것이다. 어떤 구전문학은 국가에 종사하던 이야기꾼들의 입을 통해 전해지지만, 이솝우화는 그것과는 별 관계가 없는 순수한 민중문학이다. 자발적인 의지를 타고 굽이굽이 전해져 내려온 것이다. 무엇이 민중의 마음을 그토록 사로잡은 것일까? 현실이 암담할수록, 그것으로부터의 해방을 더 강력히 설교하지 않으면 민중은 따르지 않는다. 초기 불교나 그리스도교가 순교자를 배출할수록 사람들을 더욱 끌어들일 수 있었던 이유도 그 혁명적인 과격함 때문일 것이다. 이솝은 체제를 비판하는 민중지도자였는지도 모른다. 이것이 그렇게 무리가 되는 추측은 아니라고 본다.

전설에서 강조되는 이솝의 추악한 용모는 그의 뛰어난 재능을 더 강하게 부각시키기 위한 수단이요, 체제 밖에서도 강력한 자력을 발하는 블랙홀 같은 존재에게 주어지는 상징적 표현이었을 것이다. 소크라테스도 매우 볼품없었다고 하지 않는가.

말이란 무엇일까?

이 세상에 태어난 날부터 사람은 누구나 당연하듯 말을 익히고 기억하며 문자를 배운다. 또한 날마다 타인들과 대화를 하고, 문자를 읽고 쓰고, 텔레비전이나 라디오에서 흘러나오는 말을 듣기도 한다. 이처럼 말은 우리에게 없어서는 안 되는 것이며, 우리의 사회 또한 말이 없으면 그 기능을 다하지 못한다. 생각해보면, 말도 문자도 먼 옛날 누군가를 통해 만들어진 것이다. 모든 발명이 그러하듯 이는 말이 필요했던 사람들의 충동이 강하게 작용한 결과일 것이다.

물론 말이 탄생한 순간을 우리는 알지 못한다. 그러나 모든 것이 그렇듯이 모든 것에는 반드시 처음이 있다. 말에도 또한 그것이 태어난 순간, 목소리나 몸짓과는 다른 뭔가가 의식적으로 사용되었던 순간이 있었을 것이다. 그것이 무의식에 가까운 의도였다고 해도……

'우화'를 옮겨 쓰는 동안 내 마음속 어딘가에서 이 점이 계속 마음에 걸렸다. 물론 나는 학자가 아니기 때문에 사실이나 분석, 실증과 같은 것들을 말할 생각은 없다. 내가 전하고 싶은 것은 오랜 옛날에 말을 의식적으로 처음 사용한 사람들의 생각과 감동, 안타까움이며 또 그들을 그런 순간으로 이끈 장면이다. 그리고 그들은, 이렇게 말을 사용하고 있는 현재의 나와 어딘가 분명 이어져 있다.

정치가뿐만 아니라 종교나 학자, 교육자, 예언자 같은 평론가들 또한 사람들의 약한 마음에 교묘한 말로 파고들어가 대의와 망상을 심어 주고 있다. 기한이 지난 증서 같은 권위와 말을 이용해 과거나 미래를 속인다. 거짓으로 가득 찬 진리를 설교한다. 욕심과 불안을 조장한다. 선과 악과 사실을 교묘하게 이용하면서 이것저것 단정하고, 아직 확립되지도 않은 인격을 무너뜨린다. 어린 두뇌를 마비시킨다. 이론, 숫자, 영상조차도 속임수를 위한 도구로 전락된다. 이것이 과연 우리들이 진정 바라는 바인가.

그렇다고 그렇게 나쁜 일만 있는 것은 아니다. 그들에게 유혹당하지 않도록 힘을 기르면 된다. 모든 하찮은 것들은 그것을 극복해 살아가는 힘을 얻기 위해 존재한다는 궤변을 여기에서 늘어놓고 싶지 않다. 내가 말하고자 하는 것은 내일을 살아가는 아이들에 대한 우리 어른들의 말과 책임이다.

풍요로운 삶의 기쁨

말의 탄생은 본디 가장 직접적이고 인간적인 풍요로움과 기쁨을 위한 것이 아니었을까? 소중한 누군가에게 그 마음을 전하고 싶다. 자기가 본 것과 느낀 것, 감동이나 기쁨을 가까운 사람들에게 전달하고 싶다. 서로가 말을 나눔으로 같은 시간과 공간과 생각을 나누고 싶다. 그렇게 기억 속에 무엇인가를 확연한 모습으로 남기고 싶고, 거기에서 뭔가를 찾고 싶다. 말을 이용하여 생각함으로써 슬픔을 애석함으로, 고통을 힘으로, 분노를 사랑으로 바꾸며 살아가고 싶다. 뭔가를 이해하는 기쁨을, 생각해서 표현하는 기쁨을 알고 싶다…….

동시에 말이란, 동료나 연인이 부모와 아이가 또는 손자가 소소한 일상에 숨어 있는 풍요로움을 찾아내기 위해 있는 것은 아닐까. 그런 풍요로움을 찾아내는 기쁨을 사람들에게 전하기 위해 있는 것은 아닐까. 거기에는, 자기와 가까운 사람을 조금이라도 행복하게 하려는 지혜가 있으며, 그런 삶을 위한 지혜를 이야기하며 즐겁게 나누기 위해 있는 것은 아닐까. 이러한 것들을 많은 사람들과 시공을 초월하여 나누기 위해, 좀더 풍요로운 삶을 위해, 우리의 선인들은 말을 아름답게 갈고닦으면서 많은 이야기를 만들어 낸 것은 아닐까. 풍부한 상상력을 키우기 위해 애써 온 것은 아닐까. 그러므로 그것을 저마다의 입장에서 보다 풍요롭게 만들어 가는 것이, 바로 현재를 살아가는 우리들 한 사람 한 사람이 해야 할 일이 아닐까. 말이 가지는 무한한 가능성을 사랑하는 한 사람으로서 나는 그렇게 생각한다.

다양한 장면을 통해 작은 지혜를 전달하는 '우화'는, 그런 사람들의 말을 구실 삼은 생각과 어딘가 깊이 연결되어 있다는 생각이 든다. 그런 것들을 내 나름대로 느끼면서 한 장면 한 장면 처음 대하는 기분으로, 처음으로 말을 익힌 사람처럼 '우화'들을 옮겨 써 내려갔다. 만약 이 우화가 독자 여러분에게 대화의 즐거움을 조금이라도 더해 준다면 그보다 더한 기쁨은 없을 것이다.

우화는 신기한 표현

우화(寓話)라는 표현은 참 신기하다. 사람이나 동물은 물론이고 때로는 풀과 나무까지 한데 어울려 대화를 나눈다. 우화에서는 이런 비일상적인 일이 마치 당연한 듯 벌어진다. 그 표현은 부자연스럽지도 않고 위화감이 느껴지지도 않는다. 물론 이를 위해서는 이야기에 등장하는 캐릭터들이 우화라는 '세계'에 어울릴 정도로 생생하게 그려져야 할 것이다.

그런데 대체 언제부터 우화라는 형식이 탄생한 것일까. 그 시기는 사실 알수 없다. 일반적으로는 2천 수백 년 전에 이솝이 우화의 기본 형식을 발명했다고 한다. 하지만 모든 발명에는 뿌리가 있듯이, 이솝 또한 아무것도 없는 상황에서 우화를 불쑥 만들어 낸 것은 아니다. 발명 또는 발견이란 우리 주위, 즉 지구상의 평범한 존재들 속에서 어떤 맥락이나 진리를 새롭게 인식하여, 그것을 누구나가 알기 쉽고 쓰기 쉽도록 만드는 행위이다. 이솝이 한 일도 이와 같다. 그는 그즈음 이미 존재하던 설화나 민담 등을 모으던 중 일종의 방정식을 발견하고, 그 방정식을 사용하여 새로운 이야기를 더 만들어 낸 것이다.

게다가 그 이야기는 글로 기록된 것이 아니라, 사람들의 입에서 입으로 전해 내려온 것으로 추측된다. 어쩌면 다른 누군가가 만들어 낸 재미있는 이야기가 이솝의 이야기만큼이나 재미있다는 이유로, '이솝'이라는 하나의 상징 아래 어느새 편입되었는지도 모를 일이다.

사실 제대로 된 형태로 남아 있는 이솝우화 중 가장 오래된 것은, 그리스의 시인 바브리우스가 백 편쯤 되는 이솝우화를 시처럼 표현한 것이다. 그런데 이는 이솝이 살던 시대로부터 수백 년이나 지난 뒤의 물건이다. 말이 쉬워 수백 년이지 이 이야기가 입에서 입으로 전해졌다는 사실을 생각하면 정말 까마득한 세월이다. 그 수백 년 동안 '이솝의 작품'에도 많은 변화가 있었을 것이다.

그 뒤에도 많은 사람들이 오랜 시간에 걸쳐 갖가지 방법으로 '이솝'을 후세에 전했다. 그렇다면 현재 세상에 알려져 있는 '이솝우화'의 근본은 무엇일까? 그것은 플라누데스라는 사람이 14세기에 엮은 이야기이다. 이것은 이솝의 시대에서 무려 2천 년도 더 지난 후에 만들어졌다. 게다가 플라누데스가 살던 곳은 동서 문화의 교차로 격이었던 이스탄불이었다. 또 플라누데스의 직업이 수사였다는 점을 생각해 보면, '이솝'은 이 시점에서도 시간과 장소와 입장에 따른 변화를 겪었으리라 추측된다. 아니, 애초에 이솝이 사용한 방식과 마찬가지로, 동물의 모습을 빌려 이야기하는 방식이 옛날부터 온갖 형태로 세상에 존재했을 것이다. 어쩌면 그런 이야기들 가운데 이솝이나 이솝 계통의 이야기에 속하지 않는 것—이를테면 아시아 민화—이, 의식적 또는 무의식적으로 이솝우화에 편입되었는지도 모른다.

이솝우화 원형을 찾아서

그로부터 수백 년이 지나 17세기가 되었다. 여기서 라 퐁텐이라는 시인이 프랑스에 등장하였다. 그는 '이솝'의 방법을 사용하였다. 이솝우화라는 표현형식의 본질적 힘과 가능성을 최대한 끌어내는 방식에 시적인 매력까지 가미하여 독자적인 우화를 만들어 낸 것이다. 라 퐁텐이 해낸 일은 '이솝'을 전승하는 것이 아니었다. 그는 표현상의 비약을 통해 《라 퐁텐 우화》라는 독립된 세계를 형성해 냈다. 비유하자면 그는 이솝이 발명한 엔진을 사용해 비행기를 만든 셈이다. 라 퐁텐의 우화에는 이솝의 이야기뿐만 아니라 유럽의 여러 설화 등도 포함되어 있다. 라 퐁텐은 그러한 요소들을 자기 의도에 맞춰, 그와 그 시대의 사상에 어울리는 새로운 모습으로 능숙하게 요리했다. 어쨌든 이처럼 '이솝'은 시간과 공간을 초월하여 오늘날까지 전해 내려왔으며 그 과정에서 모습이 많이 변하였다. 그러나 독창성(originally)이라는 말의 어원에서 볼 수 있듯이, '이솝'이 우화라는 형식의 유례없는 원점(origin)인 것만큼은 틀림없다.

그런데 이 우화라는 표현형식에 커다란 경의를 표하고 있는 이 《이솝우화전집》의 구체적인 구성은 이솝우화를 다듬어 꾸민 《라 퐁텐 우화》 형식을 따르고 있다. 특히 이야기의 배열 방법과 등장하는 캐릭터는 《라 퐁텐 우화》를 많이 참고하였다. 하지만 전개되는 내용은 나름대로 손을 보았다. 표현하는 관점이나 뉘앙스 등도 마찬가지이다. 사실 처음에는 《라 퐁텐 우화》를 말 그대로 옮겨 볼 생각이었다. 그러나 작업하는 동안 그것이 최선의 방법이 아니라는 점을 깨달았다. '이솝우화'의 본질과 이 시대를 살아가는 '나' 사이의 관계에는 더 적절한 방법이 존재한다는 사실을 깨달은 것이다. 이에는 여러 이유가 있지만 가장 큰 이유는, 한순간의 생생한 장면을 그려내는 데에서 우화의 즐거움이 생겨나는 것이었다. 즉 생생하게 살아 숨 쉬는 어느 한 시대의 가치관과 그 존재를 독자들이 '느낄 때' 우화의 재미가 탄생하는 것이다.

따라서 우리와 이솝 사이에 가로놓인 2천5백 년이라는 시간의 강물이 큰 문제였다. 게다가 우리가 살아가는 '현재'는 과도기적인 시대다. 시대적 가치관이라는 것은 늘 살아 움직인다. 그 변화 속도는 느릴 때도 있고 격렬할 때도 있는데, '지금'은 천 년 단위로 시대가 변하는 시기이니 그 격렬함이 오죽하겠는가. 크게 변한 것은 연도뿐만이 아니다. 사회적인 현실도 격동하고 있다. 급격한 변화를 불러일으킨 근대 사회는 이미 온갖 모순과 한계를 보여 주고 있다. 그런데 이처럼 부서져 가는 사회가 타성에 젖어 그대로 전진하려는 것이다. 우리의 현실은 이같이 매우 위험한 단계이다.

만약 지금 우리의 시대가 새로운 시대에 어울리는 새로운 가치를 창조하지 못한다면 미래는 비참해질 것이다. 그러므로 우리가 살고 있는 '현재'라야말로 운명의 갈림길이라 볼 수 있다. 우리는 이러한 유례없는 긴장 상태에서 살아가고 있다. 이 사실을 깨달은 나는 결심했다. 《라 퐁텐 우화》를 다가올 시대의 새로운 가치에 맞춰 재구성하는 방법을 선택하여 이솝우화의 본질을 현대에 살려내는 것이다. 마치 음악가가 고전적 멜로디나 리듬을 바탕으로 새 음악을 만드는 것처럼, 화가가 그릴 소재를 온갖 방법으로 표현하는 것처럼. 아니, 나는 '이솝'의 전통을 따르는 것일지도 모른다. 아니면 라 퐁텐이라는 선인(先人)의 전례를 따르는 것일 수도 있다. 어쨌든 나는 《라 퐁텐 우화》를 바탕으로 이솝우화전집을 새롭게 재구성하기로 결심했다.

이 책에 실린 우화 중 어떤 것은 원형 그대로 놔두었고 어떤 것은 손을 대었다. 하지만 손을 댔든 안 댔든, 모든 이야기에 내 나름대로 확실하게 느끼고 있는 '또 하나의 가치가 살아 숨 쉬는 세계'를 어렴풋이나마 표현하기 위해 온 힘을 다하였다. 즉 그 과정에서 나의 주된 관심사는 다음과 같았다. 새로운 가치와 그 가치를 떠받치는 지혜란 무엇인가. 인간으로서 변치 않는 가치나 지혜란 무엇인가. 멸망해 가는 어리석음이란 무엇인가. 나는 그렇게 자문하면서 작업을 했다. 그러나 그 결과물에 대해서는 말하기 어렵다. 내가 과연 그 질문들의 해답으로 향하는 문 앞까지 도달했는지조차 알 수 없다. 그에 대해서는 라 퐁텐의 말을 빌려 대답하고 싶다.

"(이솝우화를 자신의 시대에 맞춰 더욱 훌륭하게 재구성한다는 대담한 시도를) 만약 내가 해내지 못했다면, 다른 누군가가 하면 된다."

구스타브 도레의 그림

이 책의 삽화는 19세기에 프랑스 알자스 지방에서 태어난 구스타브 도레가 이솝우화를 원형으로 하여 라 퐁텐 우화를 주제로 그린 판화다. 도레는 매우 재미있는 기법으로 장면을 표현하는 인물이었다. 그는 《신곡》이나 《성서》, 《돈키호테》 등 유럽의 기본 가치를 형성한 언어들을 영상화하는 일에 열정을 기울였다. 그런 의미에서 도레는 현대의 시각적인 시대에 어울리는 표현 작가일 것이다. 그의 재치는 이솝우화의 삽화에서도 그대로 드러난다. 도레의 삽화는 원작의 세계를 멋지게 그려 냈을 뿐만 아니라, 때로는 영상이 아니고서는 표현할 수 없는 것까지 그려 냈다. 즉 도레의 삽화는 시각적 장면이 지닌 힘을 사용해서, 언어가 구축해 놓은 의미의 세계에 또 다른 이해의 방향성을 부여한 것이다. 독자는 그 삽화의 표현을 통해 수많은 영감을 얻을 수 있으리라 믿는다.

미래를 만드는 상상력

거듭 말하지만 우화라는 표현은 신기하다. 분명히 비현실적인 일들임에도 그 이야기가 부자연스럽거나 위화감을 주지 않는다. 그리고 무엇보다도 신기한 상상력은, 그 표현을 가능하게 만드는 창조적 힘을 먼 옛날부터 지니고 있었다는 사실이다.

우리는 이 신기한 상상력을 사용해서 문명과 문화, 역사, 미래를 만들어 왔다. 그런데 이 과정에서 우리는 창조적 힘을 부정적으로 사용하기도 했다. 즉 무기나 전쟁 등 부정적인 요소를 만들어 내서 비참한 결과를 맞이한 적도 많다. 따라서 '지금' 우리가 저마다의 그 상상력을 어떻게 발휘할지는 매우 중요한 문제가 된다.

나는 1980년 《한국전래동화전집》 엮음이 계기가 되어 《이솝우화전집》에 마음이 끌리게 되었다. 우화의 형태에 가까운, 독특한 자연관찰이나 대범한 표현이 넘치는 한국전래동화를 읽음으로써 우화가 한국생활문화 안에 깊게 녹아들어 있음을 새삼 느꼈다.

2천5백 년이 넘는 긴 역사 속에서 살아온 이솝우화는 근대가 되자 온 세계에 퍼져, 한국아동문화의 일부가 되기도 했다. 이러한 이솝우화를 미력한 내가 나름대로 재해석한다는 작업은 한 마리 개미가 에게 해를 헤엄쳐 건너는 것과 같았다.

　그런 나를 격려해 준 분이 한운사 선생님이다. 《얼어붙은 장진호》를 쓸 때
도 여러모로 선생님의 지도를 받아왔다. 신상웅 교수께서는 이번에도 손에 넣
기 힘들었던 토이브너 판 '우화집' 두 권과 톰슨의 《그리스·아테네 고문서입
문》을 흔쾌히 빌려주셨다. 더불어 최박광 교수, 임동석 교수, 김계덕 시인을 비
롯 그 밖에도 많은 분들이 힘써주셨다. 특히 인용·참고에 이용한 문헌의 저자
분들에게 감사의 뜻을 전한다.

　독자들이 영원한 이솝을 다시 한 번 이 책으로 읽어주시고, 지금까지 이솝
과는 다른, 무언가 새로운 이솝의 본질을 느껴주시면 더 바랄 것이 없겠다.
나는 이 책이 부디 여러분의 상상력에 아름답고도 생생하게 날개를 펴도록
도와주는 한 줄기 산들바람이 되기를 기원한다.

고산(高山) 고정일

서울출생.성균관대학교국문학과졸업.성균관대학교대학원비교문화학전공졸업.
소설 〈청계천〉으로 〈자유문학〉 등단. 1951년 영창서관 소년사원. 1956년~현재 동서
문화사 편집인 발행인. 1977~87년 동인문학상운영위집행위원장. 1996년 〈파스칼세
계대백과사전〉 편집인 발행인. 지은책 〈한국출판100년을 찾아서〉 〈愛國作法·新文
館 崔南善·講談社 野間淸治〉 〈한국인〉 〈무엇으로 어떻게 살것인가〉 〈동양의 지혜〉
〈高山 三國志〉 〈얼어붙은 장진호〉 한국출판문화상수상 경향출판문화상수상

World Book 55
Aesop
AESOP'S FABLES
이솝우화전집
이솝 지음/고산 엮음
1판 1쇄 발행/2007. 12. 1
1판 5쇄 발행/2018. 5. 1
발행인 고정일
발행처 동서문화사
창업 1956. 12. 12. 등록 16-3799
서울 중구 다산로 12길 6(신당동 4층)
☎ 546-0331~6 Fax. 545-0331
www.dongsuhbook.com
잘못 만들어진 책은 바꾸어 드립니다.

✱
사업자등록번호 211-87-75330
ISBN 978-89-497-0440-1 04080
ISBN 978-89-497-0382-4 (세트)